국제관계학 비판

국제관계의 민주화와 평화

국제관계학 비판 : 국제관계의 민주화와 평화

1판1쇄 펴냄 2008년 7월 24일

지은이 | 구갑우

펴낸이 | 박상훈
부대표 | 정민용
편집장 | 안중철
책임편집 | 박후란
편집 | 박미경, 성지희, 최미정
디자인 | 서진
경영지원 | 김용운
제작·영업 | 김재선, 박경춘

펴낸 곳 | 후마니타스(주)
등록 | 2002년 2월 19일 제300-2003-108호
주소 | 서울 마포구 서교동 464-46 서강빌딩 301호(121-841)
편집 | 02-739-9929, 9930 제작·영업 | 02-722-9960 팩스 | 02-733-9910

값 20,000원

ⓒ 구갑우, 2008
ISBN 978-89-90106-66-7 04300
     978-89-90106-64-3 (세트)

이 도서의 국립중앙도서관 출판시도서목록(CIP)은 e-CIP홈페이지(http://www.nl.go.kr/ecip)에서 이용하실 수 있습니다(CIP 제어번호: CIP2008002198).

국제관계학 비판

국제관계의 민주화와 평화

구갑우

후마니타스

차례

서문 6

제1부 국제관계 이론 비판

1장 | 지구화 시대의 국제정치 비판 11
2장 | 비판적 국제관계 이론의 모색 43

제2부 국제관계학의 철학적 기초

3장 | 국제 정치경제(학)의 존재론과 인식론: 웬트의 구성주의 비판 81
4장 | 국제관계와 공간, 그리고 공공성 115
5장 | 국제관계(학)의 윤리와 윤리학:
   국가를 의인화할 때 발생하는 윤리적 질문에 대한 계보학적 연구 노트 149

제3부 지구화 비판

6장 | 지구적 통치와 국가형태: 시민국가의 전망 175
7장 | '제국주의'는 여전히 유효한 문제 설정인가?: 국제관계 민주화의 경로 205
8장 | 20세기 세계질서와 서구의 국가형태: 자유주의의 진화 230

제4부 지구화 시대의 지역주의

9장 | 세계무역기구 지역주의 조항의 기원: 국제경제법 형성의 정치경제 263
10장 | 초국가적 정책 네트워크 형성의 정치: 유럽연합의 통신 정책 과정 293
11장 | 헬싱키 프로세스와 국제적 인권정책: 유럽안보협력기구의 인도적 포용 정책 322
12장 | 동아시아 지역 통합과 제도화 351

제5부 지구화와 한반도

13장 | 자유주의, 1997년 IMF 위기 그리고 국가형태의 변화: 김대중 정부의 신자유주의 387
14장 | 탈냉전·민주화 시대의 대북정책과 남북 관계: 평화 연구의 시각 408
15장 | 한반도 평화의 정치철학적 기초: 평화 담론의 생태계를 위한 철학의 모색 441

출전 472
찾아보기 473

서문

 영국의 국제관계 연구자인 로젠버그J. Rosenberg는 『밀레니엄』이란 학술지에 발표한 한 논문에서, 1959년에 우연히 같이 출간된 두 책에 주목한다. 하나는 제2차 세계대전 이후 현실주의 국제관계학의 결정적인 공고화 계기를 마련한 월츠K. Waltz의 『인간, 국가, 전쟁』이고, 다른 하나는 사회학자 밀스C. Wright Mills의 『사회학적 상상력』이다.[1] 로젠버그는 전형적인 미국적 사회과학의 산물인 월츠의 저작에서 사회학적 상상력의 결여를 읽는다. "국제적 상상력: 국제관계 이론과 '고전적 사회 분석'"이라는 논문 제목에서 볼 수 있듯이, 로젠버그는 사회학적 상상력과 고전적 사회 분석의 문제의식을 담지한 국제관계학을 모색한다.

 밀스의 말이다:

 사회학적 상상력은 우리들로 하여금 역사와 개인의 일생, 그리고 사회라는 테두

---

[1] Justin Rosenberg, "The International Imagination: IR Theory and 'Classic Social Analysis'," *Millennium* 23: 1 (1994). 두 책은 Kenneth Waltz, *Man, the State and War: A Theoretical Analysis* (New York: Columbia University Press, 1959); 케네스 월츠, 정성훈 옮김, 『인간, 국가, 전쟁: 전쟁의 원인에 대한 이론적 고찰』(서울: 아카넷, 2007); C. Wright Mills, *The Sociological Imagination* (Oxford: Oxford University Press, 1959); 찰스 라이트 밀스, 강희경·이해찬 옮김, 『사회학적 상상력』(서울: 홍성사, 1978). 비판적 사회학자 밀스의 다른 책으로는 찰스 라이트 밀스, 진덕규 옮김, 『파워 엘리트』(서울: 한길사, 1979); 신일철 옮김, 『들어라, 양키들아: 쿠바의 혁명』(서울: 정향사, 1961); 윤구병 교열, 『양코배기야, 들어봐라! 현장에서 전하는 쿠바혁명의 소리』(서울: 장백, 2005).

리 속에서 이루어지는 이 양자 간의 관계를 파악할 수 있도록 해준다. 바로 이것이 사회학적 상상력의 과제며 약속이다. 그리고 이러한 과제와 약속을 인정했던 것이 고전적 사회 분석가의 특색이다. …… (고전적 사회 분석)의 본질적 특성은 역사적인 사회구조에 대한 관심이(다).[2]

국제관계에서 사회관계를 제거하고, 국제관계를 물신화된 국가라는 행위자를 통해서만 봄으로써, 전형적인 전도된 사고를 전개하고 있는 (신)현실주의 국제관계학에서, 역사와 개인 그리고 사회를 발견하기란 어렵다. 주류 국제관계학은 사회를 생각하지 않는 사회과학인 것처럼 보인다. 국제관계학이 '사회'과학이기 위해서는, 사회학적 상상력을 가져야 한다. 로젠버그의 정리처럼, 사회학적/국제적 상상력과 고전적 사회 분석은 사회과학의 소명을 역사적 이해, 실체적 설명, 총체적 이론, 윤리적 판단 등에서 찾는다.

『국제관계학 비판 : 국제관계의 민주화와 평화』란 제목을 달고 있는 이 책도, '지금-여기'란 시공간에서 사회과학의 역사적 소명을 생각하는, 국제관계학을 공부하려는 작은 시도다. '지금'이란 시간 속에서 나타나는 근대와 탈근대의 중첩 그리고 '여기'라는 공간이 가지는 경계의 유연성을 고민하면서 수행하는, 국제관계학 '비판'은, 지금-여기에 '있는 것'에 대한 분석을 통해 '있어야 할 것'과 '없어져야 할 것'을 제시하는 작업이다. 즉 이 책은, "국제관계의 민주화와 평화"라는 부제에서 나타나듯, '우리'에게 국제관계의 진보가 무엇이고, 그것이 어떻게 가능한가를 물으려 한다. 독자의 몫이겠지만, 그 질문에 대한 나름의 천착이, 현실의 일부를 취사선택해서 과장하고 정당화하는 현실주의적 물신화도 역사적 뿌리가 없는 이상주의적 열망도 아닌, 역사와 개인과 사회를 고려하는 국제적 상상력이기를 희망한다.

이 책은 필자의 공부 과정에서, 2007년에 출간한 『비판적 평화연구와 한반도』로 가기 위한 중간 기착지였다. 필자의 게으름 때문에 출간의 순서가 바뀌었다. 공

---

[2] 밀스, 『사회학적 상상력』, pp. 13, 30. 밀스는 고전적 사회 분석가로, 스펜서(H. Spencer), 콩트(A. Comte), 뒤르켕(E. Durkheim), 마르크스(K. Marx), 베블런(T. Veblen), 슘페터(J. Schumpeter), 베버(M. Weber) 등을 언급한다.

부의 출발점이었던, 한반도 국제정치경제 연구와 비판적 국제관계학을 접목하려고 노력하면서, 평화 연구라는 분과 학문의 경계를 가로지르는 주제를 발견했고, 평화 연구의 작은 성과로 '평화국가'라는 논쟁적 개념을 다듬을 수 있는 계기를 만나기도 했다. 평화 연구가 국제관계학 비판에 기초해야 한다는 나름의 문제 설정이 긴 우회의 길에서 순서의 전도로 생략될 수밖에 없었다.

사실, 여러 해에 걸쳐 쓴 논문을 모아 책으로 만드는 작업은 위험하다. 생각과 현실의 변화가 글의 수정을 요구하기 때문이다. 부족하긴 하지만, 그리고 원문을 살리는 것의 도덕성을 생각하면서, 필요한 정도로 발표된 글을 수정했다. 글을 다시 읽고 고치며, 생각의 최대주의와 글쓰기의 최소주의라는 나름의 원칙을, 독자의 입장에서 판단할 기회를 가졌다. 장식을 배제한 단색조의 추상과 그 표현인 글도, 지금-여기를 구성하는 한 요소일 수 있다는 변명을 하면서도, 몸에 근접한 글쓰기를 생각했고, 그 방식을 토론하기도 했다. 글쓰기의 경제가 생태의 정치에 기여할 수 있다는 희망과 더불어, 삶 속에서 글(쓰기)의 한계와 가치를 함께 생각해 보려 한다.

책을 만드는 일도 사회관계의 한 표현이다. 감사가 췌언이 아니라 관계 그 자체일 것이라는 생각을 한다. 이 책은 개별적으로 고마움을 전하기 어려울 정도로 많은 분들과 나눈 토론과 술잔의 덕택이다. 필자를 지켜보는 따뜻한 마음들도 이 책을 구성하고 있다. 예전에 읽은 책에 적힌 감사의 말처럼, "고마움이 흐르는 물이라면 막아 큰 저수지를 보여 주고 싶다." 사회평론과 인간사랑 관계자께서는 몇몇 글의 재수록을 흔쾌히 허락해 주셨다. 감사드린다. 북한대학원대학교의 박성주 석사와 후마니타스의 안중철 선생님과 박후란 선생님은 첫 독자를 자임해 주셨다. 편집이 글쓰기의 일부임을 다시금 생각했다. 감사드린다. 사회학적/국제적 상상력의 약속은 지금-여기를 살아가는 사람들과의 약속이다. 지금의 추상의 한계를 넘어설 수 있는 또 다른 추상을 준비하려 한다.

2008년 7월
불곡산을 바라보며

제1부

국제관계 이론 비판

한국에서 국제정치 또는 국제정치학을 공부한다는 것은 어떤 의미가 있을까? 예를 들어, 한국 정치에 대한 공부와 분석은 한국 사회에서 좀 더 좋은 정치적 삶을 실현하는 데 이바지할 수 있을 것이다. 우리는 국제적 차원에서 좀 더 좋은 정치적 삶을 만들기 위해 국제정치를 공부하는 것일까? 이 질문에 답하기 위해, 지구화 시대의 국제정치 및 한반도 국제정치와 평화 과정을 살펴보고, 현실주의를 넘어설 수 있는 새로운 대안을 모색해 본다.

마르크스의 "포이어바흐에 관한 테제" 11번에서 '철학자'를 '국제관계 학자'로 바꾸면, 비판적 국제관계 이론의 문제의식을 압축적으로 표현할 수 있다. "이제까지 국제관계 학자들은 세계를 다양하게 해석해 왔을 뿐이다. 그러나 문제는 세계를 변화시키는 것이다." 1부에서는 국제 세계의 변화를 모색하는 의식적 실천인 다양한 비판적 국제관계 이론들을 검토한다. 비판적 시각에서 한국 사회와 한반도, 동북아에서 상상 가능한 대안적 질서를 생각해 본다.

제1장

지구화 시대의 국제정치 비판

I. 문제 제기

    한국에서 국제정치 또는 국제정치학을 공부한다는 것이 어떤 의미가 있을까? 예를 들어, 한국 정치에 대한 공부와 과학적 분석은 한국 사회에서 좀 더 좋은 정치적 삶의 실현에 이바지할 수 있을 것이다. 우리는 국제적 차원에서 좀 더 좋은 정치적 삶을 만들기 위해 국제정치를 공부하는 것일까? 우리가 언론을 통해 보는 국제정치의 세계에서는 힘power이 모든 것을 지배하는 것처럼 보인다. 예를 들어, 현재의 패권국가인 미국의 일방주의를 제어할 수 있는 대안을 찾기란 쉽지 않다. 따라서 국제정치를 지배하는 것은 힘이라는 주장이 직관일 수 있지만 많은 부분 진실에 근접해 있다고 평가할 수 있다. 국내 세계에서도 힘이 정치를 결정하는 중요한 요인이기는 하지만 민주적 과정을 통해 다양한 정치 세력의 힘이 제어될 수 있다. 반면, 국제 세계에서는 민주주의가 작동하지 않는 것처럼 보인다. 많은 학자들이 지적하는 것처럼 국제정치의 세계는 민주적으로 선출된 중앙정부를 매개로 공공성의 실현을 도모하는 국내정치의 세계와 달리, 중앙정부가 결여된 '무정부 상태'anarchy라고 할 수 있다. 따라서 국제정치 공부에서는 바람직한 국제사회 건설이라는 규범적 목표가 실종되곤 한다.

  따라서 국제 세계에서 다른 국가를 제압할 군사적·경제적 힘을 가지고 있지 못한 한국과 같은 개방형 소국小國에서 국제정치를 공부하는 것은 권력정치에 순응해 가며 사는 방법 또는 강대국이 경쟁하는 와중에서 우리의 이익을 챙기는 책략을 익히는 것이 될 수도 있다. 북한과 미국이 핵 문제를 둘러싸고 대립할 때, 한국이 두 국가를 중재할 수 있을까? 친미 성향의 학자가 아니더라도 한국이 할 수 있는 일의 한계가 있다는 생각을 떨쳐 버리기는 쉽지 않을 것이다. 그렇다면, 소국의 입장에서 국제정치의 세계는 자율성이 극히 제한된 대단히 우울한 세계가 될 수밖에 없다. 이른바 지구화globalization 시대에 우리의 생존과 발전을 위해서는 국제어인 영어를 공용어로 사용해야 한다는 주장도, 개방형 소국의 한계를 돌파하기 위한 교육지책이라고 할 수 있다. 영어 공용화론을 둘러싼 논쟁이 세계주의와 민족주의의 대립이 아니라 실용적 민족주의와 원리 민족주의의 대립이라는 진단도 나름의 설득력이 있다.[1] 영어 공용화를 추구하는 세력도 '우리 민족'의 생존과 발전을 고려하고 있기 때문이다.

  즉, 국제정치는 그 정의상 복수複數로 존재할 수밖에 없는 국민국가 또는 민족국가national states 사이의 게임이라고 할 수 있다. 이 국가의 심리적 기초가 민족적 정체성 또는 민족적 일체감이다. 이 기준에 따른다면, 한반도에는 하나의 민족적 정체성이 존재하지만 여전히 온전한 형태의 민족국가는 존재하지 않는다고 할 수 있다(그러나 하나의 민족적 정체성이 존재하는지도 사실은 의문이다). 이른바 통일로 표현되는 민족국가의 완성이 우리에게 주요한 과제처럼

---

[1] 복거일과 같은 자유주의적 지식인과 과거 주체사상을 학생운동에 도입했던 세력이 영어 공용화론을 제창하고 있다는 점은 매우 흥미롭다. 복거일, 『국제어 시대의 민족어』(서울: 문학과 지성사, 1998); 김영환, "영어 공용화는 사회발전의 피할 수 없는 요구이다," 『시대정신』, 창간호 (1998) 참조. 복거일, 남영신, 한영우, 이윤기 등이 참여한 논쟁을 민족주의 내부에서의 대립으로 평가한 간략한 글은 정과리, 『문명의 배꼽』(서울: 문학과 지성사, 1998), pp. 34-37.

인식되는 것도 부분적으로는 이 국제정치의 효과라고 할 수 있다. 국제정치의 세계에서 국제기구나 다국적 기업이나 계급과 같은 국가 이외의 행위자가 존재하지 않는 것은 아니다. 그러나 국제정치학계의 주류인 미국의 이론가들은 국가를 가장 중요한 행위자로 인식하고 있고, 이 인식은 상당 정도 우리의 상식을 벗어나지 않는다. 현대 세계를 묘사하는 새로운 담론 가운데 하나인 이른바 '지구화'는 이 국가 중심적 세계에 대한 강력한 문제 제기일 수 있다. 지구화로 인해 '정치적 경계'의 중요성이 감소하고 있기 때문이다. 인류는 이제 민족국가가 아닌 새로운 형태의 '정치 공동체'를 찾고 있는지도 모른다. 따라서 "지구화 시대의 국제정치 비판"이라는 이 글의 제목은 모순일 수 있다. 국제國際, international 또는 interstate라는 용어 자체가 국가들 '사이'라는 의미를 지니고 있기 때문이다. '지구적 정치'global politics라는 용어가 사용되기도 하지만, 아직은 시민권을 획득한 것처럼 보이지는 않는다. 이 인식의 한계를 고려하면서, 더불어 국제정치에 대한 설명이 강대국 중심적 또는 서구 중심적일 수밖에 없는 현실을 인정하면서, 현대 국제정치의 세계를 설명하고 새로운 대안을 모색해 본다.

II. 세 개의 삽화와 국제정치 이론

우리의 시각에서 국제정치를 바라보는 것은 쉽지 않은 일이다. 우리는 종종 주위에서 미국의 고민을 대신해 주는 학자와 정치가들을 보기도 한다. 만약 우리의 시각을 강조하면, 세계에는 국가 수만큼의 시각이 있음을 인정해야 한다. 그렇다면, 그들 사이의 소통은 어떻게 이루어질 수 있을까? 소통이 이루어지지 않는다면, 서로의 차이를 절대화하는 권력정치가 나타날 수밖에 없다. 다른 한편으로 우리는 인류가 공유할 수 있는 보편적 가치를 설정할 수도 있다. 그러나 국제정치의 장에서 그 보편은 힘으로 나타나곤 한다. 그리고 항상 그 보편은 특정 국가의 보편이 되기도 한다. 패권국가인 미국이 자신들의 이익을 위해 다른 국가의 문제에 개입할 때, 그들은 민주주의의 수호와 같은 보편적 가치의 깃발을 내세우곤 한다. 그렇다면, 이 보편과 특수의 대립을 넘어서서 희망의 원리를 간직한 국제 세계를 만들 수 있는 방법은 없을까? 이 질문은 "인간은 자신이 풀 수 있는 문제만을 제기한다"는 마르크스K. Marx의 언명에 부합하는 것이 될 수 있을까?

위와 같은 질문을 던지는 순간, 우리는 국제 세계의 변화를 가정하게 된다. 그러나 모든 국제정치학자가 국제 세계의 변화 가능성에 동의하는 것은 아니다. 인간은 현실과 마주할 때, 통상 세 가지 정도의 입장을 보인다. 기존의 현실을 인정하고 유지하려는 '보수적' 시각, 기존 현실의 점진적 변화를 도모하는 '개혁적' 시각, 기존 현실의 근본적 변혁을 꿈꾸는 '혁명적' 시각 등이 그것이다. 국제정치 이론에서도 이 세 가지 시각이 경쟁하고 있다. 현실주의가 보수적이라면, 자유주의는 개혁적이고, 마르크스주의 계통의 이론은 비판적이며 혁명적이다. 그러나 모든 국제정치 이론이 반드시 이 세 범주로 정확하게 정리될 수 있는 것은 아니다. 이 세 범주 '사이에' 위치지울 수 있는 절충적 이론들도 있다. 예를 들어, 현실주의와 자유주의, 자유주의와 마르크스주의 사이에 일정한 공통분모가 있는 것도 사실이다. 또한 마르크스주의는 현실에 대한 과학적 분석에 의거해 변혁적 실천을 기획한다고 주장한다는 점에서 또 다른 의미의 현실주의로 분류될 수도 있다. 일단, 이 글에서는 국제정치 이론을 힘의 정치를 중시하는 '현실주의'와 인간의 의식적 실천을 통해 세계 평화의 가능성을 희구하는 '이상주의'로 구분하고자 한다. 그리고 헤겔G. Hegel의 말을 패러디하여 다음과 같은 질문을 던진다. "현실적인 것이 이상적인 것인가" 아니면 "이상적인 것이 현실적인 것인가?"

1. 존 레논의 〈이매진〉과 이상주의

산업혁명 벨트의 왼쪽에 위치한 영국의 리버풀Liverpool은 전형적인 노동자 계급의 도시다. 이 도시의 자랑 가운데 하나가 그들의 애환을 함께 했던 록밴드 비틀즈다. 비틀즈의 구성원 가운데 한 명인 반전反戰 평화운동가 존 레논J. Lennon이 부른 〈이매진〉Imagine은 개혁적·혁명적 이상주의를 담고 있는 노래 가운데 하나다. 레논은 천국, 국가, 종교, 소유가 없는 세계를 노래하고 있다. 스스로 꿈꾸는 사람이 될 수 있음을 알면서도 언젠가는 다른 사람들이 새로운 세계를 만드는 작업에 동참함으로써 세계가 하나가 될 날을 그리고 있다. 주목할 만한 것은 그가 꿈꾸는 국가 없는 세계다. 레논은 민족국가로 분할된 세계야말로 전쟁을 야기하는 원인이라고 생각했다. 찰리 채플린C. Chaplin의 영화 〈위대한 독재자〉에서도 전쟁을 없애기 위해서는 국경이 없어져야 한다는 연설을 들을 수 있다. 이상주의자들에게 전쟁은 인간 본성에도 위배되는 정치현상이다. 그들은 민족적 정체성에 기반을 두고 만들어진 국제체제를 전복할 때, 비로소 평화가 올 것이라고 생각한다.

그렇다면, 민족국가들이 각축하면서 형성되는 무정부 상태를 어떻게 극복할 수 있을 것인가? 가장 먼저 떠오르는 대안은 민족국가들을 하나의 국가로 만드는 것이다. 즉 세계정부의 건설이 하나의 대안일 수 있다. 그렇다면, 실제로 세계정부의 건설은 가능한가, 가능하다면 어떤 경로로 만들어질 수 있을까, 그리고 그 세계정부는 어떤 형태일까라는 질문을 제기할 수 있다. 이 질문들은 인간의 역사가 신神과 같은 외부적 힘에 의해 주어지는 것이 아니라 인간의 목적의식적 실천을 통해 만들어질 수 있다는 인식을 전제할 때만, 성립될 수 있는 것들이다. 이와 더불어 평화에 대한 열망이 없다면, 이 질문들은 제기될 수 없다. 지금은 너무나 당연한 것처럼 간주되는 질문의 성립 요건이지만, 서양 역사에서 이 두 요건은 중세에서 근대로의 이행 과정에서 '발명'된 것이다. 이 인식의 전환을 이끈 주요한 사상가가 바로 18세기 철학자 칸트I. Kant다.

칸트 이전에는 전쟁이 평화와 정의를 실현하기 위해 필수불가결한 것으로 간주되었다.[2] 4세기의 신학자인 성 아우구스티누스St. Augustine는 전쟁을 신국神國의 시민이자 동시에 세속 왕국의 시민인 타락한 인간이 감내해야 하는 것으로 생각했다. 기독교 세력 내부의 전쟁 및 기독교적 세계를 유지, 확대하기 위한 이교도와의 전쟁이 불가피했기 때문이다. 따라서 이른바 정의의 전쟁just war은 교회가 승인한 자연적인 질서의 일부였다. 16세기 초의 종교개혁과 1648년 베스트팔렌Westfalen 평화 등을 계기로 교회권이 군주권으로 대체되고, 새로운 제도로 등장한 '국가들'—국가들의 체제system of states—이 대내외적 '주권'을 가지면서, 정의의 전쟁의 주체는 국가로 바뀌었다. 주권국가는 필요하다면 언제든지 전쟁할 권리jus ad bellum를 가지게 되었다.[3] 국가의 생존을 최우선의 가치에 두는 마키아벨리적Machiavellian '국가이성'raison d'état이 신의 목소리를 대체하게 된 것이다.

칸트는 국가의 정당한 권리를 제한하고 평화를 획득하기 위해서는, 전쟁을 삶의 자연스러운 부분으로 인식하게 만드는 군주와 귀족 중심의 정치체제를 혁파하고 모든 국가를 '공화정'으로 만들 수 있어야 한다고 생각했다. 그리고 영구 평화를 위한 여정의 다음 단계로 국제체제의 무정부 상태를 제거하고

---

2 칸트 이전의 서구의 국제정치 사상에 대해서는 C. Brown, T. Nardin and N. Rengger eds., *International Relations in Political Thought: Texts from the Ancient Greeks to the First World War*(Cambridge: Cambridge University Press, 2002); 최상용, 『평화의 정치사상』(서울: 나남, 1997) 참조.
3 마이클 하워드, 안두환 옮김, 『평화의 발명: 전쟁과 국제질서에 대한 성찰』(서울: 전통과 현대, 2002).

개별적으로 처리되고 있는 안보 문제를 집단적으로 해결할 수 있는 '국제연맹'League of Nations 창설을 제안했다. 그리고 영구 평화의 최종 단계로, "보편적 세계시민 상태"의 도래를 희망했다. 칸트는 평화를 성취하는 과정이 매우 지난하고 사실상 불가능할 수도 있다고 느꼈지만, 그에게 평화는 인간 이성에 기초한 도덕적 정언명령이었다.[4] 사실, 칸트의 이 평화 사상은 군주 및 귀족을 제치고 새로운 지배계급으로 부상하던 부르주아지의 이해를 반영한 것이었다고 할 수 있다. 즉 '자본주의 생산양식'이 등장하면서 부의 극대화 논리가 전쟁의 논리를 압도하게 되었고, 따라서 전쟁은 부의 극대화에 기여할 때만 그 유용성을 인정받았다. 즉 평화 사상은 중세의 기독교적 질서에 대한 비판이면서 동시에 새로운 부르주아 사상의 윤리적 정당화를 위한 무기였다. 평화는 부의 극대화에 복무하는 또 다른 질서였다.[5]

칸트의 이상주의는 프랑스대혁명과 그 이후의 전쟁을 거치면서 19세기 후반에 "민족과 국가의 결합"으로 형성된 민족국가체제가 군주적 질서를 대체한 '큰 전쟁'Great War인 제1차 세계대전 이후, 본격적으로 실험되기 시작했다.[6]

---

[4] 임마누엘 칸트, 빌헬름 바이셰델 엮음, 손동현·김수배 옮김, 『별이 총총한 하늘 아래 약동하는 자유』(서울: 이학사, 1992), pp. 78-86; I. Kant edited with an Introduction and Notes by H. Reiss, *Kant's Political Writings* (Cambridge: Cambridge University Press, 1970).

[5] 그러나 평화가 새로운 질서로 정착되는 것은 쉽지 않았다. 극단적 사례기는 하지만, 수학자이자 종교철학자인 베른하르트 볼차노(B. Bolzano) 프라하 대학교 교수는 '1824년' 대학 강의에서 평화를 설교했다는 이유로 교수직을 떠나야 했다. 개인적인 원한 등이 개입된 문제이기는 했지만, 당시만 해도 전쟁이야말로 국가 간 문제를 해결하는 유일한 방법이라는 생각이 지배적이었기 때문이다. 애머 악첼, 신현용·승영조 옮김, 『무한의 신비』(서울: 승산, 2002), pp. 74-75.

[6] 민족이 어떻게 형성되었는가를 둘러싸고는 다음 세 가지 견해가 있다. 첫째, 민족은 책이나 신문과 같은 매체를 발행하는 인쇄자본주의를 매개로 '상상'되었다는 주장이 있다. 베네딕트 앤더슨, 윤형숙 옮김, 『상상의 공동체』(서울: 나남, 2002). 둘째, 민족은 국기나 국가와 같은 상징들을 통해 '발명'되었다는 견해가 있다. 에릭 홉스봄, 강명세 옮김, 『1780년 이후의 민족주의』(서울: 창작과비평사, 1998). 셋째, 민족은 인종적 기원을 매개로 재구조화되었다는 주장이 있다. A. Smith, *The Ethnic Origins of Nations* (London: Blackwell, 1987). 5,000년의 역사와 전통을 자랑하는 이른바 '단일민족론'에 워낙 길들여진 한국인에게 첫 번째와 두 번째 주장은 매우 생소할 수도 있다. 그러나 최근 들

1918년 미국의 윌슨T. W. Wilson 대통령을 비롯한 칸트의 후예들은 제1차 세계대전 직후 평화로운 세계질서의 핵심이 식민지를 폐지하고 식민지 국가의 독립을 보장하는 '민족자결권'에 있다고 생각했다(그러나 유럽 국가들과 달리 식민지에 의존하지 않던 미국의 입장에서 보면 민족자결권 보장은 미국의 이익에 부합하는 정책이었다). 그리고 민족국가들의 '공동 이익'인 집단 안보를 실현할 수 있는 보편적 국제기구인 국제연맹League of Nations을 창설하고자 했다. 국제연맹의 창설은 세계정부에 버금가는 국제기구 건설을 통해 국제체제의 무정부 상태를 제어할 수 있다면 평화를 실현할 수 있다는, 자유주의적 신념의 실험이었다. 그러나 새로이 부상하던 패권국가인 미국 의회가 국제연맹 규약을 비준하지 않자, 그 평화 실험은 실패로 돌아갔다. 영국의 역사학자이자 국제정치학자인 카E. H. Carr가 지적하는 것처럼, 이상주의의 실패는 엄격한 경험적 분석이 수반되지 않은 '소망적 사고'wishful thinking 때문이었다고 할 수 있다.[7]

자유주의 계통의 이상주의자들이 평화를 설계하는 동안, 마르크스주의자들도 대안적인 이상적 평화안을 내놓았다. 1917년 러시아혁명을 이끈 레닌V. I. Lenin은 전쟁의 원인, 즉 민족국가들의 갈등 원인이 자본주의적 착취와 그것의 전 세계적 확장으로 발생한 자본주의 초강대국들의 영토 분할에 있다고 주장했다.[8] 국제체제에서 전쟁의 원인을 찾지 않는다는 점에서 자유주의자와는 사뭇 다른 인식이라고 할 수 있다. 칸트가 공화정을 평화의 전제 조건으로 설정한 것처럼, 레닌을 비롯한 마르크스주의자들은 자본주의 체제가 소멸할 때,

---

어 한국의 민족도 상상되거나 발명되었다는 주장이 개진되고 있다. 고미숙, 『한국의 근대성, 그 기원을 찾아서』(서울: 책세상, 2002); 이성시, 『만들어진 고대: 근대 국민국가의 동아시아 이야기』(서울: 삼인, 2001); 전재호, 『반동적 근대주의자 박정희』(서울: 책세상, 2000); 조현범, 『문명과 야만: 타자의 시선으로 본 19세기 조선』(서울: 책세상, 2002) 등을 참조.

7 에드워드 카, 김태현 옮김, 『20년의 위기』(서울 : 녹문당, 2000).
8 블라디미르 레닌, 남상일 옮김, 『제국주의론』(서울 : 백산서당, 1988).

평화가 가능하다고 생각했다. 그 과정은 전 세계적 차원에서의 연속적인 사회주의혁명이었다. 마치 중세 기독교 세력이 구상했던 정의의 전쟁처럼, 마르크스주의자들은 사회주의를 달성하기 위해서는 혁명전쟁이나 식민지 국가의 민족해방전쟁이 불가피하다고 생각했다. 사회주의혁명이 달성되면 과도기적으로 부르주아지 독재국가와 유사한 프롤레타리아트 독재국가가 유지되겠지만, 점차 국가가 사멸할 것이고, 따라서 평화로운 세계질서가 도래할 것이라고 믿었다. 그러나 마르크스주의자들이 꿈꾸던 세계혁명은 이루어지지 않았고, 사회주의혁명에 성공한 소련은 '일국사회주의'의 길을 걷기 시작했다. 또 다른 이상의 좌절이었다.

2. 9·11과 현실주의

2001년 9월 11일, 미국 뉴욕의 세계무역센터 건물과 워싱턴의 국방부 건물에 미국 국내선 항공기가 돌진했다. 이 두 건물은 세계 자본주의와 미국의 군사적 패권을 상징하는 목표물이었다. 거의 3,000명에 달하는 민간인이 사망한 이 사건은 전쟁에 버금가는 재앙임이 틀림없다. 이 사건이 발생하자 미국 정부는 즉각 전쟁 상황을 선포했다. 미국독립전쟁 당시 영국군의 공격을 받은 이후로 한 번도 본토에서 전쟁을 경험하지 않았던 미국인들에게는 엄청난 충격이었다. 또한 9·11은 1941년 일본군의 진주만 기습보다 미국인에게 훨씬 더 큰 충격이었을 것이다. 따라서 전쟁 선포에 대해 미국인이면 어느 누구도 이의를 제기할 수 없는 분위기가 조성되었다.

이제 특정한 날짜를 지칭하는 '9·11'은 21세기 국제정치를 설명하고, 예측하고자 할 때, 반드시 언급될 수밖에 없는 고유명사가 되었다. 그만큼 9·11은 국제정치학적 분석이 필요한 사건이다.[9] 9·11에 대해서는 아직도 많은 질문이 미결로 남아 있다. 예를 들어 다음과 같은 질문들이다. 누가 공격의 배후인가? 누가 9·11을 일으켰는지 어떻게 증명할 것인가? 비행기 납치범은 누구였는가? 9·11에서 얼마나 많은 다른 목표물이 있었는가? 그들은 어느 정도의 피해를 주고자 했는가? 왜 9·11을 명령했는가? 비행기 납치범들은 매우 운이 좋았는가? 서방의 정보기관이 실패했는가? 미국은 9·11에 대한 이슬람 세계의 반응을 이해했는가?

이슬람의 '비국가적' 조직인 알카에다^{al-Qaeda}가 9·11의 주범이라는 확실한 증거는 제출되고 있지 않지만, 미국과 미국의 동맹 세력은 9·11이 알카에다가 주도한 테러임을 의심하지 않는 것처럼 보인다. 9·11이 국가와 비국가적 행위자 사이의 충돌이라는 점에서 전통적 의미의 전쟁이 아닐 뿐만 아니라 좀 더 중요하게 9·11은 미국적 또는 서구적 합리성rationality과 이성을 수용하지 않는 다른 세계인 이슬람 세계가 미국과 서구를 바라보는 시각 그리고 근본적으로는 그 세계에서 살아가는 사람들의 정신을 이해하지 않고는 설명될 수 없는 사건이다. 그럼에도 불구하고, 미국 국제정치학의 주류主流인 현실주의는 그 시각 및 이론이 가지는 장점처럼, 9·11을 매우 '단순하게' 해석한다. 현실주의자들은 9·11의 '근본 원인'에 대해 고민하기보다는 9·11이 야기한 결과에 주목한다. 9·11이 무정부 상태에서 국가들이 자신들의 힘과 이익을 극대화하기 위해 벌이는 게임인 국제정치의 근본 구조를 바꾸지 못했고, 결과적으로 미국의 패권과 군사적 힘을 증대시켰다는 것이다. 또한 그들은 9·11을 패권국가로서 미국이 국제 평화를 위해서 세계의 보안관 역할을 해야 한다는 것을 입증한 사건으로 해석하기도 한다. 우리는 9·11 이후 미국이 벌이고 있는 이른바 '테러와의 전쟁'을 통해 군사주의적 담론 및 정책이 더욱 강화되면서 국제

---

9 9·11을 다양한 국제정치학적 시각에서 분석한 책으로는 K. Booth and T. Dune, *Worlds in Collision: Terror and the Future of Global Order* (NewYork: Palgrave Macmillan, 2002) 참조. 이하의 언급에서는 이 책의 여러 논문을 참조했다. 지면의 제약으로 각각의 주석을 달지는 않았다.

세계에서 힘의 불균형이 심화되고 있음을 본다. 이 점에서 현실주의적 직관의 위력을 볼 수 있다.

고전적 현실주의자인 모겐소[H. Morgenthau]는 국제정치가 힘으로 정의되는 국가이익에 기초한 객관적 법칙에 의해 지배된다고 생각했다.[10] 이 법칙은 인류가 등장한 이래로 불변이라는 것이 현실주의자들의 생각이다. 즉 국제정치의 핵심 행위자인 국가는 미시경제학의 행위자처럼 자기 이익을 극대화하기 위해 노력한다는 것이다. 따라서 국가의 도덕적 의무가 있다면 그것은 자기 이익을 극대화하는 것이다. 이 국가의 합리적 행위는 그것이 설사 인류를 파괴할지라도 거역할 수 없는 정언명령이 된다.[11] 현실주의자들이 고려하는 힘의 원천은 상황에 따라 변화하기는 하지만, 현실주의자들은 군사력을 가장 중요하게 여긴다. 그 이유는 군사력이 국가의 사활적 이익인 안보를 보장하기 때문으로, 이 법칙은 그 국가가 민주국가든 독재국가든 종교국가든 상관없이 모든 국가에 관철되고 있다는 것이다. 17세기 영국의 철학자 홉스[T. Hobbes]가 지적한 자연 상태, 즉 만인의 만인에 대한 투쟁의 장소가 바로 국제정치의 장이다. 이 국가들 사이의 갈등을 표현하는 개념이 '안보 딜레마'다. 한 국가가 방어적 이유에서 군비 증강을 한다 해도 상대방 국가는 침략의 위협을 느껴 군비 증강을 하게 된다는 것이다. 즉, 국제 세계에서 국가들 사이의 신뢰를 형성하기 어렵다는 것이 현실주의자의 주장이다.

따라서 현실주의자들은 이상주의자들과 달리 국제 세계의 평화가 국가들

---

10 H. Morgenthau, *Politics among Nations: The Struggle for Power and Peace* (NewYork: McGraw-Hill, 1985).
11 국제정치학과 미시경제학의 근본 가정인 국가와 개인의 합리성에 대해 불편함을 느끼는 사람은 그 가정에 대한 훌륭한 비판서인 노벨경제학상 수상자 아마티아 센(A. Sen)의 『윤리학과 경제학』 (서울: 한울, 1999) 참조.

사이의 협력으로 달성될 수 있다고 생각하지 않는다. 사실 현실주의자들은 국제 평화의 가능성을 부정한다. 그들이 생각하는 평화는 전쟁이 없는 상태로서의 평화, 즉 소극적 평화이고 그 평화는 세력균형balance of power을 통해 달성될 수 있을 뿐이다. 18세기 유럽 사회에서 국가가 탄생하면서 발명된 세력균형의 개념은 우주의 질서가 행성들 사이의 관계에 따라 유지되듯 국제질서는 국가들 사이 힘의 관계에 따라 유지된다는 뉴턴적Newtonian 개념이다. 이 균형을 조정하는 기제가 바로 전쟁이다.[12] 세력균형은 냉전 시대의 평화를 설명하는 주요 개념이기도 하다. 현실주의자들에게는 핵무기를 통한 전쟁 억지가 평화다. 여기서 더 나아가 힘의 불균형이 존재하는 국제 세계에서 강대국은 세력균형 유지보다는 그 균형을 파괴하여 영향력을 확대하고자 하는 동기를 가지고 있다는 현실주의의 또 다른 주장에서는 평화란 있을 수 없게 된다.[13] 혹, 평화가 도래한다면 그것은 패권국가가 관리하고 부과하는 질서로서의 평화다. 비극적 현실이 정상 상태가 된다. 9·11 이후 미국의 일방주의적 행태를 설명함에 있어 강대국의 평화 파괴적 행위에 주목하는 '공세적 현실주의'가 득세하고 있다.

3. 조명록과 올브라이트 그리고 미국적 제3의 길

2000년 10월 북한(조선민주주의인민공화국) 국방위원회 제1부위원장인 조명록 인민군 차수가 미국을 방문하고, 그에 대한 답방 형식으로 미국 국무장관 올브라이트M. Albright가 북한을 방문했다. 1950년 전쟁 당사국들이었고 또한 전쟁 이후 지속적으로 적대 관계를 유지했던 두 국가의 고위 책임자가 서

---

12 마이클 하워드, 『평화의 발명』, p. 38.
13 케네스 월츠, 박건영 옮김, 『국제정치 이론』(서울: 사회평론, 2000); J. Mearsheimer, *The Tragedy of Great Power Politics* (NewYork: W. W. Norton & Company, 2001).

로의 국가를 방문하는 모습은 세계의 주목을 받기에 충분했다. 조명록 차수는 인민군 차림으로 클린턴$^{B.\ Clinton}$ 대통령을 만났다. 조명록이 군복을 입은 것에 대해 북한군의 화해 의지를 표명한 것이라는 해석과 북한이 미국과 여전히 정전 상태임을 강조하기 위한 것이라는 해석도 있었다. 올브라이트 국무장관이 북한을 방문했을 때, 김일성 주석의 시신이 안치된 금수산기념궁전을 찾았다. 올브라이트가 김일성 주석의 시신 앞에서 경의를 표했다는 보도가 있기도 했지만, 실제로 그녀가 시신 앞에서 어떤 행동을 취했는지는 알려져 있지 않다. 어쨌든, 우리는 힘의 정치가 난무하는 국제 세계에서도 적대 국가들이 화해의 외교를 수행하는 것을 보곤 한다.

조명록이 미국을 방문했을 때 발표된 '조선민주주의인민공화국과 미합중국 사이의 공동 코뮤니케'는 이 화해의 구체적인 내용을 보여 주는 중요한 문건이다. 그 주요 내용은 다음과 같다. ① 정전협정의 평화 보장 체계로의 대체 ② 자주권에 대한 상호 존중과 내정불간섭 ③ 호혜적인 경제 협조와 교류 ④ 북한의 미사일 실험 중지 ⑤ 한반도의 비핵평화와 안정 ⑥ 북한에 대한 인도주의적 지원. 한반도 평화를 위해 획기적 전환점이 될 수도 있었던 이 공동 코뮤니케는 불행히도 실현될 시간이 없었다. 곧 이은 미국 대통령 선거에서 공화당이 집권하면서 클린턴의 북한 방문도 이루어지지 못했고 결국 이 공동 코뮤니케는 휴지조각이 되어 버렸다. 현실주의자들에게 이 삽화는 자신들의 이론을 증명하는 사례가 될 수 있다. 망치를 가진 사람에게는 세상이 못처럼 보이기 때문이다. 그러나 우리는 이 화해의 공간이 열리게 된 과정에 관심을 가질 수도 있다. 그리고 어떻게 하면, 힘의 정치를 제어할 수 있을지 물을 수 있다.

이상주의의 쇠퇴와 현실주의의 발흥은 국제정치학이 미국적 사회과학이 되는 과정과 밀접히 연관되어 있다. 미국이 패권국가로 부상하면서 국제정치학은 미국의 외교정책을 정당화하는 이론적 도구가 되었다. 고대 그리스의 역사학자 투키디데스^{Thucydides}의 언명처럼, 강자인 미국은 자기 힘으로 할 수 있는 것을 하고자 했고, 이를 뒷받침하는 이론이 현실주의였다. 그러나 사람이 사는 곳에서는 항상 그런 것처럼, 현실주의에 대항하는 이론적 실험이 없는 것은 아니다. 제2차 세계대전 이후 기능주의functionalism라는 새로운 이름의 이상주의는 폭력이 없는 정태적인 상태로서의 평화가 아니라 일하는 평화working peace, 즉 살아 있는 동태적 평화 체계를 구축하고자 했다. 기능주의자들은 비정치적인 영역, 특히 경제 영역이나 복지와 인도주의적 분야에서의 협력을 바탕으로 공통의 이익을 추구하는 국가 간 협동망이 구축되고, 이 기능망이 정치군사적 영역으로 점진적으로 확산된다면, 지구촌의 갈등과 분쟁을 해결할 수 있다고 생각했다.[14] 이들이 그리는 궁극적 평화의 세계는 이 점진적 진화를 통해 국가주권이 국제적 또는 초국가적 권위체로 이전된 세계다. 특히, 이들은 기능망의 구축 과정에서 국제기구, 노동조합, 정당, 경영자 단체, 시민운동 등의 비국가적 행위자의 능동성과 그 행위자들의 이익과 가치와 행동의 공동체를 평화를 위한 동력으로 고려하고 있다. 이 기능주의적 실험 사례가 유럽공동체와 유럽연합, 국제연합United Nations 경제사회이사회 산하의 다양한 전문기구 혹은 기능적 기구들이라고 할 수 있다.

그러나 1970년대 이후 국가 간 갈등이 다시 국제정치 무대에서 주요한 쟁점으로 부상하게 되면서, 지구적 공공선을 추구하는 비판적 경향의 기능주의 이론은 쇠퇴하고, 현실주의의 기본 가정—국제체제의 무정부 상태, 국가 중심성, 국가의 합리성 등등—에 동의하는 국제정치학의 신자유주의적 제도주의가 등장했다. 기능주의가 자유주의와 마르크스주의 사이에 위치하는 제3의 길일 수 있다면, 신자유주의[15]는 현실주의와 자유주의 사이에 위치한 제3의

---

14 구영록, 『한국과 햇볕정책』(서울: 법문사, 2000).
15 이 책에서 신자유주의는 두 가지 의미로 쓰인다. 국제정치학적 의미에서 신자유주의는 제도적 자유주의를 지칭한다. 반면 경제학적 의미에서 신자유주의는 시장 만능주의다.

길이다. 국제제도를 매개로 국제 협력의 가능성을 모색하는 신자유주의는 현실주의의 기본 가정을 완화된 형태로 수용한다. 신자유주의는 비국가적 행위자를 고려하고, 국가의 합리성을 인정하면서도 신현실주의가 수용하는 미시경제학적 합리성과 달리 행위자인 국가가 완전한 정보를 가지고 있는 것으로 가정하지 않으며, 국가의 자기 이익이 선험적으로 주어지는 것이 아니라고 가정한다는 점에서 신현실주의와 차이를 보인다. 사실 이 미국적 제3의 길도 나름의 사상적 전통을 가지고 있다. 이들은 자신의 계보를 17세기 네덜란드의 국제법학자인 그로티우스H. Grotius의 자연법사상과 세속화된 정의의 전쟁론에서 찾고 있다. 즉, 보편적 도덕 원칙에 입각한 의무를 인정하면서도 도덕적 선택의 실천적 결과를 중시하려는 것이다. 이 제3의 길은 국가주권을 불가침의 권리로 인정하면서도 대량 학살이나 인류의 도덕적 양심에 큰 충격을 줄 수 있는 행위에 대해서는 인도적 개입humanitarian intervention이 가능하다고 본다. 또한 최소한의 인권을 보장하지 않는 무법국가無法國家에 대한 제재와 그 무법국가의 팽창주의적 정책이 야기할 수 있는 안보 위협을 극복하기 위한 전쟁을 허용하고 있다.[16]

미국 클린턴 행정부의 북한 정책에서는 이 제3의 길의 모습이 뚜렷하게 드러났다. 클린턴 행정부도 미국이 북한에 갖는 최우선의 정책적 관심, 즉 미국의 국가이익이 북한의 미사일 생산과 수출 금지 그리고 검증 가능한 핵사찰에 있음을 부정하지 않았다. 즉 미국 민주당의 대북정책도 사실 공화당의 그것과 목표의 측면에서는 큰 차이가 없다. 또한 북한을 바라보는 근본적 시각에서도 미국 민주당과 공화당의 차이는 없다. 그들이 보기에 북한은 위험한 장난을

---

16 J. Barry, *The Sword of Justice: Ethics and Coercion in International Politics* (London: Praeger, 1998).

하는 무법국가고 깡패국가일 것이다. 그러나 미국 민주당과 공화당은 정책 목
표를 달성하는 방법에서는 차이를 보인다. 경제 관계의 진전이 평화의 진전을
가져온다는 '상업적commercial 자유주의', "민주국가는 서로 싸우지 않는다"는
이른바 '민주평화론', 평화의 도구로서 국제제도론 등의 이론적 자원에 기초한
외교정책을 구사했던 클린턴 행정부는 포용을 통해 북한의 위협을 제거하고
자 했다. 2000년 북한과 미국의 공동 코뮤니케는 미국적 제3의 길 정책과 북
한의 벼랑끝 외교정책의 타협의 산물이었다. 그러나 우리가 유의해야 할 것은
미국적 제3의 길이 가지고 있는 또 다른 칼인 정의의 전쟁론이다. 민주평화론
은 북한과 같은 국가를 정의의 전쟁을 통해 민주화할 때 비로소 전쟁의 위협
이 사라진다는 논리로 사용될 수도 있다. 1994년 한반도에서 미국이 생각하
는 그들만의 정의의 전쟁을 수행하려 했던 주체는 바로 클린턴 행정부였다.
우리는 이 사건을 되새기면서 현실주의와 (신)자유주의의 차이를 무시할 수도
있다. 그러나 한반도의 평화를 고민하는 이들에게는 미국 공화당과 민주당의
작은 차이는 매우 크게 다가올 수밖에 없다.

III. 지구화와 국제정치의 미래: 비판적 제3의 길의 가능성?

1. 냉전, 탈냉전, 지구화

지구화는 정의상 국제정치 구조의 근본적 변화를 함의하는 담론이다. 많
은 학자들이 지적하는 것처럼, 지구화는 인간의 삶을 조직하는 원리로서 '영
토성'territoriality이 약화되는 과정이기 때문이다. 영토성의 약화는 민족국가의
영토적 경계가 가지는 중요성이 감소됨을 의미한다. 특히, 인터넷을 비롯한

정보 통신 기술의 발전에 따라 우리는 물리적 국경의 한계를 넘어서서 지구촌 곳곳과 실시간으로 접속할 수 있게 되면서, 시공간 압축을 경험하고 있다. 사이버공간은 마치 서양 중세 시대에 발명된 연옥처럼 우리의 삶을 규정하는 새로운 공간으로 등장해 있다.[17] 따라서 담론으로는 분명 실재하고 또한 우리 삶에 깊숙이 침투해 오는 지구화가 우리가 살아가는 세계의 '존재론적 전환'을 의미하는지를 둘러싸고 논쟁이 전개되고 있다. 대략 지구화에 대해서는 세 가지 견해가 경쟁하고 있다.[18] 첫째, 과대 지구화론hyperglobalization이다. 과대 지구화론자들은 민족국가가 더 이상 존립이 불가능한 단위가 되어 버린 새로운 시대가 도래하고 있다고 주장한다. 둘째, 회의론懷疑論이다. 회의론자들은 지구화가 신화이고 사실상 현대 세계에서 진행되고 있는 변화는 국가들 사이의 상호 작용이 심화된 국제화라고 주장한다. 셋째, 변환론이다. 변환론자들은 지구화가 세계질서의 근본적 변환을 추동하고 있음을 인정하면서, 지구화의 향후 궤적에 대한 전망에는 주의를 기울인다.

이 삼각의 대립 구도는 국제정치 이론을 둘러싼 자유주의, 현실주의, 제3의 길의 대립과 유사하다. 이 세 견해 사이에는 대단히 복잡한 논쟁점—지구화의 기원 및 인과적 역학, 지구화의 의미, 지구화의 경험적 증거, 지구화의 진보성, 지구화의 미래 등등—이 있다. 이 글에서는 지구화가 국제정치 구조를 변화시키고 있는가, 또는 지구화가 민족국가의 위상에 변화를 초래하면서 민

---

17 자크 르 고프, 최애리 옮김, 『연옥의 탄생』(서울: 문학과지성사, 1995); 마거릿 버트하임, 박인찬 옮김, 『공간의 역사』(서울: 생각의 나무, 2002); 알버트 바라바시, 강병남·김기훈 옮김, 『링크: 21세기를 지배하는 네트워크 과학』(서울: 동아시아, 1995).
18 데이비드 헬드·앤터니 맥그루·데이비드 골드블라트·조너선 페라턴 외, 조효제 옮김, 『전 지구적 변환』(서울: 창작과비평사, 2002). 지구화에 관한 다양한 해석들과 다양한 분야에서 나타나고 있는 지구화 현상에 관한 글 모음으로 여섯 권으로 편집된, R. Robertson and K. White eds., *Globalization: Critical Concepts in Sociology* (London: Routledge, 2003)를 참조할 수 있다.

족국가를 대체할 수 있는 새로운 정치적 공간을 창출하고 있느냐는 쟁점에만 주목한다. 과대 지구화론은 정보 통신 기술의 발전과 그에 기초한 초국가적 생산, 무역, 금융의 확산과 같은 경제적 지구화로 인해 민족국가의 역할이 감소되고 있고 결국에는 민족국가가 사멸할 것이라고 주장한다. 회의론은 현실주의와 유사하다. 회의론자는 국제화가 민족국가들 사이의 게임 결과라고 주장한다. 특히, 회의론자는 패권국가인 미국이 국제화를 주도하고 있다고 생각한다. 지구화는 '미국화'—코카콜라화 또는 맥도날드화—의 다른 이름일 수 있다. 미국의 이익과 관련되지 않은 지역들은 지구화의 소외 지대가 되어 가고 있다. 따라서 지구화는 적확한 표현이 아닐 수 있다. 변환론은 지구화로 말미암은 국가 기능의 재편에 주목한다. 변환론은 과대 지구화론과 회의론의 중간 지점에 서 있다. 과대 지구화론자처럼 민족국가의 사멸을 주장하지는 않지만, 유럽연합이나 세계무역기구WTO, World Trade Organization(이하 WTO)나 국제통화기금IMF, International Monetary Fund(이하 IMF)과 같은 국제기구로 또는 민족국가의 하부 단위인 지방정부로 민족국가의 주권이 이전되는 현상이 발생하고 있다는 것이다(이 대립 구도는 흥미롭게도 기존의 좌우 균열을 넘어서고 있다. 예를 들어 좌파 가운데서도 과대 지구화론자가 있고 이들은 지구화에서 세계혁명의 가능성을 읽는 반면, 좌파 회의론자는 여전히 일국 차원에서의 변혁이 중요하다고 주장한다).

사실 지구화가 국제정치의 모든 것을 변화시켰다는 주장이나 아무것도 변화시킨 것이 없다는 주장 모두 지구화의 한 측면만을 바라보는 입장이라고 할 수 있다. 절충적이지만 변환론이 설득력이 있는 것도 이 때문이다. 선험적 재단은 위험할 수 있다. 그럼에도 국제정치학자들이 동의하는 시대구분 하나가 냉전 시대와 탈냉전 시대의 구분이다. 현실주의자들은 예나 지금이나 힘의 정치가 여전히 관철되고 있다고 주장하지만, 냉전 시대와 탈냉전 시대의 국제정치가 일정한 차이를 보이고 있음은 사실이다. 냉전 시대에는 미국과 소련 두 초강대국의 대립 속에서 지구상의 국가들 대부분이 미국 또는 소련을 선택하든지 또는 어느 한편의 강제에 따라 미국 또는 소련과 동맹을 체결함으로써, 비교적 안정적인 세력균형을 유지했다. 이것이 이른바 양극체제다. 현실주의자들은 국제정치의 지배적 행위자가 둘뿐인 양극체제를 대단히 안정적인 체제로 생각했다. 그 균형은 미국과 소련이 보유한 핵폭탄에 의해 유지되는 '공포의 균형'이었다. 그 균형이 불완전하지만 최상의 평화였다는 것이 현실주의자의 주장이다. 그러나 냉전 시대가 평화의 시대였다는 해석은 올바르지 않을 뿐만 아니라 '서구 중심적'이고, '강대국 중심적'이다. 과거와 같은 세계대전이 유럽과 미국에서 발생하지는 않았지만, 한반도, 베트남, 아프가니스탄, 앙골라, 니카라과 등지에서는 수백만의 사람이 전쟁으로 희생되었다. 한 통계에 따르면 현실주의자들이 평화의 시기라고 말하는 1960년부터 1982년까지 전쟁으로 희생된 사람이 무려 1,100만 명이었다. 이 많은 희생을 보고도 냉전 시대를 비교적 안정된 평화의 시기라고 묘사한다는 것이 그저 놀라울 뿐이다.

냉전 시대는 1989년 베를린장벽이 무너지고 1991년 소련이 붕괴되면서 끝이 났다. 미국인 학자 후쿠야마F. Fukuyama는 인류가 이제는 더 이상 자유민주주의와 자본주의 이외의 대안을 찾을 필요가 없다고 주장하면서, '역사의 종언'이라는 과감한 테제를 제출하기도 했다.[19] 달리 표현하면, 미국적 문명을 대체할 어떤 문화나 문명도 존재하지 않는다는 것이다. 탈냉전 시대 미국의 단극 패권은 이제 절대정신의 옷을 입게 되었다. 그러나 역사는 끝이 나지 않은 것처럼 보인다. 탈냉전 시대에 미국 단극 패권에 대한 시험은 계속되고 있다.[20] 이라크의 쿠웨이트 침공으로 촉발된 1990년 걸프Gulf 전쟁은 미국의 단

---

[19] 프랜시스 후쿠야마, 이상훈 옮김, 『역사의 종말: 역사의 종점에 선 최후의 인간』(서울: 한마음사, 1992).
[20] 단극체제의 안정성에 관한 간략한 논의로는 함택영·백창재·구갑우, "국제관계," 김세균·박찬욱·백창재 편, 『정치학의 대상과 방법』(서울: 박영사, 2005), pp. 436-440 참조.

극 패권 아래에서도 국제연합을 매개로 한 국제 협력의 가능성을 여는 것처럼 보였다. 그러나 유고슬라비아연방 해체 이후 발생한 여러 전쟁에서 국제연합은 제 기능을 발휘하지 못했고, 코소보 전쟁에서 미국과 북대서양조약기구 NATO의 이른바 인도적 개입은 국제연합의 승인 없이 이루어졌다. 인도적 개입이 정의의 전쟁이라고 하더라도 그 정의가 패권국가에 의해 일방적으로 정의될 때, 그것은 정의의 전쟁이 아니라 패권국가가 자기 이익을 극대화하기 위해 벌이는 전쟁으로 전락할 가능성이 크다.

9·11을 계기로 미국은 잠재적 적을 실제의 적으로 간주할 수 있게 되었고, 대외 정책에 있어서도 다자주의적 multilateral 접근에서 일방주의적 unilateral 접근으로 전환하기 시작했다. 냉전 종언 이후 미국의 유력한 정치학자인 헌팅턴S. Huntington은 탈냉전 시대에는 경제적·이데올로기적 대립이 아니라 인종적·종교적 신념의 차이에서 발생하는 문명의 '충돌'이 갈등의 원천일 것이라고 예견한 바 있다.[21] 대표적 문명이 기독교-서구 문명과 이슬람 문명과 유교 문명이다. 미국이라는 단극 패권국가가 만약 후쿠야마가 주장한 것처럼 자본주의와 자유민주주의를 보편적 가치로 내세우고 그것을 힘으로 강제하고자 한다면, 이 충돌은 현실로 나타날 수밖에 없다. 후쿠야마는 심지어 '이슬람적 파시즘'이라는 용어까지 사용하고 있다. 미국은 적이 사라진 탈냉전 세계에서 새로운 적을 만들어 왔다. 부시 대통령이 이라크, 이란, 북한을 악의 축으로 규정한 것도 이 맥락에서 이해할 수 있다. 이 새로운 적의 존재는 패권국가인 미국이 자신의 영향력을 확대할 좋은 명분이 된다.

9·11 이후 미국이 전개하고 있는 테러와의 전쟁은 탈냉전 시대에 나타나고 있는 안보 딜레마의 새로운 모습이다. 미국은 가시적인 '깡패국가'뿐만 아

---

21 사무엘 헌팅턴, 이희재 옮김, 『문명의 충돌』(서울: 김영사, 1997).

니라 비가시적인 네트워크 형태로 존재하는 테러 조직과도 전쟁을 수행해야 한다. 따라서 안보 딜레마의 강도가 높아질 수밖에 없다. 스웨덴의 스톡홀름 국제평화연구소SIPRI의 연감에 따르면, 미국의 군사비는 2000년 2,888억 달러에서 2007년 4,627억 달러로 증액되었다. 미국은 2009년까지 국방 예산을 5,027억 달러로 늘릴 계획이라고 한다(2000년 한국의 국내총생산이 4,572억 달러였다). 미국의 국방비는 미국이 이른바 불량국가라고 규정한 북한, 쿠바, 이란 등 7개국 국방비 총합의 26배에 달하여, 국방비 지출 2위부터 25위 국가들의 국방비 총액과 거의 맞먹는 국방비를 지출하고 있다. 세계 모든 국가들의 국방비를 합친 것보다 미국의 국방비가 더 많아질 날도 멀지 않은 것처럼 보인다. 테러와의 전쟁이 격해진다면, 미국의 국방비는 더욱 증가할 것이다. 또한 미국 국방비의 증가에 따라 미국의 적국뿐만 아니라 동맹국의 군사비도 증가할 가능성이 있다. 빈곤을 퇴치하는 것이 무엇보다도 우선 과제일 개발도상국에서도 냉전 이후 국방비가 증가하고 있음을 보여 주는 자료도 있다.

그렇다면 미국의 국방비가 증가하면 할수록 미국의 안보 및 세계 안보의 상태가 좋아지는 것일까? 그렇지 않을 것이다. 미국의 미사일 방어 계획은 세계적 차원에서 군비경쟁을 가속화할 수 있는 요인이다. 미국의 미사일 방어 계획이 러시아와 중국과 같은 대국들의 핵전력을 증강하게 만들고 그에 따라 인도나 파키스탄과 같은 국가가 그에 상응할 정도로 핵 경쟁에 참여한다면, 미국이 지불해야 할 실질적 비용은 엄청나게 증가할 것이다. 또한 총알을 총알로 막겠다는 미사일 방어 계획의 기술적 가능성도 그렇게 크지 않다. 미국의 상대국들은 완벽하게 작동하는 미사일 방어 계획을 무력화할 수 있는 새롭고 완벽한 공격용 무기를 만드는 일에 착수할 것이다. 탈냉전 시대에 벌어지는 군비경쟁은 미국의 안보에도 세계 안보에도 이롭지 않을 것이다.

그렇다면, 미국은 왜 그렇게 군사력 증강에 집착하는 것일까? 현실주의자들은 힘의 정치 논리로 설명하려 할 것이다. 지구화를 둘러싼 논쟁에서 볼 수 있듯이 회의론자나 현실주의자들은 정치 영역이 경제 영역으로부터 분리된 자율적 영역이라고 생각하고 있다. 따라서 군비 증강의 경제적 이익은 그들의 논의 대상이 아니다. 그러나 현실주의와 마찬가지로 직관을 사용해 본다면, 경제적 손실을 야기하는 군비 증강이란 있을 수 없다. 즉 자본주의의 이윤 극대화 논리를 고려하지 않고 민족국가들 사이의 게임을 설명하는 것은 어려울 수 있다. 이 둘의 연관을 해명하는 것이 자본주의와 자유민주주의의 최종적 승리가 운위되는 탈냉전 시대 국제정치학의 과제일 수 있다. 1961년 미국의 아이젠하워(D. Eisenhower) 대통령이 퇴임식에서 경고했던 것처럼, 군산복합체의 영향력을 고려하지 않고 미국의 군사적 팽창을 설명하기란 어려울 것이다. 다른 한편 우리는 지구경제에서 생산요소의 자유로운 이동을 보장하기 위해서도 안보가 필요하다는 사실을 생각해야 한다. 지구경제를 주도하고 있는 미국 자본의 입장에서 안보는 지구경제를 위한 필수적 전제 조건일 수 있다. 9·11의 효과 가운데 하나는 미국적 지구화를 계속 추진하기 위해서도 안보가 필요하다는 교훈일 것이다. 그러나 미국이 주도하는 전쟁이 지구경제의 안전적 발전을 위한 조건을 창출하지 못한다면, 미국은 심각한 딜레마에 직면하게 될 것이다.

2. 대안

평화를 위해 전쟁이 필요하다는 논리를 어떻게 이해할 수 있을까? 평화를 얻기 위해서는 전쟁을 하는 것 이외의 방법은 없는 것일까? 만약 다른 대안이 있다 하더라도 세계의 유일 패권국가인 미국의 힘, 특히 군사주의적 논리를 제어하는 것이 가능할까? 사실 이 질문은 가능한 것의 예술로서 정치가 아니라 "불가능한 것의 예술"로서 정치를 다시 생각할 때에만 성립 가능하다. 즉 가능하지 않을 수도 있다는 말이다. 그러나 힘이 곧 전지전능한 신은 아니다.

우리는 힘을 제어할 수 있는 방법을 개발해 왔다. 그것이 바로 민주주의다. 국제 세계에서 민주주의를 도입하는 것은 쉽지 않은 일이다. 그럼에도 국제사회에서 민주주의를 상상할 수 없다면, 국제 세계는 홉스적 자연 상태가 유지되는 비극의 세계가 될 수밖에 없다. 힘의 정치를 벗어날 수 있는 몇 가지 대안을 제시해 본다.

첫째, 미국 내부의 변화야말로 미국의 군사주의적 논리를 제어할 수 있는 중요한 힘이다. 우리는 클린턴 행정부 시절 한계가 있기는 했지만 미국이 국제기구를 매개로 국제 협력을 도모했음을 알고 있다. 미국적 제3의 길이다. 클린턴 행정부는 빈곤한 국가들을 지원함으로써 그들이 평화에의 여정에 동참하게 하는 것이 힘의 정치보다 더 적은 비용이 드는 정책이라고 주장한 바 있다. 언론에서 흔히 사용하는 표현인 강경파와 온건파의 대립이 미국 내에 존재한다. 9·11이 미국 내부에 강한 민족주의와 애국주의 정서를 심화시키고 있음은 사실이다. 희생자의 논리는 미국의 군사주의화를 정당화하는 힘이다. 다른 한편 미국 내부에서 평화운동도 강력하게 진행되고 있다. 네이더[R. Nader]와 같은 미국의 시민운동가들은 부시 행정부가 석유 업계와의 유착 관계 때문에 이라크를 침공하려 한다고 비난한 바 있다. 미국식의 보편적 가치에 깔린 경제적 이해관계에 대한 비판이다. 9·11 테러 유가족들이 결성한 평화운동 단체인 '평화로운 내일'[Peaceful Tomorrows]은 미국의 이라크 침공이 "이미 억압 속에 고통받고 있는 사람들에게 더 많은 죽음과 불행, 좌절을 안겨 줄 것"이라고 경고하면서, "자신의 이름으로 전쟁을 하지 말라"고 호소하기도 했다.[22] 미국 내부에서 평화적 방법으로 지구적 문제를 해결하고자 하는 세력에게 힘을 실어 줄 수 있는 방안을 강구할 필요가 있다.

---

22 www.peacefultomorrows.org 참조.

둘째, 국제기구의 민주화를 비롯한 세계주의적 대안을 적극적으로 모색해야 한다. 이 대안은 자유주의와 마르크스주의 사이의 제3의 길이라고 할 수 있는 사회민주주의와 급진적 민주주의의 국제화라고 할 수 있다. 이 세계주의적 해결책은 다양한 민주주의—자유민주주의, 직접민주주의, 참여민주주의—를 국제사회에 적용하는 것이다. 이 세계주의적 해결책은 '위로부터' 그리고 '아래로부터' 전개될 수 있다. 세계질서를 관리하는 국제기구의 민주화 및 개혁은 위로부터의 대안이다. 국제기구가 권력정치의 도구임을 부정할 수는 없지만, 다른 한편 지구적 의제를 다루는 공론장公論場의 역할을 한다. 미국의 외교정책과 국제연합의 정책을 동일시할 수는 없다. 국제연합이 미국의 입김으로부터 자유롭지는 못하지만 미국의 도구는 아니다. 국제연합이 설정한 인류의 보편적 가치와 미국이 설정한 보편적 가치는 차이를 보일 수밖에 없다. 국제연합을 비롯한 국제기구의 정책 결정 과정에서 주권의 평등과 상호 인정을 실현하는 것은 미국의 일방주의적 정책을 제어할 수 있는 중요한 힘이 될 수 있다.

지구화의 전개와 더불어 우리는 "자율적 행동의 영역"으로서 지구시민사회가 형성되고 있음을 본다. 이 시민사회는 강대국과 자본이 지배하는 국제정치를 전복시킬 수 있는 대항 헤게모니가 될 수 있다. 이 지구시민사회의 운동은 세 가지 형태로 범주화할 수 있다.[23] 첫째, 평화, 인권, 환경, 민주주의와 같은 보편주의적 가치에 기반을 둔 사회운동이 있다. 둘째, 자본주의적 세계질서가 야기하고 있는 사회적 불평등—실업, 빈곤, 부채—을 제거하고자 하는 사회운동이다. 셋째, 생산의 영역에서 나타나는 불평등을 제거하고자 하는 노

---

[23] Robert Cox with M. Schechter, *The Political Economy of a Plural World: Critical Reflections on Power, Morals and Civilization* (London: Routledge, 2002), ch. 6. 지구화, 국제정치(경제), 국가와 시민사회의 관계에 대한 자세한 논의는 이 책의 제3부를 참조.

동운동이 있다. 이 사회운동들의 접합 및 연대야말로 21세기 국제정치의 목표인 세계민주주의 실현을 위한 원동력일 것이다. 2001년부터 브라질의 포르투 알레그레Porto Alegre에서 "다른 세계가 가능하다"Another World is Possible는 구호를 내걸고 시작된 '세계사회포럼'World Social Forum은 다양한 사회운동의 접합과 연대를 실험하는 장이기도 하다.[24] 우리는 미국의 이라크 침공 가능성이 점점 커지고 있던 2003년 2월, 세계인의 50% 이상은 "어떤 상황에서도 (전쟁을) 반대한다"는 의사를 밝히기도 했다. 수백만의 세계시민이 미국의 이라크 침공을 반대했던 것이다. 지구적 문제에 대한 대중과 엘리트 사이의 의견 차이를 보여 주는 부분이다. 우리는 냉전 시대의 세력균형이 사라진 자리에 새로운 세력균형이 아니라 미국의 일방주의적 정책에 반대하는 전 지구적 대중의 연합체와 미국의 군사주의적 성향을 가진 엘리트의 대립이 들어서고 있음을 본다.

셋째, 새로운 대안 모색을 위해서는 국제정치의 인식적 기반을 전복하는 혁신적 사유가 필요하다. 헌팅턴의 문명 충돌론에서 적나라하게 나타나듯 주류 국제정치학의 저변에는 오리엔탈리즘orientalism이 잠재해 있다. 오리엔탈리즘은 서구와 비서구를 구분하고 비서구에 좋은 것을 서구는 알고 있고 따라서 비서구는 서구로부터 가르침을 받아야 하는 대상으로 전락시키는 인식의 논리다.[25] 헌팅턴이나 후쿠야마에게 기독교 문명 이외의 문명은 야만일 뿐이다. 따라서 다양한 문화와 문명을 관용할 수 있는 인식의 혁명이 발생하지 않는

---

24 브라질 노동자당이 시정부를 구성했던 포르투 알레그레는 시민이 직접 참여하여 예산을 결정하는 모형을 만들어 낸 도시다. 9·11 직후 영국의 유력 일간지 가운데 하나인 『파이낸셜 타임즈』는 9·11이 지구화에 반대하는 대중운동을 중단시켰다고 보도했지만, 9·11 테러에도 '불구하고' 지구시민사회의 지구화 비판은 지속되고 있다. 헬무트 안하이어·메어리 칼도어·말리스 글라시우스, 조효제·진영종 옮김, 『지구시민사회: 개념과 현실』(서울: 아르케, 2004).

25 에드워드 사이드, 박홍규 옮김, 『오리엔탈리즘』(서울: 교보문고, 1991); 강상중, 이경덕·임성모 옮김, 『오리엔탈리즘을 넘어서』(서울: 이산, 1997).

한, 문명의 충돌을 빌미로 한 현실주의적 국제정치가 계속될 수밖에 없다. 또한 우리는 안보와 평화와 같은 국제정치의 주요 개념에서도 인식의 전환을 수행해야 한다.[26] 현실주의 이론에 따르면 안보의 대상, 즉 "안전하게 보호되어야 하는 대상"은 영토적으로 정의되는 정치 공동체이고 그 목적을 추구하는 행위자는 국가다. 그러나 국가 안보를 절대화하는 것은 수단과 목적을 혼동하는 것이다. 안보의 궁극적 대상은 "사회 속에 존재하는 개인"이고 "구체적 장소에 존재하는 구체적 사람"이어야 한다. 따라서 인간의 해방과 안보는 불가분의 관계를 맺게 된다. 더불어 정치군사적 안보와 경제적 안보와 인간 안보를 결합한 '포괄적comprehensive 안보'의 개념도 새로운 안보 인식에 도움이 된다. 평화는 전쟁이 없는 상태로서의 '소극적 평화'와 정치경제적·사회문화적 불평등이 제거된 상태로서의 '적극적 평화'로 구분할 수 있다. 현실주의자들은 소극적 평화만을 추진할 뿐이다. 우리는 진정한 평화를 가능하게 할 수 있는 근본적 조건을 탐구해야 한다.

IV. 한반도의 국제정치: 평화를 위하여

2002년 6월, 월드컵 열풍이 한반도 남단을 휩쓸었다. 이 월드컵을 계기로, 민주화와 사회변혁을 위한 전장戰場이 축제의 광장廣場으로 변모했다. 전장과 밀실密室의 세대들도 소망했던 변화이기는 했지만, 그들은 다른 것도 아닌 축

---

[26] 구갑우, 『비판적 평화연구와 한반도』(서울: 후마니타스, 2007), pp. 17-32.

구를 통해 그렇게 갑자기 광장이 가까이 다가올 수도 있음을 상상하기는 어려운 세대였다. 그러나 축구의 역사를 보면, 또는 좀 더 친숙한 우리 주변의 지역 연고를 가진 프로야구를 보면, 스포츠가 다양한 계급과 계층이 서로의 이해관계를 초월하여 국민적 또는 민족적 정체성 또는 지역적 일체감을 공유하게 하는 중요한 도구 역할을 하고 있음을 쉽게 알 수 있다. 월드컵이나 올림픽과 같은 '국가 대표' 대항전이야말로, 신문과 방송에서는 항상 '혈전'血戰과 같은 전쟁의 수사가 사용되기는 하지만, 전쟁이 아닌 평화적인 방법으로 국민과 민족을 국민을 상상하고 내면화하게 하는 근대적 발명품이다. 즉 민족적 정체성을 자극하는 월드컵은 평화적 방법으로 진행되는 근대 국제정치의 한 측면이라고 할 수 있다. 2002년 6월 한반도 남단의 광장에서는 과거처럼 민족이 엄숙하게 상상되지는 않았다. 독립운동의 비장함도 국립묘지나 국기 게양대와 같은 조형물의 낯섦도 없이 국민의 축제가 진행되었다는 점에서 2002년 6월의 광장은 한반도 남단에서 특별한 의미를 가질 수 있다.

2002년 11월 그 광장에서 '촛불 시위'가 벌어졌다. 촛불 시위의 주제는 주한미군 장갑차에 의해 희생된 여중생을 추모하고 미국의 반성을 촉구하는 것이었다. 월드컵의 열기에 놀란 세대에게는 더더욱 큰 충격이었다. 감히 반미라니! 한국과 미국에서 이 시위에 불편한 심기를 드러내는 사람도 있었다. 미국은 1950년 전쟁 때 그리고 경제개발의 시기에 한국은 '아버지'가 필요하지 않았는가라는 고압적인 질문을 던지기도 했다. 힘의 정치가 모든 것을 결정한다는 현실주의를 신봉하는 이들에게 이 질문은 당연한 것처럼 보일 것이다. 그러나 현실주의자들은 현실을 잘못 읽고 있는 것처럼 보인다. 촛불 시위의 광장에서 한국 국민이 요구하는 것은 주권의 평등과 상호 인정에 기반을 둔 한미 관계다. 보수층이 걱정하는 것처럼 반미일 수도 있지만, 좀 더 중요한 것은 이제 한국 국민이 미국에 대한 '객관적 인식'을 시작했다는 점이다. 한반도의 국제정치가 몇몇 엘리트에 의해 주도되지 않을 수 있음을 보여 주었다는 점에서 2002년의 촛불 시위는 한국의 국제정치사에서 획기적인 전환점으로 기록될 수 있을 것이다.[27] 문제는 2002년의 월드컵과 촛불 시위를 통해 촉발된 국제적·국내적 맥락의 시민적·국민적 정체성이 소수자 및 다른 국민과의 열린 대화를 가능하게 하는 '우리'라는 일체감을 확인하는 것으로 발전할지의 여부다. 이것은 우리의 시민사회와 정치사회에 부과된 중요한 과제 가운데 하나다.

2002년 11월의 촛불 시위에 대한 국내외의 우려는 한반도가 여전히 냉전을 벗어나지 못했음을 말해 주는 것이었다. 한반도의 분단, 즉 한반도 문제는 국제 문제다. 한반도에 여전히 잔존하고 있는 냉전적 적대 관계는 한반도의 두 '국가'에 대한 주변 국가의 상호 인정이 아직 이루어지지 않고 있는 데서도

---

[27] 2008년 5~7월의 촛불 시위'도' 한미 관계가 촉발 요인이었다. 미국산 쇠고기의 수입을 둘러싼 한국 정부의 졸속 협상에 대해 한국의 시민사회는 다시금 촛불 시위로 저항했다. 그러나 2008년의 촛불 시위는 2002년의 촛불 시위처럼, 국제관계와 국내정치가 연계되어 있음을 보여 주었지만, 2002년의 촛불 시위와는 질적으로 구분되는 다른 '사건'일 수 있다. 2008년의 촛불 시위는 보수·우파의 시대, 즉 진보·좌파의 위기의 시대에 등장한, 누구도 예측하지 못한 사건이었다. 진보·좌파의 위기에 걸맞게, 2002년의 촛불 시위와 달리 이른바 '배후'를 찾기도 어렵다. 다음 아고라에 뜬 글처럼, "계몽은 독이다. …… 독이 퍼지면 촛불은 서서히 숨을 거"둘 수 있다. 이 사건은 전위와 대중, 지식인과 민중, 활동가와 시민의 이분법을 폐기하게 한다. 2008년의 촛불 시위는 국가권력에 저항하는 다중(多衆)의 축제이자, '다중 지성'의 실재를 증명한 '사건'이었다. 촛불 시위 속에서 '차이'를 가진 대중은 '하나'가 되었다. 사건의 의미는 하나로의 호명이었다. 즉 2008년 촛불 시위는 다름의 인정에 기초한 같음을 만들었다. 인터넷은 다중의 집합적 창발성을 창출한 매개체였다. 웹 2.0 시대의 구호인 개방, 공유, 연대가 촛불 시위에 담겨 있었다. 그러나 다중(우리)은 다중(우리)의 이름을 가지고 있지 않다. 왜 다중인가, 왜 국민, 시민, 계급이라는 전통적 호칭이 아니라, 그리고 촛불 시위에서 불러졌던 '대한민국 헌법 제1조'는 분명 국민을 이야기하고 있는데, 왜 다중일까라는 질문이 제기될 수밖에 없다. '주체'의 형성과 관련한 쟁점이다. 이 쟁점은 촛불 시위의 '해석자들'이 촛불 시위에서 대의제 민주주의의 위기와 삶 정치의 의제화를 읽는 것과 연관되어 있다. 해석자들은 촛불 시위 '그 다음'에서 차이를 보인다. '그 다음'을 이어갈 주체의 문제다. 정당 정치의 재활성화를 통해 민주주의의 진전을 요구하는 세력과 국가를 경유하지 않는 민주주의를 탐색하는 세력의 분기다. 2008년의 촛불 시위는 한편으로 보수·우파 헤게모니의 위기를 상징한다. 다른 한편으로, 진보·좌파는 2008년 촛불 시위에서 자신의 위기를 미봉하지 않으면서 자신의 길을 물어야 한다. 1987년의 민주화만큼이나 2008년 촛불 시위는 한국의 역사에서 분수령적 사건이 될 것이다.

명확히 드러난다. 미국과 일본은 북한을 국가로 승인하지 않고 있다. 북한은 냉전의 고도孤島고, 한반도는 정전停戰 상태다. 한반도 평화 과정을 설계하는 과정에서 미국을 배제할 수 없는 현실이다. 북미 관계에 남한은 보조적 행위자로 개입하고 있는 것처럼 보이기도 한다. 다음으로 남북한 관계의 국제정치적 성격을 이야기할 수 있다. 통일 장전이라 불리는 "남북기본합의서"에 따르면 남북한 관계는 국가 대 국가의 관계가 아니라 통일을 지향하는 과정에서 잠정적으로 형성된 특수한 관계다. 즉 남북한 관계는 국가 대 국가의 관계이면서도 민족적 정체성을 공유하는 특수한 관계일 수 있다. 남북한 관계의 역사를 보면, 현실주의자들이 국가 대 국가의 관계에서 나타나는 보편적 현상이라고 주장했던 안보 딜레마가 반복되고 있음을 본다. 남북한은 입으로는 평화통일을 이야기하면서도 군비경쟁을 지속해 왔다.

한반도의 평화 과정을 설계하기 위해서는 한반도를 둘러싼 국제정치와 한반도 내부의 국제정치를 동시에 고려해야 한다. 의식적이든 무의식적이든 어떤 국제정치 이론에 입각해 한반도 현실을 바라보는가가 한반도 평화 과정의 설계에서 중요한 의미를 가질 수밖에 없다. 현실주의에 입각할 때, 한반도의 평화는 군사력 균형을 통한 억지 이상의 의미를 가지기 힘들다. 또는 단극 시대 패권국가인 미국의 힘의 우위를 바탕으로 미국과 균형을 이룰 만한 국가의 등장을 사전에 방지하려는 위협적·일방적 정책의 지속으로 전쟁 없는 상태를 유지하는 것이다. 사실 김대중 정부의 대북 화해·협력 정책 이전까지만 해도 현실주의가 남북한 관계 및 한반도를 둘러싼 국제정치를 바라보는 지배적 시각이었다. 김대중 정부의 햇볕정책은 남북한 관계를 둘러싼 논쟁을 야기했다. 그 논쟁은 미국적 국제정치 이론에서 현실주의와 자유주의의 논쟁과 유사한 주제를 가지고 전개되었다.

현실주의와 자유주의 논쟁 가운데 남북한 관계에서 의미를 가질 수 있는 주제는 다음과 같다: 남북 협력의 역전 가능성, 상대 이득 대 절대 이득, 국가 목표의 우선성, 의도 대 능력, 상호주의.[28] 현실주의자는 국가 간 협력이 그것이 언제든지 역전될 수 있다고 생각한다. 예를 들어, 남북한의 군사적 충돌이 발생하면 경제협력이 이루어지더라도 그것이 폐기될 수 있다는 것이다. 현실주의자는 국가 간 협력으로 이득이 발생하더라도 국가들은 그 이득의 분배에 더 많은 관심을 가진다고 본다. 반면 자유주의자는 협력을 통해 발생한 절대 이득에 주목한다. 국가 목표와 관련하여 현실주의자는 안보를 최우선의 목표로 설정하지만 자유주의자는 안보의 중요성을 인정하면서도 경제적 이득의 증진이 국가 목표로 설정될 수 있다고 생각한다. 현실주의자는 아무리 좋은 의도가 있더라도 결국은 군사적 능력에 의해 국가 간 관계가 결정된다고 생각한다. 상호주의에 있어서도 현실주의자는 엄격한 교환 형태의 상호주의를 가정한다. 반면, 자유주의자는 일정한 시간적 지체가 발생하는 상호주의를 인정하고 더불어 평화와 같은 비가치재와 식량이나 비료와 같은 가치재가 교환될 수 있다고 생각한다.

    자유주의적 시각이 한반도 평화를 위해 좀 더 바람직한 대안을 제공해 줄 수 있다. 그러나 현실주의자의 비판처럼 좋은 의도가 반드시 좋은 결과를 가져오는 것은 아니다. 남북한 관계에서 간헐적으로 발생하는 군사적 충돌은 남북한의 화해와 협력을 방해하는 요인이기도 하다. 남한의 변화에 조응하는 북한의 변화가 일어나지 않을 경우 자유주의적 평화 과정이 중단될 수 있다. 남한의 국내 정치가 자유주의적 평화 과정을 지지하지 않는다면, 즉 남남南南 갈등이 폭발한다면, 그 평화 과정이 또한 중단될 수 있다. 미국 변수는 한반도 평화 과정의 결정적 변수로 기능하고 있다. 한반도 평화 과정의 방정식은 북한

---

28 D. Baldwin ed., *Neorealism and Neoliberalism: The Contemporary Debate* (NewYork: Columbia University Press, 1993).

변수, 국내 변수, 미국 변수를 모두 고려해야 하는 다원 고차방정식이다. 우리가 분단체제의 현상 유지를 넘어서는 평화를 추구하고자 한다면, 우리는 이 복합적 변수의 제약 속에서 행위자의 자율성을 극대화하는 방안을 모색해야 한다. 행위자의 선택이 결국은 한반도를 둘러싼 국제정치 구조를 변경시킬 수 있는 힘이기 때문이다. 여기서 행위자의 선택은 구체적 상황에서 구체적 문제의 해결을 위해 자원을 동원할 수 있는 능력이다. 이 능력을 물질적 능력으로 환원할 수는 없다. 우리는 힘의 비대칭이 분명한 상황에서도 지혜로운 행위자의 능력이 발휘되는 것을 보기도 한다. 남북한 관계가 북미 관계에 종속적일 수 있지만 우리의 선택에 따라 남북한 관계의 미래는 바뀔 수도 있다. 남북한이 합의를 통해 한반도의 평화 과정을 진행한다고 할 때 냉전과 같은 진영 대립이 사라진 상황에서 미국을 비롯한 주변 국가가 명시적 반대 의사를 밝히기는 어려울 것이다.

한반도의 평화 과정은 단순히 전쟁이 없는 상태로서의 소극적 평화를 얻는 것 이상이어야 한다. 적극적 평화의 개념이 제시하듯 한반도 두 국가 내부에서 정치경제적·사회문화적 불평등을 제거하는 것이야말로 한반도 평화를 위한 필수 조건이라는 인식의 전환이 필요하다. 자유주의에서 한 걸음 더 나아갈 필요가 있다. 이를 위해서는 무엇보다도 한반도의 평화와 통일을 논의할 수 있는 공론장의 건설이 중요한 의미를 지닐 수 있다. 이제까지 이 공론장은 국가와 자본이 주도했다. 다양한 시민사회의 행위자들이 국내적 불평등과 한반도의 평화를 연계하는 담론들을 제공할 때, 비로소 이 공론장을 통해 한반도의 평화와 통일을 여는 '새로운 역사적 주체'의 형성이 가능할 것이다.

마지막으로 한반도의 평화 과정은 보편적 가치인 세계 민주주의의 확산에 기여하는 것이어야 한다는 점을 지적하고 싶다. 우리의 국제정치학은 대부분의 사회과학이 그러하듯이 수입된 언어로 우리의 이야기를 해 왔다. 우리는 처음에는 일본이 번역한 언어로 이후에는 미국이 발명한 용어로 공부를 해 왔다. 우리가 쓰는 대부분의 개념어들은 일본이 서구의 용어를 번역한 것들이다. 우리에게 번역의 고투는 없었다.[29] 세계 민주주의를 이야기하면서 이 언어의 수입을 지적하는 이유는 이 언어가 우리를 알게 모르게 서구를 잘못 읽게 만들었고, 다른 한편 서구를 숭배하고 모방하는 오리엔탈리즘의 덫에 빠지게 만들었다는 것이다. 우리의 조상들에게 조선은 야만이었고 서구는 문명이었다. 서구는 우리를 오리엔탈리즘의 시각으로 바라보고 있고, 우리는 예를 들어 북한이나 제3세계를 오리엔탈리즘의 시각으로 바라보고 있다. 남한에 들어와 있는 외국인 노동자나 탈북자를 대하는 우리의 태도를 보라. 우리 스스로 이 오리엔탈리즘의 한계를 넘어서야 한다. 한반도의 국제정치에서 이 오리엔탈리즘을 넘어서는 작업은 한반도 평화 과정을 세계적 수준에서의 반전·반핵 평화운동, 군축운동의 한 부분으로 자리 매김시키는 것이다. 평화를 위한 국제 연대를 형성할 때, 한반도의 평화 과정은 국제정치의 진보를 위한 중요한 구성 요소가 될 수 있다.

---

[29] 일본의 고투는 야나부 아키라, 서혜영 옮김,『번역어 성립 사정』(서울: 일빛, 2003); 마루야마 마사오·가토 슈이치, 임성모 옮김,『번역과 일본의 근대』(서울: 이산, 2000) 참조.

제2장

비판적 국제관계 이론의 모색

I. 문제 설정

마르크스의 "포이어바흐에 관한 테제" 11번의 '철학자'를 '국제관계 학자'로 바꾸면, 비판적 국제관계 이론의 문제의식을 압축적으로 표현할 수 있다. "이제까지 국제관계 학자들은 다양하게 세계를 해석해 왔을 뿐이다. 그러나 문제는 세계를 변화시키는 것이다." 즉 비판적 국제관계 이론은 지금-여기에 '있는 것'에 대한 분석을 통해 '있어야 할 것'과 '없어져야 할 것'을 제시하려 한다. 따라서 비판적 국제관계 이론가들에게 '국제적인 것'the international을 이론화하는 작업은 세계를 변혁하기 위한 의식적 '실천'과 동의어다. 비판적 국제관계 이론과 현실주의를 비롯한 주류 국제관계 이론의 근본적 차이가 바로 여기에 있다. 주류 국제관계 이론은 실천 그 자체를 고려하지 않거나 또는 현상을 정당화하는 실천으로 스스로를 자리 매김한다. 예를 들어 현실주의 이론가들이 9·11의 '결과'—9·11 이후의 국제정치—에 주목한다면, 비판적 국제관계 이론가들은 9·11의 결과뿐만 아니라 9·11의 '근본 원인'에 천착하려 한다.

따라서 비판적 국제관계 이론은 급진적 또는 근본적radical 국제관계 이론으로 불릴 수 있다. 이 급진적 또는 근본적이라는 수식어는 유토피아적utopian이라는 수식어와 구분되어 사용된다. 급진적 또는 근본적 시각이 현존하는 조건에서 '가능한 것'the possible을 찾으려는 실천과 연계된다면, 유토피아주의는 '불가능한 것'the impossible을 상상하려는 지적 기획이다. 유토피아라는 단어 자체가 "존재하지 않는 장소"no-place의 의미를 가지고 있기도 하다. 그러나 급진적 또는 근본적 시각과 유토피아적 시각을 명확히 구분하는 것은 힘들 수도 있다. 가능한 것이 현존하지 않거나 또는 아직은 싹이 트지 않은 씨앗의 형태로 존재할 수 있기 때문이다. 따라서 비판적 국제관계 이론에도 불가피하게 유토피아적 요소가 발견될 수 있다. 국제관계의 유토피아적 지향이 현실과 마찰하면서 가능한 것으로 바뀔 수 있는 조건을 모색하는 것이 비판적 국제관계 이론의 주요한 과제 가운데 하나다.

비판적 국제관계 이론은 주로 '바뀌어야 할' 국제 현실에 주목한다. 예를 들어 보자. 비판적 국제관계 이론가들은 9·11 이후 미국이 전개하고 있는 테러와의 전쟁이 평화로운 국제질서를 가져올 것이라고 생각하지 않는다. 미국이 수행하는 전쟁은 전 세계적 차원에서 군비 증강과 군비경쟁을 야기할 뿐이다. 즉 테러와의 전쟁은 지구적 수준에서 '안보 딜레마'의 강도를 높일 수밖에 없다.

또 다른 사례를 보자. 세계 인구의 1/5 정도가 극단적 빈곤 상태에서 생활한다. 세계 어린이의 1/3은 영양 부족에 시달린다. 세계 인구의 절반 정도가 필수적 의약품에 접근할 수 없는 상태다. 1억 명 정도의 어린이가 거리에서 생활하고 있다. 1999년도 기준으로 세계에서 가장 부유한 200명의 재산이 1조 달러에 달하는 데 반해 43개 저발전국가의 5억 8,000명의 소득이 1,400억 달러에 불과하다. 매일 3만 명 이상의 어린이가 쉽게 예방할 수 있는 질병으로 사망하고 있다.[1] 우리의 이웃인 북한은 매년 식량 부족에 허덕이고 있다.

---

1 마르크스주의적 국제관계 이론을 소개하고 있는 S. Hobden and R. Jones, "Marxist Theories of

더 많은 지표들이 제시될 수도 있을 것이다. 이 절망적 상태를 해당 국가의 잘못으로 돌릴 수 있을까? 미국 국방비의 일부라도 세계의 빈곤을 해결하기 위해 사용될 수는 없을까? 미국이 이라크 침공을 위해 쓰는 돈을 세계의 가난한 나라를 위해 쓸 수는 없는 것일까? 세계적 차원에서 부의 불평등이 야기하는 폐해를 해결할 수 있는 방법은 없는 것일까? 비판적 국제관계 이론은 이 가능한 듯하면서도 불가능한 것 또는 불가능한 듯하면서도 가능한 것을 상상하고자 한다.

II. 비판적 국제관계 이론의 공통분모

비판적 국제관계 이론은 세계적 차원의 정치경제적 불평등의 원인을 규명하고 그 불평등을 근본적으로 해결할 수 있는 방법을 '이론적' '운동적' 차원에서 모색한다. 즉 비판적 국제관계 이론가에게 이론 작업은 곧 사회운동이다. 비판적 국제관계 '이론들'은 국제적인 것의 존재론, 인식론, 방법론, 이론화, 그리고 현존하는 국제질서를 넘어서는 대안 및 그 대안에 이르는 경로 설정 등에서 차이를 보인다. 그럼에도, 비판적 국제관계 이론들은 이론의 뿌리를, 정도의 차이는 있지만, 마르크스에 두고 있다는 점에서 공통점을 가진다. 따라서 자본주의 생산양식의 역사적 분석에 기초한 국내적·국제적 차원의 '비판-계몽-해방'이라는 마르크스의 근대사회에 대한 문제 설정을 공유한다. 마

International Relations," J. Baylis and S. Smith, *The Globalization of World Politics* (Oxford: Oxford University Press, 2001), p. 202에서 제시하고 있는 세계 불평등 지표의 일부다.

르크스는 자본주의 비판을 통해 자본주의를 넘어서는 새로운 대안을 제시하고자 했다. 비판적 국제관계 이론의 차이는 부분적으로는 마르크스가 국가 및 국제관계 이론을 제공하지 않았기 때문에 나타나는 문제이기도 하다. 이 책에서는 마르크스 이론의 '변형'과 마르크스와의 '거리'를 기준으로 각 국제관계 이론을 분류한다.

비판적 국제관계 이론은 국제적인 것을 정의함에 있어 자본주의적 논리와 영토주의적 논리의 조합을 제시한다. 즉 자본주의적 생산과 국가간 관계의 연계에 주목한다. 이 측면에서 영토주의적 논리, 즉 국가간 관계만을 강조하는 주류 이론과 구분된다. 이 두 논리의 조합 과정에서 다양한 비판적 국제관계 이론이 등장한다. 비판적 국제관계 이론으로 분류할 수 있는 이론은 다음과 같다. ① 종속이론과 세계체제론 ② 그람시적Gramscian 국제관계 이론 또는 이탈리아 학파의 국제관계 이론 ③ 프랑크푸르트 학파의 비판이론에 기반을 둔 국제관계 이론 또는 사회민주주의적 국제관계 이론 ④ 페미니스트 국제관계 이론[2] ⑤ 마르크스적[3] 국제관계 이론 ⑥ 탈근대적·탈구조주의적 마르크스주의 국제

---

[2] 페미니스트 국제관계 이론은 여성이라는 행위 주체를 고려하기 때문에 그 본성상 주류 국제관계 이론의 국가 중심성을 벗어날 수밖에 없다. 페미니스트 국제관계 이론가들은 사람을 고려하지 않는 국가, 추상적 사회, 정태적인 배열 원리 등을 거부하면서, 매일의 국제정치에서 사람, 장소, 활동 등을 복원하고자 한다. 따라서 전쟁과 같은 국제정치적 사건이 사람, 특히 여성에게 미치는 부정적 영향에 주목한다. 이 글에서 페미니스트 국제관계 이론을 소개하지 않는 이유는 필자의 연구가 부족하기 때문이기도 하지만, 다른 한편 페미니스트 국제관계 이론이 '완성된' 형태가 아니라는 생각 때문이다. 더불어 주류 국제관계 이론의 실증주의를 비판하는 구성주의(constructivism)처럼, 페미니스트 국제관계 이론이 다양한 국제관계 이론과 접합될 수 있다고 생각한다. 페미니스트 국제관계 이론에 대한 개괄적 소개로는 Christine Sylvester, *Feminist International Relations: An Unfinished Journey* (Cambridge: Cambridge University Press, 2002) 참조. 국내의 연구로는 황영주, "평화, 안보, 그리고 여성: 지구는 내가 지킨다는 페미니즘적 재정의,"『국제정치논총』43: 1 (2003); 황영주, "만나기, 뛰어넘기, 새로 만들기: 페미니즘 국제정치학에서 안보와 그 과제,"『국제정치논총』47: 1 (2007); 강윤희, "여성주의 국제관계론," 우철구·박건영 편,『현대 국제관계 이론과 한국』(서울: 사회평론, 2004); 정희진,『페미니즘의 도전』(서울: 교양인, 2005), pp. 241-273 등을 참조.

[3] 이 글에서는 마르크스적(Maxian)과 마르크스주의적(Marxist)을 구분한다. 전자가 마르크스의 저

관계 이론.[4] 먼저 비판적 국제관계 이론의 공통분모를 살펴본다. 그리고 각 이론의 등장 배경, 이론적 구성, 사회운동에 주는 함의, 평가 등을 정리한다.

비판적 국제관계 이론은 다음과 같은 공통분모를 가지고 있다.[5]

첫째, 비판적 국제관계 이론은 국제 세계의 분석에서 '총체성'totality을 고려한다. 즉 근대 사회과학의 분과 학문 체제를 넘어서고자 한다. 예를 들어, 근대 자본주의 사회의 특징 가운데 하나인 정치와 경제의 분리, 좀 더 정확히 말하면 정치체polity와 경제의 분리를 당연한 것으로 간주하지 않는다. 비판적 국제관계 이론은 자본주의 이전의 사회와 달리 경제적 잉여의 수취 기제에서 정치적 개입이 이루어지지 않는 자본주의 사회의 역사적 종별성specificity에 주목한다. 마르크스가 『자본』의 부제를 '정치경제(학) 비판'이라고 명명한 이유도 자본주의를 초역사적인 생산양식으로 간주하고자 했던 고전파 정치경제학을 비판하기 위해서였다. 자본주의 사회에서는 경제적 지배계급인 자본가가 노동자로부터 잉여가치를 가져가는 과정에서 노예제나 봉건제와 달리 정치적 강제가 행사되지 않는다. 비판적 국제관계 이론은 국제적 수준에서 이 정치체와 경제의 분리가 이루어지는 기제를 총체적으로 탐구하고자 한다. 따라서 비판적 국제관계 이론이 국제 정치경제(학)라는 용어를 사용할 때, 정치경제(학)는 미국적 국제관계학처럼 정치와 경제의 상호 작용을 지칭하는 것이 아니다. 비판적 국제관계 이론은 국제정치 이론이나 국제경제 이론과 같은 분과 학문

작에 충실한 이론적 경향을 묘사하기 위한 수식어라면 후자는 마르크스에 대한 다양한 해석을 포괄하는 수식어다.

[4] 초국가적 차원의 계급 형성에 주목해 온 네덜란드의 암스테르담 학파도 비판적 국제관계 이론 가운데 하나다. 이 학파는 그람시적 국제관계 이론과 이론적 구성 요소를 공유하고 있다. 대표적 연구 성과로는 K. van der Pijl, *Transnational Classes and International Relations* (London: Routledge, 1998) 참조.

[5] 오리엔탈리즘을 제외한 공통분모는 S. Hobden and W. Jones, "Marxist Theories of International Relations," pp. 203-205에서 제시된 것이다. 여기서는 이 공통분모를 좀 더 자세하게 설명하고 있다.

적 이론이 아니라 국제적 현상의 총체적 이해와 설명을 위한 국제 정치경제(학)의 비판이론이라고 할 수 있다. 마르크스의 다음과 같은 언명은 국제관계학에도 적용된다. "우리는 단 한 가지 과학을 한다. 즉 그것은 역사과학이다."

둘째, 비판적 국제관계 이론은 "역사에 대한 유물론적 개념화"materialist conception of history에 기초하고 있다.6 그 핵심 동학은 생산력과 생산관계―자본가와 노동자의 관계―의 모순이다. 역사에 대한 유물론적 개념화를 둘러싸고 비판적 국제관계 이론 내부에서도 다양한 해석이 공존한다. 생산관계의 총체로서의 '토대'와 그 위에 세워진 법률적 및 정치적 '상부구조'라는 건축학적 은유의 해석에서 가장 중요한 쟁점은 상부구조의 자율성 여부다. 마르크스가 이미 강조했던 것처럼, 토대, 즉 경제가 정치형태나 이데올로기와 같은 상부구조를 결정한다는 단순 도식은 마르크스의 이론이 아닐 수 있다. 마르크스는 자신의 이론이 경제결정론으로 해석되자 스스로 마르크스주의자가 아니라는 주장을 하기도 했다.7 대부분의 비판적 국제관계 이론은 생산, 국가, 세계질서의 연관을 탐구한다는 점에서 역사에 대한 유물론적 개념화를 수용하는 것처럼 보인다. 따라서 비판적 국제관계 이론의 분석에서, 생산의 사회적 관계 또는 좀 더 좁게는 자본주의 사회의 소유관계에 의해 정의되는 '계급'이 중심적 역할을 한다. 그러나 뒤에서 살펴볼 것처럼 이 역사에 대한 유물론적 개념화를 수용하면서도 그것의 중심적 역할을 부정하는 비판적 국제관계 이론도 존재한다.

---

6 역사유물론의 시각에서 국제관계 이론에 접근하고 있는 연구 성과로는 M. Rupert and H. Smith eds., *Historical Materialism and Globalization* (London: Routledge, 2002). 이 책에서는 역사유물론이 경제결정론이 아님을 강조한다. 역사유물론에서 관념의 역할을 강조하고 있는 K. van der Pijl의 "Historical materialism and the emancipation of labour"를 볼 것.

7 후대의 해석이 아니라 마르크스와 엥겔스가 살았던 19세기에 실제로 이 두 이론가가 어느 정도 이론적·정치적 영향력을 행사했는지에 관한 서술로는 제프 일리, 유강은 옮김, 『The left 1848~2000』 (서울: 뿌리와이파리, 2008), pp. 77-101을 참조. '역사적 마르크스'와 '역사적 엥겔스'라는 문제의식에 입각한 마르크스와 엥겔스에 대한 연구가 좀 더 진행될 필요가 있다.

셋째, 비판적 국제관계 이론은 미국적 국제관계학의 인식론인 실증주의 positivism를 비판하고 자신의 이론 내부에서 더 좋은 삶을 모색하는 규범적 차원을 설정한다.[8] 실증주의는 자연과학의 방법론이 사회과학에도 도입될 수 있다고 주장하면서 객관적 세계의 분석에서 주체의 개입을 최소화하고자 한다. 즉 사실과 가치를 분리하려 한다. 그러나 실증주의에 기반을 둔 미국적 국제관계학이 그 탄생부터 미국의 세계 권력을 정당화하는 역할을 했음은 주지의 사실이다. 패권의 존재가 국제체제의 안정성을 보장한다는 논리로 미국의 패권을 정당화하는 이론인, '패권안정론'이 그 대표적 사례 가운데 하나다.[9] 비판적 국제관계 이론도 실증주의처럼 국제적 현상에 대한 과학적 분석을 수행하지만 과학적 분석 그 자체가 목적은 아니다. 과학적 분석은 국제 세계를 변혁하는 과정에 필요한 계몽의 단계로 설정된다. 그 계몽을 위해 비판적 국제관계 이론은 실증주의자와 달리, 세계를 어떻게 잘 설명할 것인가라는 인식론적 문제 설정보다 세계의 실제 상태가 어떤가라는 존재론적 문제 설정을 기반으로 이론화를 시도한다. 따라서 비판적 국제관계 이론에서 이론은 국제 현상을 잘 보기 위한 도구일 뿐만 아니라 기존 질서에 대한 비판이며 실천이다.

넷째, 비판적 국제관계 이론은 주류 국제 정치경제학에서 나타나는 오리엔탈리즘 또는 서구 중심주의를 벗어나고자 한다. 오리엔탈리즘은 서구와 비서구 사이에 "인식론적이자 존재론적인 지리학상의 경계를 설정하고, 전자의 특권적인 장으로부터 후자를 일정한 담론 질서에 가두려고 하는" 시각이다.[10]

---

[8] 비판적 국제관계 이론의 실증주의 철학에 대한 비판으로는 M. Neufeld, *The Restructuring of International Relations Theory* (Cambridge: Cambridge University Press, 1995); S. Smith, K. Booth & M. Zalewski eds., *International Theory: Positivism & beyond* (Cambridge: Cambridge University Press, 1996) 참조.
[9] 백창재, "패권안정론," 우철구·박건영, 『현대 국제관계 이론과 한국』.
[10] 에드워드 사이드, 박홍규 옮김, 『오리엔탈리즘』(서울: 교보문고, 2002); 강상중, 이경덕·임성모 옮

오리엔탈리즘적 시각에서 서구는 진보고 후진적인 비서구는 서구를 따라 배워야 한다는 생각이 도출된다. 서구적 기준에 부합하는 문명국가civilised state가 되지 못하는 한, 비서구 국가들은 야만으로 처리되곤 한다. 다른 한편, 오리엔탈리즘은 중심이 주변을 보는 시각으로 한정되지 않는다. 주변 스스로가 자신을 야만으로 설정하기도 하고, 주변이 주변을 보는 시각에서도 "차별적인 계서제의 내면화"가 발견되곤 한다. 예를 들어, 19세기 조선은 서구의 인식을 수용하면서 스스로 야만국가가 되기도 했다. 외국인 이주 노동자를 다루는 우리의 태도에서도 또 다른 주변을 설정하는 오리엔탈리즘이 발견되곤 한다.

다섯째, 비판적 국제관계 이론은 마르크스의 '비판-계몽-해방'의 기획을 공유한다. 서구적 맥락에서 그리스어에서 비롯한 비판critique과 위기crisis는 동일한 어원을 갖는다. 두 단어에는 "구분, 선택, 판단, 결정" 등의 내용이 담겨 있다. 비판은 갈등적이고 논쟁적인 과정, 즉 위기에 대한 주관적 판단 또는 결정을 의미한다. 따라서 비판은 주관적 판단과 객관적 과정, 둘 다를 고려하고 있는 용어다. 근대사회에서 칸트가 사유하는 인간의 주관적 판단과 역사와 사회의 객관적 과정을 분리하고자 했다면, 마르크스는 칸트와 달리 사회적 총체성의 모순적이고 위기 반복적인 성격을 드러내기 위해 비판이라는 용어를 도입한다.[11] 즉 앞서 언급한 것처럼, 마르크스의 정치경제(학) 비판은 자본주의 생산양식의 역사성을 드러내는 작업이다.

계몽과 계몽한다는 말은 인간이 신의 계시에 의존한다는 신학적 견해와

김, 『오리엔탈리즘을 넘어서』(서울: 이산, 1997). 오리엔탈리즘이 사이드의 정의와 개념에 국한되는 것이 아니라는 국내 학자의 비판적 해석으로는 정진농, 『오리엔탈리즘의 역사』(서울: 살림, 2003)를 참조. 마르크스도 오리엔탈리즘의 혐의에서 벗어나기는 힘든 것처럼 보인다. 김세연, 『맑스의 비서구사회 연구』(서울: 역사비평사, 1995) 참조.
11 비판과 비판이론에 대한 개괄적 소개로는 데이비드 헬드, 백승균 옮김, 『비판이론서설』(대구: 계명대학교출판부, 1988) 참조.

대조되는 것으로, 인간 자신의 자연적 본성에 관한 자각과, 인간 본성과 이성에 적합한 조화롭고 인간적인 사회제도 내에서 이루어질 수 있고 또 반드시 이루어져야 할 인류의 자기실현에 대한 자각을 의미한다. 칸트는 계몽을 모든 면에서 자신의 이성을 공개적으로 사용하게 될 인간의 자유라고 정의한다. 마르크스는 계몽과 계몽주의를 부르주아적 인간 해방 이데올로기의 역사적 형태를 지칭하는 표현으로 사용하고 있다. 그러나 마르크스가 설정한 프롤레타리아를 주체로 한 인간 해방의 기획을 계몽주의의 연속으로 볼 수도 있다. 마르크스는 계급투쟁을 매개로 자본주의에서 사회주의를 거쳐 공산주의로 이행하는 인간 해방의 기획을 설정한다. 그러나 모든 비판적 국제관계 이론이 이 기획에 동의하지는 않는다. 비판적 국제관계 이론은 각기 다른 상像을 가지는 해방의 기획을 고려하고 있다. 즉 비판적 국제관계 이론은 인간 해방이라는 목표를 포기하지는 않지만, 그 형태와 내용 그리고 거기에 이르는 과정에 대해 다른 의견들을 가지고 있다.

III. 비판적 국제관계 이론의 내용

1. 종속이론과 세계체제론

마르크스의 『자본』을 계승한 레닌의 『제국주의』 *Imperiali: The Highest Stage of Capitalism*에서는 마르크스주의적 국제관계 이론의 맹아를 찾을 수 있다.[12] 레닌

---

12 블라디미르 레닌, 남상일 옮김, 『제국주의론』(서울: 백산서당, 1988). 제국주의에 관한 국내 연구 성과로는 박지향, 『제국주의: 신화와 현실』(서울: 서울대학교출판부, 2000) 참조.

은 자본의 집중集中, centralization과 집적集積, concentration이 진행되면서 자본주의는 독점자본주의 단계에 진입했고, 그 단계는 자본주의의 최고·최후의 단계라고 주장한다. 즉 사회주의로의 이행을 위한 물적 토대를 독점자본주의의 다른 표현인 제국주의에서 찾는다. 그리고 이 제국주의 세계경제에서 국가들은 중심국과 주변국으로 나뉘게 되고, 중심국에서의 계급투쟁은 주변국의 노동자계급에서 착취한 잉여생산물을 통해 평화로운 해결을 얻게 된다고 본다. 따라서 국제정치와 국내정치 모두 자본주의 세계경제의 틀 내에서 발생하는 것이고, 국가보다는 사회 계급이 세계정치의 중요한 행위자가 된다. 주류 국제관계 이론가들은 레닌의 『제국주의』가 국제경제의 문제를 다룰 뿐, '국제정치'를 이론화하고 있지 않다고 비판하지만,[13] 총체성을 지향하는 마르크스주의적 입장에서 볼 때, 국제경제와 분리된 국제정치란 존재하지 않는다. 종속이론과 세계체제론은 제국주의론의 중심과 주변이라는 문제의식을 계승하고 있다. 이 두 이론은 후진 상태에 놓인 주변국이 서구의 선진 자본주의국가가 밟아온 궤적을 따르게 되면 선진 상태에 접어들 수 있다는 주류의 근대화modernization 이론에 대한 비판으로서 의미를 가진다.[14]

세계체제론을 주도하고 있는 월러스틴I. Wallerstein은 사회적 조직의 지배적

---

[13] 마틴 와이트, "국제정치 이론은 왜 존재하지 않는가?" 홍성민 편역, 『포스트모던의 국제정치학』(서울: 인간사랑, 1991); 케네스 월츠, 박건영 옮김, 『국제정치 이론』(서울: 사회평론, 2000).

[14] 근대화 이론의 가정과 달리, 불행히도 시간이 지날수록 선진 자본주의국가와 후발국가의 격차는 더욱 벌어지고 있다. 아프리카는 이른바 지구화 시대에 잊힌 대륙이 되고 있다. 한국과 같은 예외가 있을 수도 있다. 국제 정치경제적 시각에서 본다면, 한국의 급속한 성장을 냉전을 배제하고 설명하기란 힘들다. 즉 냉전의 전초기지로서 미국의 지원 아래 '안보/발전국가'의 틀을 유지할 수 있었던 한국은 주변부에서 반(半)주변부로 위치 이동을 할 수 있었다. 미국의 남한에 대한 경제적·군사적 원조는 1997년까지 총 190억 7,000만 달러에 이르렀다. 그중에 110억 5,000만 달러는 무상 원조였는데 여기엔 64억 4,000만 달러어치의 군사 장비가 포함되어 있다. 남한보다 더 많은 원조를 받은 나라는 이스라엘(561억 달러), 이집트(367억 달러), 남베트남(218억 달러) 정도다. 셀리그 해리슨, 이홍동 외 옮김, 『코리안 엔드게임』(서울: 삼인, 2003), p. 20.

형태로 세계제국world-empires과 세계경제world-economies라는 두 유형의 세계체제를 설정한다.15 전자에서는 중앙 집중화된 정치체제를 통해, 후자에서는 다수의 경쟁하는 권력 중심이 존재하는 조건에서 시장을 매개로 자원의 배분이 결정된다. 지금 우리가 살아가고 있는 근대사회는 자본주의 세계경제를 토대로 다수의 경쟁하는 권력 중심의 집합으로서 국민국가들이 경쟁하는 열국체제interstate system가 그 상부구조의 역할을 하고 있다. 월러스틴은 대략 16세기 말에 등장한 이 자본주의 세계경제를 추동하고 있는 힘이 바로 "자본의 끊임없는 축적" 욕구라고 주장한다. 이 자본주의 세계경제를 역사적으로 특수한 사회제도로 보고 있다는 점에서 월러스틴은 마르크스의 정치경제(학) 비판의 문제의식을 계승하고 있다. 월러스틴은 정치경제학과 정치경제학 비판을 구분하면서, 전자가 스미스A. Smith처럼 국민국가를 분석 단위로 설정하는 방법론을 가지고 있다면, 후자는 자본주의 세계경제를 분석 단위로 설정하는 것이라고 주장한다.

이 자본주의 세계경제는 공간적 차원에서 중심-반주변-주변으로 구성된다. 특히 우리가 주목하는 공간이 반주변부다. 반주변부는 중심에서 나타나는 임금 상승의 압력에 반작용할 수 있는 노동의 원천을 제공할 뿐만 아니라 중심의 사양산업을 위한 새로운 장소를 제공한다. 한국 경제를 견인하고 있는 반도체 산업은 이 반주변부의 경제적 특성을 잘 보여 준다. 또한 반주변부는 중심과 주변의 갈등을 완충하면서 세계체제의 정치적 구조를 안정화하는 역할을 수행하기도 한다. 자본주의 세계경제의 시간적 차원, 즉 역사적 궤적은, 장기 지속적 추세secular trends, 주기적 리듬cyclical rhythms, 모순과 위기 등으로 나타난다. 프랑스의 역사학자 브로델F. Braudel을 따라 사회적 시간의 다원성을 인

---

15 이매뉴얼 월러스틴, 나종일 외 옮김, 『근대세계체제 I, II, III』(서울: 까치, 1999).

정하는 것이다.[16] 예를 들어 인간에게 가해지는 지리적 제약은 장기 지속의 대표적 사례라고 할 수 있다. 이 장기 지속의 틀 내에서 역사의 변동은 일정한 주기를 가지고 진행되는 것처럼 보인다. 자본주의 세계경제를 장기 지속으로 설정한다면, 우리는 자유경쟁 자본주의에서 독점자본주의로 다시금 자유경쟁 자본주의로의 복귀 현상을 볼 수 있다. 이 과정에서 모순과 위기가 등장하게 된다.

자본주의 세계경제의 상부구조인 열국체제는 헤게모니적 주기라고 부를 수 있는 좀 더 장기의 주기적 과정에 의해 통치된다. 세계체제론에서는 열국체제가 세계제국이 되는 경우 또는 다수의 강대국이 존재하는 상대적 무정부 상태보다는 헤게모니국가가 존재한 상태에서 국가들의 경쟁이 발생할 때, 자본축적의 극대화가 이루어진다고 본다. 예를 들어 국가들의 경쟁은 자본이 낮은 비용을 지불하면서 이윤을 증대할 수 있는 조건을 창출하게 된다. 자본의 선택지가 늘기 때문이다. 그러나 헤게모니국가가 존재하지 않는다면 국가들의 경쟁은 무정부 상태를 초래할 가능성이 있고 따라서 자본축적을 불안정하게 할 수 있다. 인류 역사상 유례가 없는 경제성장을 이룩한 제2차 세계대전 이후부터 1970년대 초반까지 이른바 '자본주의의 황금시대'는 미국의 안정적인 헤게모니가 관철되는 열국체제의 모습을 가지고 있었다. 이것이 헤게모니가 안정된 시기의 특징이다.

세계체제론은 역사적 고찰을 통해 헤게모니의 '이행'을 설명하고자 한다.[17] 즉 헤게모니는 영속적으로 관철되는 것이 아니다. 헤게모니의 위기는 군

---

16 페르낭 브로델, 이정옥 옮김, 『역사학 논고』(서울: 민음사, 1990). 브로델의 시간 개념은 다음과 같이 정리할 수 있다. 첫째, 인간을 에워싸고 있는 환경과의 관계 속에서 전개되는 인간의 역사로, 모든 변화가 완만하고 지속적으로 반복되는 주기의 역사라고 할 수 있는 장기 지속이다. 둘째, 완만하지만 인지할 수 있는 리듬을 가지고 있는 시간, 즉 집단과 집단 형성의 역사라고 할 수 있는 일종의 사회사적 시간이다. 셋째, 인간 규모의 역사가 아니라 개별 인간들의 역사, 즉 사건사로 부를 수 있는 시간이다.

사 권력과 금융 권력의 분열로 나타난다. 군사 권력은 유지하고 있지만, 금융 권력은 쇠퇴하는 것이 헤게모니 위기의 지표라고 할 수 있다. 생산자본의 이윤율 저하에 따라 자본이 금융 부문으로 이동하고 금융 부문이 과대 성장하면서, 생산과 금융이 분리되는 현상이 나타날 때, 세계체제론은 헤게모니가 위기에 빠졌다고 주장한다. 즉 폭력 수단은 쇠퇴하는 헤게모니국가에 집중되어 있는 반면, 지불 수단은 초국가적 비즈니스 기관 또는 정치군사적 중요성을 가지고 있지 않은 통치기관에 집중되어 있는 상황이 발생하는 것이다. 세계체제론은 네덜란드 헤게모니에서 영국 헤게모니로, 영국 헤게모니에서 미국 헤게모니로의 이행을 설정하고 있다. 우리는 지금 미국 헤게모니의 시대에 살고 있다. 미국 헤게모니의 미래에 대해서는 논쟁이 진행되고 있지만 아직 확실한 해답은 없는 것처럼 보인다. 그러나 우리는 역사적으로 헤게모니가 강제와 동의라는 두 요소에 따라 유지되어 왔다는 점을 기억해야 한다. 미국이 다자적 협력이나 유엔과 같은 국제기구를 매개로 다른 국가들의 동의를 구하지 않을 때, 미국 헤게모니는 위기에 직면할 수도 있다. 강제만으로는 헤게모니 유지가 불가능하기 때문이다.

세계체제론의 시각에서 본다면, 자본(주의)에는 국경이 없다. 따라서 그 체제를 개혁하거나 변혁하려는 반체제운동antisystemic movements 또한 자본주의 세계체제를 그 공격 대상으로 설정해야 한다고 주장한다. 국민국가만을 개혁 또는 변혁의 대상으로 설정하는 사회운동을 낡은old 사회운동으로 규정한다. 구舊 사회주의국가의 실험이나 민족해방운동이 낡은 사회운동의 대표적 사례다. 세계체제론은 자본주의 세계체제의 지구화 논리 속에서 형성되는, 지구적 차원

---

17 G. Arrighi, *The Long Twentieth Century: Money, Power and the Origins of Our Times* (London: Verso, 1994).

의 반체제운동 가능성을 모색한다.[18] 반체제운동의 미래에 대해서는 낙관과 비관이 교차한다. 자본주의 세계체제를 넘어서는 새로운 대안이 발견될 수도 있지만, 다른 한편 서로 싸우는 계급이 공도동망共倒同亡할 가능성도 배제할 수 없다. 세계체제론은 구조 편향적 이론이기는 하지만, 새로운 대안에 이르기 위해서는 지혜로운 행위자의 능력에 초점을 맞출 수밖에 없다. 공도동망으로 이어지지 않는 구조 변화는 결국 행위자의 실천을 통해 발생할 수밖에 없기 때문이다.

2. 그람시적 접근 또는 이탈리아 학파의 국제관계 이론

그람시적 접근의 주창자인 콕스R. Cox는[19] 1970년대에 전개된 '신국제경제질서'NIEO, New International Economic Order 운동을 세계경제 관계에서 실현 가능하고, 바람직한 기본 구조를 모색했던 운동으로 평가한다. 1974년 제29차 국제연합 총회에서는 "국가의 경제적 권리, 의무 헌장"이 채택되었다. 그 내용의 핵심은 국제관계에서 나타나는 경제적 불평등의 제거다. 이 헌장의 표결 과정

---

18 이매뉴얼 월러스틴·지오반니 아리기·테렌스 홉킨스, 송철순•천지현 옮김, 『반체제운동』(서울: 창작과비평사, 1994).

19 R. Cox with T. Sinclair, *Approaches to World Order* (Cambridge: Cambridge University Press, 1996); *The Political Economy of a Plural World: Critical Reflections on Power, Morals and Civilization* (London: Routledge, 2002). 그람시적 국제관계 이론의 주요 내용은 콕스의 위 두 저작을 요약한 것이다. 콕스의 그람시적 문제 설정을 심화하려는 집합적 연구 성과인 S. Gill ed., *Gramsci, Historical Materialism and International Relations* (Cambridge: Cambridge University Press, 1993)에서는 그람시적 국제관계 이론을 공유하는 학자들을 이탈리아 학파로 부르고 있다. 콕스적 문제 설정, 즉 사회이론과 국제관계 이론을 연결하려는 집합적 노력으로, 신자유주의적 지구화를 넘어서서 좀 더 민주적이고 정의로운 세계질서를 향한 이론적 개입을 시도하고 있는 저서로는 S. Gill and J. Mittelman eds., *Innovation and Transformation in International Studies* (Cambridge: Cambridge University Press, 1997) 참조.

에서 미국을 비롯한 16개국이 반대와 기권 의사를 표시했다. 이 16개국 가운데 15개국이 OECD 국가였다. 이 변화를 설명하고, 또한 이 변화를 정당화할 수 있는 이론을 모색하면서 콕스는 이탈리아 공산주의자 그람시A. Gramsci의 저서 『옥중수고』가 지닌 문제의식, 즉 "왜 혁명은 일어나지 않는가"라는 질문을 국제관계에 적용하고자 한다.

그람시적 국제관계 이론은 주류 이론과 달리 국제관계의 질서를 국제체제를 관리하는 수단이 아니라 인간 해방을 위한 목적으로 간주한다. 역설적으로 표현하면, 그람시적 국제관계 이론은 강대국이나 헤게모니국가가 관리하는 세계질서가 아니라 그 세계질서를 중단시키고 그 질서로부터의 해방을 위한 대안적 질서를 모색한다. 그람시적 이론에 따르면 국제체제 또는 국제질서는 고정불변의 것이 아니라 변화하는 존재다. 현존하는 국제질서를 고정되어 있는 불변의 실체로 간주하는 주류 이론들은 사실 특정한 목적과 특정한 국가 또는 집단의 이해를 위해 그와 같은 가정을 한다고 할 수 있다. 콕스가 국제관계 이론을 비판이론과 문제 해결 이론으로 구분하는 것도 이 때문이다. 콕스는 주류의 국제관계 이론을 기존의 지배적 질서를 주어진 것으로 간주하고 특정 문제의 해결에 집중하는 이론으로 평가하고 있다. 반면 비판이론인 그람시적 국제관계 이론은 역사 속에서 가능한 것의 한계를 찾으려는 정치이론이다.

그람시적 국제관계 이론에서 설정하고 있는 '역사적 구조'는 물질적 능력과 관념과 제도가 상호 작용하는 모형으로, 국제체제나 생산양식과 같은 어떤 추상적 모형에서 도출되는 개념이 아니라 구조와 관련을 맺고 있는 역사적 상황을 고려한 제한된 전체를 지칭한다. 이 역사주의historicism는 사회적 현실이 구조와 주체에 의해 결정된다는 구성주의와 결합된다. 그람시적 국제관계 이론은, 그람시가 언급했던 것처럼, 국제관계를 자본주의적 사회관계에 선행하는 관계로 보는 것이 아니라 국제관계가 자본주의적 사회관계와 내적으로 연관되어 있다고 주장한다. 그러나 그람시적 국제관계 이론은 자본주의적 생산으로부터 자신의 논의를 시작하지만 국가가 자본주의적 축적을 위한 조건을 창출하고 생산의 전체적 구조를 결정한다고 주장하면서, 경제결정론으로부터 한 걸음 비켜나 있다. 세계질서 속에서 국가의 위치 및 상대적 힘에 의해 각 국가가 생산관계를 변화시킬 수 있는 능력이 제약된다고 주장하면서, 생산·국가·세계질서를 통합하는 이론을 만들고자 한다. 여기서 국가는 (신)현실주의가 주장하는 것과 같은 '국민적-영토적 총체'가 아니라 "역사적으로 특수한 국가/사회 복합체"인 국가형태다.

국가를 재개념화하는 방식을 통해 그람시적 국제관계 이론(과 비판적 국제관계 이론)은 안보이론에 있어서도 새로운 혁신을 도모한다. 일반적으로 안보연구는 비판적 연구가 가능하지 않은 마지막 보루로 간주되기도 한다. (신)현실주의 국제관계 이론에 따르면, 안보의 대상, 즉 "안전하게 보호되어야 하는 대상"은 영토적으로 정의되는 정치 공동체이고 그 목적을 추구하는 행위자는 국가다. 정치군사적 문제와 경제 문제와 인권을 결합한 '포괄적' 안보 개념의 도입에도 불구하고 무정부 상태에서는 강한strong 국가가 인간 안보의 실현을 위한 유일한 매개체라는 사실이 강조되기도 한다. 그람시적 국제관계 이론의 영향을 받은 안보 이론가들은 안보의 궁극적 대상이 "사회 속에 존재하는 개인"이고 "구체적 장소에 존재하는 구체적 사람"이라고 주장한다. 즉, 반反 국가주의적 안보 개념을 도입하고자 하는 이론가들은 안보와 해방을 동전의 양면으로 본다.[20] 공동 안보가 강대국에 의한 약소국의 포섭이 아니라 보편적이면서도 차이를 인정할 수 있는 새로운 공동체의 건설로 나아갈 수 있을 것인가

---

[20] S. Smith ed., *Critical Security Studies and World Politics* (Boulder: Lynne Reinner Publishers, 2005); R. Jones, *Security, Strategy and Critical Theory* (Boulder: Lynne Rienner Publishers, 1999); M. Williams and K. Krause eds., *Critical Security Studies: Concepts and Cases* (Minneapolis: University of Minnesota Press, 1997); K. Booth, "Security and Emancipation," *Review of International Studies* 17: 4 (1991).

가 이들이 던지는 또 다른 질문이다.

이 그람시적 국제관계 이론을 관통하고 있는 개념이 바로 그람시의 헤게모니 개념이다. 그람시는 헤게모니적 지배가 물리력의 독점에 의한 '강제'뿐만 아니라 시민사회로부터의 '동의'에 의해 이루어진다는 사실에 주목했다. 강제와 동의를 통해 사회의 제 심급 instances 에서 지도력이 행사되도록 국가와 사회를 응집시키는 구조 그리고 그 구조를 재생산하는 사회 세력 또는 계급의 연합이 바로 '역사적 블록' historic bloc 이다. 그람시적 국제관계 이론은 이 헤게모니 및 역사적 블록의 개념을 세계적 차원으로 확장한다. 세계적 차원의 헤게모니는 패권국가 지배 집단의 축적체제 및 그에 기초한 행동방식이 다른 국가들의 지배 집단의 동의를 획득할 때, 비로소 형성되기 시작한다. 예를 들어, 제2차 세계대전 이후 미국의 헤게모니는 유엔, 관세 및 무역에 관한 일반협정 GATT, General Agreement on Tariffs and Trade (이하 GATT), IMF, 국제부흥개발은행 IBRD, International Bank for Reconstruction and Development 등의 국제기구를 매개로 형성된 정치·사회 세력의 역사적 블록에 기초했다. 이 국제적·역사적 블록은 미국 내부에서 이른바 '포드주의적 축적체제' Fordist accumulation regime 에 대한 정치적·사회적 합의를 형성했던 역사적 블록의 수출품으로 설명된다.[21]

그람시적 국제관계 이론은 세계질서의 형성 및 재생산을 설명하면서 동시에 그 과정에서 '대항 헤게모니' counter-hegemony 의 형성 가능성을 모색한다. 이

---

[21] 포드주의적 축적체제는 생산재 생산 부문과 소비재 생산 부문의 균형 발전을 통해 '대량생산과 대량 소비'를 가능하게 했던 정치경제 체제로 정의할 수 있다. 역사적 블록의 수출에 대해서는 M. Rupert, *Producing Hegemony: The Politics of Mass Production and American Global Power* (Cambridge: Cambridge University Press, 1995) 참조. 이 역사적 블록의 수출은 중심부 국가들로 한정되지 않는다. 헤게모니를 장악한 초국가적 역사적 블록은 중심부의 특정 발전모델이 주변부 국가들의 발전에 있어서도 보편적 기준으로 선택되도록 다양한 조절 기제—정치, 문화, 이념—를 동원한다. 주변부의 포드주의적 축적체제에 대한 조절이론의 분석으로는 아랑 리피에츠, 김종한 외 옮김, 『기적과 환상』(서울: 한울, 1991) 참조.

대항 헤게모니를 형성하는 과정, 즉 헤게모니의 이행 과정에 대한 대안을 제시하지 않는 한 그람시적 국제관계 이론은 이상주의에 머무를 수밖에 없다. 콕스는 그람시를 국제관계 이론에 적용하던 1980년대 초중반에 국가적 경계 내부에서 지난한 진지전을 통해 형성되는 역사적 블록이 세계질서의 변화를 위한 동력이라고 파악한 듯하다. 그러나 지구화의 심화와 더불어 자본의 권력이 확장되고 심화되는 과정에서 민주적 집합행동을 위한 정치적 행위자로 등장하고 있는 지구적 사회운동―평화, 인권, 민주주의와 같은 보편적 주제에 기초한 사회운동, 실업, 홈리스, 빈곤과 같은 소비 영역에서의 사회운동, 전통적인 노동운동―의 실천을 통한 세계질서의 변혁을 사고하고 있다. 즉, 그람시적 국제관계 이론은 지구적 시민사회의 등장과 더불어 기존의 국민국가라는 정치 공동체의 구속을 벗어날 수 있는 새로운 탈주권적 정치 공동체 및 그 공동체의 민주적 통치를 상상하고 있다.

3. 프랑크푸르트 학파의 비판이론에 기초한 국제관계 이론

프랑크푸르트 학파의 비판이론에 기초한 국제관계 이론(이하, 비판적 국제관계 이론)은 그람시적 국제관계 이론과 많은 문제의식을 공유하고 있다. 예를 들어 두 이론은 "누가 왜 얻는가"라는 고전적인 정치의 개념을 복원하고자 한다.[22] 그러나 그람시적 국제관계 이론이 국제 정치경제적 주제와 관련되어 있다면, 비판적 국제관계 이론은 국제사회와 안보 문제에 관심을 집중하고 있다. 비판적 국제관계 이론은 아도르노I. Adorno와 호르크하이머M. Horkheimer, 마

---

22 정치학자 라스웰에게 정치는 "누가 무엇을, 언제, 어떻게 얻는가"를 의미했다. H. Lasswell, *Politics: Who Gets What, When and How?*(New York: Whittlesey, 1936). 이 정의에는 '왜'가 빠져 있다. 왜 얻는가라는 질문은 사회의 구조적 모순을 드러내게 한다.

르쿠제H. Marcuse, 하버마스J. Habermas 등의 프랑크푸르트 학파의 비판이론을 국제관계 이론에 적용하고자 한다.[23] 프랑크푸르트 학파의 비판이론은 그람시와 유사하게 혁명의 실패와 파시즘의 등장에 대한 반성에서 출발한다. 프랑크푸르트 학파는 마르크스의 낙관적 해방론을 반성하면서, 자본주의적 생산양식이 야기하는 지배-피지배 관계뿐만 아니라 기술적·도구적 문명으로부터 발생하는 문제가 인간 해방의 계기를 앗아가고 있다고 생각한다. 프롤레타리아트가 해방의 잠재력을 담지하고 있다는 마르크스의 이론에 대해서도 프랑크푸르트 학파는 동의하지 않는다. 대중문화와 모든 사회생활의 상품화와 더불어 노동자계급은 자본주의 체제에 흡수되었고 더 이상 자본주의 체제에 대한 위협이 아니라는 것이다. 이 사회가 바로 대다수가 대안을 생각하지 못하는 '일차원적 사회'다. 프랑크푸르트 학파의 비판이론은 마르크스주의의 경제결정론을 비판하면서 동시에 실증주의를 비판하기 위해 독일의 관념론 전통을 자신의 이론 체계 내부에 포함한다.

예를 들어, 아도르노는 현대사회의 문명은 인간 해방에 공헌하기보다는 인간을 야만 상태로 전락시켰다고 생각한다. 이성은 목적보다는 수단을 정당화하는 도구적instrumental 이성이 되었고, 대상들의 다양성이 동일성으로 환원되면서, 인간은 자기 파괴를 경험하게 되었다는 것이다. 나치즘이 바로 그 사례다. 마르크스는 자본주의의 생산력을 만들어 내기 위해 자연에 대한 지배를

---

[23] H. Marcuse, *One Dimensional Man: Studies in the Ideology of Advanced Industrial Society* (Boston: Beacon Press, 1966); 막스 호르크하이머, 『도구적 이성 비판』(서울: 문예출판사, 2006); M. Horkheimer, *Critical Theory* (NewYork: Herder and Herder, 1972); 테오도르 아도르노, 홍승용 옮김, 『부정변증법』(서울: 한길사, 1999). 비판이론가로 분류되는 학자들에 대한 소개와 평가로는 S. Bronner, *Of Critical Theory and Its Theorists* (London: Routledge, 2002) 참조. 비판이론에 관한 다양한 해석과 비판을 집대성한 논문집으로, D. Rasmussen and J. Swindal eds., *Critical Theory I, II, III, IV* (London: Sage, 2004)가 있다.

정당화하고 있으며, 이는 결국 인간에 대한 지배를 초래하게 된다는 것이다. 진정한 해방은 인간의 자연에 대한 지배, 즉 타자성otherness에 대한 지배를 멈출 때만 가능하다는 것이 아도르노의 주장이다.[24]

프랑크푸르트 학파 2세대인 하버마스는 생산과 계급투쟁 중심의 역사유물론에서 '담론 윤리'discourse ethics로의 이행을 고려한다.[25] 그 이유는 다음과 같다. 첫째, 마르크스주의는 자본주의적 착취로부터의 자유에만 집중할 뿐, 국가권력, 가부장제, 민족주의, 인종주의 등이 발생시키는 억압으로부터의 자유를 의제로 상정하지 않는다. 둘째, 마르크스주의는 적절한 역사사회학을 결여하고 있다. 즉 국가 건설, 전쟁, 도덕과 문화 등에 대한 탐구가 필요하다는 것이다. 셋째, 마르크스주의는 생산 영역 외부에서 자유를 보장하기 위한 사회질서에 대한 명확한 전망을 제시하지 못하고 있다. 하버마스가 제시하는 담론 윤리는 인간이 합의에 도달하려는 노력이 대화를 통해 그 원칙의 유효성을 만들어 내야 한다는 내용을 담고 있다. 진정한 대화는 선험적 확실성을 배제하는 것이다. 그럴 때, 비로소 열린 대화가 가능하다. 포섭과 배제가 작동하는 인간 생활에서 포섭과 배제의 경계에 대한 정당한 합의가 없다면, 포섭과 배제는 갈등과 억압으로 나타날 수 있기 때문이다. 따라서 하버마스가 설정하는 해방의 과정에서 중요한 것이 바로 소통과 대화다. 즉 더 좋은 사회의 약속은 소통의 영역에 존재한다. 그는 급진적 민주주의를 통한 해방을 생각한다. 그 해방의 공간은 특정한 주권국가의 경계 내부로 한정되지 않는다. 국제적 차원에서의 민주주의를 제시하는 것이다.

마르크스를 경유하면서 프랑크푸르트 학파의 비판이론에 입각하여 국제

---

24 이동수, "아도르노에 있어서 신화, 계몽 그리고 미메시스적 화해," 한국정치사상학회 제5회 연례 학술대회 발표문, 2001.
25 위르겐 하버마스, 이진우 옮김, 『담론 윤리의 해명』(서울: 문예출판사, 1997).

관계 이론을 전개하고 있는 링클레이터A. Linklater는 비판적 국제관계 이론의 성과를 다음과 같이 정리한다.[26] 첫째, 실증주의가 주장하는 지식의 중립성에 대한 비판이다. 국제관계학에서는 이 비판이 신현실주의에 대한 비판이 될 수 있다. 그리고 국제관계(학)에서 이 비판은 이상주의의 함정에 빠지지 않으면서 계몽과 해방의 기획을 복원하는 것을 의미한다. 둘째, 사회구조의 불변성에 대한 주장을 비판한다. 또한 불변의 보편적인 윤리적 척도가 있다는 이상주의적 가정에도 반대한다. 셋째, 비판이론은 마르크스주의에서 배우면서 동시에 마르크스주의의 약점을 극복하려 한다. 하버마스를 따라 계급적 권력이 사회적 배제의 근본적 형태이고 생산이 사회와 역사의 핵심 결정 요소라는 주장을 부정한다. 계급 이외의 다른 사회적 배제의 축을 고려하고 생산을 포함하여 다양한 힘을 분석한다. '사회적 학습'에 강조점을 둔다. 인간이 경계가 설정된 공동체에서 어떻게, 누구를 포섭하고 누구를 배제하는지를 분석한다. 그리고 인간이 어떻게 열린 보편적 담론 속에서 다른 사람과 연계할 수 있는지를 탐색한다. 넷째, 열린 대화를 통해 부당한 배제와 단절하는 새로운 정치 공동체의 형태를 모색한다. 탈주권적 정치 공동체의 가능성이다. 요약하면, 비판적 국제관계 이론은 국제적 수준에서 계몽의 기획을 인정하고 열린 대화의 이상을 유지하는 보편주의를 옹호한다. 이 측면에서 이 모든 것을 거부하는 포스트모던postmodern 비판이론과 구분된다.

가능한 것의 범위를 찾는 내재적 비판의 방법론에 따라, 주권국가의 경계가 윤리적·도덕적 중요성을 상실하고 있는 사례로 링클레이터는 유럽연합을 제시한다. 링클레이터는 현실주의 이론에 입각하면 불가능하게 보였던 '국제

---

26 A. Linklater, "The Achievements of Critical Theory", S. Smith et al., *International Theory*, pp. 284-295.

관계의 민주주의' 또는 '초국가적 민주주의'를 유럽연합에서 찾고자 한다. 프랑크푸르트 학파의 비판이론에 근거하고 있지만 프랑크푸르트 학파의 비판주의를 넘어서서 가능한 것을 탐색하려는 '비판적 현실주의'의 문제의식이라고 할 수 있다.

4. 마르크스적 국제관계 이론

마르크스적 국제관계 이론을 대표하는 로젠버그는 현실주의의 몰역사성을 비판하면서, 마르크스의 『자본』의 방법에 기초하여, 국제체제와 사회관계의 연관을 해명하고자 한다.[27] 로젠버그는 신현실주의 이론가들이 근대 국제체제와 동일시하는 그리스 시대의 국가체제와 이탈리아의 도시국가 체제를 분석하면서, 내적인 사회적 관계의 상이함에 주목한다. 즉 사회적 관계의 차

---

[27] J. Rosenberg, *The Empire of Civil Society: A Critique of the Realist Theory of International Relations* (London: Verso, 1994); *The Follies of Globalisation Theory* (London: Verso, 2000). 로젠버그의 이론적 작업에 대한 평가로는 H. Smith, "The Silence of the Academics: International Social Theory, Historical Materialism and Political Value," *Review of International Studies* 22: 2 (1996); M. Neufeld, "What's Critical About Critical International Relations Theory?" R. Jones ed., *Critical Theory & World Politics* (Boulder: Lynne Rienner Publishers, 2001) 참조[뉴펠드의 논문에서는 2부에서 다룰 미국적 구성주의자 웬트(A. Wendt)와 마르크스적 국제관계 이론가인 로젠버그와 페미니스트 국제관계 이론가인 웨버(C. Weber)를 선택하여 그들의 저작을 평가하고 있다. 이 세 이론가는 그람시안도 아니고 프랑크푸르트 학파를 계승하고 있지도 않다. 따라서 좁은 의미에서의 비판적 국제관계 이론가로 분류되지 않을 수도 있다. 특히 웬트적 구성주의가 문제다. 웬트가 국제체제의 무정부 상태가 홉스적 상태에서 로크적이고 칸트적 상태로 이행할 수 있다고 생각한다는 점에서는 국제관계의 진보에 관한 문제 설정을 가지고 있다고 볼 수 있지만, 웬트적 구성주의의 주류 이론과의 친화성을 고려할 때, 웬트를 비판적 국제관계 이론가로 분류하는 것이 적절한 것인가라는 질문이 제기되기도 한다. 비판적 국제관계 이론이란 무엇인가라는 질문은 세계정치에 비판적으로 개입하고자 하는 이론가들을 항상 따라 다니고 있다]. 마르크스적 국제관계 이론을 실증하면서, 근대 국제관계의 기초를 1648년 베스트팔렌 조약에서 찾는 주류의 견해를 비판하고 있는 연구 성과로는 B. Teschke, *The Myth of 1648: Class, Geopolitics and the Making of Modern International Relations* (London: Verso, 2003).

이에서 비롯되는 국가형태의 차이를 밝힌다. 마르크스가 정치경제학을 비판했던 문제의식처럼 국제체제의 역사적 특수성을 해명하는 것이 그의 이론적 작업의 목표다.

로젠버그는 마르크스의 방법론에 입각해, 근대 국제체제를 특징짓는 두 개념인 주권과 무정부 상태를 자본주의 시대의 특수성으로 설명한다. 주권은 자본주의에서 국가가 생산과정으로부터 분리되는 방식을 반영한다. 자본주의에서 국가는 순수하게 '정치적'이다. 즉 자본주의국가는 잉여가치의 수취 과정에 직접적으로 개입하지 않는다. 따라서 자본주의 국가는 주권국가의 형태로 등장한다. 주권적·영토적 통치와 생산의 분리로, 자본주의적 기업은 국가 통제로부터 자율성을 획득하면서 국제적으로 이동할 수 있게 된다. 무정부 상태는 마르크스에 따르면 자본주의적 생산의 핵심 특징이다. 무정부 상태는 자본주의적 관계의 조건이다. 자본주의적 사회관계의 고유한 특징인 무정부 상태는, 따라서 국가들 사이의 초역사적 관계를 지칭하는 개념이 될 수 없다. 무정부 상태 일반과 특수한 무정부 상태를 구분할 수 있다. 전자가 역사적 특수성을 무시한 채 형태의 비교를 통해 도출되는 개념이라면 후자는 역사적 특수성을 반영한 개념이다. 즉 로젠버그는 자본주의적 생산의 무정부성으로부터 국제정치의 무정부성을 도출해 낸다. 요약한다면, 세계정치의 역사적 변화는 지배적인 생산관계에서의 변화를 반영하는 것으로 이해될 수 있다.

5. 탈근대적 마르크스주의 국제관계 이론

네그리A. Negri와 하트M. Hardt의 『제국』*Empire*은 탈근대적 마르크스주의 국제관계 이론을 대표한다.[28] 이른바 지구화는 전 지구적 시장 및 전 지구적 생산회로와 더불어 전 지구적 질서, 새로운 지배 논리와 지배 구조―새로운 주권 형태―가 등장하게 하고 있다. '제국'은 이런 전 지구적 교환을 효과적으로 규제하는 정치적 주체, 즉 세계를 통치하는 새로운 주권 권력이다. 레닌류의 제국주의는 더 이상 전 지구적 권력 구조를 이해할 수 있는 적합한 개념이 아니다. 국민국가의 주권 쇠퇴가 주권 그 자체가 쇠퇴해 왔다는 것을 의미하지는 않는다. 네그리와 하트의 기본 가설은 주권이 단일한 지배 논리 아래에 통합된 일련의 일국적 기관들과 초국적 기관들로 이루어진 새로운 형태를 띠어 왔다는 것이다. 이 새로운 전 지구적 주권 형태를 제국으로 정의한다. 제국주의와 달리 제국은 결코 영토적인 권력의 중심을 만들지 않고, 고정된 경계나 장벽에 의지하지도 않는 탈근대적 네트워크라고 할 수 있다. 제국은 개방적이고 팽창하는 자신의 경계 안에 지구적 영역 전체를 점차 통합하는 탈중심화되고 탈영토화하는 지배 장치다. 미국은 제국주의적 기획의 중심을 형성하지 않으며, 진정으로 어떤 국민국가도 오늘날에는 제국주의적 기획의 중심을 형성할 수 없다. 제국은 경계가 없다. 제국 안에서 제국에 저항할 수 있는 대안을 네그리와 하트는 '다중'多衆, multitude의 실천에서 찾고 있다.

국가의 사멸을 암묵적으로 전제하면서 일국적 변혁의 불가능성을 상징하

---

28 안토니오 네그리·마이클 하트, 윤수종 옮김, 『제국』(서울: 이학사, 2002). 『제국』을 둘러싼 국외의 논쟁에 대해서는 Gopal Balakrishnan ed., *Debating Empire* (NewYork: Verso, 2003); 한국어 번역본은 고팔 발라크리슈난·알렉스 캘리니코스 외, 김정한·안중철 옮김, 『제국이라는 유령』(서울: 이매진, 2007); Leo Panitch, *The New Imperial Challenge* (NewYork: NewYork University Press, 2003) 참조. 국내에서도 네그리와 하트의 제국론 및 제국이라는 개념 그 자체에 대한 논쟁이 진행되고 있다. 서울대학교 국제문제연구소가 발행하고 있는 『세계정치』 26: 1 (2005)에 실린 박지향, "왜 지금 제국인가"; 안병진, "네그리와 하트의 제국론"; 백승욱, "미국헤게모니의 쇠퇴와 제국"; 이수형, "제국의 관점에서 바라본 미국의 군사 안보 전략과 21세기 국제정치"; 김상배, "정보화 시대의 제국"; 최갑수, "제국에서 근대국가로" 등을 참조. 마르크스주의 계열 연구자들은 신자유주의적 지구화가 지속되는 현재의 세계에 대한 해석을 둘러싸고 제국인가, 제국주의인가라는 논쟁을 전개하고 있다. 주요 저작 및 논문으로는 조정환, 『제국기계 비판』(서울: 갈무리, 2005); 『제국의 석양, 촛불의 시간』(서울: 갈무리, 2003) 및 경상대학교 사회과학연구소가 발행하고 있는 학술지 『마르크스주의 연구』창간호에 실린, 조정환, "제국인가 제국주의인가"; 윤수종, "제국 시대의 대중운동"; 손호철, "반세계화(지구화) 투쟁은 역사적 반동인가"; 정성진, "제국: 마르크스주의적 비판" 등을 참조.

는 '어색한' 번역어인 다중은 프롤레타리아와 민중이 사라진 시대에, 전 지구적 규모에서 민주주의를 실천하기 위해 새롭게 호명되는 '주체'다.[29] 다중은 프롤레타리아나 민중과 같이 동일성과 동질성을 전제로 성립되는 주체의 개념이 아니다. 차이와 다수성과 다양성이 다중을 구성하는 원천이다. 다중의 구성원들은 인종, 민족, 지역, 성별 등등 '다름'에도 불구하고 자본의 지배 속에서 일하고 있는 사람들로서 연대할 수 있는 '같음'의 위치를 부여받는다.[30] 네그리와 하트가 각자의 방식으로 제국과 자본에 저항하는 다양한 대중을 '하나'의 다중으로 규정하려는 시도는, 초기 기독교에서 사도 바울이 유대인과 그리스인, 종과 주인, 남과 여의 차이를 보편적 개별성을 통해 '하나'로 묶었던 것과 닮았다.[31] '지구시민사회'의 출현과 다중의 등장이 분리될 수 없다. 다중이 가지는 또 다른 의미로, 이론과 실천의 양 측면에서 전위와 대중, 지식인과 민중, 활동가와 시민과 같은 근대적인 '이분법'의 종언을 지적할 수 있다. 다중

---

[29] 안토니오 네그리·마이클 하트, 조정환·정남영·서창현 옮김, 『다중: 제국이 지배하는 시대의 전쟁과 민주주의』(서울: 세종서적, 2008). 민중의 '죽음'과 다중의 출현을 문학의 영역에서 접근한 연구 성과로는 조정환 외, 『민중이 사라진 시대의 문학』(서울: 갈무리, 2007) 참조.

[30] 네그리와 하트는 다중의 개념을 스피노자에서 찾고 있다. 그러나 일본의 가라타니 고진은 그것이 "억지스러운 다시 읽기"임을 지적하고 있다. "왜냐하면 다중은 원래 홉스가 사용한 말이고, 그것은 자연 상태에 있는 다수의 개인을 의미"하는 것으로 "개개인이 각자의 자연권을 국가에 양도하고 다중의 상태를 벗어남으로써 시민 또는 국민이 되는 것"이라는 고진의 지적이 흥미롭다. 고진이 네그리와 하트에 대해 비판하는 핵심은 마르크스와 이후의 마르크스주의자들이 생각했던 것처럼 국가가 쉽게 사멸할 것이라고 가정함으로써, 그들 또한 마르크스가 그랬던 것처럼 국가론을 가지고 있지 않다는 것이다. 가라타니 고진, 조영일 옮김, 『세계공화국으로』(서울: 도서출판b, 2007). 마르크스의 국가론 부재는 마르크스주의를 혁신하려던 프랑스의 마르크스주의자 알튀세르를 비롯한 다수의 이론가들이 지적했던 문제다. L. Althusser, *Essays in Self-Criticism* (London: New Left Books, 1973). 1970년대 이탈리아에서 벌어진 마르크스주의의 위기를 둘러싼 논쟁에서도 마르크스주의 국가론의 부재가 핵심 쟁점이었다. 구갑우·김영순 편역, 『마르크스주의 국가이론은 존재하는가』(서울: 의암출판, 1992).

[31] 알랭 바디우, 현성환 옮김, 『사도 바울』(서울: 새물결, 2008); 슬라보예 지젝, 김정아 옮김, 『죽은 신을 위하여: 기독교 비판 및 유물론과 신학의 문제』(서울: 길, 2007).

의 다양한 사회적 실천 속에서 새로운 미래를 여는 삶의 형태를 담지한 '집합적 창발성'emergence을 발견하게 될 때,[32] 우리는 '다중 지성'이나 '대중 지성'과 같은 다중의 연장 개념을 국제관계학을 포함한 사회과학에 도입할 수 있게 될 것이다.

IV. 비판적 국제관계 이론과 한국

한국의 국제관계학이 하나의 '학문 분과'discipline이면서 동시에 '사회적 실천'으로 성장하는 과정에서, 분단으로 표현되는 한반도 문제의 분석 및 해결 방안을 염두에 둔 국제관계 이론의 수입 및 국제관계 이론의 정체성 모색이 이루어지기도 했다. 1980년대에 접어들면서 비판적 국제관계 이론도 한국의 학계와 사회운동권에서 부분적이기는 하지만 시민권을 획득했다. 1980년대에 진보 진영 내에서 전개된 한국 사회구성체 논쟁은 종속이론과 세계체제론

---

[32] 창발성은 자연과학에서 유래한 개념이다. 〈프레시안〉(www.pressian.com)에 과학 이야기를 연재하고 있는 최무영은 창발성을 다음과 같이 기술하고 있다: "구성원끼리 서로 작용하는데 구성원이 많으면 그 사이의 상호 작용 때문에 구성원 전체, 곧 흔히 계(system)라 지칭하는 대상에 어떤 집합적 성질이 생겨납니다. 여러 구성원들이 서로 협동해서 생겨난다는 뜻에서 '협동현상'이라 부르며, 한편 구성원 하나하나와는 관계없는 집단 성질이 생겨나므로 이를 '떠오름'(emergence)이라고 부르지요. 요즈음 한자어로 창발(創發)이라고 쓰는데 저는 이보다 우리 토박이말을 좋아합니다." 최무영, "협동현상과 떠오름," "최무영의 과학 이야기"(검색일 : 2008년 1월 28일). 인문사회과학계에도 복잡계 이론이 도입되면서, '창발 현상'(emergent behavior)이라는 개념이 사용되고 있다. 창발 현상은 미시적인 부분의 각각의 특성으로는 설명할 수 없는 전체로서 나타나는 복잡한 현상을 지칭한다. 윤영수·채승병, 『복잡계 개론』(서울: 삼성경제연구소, 2005), pp. 55-67. 복잡계 이론을 국제정치학에 도입한 연구로는 민병원, 『복잡계로 풀어내는 국제정치』(서울: 삼성경제연구소, 2005). 사이버공간에 대한 연구에서도 집합적 창발성과 비슷한 '집단 지성'의 출현이 논의되고 있다. 피에르 레비, 권수경 옮김, 『집단 지성: 사이버공간의 인류학을 위하여』(서울: 문학과지성사, 2002).

그리고 레닌의 제국주의론의 제3세계판인 신식민지 국가독점자본주의론 등 수입된 이론들에 기초한 것이었다.33

그러나 한국 자본주의의 발전에 따라 종속 또는 신식민지라는 문제 설정이 가지는 한계가 지적되면서 그 이론들의 영향력은 감소했다. 1990년대에 들어서면서는 앞서 언급한 다양한 비판이론이 소개되고 있다. 국제관계 이론을 위한 토론의 공간, 즉 공공 영역의 확대로 해석될 수 있는 측면이 있다. 그러나 탈냉전 시대에 걸맞은 한국적 내지는 한반도적 정체성에 기반을 둔 체계적 연구 프로그램과 한국·한반도의 맥락을 고려한 국제관계 차원의 비판-계몽-해방의 기획은 제시되고 있지 않은 것처럼 보인다. 한국의 진보 내지는 좌파 세력의 국제관계에 대한 '무관심'도 한국적·한반도적 맥락의 비판적 국제관계 이론의 저발전에 기여하고 있다.34

부분적이지만 한국 사회에 비판적 국제관계 이론을 소개하고 적용하려는 시도는 강대국 중심의 현실주의 시각에서 남북한 관계 및 한반도를 포함한 동북아 국제정치 및 국제경제를 설명해 왔던 관성에 대한 반성으로, 그 의미를 찾을 수 있다. 기존의 세계질서를 주어진 것으로 보려는 현실주의 국제관계 이론에서는 심지어 자유주의 국제관계 이론조차, 강대국을 제외한 국가들을 국제체제의 행위자로 설정하지 않는다. 한국은 국제정치의 행위자가 아닐 수

---

33 박현채·조희연, 『한국 사회구성체 논쟁(I)』(서울: 죽산, 1989).
34 오히려 외국의 이론가들이 한국 사회와 사회운동의 경험을 수입하여 비판적 국제관계 이론을 정교화하려 하고 있다. 네그리와 하트는 『다중』의 한국어판 서문에서 다음과 같이 말한다. "실상 우리에게 두드러지게 보이는 한국 역사의 한 요소는 자본의 통제에 대항하는 풍성한 전통, 특히 산업 노동자계급 투쟁 전통이다. …… 한국 현실의 두 번째 요소는 한국이 새로운 전 지구적 질서의 구축에서 중추적 위치에 있다는 점이다. …… 이 두 요소들—자본주의적 통제에 대항하는 지속적 투쟁과 새로운 전 지구적 질서의 구조들로 편입된 경험—은 실상 이 책에서 제시되는 다중 개념을 연구하는 데 근본적인 축들이다." 한국에서는 진보의 위기가 논의되고 있는데, 네그리와 하트는 한국에서 진보의 가능성과 미래를 보고 있다.

있다. 그리고 국제관계의 규범적 문제를 제기하지 않고, 권력정치power politics를 국제관계의 윤리, 즉 힘의 윤리로 대체하려는 경향이 있다. 따라서 현실주의 이론에 근거할 때, 힘을 기초로 한 균형만이 논의될 뿐, 한반도 문제의 평화적 해결과 한반도의 평화라는 규범적 목표는 문제 설정 밖에 위치하게 된다. '우리'가 한반도 및 한반도를 포함한 동북아 지역에서 냉전 시대의 세력균형과 같은 현상 유지적 질서를 수용하지 않고자 한다면, 새로운 시각과 이론에 기초한 반성적 사유가 필요할 것이다.

비판적 국제관계 이론을 통해 한반도의 국제관계를 인식하려 할 때, 우리는 각 분석 수준에서 인식 전환의 계기를 경험할 수 있다. 첫째, 국내적 수준에서의 인식 전환이다. 비판적 국제관계 이론은 한국의 국가이익 형성 과정에서 사회적 관계를 고려하게 한다. 즉 비판적 국제관계 이론은 신현실주의처럼 국가이익이 미리 주어져 있는 것으로 간주하는 것이 아니라 사회 세력들의 갈등과 협력을 통해 형성된다는 시각을 가지게 한다.[35] 좀 더 급진적인 사회 세력은 국가이익의 존재 그 자체에 의문을 제기하기도 한다. 이름은 국가이익이지만 실제로는 특정 정치·사회 세력의 이익이라는 주장이다. 진보적 시각에서 국가이익의 존재를 인정할 때 우리는 그 경향을 비판적 현실주의로 부를 수 있을 것이다. 다른 한편, 진보적 시각에서 국가이익의 존재를 부정하게 될 때, 국가 중심적 국제관계론을 넘어서는 반反/비非국가적 문제 설정이 필요하다. 예를 들어, 한국군의 이라크 파병을 둘러싼 정치적 논쟁을 보수 세력의 국가이익 대 진보 세력의 국가이익 정의를 둘러싼 쟁투로 읽을 수 있지만, 다른 한편으로 국가이익 대 반/비 국가이익의 쟁투로 해석할 수도 있다.[36]

---

[35] 함택영, "국가와 국가이익: 국제정치학의 국가 중심성 비판," 『국가와 전쟁을 넘어서』(서울: 법문사, 1994), pp. 230-252. 그람시적 국가론과 국제관계 이론에 입각해 남북한의 군사력 경쟁을 분석한 연구 성과로는 함택영, 『국가 안보의 정치경제학』(서울: 법문사, 1998)을 참조.

또한 비판적 국제관계 이론은 세계질서와 한국의 국가와 시민사회를 종합적으로 분석할 수 있는 도구를 제공한다. 1997년 IMF 위기는 실증 연구 사례 가운데 하나다. 비판적 국제관계 이론은 국제질서가 한국의 국가와 사회에 미치는 영향뿐만 아니라 국제질서 변화에 개입할 수 있는 실천으로서 한국의 국가와 시민사회의 외교를 재정의하게 한다. 즉 현실주의에 따르면 국제체제의 개혁과 변혁의 주체가 될 수 없는 작은 나라의 국가와 시민사회가 국제체제의 개혁과 변혁에 개입할 수 있는 가능성을 모색할 수 있다는 것이다.[37] 즉, 국내적 수준의 역사적 블록과 세계질서의 연관을 규명할 수 있는 이론적 도구를 비판적 국제관계 이론에서 찾을 수 있다.

---

[36] 진보 세력이 국가이익을 위해 이라크 파병에 반대한다고 주장하는 순간, (신)현실주의 국제관계 이론에 투항하는 것이 될 수 있다. 국가에 대한 진보 세력의 의견은 통일되어 있지 않은 것처럼 보인다. 한 사례지만, 2008년 4월 참여연대 국제연대위원회와 평화군축센터가 주최한 "'기여 외교'의 바람직한 방향은 무엇인가"라는 토론회에서는 한국의 평화 유지군 파견이나 공적 개발원조는 국가이익에 반하는 방향으로 이루어질 때, 국제 평화에 기여할 수 있다는 주장이 제기되기도 했다.

[37] 민주화 이후 한국의 사회운동은 전통적인 '정치화', 함께하는 아름다운 삶을 추구하는 '미학화', 그리고 '국제화'의 길을 가고 있다. 민주화와 탈냉전 시대에 나타나고 있는 한국 사회운동의 국제화는 냉전의 잔재가 가시지 않은 한반도에서 발생할 수 있는 위기에 대한 국제적 문제 제기이면서 동시에 국가를 넘어서는 변혁과 개혁의 공간을 모색하는 작업이기도 하다. 1990년대부터 시작된 북한과 미국의 갈등 그리고 1997년의 IMF 위기는 한국의 사회운동에게 지구적·지역적 수준에서 시민사회의 연대를 생각하게 한 주요 계기였다. 이라크 파병 반대운동이나 WTO 반대 국민 행동 등은 국내적 수준에서의 연대를 보여 주는 사례들이다. 한국 사회운동의 국제정치는 '저항', '로비' 그리고 장기적 관점에서의 '대안의 모색' 등, 세 가지 형태로 진행되고 있다. WTO 각료 회의가 열렸던 시애틀과 칸쿤에서 그리고 세계사회포럼에서 한국의 사회운동은 미국의 일방주의와 신자유주의적 경제 질서에 반대하는 저항을 조직하고 있다. 이라크 현지에서 활동한 한국이라크반전평화팀은 또 다른 사례다. 다른 한편, 미국의 국가와 시민사회에 대한 로비를 통해 한반도의 평화를 모색하려는 사회운동의 국제적 실천도 이루어지고 있다. 2003년 5월 사회운동의 연대로 탄생한 '한반도평화국민협의회'는 로비를 통해 미국의 대북정책 결정 과정을 바꾸어 보고자 했다. 마지막으로, 시민사회의 교류를 통해 국가와 자본이 주도하는 동아시아가 아닌 시민사회의 동아시아를 상상하는 한국 사회운동의 실천은 국가를 넘어서는 대안 세계를 만들려는 노력으로 읽힌다. 구갑우, "한국 사회운동의 국제정치," 하영선 외, 『변화하는 세계 바로 보기』(파주: 나남출판, 2004) 참조. '평화국가'와 같은 한국 시민사회가 제안하고 있는 외교·안보 정책의 대안은 참여연대 평화군축센터 엮음, 『2008 평화백서: 시민, '안보'를 말하다』(서울: 아르케, 2008); 구갑우, 『비판적 평화연구와 한반도』에서 확인할 수 있다.

사회 세력들의 국가이익 정의를 둘러싼 갈등과 투쟁을 발견할 때, 우리는 국내적 수준에서 외교정책의 민주화를 의제로 상정할 수 있게 된다.[38] 주류의 외교정책 결정 이론들은 외교정책을 전문성과 비밀이 요구되는 영역으로 간주하면서, "국가를 정책 결정 체계로 대치하고, 실제 분석에서는 국가를 국가기구 즉 정부의 관료제나 정책 결정 엘리트로 환원"하려는 국가 중심적 시각을 견지해 왔다.[39] 국가와 시민사회라는 문제 설정을 사용하는 비판적 국제관계 이론은 주류의 이론과 달리 외교정책의 사회적 기원에 주목한다. 외교정책도 다른 공공정책과 마찬가지로 서로 다른 이해관계와 이념적 지향을 가진 정치·사회 세력들이 경쟁하는 영역이라는 것이다.

둘째, 한반도 및 동북아 수준에서의 인식 전환이다. 냉전체제의 해체 이후 한반도와 동북아의 질서는 지각변동을 겪고 있다. 이른바 북한 핵 문제와 북한의 경제 위기는 지각변동의 진앙震央 역할을 하고 있다. 국제관계의 역사를 고려하지 않는 현실주의적 시각에서는 이 이행기가 냉전체제와 비슷한 또 다른 세력균형으로 귀결될 것으로 예상할 가능성이 크다. 세력균형을 초역사적 법칙처럼 생각하기 때문이다. 그러나 세력균형은 그것을 법칙으로 생각하는 정치·사회 세력의 의식적 실천의 결과다.[40] 비판적 시각에서 보면, 이 과도기

---

[38] 민주화의 효과로, 외교정책의 결정과정이 행정부가 정책 결정 과정을 독점하는 제왕형(imperial)에서 의회가 정책 결정 과정에 개입하는 위임형(delegative)과 의회는 물론 시민사회가 정책 결정 과정에 참여하는 대의제형(representative)으로 전환되고 있다는 주장도 제기되고 있다. 장훈, "이론적 검토와 분석 틀," 『외교정책의 민주화와 국회』, 2006년도 국회 연구 용역 과제 연구 보고서. 그러나 외교정책의 방향을 둘러싸고 국가와 시민사회가 소통할 수 있는 제도적 장치는 마련되지 않은 상태다. 특수한 외교 정책인 대북정책을 둘러싼 남남 갈등 및 남북 갈등의 존재로 대북정책을 포함한 외교정책이 정치적 쟁점으로 비화되곤 하는 한국의 상황을 고려할 때, 외교정책의 민주화는 그 갈등을 전환시키는 효과를 발휘할 수 있을 것이다.

[39] 함택영·백창재·구갑우, "국제관계," 김세균·박찬욱·백창재 편, 『정치학의 대상과 방법』(서울: 2005), p. 449.

[40] M. Sheehan, *The Balance of Power: History and Theory* (London: Routledge, 1996).

는 역사적 구조의 이행이며 새로운 국제적 수준의 역사적 블록 형성 과정이다. 따라서 한반도와 동북아에서의 새로운 질서 형성을 둘러싼 쟁투를 발견할 수 있다.

비판적 국제관계 이론을 매개로 남북 관계 및 한반도를 포함한 동북아에서 상상할 수 있는 대안적 질서는 다음과 같다. 첫째, 한반도에서 소극적 평화는 물론 정치경제적 불평등을 제거하는 적극적 평화를 이끌 수 있는 새로운 대항적 또는 대안적 역사적 블록과 그 블록의 형성을 가능하게 할 수 있는 소통의 공론장 건설을 상정할 수 있다. 즉 한반도 평화 과정을 사회적 공공성을 제고하는 정치경제 체제를 건설하는 구상과 연계하는 발상이다. 둘째, 남북 관계 및 동북아 국제정치에서 복합국가나 시민국가와 같은 새로운 정치 공동체를 상상할 수 있다. 프랑크푸르트 학파의 비판이론에 기초한 국제관계 이론이 상정하고 있는 것처럼, 국민국가를 유일의 정치 공동체로 간주하지 않을 수 있을 뿐만 아니라 시민사회가 국가의 우위에 서는 새로운 국가형태를 상상할 수 있다는 것이다.41 즉, 한반도와 동북아에서 평화와 번영을 가능하게 하는 탈脫/비非 국가적 통합에 대한 문제 제기다. 셋째, 시민국가의 상상력을 동

---

41 백낙청의 분단체제론도 비슷한 상상력을 제공하고 있다. 분단체제론은 사실상 비록 분단으로 불구화된 국가지만 두 개의 국가가 한반도에 공존함을 인정하고 그것이 평화적 공존이어야 한다는 명제를 제시한다. 이런 현실적인 자세를 바탕으로 추구하고 다음의 과제는 분단체제가 전쟁 재발이라는 파국적 방식을 통해 무너지는 사태는 피하면서도 고착화 과정을 무한정 끌고 가려다 필경 전쟁 또는 전쟁에 버금가는 어떤 재앙으로 끝맺을 결과를 막아 줄 국가체제를 구상하는 것이다. 통일을 향한 획기적인 한 걸음을 뜻하면서도 분단체제의 급격한 붕괴를 피하는 국가체제로 느슨한 형태의 복합국가인 국가연합(confederation)이라는 것이다. 북한이 제안한 연방공화국이 영어로는 confederal republic(국가연합공화국)으로 표현되었고, 1991년 남한 정부의 한민족 공동체 통일안에 국가연합 단계가 포함되었으며, 남북한 간에는 국가연합을 향한 더욱 실질적인 합의가 이미 이루어진 상태라고도 볼 수 있다. 분단체제론은 국가연합 이후의 단계에 대해서는 미리 못을 박아 분란을 자초할 까닭이 없다고 생각한다. 단일민족국가가 적절한 대안적 통일 형태가 되지 않을 수도 있기 때문이다. 백낙청, 『분단체제 변혁의 공부길』(서울: 창작과비평사, 1994); 『흔들리는 분단체제』(서울: 창작과비평사, 1998); 백낙청, 『한반도식 통일, 현재진행형』(서울: 창비, 2006).

북아 지역으로 연장할 때, 동북아 지역에서의 소통과 대화를 통해 시민사회의 연대를 구축하는 비판적 지역주의를 생각해 볼 수 있다. 대부분의 동북아 또는 동아시아 차원의 지역주의는 국가들의 동아시아 또는 기업과 자본의 동아시아를 상정하는 것이었다. 비판적 국제관계 이론은 일국 차원의 개혁과 변혁을 넘어서서 동아시아 시민사회의 연대에 기초한 사회적 동아시아를 모색할 수 있는 이론적 자원을 제공할 수 있다.

마지막으로, 지구적 수준에서의 인식 전환이다. 이 전환의 핵심은 주류 국제관계학이 국제체제의 무정부성을 가정하면서 의제 설정 자체를 금지하고 있는 국제관계의 민주화다. 국제관계의 민주화 운동은 시민사회의 참여와 연대solidarity를 통해 강대국들의 권력정치와 초국적 사적 자본의 권력을 민주적으로 통제하려는 사회운동이다. 반전·평화와 호혜적 경제 관계의 건설을 통한 지구적 수준에서의 사회적 정의의 실현이 국제관계 민주화의 주요 내용이다. 남북 관계와 동북아 또는 동아시아 차원에서의 새로운 질서를 형성하고자 하는 비판적 지역주의도 한반도적 맥락에서 국제관계의 민주화를 실현하려는 노력 가운데 하나다. 비판이론가들이 지적하는 것처럼, 지구화는 민주주의를 위협하는 요소들을 생산하면서도 다른 한편으로 일국에 갇혀 있던 민주주의를 지역적·지구적 수준에서 상상할 수 있는 계기를 제공하고 있다.

한국적·한반도적 맥락을 고려하면서 우리는 국제관계의 민주화를 위한 의제를 다음과 같이 상정해 볼 수 있다. 첫째, 탈냉전 시대에 출현한 미국 단극체제의 비민주성에 대한 비판이다. 예를 들어 한미동맹의 민주화가 의제 가운데 하나가 될 수 있을 것이다. 한반도 및 동북아에서 평화체제를 구축하기 위해서는 한미상호방위조약의 개정 또는 폐지를 포함한 한미동맹의 구조 조정이 필요하다. 한미동맹의 지속과 강화는 한반도와 동북아에서 냉전적 세력균형을 야기하는 '실천'이 될 수밖에 없기 때문이다. 둘째, 국제기구의 민주화와 같은 지구적 수준에서 진보적 다자주의를 위한 개혁에 한국의 국가와 시민사회가 참여할 수 있어야 한다. 강대국들의 권력정치와 초국적 자본의 권력을 통제하기 위한 평화 지향적 중견 국가들middle powers과 지구시민사회의 연대와 협력적 실천은 가시적 성과를 산출하고 있다. 2005년 유네스코에서 체결된 문화 다양성 협약, 1997년대인 지뢰 금지 협약, 1998년의 국제형사재판소를 위한 로마 규정 등등은 신자유주의적 자본주의 질서와 미국의 정치 군사적 일방주의에 저항하는 정치·사회 세력들의 실천의 결과물이다. 셋째, 지구적 수준의 사회민주주의적 개혁은 국제관계의 민주화를 위한 물적 토대다. 1994년 유엔개발계획UNDP, United Nations Development Programme이 제시한 인간 안보human security 개념은 공포로부터의 자유는 물론 결핍으로부터의 자유라는 구성 요소를 가지고 있었다. 사회적 지구 및 지구적 정의의 실현을 위한 실천으로 한국의 국가와 시민사회의 윤리 외교와 사회적 연대를 위한 프로그램이 기획될 수 있어야 한다.

V. 결론

비판적 국제관계 이론들은 '국제관계의 진보가 가능한가'라는 질문을 공유하고 있다. 따라서 비판적 국제관계 이론의 구성은 이 질문 자체를 거부하는 국제관계 이론과의 담론 투쟁이기도 하다. 경쟁하는 국제관계 이론들의 담론 투쟁을 통해 우리는 국제사회와 국내사회를 새롭게 구성할 수 있는 계기를 가지게 된다. 그러나 비판적 국제관계 이론의 구성이 반드시 지향하는 현실을 구성하지 못할 수도 있다. 네그리와 하트의 표현을 빌리면 지구화 시대에 제국에 저항하는 다중이 지구적 수준에서 민주주의를 만들어 갈 수 있는 계기가 형성되고 있다고 볼 수도 있지만, 반자본주의 운동부터 온건한 자유주의적 개혁 세력까지 다양한 진보 세력이 결합되어 있는 지구시민사회의 분열과 미국의 일방주의와 신자유주의적 자본주의 질서의 전일화라는 비관적 시나리오가 현실을 압도할 수도 있다. 그럼에도 국제관계의 진보를 희망한다면, 국제관계학 비판의 길은 정언명령이다.

비판적 국제관계 이론은 '세계를 어떻게 잘 설명할 것인가'라는 인식론적 문제 설정을, '세계의 실제 상태가 어떤가'라는 존재론적 문제 설정으로 전환하는 것에서 출발한다. 대부분의 주류 이론은 국제체제 또는 세계질서의 변화를 전제하지 않고, 고정된 실체인 국제체제 또는 세계질서를 설명하는 것에 집중해 왔다. (신)현실주의 국제관계 이론이 그 대표적 사례다. 비판적 국제관계 이론은 다양한 형태로 존재하고 있고 이 다양성이 진보의 위기를 상징하는 것이기도 하지만, 세계질서의 존재론적 전환을 추적하고 그 전환이 가져온 역사적 구조의 변화를 탐색하고자 한다는 점에서 그 의미가 있다고 할 수 있다.

비판적 국제관계 이론은 이론의 형성, 즉 이론적 실천이 사회적 현실을 구성하는 요소라는 생각을 공유하고 있다. 즉 이론의 형성 그 자체가 정치적 실천이라는 생각을 한다. 따라서 비판적 국제관계 이론에서는 국제적인 것의 역사적 특수성을 규명하고, 그 이론적 분석에 기반하여 기존의 체제와 질서를 개혁하거나 변혁할 수 있는 대안 세력을 호명하고 그들의 운동을 통해 대안적 질서를 만들고자 한다. 세계를 해석하는 것으로 그치는 이론이 아니라 세계를 변혁하는 것, 바로 그것이 비판적 국제관계 이론의 목적이다. 비판적 국제관계 이론이, 철학적 논쟁을 넘어서서, 구체적 상황에 대한 구체적 분석을 발전시킬 수 있을 때, 비판적 국제관계 이론은 비로소 세계를 변혁하고자 하는 자신의 목적에 다가갈 수 있을 것이다.

세계사적 보편성과 한국적·한반도적 특수성을 담지한 비판적 국제관계 이론의 구성은 우리의 과제다. 비판적 국제관계 이론 또한 다른 국제 관계 이론처럼 수입된 이론이기는 하지만, 비판적 국제관계 이론의 시각을 통해 한국과 한반도를 볼 때, 우리는 인식의 전환을 경험할 수 있다. 평화와 안보에 대한 새로운 개념화, 한반도 문제의 역사적 구조에 대한 분석, 한반도 문제의 진보적 해결을 위한 대항 헤게모니 형성, 한반도의 정치경제적 미래, 동아시아 평화와 번영의 조건 등등이 비판적 국제관계 이론에 입각할 때, 제기될 수 있는 연구 주제들이다. 그러나 비판적 국제관계 이론이 국가 중심성과 반/비국가의 문제 설정 사이에서 동요하고 있는 것처럼, 한국적·한반도적 맥락을 고려한 비판적 국제관계 이론의 구성에서도 이 문제가 나타날 수 있다. 분단체제의 효과로, 국가 중심성에서 반/비국가의 문제 설정으로 도약하는 것이 비약이 될 수 있는 한국에서 그 중간 단계로 '평화국가'와 '사회국가'에 대한 구상을 통해,[42] 지금 여기의 맥락이 고려된 비판적 국제관계 이론 구성의 출발점을 마련해 볼 수 있을 것이다.

---

42 구갑우, 『비판적 평화연구와 한반도』(서울: 후마니타스, 2007); 진보정치연구소, 『사회국가, 한국 사회 재설계도』(서울: 후마니타스, 2007).

제2부

국제관계학의 철학적 기초

주류 국제관계학은 국제관계학의 철학적 기초나 메타이론에 대해 상대적 무관심을 보여 왔다. 국제관계의 진보에 대한 사유가 부재했기 때문이다.

미국적 국제관계학의 역사는, 분과 학문으로서 국제관계학의 자기 정체성을 정의했던 이론적·실천적 계기로 기술된다. 탈실증주의를 둘러싼 국제관계학계의 논쟁 이후 철학의 저발전 상태에 있던 미국적 국제관계학은 웬트적 구성주의를 수용하여 국제관계학의 철학적 기초를 확립하려 했다. 과학적 실재론을 수용했지만 그것의 비판적 성격을 거세한 웬트적 구성주의가 주류의 합리주의와 접합되는 지점을 살펴보고, 존재의 역사적 형성에 주목하는 비판적 존재론에 의거하여, 국제 정치경제학의 대안적인 존재론과 인식론, 가치론을 모색한다.

주류 국제관계학은 시간을 결여한 국제관계학일 뿐만 아니라 사회관계를 담는 그릇인 공간에 관심을 가지지 않았다. 주류 국제관계학에 대한 비판은, 경제결정론을 피하면서, 국제관계가 자본주의적 사회관계 속에 역사적으로 내재되어 있고, 자본주의적 사회관계와 내적으로 연관되어 있다는 명제에서 출발한다. 국제정치의 근대성이 영토성으로 표출된다는 공간적 사고의 덫에 걸리지 않기 위해서는, 표층적 수준에서 나타나는 국민국가들 사이의 정치경제적 관계와 심층적 수준에서 발현하는 자본주의적 사회관계에 의해 생산되는 지구경제의 상호 작용에 주목해야 한다.

국제관계의 진보는 국제관계(학)의 윤리를 고려하는 것에서 출발할 수 있다. 국제관계는 인간 사회의 어떤 부문보다도 도덕과 윤리가 요구되는 곳이다. 예를 들어 전쟁, 테러, 인종 학살 등은 인간의 도덕성은 물론 인간의 존재 그 자체를 부정하는 비극적 사건들이다. 그럼에도 (신)현실주의로 대표되는 '주류' 국제관계학에서 윤리와 윤리학에 대한 고려는, 현실 정치에 필요한 정도로만 언급되는, '종속적' 문제 설정일 뿐이다. 국제관계(학)의 윤리적 문제 설정을 복원하기 위해 상상 가능한 다양한 경로를 모색한다.

제3장

국제 정치경제(학)의 존재론과 인식론
: 웬트의 구성주의 비판

I. 문제 설정

미국적 국제관계학의 역사에서, 이른바 '대논쟁'great debates으로 평가되는 제2차 세계대전을 전후로 한 이상주의 대 현실주의 논쟁, 1960년대의 고전적 접근과 과학적 접근을 둘러싼 방법론·인식론 논쟁은 분과 학문으로서 국제관계학의 자기 정체성을 정의했던 이론적·실천적 계기로 기술된다. 대논쟁이 실제로 있었는지가 논란이기는 하지만,[1] 대논쟁이라는 수사를 붙이는 이유는 그 논쟁이 큰 전환점이었다는 의미를 담기 위해서일 것이다. 이 두 논쟁을 거치면서 미국적 국제관계학의 현실주의와 그 현실주의를 과학으로 만드는 철학적 기초로 이성과 경험을 진리와 지식의 기초로 설정하는 합리주의와 경험주의/실증주의[2]가 정초되었다고 할 수 있다.[3] 따라서 대논쟁이라는 수사는 이

---

1 B. Schmidt, "On the History and Historiography of International Relations," W. Carlsnaes, T. Risse-Kappen and B. Simons eds., *Handbook of International Relations* (London: Sage, 2002), pp. 12-14.
2 실증주의는 다음과 같이 분류할 수 있다: 19세기 콩트류의 실증주의, 1920년대의 논리실증주의,

론과 실천의 측면에서 미국 패권의 '승리의 역사'를 기록하는 방식이기도 하다.

이 두 대논쟁과 달리, 1970년대의 '세 번째 논쟁'인 패러다임 논쟁—현실주의, 자유주의, 급진주의의 논쟁—으로 촉발되어 1980년대에 탈실증주의 postpositivism 논쟁으로 이어진 '네 번째 논쟁'[4]은 미국적 국제관계학의 합리주의적·실증주의적 기초에 대한 탈脫/반反/비非 미국적 국제관계학의 철학적 비판 및 개입이었다. 특히 네 번째 논쟁은 합리주의와 실증주의 철학에서 나타나는 '인식론의 우위'[5]를 비판하고 국제관계학의 철학적 기초로 존재론과 가치론을

현대 사회과학의 실증주의. 일반적으로 호환 가능한 개념으로 사용되는 실증주의와 경험주의도 구분될 수 있다. 스미스는 실증주의를 자연과학과 사회과학을 통합하고자 하는 자연주의(naturalism)와 규칙성에 대한 신념을 결합한 '방법론'으로, 경험주의를 방법론을 포괄하는 '인식론'으로 분리한다. 즉 실증주의를 경험주의적 인식을 가능하게 하는 도구로 설정한다. S. Smith, "Positivism and beyond," S. Smith, K. Booth and M. Zalewski eds., *International Theory* (Cambridge: Cambridge University Press, 1996). 이 글에서는 일반적인 사용법을 따른다.

3 합리주의와 경험주의는 다음과 같은 공통점과 차이점을 가지고 있다: 서양철학사에서 데카르트(R. Descartes)의 코기토(Cogito) 명제, 즉 "나는 생각한다, 고로 존재한다"는 17세기 '과학혁명'을 상징하는 철학적 명제다. 이 명제는 과학을 하기 위한 조건으로서 '자연의 빛'인 이성을 가진 '주체'의 등장을 알리는 선언이다. 이 주체는 과거와 같은 성서(聖書) 해석학의 방법이 아닌 '과학적 방법'을 통해 객관적 실재에 대한 지식을 생산한다. R. Descartes, *Discourse on Method and Related Writing* (London: Penguin Books, 1999); 김상환, 『니체, 프로이트, 맑스 이후』(서울: 창작과비평사, 2002), pp. 39-73. 같은 시대에 등장한 영국의 경험주의도 이 데카르트식의 합리주의와 함께 근대적 주체와 새로운 자연관을 공유한다. 그러나 데카르트의 합리주의와 달리 경험주의의 주체는 초월적 주체가 아니라 경험적·일상적 주체고, 자연은 양화(量化)가 가능한 연장(extension, 延長)이 아니라 경험적 성질을 갖춘 질적 자연이다. 김효명, 『영국 경험론』(서울: 아카넷, 2001), pp. 11-12. 따라서 경험주의에 따르면 과학적 지식은 관찰과 실험을 통해 획득된다. 과학혁명의 시대에 나타난 이 합리주의와 경험주의의 대립은 18세기 독일의 철학자 칸트에 의해 종합된다.

4 M. Hoffman, "Critical Theory and the Inter-Paradigm Debate," *Millennium* 16: 2 (1987); Y. Lapid, "The Third Debate: On the Prospects of International Theory in Post-Positivist Era," *International Studies Quarterly* 33: 3 (1989); O. Waever, "The Rise and Fall of the Inter-Paradigm Debate," Smith et al. (1996).

5 데카르트 이후의 철학적 '인식론의 시대'에 지식의 기원과 방법과 한계를 종합하고자 한 철학자가 칸트다. 칸트는 인식과 객관적 대상의 관계에서 경험주의와 달리 인식을 대상에 종속시키지 않고 거꾸로 대상을 인식에 종속시키는 주체 중심의 인식론을 전개한다. 이른바, '코페르니쿠스적' 전환이다. 칸트에 따르면, 관찰된 사건들의 시간적 선후와 반복성을 통해 원인을 도출하려는 흄적(Humean) 사유는 인과관계의 필연성과 보편성을 담보하지 못한다. 즉 경험의 확실성은 초월적 원칙에 의해 담

재검토하려는 작업이었으며, 더 나아가 근대를 지배하던 서구의 형이상학 체계 전반에 대한 '지체된' 도전의 의미를 담고 있었다. 따라서 "우리가 어떻게 알 수 있는가"라는 인식론적 질문에 '앞서' "우리가 알 수 있는 것은 무엇인가"라는 존재론적 질문이 미국적 국제관계학에 대한 철학적 개입의 출발점이 되었다. 즉 합리주의와 실증주의가 부차적 지위를 부여했던 존재론의 복원이다.[6]

이 근본적 도전을 주류 국제관계학은 '합리주의 대 성찰주의reflectivism'로 정리한다.[7] 그리고 성찰적 접근이 합리주의의 단점만을 지적할 뿐 합리주의와

보되어야 한다. 이성에 바탕을 둔 모든 학문에는 "모든 경험에 앞서는" 그리고 "경험 인식을 가능하게 하는" 초월적(transcendental) 종합판단이 원리로 포함될 수밖에 없다는 것이다. 칸트는 주체가 시간, 공간, 내용과 형태, 인과관계와 같은 정신의 범주를 미리 가지고 있지 않다면 객관적 세계를 직관할 수 없기 때문에, 초월성을 전제해야 한다고 주장한다. 그러나 초월적 원칙에 의거한 인식은 주어진 현상 세계로 국한된다. 물자체(物自體)는 인식의 대상이 아니다. 즉 이성의 한계를 지적하는 칸트의 '이성비판'이다. 임마누엘 칸트, 김석수 옮김, 『순수이성 비판 서문』(서울: 책세상, 2002). 초월적 관념론(idealism)으로 불리는 칸트의 이 사유 체계는 절대적 시간과 공간 속에서 수학적 이론과 관찰과 실험의 변증적 과정을 통해 '철학'을 하고자 했던 뉴턴적 역학(Newtonian mechanics)의 번역이었다. 칸트의 종합은 신에 의존한 진리에서 벗어나 인간 주체가 진리의 보증자가 되기 위해 필요했던 진리의 토대에 대한 추구를 모색하는 근대 인식론 우위의 철학의 정점이었다.

6 존재론의 부정은 자연과학과 사회과학과 인문학을 하나의 체계로 통일하고자 했던 '논리실증주의'(logical positivism)에서 명확하게 드러난다. 철학을 "과학에 관한 이론"으로 정의하고 철학적 탐구의 목적을 언어분석과 의미의 명료화에 두었던 논리실증주의에서, 사물의 실재 여부에 관한 질문은 진술의 형식이나 경험에 의해 참과 거짓이 판명될 수 없는 질문이 된다. A. Ayer ed., *Logical Positivism* (London: Macmillan, 1959). 그러나 형이상학적 실재가 인간의 인식 능력에 의해 증명될 수 없다는 칸트의 주장은 오히려 철학자들이 상상력과 직관을 통해 존재의 본성을 해명하고자 하는 시도를 양산하게 했다. 또한 자연과학과 그것을 논리적으로 정당화하는 철학에 의거한 자연주의는 절대공간과 절대 시간을 부정하는 상대성 이론과 양자역학이 등장하면서 위기에 처하게 된다. 이 변화에 조응하여, 자연주의적 시각에서도 세계의 '존재론적 속성'에 대한 질문을 다시금 제기하게 된다. 포퍼(K. Popper)가 제기했던 질문인, 사회현상이 법칙적으로 발생하는 '시계'인가 아니면 무정형적인 '구름'인가, 하는 논쟁도 바로 이 새로운 과학혁명의 성과를 반영한 것이었다. 가브리엘 알먼드·스티븐 젠코 , "구름, 시계와 정치학 연구," 김웅진 외 편역, 『비교정치론 강의 I』(서울: 한울, 1992).

7 R. Keohane, *International Institutions and State Power* (Boulder: Westview Press, 1989), pp. 158-179. 이 글에서 주류는 미국적 국제관계학을 대표하는 신현실주의와 신자유주의를 지칭한다.

실증주의가 가진 검증 가능한 이론을 제시하지 못하고 있다고 비판한다. 그러나 주류가 설정했던 합리주의와 성찰주의의 대당은 구성주의constructivism의 등장과 더불어 '합리주의 대 구성주의'로 전환된다.[8] 논쟁의 '축'에서 성찰주의를 배제한 것이다. 이 글은 바로 이 지점에 개입하고자 한다. 주류 국제관계학이 합리주의와 성찰주의 사이의 '중도'中道로 자신을 위치 짓고자 하는 '웬트적 구성주의'와 합리주의의 대당을 설정하는 것은 주류 국제관계학에 위협이 될 수 있는 성찰주의를 의도적으로 배제하고, 웬트적 구성주의를 포섭하려는 시도다.[9] 실질적으로 웬트적 구성주의는 주체와 객체의 분리 및 주체 중심의 인식론을 전제하는 주류 합리주의와 '국제관계학의 칸트주의'[10]를 공유하면서 합

이 둘은 성찰주의의 도전에 맞서 합리주의라는 공통 기반—행위자의 합리성, 무정부 상태, 국가 중심성 등등—을 기억하며 이른바 '신-신 종합'(neo-neo synthesis)의 연합을 형성한다. 비주류라고 할 수 있는 성찰적 국제관계 이론에는 비판이론, 암스테르담 학파, 탈근대주의, 페미니스트 이론, 탈식민주의적(postcolonial) 이론, 규범이론, 평화 연구, 인류학적 접근, 역사사회학 등이 포함될 수 있다. 이 성찰적 이론들 사이의 차이 또한 존재할 뿐만 아니라 근본적으로는 이 성찰적 이론들은 통약(通約) 불가능할 수 있다. 그러나 이 성찰적 이론들은 합리주의의 주요 주장에 반대한다는 공통분모를 가지고 있다. 예를 들어 S. Smith, "The United States and the Discipline of International Relations," *International Studies Review* 4: 2 (2002); Waever, "The Rise and Fall" 등을 참조.

8 P. Katzenstein, R. Keohane and S. Krasner, "*International Organization* and the Study of World Politics," *International Organization* 52: 1 (1998).

9 이른바 중도 노선은 A. Wendt, *Social Theory of International Politics* (Cambridge: Cambridge University Press, 1999); A. Wendt, "On the Via Media: A Response to the Critics," *Review of International Studies*, p. 26 (2000); E. Adler, "Seizing the Middle Ground: Constructivism in the World Politics," *European Journal of International Relations*, p. 3 (1997); J. Checkel, "The Constructivist Turn in International Relations Theory," *World Politics*, p. 50 (1999) 등을 참조. 정진영이 주장하는 것처럼 구성주의가 합리주의와 성찰주의의 대립이 낳은 "이론적 혼란 상태를 극복할 새로운 통합"을 제시할 수도 있다. 정진영, "국제정치 이론 논쟁의 현황과 전망," 『국제정치논총』 40:3 (2000). 그러나 그 통합은 성찰주의를 배제하는 축소 통합을 지향하게 된다. 웬트의 구성주의와 달리 다양한 행위자를 고려할 뿐만 아니라 실증주의 비판에 입각한 구성주의적 경향을 보이는 크라토크빌(F. Kratochwil)과 오너프(N. Onuf)의 구성주의를 웬트와 비교하고 있는 글로는 M. Zehfuss, *Constructivisms in International Relations* (Cambridge: Cambridge University Press, 2002) 참조.

10 조지(J. George)는 후기-칸트적(post-Kantian) 담론의 세 가지 변이를 제시한다. 첫째, 칸트의

리주의를 '보완'하고 있다는 것이 이 글의 주장이다.[11]

합리주의와 웬트적 구성주의에서 나타나는 인식론의 우위를 비판하기 위해 이 글은 "누가 왜 얻는가"라는 질문을 던지는 비판이론의 사회적 존재의 존재론과 인식론에 의거한다. 비판이론은 탈구조주의post-structuralism와 달리 지식 또는 진리의 기초를 부정하지 않는 '최소주의적 기초주의'minimalist foundationalism를 견지하면서 현실의 상호 주관성intersubjectivity을 인정하는 구성주의적 문제 설정을 수용하고 있다. 따라서 비판이론은 새로운 자연주의로 과학적 실재론scientific realism을 수용했지만 그 실재론의 비판적 성격을 거세한 웬트적 구성주의가 합리주의와 접합되는 지점을 비판할 적절한 무기가 될 수 있을 것이다. 더 나아가 '있는 것'과 '있어야 할 것'을 연계하는 실천적 존재론에 의거하고 있는 비판이론을 통해, 네 번째 논쟁의 종착점인 '국제 정치경제학'[12]의 대안적

선험적 전제로부터 영향을 받은 해석학적 전통으로 "실증주의적 인본주의(humanism)"로 불린다. 둘째, 칸트의 해방적 차원을 강조하는 정치적 급진주의로 헤겔(G. Hegel)과 마르크스에 친화성을 보인다. 셋째, 주권적(sovereign) 주체와 물자체로 이원화된 세계에서 지식을 위한 논리적 기초를 찾으려는 실증주의적 경향이다. J. George, *Discourses of Global Politics: A Critical (Re)Introduction to International Relations* (Boulder: Lynne Rienner Publishers, 1994), pp. 55-56. 이 글에서 칸트주의는 이 세 번째 경향을 지칭한다.

11 이 글에서 비판의 대상이 되는 웬트적 구성주의는 웬트의 1999년 저작인 *Social Theory*까지다. 이 책의 출간 이후 웬트는 자기비판을 통해, 데카르트적 존재론 또는 관념과 물질적 조건을 분리시키는 이분법적 존재론이 비과학적이라고 평가하면서, 의식을 양자(quantum) 현상으로, 인간을 "걸어다니는 파동함수"(walking wave function)로 해석하기 시작했다. 그러면서 사회과학의 존재론적 기반을 양자 사회과학으로 재구성하는 작업을 하고 있다. 웬트의 자기비판 및 웬트에 대한 토론은 S. Guzzini and A. Leander, *Constructivism and International Relations: Alexander Wendt and His Critics* (London: Routledge, 2006) 참조. 한국에서 웬트의 양자역학으로의 전향에 대한 논의로는 남궁곤, "STIP(1999) 이후 구성주의 방법론 논쟁: 웬트가 양자로 간 까닭은?" 2006년 한국국제정치학회 연례학술회의 참조. 웬트의 새로운 국제관계 이론은 2008년 7월에 출간될 예정이다. A. Wendt, *Limits of International Relations* (London: Routledge, 2008).

12 2장에서 언급한 것처럼, 비판적 국제관계학의 국제 정치경제학에 대한 정의는 주류 국제관계학의 국제 정치경제학에 대한 정의에 대한 비판이다. 주류 국제관계학에서 국제 정치경제학은 "자율적인 논리에 의해 움직이는" 국제정치와 국제경제의 상호 작용을 연구하는 국제관계학의 하위 분과다. 따라서 주류 국제관계학에서는 정치와 경제가 분리되는 현상에 대한 질문을 던지지 않고, 그 분리를 주

존재론과 인식론과 가치론의 단초를 마련할 수 있을 것이다.

II. 국제 정치경제학의 철학 : 비판이론의 시각

1. 철학의 '저발전'

    뉴턴적 자연과학과 철학의 시대에 또 다른 초월적 주체가 탄생한다. 바로 '국가'다. 국가는 인간 주체에 버금가는 이성을 가진 집합적인 사회적 주체로 등장한다. 특히 국가 권력과 봉건적 질서와 종교적 독점이 유지되던 프랑스에서는 자연과학의 발전이 실제 경험 세계와 연관되었던 영국에서와 달리, 데카르트의 철학적 합리주의를 탄생시켰고, 이 철학적 합리주의는 '국가이성'의 철학적 토대가 되었다.[13] 후발 산업화 국가들에서 합리적 '국가이성'은 국가 행동의 기본 원칙, 국가의 행동 원리로 개념화된다. 이 국가들이 마치 우주의 질서를 구성하는 행성들의 관계처럼 서로 상호 작용하면서 형성되는 질서가 이른바 '세력균형'이다.

    18세기에 '기계론적 법칙'으로서 국가들 사이의 관계를 규율하는 세력균

어진 것으로 간주한다. 사실 국제 정치경제(학)에 대한 정의(definition)는 그 자체가 논란의 대상이다. '정의하기'는 모든 학문의 궁극적 회귀점이기도 하다. 국제 정치경제(학)에 대한 '비주류'의 다양한 정의로는 S. Gill, "Two Concepts of International Political Economy," *Review of International Studies* 16: 4 (1990); *Review of International Political Economy*, "Editorial," 1: 1 (1994); C. Hay & D. Marsh, "Introduction: Towards a New (International) Political Economy? *New Political Economy* 4: 1 (1999) 참조.

13 K. van der Pijl, "Historical Materialism and the Emancipation of Labour," M. Rupert and H. Smith eds., *Historical Materialism and Globalization* (London: Routledge, 2002), pp. 132-134.

형 개념의 발견과 국제international라는 용어의 등장에도 불구하고,[14] 국제적인 것을 연구 대상으로 설정하는 국제관계학은 자연주의에 입각해 "사회적 사실을 사물로 간주하는"[15] 주류 사회과학 내부에서 공식적 시민권을 획득하지 못했다. 19세기에 들어 역사와 철학으로부터 독립해 고유의 정체성을 갖기 시작한 사회과학의 연구 대상은 국민국가의 '내부'였기 때문이다. 20세기에 들어 비로소 국제관계학은 대학의 독립적 학과 가운데 하나가 되기도 했지만, 대부분의 국가에서 그리고 특히 사회과학에서 역사를 제거하고 "현재로의 편향"을 주도한 미국에서는 "정치학의 하위 분과"로 그 위치가 설정되었다.[16]

따라서 이른바 미국식 '정통' 국제관계학사는 대부분 편의적임을 인정하면서도 카와 모겐소에서 출발한다.[17] 그리고 이 정통의 흐름에서는 국제관계학을 국제 '정치학'과 동일시하는 경향을 보인다. 호프만S. Hoffman의 지적처럼, 국제관계학은 미국적 사회과학이 "되어 버렸다."[18] 국제관계학이 미국의 패권을 관리하는 정책 과학으로 발전한 사정을 정확히 지적하는 주장이다. 그러나 미국적 사회과학이라는 언명은 미국적 사회과학 이전의 국제관계학을 부정할 뿐만 아니라 탈/반/비 미국적 사회과학이었고 현재도 그것을 지향하는 국제

---

14 D. Hume, "Of the Balance of Power," C. Brown, T. Nardin and N. Rengger eds., *International Relations in Political Thought: Texts from the Ancient Greeks to the First World War* (Cambridge: Cambridge University Press, 2002). international은 벤담(J. Bentham)의 1789년 저서(*Fragment on Government and Introduction to Principles of Morals and Legislation*)에서 등장한 조어다.

15 에밀 뒤르켕, 윤병철, 박창호 옮김, 『사회학적 방법의 규칙들』(서울: 새물결, 2001).

16 피터 버크, 곽차섭 옮김, 『역사학과 사회이론』(서울: 문학과지성사, 1994), p. 29; R. Goodin and H. Kilngermann eds., *A New Handbook of Political Science* (Oxford: Oxford University Press, 1996).

17 E. Carr, *Twenty Years' Crisis, 1919-1939* (NewYork: Harper & Row, [1939] 1964); H. Morgenthau, *Politics Among Nations* (NewYork: McGraw Hill, [1948] 1985); Schmidt, "On the History."

18 S. Hoffman, "An American Social Science," *Daedalus* 106: 3 (1977).

관계학의 전통을 국제관계학의 공론장에서 사라지게 하는 효과를 발휘한다. 미국적 기준으로 정통과 이단을 구분할 때, 정통이 추구하는 국제관계학은 실증주의에 입각한 국제정치학이 된다.[19]

이 과학으로서의 국제정치학을 추구하는 미국식 (신)현실주의는 전쟁과 같은 '반복적' 현상의 기계적 법칙을 탐구하는 국제관계의 뉴턴적 '물리학'이다. 카에 따르면 이상주의는 '연금술'이고, 현실주의는 '과학'이다.[20] (신)현실주의 이론가인 모겐소와 월츠는 세력균형과 같이 "이론가 자신이 스스로 시간과 공간을 초월하여 작동한다고 생각하는" 국제정치의 보편적·객관적 법칙을 탐구하고 그 법칙을 '반영하는' 또는 '설명하는' 이론을 모색하려 한다.[21] 이 국제관계의 물리학 이론에서 시간과 공간은 고정된 배경이고,[22] 그 이론에서 "역사와 공간의 형성"은 고려되지 않는다. 뉴턴적 의미에서의 시간이 부재한

---

[19] 슈미트는 과학주의의 결과를 다음과 같이 정리하고 있다. 첫째, 미시경제학과 같은 인접 분야로 지적 자율성 양도. 둘째, 실증주의를 추구하는 미국의 학문 공동체와 이에 대해 회의하는 세계 다른 지역의 학문 공동체의 분열. 셋째, 정치이론과 국제관계 이론의 분리. 넷째, 정치이론과 국제관계 이론의 분리로 규범적 고려의 주변화. Schmitt, "On the History," pp. 14-15.

[20] Carr, *Twenty Years' Crisis, 1919-1939*.

[21] Morgenthau, *Politics among Nations*; K. Waltz, *Theory of International Politics* (Reading: Addison-Wesley, 1979). 모겐소 해석에 있어 실증주의와 해석학 양자 모두가 고려될 수 있다는 견해에 대해서는 C. Wight, "Philosophy of Social Science and International Relations," Carlsnaes et al., *Handbook of International Relations* ; 전재성, "한스 모겐소의 고전적 현실주의 국제관계 이론," 『국제지역연구』 8: 2 (1999) 참조.

[22] 뉴턴은 그의 주저인 『프린키피아』(*Principia*)에서 다음과 같이 말하고 있다. "외부의 어떤 존재와도 관계를 맺지 않은 채 스스로 존재하는 절대공간은 그 형태가 변하지 않으며 다른 곳으로 이동하지도 않는다. 또한 수학적으로 분명하게 정의된 절대 시간 역시 외부의 어떤 존재에게도 영향을 받지 않고 항상 균일하게 흐른다." 뉴턴의 시공간에 관한 생각에 대해서는 리처드 웨스트폴, 최상돈 옮김, 『프린키피아의 천재』(서울: 사이언스북스, 2001) 참조. 뉴턴의 실체론적(substantialist) 시간과 공간관과 달리 뉴턴과 동시대를 살았던 라이프니쯔(G. Leibniz)는 관계론적(relational) 시간과 공간관을 제시했다. 라이프니쯔에게는 '사건'과 '과정' 이상의 시간과 공간 개념이 존재하지 않는다. '나쁜' 뉴턴은 결국 시간과 공간을 신(神)의 영역으로 해석한다. W. Newton-Smith, "Space, Time and Space-Time," R. Flood and M. Lockwood eds., *The Nature of Time* (Oxford: Basil Blackwell, 1986), pp. 25-27.

timeless 절대 공간으로서 국가들의 체계는 (신)현실주의의 기본 가정이다.[23]

미국적 사회과학인 국제정치학의 철학적 기초인 합리주의와 실증주의는 '주어진' 토대다. 따라서 그 국제정치학의 철학은 논쟁의 주제가 아니었고, 철학의 저발전은 불가피했다.[24] 철학이 부재한 또한 이론에 대한 성찰인 메타이론을 고려하지 않는, 국제관계의 뉴턴적 물리학은 공동의 가치와 규범—그리고 그에 기반을 둔 계몽과 진보—을 가진 국제 '사회'를 연구 대상으로 설정하지 않는다는 점에서 사회를 고려하지 않는 사회과학이다. 국제관계학의 세 번째 논쟁과 네 번째 논쟁은 미국식 국제정치학의 합리주의적·실증주의적 기초에 대한 탈/반/비 미국적 국제관계학의 철학적 비판 및 개입이었고, '더 좋은' 국제사회를 지향하는 규범성을 복원하고자 하는 시도였다.[25] 이 비판과 개입을 위한 도구 가운데 하나가 '비판이론'의 존재론과 인식론이다.

2. 비판이론의 존재론과 인식론

비판이론으로 명명할 수 있는 사유의 전통은 1923년 독일의 프랑크푸르트에 설립된 '사회연구소'Institute for Social Research에서 시작한다.[26] 이 연구소가 만들어질 당시 혁명적 사회주의/공산주의 운동은 심각한 위기에 직면해 있었다. 1917년 러시아혁명의 성공은 유럽의 사회주의/공산주의 운동을 고무했지

---

23 J. Agnew, "Timeless Space and State-Centrism," S. Rosow et al. eds., *The Global Economy as Political Space* (Boulder: Lynne Rienner, 1994).
24 Wight, "Philosophy of Social Science," pp. 26-28; George, *Discourse of Global Politics*.
25 M. Neufeld, *The Restructuring of International Relations Theory* (Cambridge: Cambridge University Press, 1995).
26 이 글은 사회조사연구소와 프랑크푸르트 학파가 국제 정치경제학 비판에 줄 수 있는 함의만을 도출하려 한다. 즉 프랑크푸르트 학파에 대한 비판적 평가는 이 글의 주제가 아니다.

만, 독일 혁명의 실패와 사회주의/공산주의 운동이 예상했던 연속적인 세계 혁명이 발생하지 않았기 때문이다. 그 와중에서 혁명에 성공한 소련공산당은 마르크스주의 해석을 독점하고자 했다. 그러나 유럽의 좌파 진영에서는 이탈리아의 공산주의자 그람시의 지적처럼 러시아혁명을 마르크스의 『자본』에 반하는 혁명으로 인식하는 분위기도 확산되고 있었다.27 즉 사회연구소는 반소련적 서구 마르크스주의의 재건을 자임하고자 했다. 다른 한편, 프랑크푸르트의 이 연구소는 러시아혁명 이후인 1919년 독일의 보수주의자들이 만든 '쾰른Coln 사회연구소'에 대항하는 이론을 생산해야 했다. 1920년대는 '비엔나 학파'를 중심으로 실증주의가 과학적 방법으로 정초된 시기이기도 했다.

    1920년대에 이 '두' 전선에서 싸우고 있던 마르크스주의 이론가가 바로 루카치G. Lukács와 코르쉬K. Korsch였고, 이들은 비판이론의 형성에 지대한 영향을 미쳤다. 루카치와 코르쉬는 1923년에 출간한 저작—『역사와 계급의식』History and Class Consciousness, 『마르크스주의와 철학』Marxism and Philosophy—에서 소련공산당의 마르크스주의 해석인 경제주의 및 결정론과 마르크스주의에 스며들어 있는 실증주의를 비판하고자 했다.28 경제주의와 결정론은 경제적 토대로부터 역사 발전의 불변의 단계를 도출하고 그에 기초해 주체의 역할을 규정짓고자 하는 철학적 조류를 의미한다. 이 경제주의와 결정론은 마르크스의 '토대-상부구조 은유'에 대한 기계론적 해석이다. 소련공산당의 역사유물론에 대한 이 기계적 해석은 "혁명이 왜 발생하지 않는가"라는 질문을 제기하고 있던 서구 마르크스주의자에게는 받아들일 수 없는 것이었다.

    실증주의의 문제는 좀 더 복잡하다. 일단 실증주의의 정의부터 살펴보자.

---

27 A. Gramsci, *Selections from Prison Notebook* (NewYork: International Publishers, 1971).
28 S. Bronner, *Of Critical Theory and Its Theorists* (London: Routledge, 2002), pp. 39-67; 데이비드 헬드, 백승균 옮김, 『비판이론서설』(대구: 계명대학교출판부, 1988), p. 15.

실증주의의 기본 가정은 다음과 같이 정리할 수 있다.[29] 첫째, 주체와 객체의 분리다. 둘째, 존재론 또는 방법론으로 자연주의의 수용이다. 셋째, 사실과 가치의 분리다. 주체와 객체의 분리 그리고 사상事象들 사이의 인과법칙을 발견하려 하는 자연주의는 데카르트 전통의 계승이다. 이 전통을 계승하여 "철학으로서 실증주의"와 "경험과학으로서 사회학"을 확립한 19세기의 콩트[A. Comte]에게는, 그러나 가치와 사실의 분리가 없었다.[30] 사회정학社會靜學적 '질서'와 사회동학社會動學적 '진보'를 동시에 고려하는 반反신학적·반反형이상학적인 콩트의 실증주의는, 그 자신은 실증주의가 노동자·민중의 철학이라고 주장했지만 노동자·민중이 정치권력을 장악하는 것이 아니라 현존 질서에 안주하게끔 하는, 즉 더 이상 대혁명의 계속을 원하지 않고 따라서 대혁명이 종료된 상황의 질서를 수용하는 '긍정의'[positive] 철학이었다.[31] 결국 실증주의는 가치와 사실의 분리를 주장하지만, 진리는 긍정적 가치를 가진다. 따라서 가치와 사실의 분리를 주장하는 것 자체가 '가치의 은폐'라고 할 수 있다.

사실 마르크스주의는 질서와 진보보다는 현존 질서의 근본적 변혁을 추구한다는 점에서 콩트류의 실증주의적 가치론과 근본적 차이가 있지만, 경제결정론에 경도될 때, 주체와 객체의 분리 및 자연주의를 수용할 가능성이 있다. 마르크스는 "자연과학적 정확성"을 가지고 "경제적 생산 조건들의 물질적 변화"를 추적해야 한다고 말한다.[32] 그러나 마르크스주의가 자연주의에 경도된 것은 사실일 수 있지만, 실증주의 내지는 경험주의를 마르크스주의적 인식론

---

29 Neufeld, *The Restructuring of International Relations Theory*.
30 오귀스트 콩트, 김점석 옮김, 『실증주의 서설』(서울: 한길사, 2001).
31 예를 들어, 콩트는 "'실증적인'이라는 단어는 최고의 지적 속성들을 모두 함축하며 궁극적으로는 도덕적 함의를 갖는다"라고 말한다. 즉 실증주의는 긍정주의다.
32 칼 마르크스, 김호균 옮김, 『경제학 노트』(서울: 이론과 실천, 1989), p. 11.

과 등치할 수는 없다. 마르크스는 자연법칙을 속류 유물론적으로 사회에 적용하는 것에 반대했을 뿐만 아니라 명시적으로 "사물의 현상 형태와 본질이 직접적으로 일치한다면, 모든 과학은 쓸모없을 것"이라고 주장하기도 했다. 즉 마르크스는 경험될 수 없는 객관적 실재에 대한 과학적 규명을 통해 실증주의적 인식론을 비판하고자 했다.

마르크스의 사회적 존재의 존재론 또는 '관계적relational 존재론'은 그의 "정치경제학 비판 서문"에 다음과 같이 요약되어 있다.33

> 인간들이 영위하고 있는 사회적 생산에서 그들은 불가피할 뿐만 아니라, 자기들의 의지와는 독립된 특정의 제 관계 속에 들어간다. …… 물질적 생활의 생산양식이 사회적·정치적 및 정신적 생활 과정 일반을 제약한다. 인간의 의식이 그들의 존재를 규정하는 것이 아니라 반대로 그들의 사회적 존재가 그들의 의식을 규정하는 것이다. …… 우리는 문제의 해결에 필요한 물질적 조건들이 이미 존재하거나 적어도 그 생성 과정에 있을 경우에만 문제 그 자체가 등장하는 것을 알게 되기 때문이다.

마르크스에게 사회적 존재는 "역사적으로 특수하게 형성되는 사회적 관계" 속에서만 존재한다. 이것이 마르크스가 하고자 했던 정치경제학 '비판'의 의미다. 마르크스가 주목하는 사회적 관계는 물질적 관계다. 여기서 물질적이라는 의미는 신고전파 경제학이나 신현실주의 국제정치학이 가정하는 것처럼 행위 주체의 '경제적 계산'이 아니라, '사회적 생산과 재생산의 전 과정'을 지칭하는 것이다. 비판이론가들은 마르크스의 사회적 존재의 존재론을 수용하면서도, 의식이 존재의 반영물 내지는 존재의 부차적 속성으로 이해될 수 없다는 주장을 전개한다.

---

33 마르크스, 『경제학 노트』, pp. 11-12.

소련공산당의 기계적인 마르크스 해석과 실증주의라는 두 사유의 전통을 비판하는, 프랑크푸르트 학파의 비정통적 서구 마르크스주의 즉 비판이론은 실증주의의 기본 가정을 마르크스주의에서 제거하고 사회적 존재의 존재론과 인식론을 재구성하기 위해 마르크스와 독일 관념론―헤겔과 딜타이W. Dilthey와 하이데거M. Heidegger―의 전통을 결합하고자 한다. 그러나 비판철학의 시조격인 칸트에서 출발하지 않는다. 비판이론가들 가운데 한 명인 마르쿠제는 데카르트에서 비롯된 인식론의 우위가 가져온 주체와 객체를 분리하는 이원론dualism의 흔적이 칸트에게도 여전히 남아 있다고 생각한다.34 즉 마르쿠제는 칸트가 사유하는 인간의 주관적 판단과 역사와 사회의 객관적 과정을 분리하고, 따라서 사회적 존재의 기초인 구체적 실재를 배제하고 있다고 비판한다. 즉 칸트의 철학에는 사회적 경험의 근거가 초월적으로 설정되어 있기 때문에 사회적 존재의 세계가 철학적 주제로 설정될 수 없다는 것이다.

비판이론의 출발점은 실증주의의 긍정의 철학에 대항하는 '부정의'negative 철학이다. 마르쿠제는 헤겔을 인용해, "사유란 본질적으로 우리 앞에 직접적으로 존재하는 것에 대한 부정이"라고 말한다.35 즉 변증법적 사유에서 부정이란, 있는 것 가운데 '있어서는 안 될 것'에 주목한다는 점에서 가치와 사실의 선험적 분리에 대한 비판의 의미를 지닌다. 또 다른 이론가인 아도르노는 부정이라는 사유 수단을 통해 긍정적인 것을 산출하려는 플라톤Plato 이래의 전통적 변증법을 거부하고 오히려 그 긍정적 본질로부터 변증법을 해방시키고자 한다.36 실증주의와의 대립을 명확히 하는 마르쿠제는 18세기 앙시앙 레짐

---

34 H. Marcuse, *Hegel's Ontology and the Theory of Historicity* (Cambridge: The MIT Press, [1932] 1987).
35 H. Marcuse, *Reason and Revolution* (Boston: Beacon Press, [1941] 1960), p. vii.
36 테오도르 아도르노, 홍승용 옮김, 『부정변증법』(서울: 한길사, 1999).

ancient regime에 대한 전투적 비판의 무기였던 실증주의가 모든 경험적 지식을 '조화로운 진보'의 체제로 조직하는 순간, 사회 현실에 대한 모든 반대를 철학적 토론에서 추방하는 효과를 생산한다고 비판한다.[37]

실천철학으로서 마르크스주의를 재건하기 위해 마르쿠제는 헤겔에 기댄다. 의식을 사회적 존재의 부차적 요소로 처리하는 기계적 마르크스 해석의 비판을 위해서는 헤겔의 변증법이 필요했기 때문이다. 따라서 마르쿠제는 헤겔을 따라 자동력自動力을 지니는 '운동성'motility을 존재의 근본적 특성으로 정의한다. 이를 바탕으로 마르쿠제는 19세기 말의 철학자인 딜타이에 다가간다. 딜타이는 자연 세계와 사회 세계를 동일시하는 것을 거부한다. 역사적-사회적 세계의 연구는 인과성을 추구하는 자연과학과 달리 '내적 이해'understanding를 도모해야 한다는 것이 딜타이의 주장이다.[38] 즉 삶life으로 정의되는 역사적-사회적 실재의 존재론적 성격과 그 실재의 이해를 위해서는 그 실재를 경험하는 '의식'이 중요할 수밖에 없다는 것이다. 따라서 역사를 자연과 구분하게 하는 역사성historicity, 즉 역사적 형성becoming은 역사적인 것의 존재 의미를 나타내는 것이다.

마르크스에 기초한 헤겔의 영유는 또 다른 비판이론가인 호르크하이머의 1937년 논문인 "전통 이론과 비판이론"에서도 나타난다.[39] 호르크하이머는 이 글에서 형이상학과 유물론으로 대표되는 전통 이론, 특히 데카르트 이후로 나타난 자연주의와 그것의 표현인 실증주의를 비판한다. 즉 비판이론은 이른바 과학에 대해서도 비판적이다. 그는 사회는 자연과 달리 연구자 자신이 사

---

37 Marcuse, *Reason and Revolution*, pp. 323-388.
38 빌헬름 딜타이, 이한우 옮김, 『체험·표현·이해』(서울: 책세상, 2002).
39 M. Horkheimer, *Critical Theory* (NewYork: Herder and Herder, 1972).

회의 일부를 구성하는 독특한 존재론적 속성을 가지고 있다고 주장한다. 사회 '과학'이 아닌 사회 '연구'라는 이름을 선택한 것에 이미 이 해석학적 사유가 담겨 있었다고 할 수 있다. 이 해석학적 사유는 사회의 변혁을 위한 주체의 '형성'을 위해 필수불가결한 요소로 간주된다. 그는 실증주의가 시간 차원을 결여하고 있고, 사회를 자연과 같이 통제 가능한 것으로 간주함으로써, 인간 해방의 가능성을 희석시키고 있다고 비판한다. 그의 대안은 인간 해방을 위한 비판의 무기로 이론의 역사성과 규범성을 복원하는 것이었다.

정리한다면, 비판이론의 철학은 데카르트 이후의 과학철학적 전통과 달리 인식론보다는 존재론에 우선권을 부여하고자 한다. 예를 들어 아도르노의 실증주의 비판의 출발점은 인식 그 자체가 아니라 '인식의 대상'이다.[40] 그 대상은 존재의 범주이면서 당위를 담지한다. 즉 사회적 존재의 존재론을 구성하는 핵심 내용은 역사성이다. 그리고 비판이론은 자연주의의 대안으로 해석학적 인식론을 제시한다. 그러나 마르크스의 유물론과 헤겔의 관념론을 결합하려는 비판이론의 철학은 이질적인 것의 결합이 야기하는 내적 긴장을 가질 수밖에 없다. 그 긴장은 다음 두 가지로 정리할 수 있다. 첫째, 관념론을 수용한 사회적 존재의 존재론이 사회의 물질적 구성, 즉 역사에 대한 유물론적 개념화와 양립할 수 있는가의 여부다. 둘째, 데카르트식 이원론의 해체가 야기할 수 있는 주체의 해체다. 이 두 쟁점은 비판이론 및 그 철학에 기초한 국제이론의 분화를 야기하는 원인이기도 하다.

첫 번째 쟁점을 둘러싸고 마르크스적 비판이론과 탈마르크스적 비판이론이 나뉜다. 양자 모두 경제결정론적 마르크스 해석과 실증주의를 비판하면서

---

[40] 반면, 1960년대 초 아도르노와 함께 실증주의에 대한 공동전선을 형성했던 포퍼는 인식의 대상이 아니라 인식과 이론에서 출발하고 있다. 이른바 '비판적 합리주의'다. 김덕영, 『논쟁의 역사를 통해 본 사회학』(서울: 한울, 2002), pp. 265-303.

인간 해방이라는 규범적 목표를 공유한다. 그리고 이론이란 특정한 목적과 특정한 국가 또는 집단의 이해를 위해 구성된다는 주장을 개진한다. 그러나 전자가 사회적 존재의 존재론 구성에서 생산양식—생산력과 생산관계—과 계급투쟁에서 추출할 수 있는 사회적 관계에 초점을 맞춘다면, 후자는 프랑크푸르트 학파 2세대인 하버마스에서 드러나듯이 '노동에서 언어로' '생산에서 담론 윤리로' 이행하는 모습을 보인다. 후자의 비판은 마르크스가 기술적 통제의 확장이 새로운 형태의 지배를 야기할 수 있음을 간과했다는 것이다.[41] 해석학적 비판이론을 전개하는 탈마르크스적 비판이론은 계급적 권력이 사회적 배제의 근본적 형태고 생산이 사회와 역사를 결정하는 핵심 요소라는 주장을 비판한다. 계급 이외의 다른 사회적 배제의 축을 고려하고 생산을 포함해 다양한 힘을 분석한다. 담론 윤리는 사회화된 개인이 소통을 통해 다른 사람과 연계할 수 있는 능력을 모색하는 실천철학이다.[42]

두 번째 쟁점은 비판이론의 철학과 탈구조주의 또는 탈근대론 post-modernism 의 관계다. 비판이론의 철학은 탈구조주의를 위한 길을 열 수 있다. 탈구조주의는 보편적 진리를 추구하는 모든 접근법에 대해 비판적이기 때문이다. 즉 합리주의와 경험주의 진리의 기초인 이성과 경험을 비판하고자 한다.[43] 따라서 역사의 주체와 기초는 모두 상대화된다. 다양한 세계에 대한 다양한 해석은 불가피할 뿐만 아니라 바람직할 수 있다는 것이 탈구조주의의 주장이다.[44]

---

[41] 아도르노는 현대사회의 문명은 인간 해방에 공헌하기보다는 인간을 야만 상태로 전락시켰다고 주장한다. 이성은 목적보다는 수단을 정당화하는 도구적 이성이 되었고, 대상들의 다양성이 동일성으로 환원되면서, 인간은 자기파괴를 경험하게 되었다는 것이다. 아도르노의 이 주장은 탈구조주의에 근접해 있다. 아도르노의 사상에 대한 소개 및 비판으로는 김유동, 『아도르노와 현대사상』(서울: 문학과지성사, 1997) 참조.

[42] A. Linklater, "The Achievements of Critical Theory," S. Smith et al., *International Theory* (1996), pp. 284-295.

[43] Smith, "Positivism and beyond," pp. 18-25.

만약 이 주장을 수용한다면, 비판이론이 추구하는 집합적 해방의 기획은 사라질 수 있다. 개인의 자율성 증진이 해방의 결과일 수 있지만, 그 자율성의 증진을 위해서도 사회구조의 변혁이 필요하고 그 변혁은 '우연적 접합'에 의한 것일지라도 집합적 주체를 배제하고는 상상하기 힘든 기획이기 때문이다. 탈구조주의는 비판이론의 최전방 경계에 위치하고 있다고 볼 수 있다.

III. 국제 정치경제학의 존재론

국제관계는 국가 간 관계로 '현상한다'. 주권국가들 사이의 이 관계는 형식적 평등과 실질적 불평등을 담고 있다. 이 경험 가능한 현상의 존재에 대해서는 이견이 없다. 그러나 이 현상에 대한 존재론적 문제 설정에서 '비판이론에 입각할 때' 다음과 같은 질문이 제기될 수 있다. 첫째, 국가 간 관계는 '역사'를 가지고 있는가. 즉 국가 간 관계의 '형태'form가 존재하는가의 여부다. 둘째, 국가 간 관계를 산출하는 기제의 규명이다. 즉 국가 간 관계의 현상 형태가 어디에서 비롯되는가라는 질문이다. 이 질문은 국제적인 것을 국가 간 관계로 개념화할 수 있는가와 연관된다. 셋째, 국제관계가 인간의 하루하루의 경험과 해석, 즉 존재적ontic 수준과 어떻게 연결되는가의 문제다.

---

44 예를 들어, 탈구조주의 국제이론가들은 의견을 달리하는 다양한 목소리가 공존할 수 있는 '사유공간'의 창출이야말로 축복할 일이고, 인간의 정치생활에 대한 근본적 성찰을 가능하게 한다고 주장한다. J. George and D. Campbell, "Patterns of Dissent and the Celebration of Difference: Critical Social Theory and International Relations," *International Studies Quarterly* 34: 3 (1990).

먼저 신현실주의 국제정치 이론의 존재론적 문제 설정을 월츠를 중심으로 살펴보자.[45] 월츠의 국제적인 것의 존재론은 국가 간 관계의 무정부 상태로 요약된다. 월츠는 행위를 '제약하는 조건'으로 비가시적 실재인 국제 구조의 존재를 인정하고 그것이 무정부 상태를 낳는 요인이라고 주장한다. 그러나 그의 구조에는 기능적 분화가 생략되어 있고 따라서 그의 구조는 결국 주권국가라는 단위체 사이의 힘의 분포 상태에 따라 결정된다. 이 국가는 그 내부에 주목할 필요가 없는, 즉 국가 내부의 존재적 수준을 고려할 필요가 없는, 단일한unitary 행위자로 의인화擬人化되고, 마치 미시경제학의 행위자처럼 희소한 자원을 둘러싸고 경쟁하면서 자기 이익을 극대화하려는 합리적 행위자로 규정된다. 이른바 '합리주의적 문제 설정'이다.[46] 월츠가 결국은 국제적인 것의 존재론에서 존재론적 환원주의 또는 개체주의individualism로 비판받은 이유가 바로 여기에 있다. 국제 구조의 기능적 분화가 존재하지 않는 한, 월츠의 존재론에서 국제적인 것의 역사와 공간적 변화는 부재할 수밖에 없다.[47]

월츠의 신현실주의가 국제체제의 변화를 포착하지 못한다는 비판은 신현실주의 내부에서도 이루어지고 있다. 이른바 '신현실주의 종합'을 주창했던 러기J. Ruggie는 모든 사회체제의 구조적 변화는 단위체에서 유래하는 것이고, 월츠가 방법론적 전제를 존재론적 전제로 변화시킴으로써 재생산만이 존재하는 국제체제를 가정하고 있다고 비판한다.[48] 사회적 존재는 재생산과 변혁이

---

45 Waltz, *Theory of International Politics*.
46 이 미국적 합리주의는 자발적 합의를 강조하는 경제학에 근거한 자유주의와 권력과 강제에 초점을 맞추는 현실주의를 포괄하는 것이다. Katzenstein et al., "*International Organization*," p. 646.
47 영국 학파의 지적처럼, 월츠의 신현실주의는 '현재주의', '무(無) 역사주의', '유럽 중심주의', '무정부 상태의 지나친 강조', '국가 중심주의' 등의 한계로 인해 국제적인 것의 개념화에서 저발전의 양상을 보이고 있다. B. Buzan and R. Little, *International Systems in World History* (Oxford: Oxford University Press, 2000), pp. 18-22.

라는 두 가지 방향을 가지고 있음에도, 월츠의 국제체제에는 힘의 분포 상태의 변화는 있을 수 있지만 변혁transformation은 존재하지 않는다. 즉 그의 존재론에는 역사성이 결여되어 있다. 국제적인 것이 사회적인 것이 아니라면 월츠의 주장은 정당할 수 있다. 그러나 냉전의 종언으로 야기된 국제체제의 변화는 소련이라는 단위체 내부 변화 즉 안보 인식의 변화, 시민사회의 부활 그리고 생산양식의 변화가 중요함을 말해 준다.

재생산과 이행을 하나의 틀로 설명하고자 하는 구성주의를 국제관계학에 도입하고자 하는 웬트는 주류 국제관계학 내부에서 국제적인 것의 존재론에 대해 또 다른 주장을 전개하고 있다.[49] 그는 '유물론적' 문제 설정을 가지고 있는 바스카R. Bhaskar의 '비판적 실재론'critical realism을 수용하여 구조가 실재하고 그 구조는 물질적 힘보다는 '공유된 관념'shared ideas에 의해 결정된다고 주장한다. 그리고 주류의 합리주의가 주어진 것으로 전제하는 합리적 행위자의 정체성과 이익 또한 공유된 관념에 의해 구성된다고 본다.[50] 그리고 사회에 관한 가장 근본적인 사실은 사회적 의식, 즉 지식 또는 관념의 분포의 본성과 구조라고 주장한다.[51] 관념론자가 실재론자는 아니지만 실재론자이면서 관념론자

---

48 J. Ruggie, "Continuity and Transformation in the World Polity," R. Keohane ed., *Neorealism and Its Critics* (NewYork: Columbia University Press, 1986); 이혜정, "웨스트팔리아와 국제관계의 근대성,"『국제정치논총』42: 2 (2002). 무정부 상태를 전제하고도 국제체제의 전환을 설명할 수 있는 가능성을 단위의 변화에서 찾고자 했던 러기는 이후 상호 주관성이 사회적 사실이라고 주장하는 점에서는 합리주의와 일정한 거리를 설정하지만 상호 주관성이 경험적 연구의 대상이라는 주장을 통해 주류의 철학적 문제 설정을 수용하는 "신고전파(neo-classical) 구성주의"를 주창하게 된다. 그는 자신의 구성주의가 근대적 인식론을 이탈한 탈근대적 구성주의나 주류의 철학적 문제 설정을 공유하기는 하지만 과학적 실재론을 수용한 웬트류의 자연주의적 구성주의와 다르다고 주장한다. J. Ruggie, "What makes the World Hang Together? Neo-Utilitarianism and the Social Constructivist Challenge," *International Organization* 52: 4 (1998). 러기의 사상적 편력에 대해서는 이혜정, "주권과 국제관계 이론,"『세계정치』(2004) 참조.

49 Wendt, *Social Theory*.

50 따라서 물질적 구조의 변화 없이도 관념의 변화에 따라 이익이 재정의될 수 있다.

일 수 있다. 추상적 개념 또한 실재한다고 주장할 수 있기 때문이다. 더욱 흥미로운 점은 웬트가 비판적 실재론을 수용하면서도 스스로를 실증주의자라고 말하고 있다는 사실이다.[52] 이는 모순이다. 웬트가 주류 국제관계학에 투항하는 지점이 바로 여기다. 경험주의적 인식론을 수용하는 한, 실재론자가 될 수 없다. 경험만이 지식의 기초이기 때문이다.

바스카의 비판적 실재론이 또 다른 형태의 자연주의이기는 하지만,[53] 바스카는 실증주의를 수용하지는 않는다. 그리고 '존재론의 측면에서' 실증주의와 탈실증주의의 대당이 적절하지 않음을 지적한다. 바스카의 과학적 실재론은 비판이론의 철학과 유사하게 그리고 좀 더 세련된 형태로 존재론적 고려에 우선권을 부여한다. 바스카는 '실재적인 것'the real, '현실적인 것'the actual, '경험적인 것'the empirical을 구분한다. 실재적인 것이 어떤 기제mechanism가 세계를 구성하고 있는가와 관련된다면, 현실적인 것은 사건과, 경험적인 것은 우리가

---

51 웬트는 관념과 물질 사이에서 동요하는 모습을 보이기도 한다. 이 둘을 동시에 고려하지 않고는 구조의 형성을 설명할 수 없기 때문이다. A. Wendt, "Collective Identity Formation and the International State," *American Political Science Review* 88: 2 (1994); "The Agent-Structure Problem in International Relations Theory," *International Organization* 41: 3 (1987); *Social Theory*를 비교해 볼 것. 또한 정진영, "국제정치 이론 논쟁," pp. 20-21 참조. 비판이론가들의 지적처럼, 자연과학적 유물론을 지향하지 않는다면, 사회 연구에서 관념을 존재의 구성 요소로 간주하는 것은 불가피하다. 바스카의 표현에 따르면, 사회과학은 자연과학과 달리 자신이 연구하는 대상, 즉 사회는 관념을 담고 있다. 왜냐하면 사회는 인간이라는 행위자가 행동하고 사회구조를 재생산하고 변혁하는 한 존재할 수 있기 때문이다. 이 인간 행위자는 관념에 따라 행동한다. 그러나 인간의 행위는 물질적 제약을 벗어나기 어렵다. 따라서 관념이 모든 것을 결정한다거나, 물질적인 것이 모든 것을 결정한다고 주장하는 것은 사회구조의 이중성을 고려하지 않는 것이다. 비판적 실재론은 관념에 적극적 역할을 부여한다.

52 Wendt, *Social Theory*, pp. 39-40.

53 R. Bhaskar, *A Realist Theory of Science* (Brighton: Harvester Press, 1978); *Scientific Realism and Human Emancipation* (London: Verso, 1986); *The Possibility of Naturalism* (London: Harvester Wheatsheaf, 1989); *Dialectic: The Pulse of Freedom* (London: Verso, 1993) 참조. 번역본은 로이 바스카, 이기홍 옮김, 『비판적 실재론과 해방의 사회과학』(서울: 후마니타스, 2007) 참조.

경험하는 사건과 관련된다. 실증주의의 문제가 경험적인 것을 관찰함으로써 실재적인 것과 현실적인 것을 설명할 수 있다고 생각하는 것이라면, 탈실증주의에서는 경험적인 것은 물론 극단적으로는 현실적인 것과 실재적인 것도 인간의 언어와 담론으로 대체한다. 즉 실증주의와 탈실증주의 모두 '인간 중심적 철학' 내지는 칸트철학이라는 형이상학적 구조에 기반하고 있고,[54] 따라서 경험과 담론 외부에 즉 인간의 의지와 독립하여 존재하는, 구조, 권력, 경향성 등을 고려하지 않는 반(反)실재론적 과학이고, 인간의 인식을 존재보다 먼저 고려하는 인식론 우위의 철학이다. 바스카는 또한 합리주의도 개념적 진리를 통해 세계를 이해하려 한다는 점에서 경험주의와 마찬가지로 존재론을 인식론으로 환원하고 있다고 비판한다. 우리가 실제 세계의 구조와 과정을 인식하는 것과 '독립적으로' 작동하는 구조와 과정을 설명하고 서술하는 것이 바로 실재론적 '과학'이다.

웬트의 구성주의적 접근에서는 바스카의 과학적 실재론이 담지하고 있는 비판적 문제 설정이 거세되어 있다. 바스카가 '해방의 기획'의 필요조건으로 설정하고 있는 '설명적 비판'explanatory critique을 웬트가 수용하지 않는 것도 또 다른 거세 사례다.[55] 설명적 비판은 만약 어떤 사회에서 발생한 사건의 원인이 잘못된 관념에 의해 설명되고 있는 상황에서, 그 관념과 다른 실제의 원인을 제시하는 사회과학적 설명이 결국 그 연구 대상인 사회를 비판하는 역할을 수행한다는 것이다. 없어져 할 것과 '있어야 할 것'을 모색하는 비판이론의 문제 설정이 웬트에게는 신현실주의의 무정부 가정에 대한 변이 형태로만 존재한다. 웬트는 무정부 가정을 수용한다. 웬트는 국가들이 서로를 적으로 보는 '홉

---

54 H. Patomaki and C. Wight, "After Postpositivism? The Promises of Critical Realism," *International Studies Quarterly* 44 (2000), p. 217.

55 A. Collier, *Critical Realism* (London: Verso, 1994), pp. 170-204.

스적 무정부 상태'에서 서로를 경쟁자로 보는 '로크적 무정부 상태'나 친구로 보는 '칸트적 무정부 상태'로의 이행을 상정한다. 그러나 그 이행도 무정부 상태에서의 변이다. 웬트는 '무정부 이후'after anarchy의 중요성에 대해 단지 언급만 할 뿐이다. 그의 이론 체계에서는 무정부 상태가 지속되는 가운데 다양한 문화적 변이들만이 있을 뿐이다.56 결국 웬트는 비판적 실재론을 수용했음에도, 비판적 실재론이 상정하고 있는 사회 영역의 객관적 실재의 근본적 변화 가능성, 즉 해방의 기획을 거부한 채 칸트적 문제 설정—흄적인Humean 인과성이 작동하는 현상 세계와 이성과 의미가 작동하는 본체의noumenal 세계라는 이원론과 물자체의 인식 불가능성—으로 후퇴한다. 존재의 근본적 변화를 배제한 채 인식론의 우위로 회귀하는 것이다. 웬트의 모순은 비판적 실재론을 수용하면서 객관적 실재의 변화 불가능성과 인식 불가능성을 주장하는 실증주의자가 되고자 한다는 것이다.

이런 한계에도 불구하고 웬트는 국제적인 것의 존재론 논의를 국제 정치경제학에 끌어들였다는 점에서 나름의 공헌을 하고 있다. 국제체제의 존재론을 둘러싼 논쟁에서 웬트는 월츠의 개체주의적 존재론을 비판하면서 국제체제가 상호 주관적 속성을 가지고 있음을 지적한다. 따라서 국제체제의 구조를 개체로 환원할 수 있는지, 아니면 그 구조 자체가 자율성을 가지고 있는지가 논쟁의 대상이 된다.57 웬트는 개체주의를 비판하고 구조의 자율성을 인정한

---

56 Wendt, *Social Theory*, pp. 246-312.
57 웬트의 개체주의 비판은 사회적 속성과 관계의 실재를 인정하면서도, 개체 수준의 설명을 부정하지 않는 반환원주의(anti-reductionism)로 읽힐 수 있다. 반환원주의에 대해서는 E. Wright, A. Levine and E. Sober, *Reconstructing Marxism* (London: Verso, 1992) 참조. 바스카는 사회적 존재의 관계적 모형이라고 할 수 있는 '사회의 변혁적 모형'을 제시한다. Collier, *Critical Realism*, pp. 137-151. 우리는 사회에서 인간 행위와 그 행위의 결과만을 볼 수 있다. 그러나 우리는 인간의 행위가 사회 속에 있는 그 무엇에 의해 제약되고 있음을 안다. 따라서 인간만을 강조하거나 그 무엇인 구조만을 강조하는 것은 사회적 존재에 대한 온전한 설명일 수 없다. 우리는 두 가지의 인과성이 실재함

다.[58] 정체성과 이익은 주어진 것이 아니라 '과정'을 통해 구성되는 것으로 간주한다. 웬트의 존재론적 문제 설정은 바로 "국가들이 상호 작용할 때 무슨 일이 발생하는가"다.

웬트는 합리주의와 구성주의가 존재론적 측면에서 근본적으로 '통약 불가능'incommensurable하다고 주장한다. 그럼에도 '비교는 가능하고', 따라서 둘의 비교는 경험적으로 판결되어야 한다고 주장한다. 그러나 합리주의와 구성주의의 대당은 오류다. 구성주의는 합리주의나 비판이론 등과 결합할 수 있는 전前이론적 내지는 메타이론적 문제 설정이다.[59] 예를 들어 구성주의는 어떤 행위자가 어떤 사회적 조건에서 '어떻게' 합리적 행위자가 되는가에 대한 세련된 설명을 제공할 수 있다. 웬트적 구성주의는 합리주의자들이 주어진 것으로 간주하는 행위자의 선호가 어떻게 구성되는지를 설명하고자 한다. 그 이후는 합리주의와 실증주의의 길을 따르게 된다. 웬트의 국가 중심주의, 즉 '구성주의적 신현실주의'로의 변신에서 볼 수 있듯이,[60] 웬트의 구성주의는 비판적 실

을 인정해야 한다. 즉 인간이 사회를 만들고 사회가 인간을 만든다. 바스카는 사회의 구조가 존재함을 인정하면서도 동시에 그 구조가 인간 주체의 실천을 통해서 변화한다는 것을 하나의 틀 안에 담고자 한다. 바스카는 인간 주체의 실천과 사회구조 사이의 실제적 구분뿐만 아니라 실천과 구조의 두 측면 사이의 구분에 주목한다. 즉 사회는 실천의 '조건'이면서 '결과'다. 이것이 사회구조의 이중성이다. 실천은 의식적 '생산'과 구조가 강제하는 '재생산'의 두 측면을 지니고 있다. 이것이 실천의 이중성이다. 사회적 존재의 설명을 위해서는 이 두 이중성을 고려해야 한다.

58 구성주의적 문제 설정을 방법론적 개체주의와 접목하는 연구도 있다. G. Friedman and H. Starr, *Agency, Structure and International Politics* (London: Routledge, 1997) 참조.

59 합리주의자들도 이 접점에 주목한다. 예를 들어 Katzenstein et al., "*International Organization and the Study of World Politics*," p. 682.

60 Wendt, "Collective Identity Formation"; *Social Theory*. 양준희는 웬트의 무정부는 국가가 만드는 것이라는 명제에서 국가를 강대국으로 표현하는 것이 적절하다고 주장한다. 양준희, "월츠의 신현실주의에 대한 웬트의 구성주의적 도전," 『국제정치논총』 41: 3 (2001). 웬트적 구성주의의 저변에 놓여 있는 가치 지향을 명확히 드러낸다는 점에서 이 주장은 의미가 있다. 결국 웬트는 국가 중심적 신현실주의의 국가 중심성을 구성하는 작업으로 후퇴한다.

재론의 합리적 핵심을 계승하기보다는 비판적 실재론의 일부 내용을 취사선택해 신현실주의의 생명력 유지를 위한 보조 가설로 채택하고 있는 것처럼 보인다. 즉 웬트는 월츠의 신현실주의에 가치, 규범, 관념과 같은 요소를 추가했을 뿐이다. 마치 인식 주체를 중심으로 합리주의와 경험주의를 통합했던 칸트의 방식과 유사하다.[61] 결국 국가 중심성을 수용하게 될 때, 웬트 또한 월츠와 마찬가지로 존재적 수준이 배제된 '물신화된' 국가를 유일한 분석 단위로 설정하게 된다.

웬트가 제기한 존재론의 문제, 즉 구조와 과정이 중요한 쟁점이기는 하지만 국제 정치경제학에는 좀 더 근본적으로 대답해야 될 문제가 남아 있다. 웬트는 "관념의 분포가 사회적 구조다"라고 주장한다.[62] 그러나 비판적 실재론에서 사회적 구조는 자본-노동과 같은 물질적 '사회적 관계'를 전제할 때 비로소 그 존재가 인정된다.[63] 웬트가 제기하지 않았던, 아니면 제기하고 싶지 않았던, 이 존재론적 문제를 '국제 정치경제학의 근본 문제'라고 부르고자 한다. 국제 정치경제학의 근본 문제는 국제적인 것의 속성을 어디에서 도출할 것인가, 즉 국제적인 것의 형성에서 어떤 요인이 지배적 역할을 수행하는가의 여부다. 자본주의경제와 국가 간 관계라는 두 요소의 관계다. 어디에서 시작하는가에 따라 국제적인 것의 존재론적 속성은 매우 상이하게 해석될 여지가 있다. 예를 들어 신현실주의 종합을 추구하는 러기는 "생산이 왜 중요한가"라는

---

61 가치, 규범, 관념이 국제정치 구조의 요소라는 점을 인정하는 것이 웬트적 구성주의자가 될 때 치르는 비용이라면, 신현실주의의 핵심 가정을 수용하는 신자유주의 이론가들이 구성주의에 참가하는 것에 어려움을 느끼지 않을 것이라는 주장도 흥미롭다. B. McSweeny, *Security, Identity and Interests: A Sociology of International Relations* (Cambridge: Cambridge University Press, 1999), p. 124.

62 Wendt, *Social Theory*, p. 309.

63 Collier, *Critical Realism*, pp. 10-11.

질문을 던진다.[64] 경험적으로 논박이 가능하지 않은 질문이다. 따라서 존재론적 가정이 실제로 현실의 설명에 얼마나 유용한 것인가가 일단 판단의 기준이 될 수밖에 없다. 그러나 근대 세계의 지배적 사회관계인 자본-노동의 문제를 국제관계학에 포섭하지 않는 것은 그 관계가 만약 국가 간 관계에 영향을 미치지 않더라도 왜 영향을 미치지 않는가를 설명해야 한다면, 직무유기다. 이는 기존의 지배적 질서를 부정하지 않으려는 실증주의적 철학의 유산이라고 할 수밖에 없다.

역사에 대한 유물론적 개념화를 시도하는 비판적 접근에서는 자본주의경제와 국가 간 관계가 분리되어 나타나는 국제적인 것의 존재론적 특성을 추적하는 두 방법이 경쟁하고 있다. 첫째, 국제정치의 무정부 상태를 초국적 논리를 가지는 자본주의적 생산의 핵심 특징인 무정부 상태로부터 도출하는 방식이다. 주권국가는 자본주의 사회에서 '순수한 정치적 계기'로 등장하는 자본주의국가고, 이 국가들의 관계가 무정부 상태로 표현된다는 것이다. 따라서 이 접근에서는 현실주의자들이 주장하는 것처럼 초역사적인 무정부 일반이 아니라 역사 특수적인 무정부 상태를 상정하게 된다.[65] 둘째, 자본주의적 사회관

---

64 Ruggie, "Continuity and Transformation."

65 J. Rosenberg, *The Empire of Civil Society: A Critique of the Realist Theory of International Relations* (London: Verso, 1994); B. Teschke, *The Myth of 1648* (London: Verso, 2003). 무정부 상태를 자본주의적 특수성으로 설명하는 이들의 주류 구성주의 비판도 흥미롭다. 마르크스적 문제설정에 대한 구성주의자들의 비판 핵심은 마르크스의 실증주의적 자연주의적 경향(러기), 마르크스의 유물론적 개념화(웬트), 마르크스의 목적론적 철학(크라토크빌) 등으로 요약된다. 그러나 무정부 상태를 자본주의적 특수성으로 설명하고자 하는 마르크스주의자들은 주류 구성주의자들이 마르크스주의를 자연주의와 등치하는 것은 오류고, 인간의 의식적 실천을 통해 사회를 변혁하고자 하는 마르크스의 "주관적(subjective) 유물론"은 상호 주관적 실재를 주장하는 구성주의나 경험 가능한 것만에 주목하는 실증주의와 근본적으로 다르다고 주장한다. B. Teschke and C. Hein, "The Dialectic of Globalisation: A Critique of Social Constructivism," Rupert and Smith, *Historical Materialism and Globalization*. 그러나 바로 뒤에서 소개하는 콕스를 비롯한 그람시적 국제이론가들은 자본주의적 사회관계를 강조하면서도 상호 주관적 실재를 인정하는 구성주의적 문제 설정을 수

계가 국제관계에 선행하고 국제관계가 자본주의적 사회관계와 내적으로 연관되어 있다고 주장하지만, 국가가 축적을 위한 조건을 창출하고 생산의 전체적 구조를 결정한다고 주장함으로써 경제결정론으로부터 한 걸음 벗어나 있는 접근 방식이 있다. 이 접근에서는 제 체제가 아니라 '역사적' 구조를 가지는 '세계질서'world order 속에서 국가—역사적으로 특수한 국가형태—가 자율성—예를 들어 국가가 생산관계를 변화시킬 수 있는 능력—을 가질 수 있음을 인정한다.66 즉 유물론적이지만 결정론은 피하려 한다.

특히 후자는 역사주의와 구성주의를 결합하는 존재론적 문제 설정을 하고 있다는 점에서 비판이론의 사회적 존재의 존재론과 부합하는 측면이 있다. 대표적 이론가인 콕스는 존재론을 "우주의 궁극적 실재를 찾으려는 노력"(존재론 I)과 "특수한 역사적 정세conjuncture를 이해하고 역사적 정세에 영향을 미치는 요소들을 규정하려는 시도"(존재론 II)로 구분한다.67 국제적인 것의 존재론적 규명을 위해 콕스는 후자의 존재론을 선택한다. 즉 '역사적 구조'를 탐색하는 것이 콕스의 존재론적 과제다. 비판적 존재론은 시간과 공간, 사회적 가능성, 매일의 생활에 대한 이해, 미래에 대한 기대 등을 그 내부에 포함한다.68 정신

용한다. S. Gill ed., *Gramsci, Historical Materialism and International Relations* (Cambridge: Cambridge University Press, 1993). 이 차이는 전자의 마르크스주의자들이 자본주의가 존재하는 한 무정부 상태의 지속을 강조할 수밖에 없는 데 반해 후자의 비판적 국제이론가들은 무정부를 대체할 수 있는 "정치적 권위 국제화"에 주목하는 것에서도 드러난다. 후자의 시각에서 국제 현실의 이 '변화'를 설명하고자 할 때, 구성주의적 문제 설정이 도입된다.

66 R. Cox with T. Sinclair, *Approaches to World Order* (Cambridge: Cambridge University Press, 1996). 비판적 국제이론은 현실주의와 달리 국제관계의 질서를 국제체제를 관리하는 수단이 아니라 인간 해방을 위한 목적으로 간주한다. 역설적으로 표현한다면, 비판적 국제이론은 "질서의 종언" 또는 "질서로부터의 해방"을 위한 국제이론의 수립을 모색한다. N. J. Rengger, *International Relations, Political Theory and the Problem of Order* (London: Routledge, 2000), pp. 143-166.

67 R. Cox, *The Political Economy of a Plural World* (London: Routledge, 2002).

68 S. Gill, "Transformation and Innovation in the Study of World Order," S. Gill and J. Mittelman eds., *Innovation and Transformation in International Studies* (Cambridge: Cambridge

적 건축물로서 이 구조는 특정한 역사적 시기에 이루어지는 인간들의 집합적 행동이 누적된 결과물이다. 비판적 국제이론은 이 구조의 '상호 작용적 속성'을 밝히려 한다. 콕스는 세력균형, 홉스적 권력 추구 인간, 그리고 계약적 토대 등으로 구성된 냉전 이데올로기를 내재한 신현실주의 존재론을 상대화하려 한다. 더불어 신현실주의가 무시한 요소들—예를 들어 사회 세력—을 재활성화한다.[69]

국제적인 것의 존재론적 문제 설정에서 권력이 어디에 위치하고 있는가, 그리고 그 권력이 어떻게 행사되는가라는 질문은 어떤 선험적 가정에 의거하지 않고 답해져야 한다. 콕스는 정치적 권위체가 역사적으로 상이한 '형태'를 띠고 있음에 주목한다. 즉 역사적 형태로서 국가를 고려하면서 동시에 신현실주의자들이 초시간적 대상으로 고려하고 있는 시장에도 역사성을 부여하고자 한다. 인간의 책임성을 인공적 건축물인 국가로, 인간들 사이의 관계를 사물의 관계로 치환하려 하는 시장의 무역사성을 비판하면서, "실제로 존재하는 사회 권력관계"를 연구의 대상으로 설정한다. 즉 권력의 소재는 '자본주의적 사회관계'다.

예를 들어, 콕스를 비롯한 비판적 국제이론가들은 국제 정치경제의 존재론적 전환을 상징하는 이른바 지구화의 원천을 자본의 구조적 권력의 강화, 포드주의에서 포스트포드주의로의 생산방식 재편에서 찾는다.[70] 그리고 이

University Press, 1997).
69 자본주의를 세계질서의 형성에서 지배적 요인으로 가정할 때, 우리는 세계질서의 행위자로서 국가에 우선권을 부여하는 신현실주의를 넘어서는 가정을 가질 수 있게 된다. 즉 다양한 사회 세력이 국제 정치경제의 행위자로 등장하게 되는 것이다. 냉전 시대에는 초강대국 사이의 관계가 다른 국가 간 관계 및 사회관계를 은폐하게 했기 때문에 사회적 행위자의 역할이 이론의 중심에 서지 못했다고 할 수 있다. 달리 표현하면, 신현실주의는 초강대국 사이의 관계 이외의 영역을 국제 정치경제의 의제로 상정하지 않았다. 월츠는 이 권력의 '물리학'이 이론적으로 정당하다고 주장한다. 월츠의 이론 체계에서는 마치 뉴턴적 우주에서 신이 하는 역할을 이른바 초강대국이 대신하고 있다.

지구화를 통해 서로 모순되기도 하는 두 자본의 힘, 즉 생산자본과 금융자본이 형성하는 지구적 구조에 주목한다. 이 지구경제구조에 조응하는 정치 구조는 '성운'星雲과 같은 것이다. 그리고 이 성운에서 사적 권력이 지배적 역할을 하고 있다고 생각한다.[71] 그리고 그 성운에서 사회 세력의 균형이 변화하고 있음을 본다. 사회 세력의 분화는 세계질서의 사회구조 변화로 이어지고 있다. 지구경제에 통합된 사회 세력, 지구경제에 종속된 사회 세력, 그리고 지구경제에서 배제된 사회 세력으로의 분화다. 이 분화는 지구적 수준에서 또한 국내적 수준에서도 작동하고 있다.

열국체제에서도 냉전의 해체와 9·11 이후 새로운 변화의 모습이 감지된다. 신자유주의적 지구화의 전개 속에서 군사적 요소가 다시금 부활하고 있다. 테러와의 전쟁은 탈냉전 시대에 나타나는 '안보 딜레마'를 상징한다. 이와 더불어 다양한 지역—거시적 지역, 미시적 지역, 국가—이 공존하는 다층적 multilevel 구조가 형성되고 있다. 신중세적 질서라는 표현이 적절한 비유일 듯싶다. 그러나 코소보 전쟁, 아프가니스탄 전쟁, 이라크 전쟁에서 나타나는 것처럼 미국의 제국주의적 침략은 이 신중세적 질서를 넘어서는 마치 로마의 제국적 질서의 재현을 보는 듯하다. 열국체제의 변화는 진행 중이다. 그 진행의 방향은 아직 명확하지 않은 듯 보이지만, 콕스의 지적처럼 상이한 상호 주관성에 기반을 둔 문명들의 충돌과 공존, 즉 "상이한 사회경제적 조직 형태"를 보유한 세력 사이의 갈등과 협력이 21세기 세계질서를 규정하게 될 것이다.

---

70 Rupert and Smith, *Historical Materialism and Globalisation* 참조.
71 R. Hall and T. Biersteker, *The Emergence of Private Authority in Global Governance* (Cambridge: Cambridge University Press, 2002) 참조.

IV. 국제 정치경제학의 인식론

주체와 객체의 분리를 비판하는 비판이론의 인식론에서 합리적 핵심은 인간의 의식적·역사적 실천praxis을 인식론의 기초로 설정한다는 것이다. 존재의 역사성과 형성을 고려하기 때문이다. 그리고 지식을 형성하는 과정 또한 실천으로 고려한다. 즉 '이론적 실천'이다. 따라서 고도로 추상적인 지식 생산 또한 실천의 영역에 포함된다. 이론 '내부'에서 비판이론이 설정하는 규범적 목표를 실현하기 위한 실천이기 때문이다. 따라서 실증주의와 탈실증주의 또한 특정한 윤리적·정치적 목적을 지향하는 이론적 실천의 수단 또는 방법으로 간주된다.

존재론을 둘러싼 논쟁에서 실증주의와 탈실증주의가 형이상학적 동질성을 보이는 것과 달리 인식론을 둘러싼 논쟁에서 실증주의와 탈실증주의는 대립한다. 그러나 인식론을 둘러싼 이 대립 구도도 적절하지 않은 듯 보인다. 비판적 실재론은 사회적 세계가 사건들 사이의 관계를 나타내는 흄적 인과관계로 환원될 수 있는 부분과 그렇지 않은 존재론적 요소를 담지하고 있다고 주장한다. 따라서 경쟁적 패러다임의 통약 불가능성에도 불구하고, 각 패러다임이 사회적 세계에 대한 부분적 설명을 하고 있다고 볼 때, 인식론과 방법론의 다원주의를 수용할 수 있다.[72] 포퍼의 비유를 다시 이용한다면, 구름과 시계의 속성을 가진 존재의 세계를 설명하기 위해서는 이 다원주의가 불가피하다.

비판적 실재론의 존재론과 칸트적 존재론 사이에서 동요하는 모습을 보이던 웬트적 구성주의는 인식론의 문제에서도 이 동요를 반복하고 있다. 웬트는

---

[72] Patomaki and Wight, "After Postpositivism?" pp. 225-227.

명시적으로 비판적 실재론에 입각해서도 실증주의자가 되는 것이 가능하다고 말하고 있지만, 경험 외부의 세계는 실증주의적 인식론으로 인식 불가능의 영역이며 실증주의가 주체와 객체의 분리를 전제한다고 할 때, 상호 주관성을 사회 세계의 존재적 특징으로 고려한다면, 웬트는 주체와 객체가 분리되지 않은 실증주의를 구상해야 한다. 그러나 그것은 모순이다. 즉 인식론 논쟁의 핵심이 지식의 형성과 행위자의 공헌과의 관계를 묻는 것이라고 할 때, 구성주의가 지식 형성에서 행위자의 개입을 고려한다면, 이는 실증주의의 원리와 배치되는 것이다. 웬트적 구성주의는 비판적 실천의 문제를 고려하지 않음으로써 경험주의적 사회과학에 함몰되는 경향을 보이고 있다.[73]

다른 한편, 웬트는 국제 정치경제학의 오랜 논쟁 가운데 하나인 설명과 이해의 대립을 넘어서는 방식으로 자신의 실증주의 인식론을 보완하려는 태도를 보인다.[74] 비판적 실재론을 이탈하고 있지만 상호 주관성은 인정하고 있는 웬트의 시각에서 실증주의 인식론을 유일의 인식론으로 설정하는 것은 논리적 모순이기 때문이다. 웬트는 그의 1999년 저작이 이해보다 설명을 강조하고 있다는 비판에 대해,[75] 자신의 의도는 설명을 강조하는 것이 아니며 인과적 이론과 더불어 구성적constitutive 이론을 '과학' 활동으로 자리 매김하는 것이라고 주장한다. 그리고 설명과 이해는 인식론의 대립이 아니라 방법의 차이고 이 둘은 동일한 인식론적 기준을 가질 수 있다고 주장하고 있다. 즉 웬트가 적절히 지적하듯이, 설명과 이해는 질문 방식의 차이에서 야기되는 상이한 대응

---

73 K. M. Fierke and K. Jorgensen eds., *Constructing International Relations* (Armonk: M. E. Sharpe, 2001).

74 Wendt, "On the Via Media"; M. Hollis and S. Smith, *Explaining and Understanding International Relations* (Oxford: Calrendon, 1990) 참조.

75 S. Smith, "Wendt's World," *Review of International Studies* 26 (2000).

이라고 할 수 있다.

문제는 웬트가 '방법론의 다원주의'를 인정하면서 인과적 이론을 중심으로 구성적 이론을 통합하려 시도한다는 점이다. 즉 웬트는 존재론적 속성의 규명을 위해 필요한 '인식론의 다원주의'를 인정하지 않는다. 사회 연구는 사회에 속한 관찰자가 수행한다. 관찰자가 사회의 일부임을 수용한다면, 상호 주관적 세계의 존재를 인정하고 그 세계에 대한 지식을 형성하기 위해서는 해석학적 인식을 '절대화'해 사회과학적 인식의 특수성을 강조하는 입장은 아니지만, 주체와 객체의 분리를 지양하고자 하는 해석학적 인식론과 방법론이 필요함을 인정해야 한다. 해석학적 인식론이 반드시 비판적이지는 않지만, 비판적 국제이론의 구성을 위해서는 해석학적 인식론이 필요하다. 이론가와 이론화하는 대상 사이의 엄격한 분리는 불가능하기 때문이다. 비판적인 해석학적 인식은 절대적·최종적 지식 획득이 불가능할 수 있지만, 어떤 해석은 다른 해석보다 더 좋다는 명제에서 출발한다. 즉 한편으로는 실증주의를 비판하면서 다른 한편으로 허무주의와 상대주의를 극복하고자 한다.[76]

탈실증주의, 해석학, 구성주의 등을 결합할 때, 우리는 물리적 권력을 중심으로만 국제 정치경제를 연구하는 경향을 탈피할 수 있게 된다. 예를 들어 언어나 상징이 국제 정치경제의 실재에 접근하는 수단이 될 수 있다는 것이다. 따라서 신념과 실천의 구조가 신현실주의와 달리 중요한 분석 대상이 된다. 신현실주의가 실증주의적 방법을 선택할 때, 무시할 수밖에 없는 '의미'를 복원하는 작업이다. 이 작업을 위해 해석학적 연구 방법이 선택하는 것이 '텍스트'text다. 텍스트로서 행동뿐만 아니라 저술과 말이 분석 대상이 된다. 그리고

---

[76] K. Rogers, *Toward a Postpositivist World: Hermeneutics for Understanding International Relations, Environment, and Other Important Issues of the Twenty-first Century* (NewYork: Peter Lang, 1996).

이 해석학적 방법도 존재론으로서의 역사적 구조를 수용해 텍스트 분석에서 컨텍스트context를 고려한다. 또 다른 해석학적 방법의 성과는 현실주의의 결과주의적 또는 목적론적 윤리학을 넘어설 수 있는 가능성을 제공한다는 점이다. 예를 들어 신현실주의의 연구 의제가 아니었던 국제적 지원의 문제에서 해석학적 방법을 채택한 이론가와 실천 활동가는 필요한 물자를 제공하거나 자선을 베푸는 것으로 자신들의 해석과 행동을 규정하려 하지 않는다. 오히려 해석학적 방법을 동원할 때, 우리는 지원을 받는 '그들'이 자긍심을 가지고 스스로의 삶을 개척하게 하는 새로운 틀을 제시할 수 있다.

IV. 실천으로서 국제 정치경제학

데카르트의 방법적 회의는 유럽인들이 지리상의 발견으로 야기된 정체성의 혼란 속에서 좀 더 확고한 인식론적 토대를 마련하기 위한 지적 작업 가운데 하나였다.[77] '유럽적 시각'에서 신대륙의 발견은 그들에게 기존의 인식 체계 전반에 대한 재검토를 요구했기 때문이다. 결국 데카르트의 인식론은 국제적 차원에서 문명과 야만이라는 이항 대립을 발견한 유럽인이 국제관계에서 후진성의 범주를 설정하고 자신들의 진보를 설파할 수 있는 인식론으로 변모해 갔다. 주류 이론가들이 강대국 중심으로 서술할 수밖에 없다고 주장하는 국제이론은 이 데카르트의 철학적 유산으로부터 자유롭지 못하다. 그 유산의

---

[77] 박한제·김호동·한정숙·최갑수, 『유라시아 천 년을 가다』(서울: 사계절, 2002), pp. 281-282.

현대판이 바로 합리주의와 실증주의다.

따라서 국제관계학의 철학적 기초에 대한 비판적 개입은 탈실증주의의 표현대로 담론을 통해 현실을 새롭게 구성하는 실천의 의미를 지닌다. 국제관계이론이 담지할 수밖에 없는 '정치적 힘'을 고려한 비판이기 때문이다.[78] 비민주적이고 불평등한 국제질서를 변혁하기 위해 필요한 국제적 차원의 민주적 집합행동은 그 실천 자체를 존재론과 분리할 수 없는 구성 요소로 만드는 존재론적·인식론적 전환을 필요로 한다. 이 맥락에서 비판이론과 비판적 실재론은 우리에게 유용한 지침을 제공한다. 철학의 빈곤에 시달리는 국제관계학을 사회이론 및 정치철학과 결합할 수 있을 때, 비로소 우리는 국제 현실의 변혁을 위한 이론적 개입 토대를 마련할 수 있을 것이다.

이 비판적 개입과 관련해 이 글에서 주목했던 것 가운데 하나가 바로 지식 생산과 주체의 관계였다. 실증주의의 기본 가정을 수용할 때, 우리는 이른바 객관적 지식을 생산하는 불편부당한 주체만을 볼 뿐이다. 실증주의에 따르면, 지식과 주체는 아무런 관계가 없다. 그러나 실증주의의 진리는 긍정의 가치를 가진 진리라는 점에서 기존 질서에 대한 실증주의의 순응을 볼 수 있다. 주류 내부에서의 구성주의적 문제 설정의 등장은 실증주의에 대한 반성으로서의 의미를 지닐 수 있다. 그러나 웬트적 구성주의의 칸트적 문제 설정은 합리주의와 실증주의로의 후퇴를 야기할 수 있는 약점을 지니고 있다. 즉 강대국 중심의 국제이론을 세련되게 보완하는 존재론과 인식론이 될 가능성이 크다. 웬트가 윤리적 주체를 상정하면서 구상하는 칸트적 평화의 문화도, 결국은 객관적 과정과 분리된 주체의 결단으로 가능한 영역이 되어 버린다.

지구화의 현실 속에서 국제관계학은 사회과학의 미시적 분석을 위한 거시

---

[78] 전재성·박건영, "국제관계 이론의 한국적 수용과 대안적 접근," 『국제정치논총』 42: 4 (2002).

적 토대를 정의하는 '메타 분과 학문'으로 발전하고 있다. 우리에게 국제관계는 한국이 출범한 이후부터 사실상 사회과학을 하기 위한 출발점이었다고 해도 과언이 아니다. 즉 메타 분과 학문으로서의 국제 정치경제학은 우리의 존재 조건을 규명하기 위한 거시적 토대다. 예를 들어, 한반도의 평화 과정은 국제관계학을 고려하지 않고는 구상할 수 없는 과제다. 따라서 한국에서 국제관계학을 공부하는 것은 그 어떤 분과 학문보다 실천의 성격을 강하게 가질 수밖에 없다. 비판이론과 비판적 실재론에 입각한 국제 정치경제학의 재구성이 또 다른 수입품에 의한 사유일 수 있다. 그럼에도, 이 글은 소통 가능한 담론 윤리를 담지한 국제관계학 또는 국제 정치경제학의 철학적 기초를 구축하는 작업을 위한 출발점의 의미를 가질 수 있다고 생각한다.

제4장

국제관계와 공간, 그리고 공공성

I. 불가능한 것을 상상하기

지구화의 효과로 현대 세계에서 공적인 것과 사적인 것의 경계가 재설정되고 있다. 국민국가 내부에서는 이 경계의 위치 변동이 가시적이다. 작은 정부의 구호 아래 정부의 공공 지출을 줄이려는 노력이 대부분의 국가에서 진행되고 있고, 이 정책의 하나로 국민국가의 정부들은 공공서비스를 제공하는 기업들을 민영화하거나 또는 수혜자 부담 원칙의 사회정책들을 고안하고 있다. 즉 공공정책 가운데 생산과 분배 과정에 대한 국가의 개입을 의미하는 '생산적' 또는 '분배적' 공공정책과 다양한 사회 계급 및 이익집단의 요구로 형성되는 '재분배적' 공공정책의 축소가 두드러진 현상이다. 반면 시장 기제의 원활한 작동을 위한 국민국가 수준의 규제 정책, 즉 역설적 표현이기는 하지만 탈규제deregulation를 목표로 하는 '규제적' 공공정책은 더욱 강화되고 있다.[1]

---

[1] 공공정책의 분류는 P. Cerny, "Globalization and the Changing Logic of Collective Action," *International Organization* 49: 4 (1995)을 참조.

근대사회에서 '공적인 것'the public이라는 범주에는 사회관계의 역사적 특수성이 독특하게 표현된다. 따라서 우리는 이 공공정책의 재편을 사회관계의 변화라는 관점에서 추적할 수 있다. 일반적으로 사회관계에 대한 연구에서는 '분석 단위'unit of analysis로 일국적 사회 구성 또는 국민국가를 전제한다. 즉, 사회과학계에서 스미스의 『국부론』The Wealth of Nation이 출간된 이후, 월러스타인류의 세계체제적 시각을 예외로 한다면, '방법론적 일국주의'methodological nationalism는 의문의 여지가 없는 것으로 인식되어 왔다.2 따라서 공공 영역의 재편에 대한 연구에서도 국민국가 내부의 경계 변동이 주요한 관심사였다. 그러나 신자유주의의 전 세계적 확산과 더불어, 국민국가 내부에서 공공정책이 축소되는 정도에 비례하는 것은 아니지만, 세계정부가 존재하지 않는 국제관계 영역에서도 공공정책의 생산이 증대하고 있다.3

초국가적 공공정책의 등장은 자본의 국제화로 표현되는 지구적 축적 동학과 국민국가적 조절 양식 사이에서 발생하고 있는 긴장과 모순으로부터 그 원인을 찾을 수 있다.4 이 긴장과 모순을 해결할 수 있는 새로운 제도의 모색 과

---

2 J. Agnew, "The Devaluation of Place in Social Science," J. Agnew and J. Duncan eds., *The Power of Place* (Boston: Unwin and Hyman, 1989).

3 국제관계(international relations)라는 용어는 정의상 state 사이의 관계가 아니라 nation 사이의 관계를 지칭한다. 그러나 쇼(M. V. Shaw)가 지적하는 것처럼, 정확한 개념적 정의를 찾기 어려운 사회학적 범주로서 nation 사이에 의미 있는 관계가 존재한다고 말하는 것에는 의문의 여지가 있을 수 있다. 따라서 국가 간 관계(interstate relations)라는 표현이 국제관계라는 용어보다 현실 세계에 대한 적절한 묘사일 수 있다. M. Shaw, "Civil Society and Global Politics: Beyond a Social Movement Approach," *Millennium* 23: 3 (1994). 현재 국제관계라는 용어는 하나의 학문 분과를 지칭하는 동시에, 국가들 사이의 관계는 물론 국제적 수준에서 기업이나 시민사회 등의 비국가적 행위자들과 국가와의 관계 그리고 사적 행위자들 사이의 관계를 포괄하는 개념으로 사용되고 있다. 또한 영토적 경계의 정치적 중요성이 감소하는 현상을 담고자 하는 용어로 세계 정치(world politics)와 지구 정치(global politics)라는 표현이 국제정치라는 용어와 경쟁하고 있기도 하다.

4 J. Peck and A. Tickell, "Searching for a New Institutional Fix: The After-Fordist Crisis and the Global-Local Order," A. Amin ed., *Post-Fordism: A Reader* (Oxford: Blackwell, 1994).

정에서 초국가적 공공정책이 등장하고 있는 것이다. 예를 들어, 유럽연합은 규제 정책에서 사회정책에 이르기까지 다양한 형태의 공공정책을 생산하고 있고, WTO의 규제 정책은 이제 국민국가의 공공정책에 버금가는 역할을 하고 있다. 더 나아가 이제 무역 분쟁과 국제 금융시장이나 자본시장에서 발생하는 분쟁은 정부 간 기구나 국민국가 법정보다는 '국제상공회의소 중재재판소'International Chamber of Commerce Court of Arbitration나 '런던 중재재판소'London Court of Arbitration 같은 사적private 국제기구의 중재를 통해 주로 해결되고 있다.5 우리는 한미자유무역협정(이하 한미FTA)이 발효되고 FTA의 내용 가운데 하나인 국가-투자자 소송제가 작동하게 되면, 미국-캐나다 FTA와 북미자유무역협정(이하 NAFTA)에서 드러난 것처럼, 국가의 사법 주권이 쇠퇴하고 공공성이 국가 외부의 힘—'새로운 헌법' 또는 '비밀 헌법'6—에 의해 결정되는 새로운 현상을 경험하게 될 것이다.7

---

5 A. Culter, "Global Capitalism and Liberal Myths: Dispute Settlement in Private International Trade Relations," *Millennium* 24: 3 (1995).

6 신자유주의적 지구화 시대에 체결되는 자유무역협정이 헌법적 지위를 가질 수 있다는 주장에 대해서는 S. Gill, "Globalization, Market Civilization and Disciplinary Neoliberalism," *Millennium* 24: 3 (1995); S. Clarkson, "Canada's Secret Constitution: NAFTA, WTO and the End of Sovereignty," Canadian Centre for Policy Alternatives October 2002; M. Lee, "Through the Looking Glass: A Canadian Perspective on the NAFTA as a Forerunner to the FTA," P. Vizentini and M. Wiesebron eds., *Free Trade for the Americas? The United States' Push for the FTAA Agreement* (London: Zed Books, 2004); J. Robinson, "NAFTA and Sovereignty," S. Weintraub ed., *NAFTA's Impact on North America: The First Decade* (Washingto, D.C.: The CSIS Press, 2004) 등을 참조. 위의 연구들이 주는 국제정치적 함의는 캐나다-미국 자유무역협정(이하 CUFTA)과 NAFTA의 경험에서 볼 수 있는 것처럼, 일단 신자유주의적 경제 개혁이 추진되면 그것을 되돌리기 매우 어렵다는 것이고, 따라서 논의되고 있는 아메리카 대륙 전체를 포괄하는 미주자유무역지역(FTAA, Free Trade Area of the Americas) 협상에서 CUFTA와 NAFTA의 경험을 타산지석으로 삼아야 한다는 것이다. FTAA에 대한 경고를 알리는 구호는 "과대광고를 믿지 마라"(Don't Believe the Hype)였다.

7 FTA에 대한 비판자들이 가장 주목하는 분야는 CUFTA와 NAFTA가 투자권, 노동권, 공공 부문에 미친 영향이다. 특히 투자 규칙은 FTA의 핵심에 위치하고 있다. 외국 투자자에 대한 내국민대우 및 최혜국대우의 원칙이 적용됨에 따라, 정부가 투자의 유입과 유출을 규제하지 못하게 됨은 물론, 정부

국민국가 수준에서 그리고 국제적 또는 초국가적transnational 수준에서 발생하고 있는 공공 영역 재편은 근대사회의 공공성 범주의 근본적 변형을 담지하고 있다. 첫째, 자본 일반의 집합적 이해의 관철 및 정치권력의 정당화를 위해 필요한 공적인 것이 사적 행위 주체에 의해서도 생산될 수 있다는 관념이 확산되고 있다. 실제로 사적 행위 주체가 안보, 환경, 에너지, 통신과 같이 과거에 공공재로 간주되던 재화들을 공급하는 사례가 증가하고 있다. 둘째, 그 결과 공적인 것이 자본축적에 기여하는 측면이 강조되고 있다. 이에 비례하여 정치권력의 정당화를 위해 국가가 공급하던 공적인 것은 감소하고 있다. 민주적 통제에서 벗어난 각종 규제적 국가 장치의 등장과 국제적 또는 초국적 수준에서 민주적 정당화legitimization를 필요로 하지 않는 사적·공적 국제기구들이 강화되고 있는 현상에서 이러한 변화를 읽을 수 있다.

지구화 시대에 발생하고 있는 공/사 경계의 변동은 18세기 서유럽 국가에 '부르주아 공공 영역'bourgeois public sphere이 등장하던 상황과 비교될 수 있다. 하

가 최소한의 국내적 규제도 하지 못할 수 있다. 국가-투자자 소송제는 소송절차가 비밀로 유지될 수 있기 때문에 사법절차의 '투명성'을 훼손할 수 있고, 원고인 투자자가 세 명의 중재인 가운데 한 명을 임명할 권리를 가지고 있기 때문에 '중립성'을 위반할 수 있으며, 결정적으로는 분쟁 해결 절차가 사유화되면서 사법적 주권이 훼손될 수 있다. 미국의 기업이 국제기업법의 사례를 지배하고 있는 상황에서 사실상 미국의 국내법이 국가-투자자 소송제에서 영향력을 발휘할 수밖에 없다. Clarkson, "Canada's Secret Constitution," pp. 15-8. NAFTA 11장의 분쟁 해결 절차로 인해 캐나다 정부가 공공성을 결정할 권리를 상실한 사례 가운데 하나로 "에틸(Ethyl Corporation) 대 캐나다의 사례"가 있다. 미국기업인 에틸은 캐나다에 자회사 에틸 캐나다를 설립했다. 에틸 캐나다의 주요한 업무는 MMT라는 가솔린 첨가제를 모기업에서 받아 공급하는 것이었다. 이 MMT의 사용은 환경적 이유 때문에 미국의 많은 주에서 금지되고 있었다. 1997년 캐나다 의회는 MMT의 수입을 금지하는 법률을 제정했다. 캐나다가 MMT의 수입을 금지한 이유는 두 가지였는데, 하나는 MMT에 들어가 있는 망간의 독성 때문이었고, 다른 하나는 MMT가 새로운 자동차 배기 장치를 필요로 했기 때문이다. 캐나다에서 팔리는 자동차 생산업체들은 이 금지 법안을 지지했다. 에틸은 이 금지 법안에 대해 제소했고, 캐나다 정부는 에틸에게 1,300만 달러를 지불했으며, 에틸이 반대한 입법을 철회했고, 에틸에게 MMT가 인체에 해를 미친다는 과학적 증거가 없다는 서한을 보내야 했다. International Institute for Sustainable Development and World Wildlife Fund, *Private Rights, Public Problems: A Guide to NAFTA's Controversial Chapter on Investor Rights* (Toronto: IISD, 2001) 참조.

버마스에 따르면, 사적 인간들이 상품 교환과 사회적 노동과 관련한 일반 규칙을 토론하는 영역으로 등장한 이 부르주아 공공 영역은 국민적 사회의 '일반 이익'에 대해 자유롭게 토론할 수 있는 장이었다.[8] 유사하게, 현대 세계에서 벌어지는 공공 범주의 재편 과정에서도 사적 인간들이 지구적 사회의 일반 이익에 대해 토론하는 '초국가적 공공 영역'이 형성되고 있다. 상품 시장의 형성으로 구래의 가정경제household economy가 파괴되고 새로운 형태의 공사 구분이 만들어졌던 것처럼,[9] 생산자본 및 금융자본의 지구화로 인해 기존의 국민경제가 파괴되고 새로운 형태의 공사 구분이 만들어지고 있다.

우리는 공공 영역이라는 개념을 차용하지만, 비판적 자유주의로 규정될 수 있는 하버마스의 규범적 입장에는 동의하지 않는다. 하버마스에 대한 비판자들이 주장하는 것처럼, 그리고 하버마스도 부분적으로 인정하는 것처럼, 근대 초기의 공공 영역에 참여할 수 있었던 사람은 '남성 부르주아지'로 국한되었다는 사실을 상기할 필요가 있다.[10] 즉 공공 영역의 계급적 성격을 고려한다면, 공공 영역이 갖는 개방성은 참여의 배타성을 전제로 성립된 것이었다. 이 초국가적 공공 영역은 이 배타성을 더욱 강화하는 형태로 등장하고 있다.

우리는 니체F. Nietzsche가 지적했던 약자의 가치가 강자의 지도력 도구로 사용되던 시대에서, 정치가들보다는 시장이 많은 것을 결정하는 새로운 정치의 세계에 접어들고 있는지도 모른다.[11] 그러나 시장이라는 기제가 결정한다는

---

8 J. Habermas, *The Structural Transformation of the Public Sphere* (Cambridge: Polity, 1989).

9 G. Eley, "Nations, Publics and Political Cultures: Placing Habermas in Nineteenth Century," C. Calhaun ed., *Habermas and the Public Sphere* (Cambridge: The MIT Press, 1992).

10 J. Habermas, "Future Reflection on the Public Sphere", C. Calhaun ed., *Habermas and the Public Sphere*; Eley, "Nations, Publics and Political Culture."

11 I. Angell, "Winners and Losers in the Information Age," *Social Science & Modern Society* 34: 1 (1996).

것이 행위 주체의 소멸을 의미하지는 않는다. 초국가적 공공 영역의 발견을 통해 우리는 시장이 지배하는 사회의 비밀스러운 원천에 가려진 새로운 행위자들을 찾아낼 수 있다. 그러나 이 초국가적 공공 영역이 신자유주의 이데올로기를 매개로 그람시적 의미에서 지적이고 도덕적인 지도력을 행사할 수 있는 역사적 블록을 형성할 가능성은 아직 미지수다. 신자유주의에 대한 다양한 저항에서 볼 수 있듯이, 신자유주의가 강제의 기제를 창출하지는 못하고 있기 때문이다.

우리는 흔히 국내적인 것과 국제적인 것의 분리를 존재론적인 것으로 취급하는 경향을 볼 수 있다. 전통적 국제관계 이론은 이 안과 밖이라는 이항 대립에 기초를 두고 있다. 이는 국제적 수준에서의 '좋은 사회'good society 건설을 원천적으로 봉쇄하는 인식론이다. 인위적인 인류학적 구분인 자연과 문화라는 이항 대립을 전제할 때 인간 공동체의 근친상간 금지 현상이 설명될 수 없는 것처럼, 정치학에서 안과 밖이라는 이항 대립도 지구화 시대에 발생하고 있는 공공성 범주의 재편을 설명하는 데 그 무기력을 드러낸다. 이제 안과 밖의 분리가 아니라 단일한 사회과정social process으로 우리의 현실을 파악할 수 있는 가능성이 열리고 있다.[12] 그러나 우리가 안과 밖이라는 이항 대립이 정치 현상의 분석을 위한 방법론으로 그 유용성이 상실되고 있다고 주장하는 것은 아니다. 자명한 것을 말소하는 방식으로, 한계적으로, 지구화 시대의 정치 현상에 대한 비판적 고찰을 시도한다.[13] 따라서 이 글은 본격적 이론화를 준비하는 과정에서 기존의 인식 틀에서는 불가능한 것을 상상하는 전이론적pre-theoretical 시도다.

---

12 C. Byole, "Imaging the World Market: IPE and the Task of Social Theory," *Millennium* 23: 2 (1994).

13 J. Derrida, *Writing and Difference* (Chicago: The University of Chicago Press, 1978), pp. 282-286; 자크 데리다, 남수인 옮김, 『글쓰기와 차이』(서울: 동문선, 2001).

II. 정치학적 상상력의 빈곤 : 공간적 은유

정치이론의 대표적 교과서 가운데 하나인 세이빈G. Sabine의 『정치이론의 역사』A History of Political Theory는 도시국가 이론, 보편적 공동체 이론, 국민국가 이론 등 세 부분으로 구성되어 있다.14 이 구성은 아주 기묘한 공간의 공존을 엿보게 한다. 도시국가와 국민국가가 경계가 분명한 공동체라고 한다면, 보편적 공동체는 정의상 지리적 개념에 의존하지 않는다. 이 분류에 따르면, 우리는 정치 공간의 속성과 정치이론의 연관을 가정할 수 있고, 정치이론이 매우 독특하게도 공간 의존적이라고 추론할 수 있다.

정치적 생활이 조직되는 정치 공간에는 항상 복수의 경쟁하는 정치이론이 존재한다. 하나의 정치 공간에서 생존하고 있는 정치이론들은 그것들이 보수적이든 진보적이든, 정치 공간이 그들에게 부과한 한계를 위반하지 않는다. 오히려 그 이론들은 그 정치 공간을 고착화하려고 한다. 왜냐하면 여러 이론은 그 공간 내부에서 이론적·정치적 권력을 획득하고자 하기 때문이다. 다양한 정치이론들은 기존의 사회관계를 정당화하고, 비판하고, 재구성하면서, 정치 공간의 (재)생산과 일상화에 이바지하고 있다. 즉 정치이론들의 담론적 효과discursive effect를 통해 하나의 정치 공간은 어느 순간 선험적으로 주어진 것으로 인식된다. 따라서 정치이론의 구성 그 자체가 공간적 실천spatial practice이 된다.

그러나 사회관계가 변함에 따라 정치 공간은 끊임없이 변해 왔다. 이행기에 존재하는 정치이론들은 낡은 이론들에 대한 공격을 통해 신화 만들기 작업

---

14 G. Sabine, *A History of Political Theory*, 4th ed. revised by T. Thorson (NewYork: Holt, Rinehart and Winston, 1973); 조지 세이빈, 성유보·차남희 옮김, 『정치사상사 I, II』(서울: 한길사, 1993).

을 수행한다. 그럼으로써 사회관계의 변화를 승인하고 새로운 정치권력을 정당화한다. 마키아벨리[N. Machiavelli]의 군주가 대안적 공동체, 즉 국민국가의 초보적 형태를 건설하는 '비르투'[virtu]의 대행자로 등장했다는 사실을 상기해 보라.[15] 그러나 이행기의 이론들은 누가 새로운 정치 공간을 구성해야 하는지, 그리고 어떻게 그것이 구성되어야 하는지를 둘러싸고 대립하게 된다.

예를 들어, 서유럽에서 근대로의 이행을 중세 정치 공간의 근본적 재편의 관점에서 이해할 수 있다. 중세의 보편적 공동체에는 다양한 권위체들 사이에 고정된 경계가 설정되어 있지 않았다. 중세의 정치 공간은 정치적·종교적 소속에 따라 다수의 경계가 공존하는 동심원적 형태를 띠고 있었다.[16] 반대로 정의상 둘 이상의 국민국가가 존재하는 열국체제에서는 영토적 경계가 매우 중요한 정치적 의미를 지니게 되고, 따라서 공간적 배제의 원리가 중세의 위계적 복종의 원리를 대체하게 되었다.[17] 구세주적 시간의 동질적이고 공허한 시간으로서 변형을 수반한,[18] 이 공간 혁명은 정치 공간이 초시간적일 수 없음을 보여 준다. 따라서 "근대 정치는 공간 정치"라는 언명이나 또는 "영토성은 국제정치에서 근대성을 가장 독특하게 정의한다"라는 강력한 주장이 놀라운 것은 아니다.[19] 즉, 근대사회에서 영토성으로 대표되는 공간은 사회과정을 매개

---

15 N. Machiavelli, *The Prince* (NewYork: Penguin Books, 1961).

16 J. Agnew, "Timeless Space and State-Centrism: The Geographical Assumptions of International Relations Theory," S. Rosow, N. Inayatullah and M. Rupert eds., *The Global Economy as Political Space* (Boulder: Lynne Rienner Publishers, 1994).

17 Agnew, "Timeless Space"; R. B. J. Walker, "Security, Sovereignty and the Challenge of World Politics," *Alternative* 15:3 (1990). 현실주의적 국제관계 이론의 전통을 수용하고 있는 러기 또한 국제관계가 무정부 상태라는 점을 인정하면서도, 근대와 중세와 구분되는 점은 단위들의 동일성 또는 차이에서가 아니라 구성단위가 서로 분리되기 때문이라는 점을 분명히 하고 있다. J. Ruggie, "Continuity and Transformation in the World Polity: Toward a Neorealist Synthesis," R. Keohane ed., *Neorealism and Its Critics* (NewYork: Columbia University, 1986).

18 B. Anderson, *Imagined Communities* (London: Verso, 1983).

하는 역할을 수행해 왔다.[20]

　이 공간적 은유는 근대적 공간의 표현으로서 세계지도가 더 이상 인간 활동의 유일한 공간적 기준으로 기능하지 않는 현대 세계의 근본적 변화에도 적용될 수 있다. 세계지도라는 격자 평면에서 기능하는 '국제적인 것'은 점차 "지속적으로 변화하는 흐름의 네트워크에서 위계적으로 질서 잡힌 위치들에 의해 형성되는 가변적 기하학 variable geometry의 공간"에서 기능하는 '지구적인 것'the global에 의해 잠식되고 있다.[21] 즉, 영토적 경계의 정치적 중요성이 감소

19　전자의 인용은 R. B. J. Walker, "International Relations and the Concept of the Political," K. Booth and Smith eds., *International Relations Theory Today* (Cambridge: Polity, 1995). 후자는 J. Ruggie, "Territoriality and Beyond: Problematizing in International Relations," *International Organization* 47: 1 (1993).

20　영토성이 근대 국제정치의 특징인 것은 사실이지만, 신현실주의 이론가들이 주장하는 것처럼 초역사적인 것은 아니다. 공간 및 공간적 실천에 관심을 가지는 사회과학자들이 주장하는 것처럼, 공간은 사회적 권력을 담는 용기고, 공간에 대한 지배는 사회적 권력의 원천이다. 모든 사회적 현실은 불가피하게 공간으로 환원된다. 페르낭 브로델, 이정옥 옮김, 『역사학 논고』(서울: 민음사, 1990), pp. 83-84; H. Lefevre, *The Production of Space* (Oxford: Basil Blackwell, 1984). 따라서 명시적으로 표시되지 않는 공간 인식을 추적할 때, 우리는 어떤 이론의 의미 기반을 발견할 수 있다. 이 책에서 이론적 비판의 대상으로 설정하고 있는 신현실주의 국제관계 이론의 공간 인식은 사실상 신현실주의라는 패러다임을 지배하는 핵심적 구성물이라고 할 수 있다. 신현실주의 국제관계 이론의 지리적 가정은 바로 시간을 결여한 공간으로서 영토국가의 체제다. 따라서 신현실주의적 공간 인식에 있어 국민국가들 사이의 경계가 절대적 요소가 된다. 예를 들어 국제관계 이론의 분석 수준을 인간, 국가, 국제체제로 설정할 때, 이 구분은 단지 방법론적 분리가 존재론적 구분으로 전화한다. 따라서 신현실주의적 공간 인식을 수용한다면, 우리는 국민적-영토적 총체를 표시하는 나라 전체로서 국가의 개념을 가지게 되고, 사회과정 및 정치과정은 그 나라 안에만 존재하는 것으로 한정된다. 신현실주의 이론은 케네스 월츠, 김광린 옮김, 『인간, 국가, 전쟁』(서울: 소나무, 1988). 신현실주의의 공간 인식에 대한 비판은 J. Agnew, "Timeless Space and State-Centrism: The Geographical Assumptions of International Relations Theoy," S. Rosow, N. Inauatullah and M. Ruperts eds., *The Global Political Economy as Political Space* (Boulder: Lynne Rienner Publishers, 1994). 신현실주의 국가론에 대한 비판은 F. Halliday, *Rethinking International Relations* (London: Macmillan, 1994). 역사사회학적 연구 성과에서 볼 수 있는 것처럼, 근대로의 이행기는 중세적 권력 공간인 제국(empire)과 새로이 등장한 자본주의 생산양식에 기반한 도시국가가 경쟁하고 있는 선으로 분할할 수 없는 공간적 중첩의 시기였다. 따라서 근대 이전에는 영토성을 기초로 권력 관계가 형성되지 않았다. C. Tilly, *Coercion, Capital and European States: AD 990-1992* (London: Basil Blackwell, 1992).

하고 있다. 그러나 우리는 국제적인 것이 완전히 사라질 운명에 처해 있다고 주장하지는 않는다. 우리의 세계에는 국제적인 것과 지구적인 것이 공존하고 있다. 제2차 세계대전 이후의 체제에서 국제적인 것이 지구적인 것을 제약했다면, 이제는 지구적 현상이 상대적 우위를 차지하고 있다. 달리 표현한다면, 근대 국제정치의 인식 틀이라고 할 수 있는 안과 밖이라는 이항 대립에 '틈'이 형성되면서, 현대 세계에서는 비연속적이고 비접근적non-contiguous인 새로운 정치 공간이 창출되고 있다.

국제관계 영역에서 근대성이 영토성과 등치된다면, 또는 우회적으로 표현해서 영토성이 근대 국제정치의 핵심 요소 가운데 하나라면, 현대 세계에서 그 영토성의 경계를 가로지르는 탈근대성이 출현하고 있다고 주장할 수 있다. 이미 이런 관념은 각 이론의 정치적 성향에 상관없이 지적 세계에 스며들어 있다.[22] 만약 이 탈근대 담론이 적절하다면, 그리고 열국체제가 거시적·미시적 국제기구들과 공존하는 '신중세적 시기'가 개시되고 있다면,[23] 우리는 안과 밖

---

[21] J. Rosow, "On the Political Theory of the Political Economy," *Review of International Political Economy* 1:3 (1994); S. Gill and D. Law, *The Global Political Economy* (Baltimore: Johns Hopkins University Press, 1988); M. Castells, "Crisis, Planning and the Quality of Life: Managing the New Historical Relationship between Space and Society," *Environment and Planning D: Society and Space* 1:1 (1983).

[22] F. Jameson, "Postmodernity, or the Cultural Logic of Late Capitalism," *New Left Review* 146 (1984); J. Lyotard, *The Postmodern Condition* (Manchester: Manchester University Press, 1986); E. Laclau and C. Mouffe, *Hegemony and Socialist Strategy* (London: Verso, 1985). 국제관계 분야에서는 J. Rosenau, *Turbulence in World Politics* (Princeton: Princeton University Press, 1990)과 J. Der Derian and M. Shapiro eds., *International/Intertextual Relations: Postmodern Reading of World Politics* (Toronto: Lexington Books, 1989) 등을 참조.

[23] 영국 학파의 헤들리 불(H. Bull)은 신중세란 은유를 다음과 같이 사용하고 있다: "중세 시대에 국가가 '다른 결사체'와 세계 정치의 무대를 공유한 것처럼, 오늘날 주권국가가 세계 정치의 무대를 '다른 행위자'와 공유하고 있다. …… 만약 근대국가가 그들의 시민에게 행사하는 권위 및 시민의 충성심을 통제할 수 있는 능력을 한편으로는 지역 및 세계적 권위체와, 다른 한편으로는 하위 국가적 또는 하위 민족적 권위체와 공유하게 된다면, … 신중세적 형태의 보편적 정치 질서가 등장했다고 말할 수

의 경계가 허물어지는 지구화 시대에, 인간이라는 주체적 행위자에 의해 생산되지만 그 행위자들의 자유에 족쇄를 채우는 사적·공적 정치권력에 대한 '비판적 반성'을 시도하고자 하는 정치이론의 가치를 다시 음미할 필요가 있다.[24]

우선 새로운 현실에 대한 비판이 새로운 정치 공간에 이름을 붙이는 작업보다 중요하다는 점을 지적하자. 그리고 국제정치에서 근대성이 결코 영토성과 등치될 수 없음을 상기할 필요가 있다. 영토성이 자본주의적 사회관계와 접합되지 않는 한, 영토성이 근대성을 상징하는 표상으로 등장할 수 없기 때문이다. 또한 탈근대의 담론은 매우 손쉬운 방식으로 좌·우파 모두에게 '지구민주주의'cosmopolitan democracy 또는 "국제주의가 더 이상 유토피아가 아니다"라는 선언적 주장을 제공할 가능성이 있다.[25] 우리는 분리 불가능한 것처럼 보였던 영토성이라는 속성이 해체되고 있다는 점은 인정하지만, 영토성과 접합되어 있던 자본주의적 사회관계는 종결되지 않고 오히려 더욱 순수한 형태로 재구조화되고 있음을 확인할 필요가 있다. 국민국가를 가로지르는 지구적 연계를 통해 국제관계의 영역에서 민주적 실천의 가능성이 증대되고 있다고 할지

있을 것이다. H. Bull, *The Anarchical Society: A Study of Order in World Politics* (London: Macmillan, 1977). 영국 학파에 대한 소개로는 전재성, "영국의 국제사회학과 이론," 우철구·박건영 편, 『현대 국제관계 이론과 한국』(서울: 사회평론, 2004) 참조. 이 신중세적 질서는 불이 지적하는 것처럼, 근대 국제체제보다 안정적이지 않을 수도 있다. 폭력 및 불안정이 도처에 존재하는 상황이 초래될 수도 있다. 신중세라는 은유는 비판적 국제관계 이론가인 콕스의 글에서도 발견된다. R. Cox, "Global *Perestroika*," R. Miliband and L. Panitch eds., *Socialist Register 1992* (London: The Merlin Press, 1992).

24 정치이론적 관점은 검증 가능한 가설로 구성되는 가설적·연역적 체계로 이론을 정의하는 실증주의적 관점과 명백히 구분된다. 국제관계 이론의 실증주의적 경향을 비판적으로 탐색하고 있는 저서로는 S. Smith, K. Booth and M. Zalewski eds., *International Theory: Positivism and Beyond* (Cambridge: Cambridge University, 1996).

25 D. Held, *Democracy and the Global Order* (Cambridge: Polity, 1995); D. Archibugi and D. Held eds., *Re-imagining Political Community* (Standford: Standford University Press, 1999); P. Drucker, *Post-Capitalist Society* (NewYork: Harper & Collins, 1993).

라도 그 가능성은 끊임없이 자본의 운동에 의해 제약되고 있다.

우리의 세계는 자본주의 없는 민주주의보다는 민주주의 없는 자본주의에 접근해 가고 있는 듯이 보인다. 국가 간 관계에 포섭되지 않는 지구적 경제활동 공간이 무한 팽창하고 있는 시점에서, 민주 정치에 적합한 공간적 단위로서 국민국가가 그리고 자본주의가 초래하는 불평등적 발전을 교정하기 위한 국민국가의 재분배적 기능이 더욱 강조될 필요가 있을 것이다.[26] 그리고 국가 형태의 변화도, 사회 구성들의 불균등 발전과 각 사회 구성의 특수성 때문에, 각 사회 구성의 '내부에서' 사회 세력들 사이의 투쟁에 의해 결정된다고 주장할 수 있을 것이다.[27] 그러나 이 좌파 '민족주의적' 주장은 국제관계 영역에서 좋은 사회 건설을 부차적인 것으로 처리하는 오류를 범할 수밖에 없다. 이 오류는 국민국가 내부에서 좋은 사회의 건설이 지구경제 및 국가의 국제화에 의해 제약될 수밖에 없는 현실을 간과하는 것이다. 지금 우리에게는 변화하는 지구경제에 대한 비판적 반성을 수행할 수 있는, 새로운 공간을 고려하는 정치이론이 필요하다. 국민국가 내부에서 불평등 해소는 국제적 또는 지구적 수준에서 공공성 확대를 모색하는 '대항 헤게모니'의 건설과 동시에 이루어져야 하는 작업이기 때문이다. 이 시공간에서 우리는 '비판적' 국제관계 이론의 필요성을 느끼게 된다.

---

[26] E. Hobsbawm, "The Future of the State," *Development and Change* 27 (1996).
[27] L. Panitch, "Globalization and the State," R. Miliband and L. Panitch eds., *Socialist Register* (London: The Merlin Press, 1994).

III. 공적인 것의 생산: 근대국가의 이중성

공적인 것과 사적인 것의 구분은 사회에서 경제가 분리되는 것보다 먼저 이루어졌다. 서구 사회에서 이 구분은 고대 그리스로 거슬러 올라간다. 고대 그리스에서 폴리스는 그 구성원 사이에 평등한 관계가 유지되었다는 점에서 일차적으로 가정household or oikos 경제와 구별되었다. 반면 가정은 가장 엄격한 불평등 관계의 중심이었다. 따라서 사적인 것은 "어떤 것으로부터 박탈된 상태"를 의미했다.[28] 즉 고대 그리스의 정치 공간은 '자유 시민'을 위한 공공 영역과 '필요'necessity라는 기준과 긴밀히 연관된 사적 영역으로 구분되어 있었다. 그리고 공적인 생활public life은 시장인 아고라agora에서 이루어졌다[29]는 점에서 공적인 것이 정치적인 것the political과 등치되지는 않았다.

이 독특한 공공 영역의 형성은 자신들의 시민권을 소유가 아니라 공유되어야 할 것으로 생각했던 시민 대다수의 집합적 실천을 통해 가능했다.[30] 이 시민들은 노예와 혼혈인을 지배할 수 있는 정치권력과 경제권력을 보유하고 있었다. 그러나 내부 정치가 과두제든 혹은 민주제든 도시별로 계급 이익이 유사해져 가고, 지속적으로 지배계급들 사이에 공동의 대의가 형성되어 가면서, 이 공공 영역은 지역에 더 강조점을 두는 애국주의적 경향을 띠기 시작했다.[31] 즉 그리스에서 공공 영역의 탄생과 사멸은 정치 공간 내부에서의 계급

---

28 H. Arendt, *The Human Conditions* (Chicago: The University of Chicago Press, 1958), p. 32.
29 Habermas, *The Structural Transformation of the Public Sphere*, p. 4.
30 Sabine, *A History of Political Theory*, p. 21.
31 Sabine, *A History of Political Theory*, p. 129. 세이빈은 다음과 같은 상상의 나래를 펴고 있다: "만약 아리스토텔레스가 그 도시국가가 더 큰 자족적 정치 단위에 흡수되어야 할 필요가 있다고 생각했다면, 어떤 일이 발생했을까라는 추측을 하는 것은 매우 흥미로운 일이다. …… 그러나 이것은 그

정치와 정치 공간들 사이의, 즉 폴리스 사이의 '계급 간 정치'를 통해 정확히 이해할 수 있다.

로마법의 영향이 강하게 남아 있던 중세에는, 공공 영역은 공공 소유와 관련된 레스 푸블리카res publica와 사적 영역은 사적 소유와 관련된 레스 프리바투스res privatus와 등치되었다.32 공적 생활은 일반인들이 수동적으로 참여하게 되는 공식적 의무로 취급된 반면, 사적인 것은 기독교적 원리에 기반을 두었다.33 즉 중세의 보편적 공동체에서는 공동의 인간 본성을 갖는 세계인과 사적인 생활 영역을 갖는 개인이라는 관념이 공존하고 있었다. 공적 권위체의 부재와 모든 사회형태가 기독교적 규범에 포섭되어 있었다고 할 수 있는 중세시대에는 기독교적 형제애Christian brotherhood가 공적인 것으로 전화되었고, 그 체제에서 봉건영주는 농노들에게 그들의 '사적' 정치권력을 행사할 수 있었다.

새로운 형태의 공공 영역이 17세기 말 18세기 초 유럽에 다시 등장했다. 공적인 것이 모든 사람이 사회의 일반 이익을 정밀하게 검토할 수 있는 '개방'을 의미하고, 사적인 것이 가족과 친구들 관계로 한정되면서 '보호되는' 영역을 뜻하게 된 것은 17세기 말이었다. 특히 공적인 것은 사회에 존재하는 공동선과 유기적 통치체body politic를 표상했다.34 이 새로운 경향은 국민국가의 등장 및 자본주의 생산양식의 발전과 관련해서만 정확하게 이해할 수 있다. 여기서 근대사회의 모든 정치이론이 해결하기 어려운 문제가 발생한다. 즉 자본

의 정치적 상상력을 벗어나는 일이었다."

32 Habermas, *The Structural Transformation of the Public Sphere*, p. 4; Culter "Global Capitalism and Liberal Myths."

33 R. Sennet, *The Fall of Public Man* (Boston: Faber and Faber, 1977), pp. 3-4.

34 Sennet, *The Fall of Public Man*, pp. 16-17. 세넷과 하버마스는 부르주아 공공 영역의 공공성에 대해 미묘한 입장 차이를 보이고 있다. 세넷이 대의적 공공성을 고전적 부르주아 공공 영역의 통합적 일부로 생각한다면, 하버마스는 부르주아 공공 영역의 내부 지향성과 대중성의 변증법을 강조한다.

주의 생산양식과 국민국가가 접합되는 방식이다. 이 글은 새로운 형태의 공공 영역, 즉 '부르주아' 공공 영역은 자본주의와 국민국가가 접합되기 위한 필수적 조건이었다는 '절충적' 해결 방식을 제시한다. 절충적인 이유는 자본주의와 국민국가 어느 한편으로 근대성을 환원하지 않기 때문이다.

새로운 정치권력의 등장은 정치 공간의 재편과 맞물려 있었다. 자본이 본성상 공간적 제약으로부터 자유롭다고 한다면, 원칙적으로 자본주의는 국민국가 또는 열국체제를 필요로 하지 않는다. 따라서 순수 논리에 입각한다면, 자본주의적 사회관계로부터 국민국가와 열국체제를 도출하거나, 또는 그 반대로 국민국가와 열국체제로부터 자본주의적 사회관계를 연역하는 것은 불가능하다.[35] 이는 자본주의 생산양식이 필요로 하는 국가형태 또는 정치 형태가 사전에 결정될 수 없음을 의미한다. 그렇다면 우리는 자본주의 생산양식과 국민국가의 공존을 역사적으로 우연적인 접합으로 이해할 수밖에 없다. 예를 들어 국민국가의 주요한 제도인 관료제, 상비군, 조세체제 등이 자본주의 생산양식의 필연적 구성물이 될 수 없다는 것이다.

자본주의와 국민국가의 '접합'은 폴라니K. Polanyi가 허구적 상품fictitious commodity이라고 명명한 화폐, 노동력, 토지 등을 통해 매개되었다. 폴라니가 지적하는 것처럼, 이 허구는 시장 기제가 작동할 수 있는 가장 중요한 조직 원리를 제공했다.[36] 즉 이 허구적 상품은 자본주의적 생산과 유통의 필수적 구성물이었다. 그러나 다른 한편으로 이 허구적 상품은 국민국가의 상징이었다. 화폐를 발행하는 것은 주권 그 자체를 표상한다. 노동력을 자유롭게 판매할 수 있다는 것은 일정한 영토 안에서 시민권을 획득했음을 의미한다. 또한 생산된 상품을

---

35 E. Balibar, "The Nation Form," E. Balibar and I. Wallerstein, *Race, Nation, Class* (London: Verso, 1991).

36 K. Polanyi, *The Great Transformation* (Boston: Boston Press, 1944).

위해서는 구매자와 판매자의 실질적 계약이 성립되는 장소로 시장이 필요하다. 이 교환체제가 강도 행위가 아니라 주고받기가 되려면 이 협정을 실행할 수 있는 법적·물리적 하부구조가 요구된다. 이 과정에서 조세체제가, 자본가에는 자본주의적 생산과 유통에 필요한 하부구조를 제공받는 데 대한 대가를 지불하는 체제로, 또한 국민국가 관료들의 관점에서는 자신의 정치권력을 유지할 수 있는 물질적 원천을 제공할 수 있는 핵심적 제도로 기능했다.[37]

자본이 자신의 재생산을 위해 필요한 고정된 사회적·물리적 하부구조를 필요로 하는 순간, 자본은 공간의 생산에 의존적이 된다.[38] 자본주의는 원래 속성상 경계를 필요로 하지 않지만, 결국 자본주의 재생산을 확실하게 보증하는 국민국가 내부로 유배되었다. 중세 정치권력의 몰락으로 상호 독립적으로 발전된 '자본-도시-착취'와 '강제-국가-지배'라는 두 가지 삼각 형태가 전쟁을 통해 접합될 수 있었던 지역들에서, 즉 '자본화된 강제'를 추출할 수 있었던 지역들에서 국민국가가 성립될 수 있었다는 역사사회학적 설명은 다른 논자에 의해 과도한 군사 중심적 이론이라는 비판이 제기되기도 하지만, 자본주의와 국민국가의 접합을 설명하는 유용한 틀인 것처럼 보인다.[39] 또한 근대성 속에서 자본주의, 산업주의, 감시, 군사력이라는 서로 독립된 네 개의 차원이 교직하고 있다는 기든스[A. Giddens]의 주장 또한 자본주의와 국민국가의 관계에 대한 하나의 대답일 수 있다.[40]

---

37 C. Tilly, *Coercion, Capital and European State: AD 990~1992* (London: Basil Blackwell, 1992); P. Kapteyn, *The Stateless Market: The European Dilemma of Integration and Civilization* (London: Routledge, 1996), pp. 14-15.

38 D. Harvey, *The Condition of Postmodernity* (Oxford: Basil Blackwell, 1989); *Justice, Nature & the Geography of Difference* (London: Blackwell, 1996).

39 Tilly, *Coercion, Capital and European State*에 대한 비판으로는 M. Mann, "Book Review: Coercion, Capital and European State," *American Journal of Sociology* (1992) 참조.

그러나 우리는 여전히 풀리지 않는 이론적 문제를 갖고 있다. 만약 자본주의 생산양식이 국민국가와 접합된다면, 이 국민국가는 자연스럽게 자본주의 국가로 전환하는가의 문제다. 근대국가를 묘사할 때, 각 이론가의 정치적 관점 또는 이론적 필요에 따라 국민국가와 자본주의국가라는 개념이 혼재되어 사용되고 있다.[41] 이 이론적 문제는 근대사회에서 공적인 것의 등장 과정에 대한 연구를 통해 부분적으로 해결할 수 있다.

국가의 기원와 관련하여, 계급투쟁에 주목하는 갈등론적 입장을 취하든 또는 사회 통합의 필요성을 강조하는 통합론적 입장을 취하든, 국가가 '무장' 한 채 등장했다는 사실,[42] 즉 폭력을 실행할 수 있는 고유의 제도를 갖고 있다는 사실을 부정할 수 없다.[43] 이 국가 '실체'는 필연적으로 하나의 형태를 수반하게 된다. 왜냐하면, 이미 국가는 그 자체로 역사적으로 종별적인 사회 구성 속에 포착包着, embedded되어 있기 때문이다. 따라서 우리는 국가를 정의할 때, 국가가 사회 위에 존재하는 독립적 구조 또는 제도의 집합이라는 점과 동시에 이 제도들이 사회관계를 반영하고 있다는 점을 고려해야 한다. 따라서 국가가 '사회관계의 경화된rigidifed 형태'라는 정의는 적절하다.[44]

---

40 A. Giddens, *The Consequences of Modernity* (Cambridge: Polity, 1990).

41 E. Wright, "Models of Historical Trajectory: An Assessment of Giddens's Critique of Marxism," D. Held and J. Thompson eds., *Social Theory of Modern Societies: Anthony Giddens and His Critics* (Cambridge University Press, 1989); B. Jessop, "Capitalism, Nation-State and Surveillance," Held and Thompson eds., *Social Theory of Modern Societies* (Cambridge University Press, 1989).

42 G. Deleuse and F. Gattari, *Anti-Oedipus* (Minneapolis: University of Minnesota Press, 1983), p. 217.

43 국가의 기원에 관해서는 조나단 하스, 최몽룡 옮김, 『원시국가의 진화』(서울: 민음사, 1989); Ikenbery and J. Hall, *The State* (Milton Keynes: Open University Press, 1989); F. Engels, *The Origin of The Family, Private Property and the State* (Moscow: Progress Publishers, 1990) 등을 참조.

이 정의에 입각한다면, 우리는 근대국가의 이중성duality of modern state을 인식할 수 있게 된다. 즉 근대국가는 제도의 집합체로서 국민국가고, 동시에 자본주의 생산양식에 필요한 정치적 기능을 제공하는 자본주의국가다. 근대사회에서 공적인 것은 이 이중성을 접합하는articulate 매개체 역할을 수행했다. 달리 표현한다면, 축적과 정당화라는 근대국가의 이중적 과제는 이 공적인 것을 매개로 국민적 공간 내부에서 성취될 수 있었다.

하버마스가 지적하는 것처럼, 완전히 발전한 부르주아 공공 영역에 모여서 하나의 공중을 형성하는 사적인 개인들은 재산 소유자로서 그리고 인간 일반으로서의 역할—허구적 정체성—을 담지하고 있었다.[45] 이 부르주아 공공 영역의 이중성은 근대국가가 가진 이중성의 맹아적 형태라고 할 수 있다. 즉 근대국가는 자본축적과 상품 실현을 보증해야 할 뿐만 아니라 국민적 통합을 유지해야 한다.

자본주의적 생산과 교환관계가 확장되어 감에 따라 사적 영역이 강화되면서, 자본가들은 교회로부터, 그리고 아직은 자본주의국가가 아니었던 절대주의 국가로부터 독립을 획득하기 시작했다. 또한 자본가들은 친족kinship이나 후견인-가신patron-client 관계가 아니라 인쇄된 언어를 매개로 한 상상에 기초해 서로를 결합한 최초의 지배계급이었다.[46] 자본가계급이 자신의 이윤을 실현하기 위해 사적 영역에서 기업을 운영하기 위해서는, 역설적으로 그것을 보장할 공적 규제가 필요했고, 따라서 자본가계급은 공적인 것의 생산에 개입해야 했다.

자본가계급은 국가를 포위하기 시작했다. 한편으로, 자본가계급은 극장,

---

44 J. Holloway, "Global Capital and the Nation-State," *Capital and Class* (1994), p. 52.
45 Habermas, *The Structural Transformation of the Public Sphere*, p. 56.
46 Anderson, *Imagined Communities*, pp. 76-77.

음악, 다방, 소설, 비평과 같은 문화 세계를 지원함으로써 공공 영역의 건설을 자극했고, 또한 국가가 여론public opinion이라는 매개체를 통해 사회의 필요와 접촉할 수 있도록 이 공공 영역을 건설해 갔다. 다른 한편으로 자본가계급은 그들의 경제적 자유를 보증하는 정치적 상부구조로 의회주의적 개혁을 요구했고, 이 과정에서 정치적 공공 영역이 형성되었다.

기능주의적 설명이라는 비판이 있을 수 있지만, 그리하여 공개적인 비판적 논쟁의 장으로서 부르주아 공공 영역이 자본가계급의 집합적 이익을 대표하기 위해 국민국가 내부에 형성되었다고 볼 수 있다. 자본주의가 그 힘을 점점 확장해 가면서, 정열적 자본가들은 국가의 공적인 것의 생산에 더욱 깊숙이 개입하게 되었고, 그럼으로써 근대국가는 자본주의의 재생산을 보장하는 공공 영역이 그 내부에서 '제조되고' '대량생산되는' 자본주의국가의 성격을 띠게 되었다.[47] 제2차 세계대전 이후 서구의 복지국가는 바로 이 공공적인 것의 생산과정에서 초기 부르주아 공공 영역이 갖고 있던 비판성과 개방성이 거세되면서, 다양한 공공재들이 자본주의적으로 대량생산된 대표적 사례라고 할 수 있다.

IV. 근대사회에서 정치적인 것

근대국가는 반드시 공적인 것 또는 공공정책을 생산'해야' 하는가? 근대국

---

47 F. Webster, *Theories of the Information Society* (London: Routledge, 1995), pp. 101-105.

가가 국민국가라는 사실을 통해 공적인 것이 근대사회에 존재해야 하는 이유를 설명할 수도 있다.⁴⁸ 국민국가는 개인과 계급을 국민, 즉 공중公衆으로 포섭한다. 정치적 정당화의 과정이다. 계급적 정체성에 기초한 노동운동을 비롯한 사회운동도 국민적 정체성의 획득을 위한 투쟁으로 해석될 수 있다. 다른 한편, 공적인 것은 국가 관료와 자본가계급이 사회에 존재하는 계급적 차이를 희석하기 위해 고안한 신화적 관념일 수도 있다. 또한 자본주의 생산양식의 동질화 효과로 공적인 것이 생산된다고 설명할 수도 있다.⁴⁹

폴라니가 주장하는 것처럼, 공적인 것은 사회가 자기 규제적 시장에 의해 야기되는 폐해로부터 스스로를 보호하기 위해 만든 완충장치일 수 있다.⁵⁰ 즉 근대사회에서 공적인 것의 존재는 근대사회가 갖고 있는 자기 파괴적 기제를 무력화하는 보호적 반작용으로 해석할 수 있다. 그렇다면 근대사회에서 공적

---

48 A. Giddens, "A Reply to My Critics," Held and Thompson, *Social Theory of Modern Societies*.

49 자본주의 생산양식에 의한 동질화 효과를 보여 주는 사례 가운데 하나로 근대 초기의 백화점에 주목할 수 있다. 세넷이 지적하는 것처럼, 대량의 상품을 전시하는 백화점은 상품의 효용이나 낮은 가격을 통해서가 아니라 백화점에 갈 수 있는 사람들의 외양적 동질성을 이용함으로써 공중을 유인할 수 있었다. Sennet, *The Fall of Public Man*, pp. 142-149. 위의 어떤 주장을 수용하든 공적인 것, 즉 공중·공공성·공공서비스·공공 규제 등의 생산은 근대 정치가 제로섬게임이 아님을 보여 준다. 공적인 것에 대한 다양한 정의는 D. Beetham, *Bureaucracy* (Milton Keynes: Open University Press, 1987) 참조.

50 Polanyi, *The Great Transformation*. 그러나 폴라니의 시장 개념은 근대사회에서 시장이 갖는 파괴적 효과를 매우 뛰어나게 보여 주고 있음에도 마르크스적 의미에서 종별적 사회관계 또는 베버적(Weberian) 의미에서 경쟁과 폐쇄(closure)가 발생하는 권력체제와 연관되어 있지 않다. 따라서 그의 시장 개념은 '자본주의적' 시장이 선택의 장이 아니라 강제 영역이라는 사실을 망각하게 할 우려가 있다. E. Wood, "The History of Market," *Monthly Review* July/August (1994). 권력체제로서의 시장에 대해서는 A. Cawson, K. Morgan, D. Webber, P. Holmes and A. Stevens, *Competition and Closure in the European Electronics Industry* (Oxford: Clarendon Press, 1990), pp. 15-37 참조. 시장이 권력체제라면, 길핀(R. Gilpin)과 같은 현실주의 국제 정치경제학자가 설정하고 있는 영토성, 충성심 그리고 배제성이라는 개념에 기초한 국가와, 기능적 통합, 계약관계, 그리고 구매자와 판매자 상호의존성에 기초한 시장의 대당은 오류다. R. Gilpin, *The Political Economy of International Relation* (Princeton: Princeton University Press, 1987).

인 것은 어떻게 생산되는가? 이 질문에 답하기 위해서는 근대사회에서의 정치적인 것이 가지는 종별성에 대한 탐구가 필요하다.

근대사회에서는 경제적인 것the economic과 정치적인 것이 분화되어 있다. 좀 더 정확하게 이야기한다면, 정치적 기능 그 자체가 분화되어 있다. 정치적 기능은 근대국가의 사적·경제적 영역과 공공 영역에 분리되어 할당되어 있다. 즉 자본주의를 그 안에 담지한 근대사회에서 정치권력은 사유화된다. 사적·경제적 영역은 사유화되는 정치적인 것에 의존적이다.[51] 즉 근대사회에서 정치적인 것은 정치체와 경제를 분화시키는 힘이다. 따라서 이 해석을 따르면, 국가, 사회, 생산 수준에서의 힘 관계를 변화시키는 원천으로서 정치적인 것은 사회 구성 내부에서 분리된 하나의 영역으로서가 아니라 도처에 편재하게ubiquitous 된다. 결국 정치적인 것은 사회관계의 우연적 성격, 즉 사회관계의 구성constitution과 전복subversion의 과정으로 정의된다.[52]

따라서 근대사회에서 정치적인 것과 경제적인 것의 구분은 공적인 것과 사적인 것의 구분에 대응하지 않는다. 공적인 것의 생산은 자본주의가 부과하는 경제적 강제력의 범위 안에서 정치적인 것에 의존한다. 그러나 공적인 것은 또한 근대사회에 등장한 국민이나 민족과 같이 상상되기도 한다. 이미 언급한 것처럼, 공적인 것의 생산은 국민적 통합의 필요성에 근거할 수도 있다. 사실 이 이중적 경향에 기초할 때만이 근대사회에서 정치적인 것에 대한 대안적 개념화가 가능하다.

워커R. B. J. Walker는 "정치적인 것에 대한 근대적 설명은 …… 이중적 담론,

---

51 E. Wood, *Democracy Against Capitalism* (Cambridge: Cambridge University Press, 1995).
52 R. Bertramsen, J. Thomsen and J. Torfing, "From and Problems of Marxism to the Primacy of Politics," R. Bertramsen, J. Thomsen and J. Torfing eds., *State, Economy and Society* (London: Unwin Hyman, 1991).

즉 영토국가 내부에서의 삶에 적절한 정치이론 또는 사회학으로서, 그리고 영토국가들 사이의 관계에 대한 더욱 비참한 이론으로 등장한다"라고 주장한다.[53] 특정한 공간 내부에 유폐된 근대 정치이론들은 좋은 생활은 영토국가 내부의 생활에 참여함을 의미한다는 가정에 의존한다. 이 공간적 정치학은 국제관계의 장에서 '현실 정치'realpolitik의 담론에 의존하면서, 자본주의에 의해 야기되는 계급 정치를 제약했다. 결국, 계급 정치는 국민적 정치에 굴복했고, 국제정치는 근대사회에서 좋은 사회를 실현하려는 정치로 간주되지 않았다.[54]

근대사회에서 정치적인 것이 공공 영역의 창출이라는 형태로 표현되고 있다면, 그것은 정치적인 것이 계급 정치와 국민적 정치가 교직하는 차원에서 기능함을 의미한다. 근대사회에서의 정치적인 것에 대한 고려는 왜 어떤 경제적 조치가 자본 그 자체가 아니라 국가에 의해 수행되는가를 설명할 수 있는 하나의 단초를 제공한다.[55] 한편으로 국가는 높은 이윤을 생산하는 기업을 인수할 수 있다. 다른 한편으로 통신, 용수, 에너지 등과 같은 생산의 일반적 조건을 사적 기업에 양도할 수 있다. 이 공공정책의 변이는 계급 정치만으로는 포착될 수 없다. 그러나 근대사회에서 공적 공간의 확산은 자본가계급에 대항하는 노동계급의 투쟁을 배제하고는 설명될 수 없다.

근대사회에서 경제적 지배계급은 시장에서 개별적 행동을 통해 중요한 목표를 추구할 수 있는 구조적 권력을 갖고 있음에도 불구하고,[56] 그들은 스스로 국가로 전화하지 않는다. 이 분리를 통해 국가는 원칙적으로 '자본 일반'에 구조적으로 의존적임에도 불구하고 공적인 것을 생산하는 대행자agency로 자신

---

53 Walker, "International Relations and the Concept of the Political," p. 305.
54 B. Crick, *In Defence of Politics* (London: Penguin Books, 1964).
55 N. Poulantzas, *State, Power and Socialism* (London, 1980).
56 W. Streek, *Social Institutions and Economic Performance* (London: Sage, 1992).

을 위치 지을 수 있게 된다. 결국, 근대국가는 그 자신의 정치권력을 정당화하기 위해 공적인 것을 필요로 하는 동시에, 자본 일반은 그 자신의 안정적 축적을 보증하기 위해 공적인 것을 필요로 한다. 따라서 근대국가의 이중성이 접합하는 지점이자 근대국가의 완충지대로 공적인 것의 생산은 일차적으로 국가-자본 관계의 함수이다. 이 국가-자본 관계는 국가 간 관계, 자본 간 관계, 자본과 노동의 관계를 통해 표현된다. 결국 공적인 것의 형성이라는 방정식의 해법은 국민적 정치와 계급 정치가 접합하는 방법에 대한 탐구를 통해 찾을 수 있다.

근대사회에서 정치적인 것은 헤게모니적 실천을 통해 안정되고, 일상화되며, 제도화된다. 국가 관료, 자본가계급의 분파, 노동조합의 관료들, 그리고 지식인을 포함하는 특별한 집단, 즉 역사적 블록의 구성원들이 다른 동맹 집단에 대해 정치적이며 동시에 도덕적·지적 지도력을 발휘하면서 국민적 정치와 국제정치에서 헤게모니를 장악하게 될 때, 적대적 집단을 지배한다.[57] 특히 그 역사적 블록이 세계를 인식하는 도구인 사상 또는 이데올로기가 다양한 집단의 이익을 집합하고, 계급 정치를 국민적 정치로 전화시키는 과정에서 결정적 역할을 한다. 결국, 근대사회라는 특정한 시공간에서 정치적인 것에 의해 공적인 것이라는 범주의 외연과 내포가 결정된다. 이 지점에서 우리는 하나의 자본주의가 아니라 자본주의의 국민국가적 변이를 논의할 수 있는 단초를 마련하게 된다. 즉 자본주의가 본질적으로 공간 의존적이 아니라는 사실에도 불구하고, 그것은 열국체제와 공존하고 있는 것이다.

---

57 A. Gramsci, *Selections from the Prison Notebook* (NewYork: International Publishers, 1971).

V. 근대국가의 탈구: 국가의 기업화, 기업의 국가화

그람시를 경유하여 비판적 국제관계 이론이라는 새로운 분야를 개척한 콕스는 그의 기념비적 논문인 "사회 세력, 국가, 그리고 세계질서: 국제관계 이론을 넘어서"에서 문제 해결problem-solving 이론과 비판이론을 구분한다.[58] 이론은 언제나 누군가를 위한 것이고 어떤 목적을 위한 것이라는 전제에서, 그는 전자가 기존의 지배적 사회관계를 주어진 것으로 간주하고 특정 문제의 해결에 집중하는 반면, 후자는 지배적 세계질서가 어떻게 발생했는지에 의문을 제기하고 그것을 변화시킬 수 있는 방법과 그 가능성을 탐색하는 이론이라고 말한다. 따라서 국제관계에서 비판이론은 기존 질서에서 야기되는 불평등을 극복할 수 있는 가능한 대안과 이를 조직할 수 있는 주체 형성의 방법을 모색하는 것이다.

콕스적 국제관계 이론은 좋은 사회가 국민국가 내부에서만 실현될 수 있다는 현실주의적 국제관계 이론의 관점을 기각한다. 그리고 비판적 국제관계 이론은 정치가 '누가 언제 어떻게 무엇을 얻는가'라는 기술적 문제로 치환된 현실을 비판하기 위해 '누가 왜 얻는가'라는 질문을 통해 현실을 변혁할 수 있는 정치의 개념을 복원하고자 한다.[59] 즉 비판이론가들은 국제관계의 영역에서 계몽enlightenment의 프로젝트를 실현할 수 있는 가능성, 달리 표현한다면 좋은 사회를 건설할 수 있는 가능성을 타진한다.[60]

---

58 R. Cox, "Social Forces, States and World Order: Beyond International Political Economy," *International Studies Quarterly* 28: 1 (1981).

59 M. Hoffman, "Critical Theory and the Inter-Paradigm Debate," *Millennium* 16: 2 (1987).

60 R. Devetak, "The Project of Modernity and International Relations Theory," *Millennium* 24: 1 (1995); Hoffman, "Critical Theory and the Inter-Paradigm Debate." 근대성의 개념을 단순화하

그렇다면 국제관계에 대한 비판적 이해는 어디서부터 시작될 수 있을 것인가? 국제관계(학) 비판은 조심스럽게 경제결정론을 피하면서, 국제관계가 자본주의적 사회관계 속에 역사적으로 포착되어embedded 있고, 자본주의적 사회관계와 내적으로 연관되어 있다는 명제로부터 출발한다.[61] 국제정치의 근대성이 영토성으로 표출된다는 담론에 설치되어 있는 덫에 걸리지 않기 위해서는, 표층적 수준에서 나타나는 국민국가들 사이의 정치경제적 관계와 심층적 수준에서 발현하는 자본주의적 사회관계에 의해 생산되는 지구경제의 상호 작용에 주목해야 한다. 국제관계라는 장을 구조화하는 이 두 힘은 한쪽이 다른 쪽에 완전히 종속되지 않는 방식으로 접합되고 있다. 이 구조적 힘과 아울러 우리는 새로운 정치 공간을 건설하려는 집합적 행위자의 문제를 고려해야 한다.

'다시금' 공적인 것으로부터 논의를 시작해 보자. 일국 자본주의 또는 국민적 자본주의가 지배적 형태인 한에서, 공적인 것은 국민적 성격을 갖는 국가 내부에서 생산될 수밖에 없다.[62] 자본주의 세계경제의 집합적 구성물로서 국민적 자본주의들 또는 자본주의 세계경제의 상부구조로서 열국체제는 근대

면 두 가지 의미로 정리할 수 있다. 첫째로 근대성은 19세기 이후의 산업 문명을 지칭한다. 둘째로 근대성은 합리성, 질서, 국가, 통제, 진보에 대한 신념 등을 강조하는 계몽의 프로젝트와 밀접히 연관되어 있다. 전자가 생산성과 이윤의 윤리, 즉 경제성장을 근대성의 실현으로 인식하는 영국적 전통에서 유래하고 있다면, 후자에서는 프랑스 혁명을 통해 극적으로 표현된 보편적 인간 해방을 근대성의 핵심으로 보고 있다; A. King, "The Times of Spaces of Modernity (or Who Needs Postmodernism?)," M. Featherstone, S. Lash and R. Robertson eds., *Global Modernities* (London: Sage, 1995); E. Wood, "Modernity, Postmodernity of Capitalism," *Monthly Review* July-August (1996).

61 M. Rupert, *Producing Hegemony: The Politics of Mass Production and American Global Power* (Cambridge: Cambridge University Press, 1995).

62 심지어 제국주의적 확장을 통해 공공재가 외부화되던 시기에도 모든 이익집단들은 공공재의 생산을 국민국가적 현상으로 인식했다. Cerny, "Globalization and the Changing Logic of Collective Action," p. 608.

사회에 등장한 매우 특수한 역사적 현상이다. 구체적으로 하나의 분과학문으로서 국제관계학이 전형적인 미국적 사회과학인 것처럼,[63] 국가 간 관계, 즉 열국체제로 환원되는 국제관계는 제2차 세계대전 이후 완성된 특수한 제도적 질서다. 자본주의라는 역사적 운동이 개시되면서 중세의 속박으로부터 벗어났던 농노들이 노동력을 판매할 자유를 획득하고 형식적 평등을 쟁취하면서 임금 노동자로 전환되었던 것처럼, 식민지 상태를 벗어난 국가들이 형식적 독립성을 획득하게 되자 근대적 형태의 열국체제가 완성되었다고 할 수 있다.[64]

현실주의 이론가에 따르면, 이 열국체제에서 공적인 것은 '지도력'을 가진 헤게모니국가에 의해 공급된다.[65] 제2차 세계대전 이후 미국정부는 세계정부가 존재하지 않는 국제관계의 장에서 국제 정치경제의 '안정'stability이라는 공공재―예를 들어 개방적 세계경제, 안정적 환율 구조, 충분한 유동성―를 제공해 왔다는 것이다. 그러나 세계정부가 부재하기 때문에 무임 승차자free rider 문제를 완전하게 해결할 수 없고 따라서 공공재가 과소 생산됨을 인정한다.[66] 나아가 원칙적 입장을 견지하는 현실주의 이론가들은 국제관계에서 공공재

---

[63] S. Hoffman, "An American Social Science: International Relations," *Daedalus* 106 (1977).

[64] J. Rosenberg, *The Empire of Civil Society* (London: Verso 1994). 이 시각에 입각한다면, 고대 그리스에서 나타난 도시국가들의 관계로까지 거슬러 올라가 그 이론의 정당성을 주장하는 현실주의 이론을 역사가 결여된 국제관계 이론으로 비판할 수 있게 된다.

[65] C. Kindleberger, *World in Depression, 1929-1939* (Berkely: University of California Press, 1973); "Dominance and Leadership in the International Economy: Exploitation, Public Goods and Free Rides," *International Studies Quarterly* 25: 2 (1981). 헤게모니국가가 공공재를 공급한다는 논리는 이후 미국의 대외 정책을 정당화하는 이른바 패권안정'론'으로까지 발전했다. 이 이론의 정치에 대해서는 백창재, "패권안정론," 우철구·박건영 편, 『현대 국제관계 이론과 한국』(서울: 사회평론, 2004) 참조.

[66] 무임승차자가 집합행동의 실패를 야기하는 구조에 관한 고전적 연구로는 맨슈어 올슨, 윤여덕 옮김, 『집단행동의 논리』(서울: 청람출판, 1987) 참조. 집합행동의 논리를 일반화하고, 반복되는 수인의 번민 게임의 경우 집합행동의 성공 가능성이 높음을 입증한 성과로는 러셀 하딘, 황수익 옮김, 『집합행동』(서울: 나남출판, 1995) 참조.

의 존재를 부정한다. 즉 국제적 차원에서 제공되는 재화들은 소비의 '비경합성'과 구성원에 대한 '비배제성'이라는 공공재 정의에 부합하지 않는다는 것이다. 예를 들어 국제적 수준의 공공재라고 할 수 있는 자유무역의 혜택은 여러 나라가 개별적으로든 집합적으로든 국민국가에 유리한 관세를 부과하려는 어떤 나라의 시도를 처벌할 수 있다는 점에서 배제적이고, 대부분의 무역 분쟁이 신중상주의적 경쟁과 관련된 것으로 소비의 경합적 성격을 표현하고 있다는 점에서, 공공재 정의를 위반하는 것이다.[67]

그러나 세계정부의 부재가 곧 지구적 통치global governance의 부재를 의미하는 것은 아니다. 근대국가가 국민국가의 형태를 띠기 시작하고, 자본의 국제적 진출이 활발하게 진행되기 시작한 19세기 중반부터 우리는 각종 국제기구가 등장한다는 사실을 발견할 수 있다. 이 국제기구들은 "산업 자본주의의 재생산과 세계적 확장을 보호하기 위한 이데올로기적 합의와 그것에 대한 선전"을 통해 지구적 통치를 주도하는 대행자 역할을 했다.[68] 즉 근대국가 자체가 하나의 공공재일 수 있었던 것처럼, 근대 열국체제는 국제기구를 매개로 하나의 공공재가 되었다. 그리고 국민국가 내부에서 생산된 공공재가 자본 일반의 이해에 부합하면서 동시에 국민 통합을 위한 도구였던 것처럼, 국제기구의 각종 정책들은 '국민적 자본 분파'가 지배적인 조건에서 자본 일반의 이해를 보증했고, 일반 대중의 국민국가적 정체성을 강화하는 공공재 역할을 했다고 볼 수 있다.

그러나 1970년대 이후 포드주의적 축적체제Fordist regime of accumulation가 위기에 직면하게 되면서 국제관계의 영역에서도 질적 변형이 이루어지기 시작

---

[67] J. Conybeare, "Public Goods, Prisoners' Dilemmas and the International Political Economy," *International Studies Quarterly* 28: 1 (1984).

[68] C. Murphy, *International Organization and Industrial Change* (Cambridge: Polity, 1994).

했다. 기존의 국제기구를 중심으로 한 공적 국제관계와 더불어 미국, 일본, 유럽의 초국적 기업의 대표자들과 그들의 이데올로기로 구성된 '로마클럽'Club of Rome, '삼각위원회'Trilateral Commission, '유럽 산업가의 원탁회의'European Roundtable of Industrialists와 같은 사적 국제기구의 국제관계에 대한 개입이 증가하고 있는 것이다. 이 사례들은 국제관계가 자본주의적 사회관계에 선행하는 것이 아니라 그 사회관계를 반영하는 것이고, 국제관계의 출발점이 세계정부가 부재한 무정부 상태라는 초역사적 문제 설정이 아니라, 자본주의적 사회관계와의 내적 연관을 통해서 이해되어야 함을 보여 준다.

그러나 초국적 자본 분파의 등장이 곧 열국체제의 변형을 초래한 것은 아니다. 1970년대 경제 위기에 대한 국민국가들의 대응은 오히려 내부 지향적이었다. 적극적 산업 정책을 통해 국가 경쟁력을 향상시키는 것에 대해서 좌우파 진영을 막론하고 일정한 국제적 합의가 형성되어 있었다.[69] 반면, 초국적 기업들은 제2차 세계대전 이후의 국제체제에 대한 전면적 재검토를 시작했다.[70] 당시의 대표적인 사적 국제기구인 삼각위원회의 주장은 이 점에서 매우 중요한 의미를 지닌다. 이들의 주장은 다음과 같이 요약될 수 있다.[71]

첫째, 역사가 증명하듯이 모든 효과적인 국제체제는 '보호자'custodian를 필요로 한다는 주장에서 볼 수 있듯이, 미국 패권의 약화에서 기인하는 국제체제의 불안정을, 미국의 후견 아래 독일과 일본이 비용을 분담하는 집합적 관리를 통해 해결하고자 시도했다. 둘째, 세계경제의 진정한 논리, 즉 효율성의

---

[69] OECD, *Science and Technology Indicators* (Paris: OECD, 1989), p. 989.
[70] 초국적 기업의 전략 변화와 이것이 국제체제에 미친 영향에 대한 자세한 소개로는 구갑우, "지역 통합의 원인과 결과: 유럽의 사례",『동아시아 신질서의 모색』, 경남대 극동문제연구소 편 (서울: 서울프레스, 1996) 참조.
[71] H. Sklar ed., *Trilateralism* (Boston: Faber and Faber, 1980); S. Gill, *American Hegemony and the Trilateral Commission* (Cambridge: Cambridge University Press, 1990).

객관적 기준인 이윤의 기준에 따라 세계 자원을 적절하게 분배하기 위한 최상의 수단은 바로 '지구적 기업'이라고 위기 해결의 주체를 명확히 했다. 셋째, 제한된 민주주의가 통치 가능한 민주주의라는 언명에서 볼 수 있듯이 삼각위원회는 전후 구축된 자본-노동 타협체제를 '민주주의 과잉' 체제라고 주장하면서, 노동에 대한 공격과 정부와 기업의 협력 강화를 정책 대안으로 제시했다.

1970년대 초부터 1980년대 중반까지 계속된 삼각위원회의 활동은 사실상 자본주의 재구조화의 지침이었다. 우리는 이들의 주장에서 현재의 세계주의와 지역주의의 원형을 발견할 수 있다. 그러나 이들의 '선진적' 주장에도 불구하고 국가형태의 변형은 즉각적으로 이루어지지 않았다. 사회 속에 이미 깊이 각인되어 있던 노동조합 주도의 단체 협상, 대량생산에 대응하는 소비 규범, 사회민주주의적인 복지 이데올로기 등을 해체하여 새로운 세계경제에 적응할 수 있도록 만들기 위해서는 10여 년의 시간이 걸렸다.

국가형태의 변화를 측정할 수 있는 제일의 지표는 국가 장치의 통일성 파괴였다. 국제경제가 지구경제로 편입됨에 따라 재무부나 외무부의 역할이 강화되고, 포드주의적 축적체제에서 국가의 축적 전략과 사회통합을 담당하던 기획원이나 노동부 등의 역할이 감소하고 있다.[72] 또한 국제기구로 국가의 기능이 이전되면서 국제기구의 역할이 증대하고 있다. 특히 지구경제가 등장하게 되면서 자본주의적 국가 기능의 사적·공적 국제기구로의 이전이 두드러지고 있다. 이는 지구경제 안에서 초국적 자본 분파 및 국가를 위한 게임 규칙을 만드는 작업이라고 할 수 있다. 동일한 과정의 다른 면으로, 국민국가 내부에

---

72 R. Cox, *Production, Power and World Order: Social Forces in the Making of History* (Columbia University Press, 1987); S. Picciotto, "The Internationalization of the State," *Capital and Class* 43 (1991). 한국 경제의 압축적 성장은 경제기획원(Economic Planning Board)의 기적으로 불리기도 했다. 1994년 12월, '세계화'(segyewha)에 포획되었던 김영삼 정부에서, 경제기획원은 그 수명을 다했다.

서는 전통적인 대중 정치에 구속되지 않는 초국적 자본 분파와 국제화된 국가 장치 사이에 동맹이 강화되고 있다.73

이 국가형태의 변화는 근대국가의 특징이었던 국민국가와 자본주의국가의 접합이 탈구되는 과정으로 묘사될 수 있다. 정치권력의 정당화 및 사회통합이라는 과제는 여전히 국민국가에 귀속되고 있지만, 자본축적에 필요한 정치적 기능의 제공은 국민국가를 넘어선 수준으로 이전되고 있다. 자본 일반이 아닌 초국적 자본 분파의 구조적 권력의 증대로 설명될 수 있는 이런 탈구가 반드시 국민국가의 소멸을 의미하는 것은 아니다. 초국적 기업 또한 여전히 국민국가를 필요로 하기 때문이다. 원론적 의미에서 가치 실현을 위한 안정적 시장의 확보, 안정적 노동력 및 생산 하부구조의 제공이라는 측면에서 초국적 기업은 여전히 국민국가에 의존해야 하기 때문이다. 또한 국가 간 경쟁의 강화가 자본의 권력을 약화시킬 수 있지만, 더 많은 경쟁하는 국가들로 세계가 분할되어 있을 경우 자본의 구조적 권력은 더욱 증대될 수 있다.74

따라서 우리는 현대 세계에서 열국체제와 초국가 기업이 중심이 된 정치경제적 공간의 공존을 볼 수 있다. 이 국제관계의 변형은 국제관계에 존재하는 공적인 것에 대한 재론을 가능하게 한다. 우선 사적 영역이 자연스럽고, 중립적이며, 합의적이고, 효율적이라는 신자유주의적 '신화神話의 지구화'가 자본의 지구화와 동시에 진행되고 있다는 사실에 주목하자.75

---

73 S. Pooley, "The State Rules, OK? The Continuing Political Economy of Nation-States," *Capital and Class* 43 (1991).

74 지구적 헤게모니와 자본의 구조적 권력에 대한 논의로는 Gill and Law, *Global Political Economy* 참조. 그람시적 접근이 내재하고 있는 사회민주주의적 실천의 개량적 성격을 비판하고 있지만, 비슷한 결론을 도출하고 있는 글로는 P. Burnham, "Neo-Gramscian Hegemony and the International Order," *Capital and Class* 45 (1991) 참조.

75 Culter, "Global Capitalism and Liberal Myths."

이 새로운 이데올로기의 확산으로 국민국가 내부에서는 재분배적 공공재가 사적재로 전환되고, 더 나아가 공공재가 공적 권위체가 아닌 사적 행위자에 의해 공급될 수 있다고 주장된다. 그리고 분산적 저항이 존재하기는 하지만, 이와 같은 방향의 개혁이 이루어지고 있다. 국민국가의 주요 관심은 초국적 자본의 이해에 부합할 수 있는 규제적 공공정책에 집중되고 있다. 우리는 이 현상을 '국가의 기업화'로 명명한다. 이 변화의 결과로 국민국가 내부에서 민주주의의 쇠퇴가 발생하고 있다. 국민국가를 부정하는 다양한 저항들—새로운 형태의 사회운동들—이 국민국가 내부에서 출현하고 있고, 국수적 인종주의가 다시금 부활하는 것도 우연이 아니다. 국민국가 하위 수준sub-national의 정치 단위들이 출현하는 것도 이 변화와 밀접한 연관을 맺고 있다.

국가가 기업화하고 있다면, 다른 한편으로 기업, 특히 초국적 기업들은 '국가화'—기업의 국가화—하고 있다. 초국적 기업의 네트워크는 이제 국민국가의 행정부에 버금가는 조직적 능력을 갖추고 있다. 실제로 초국적 기업 내부의 이전가격 설정은 이스턴D. Easton의 정치에 대한 정의인 "가치의 권위적 배분"에 부합하는 사례일 수 있다.[76] 그럼에도 앞에서 지적한 것처럼 초국적 기업은 국민국가에 의존적이다. 그러나 국민국가는 초국가적 자본의 재생산을 위해 필요한 규제 기능을 완벽하게 제공하지 못한다. 특히 정보기술의 발전으로 말미암아 연구 개발 비용이 증가하고, 새로운 생산품의 제품 수명이 단축되면서, 초국적 기업들 사이의 협력 형태라고 할 수 있는 전략적 제휴가 증가하고, 이 초국적 수준의 기업 간 결합을 효율적으로 실현하게 할 수 있는 규제의 필요성이 증대하고 있다.

---

76 Gill and Law, *The Global Politics Economy* ; 데이비드 이스턴, 이용필 옮김, 『정치체계론』(부천: 인간사랑, 1990).

따라서 초국적 기업들은 국제관계의 장에서 자신들의 사적 경제활동을 보호해 줄 수 있는 공공 영역을 필요로 한다. 그러나 이 공공 영역은 과거와 달리 근대국가의 '외부에서' 형성되고 있다. 기존의 공적 국제기구 또한 초국적 기업에게 충분한 공적 규제를 제공하지 못하고 있다. 당연히 사적인 국제기구들이 제공하는 공공정책이 증가하고 있다. 현재 세계에서 정치적인 것은 기업의 활동과 동일시되고 있다고 해도 과언이 아니다. 즉 국제관계의 영역에서 자본주의적 정치가 국민적 정치의 우위에 위치하는 상황이 전개되고 있다.

VI. 불투명한 미래: 누구를 위해, 무슨 목적으로?

논의를 정리하면서 몇 가지 연구 주제를 간략히 제시한다. 이 주제들은 앞으로의 경험적 연구를 위해 필요한 가설적 주장이기도 한다. 첫째, 새로운 형태의 초국적 공공정책은 생산·금융·시장의 지구화 때문에 발생하고 있는 축적체제의 불안정을 규제하기 위해 형성되고 있다. 제2차 세계대전 이후 선진 자본주의국가들의 지배적 생산방식이었던 포드주의적 축적체제가 1970년대부터 위기에 직면하면서 도입된 유연적^{flexible} 생산방식과 자본의 초국가 공공정책들은 축적체제에 조응하는 조절 양식으로 규정될 수 있다. 이 조절 양식은 지구적 또는 국민국가를 넘어서는 지역적 수준에서, '자본간 경쟁 및 협력의 게임 규칙'을 형성하면서 동시에 국가의 경제에 대한 비개입을 합의하는 것을 그 주요 내용으로 한다.

둘째, 축적체제의 변화로부터 거기에 대응하는 조절 양식을 도출하는 과정은 자칫 기능적 설명 또는 경제결정론적 설명으로 경사될 가능성을 안고 있다. 따라서 이 초국적 공공정책의 생산 주체에 대한 면밀한 탐구가 요청된다. 초국적 공공정책의 생산 주체 형성은 이 정책의 생산 원인과 밀접하게 연관되어 있다. 이 주체는 초국적 기업의 최고 책임자들, 지구적 수준에서 활동하는 국민국가의 관료 및 정치가들, 그리고 국제기구 및 초국적 기업과 직간접적으로 연관을 맺고 있는 전문가 및 지식인으로 구성되는 '초국적 동맹'이다. 그리고 그들의 토론장인 '초국적 공공 영역'을 통해 이 주체가 형성되고 있다.

셋째, 이 초국적 동맹이 자본주의 발전의 새로운 국면을 정당화하는 이데올로기인 신자유주의를 매개로 접합하면서, 그람시적 의미에서의 '초국적 역사적 블록'의 형태로 발전할 것인지는 불분명하다. 만약 이 역사적 블록이 형성된다면, 그것은 자본주의국가면서 국민국가여야 했던 근대국가의 이중성을 탈구시키면서 지구적 또는 지역적 수준에서 '탈국민적 형태의 자본주의국가'post-national form of capitalist state의 형성으로 귀결될 것이다. 현재 지역주의적 기구들은 이 탈국민적 자본주의국가의 맹아적 형태라고 할 수 있다. 넷째, 공공 영역의 경제학이 공공 영역의 정치학에 우선하고, 열국체제가 존재하는 조건에서, 이 초국가적 공공 영역이 도덕적이고 지적인 지도력을 확보하기 위해서는 최소한의 정당화 기능만을 필요로 할 것이다. 여기에 진입할 수 있는 사회 세력은 정보화 시대에 생존할 수 있는 노동계급으로 국한될 것이다. 따라서 초국적 기업을 보유한 국민국가와 그렇지 못한 국민국가들 사이의 불균등 발전은 물론 계급 간 불평등은 더욱 심화될 가능성이 높다.

다섯째, 역사적으로 보면 패권국가가 존재하지 않음에도 불구하고 다양한 공적·사적 권위체의 주도로 지구적 통치를 위한 국제기구들이 만들어지기도 했다. 이 기구들은 권력정치의 도구이기도 했지만, 다른 한편으로 대항 헤게모니 형성을 위한 토대가 되기도 했다. 그러나 현재적 조건에서 대항 헤게모니 형성은 거대한 재정 지원, 지식, 정보 그리고 상당한 정도의 생산 및 분배 과정에 대한 통제를 필요로 한다. 따라서 비판적 국제관계 이론가들이 희망하고 있는, 지구적 수준의 사회민주주의적 타협조차 어려운 일일 수 있다. 자본의 지구화와 함께 지구화가 야기하는 사회적 문제를 해결하기 위한 사회운동이 대항 헤게모니 형성의 기초가 될 수도 있을 것이다. 이 사회운동의 지구적 연결망은 하버마스가 그의 공공 영역 이론에 대한 반성에서 제시한 '민중적 공공 영역'plebian public sphere으로, 또는 지구적 수준의 공적·사적 권력을 통제하는 지구시민사회로 성장할 수도 있을 것이다. 그러나 비판이론 내부에서도 다원주의가 승인된다면,77 대항 헤게모니의 형성 과정은 더욱 복잡해질 것이고, 그 미래는 더욱 불투명해질 수밖에 없다.

---

77 Y. Lapid, "Quo Vadis International Relations? Further Reflections on the 'Next Stage' of International Theory," *Millennium* 18: 1 (1989).

제5장

국제관계(학)의 윤리와 윤리학

: 국가를 의인화할 때 발생하는 윤리적 질문에 대한 계보학적 연구 노트

I. 문제 설정

1 국제관계는 인간 사회의 어떤 부문보다도 도덕과 윤리가 요구되는 곳이다. 예를 들어 전쟁, 테러, 인종 학살 등은 인간의 도덕성은 물론 인간의 존재 그 자체를 부정하는 비극적 사건들이다. 그럼에도 (신)현실주의로 대표되는 '주류' 국제관계학에서 윤리와 윤리학에 대한 고려는, 현실 정치에 필요한 정도로만 언급되는 '종속적' 문제 설정일 뿐이다. 두 가지 이유를 추론해 볼 수 있다. 첫째, 인간 사회에서 윤리와 윤리학이 잔여적 고려 대상이기 때문일 수 있다. 둘째, 국제관계의 존재론적 특성이 윤리와 윤리학을 부차적 고려 대상으로 만든다는 지적이 있을 수 있다.

1-1 인간 사회의 '하나의 현실'은 도덕 회의주의를 정당화하는 원천이다. 그러나 '직관'이기는 하지만, 우리는 인간 사회의 '또 다른 현실'을 통해 윤리가 존재하고 있음을 또는 '하나의 현실'을 통해 윤리가 필요함을 안다. 그러나 윤리의 실재를 인정하더라도 우리의 삶을 관통하는 제일의 원칙으로 윤리를 상

정할 수 없다는 주장이 가능하다. 다른 한편으로 필요성은 제기되지만, 그 필요성은 현실을 무시하는 이상理想이라는 반박이 있을 수 있다. 따라서 국제관계도 인간 사회의 일부라면, 윤리에 대한 문제 설정은 부차적일 수밖에 없다.

1-2 인간 사회에서는 윤리적 질문이 가능하지만, 인간이 아닌 국가가 주요 행위자로 설정되는 국제관계에서는 윤리적 질문이 가능하지 않다고 주장할 수 있다. 국가는 인간과 달리 윤리적 질문에 답해야 하는 행위 주체가 아니라는 것이다.[1] 다른 한편으로 국가에도 윤리적 질문이 부과될 수 있고 윤리의 필요성이 제기되지만, '국가의 윤리'는 인간의 윤리와는 다르다는 견해가 있을 수 있다.

1-3 정리한다면, 주류 국제관계학의 틀 안에서 국제관계의 윤리와 윤리학이 부차적이고 종속적이지만 '존재할 수 있는' 문제 설정이 될 수 있는 첫 번째 경우는 국가를 인간과 등치하고 국가에도 인간에게 적용되는 윤리와 윤리학을 대입할 때다. 두 번째 경우는 국가가 인간과 유사하게 행위 주체기는 하지만 '특수한' 행위 주체기 때문에 나름의 윤리와 윤리학을 가질 수도 있다는 사고를 할 때다. 세 번째 경우는 국제관계를 인간 '사회'로 보고 인간에게 적용되는 윤리와 윤리학을 고려할 때다. 즉 국가의 윤리를 배제하는 경우다.

2 주류 국제관계학의 윤리와 윤리학에 대한 종속적 문제 설정은 '국제관

---

[1] 국제관계의 존재론적 특성으로 윤리(학)를 부차적인 영역으로 간주할 때, 국제관계(학)와 정치이론(political theory)이 분리된다. 이 둘이 다시 연계될 때, 우리는 '규범'(norms), '해석' 그리고 국제관계학의 존재론적 기초를 국제관계(학)의 담론으로 탐구할 수 있다. C. Brown, T. Nardin and N. Rengger eds., *International Relations in Political Thought: Texts from the Ancient Greeks to the First World War* (Cambridge: Cambridge University Press, 2002)의 "Introduction" 참조.

계학의 윤리' 문제를 제기하게 한다. 비판이론의 지적처럼, 이론은 특정한 이익 및 그 이익과 연루된 정치·사회 세력과 연계되어 있을 수 있다. 담론이론의 시각에서 본다면, 주류 국제관계학의 종속적 윤리 담론은 국제관계의 비극적 현실의 지속과 윤리의 제거를 도모하는 실천의 성격을 가질 수 있다. 국제관계(학)의 윤리학을 부정하고 그 부정을 정당화할 수 있는 근거 가운데 하나가 국가의 의인화擬人化 가정이라는 것이 이 연구 노트의 주장이다.[2] 이 의인화 가정은 윤리가 가장 절실하게 요구되는 곳에서 윤리적 문제 설정을 국가의 이름으로 부차화하게 한다. 주류 국제관계 이론의 비윤리성을 생산하는 기제를 '계보학적 시각'에서 천착해 본다.

II. 윤리와 계보학

1 "윤리학은 도덕적 판단, 선택, 그리고 규범을 탐구하고 분석하는 철학의 한 분과"다. 이 윤리학에 대한 정의에서 도덕적이 의미하는 바는 가치판단, 즉 옳음이 무엇이며 선善이 무엇인가에 관해 판단하는 인간의 능력을 의미한다. 이 경우 도덕적의 반대말은 초超도덕적이다. 다른 한편 도덕적이라는 말은 어떤 행위가 윤리적 규범에 부합하는지를 가리킨다. 이 의미에서 도덕적이란

---

[2] 3장에서 논의한 웬트도 국가의 의인화 가정을 수용하여, 국가를 단일 행위자로 취급한다. 그가 국제관계학에 적용하고자 하는 사회이론이 개인의 행위를 설명하기 위해 고안되었다는 이유 때문이다. 구성주의가 현실주의를 위한 기초를 제공할 수 있음을 보여 주는 사례다. 웬트적 구성주의는 현실주의자들이 자기 조직적 실체로서 국가가 이익과 권력을 추구하려 한다는 가정을, 사회적으로 구성하려 한다는 점에서 현실주의와 차이를 보인다.

부도덕적의 반대말이 된다. 윤리와 도덕에 대한 '규범윤리학적 정의'는 윤리학이 인간 행위의 지침이 되는 일련의 원리를 제시할 수 있음을 가정한다.[3]

1-1 윤리와 도덕은 구별 없이 사용되기도 한다. 그러나 구별할 경우, 윤리(학)는 선택과 행동에 영향을 미치는 광범위한 고려 사항과 관련된 것으로 사용되는 반면, 도덕은 적절한 행동의 준칙이라는 제한된 의미로 사용된다.[4] 다른 용법으로, 윤리를 자유라는 의무와 관련된 것으로, 도덕을 공동체적 규범이라는 의미로 사용하는 경우도 있다.[5] 후자의 구분은 도덕과 의무와 자유를 연계했던 근대철학자 칸트의 용법과 구분되는 것이기도 하다.

1-2 윤리를 규범윤리학적으로 정의하는 것은 서양 '근대철학'의 특징 가운데 하나다. 서양의 근대철학자들은 도덕적 규범을 신의 의지에 근거시킨 서양의 중세철학이나 고대철학의 탁월성virtue 윤리와 달리 인간의 이성이나 감성에서 도덕적 사고의 근거와 기준을 찾고자 했다.[6] 그리고 윤리를 존재론적 가정에 입각해 도출하는 방식을 선택했다. 이른바 형이상학의 체계 안에 윤리(학)를 설정하는 것이다. 대부분 존재론적 가정에 입각해 윤리학을 도출했지만, 인간 본성에서 이성과 감성 가운데 어느 것이 더 주요한 역할을 하는가를

---

[3] 윌리엄 사하키안, 박종대 옮김, 『윤리학: 그 이론과 문제에 관한 개론』(서울: 서강대학교 출판부, 2001), pp. 14-23.
[4] T. Nardin, "Ethical Traditions in International Affairs," T. Nardin and D. Mapel eds., *Traditions of International Ethics* (Cambridge: Cambridge University Press, 1992), pp. 3-4; M. Amstutz, *International Ethiics: Concepts, Theories and Cases in Global Politics* (Lanham: Rowman & Littlefield, 1999), pp. 2-4.
[5] 가라타니 고진, 송태욱 옮김, 『윤리21』(서울: 사회평론, 2001).
[6] 통상적인 번역어였던 덕(德) 대신 탁월성이라는 용어를 사용한 것에 대해서는 아리스토텔레스, 이창우·김재홍·강상진 옮김, 『니코마코스 윤리학』(서울: 이제이북스, 2006) 참조.

둘러싸고 논쟁이 전개되었다. 극단적인 경우, 도덕이 감정에 기초해 있다고 생각한 흄D. Hume은 도덕적 판단의 객관적 척도란 존재하지 않는다는 견해를 피력하기도 했다.7

1-3 서양 근대철학에서 '이성주의적' 윤리학의 절정에는 공리주의에 입각한 '결과주의적' 윤리학과 칸트의 '의무론적' 윤리학이 있다. 공리주의적 윤리학은 어떤 행동의 윤리성을 결과에 의거해 판단한다. 공리주의적 윤리학은 강조점에 따라 행동-공리주의와 규칙-공리주의로 구분될 수 있다.8 실천이성에서 도덕의 근거를 찾는 칸트는 공리주의와 달리 도덕적 가치가 결과가 아니라 동기에 의해 결정된다고 본다. 윤리학을 보편 법칙으로 정립하고자 하는 칸트는 실천 법칙을 경험과 독립되어 있는 선험적 이성 법칙으로 설정한다. 칸트는 선을 대상으로 파악하려는 철학적 전통과 단절하고 선을 주체의 의지와 연계한다. '선한 의지' 그 자체가 도덕적 선이다. 선한 의지는 인간의 불완전성 때문에 의무를 수반할 수밖에 없고, 이 의무는 모든 인간에게 부과되어 있는 도덕적 명령, 즉 정언명령이다. "인간을 수단으로서만이 아니라 목적으로 대하라"라는 명령이야말로 타자를 '자유로운 주체'로 다루어야 한다는 칸트 윤리학의 핵심을 표현하고 있다.9

1-4 공리주의적 윤리학과 칸트적 윤리학 모두 어떻게 살아야 하는가라는 자아self의 윤리학이라기보다는 타자와의 '관계'에 대한 규범윤리학이다. 공리

---

7 서양근대철학회, 『서양근대철학의 열 가지 쟁점』(서울: 창비, 2004), pp. 288~289.
8 사하키안, 『윤리학: 그 이론과 문제에 관한 개론』, 4장.
9 임마누엘 칸트, 이원봉 옮김, 『도덕 형이상학을 위한 기초 놓기』(서울: 책세상, 2002); 임마누엘 칸트, 백종현 옮김, 『실천이성비판』(서울: 아카넷, 2003).

주의가 자본주의적 관계가 출현했던 영국적 산물이었다면, 칸트의 윤리학은 산업혁명이 발생하기 이전에 소생산자들이 존재하던 독일적 산물이다.[10]

2 형이상학에 기초한, 존재론적 가정에서 도출되는 규범윤리학에 대한 도전이 '메타 윤리학'metaethics이다. 예를 들어, 논리실증주의의 과학철학적 전략은 실험과 관찰과 같은 경험에 근거한 '지식' 생산 행위로, 명확한 언어로 정교하게 표현될 수 있는 '과학'만을 정당화하는 것이었다. 따라서 논리실증주의의 테두리에서는 도덕적 가치판단을 탐구하는 철학의 한 분과인 규범윤리학도 배제될 수밖에 없다. 도덕적 가치는 측정이 불가능하기 때문이다. 논리실증주의자 에이어A. Ayer는 "도덕적 판단의 분석에 관하여"On the Analysis of Moral Judgement(1949년)라는 논문에서, 논리실증주의가 선택할 수밖에 없는 도덕적 회의주의를 방어하면서 '메타 윤리학'을 제시한다. 메타 윤리학은 선이나 옳음에 대해 질문하는 것이 아니라 선이나 옳음이 '무엇을 의미하는지'를 묻고자 한다. 예를 들어, 논리실증주의자 슐리크M. Schlick는 "나는 어떤 것을 마땅히 해야만 한다"라는 말은 "내가 그것을 하기를 누군가가 원한다"라는 말을 의미할 뿐이라고 주장한다. 메타 윤리학의 연구 대상은 보통 사람들이 이해할 수 있는 윤리 용어들의 언어분석과 탐구다.[11]

3 형이상학에 기초한 규범윤리학에 대한 또 다른 도전은 윤리와 도덕에 대한 '계보학적genealogical 접근'이다. 니체의 『도덕의 계보』가 그 사례 가운데 하나다.[12] 니체는 "인간은 어떤 조건 아래 선과 악이라는 가치판단을 생각해

---

10 가라타니 고진, 『윤리21』, 7장, 12장.
11 사하키안, 『윤리학: 그 이론과 문제에 관한 개론』, 15장.

냈던 것일까? 그리고 그 가치판단들 자체는 어떤 가치를 가진 것일까?"라는 질문을 던진다. 형이상학적-목적론적-도덕적인 해석을 파괴하고자 하는 니체는 존재로부터 도덕적 당위를 도출하는 것을 거부한다. 즉 '도덕적 존재론'의 거부다. 이 거부는 칸트적 정언명령에 대한 부정이고, 도덕 판단의 절대성과 무조건성에 대한 공격이다. 니체의 '비도덕주의적 도덕'은 인간 자신의 내부에서 '발생하는' 힘에 의한 도덕을 상정한다는 점에서 '노예의 도덕'을 거부한다.13 즉 도덕과 윤리에 대한 계보학적 접근에서 도덕과 윤리가 존재한다면, 그것은 타자와의 관계에서가 아니라 자신과의 관계에서 성립하게 된다.

3-1 계보학은 니체를 계승한 푸코M. Foucault가 지적하듯, 역사를 쓰는 일이지만 목적론적 시각에서 단선적 발전으로 역사를 쓰는 것을 거부한다. 계보학적 서술에는 엄밀한 인과적 계열이 등장하지도 않는다. 그보다는 모든 기원에 불가피하게 수반되는 균열과 간극을 음미할 뿐이다.14

3-2 윤리에 대한 푸코의 계보학적 접근에서, 윤리적인 것은 인간 본성에서 도출되지 않는다. 윤리적인 것은 역사적으로 우연적인 발생이다. 따라서 본질적인 윤리적 주체를 설정하는 것에 의문을 제기한다. 윤리의 '기초'가 없다면, 급진적 사회운동이 필요로 하는 윤리 또는 집합적인 윤리적 주체란 존

---

12 프리드리히 니체, 김정현 옮김, 『선악의 저편, 도덕의 계보』(서울: 책세상, 2002); F. Nietzsche, *On the Genealogy of Morals: A Polemic*, translated by D. Smith (Oxford: Oxford University Press, 1996). 『도덕의 계보』는 『선악의 저편』을 명료화하기 위해 보유의 형식으로 쓰인 책이다.
13 백승영, "니체 철학, 무엇이 문제인가," 김상환 외, 『니체가 뒤흔든 철학 100년』(서울: 민음사, 2000), p. 78.
14 M. Foucault, *The Foucault Reader* edited by P. Rabinow (New York: Pantheon Books, 1984), pp. 76-7; 윤평중, "윤리와 역사에 대한 계보학적 아포리즘," 김상환 외, 『니체가 뒤흔든 철학 100년』.

재하지 않을 수 있다. 푸코는 "우리가 매일 해야 하는 윤리적·정치적 선택은 어느 것이 주요한 위험인가를 결정하는 것"이라고 말한다. 궁극적 해결을 추구하는 행동주의activism가 아니라 반복적이고 결코 중단되지 않으며 매우 주의 깊은 정치적 개입을 필요로 하는 행동주의다.[15]

3-3 만약 니체적 윤리가 존재한다면, 보편 법칙 대신 자유로운 정신의 미학적 실험이 장려되고 그것이 각기 독특한 윤리적 함축을 지니면서 다원주의적 가치를 인정받게 되는 '미학적 윤리'일 것이다. 윤리에 대한 계보학적 접근에서 윤리는 실존의 미학과 동의어가 된다. 실존의 미학에 던질 수 있는 '급진적 질문'은 그 미학이 '상호 주관적 미학'으로 승화될 수 있는지의 여부다.[16] 이 질문은 개인의 자율성의 극대화가 현존하는 사회관계에서 어떤 의미가 있는가에 대한 질문으로 변형될 수 있다.

4 계보학적 접근은 존재와 생성의 관계에서 존재에 특권을 부여하는 형이상학에 대한 부정이다. 계보학적 접근은 니체의 『도덕의 계보』에 나타나듯, 보편 법칙에서 도출되는 것처럼 보이는 윤리와 도덕에 대한 '비판'의 의미를 지닌다. 보편주의를 표방해 왔던 모든 도덕 체계나 이념들도 사실은 특정한 '관점'perspective의 표현일 뿐이기 때문에 상대적 타당성만을 가지게 된다는 것이다.[17] 니체적 비판은 마르크스적 계몽의 기획에도 적용되고 있다.

---

15 Foucault, *The Foucault Reader*, pp. 340-72; J. Edkins, *Poststructuralism & International Relations* (Boulder: Lynne Rienner, 1999), pp. 56-57.
16 윤평중, "윤리와 역사에 대한 계보학적 아포리즘," p. 335.
17 장은주, "계보학적 사회 비판을 넘어서," 김상환 외, 『니체가 뒤흔든 철학 100년』, p. 460.

4-1 '부정의 철학'을 제기한 프랑크푸르트 학파의 비판이론은 니체와 마르크스의 접합을 시도하는 사례다.[18] 파시즘뿐만 아니라 스탈린주의가 이상의 이름으로 강제한 윤리와 도덕이 인간의 삶을 억압할 수 있음을 인식하면서도, '계몽의 기획'의 가능성을 타진했기 때문이다. 따라서 정확히 이야기한다면, 그 비판이론은 계보학적 접근이 추구하는 '부정-긍정의 철학'이다. 부정이 생성의 동력이라면, 즉 푸코가 '역사적 존재론'이라고 했던 의미를 수용한다면, 존재에서 역사를 제거하는 형이상학적 윤리관은 '긍정-부정의 철학'이다. 존재로부터 도출되는 긍정이 현실의 부정을 교정하는 방식의 체계를 구축하고 있기 때문이다.

4-2 부정-긍정의 철학은 '있는 것' 가운데 '있어서는 안 될 것'과 '있어야 할 것'에 주목한다. 즉 사실과 가치, 실재와 당위의 분리가 아니라 있는 것과 있어야 할 것의 통일성이 부정-긍정의 철학이 가정하는 존재의 근본적 특성이다. 의식적 존재로서 인간은 지금-여기에 살아 있음보다 생명체의 존재를 위협하는 있어서는 안 될 것의 제거에 관심을 갖는다. 따라서 가치판단(당파성)이 사실판단(객관성)에 앞설 수 있다.[19] 부정-긍정의 철학에서 역사적 존재론은 의식과 실재를 분리하지 않고 그에 기초하여 존재에 운동성을 부여한다. 있어서는 안 될 것에 대한 '저항'도 생성의 존재론에서는 존재 그 자체에 내재하는 것이 된다.[20]

---

18 장은주, "계보학적 사회 비판을 넘어서," pp. 460~462; T. Adorno,『부정변증법』(서울: 한길사, 1999).
19 윤구병,『윤구병의 존재론 강의: 있음과 없음』(서울: 보리, 2003), pp. 179~200.
20 다니엘 벤사이드, 김은주 옮김,『저항: 일반 두더지학에 관한 시론』(서울: 이후, 2003).

5 계보학적 윤리관에 대한 강력한 문제 제기 지점은 개인의 자율성과 사회관계의 관계다.[21] 예를 들어, 자본주의적 사회관계에서 열위에 있는 행위자에게 미학적 윤리를 요구하는 것, 즉 니체적 위버멘쉬(초인)가 되어야 한다는 것은 사회관계를 고려하지 않은 '귀족적 급진주의'일 수 있다는 것이다. 니체 자신은 스스로를 귀족적 급진주의자로 생각했다. 계보학적 윤리학은 귀족적 급진주의로 현존하는 사회관계를 전복할 수 있는지에 관해 답할 필요가 있다. 자본주의적 사회관계가 보편 법칙의 이름으로 강제하는 결과주의적 윤리학에 대한 계보학적 접근을 통한 비판은 정치경제학 비판의 한계를 보완하게 한다. 더 나아가 진보를 위해서는 '윤리학 비판'의 적극적 역할을 인정해야 한다.

III. 국가이성과 윤리

1 주류 국제관계학의 고전 가운데 하나인 홉스의 『리바이어던』 서문에서는 국가를 "인조인간"으로 정의하면서, 국가의 각 장치를, 혼, 관절, 신경, 기억, 인공 이성, 건강, 죽음 등에 비유하고 있다.[22] 홉스의 국가 연구 준거는 인간이다. 인간을 이해할 수 있다면, 국가를 이해할 수 있다는 논리다. 그럼에도 홉스는 인조인간인 국가를 리바이어던에 비유하고 있다. 구약성경 〈욥기〉에 묘사되고 있는 리바이어던은 신의 무소불위 능력을 보여 주는 피조물이다. 감히 인간이 넘볼 수 없는 괴물이 리바이어던, 즉 국가다.

---

21 장은주, "계보학적 사회 비판을 넘어서," p. 469.
22 T. Hobbes, *Leviathan* edited by R. Tuck (Cambridge: Cambridge University Press, 1991).

2 주류 국제관계학은 홉스적 전통을 계승하여 국가를 의인화한다. 이 의인화 가정이 국가를 행위자로 간주하게 한다. 그러나 의인화된 국가에 대한 정치한 정의는 없다. 국가의 의인화에 대한 다음의 몇 가지 해석이 있을 수 있다. ① 국가=인간 ② 국가=인간과 공통의 요소가 있지만 그것과 구별되는 유기체 ③ 국가=보편적 인간들의 집합 ④ 국가=특수한 인간들의 집합.

2-1 국가와 인간을 동일시할 때 국가의 윤리는 인간의 윤리에서 추론될 수 있다. (신)현실주의는 인간 본성 때문에 이성적이고 도덕적인 질서를 산출하지 못한다고 가정하고 있다. 대립하는 이해관계와 그것들 사이의 갈등 때문에 도덕적 원칙이 완전히 실현될 수 없다는 것이다. 만약 좀 더 나은 세계를 구상한다면 힘과 함께 작업해야 한다는 것이다. 윤리와 도덕이라는 추상적 원칙보다는 역사적 선례에 의존하는 현실주의는 최선보다는 차악差惡의 실현을 목표로 한다.[23] 정치와 윤리의 분리다. 리바이어던이 없는 국제정치에서 윤리의 실현 가능성은 국내정치에서보다 낮을 수밖에 없다.

2-1-1 현실주의 과학화의 절정에 위치한 신현실주의는 결과주의적 윤리관을 수용한다.[24] 국가는 소비자나 기업과 같은 자본주의적 행위자처럼 국가 '이익'을 추구하고, 그 이익의 실현에 따라 윤리성이 평가되어야 한다는 것이다. 이익의 우선순위를 둘러싸고 논쟁이 있기는 하지만, '생존'이 이익의 전제조건이라는 것에는 대부분 동의하고 있는 것처럼 보인다. 국가의 도덕적 의무가 있다면, 국가이익의 실현이다. 실증주의와 공리주의의 만남을 통해 인간의

---

23 H. Morgenthau, *Politics among Nations* (NewYork: McGraw-Hill, 1997).
24 K. Waltz, *Theory of International Politics* (Reading: Addison-Wesely, 1979).

이성과 국가의 이성은 '계산'과 동의어가 된다.

2-1-2 공동체주의적 시각이라고도 부를 수 있는 이 주류 국제관계학의 도덕관은, 따라서, '특정한 국가만이' 개인의 자유를 실현할 수 있게 하고, 그 국가의 자율성은 국가, 즉 공동체 외부에 위치한 기준으로 침해할 수 없다는 주장으로 요약할 수 있다. 도덕적 상대주의다. 만약 국제관계에서 정의가 존재한다면, 그것은 절차적 정의일 뿐이다. 개인적 도덕성과 달리 공동체의 정치적 생활과 관련된 정치적 도덕성은 국가 '내부에서만' 실현될 수 있다는 것이다. 국제관계는 힘과 필연의 영역이지 도덕과 선택의 영역이 아니라는 것이다.[25]

2-1-3 공동체주의적 시각에 대한 코스모폴리탄적 시각의 도전이 없는 것은 아니다. 1장에서 살펴본 것처럼, 평화를 발명하고자 했던 칸트의 영구평화론에서 드러나듯, 이 코스모폴리탄적 시각은 개인을 자율적인 도덕적 행위자로 보려 한다. 코스모폴리탄적 시각에서 도덕적 원칙은 경험적인 것이 아니라 순수하고 보편적인 것이다. 공동체주의적 시각과 코스모폴리탄적 시각의 대립은 국제관계학에서 나타나는 특수주의와 보편주의의 대립이기도 하다.[26]

2-1-4 주류 국제관계학 내부에서 공동체주의적 시각과 코스모폴리탄적 시각 사이에서 제3의 길을 추구하려는 시도가 있다. 코스모폴리탄적 시각의 이상주의적 경향을 폐기하면서, 그럼에도 제한적이지만, 유토피아와 현실이

---

25 Amstutz, *International Ethics*.
26 M. Hoffman, "Normative International Theory," A. J. R. Groom & M. Light eds., *A Contemporary International Relations: A Guide to Theory* (London: Pinter, 1994).

마찰하면서 형성되는 국제 규범을 강조하려는 것이다. 이 자유주의 계열의 이론들에서 중요한 쟁점 가운데 하나가 국가 중심성 및 국가의 합리성 가정에 대한 수용 여부다. 미국적 자유주의 국제관계 이론은 비국가적 행위자에 주된 관심을 두면서 출발했지만, 이후 이 비판적 자유주의 경향과 결별하고, 국제제도를 매개로 한 국가 간 협력에 주목하면서 결국은 국가 중심성과 국가의 합리성 가정을 수용하게 된다.27 이 미국적 제3의 길은 보편적 도덕 원칙에 입각한 의무론을 수용하면서, 그 자신의 계보를 자연법사상과 정전론正戰論의 전통에서 찾고 있다. 그럼에도 도덕적 선택의 실천적 결과를 중시한다는 점에서 고삐 풀린 현실주의와 순진한 이상주의의 중간 길이라고 할 수 있다.28 따라서 이 전통은 국가주권을 불가침의 권리로 인정하면서도 대량 학살이나 인류의 도덕적 양심에 큰 충격을 줄 수 있는 행위에 대해서는 전쟁과 같은 '인도적 개입'을 허용한다. 롤스J. Rawls도 국제사회에서 정의의 문제에 천착한 『만민법』 The Law of Peoples에서, 개인도 국가도 아닌 사회와 국민을 국제관계의 구성단위로 설정하면서, 만민의 불간섭의 의무와 최소한의 인권—노예제와 농노제로부터의 자유, 양심의 자유, 대량 학살과 인종 학살로부터의 보호 등등—을 준수하지 않는 무법국가에 대한 제재와 그 무법국가의 팽창주의적 정책이 야기할 수 있는 안보 위협을 극복하기 위한 전쟁을 인정하고 있다.29 냉전 해체 이후 인도적 개입의 정당성을 둘러싸고 공리주의, 자연법 전통, 사회적 계약주의, 공동체주의, 법적 실증주의 등이 경쟁하는 상황이다.30

---

27 R. Keohane, *After Hegemony: Cooperation and Discord in the World Political Economy* (Princeton: Princeton University Press, 1984); *International Institutions and State Power* (Boulder: Westview Press, 1989).

28 J. Barry, *The Sword of Justice: Ethics and Coercion in International Politics* (Lodon: Praeger, 1998).

29 존 롤스, 장동진·김기호·김만권 옮김, 『만민법』(서울: 이끌리오, 2000).

2-1-5 미국적 국제관계 이론 내부에서의 대립은 특수주의 대 보편주의로 요약할 수 있다. 그런데 어느 입장을 취하든, 2장에서 언급한 오리엔탈리즘적 인식의 논리가 산출될 수밖에 없다. 특수를 강조하게 되면, 국제정치의 장은 서로의 차이가 절대화되면서 권력정치가 지배하는 공간이 된다. 소통의 기준이 없기 때문이다. 이 공간에서 윤리는 부재할 수밖에 없다. 힘의 우위가 정의와 선이 된다. 반면 국제적 차원의 보편적 기준이 된다면, 누구의 보편인가라는 질문이 제기될 수밖에 없다. 그것이 강대국의 보편이라면, 그 보편의 이름으로 오리엔탈리즘의 논리가 생산될 수밖에 없다.

3 홉스적 전통을 따르자면 국가는 인간과 공통의 요소를 가지고 있지만 고유한 특성을 가지고 있는 유기체로 보는 것이 적절할 듯 보인다. 그렇다면 인간의 윤리와 구별되는 국가만의 윤리를 설정할 수 있다. 국가를 리바이어던에 비유했을 때, 홉스는 국가를 전지전능한 이성을 가진 존재로 간주했다. 이른바 '국가이성'의 무오류성이 가정될 수도 있다. 국가는 '초개인적 완전체'일 수 있기 때문이다. 마키아벨리로부터 유래하는 국가이성에 대한 다음의 묘사를 보자: "힘과 도덕, 권력 충동에 의한 행동과 윤리적 책임에 의한 행동 사이에서는 국가 생활의 높은 곳에 하나의 다리, 즉 다름 아닌 국가이성이 합목적적이면서 유익하고, 그리고 행복을 가져다주는 것, 그 존재의 최고 상태를 그때그때 실현하기 위해 국가가 다하여야 할 배려가 존재한다."[31] 국가이성의 '기원'에 대해서도, 지배자의 개인적인 권력 충동은 물론 "그에 대한 대가를 받음으로 기꺼이 지배받고 자기 자신의 잠재된 권력 충동 및 생활 충동에 의해 지배

---

30 J. Holzgrefe and R. Keohane eds., *Humanitarian Intervention: Ethical, Legal and Political Dilemmas* (Cambridge: Cambridge University Press, 2003).
31 프리드리히 마이네케, 이광주 옮김, 『국가권력의 이념사』(서울: 민음사, 1990).

자의 충동까지도 동시에 조장하는 피지배 민중의 욕구가" 더해진다. 이 국가이성론에 입각한다면, 국가는 스스로가 윤리와 도덕을 생산하는 주체가 된다.

4   국가를 보편적 인간의 집합으로 볼 경우, 윤리와 도덕의 문제는 두 방향을 가질 수 있다. 하나는 국가이성론으로의 근접이고, 다른 하나는 국가의 해체다.

5   국가를 특수한 인간의 집합으로 볼 경우 국가의 '당파성'에 주목할 수 있다. 예를 들어 니부어R. Niebuhr는 개인의 도덕적 행위와 국가의 도덕적 행위를 엄격하게 구별하려 한다.[32] 개인은 도덕적일 수 있지만 국가와 같은 집단은 비도덕적일 수 있다는 주장이다. 예를 들어 애국심은 개인들의 이타심을 국가의 이기심으로 전환한다. 니부어는 다음과 같이 말한다: "국가는 합리적인 정신과 지성보다는 폭력과 감정에 의해 유지되는 결사체라 할 수 있다. 합리적인 자기 극복의 정신이 없이는 자기비판이 있을 수 없고 …… 자기비판이 없이는 윤리적 행위가 있을 수 없음을 감안해 볼 때, 국가의 태도가 윤리적 성격을 갖기 어렵다는 것은 지극히 당연한 사실이다." 더 나아가 그는 "국가의 가장 중요한 도덕적 특징은 아마도 위선僞善일 것"이라고 말한다. 니부어는 위선이 정치적 차원에서 반드시 필요하다고 생각한다는 점에서 현실주의를 벗어나지 않는다. 니부어는 국가의 이기성의 원천을 제거할 수 있는 대안으로 "지배계급의 특권 박탈"을 제시하고 있다.

6   국가를 의인화하여 행위자로 간주하면 국가의 윤리를 상정할 수밖에

---

32 라인홀트 니부어, 이한우 옮김, 『도덕적 인간과 비도덕적 사회』(서울: 문예출판사, 1992).

없다. 의인화 가정에서 도출되는 국가는 '이기적 행위자'거나 윤리와 도덕의 생산자인 '초월적 행위자' 가운데 하나일 것이다. 따라서 윤리와 도덕을 고려하는 행위 주체는 아니라는 결론에 이르게 된다. 만약 이기적 행위자라면 국가들의 집합인 국제관계는 홉스가 가정하는 자연 상태와 유사한 모습을 띠게 될 것이다. 국제관계에서도 리바이어던들의 이해관계를 조정할 수 있는 더 큰 리바이어던의 출현을 예측할 수도 있을 것이다. 국제관계가 초월적 행위자들의 집합이라면, 리바이어던의 출현은 불가능할 것이다.

6-1 리바이어던이 이기적 행위자라면, 이기적 행위자들의 집합인 국제관계에서는 이익 갈등을 조정하는 리바이어던이 왜 출현하지 않는가라는 질문을 제기해 볼 수 있다. 홉스의 자연 상태에서는 자연 상태를 구성하는 단위들이 상대적으로 균등한 힘의 분포를 가지고 있다고 가정된다. 즉 가장 약한 자도 가장 강한 자에게 이길 수 있는 상태다. 따라서 자연 상태의 가정에서 자연 상태는 전쟁 상태와 등치되고, 강한 자의 지배, 즉 독재의 출현이 원천적으로 봉쇄되어 있다. 이 조건을 국제적 자연 상태에 적용해 보면, 국내적 자연 상태와 달리 힘의 분포에서 큰 차이가 남을 볼 수 있다. 패권국가라는 표현은 힘의 분포의 불평등성을 상징한다. 이 이유 때문에 국제적 자연 상태에서는 리바이어던이 출현하지 않고 조약과 동맹에 의해 약자의 안전이 보호된다고 주장되기도 한다.[33]

6-2 주류 국제관계학에서 국제적 리바이어던의 출현이 불가능하다고 생

---

33 C. Beitz, *Political Theory and International Relations* (Princeton: Princeton University Press, 1979), pp. 40~41.

각하는 또 다른 이유는 국제적 자연 상태가 가정이 아니라 '실재'라는 인식 때문일 수 있다.

7 도구적 이성이든 합목적적 이성이든 국가이성을 실재로 인정하게 되면, 인과관계의 사슬을 타고 논리가 전개되고 그것은 정언명령이 된다. 리바이어던은 리바이어던임에도 불구하고, "상당한 대가를 치르고" 국내적 '평화'를 제공한다. 그 대가는 "만인에 대한 만인의 투쟁"이 "국제적 차원"으로 이동하는 것이다.[34] 국가 '안'에서의 정치적 권력의 강제―예를 들어 한국의 국가보안법―가 정당화되는 이유 가운데 하나가 무정부 상태인 국가 '밖'으로부터의 위협이다. 이 위협에 대한 대응이 바로 '안보'다. 따라서 규범적 목표인 평화는 안보의 부산물이 된다.

8 국가이성에 대한 '계보학적 비판'은 이 인과관계 사슬에 연루되어 있는 주류 국제관계학의 권력관계를 드러내려는 작업이다. 국가이성론이 목적론을 담지한 존재론으로부터 도출되는 보편 법칙이 아니라 역사적·우연적 성격을 띠고 있음을 보여 주고자 한다.

8-1 국가이성의 정치경제적 형태인 안보·발전 패러다임은 제2차 세계대전 이후 미국 패권의 산물이다.

8-1-1 미국의 트루먼[H. Truman] 대통령은 1949년 1월 20일의 취임 연설에

---

[34] J. Der Derian, "The Value of Security: Hobbes, Marx, Nietzsche and Baudrillard," D. Campbell and M. Dillon eds., *The Political Subject of Violence* (Manchester: Manchester University Press, 1993), p. 99.

서 "미국에는 새로운 정책이 있다"고 발표했다. 저발전 국가에게 기술적·경제적 원조를 하고 이 국가들을 '발전'시킨다'는 내용이었다. 이를 계기로 발전이 처음으로 국가정책이 되었다. 자동사인 develop가 타동사로 변한 것은 볼셰비키 혁명 이후 소련에서부터였겠지만, 신흥 패권국가인 미국의 국가정책으로 설정되면서 전 세계로 확산되었다.[35]

8-1-2 1940년대까지 정치 담론에 등장하지 않았던 '국가 안보'가 제2차 세계대전 이후 국제정치의 지배적 개념으로 등장한 이유는 패권국가로 부상한 미국이 군사정책과 외교정책의 관계를 매개하는 개념을 필요로 했기 때문이다. 미국은 국가 안보라는 포괄적 개념을 통해 해외에서의 국가이익과 국내에서의 국가이익의 연계 그리고 일상의 문화와 국가이익의 방어를 위한 문화를 결합하고자 했다. 1947년 미국에서는 '국가안보법'National Security Act이 제정되었다.[36]

8-2 일란성 쌍둥이인 안보·발전 패러다임의 핵심 구성 요소는 적(국가)의 위협과 자본/국가의 이익이다.[37]

8-3 폭력과 경쟁의 일상화를 생산하는 안보·발전 패러다임의 지양은 '우리'의 생존과 삶의 질의 제고를 위한 정언명령이다. 적-위협의 담론을 친구-

---

[35] 더글러스 러미스, 김종철·이반 옮김, 『경제성장이 안되면 우리는 풍요롭지 못할 것인가』(대구: 녹색평론사, 2002).
[36] Der Derian, "The Value of Security."
[37] 냉전체제의 전초기지였던 한반도의 두 '국가', 남한과 북한은 안보·발전 패러다임을 수입한 안보·발전국가의 극단적 형태였다.

협력의 담론으로, 양적 성장의 담론을 자연 생태계 안에서 인간 사회의 지속 가능성을 고려하는 담론으로 전환하려는 노력이 평화·초록 패러다임이다. 안보와 발전이 분리될 수 없듯이, 평화와 초록은 분리될 수 없다. '평화국가'와 '초록국가'는 국가이면서 국가의 정치경제적 폭력성을 부정하는 패러다임 이행의 '중간' 단계로, 국제관계의 민주화를 추동하는 국가형태다.

IV. 반/비 국가적 윤리학의 경로

1 사회과학으로서 국제관계학은 네덜란드와 영국의 헤게모니가 미국의 헤게모니로 이행하면서 나타난 젊은 분과 학문이다. 따라서 유럽 중심적이기보다는 미국 중심적인 분과 학문이다. 최초 이 분과 학문을 발생시킨 최초 '동기'는 전쟁 방지 및 평화 실현이라는 규범적 목표였다. 그러나 실증주의적 인식론에 기초하여 가치와 사실을 분리하는 이른바 과학적 연구가 진행되면서 이 규범이 실종되는 '결과'가 발생했다. 탈냉전과 더불어 국제관계학에서도 새로운 국제 환경에 대한 규범적 논의가 재개되고 있다. 주목되는 것은 국제관계의 윤리적·도덕적 차원을 고려한 규범이론의 구성이다. 예를 들어 인도적 재난, 빈곤, 난민, 환경문제 등은 규범적 국제이론이 필요함을 보여 주는 사례로 제시되고 있다. 안보 영역에서도 안보를 해방과 등치하는 규범적 국제이론의 가능성이 조심스럽게 타진되고 있다.

1-1 예를 들어 다음과 같은 말을 보자.

르완다에서의 제노사이드는 대량 학살에 직면하여 무행동이 얼마나 무서운 결과를 빚을 수 있는 지를 우리에게 보여 주었다. 그러나 코소보에서의 분쟁은 국제적 합의와 분명한 법적 권위체 없이 이루어진 행동의 결과에 관해 마찬가지로 중요한 질문을 제기하게 했다(1999년 9월 유엔사무총장 아난$^{K.\ Annan}$).

사람은 누구나 포기할 수 없는 것들이 있다. 그것만은 자기 삶 전체의 무게와 같이하여 목숨과도 바꿀 수 없는 것일지도 모른다. 이라크평화팀에게도 그것이 있었다. 각자가 조금씩 다른 자리에서 참가했지만 전쟁으로 생길 피를 용납할 수 없었다(한국이라크반전평화팀).[38]

메타 윤리학적으로 본다면, 이 두 진술에서 도덕적 정언명령이 아니라 행위 주체의 이해관계를 읽어 낼 수도 있다. 그러나 이 두 진술은 각기 다른 각도에서 규범적 국제이론의 필요성을 생각하게 한다.

2 규범적 국제이론을 고민하는 연구자들은 국제관계에서 윤리적 관심은 항상 존재해 왔다는 점을 강조하고 있다. 그러나 (신)현실주의로 대표되는 주류 국제관계학과의 담론 투쟁에서 국제적 윤리는 실현 가능한 의제로 설정되고 있는 것처럼 보이지 않는다. (신)자유주의는 (신)현실주의와 규범적 국제이론 사이에서 동요하고 있다. 규범적 국제이론의 구성을 위한 몇 가지 경로가 있을 수 있다. 첫째, 주류 국제관계학의 존재론을 재해석하는 경로다. 둘째, 존재론을 새로이 구성하는 경로다. 셋째, 부정-긍정의 철학의 역사적 존재론, 즉 생성의 존재론을 설정하는 경로다.

2-1 첫 번째 경로는 (신)현실주의 문제 설정의 틀 내에서 윤리적 요소를

---

38 한국이라크반전평화팀, 『이라크에서 온 편지』(서울: 박종철출판사, 2003).

(재)발견하거나 삽입하는 형태다.

2-1-1 이 경로의 적극적인 한 형태는 윤리와 이익의 대립이라는 명제에 동의하지 않는다.[39] 국가는 항상 국제사회의 구성원으로서의 필요조건들을 고려해 왔다는 것이다. 국가의 의지를 대표하는 정부는 윤리와 관련하여 '실천적 실용주의자'로 규정된다. 실용주의자에게 윤리는 합의의 과정으로 인식된다.[40] 외교정책의 윤리적 차원은 기본적인 보편적 가치를 인정하는 '평등주의적 개인주의'egalitarian individualism에 입각해서, 인권, 사회정의, 지속 가능성, 민주주의, 국제적 법치, 다자주의 등에 공헌하는 것이다.[41] 이 경로는 결과주의적 윤리학을 수정하는 의미를 갖기도 한다. 자기 이익의 극대화가 반드시 최적의 상황을 결과하지 않는다는 역사적 경험을 들추어내면서 선한 의지나 의무가 결과적으로 효율성을 제고하기도 한다는 주장을 개진할 수 있다.[42]

2-1-2 좀 더 적극적인 다른 형태는 '칸트적 경로 I'로 명명될 수 있다. 타국을 수단으로서'만'이 아니라 목적으로 대하라는 정언명령을 국제관계에 적용하는 방식이다. 개인의 자율성처럼 국가의 자율성을 인정하는 것이다. 이를 위해서는 구성주의에서 주장하는 것처럼, '관념의 분포'가 어떤 조건에서 변할

---

39 K. Smith and M. Light, *Ethics and Foreign Policy* (Cambridge: Cambridge University Press, 2001).
40 실용주의의 요체는 두 가지다. 하나는 "최초의 것들, 원리들, 범주들, 전제된 필연성을 떠나서 최종적인 것들, 결실들, 결과들, 사실들을 향하는 태도"로, 결과주의다. 다른 하나는 방법을 제외하고는 어떠한 신조나 교의를 가지지 않는 독단주의에 대한 거부다. 윌리엄 제임스, 정해창 편역, 『실용주의』 (서울: 아카넷, 2008).
41 D. Held and D. Mepham eds., *Progressive Foreign Policy: New Directions for the UK* (Cambridge: Polity, 2007).
42 아마티아 센, 박순성·강신욱 옮김, 『윤리학과 경제학』(서울: 한울, 1999).

수 있는지를 탐색해야 한다.

2-2 윤리적 문제 설정을 고려하면서 국제관계의 존재론을 새로이 구성할 때 핵심은 국가 중심성을 벗어나는 것이다. 그리고 정치와 윤리를 (재)결합한 존재론을 구상한다. 코스모폴리탄적 시각에서는 모든 외교정책이 정의상 비도덕적이고 비윤리적이다. 그 이유는 국가의 정책이 본성상 비도덕적이고 비윤리적이기 때문이다. 국가들의 도덕이 존재할 가능성도 부정된다.[43] '칸트적 경로 II'로 명명할 수 있는 이 시각은 '시민'에 기초한 보편적 공동체를 구상한다. 근대국가가 상상된 공동체이듯, 이제는 '세계국가'world state와 같은 새로운 공동체가 상상되어야 한다는 것이다.[44] 이 시각의 현실적 기초는 유럽연합의 경험과 새로이 부상하고 있는 '지구시민사회'의 실천이다.

2-3 마치 보편 법칙처럼 간주되는 주류 국제관계학의 비윤리적 윤리학에 대한 비판의 핵심은 그 비윤리적 윤리학의 역사적 우연성을 드러내는 것이다.

---

[43] Beitz, *Political Theory and International Relations*.

[44] D. Archibugi, D. Held and M. Kohler eds., *Re-imagining Political Community* (Stanford: Stanford University Press, 1998); 가라타니 고진, 조영일 옮김, 『세계공화국으로』(서울: 도서출판 b, 2007); A. Wendt, "Why a World State is Inevitable," *European Journal of International Relations* 9: 4 (2003). 세계국가의 필연성을 주장하는 고진과 웬트는 그 주장이 '헤겔류의 목적론'임을 인정하면서도, 인류의 '파국'을 예방하기 위해서는 세계국가가 불가피할 수밖에 없다는 논리를 전개하고 있다. 고진은 "국가와 자본을 통제하지 않으면, 우리는 이대로 파국의 길을 걷고 말 것"이기 때문에, "각국에서 군사적 주권을 서서히 국제연합에 양도하도록 하여" "국가를 지양"해야 한다고 주장한다. 웬트는 "전쟁의 파괴력의 증대와 군사적 기술의 전파로 인해 전쟁 비용을 감당하기가 부담스러워졌을 뿐 아니라 이제는 강대국조차도 타국에 대한 승인을 보장하는 글로벌 차원의 헌법적 규제를 거부하면 엄청난 대가를 치러야 하기 때문"에 세계국가가 현실로 다가올 수밖에 없다고 말한다. 웬트 스스로 지적하듯, 이 책 3장에서의 웬트보다 세계국가를 논의하는 웬트가 좀 더 진보적이라고 평가받을 수 있을 것이다. 웬트의 이 언명은 알렉스 웬트, 박건영·이옥연·구갑우·최종건 옮김, 『국제정치의 사회이론』(서울: 사회평론, 2008)의 "한국어판 서문"에서 확인할 수 있다.

주류 국제관계학의 기초, 즉 폭력의 합법적 독점이 있을 때 윤리와 도덕이 작동할 수 있다는 사고를 허물면서 제시할 수 있는 대안은 두 경로인 것처럼 보인다. 하나는 '니체-마르크스적 길'이고 다른 하나는 '칸트-마르크스적 길'이다.[45]

2-3-1 니체-마르크스적 길은 다양한 형태의 미학적 윤리를 추구하는 자유로운 주체들의 차이를 긍정하고 그들의 '연합'으로 국제관계의 미래를 구상하는 것이다. 코스모폴리탄적 시각과 유사할 수 있지만, 그 시각과의 근본적인 차이는 상호 주관적 합의를 구성하는 과정에서 배제될 수밖에 없는 '타자'를 니체-마르크스적 길은 고려할 수 있게 한다는 점이다. 니체-마르크스적 길에서는 두 가지 상상을 할 수 있다. 첫째, 코스모폴리탄적 시각이 가지는 서구 중심주의를 넘어서는 것이다. 둘째, '작은 공동체들의 연합'으로 새로운 세계를 기획하는 것이다.

2-3-2 칸트-마르크스적 길은 칸트의 윤리학을 사회관계, 특히 생산관계의 영역까지 밀고 나가는 것이다.[46] 즉 윤리학 비판과 정치경제학 비판을 결합

---

[45] W. 워런 와거, 『인류의 미래사: 21세기 파국과 인간의 진전』(서울: 교양인, 2006)에서는 '2044년' 파국 이후의 세계질서로 두 경로를 기술하면서, 각각의 경로의 한계를 지적하고 있다. 하나는 우리가 칸트-마르크스적 길이라고 명명한, 사회주의적 '지구공화국' 시대다. 이 세계연방은 통합, 평등, 민주주의, 자유에 입각했지만, 우리에게 "남은 자유는 오직 자유의 상실을 슬퍼할 권리뿐"이었다. 다른 하나는 니체-마르크스적 경로로, '정부 없는 지배'의 세계로, 사람들이 소규모 공동체 생활과 참여민주주의를 향유하는 세계"였다'. 정치의 과잉과 자유의 비자유주의가 문제가 된 이 세계는 "우리가 원하는 일을 하며 살 수 있는 권리가 있(지만), 빈틈 없이 짜인 사회에 적응하지 못하는 사람들에게 공동체는 규모가 작을수록 감시의 시선을 벗어나기 더 힘든 것 또한 사실이"'었다'. 작은 공동체들의 연합은 그 한계를 절감하면서, "연방 저변에 깔린 역사적 인간 통합의 상징 겸 합류점 역할을 할 수 있는 소박한 부활"을 꿈꾸게 된다.
[46] 가라타니 고진, 『윤리21』; 『세계공화국으로』; 『트랜스크리틱: 칸트와 마르크스 넘어서기』(서울:

하는 것이다. 이 결합은 주류 국제관계학의 비윤리적 윤리학이 자본주의적 윤리학임에도 국제관계가 자본주의와 연계되어 있지 않은 것처럼 보이게 하는 전략을 사용하고 있는 것에 대한 비판의 의미를 담고 있다. 이 길은 칸트의 윤리학이 생산관계의 영역으로까지 확장되지 않는다면 도덕 설교에 불과함을, 그리고 마르크스의 정치경제학 비판이 윤리학 비판의 하위 부분으로 배치되지 않는다면 보편 법칙을 설정하는 함정에 빠질 수밖에 없음을 보여 주고자 한다. 칸트-마르크스적 길이 상상하는 코뮤니즘communism은 역사의 필연이 아니다.[47] 윤리적 실천의 결과물일 것이고, 그 윤리적 실천을 이끄는 주체는 칸트가 상정했던 윤리적 주체일 것이다. 이 경로는 니체-마르크스적 길처럼 작은 공동체의 연합을 상상하게 할 수도 있지만, 그보다는 생산관계의 변혁이 고려된 '사회주의 세계국가'를 대안적 세계질서로 상정하고 있는 것처럼 보인다. 이 측면에서 칸트-마르크스적 길은 웬트류의 코스모폴리탄적 경로와 구분된다.

한길사, 2005).

[47] 국제관계에 대한 문제의식이 결여되어 있다는 점에서 한계적이지만, 한국적 맥락에서 코뮨주의(commun-ism)를 모색하는 대중 지성체인 '수유+너머'도, "목적이 이행을 결정하는 게 아니라 이행이 목적을 결정한다"고 말한다. 고병권·이진경 외, 『코뮨주의 선언』(서울: 교양인, 2007). 고진의 『세계공화국으로』도 "다시 쓰는 '공산당 선언'!"이라는 구호를 내걸고 있다.

제3부

지구화 비판

`지구화 시대에 우리는 시간, 공간, 사회적 가능성, 일상생활 등의 측면에서 '존재론적 전환'을 경험하고 있다. 이 존재론적 전환을 '비판적'으로 독해하기 위한 출발점은 어디인가? 우리의 독해는, 근대사회에서 국내와 국제, 즉 안과 밖의 구분은 '자본주의적 사회관계의 영토화'가 야기한 특수한 세계질서의 결과물이었다는 데서 출발한다. 지구화를 자본주의적 사회관계의 '탈영토화' 과정으로 정의하고, 지구화의 결과와 원인으로 신자유주의적 국가형태가 출현하고 있지만, 지구화의 모순적 전개로 말미암아 시민사회의 부활이 일어나고 있음에 주목한다. 이 새로운 사회적 힘에 기초한 지구적 수준의 대항 헤게모니 형성 가능성을 모색하고, 그 대항 헤게모니의 핵으로 국가이익이 시민적 가치에 의해 재정의되는 '시민국가'라는 국가형태를 제시한다.

국제관계의 민주화는 시민국가 건설의 조건 가운데 하나다. 단일한 중심은 없지만, 국제관계의 민주화를 실천하려는 다양한 사회운동이 생산, 소비, 보편적 가치 등의 영역에서 출현하고 있다. 국제관계의 민주화를 위한 실천에서 주요 쟁점 가운데 하나가 민주화에 이르는 경로다. 하나는 개혁론자처럼 지구적 수준에서 국제기구의 민주화와 같은 가시적 성과를 지향하는 것이다. 다른 하나는 국제주의가 뿌리를 내리지 못하는 부초임을 인정하면서, "사회변혁의 주체 또는 행위자는 해당 지역의 여러 대중운동"일 수밖에 없다는 사실에 기초하여, 국제관계의 민주화 경로를 고려하는 것이다.

지구화는 국가형태의 변화라는 맥락에서 이해될 수도 있다. 20세기 서구 사회에 출현했던 다양한 국가형태의 처음과 끝을 관통하는 정치경제 사상은 자유주의다. 민족주의나 사회주의가 자유주의에 버금가는 경쟁 사상이었고, 특정 정세에서 이 사상들이 우위를 점했던 시기도 있었다. 하지만 자유주의는 항상 서구 국가형태의 핵을 구성하는 요소였다. 자유주의는 끊임없는 '형태 변환'을 통해 그 생명력을 유지해 왔다. 자본 제국의 등장과 근대국가의 성격 변화는 자유주의 사상의 형태 변환과 긴밀히 연관되어 있었다.

제6장

지구적 통치와 국가형태

: 시민국가의 전망

현시대를 포함하여 각 시대마다 가능과 불가능 사이에, 다시 설명하면 노력이 안 드는 것은 아니지만 그래도 도달할 수 있는 것과, 인간에게 아예 거부된 채 남아 있는 것 사이에 한계가 그어져 있다(브로델).

인류가 인정할 수 있는 미래를 가지려 한다면 그것은 과거나 현재를 연장함으로써 이루어질 수 없다. 그런 기반 위에서 세 번째 천 년기를 건설하고자 한다면 우리는 실패할 것이다. 그리고 실패의 대가는 즉 사회를 변화시키지 않을 경우의 결과는 암흑뿐이다(홉스봄 E. Hobsbawm).

I. 문제 제기: 다보스의 정세

새천년 세계경제의 화두는 인터넷과 유전자 혁명인가? 2000년 벽두에 개최된 '다보스 포럼'은 "그렇다"고 대답한다. 포럼의 참여자들은 빈곤, 불평등, 전쟁, 핵 확산, 환경오염, 부패 등의 '과거' 유산보다, 우리의 세계를 변혁하고 있는 두 가지 근본적 힘인 인터넷과 유전자 혁명을 '미래'의 시각에서 더 중요하게 고려한다. 인터넷과 유전자 혁명으로 상징되는 신기술이 낡은 생산력의 한계를 넘어설 수 있게 하는 원천으로 기능하고 있음을 부정할 수는 없다. 더 나아가, 이 신기술을 매개로 등장하고 있는 지구적 차원의 변혁은 우리를 둘러싸고 있는 사회형태의 근본적 변화를 함축한다. 이른바 지구화 시대에 우리는 시간, 공간, 사회적 가능성, 일상생활 등의 측면에서 '존재론적 전환'을 경험하고 있다.[1]

그렇다면 이 존재론적 전환의 '비판적' 독해를 위한 출발점은 어디인가? 우리가 비판적이라는 단어를 사용하는 이유는 존재론적 전환의 현 상태에 대한 역사적 이해와 설명을 기초로 그 전환을 인간 해방의 잠재력을 실현하기 위한 사회운동의 토대로 재전환해야 한다는 문제의식 때문이다. 즉, 역사적 시공간을 고려하는 유토피아의 실현에 대한 요구야말로 예상되는 '암흑'을 벗어날 수 있는 원동력이다. 우리에게 가능한 것과 불가능한 것은 무엇인가? 20세기 말의 가장 두드러진 특징 가운데 하나가 지구화 과정의 가속화에 대한 공적 제도와 인간 집합행동의 지체된 대응이었다면,[2] 이제는 이 시간 격차를 어떤 형태로든 극복해야 하는 시점인 것처럼 보인다.

사실 '정재계 엘리트들'이 지구화에 대한 자신들의 생각을 공유하는 다보스 포럼과 같은 사적private 국제기구는 지구적 변혁을 추진하면서 동시에 거기에 적응하려는 인간 집합행동의 중요한 '하나의 축'이다. 즉, 이 모임은 지구적 수준에서 그들의 표현대로 '공공 이익'을 모색하는 초국가적 엘리트들의 정치적 행동이다. 우리는 이 다보스 포럼에서, 지구화 시대에 기존의 정치 공동체 외부에서 새로운 계급적 정체성을 확립해 가는 자본가계급의 초국가적 형성 과정을 본다.[3] 근대 초기에 인쇄 자본주의를 매개로 '민족'이라는 상상된 공동

---

[1] S. Gill. "Transformation and Innovation in the Study of World Order," S. Gill and J. Mittelman eds., *Innovation and Transformation in International Studies* (Cambridge: Cambridge University Press, 1997).

[2] 에릭 홉스봄, 이용우 옮김, 『극단의 시대: 20세기의 역사』(서울: 까치, 1994), p. 32.

[3] Kees van der Pijl, *Transnational Classes and International Relations* (London: Routledge, 1998).

체가 형성된 것처럼,[4] 이제는 인터넷 자본주의를 매개로 '지구족'地球族이라는 상상된 공동체가 형성되고 '있는' 듯이 보인다. 그 핵심에는 근대 초기의 부르주아 공공 영역에 버금가는 초국가적 공공 영역이 자리 잡고 있다.

이 자본가계급의 '민주적' 토론장의 안과 밖에서 우리는 또 다른 집합행동 '들'을 발견할 수 있다. 기술결정론으로 무장한 자본가계급의 국제주의를 자본주의 생산양식의 지구적 확장을 통한 착취의 지구화로 인식하는 사회 세력들의 저항이다. 이 사회 세력들을 아우르는 공통의 화두는 '사회적 정의'다. 그 토론장 안에서는 초대장을 가진 옥스팜Oxfam과 같은 소수의 유명 시민사회 기구들civil society organizations이 포럼이 추구하는 목표의 '제국주의적' 성격에 대해 문제를 제기한다. 그 밖에서는 초대받지 못한 손님들인 환경·인권 연합의 반反폭력적인 거리 시위가 진행된다. 이 저항의 흐름 또한 다른 형태의 지구족을 상상하는 과정이 아닐까? 즉, 우리는 다보스 포럼의 안과 밖에서 지구화 과정을 둘러싼 사회 세력들의 전선을 확인할 수 있다.

그러나 세계정부가 존재하지 않는 상황에서 새롭게 등장한 지구적 수준의 이익 갈등을 비폭력적 방식으로 조정하려는 지구적 통치의 건설을 위한 게임에서, '위로부터' 새로운 질서를 부과하려는 자본가계급의 엘리트들이 '아래로부터' 그 질서를 창출하려는 시민사회의 세력을 앞서 나가고 있음을 부인할 수는 없다. 이 힘의 비대칭은 다보스 포럼에서 명확히 나타나듯, '포섭과 배제'의 정치로 나타나고 있다. 초국가적 엘리트들이 주도하는 상상된 공동체에서 시민권을 획득할 수 있는 사회 세력은 매우 제한되어 있다. 대부분의 사회 세력은 그 공동체의 외부에서 그 공동체에 저항하거나 또는 아예 그 공동체의 존재를 모르고 일상을 살아간다.

---

4 B. Anderson, *Imagined Communities* (London: Verso, 1983).

'시민사회의 엘리트들'을 '포섭하는' 정치 공동체가 자본가계급에게 자본주의 생산양식의 '정당한'^{legitimate} 기능을 위한 전제 조건이기는 하지만, 이 포섭의 경계는 투쟁에 의해 결정된다는 사실을 유념해야 한다. 그러나 사회적 정의를 고민하는 사회 세력이 지구적 통치 과정에 적극적으로 개입해서 지구적 수준에서 사회적 타협을 만들어 내야 한다고 주장할 때, 자본주의 생산양식 그 자체의 폐절에 대한 문제 제기가 결여되어 있다는 비판에 직면할 수 있다. 또한 지구화 추세에 대해 이론적·경험적 반박을 가하는 비판적 연구자들은 더 효과적인 저항의 장소로서 기존의 국민국가를 강조하는 경향이 있다. 그러나 과거의 유산과 미래의 전망이라는 이중의 과제를 동시에 고려하는 '진보 사상의 진보'를 이룩하려면 잃어버렸던 지구적 수준의 진보를 부활시키는 작업이 필요하다.

따라서 공간적으로 폐쇄되어 있던 정치적 상상력과 이론의 혁신 또한 필수적이다. 정치적 행동을 경계가 분명한 국가의 틀 내부로 제한하는 것은 현재 진행 중인 존재론적 전환을 포착하지 못하게 하는 정치적 상상력의 한계다.[5] 그러나 우리가 여전히 인민의 다수를 포괄하는 정치 공동체로서 국민국가의 사멸을 주장하는 것은 아니다. 오히려 국가는 지구적 통치의 복잡성 증대와 더불어 그 형태의 변혁을 경험하고 있다. 지구적 수준에서의 대항 헤게모니 건설을 위한 민주적 집합행동과 이를 위한 정치적 주체의 형성을 고려할 때, 현재 진행 중인 세계질서와 국가의 재편은 필수적 논의 대상일 수밖에 없다. 이 글의 주제는 바로 이 지구적 통치와 국가형태의 관계에 대한 이론적 혁신을 모색하는 것이다.

이 글의 구성 및 주장은 다음과 같다. 첫째, 근대사회에서 국내와 국제, 즉

---

5 이 책의 4장 참조.

안과 밖의 구분은 '자본주의적 사회관계의 영토화territorialization'가 야기한 특수한 세계질서의 결과물이었다. 이 안과 밖의 이항 대립을 역사화하는 국가형태론을 모색한다. 이탈리아 사상가 그람시의 헤게모니, 시민사회, 역사적 블록 등의 개념을 국제관계에 적용한 콕스와 이탈리아 학파의 이론이 그 기초다.[6]

---

[6] 이 글의 전개를 위해 콕스와 이탈리아 학파에 대한 사전 소개가 필요한 듯하다. 콕스는 전통적 의미의 국제정치학자로 부르기 힘든 매우 예외적인 인물이다. 그는 국제노동기구(ILO)에서 일하면서 국제정치 공부를 시작했고, 공식 학력은 역사학 '학사'다. 콕스는 지적 여정에서 상이한 전통에 서 있는 마키아벨리, 비코(G. Vico), 폴라니, 톰슨(E. P. Thompson), 브로델(F. Braudel)을 통해 (국제)사회 구조에 대한 지식을 흡수했다. 특히 1972년에 접하게 된 그람시는 그의 국제관계 연구에 결정적 영향을 미친 사상가다. 그람시를 읽은 지 10년 만인 1981년 그는 그람시의 여러 개념을 국제관계에 적용한 논문인 "사회 세력, 국가 그리고 세계질서: 국제관계 이론을 넘어서"를 영국에서 발간되는 국제정치학 학술지인 『밀레니엄』에 발표했다(이 글은 아래에서 언급되고 있는 *Approaches to World Order*에 실려 있다). 그의 비판이론은 지배적 질서가 어떻게 발생했는지에 대해 의문을 제기하고 그것을 변화시킬 수 있는 방법과 가능성을 탐색하는 것이다. 따라서 기존 세계질서에서 야기되는 불평등을 극복할 수 있는 대안과 이를 조직할 수 있는 주체 형성의 방법을 모색하는 것이 그의 이론적 과제다. 콕스의 연구 프로그램을 아주 단순화한다면, 헤게모니 구조와 대항 헤게모니 구조-물질적 능력, 사상, 제도로 구성-를 사회세계의 세 수준인 생산, 국가형태, 세계질서의 상호 작용을 통해 설명하는 것이다. R. Cox, *Production, Power and World Order: Social Forces in the Making of History* (NewYork: Columbia University Press, 1987); *Approaches to World Order* (Cambridge: Cambridge University Press, 1996)가 콕스의 대표 저작이다. 콕스에 의해 정초된 그람시적 국제관계 이론 또는 비판적 국제관계 이론을 확산시킨 연구자 집단이 이른바 '이탈리아 학파'다. 그러나 콕스는 자신이 어느 학파로 분류되는 것을 거부한다. 또 다른 '이단적' 국제관계 이론가인 스트레인지(S. Strange)가 평가한 것처럼 콕스는 '고독한 지식인'이다. 그는 전통적인 좌우파에도 적합하지 않고, 또한 어느 학파에도 소속될 수 없는 사람이다. 고독한 지식인의 등장은 그 세계의 헤게모니적 의견의 위기를 상징한다. 고독한 지식인의 확산은 위기의 지표일 수 있다. 그러나 유기적 지식인으로서 고독한 지식인이 우연히도 교주가 되면서 추종 집단을 거느리게 되면 교조화될 우려가 있다. 이제 콕스는 이탈리아 학파에 의해 마르크스나 베버와 같은 반열에서 논의되기도 한다. 비판적인 국제관계 이론의 주요 저작으로는 S. Gill, *American Hegemony and the Trilateral Commission* (Cambridge: Cambridge University Press, 1990); S. Gill ed., *Gramsci, Historical Materialism and International Relations* (Cambridge: Cambridge University Press, 1993); S. Gill and D. Law, *The Global Political Economy* (Baltimore: Johns Hopkins University Press, 1998); C. Murphy, *International Organization and Industrial Change* (Cambridge: Polity, 1994); Gill and Mittelman, *Innovation and Transformation in International Studies*; M. Rupert, *Producing Hegemony: The Politics of Mass Production and American Global Power* (Cambridge: Cambridge University Press, 1995); J. Agnew and S. Corbridge, *Mastering Space* (London: Routledge, 1995); J. Mittelman ed., *Globalization* (Boulder: Lynne Reinner Publishers, 1996); R. W. Jones ed., *Critical Theory & World Politics* (Boulder: Lynne Reinner Publishers, 2001);

둘째, 지구화를 자본주의적 사회관계의 '탈영토화'post-territorialization 과정으로 정의한다. 그리고 지구화의 결과와 원인으로 신자유주의적 국가형태가 출현하고 있지만, 지구화의 모순적 전개로 말미암아 시민사회의 부활이 일어나고 있음에 주목한다. 이 새로운 사회적 힘에 기초한 지구적 수준의 대항 헤게모니 형성 가능성을 모색하고, 그 대항 헤게모니의 핵으로 국가이익이 시민적 가치에 의해 재정의되는 '시민국가'civic states라는 국가형태를 제시한다.

II. 자본주의적 사회관계의 영토화 : 국가형태론의 재검토

20세기는 국가의 시대였다. 즉, 국민국가는 20세기 인간 사회의 보편적 정치 공동체였다. 마치 노동자계급이 사회 내부에서 형식적 평등을 쟁취한 것처럼, 국제관계의 영역에서는 피지배 국가의 형식적 독립성이 주권의 상호 인정을 통해 보장되었다. 그러나 그 형식적 평등의 이면에서 착취 관계가 작동하고 있는 것처럼, 독립된 정치 단위들이 상호 작용하는 열국체제에서도 지정학적 '권력'의 동학이 관철되고 있었다.7 이 권력의 동학—지배·피지배 관계—

K. Booth ed., *Critical Security Studies and World Politics* (Boulder: Lynne Reinner Publishers, 2005) 등등이 있다. 콕스 및 이탈리아 학파에 대한 비판으로는 P. Burnham, "Neo-Gramscian Hegemony and International Order," *Capital & Class* 45 (1991); A. Drainville, "International Political Economy in the Age of Open Marxism," *Review of International Political Economy* 1:1 (1994); R. Germain and M. Kenny, "Engaging Gramsci," *Review of International Studies* 24 (1998) 참조. 국내 논의로는 하영선, "탈근대 국제정치 이론," 이상우·하영선 공편,『현대국제정치학』(서울: 나남, 1992); 김진영, "세계화와 헤게모니,"『한국정치학회보』32: 1 (1998); 구갑우,『비판적 평화연구와 한반도』(서울: 후마니타스, 2007), 4장 참조.

7 J. Rosenberg, *The Empire of Civil Society* (London: Verso, 1994).

이 무정부 상태라는 특수한 사회형태로 표현되는 것이 근대 국제관계의 독특한 특징이라고 할 수 있다.

그러나 국제정치학계의 주류인 신현실주의적 관점의 연구자들은 무정부 상태를 고대 그리스의 펠로폰네소스 전쟁으로까지 거슬러 올라가는 초역사적인 무정부 '일반', 즉 공동의 정부가 결여된 상태로 이해한다.[8] 반면, 주류 내부에서도 무정부 상태를 정당한 권력, 즉 권위authority의 부재로 이해하려는 흐름도 존재한다.[9] 전자의 시각에서는 국제정치가 생존을 위한 투쟁이고 따라서 국제 공간에는 국내 공간과 달리 '좋은 삶'을 목표로 하는 정치이론이 부재할 수밖에 없다. 반면, 후자의 시각에는 정당성을 지닌 국제제도를 상정할 수 있다면, 무정부 상태라는 가정 및 국내와 국제라는 이항 대립이 완화될 여지가 있다.

다른 한편, 무정부 상태를 사회형태로 이해하는 것과 정부 또는 권위의 부재로 이해하는 것의 차이는 바로 자본주의적 사회관계 또는 자본주의 세계경제와 열국체제의 관계에 대한 상이한 문제 설정에서 비롯한다. 전자가 독립된

---

[8] K. Waltz, *Theory of International Politics* (Reading: Addison-Wesley, 1979); D. Grast, "Thucydides and Neorealism," *International Studies Quarterly* 33: 1 (1989); Rosenberg, *The Empire of Civil Society*, p. 146. 신현실주의(neorealism)라는 용어는 현실주의적 전통에 입각해 있지만 비판성을 담지하고 있던 모겐소나 카의 고전적 현실주의와 월츠 이후의 실증주의적 현실주의를 구분하기 위해 사용되었다. Cox, *Approaches to World Orders*; R. Ashley, "The Poverty of Neorealism," *International Organization* 38: 2 (1984) 참조. 고전적 현실주의는 H. Morgenthau, *Politics among Nations: The Struggle for Power and Peace* (NewYork: McGraw-Hill, 1997); E. H. Carr, *Twenty Years' Crisis* (London: Harper & Row, 1964) 참조. 신현실주의 국제관계 이론의 뛰어난 저작인 월츠의 저서를 둘러싼 논쟁은 R. Keohane ed., *Neorealism and Its Critics* (NewYork: Columbia University Press, 1986) 참조.

[9] Helen Miner, "The Assumption of Anarchy in International Relations: A Critique," *Reveiw of International Studies* (1991), p. 17; Ian Hurd, "Legitimacy and Authority in International Politics," *International Organization* 53: 2 (1999); A. Wendt, "Anarchy is what States make of it: The Social Construction of Power Politics," *International Organization* 46: 2 (1992); Alexander Wendt and Daniel Friedheim, "Hierarchy under Anarchy," *International Organization* 49: 3 (1995).

단위들의 형식적 평등에도 불구하고 지배-피지배 관계가 존재하는 이유를 자본주의적 불균등 발전 때문이라고 설명하는 반면, 후자는 자본주의적 사회관계와 열국체제를 서로 독립적인 구조로 간주하거나 자본주의 세계경제에 대한 열국체제의 인과적 선차성을 주장하는 경향이 있다. 그러나 자본주의 세계경제와 열국체제의 관계를 어느 한 편으로 '환원'할 때, 실제 세계의 작동 방식을 설명하지 못한다는 비판이 제기된다.[10] 따라서 자본주의적 사회관계와 열국체제의 내적 연관을 통해 국제관계의 무정부 상태라는 사회형태를 탐구할 필요가 있다.[11]

이 내적 연관의 포착을 위해서는 자본주의적 사회관계와 열국체제를 '역사화'해야 한다. 즉, 자본주의 세계경제와 열국체제의 역사적 구조에 주목해야 한다. 자본주의 일반과 열국체제 일반이라는 추상 수준을 통해 이론화할 수 있는 내용은 이 두 구조의 '우연적 집합'을 가정하는 정도다. 자본의 본성으로 일반적으로 이동성이 강조되지만 오히려 자본은 그 재생산을 위해 하나의 장소에 고정되어야 한다. 이 고정성 때문에 자본은 재생산의 물적 토대를 제공하는 권력을 필요로 한다. 그러나 이 권력의 공간이 반드시 국민국가라는 정치 형태일 필요는 없다. 또한 국민국가라는 근대적 정치 형태의 물적 토대

---

[10] A. Wendt, "The Agent-Structure Problem in International Relations Theory," *International Organization* 41: 3 (1987). 웬트는 두 환원론의 사례로, Waltz, *Theory of International Politics*와 I. Wallerstein, *The Politics of the World-Economy* (Cambridge: Cambridge University Press, 1979)를 제시하고 있다.

[11] Cox, *Production, Power and World Order*, Rupert, *Producing Hegemony*. 그래도 문제는 여전히 남는다. 둘 가운데 무엇이 더 중요한가라는 질문이 제기될 수밖에 없기 때문이다. 열국체제에 강조점을 두는 러기는 콕스의 1987년 저작을 평가하면서 콕스가 생산의 선차성이라는 의심스러운 토대에 입각해 있다고 비판한다. J. Ruggie, "International Structure and International Transformation: Space, Time, Method," E. Czempiel and J. Rosenau eds., *Global Change and Theoretical Challenge* (Lexington: Lexington Books, 1989), p. 33. 그러나 콕스의 주장처럼 생산은 인간생활의 근본적 활동이다.

가 자본주의 생산양식일 필요는 없다. 그런데 역사적으로 고찰해 보면, 자본주의적 시장 기제의 원활한 작동을 매개하는 '허구적 상품'—화폐, 노동력, 토지—을 적절히 제공했던 권력 공간은 전쟁을 통해 형성된 국민국가였고, 이 국민국가의 형성 과정에서 자본은 전쟁의 승리를 위한 자원을 추출할 수 있는 원천이었다.[12]

이 자본주의적 사회관계의 영토화, 즉 자본주의적 사회관계가 국민국가 내부로 유배됨으로써, 열국체제가 무정부 상태라는 조직 원리가 작동하는 독립적 구조로 등장하게 되었다. 달리 표현한다면, 자본주의 세계경제와 열국체제의 내적 연관에도 불구하고, 자본주의적 사회관계의 영토화는 세계경제와 열국체제의 내적 연관의 '부재'라는 효과를 생산한다. 이 역사적 구조에 대한 인간의 개입이 무정부 상태에서도 권위를 가질 수 있는 국제제도의 건설이고, 이 건설 과정에서 지구적 수준에서 활동하는 공동체 또는 사회 세력들의 '역사적 블록'이 형성된다. 우리는 역사적 구조에 대응하는 인간의 이 집합적 실천—합목적적인 의도적 행위와 구조 순응적 행위—을 '지구적 통치'로 정의한다. 그리고 이 구조와 주체의 상호 작용을 통해 일정한 유형의 규범과 규칙이 안정적으로 재생산되는 '세계질서'가 형성된다고 생각한다.[13] 이 정의에 입각한다면, 세계질서의 이행도 구조와 주체의 변화라는 두 측면에서 고려되어야 한다.

---

12 K. Polanyi, *The Great Transformation: The Political and Economic Origin of Our Time* (Farrar, 1944); C. Tilly, *Coercion, Capital and European State: AD 990~1992* (Oxford: Basil Blackwell, 1992); A. Giddens, *A Contemporary Critique of Historical Materialism* (Macmillan, 1981).
13 세계질서(world order)는 국가를 주요 행위자로 설정하는 국제질서(international order)와 구분된다. 그 차이에 대해서는 '영국' 국제사회학파의 저작인 H. Bull, *The Anarchical Society* (London: Macmillan, 1977); J. Hall, *International Order* (Cambridge: Polity,1996) 참조.

따라서 지구적 통치를 지구화 시대의 탈영토적 지구 체제의 관리를 위한 새로운 문제 설정으로 제한할 수 없다.[14] 탈영토적 현상—예를 들어, 국제적 생산과 국제적 금융—은 19세기 중후반부터 제1차 세계대전 이전까지 세계 질서의 특징이기도 했다. 오히려 우리는 자본주의 세계경제와 열국체제의 이중적 동학이 본격화된 19세기 중반부터 자본주의의 재생산과 지구적 확장을 보호하기 위해 '국제기구'—최초 자본주의 세계경제의 하부구조인 통신과 수송 관련 기구들—를 매개로 자유주의적 국제주의에 대한 합의와 선전이 이루어지고 있음을 발견한다.[15] 즉, 특정 영역에서 국가와 사적 행위자들의 국제적 행동 규범 및 규칙을 제도화하는 지구적 통치는 근대와 함께 시작되었다.

20세기, 특히 제2차 세계대전 이후 이른바 서구 자본주의의 황금시대—대략 1958~71년의 짧은 기간—에는 '영토성의 관리'가 지구적 통치의 동의어였다. 즉, 이 시기 세계질서의 특징은 '완성된' 열국체제의 안정적 재생산이었다. 이 재생산의 국제정치적 토대는 미국과 소련의 이데올로기적 대립 및 군비경쟁을 그 내용으로 하는 냉전이었고, 그 국제경제적 토대는 금과 미국 달러의 태환을 보장하면서 동시에 화폐자본의 투기적 이동을 제약한 브레튼우즈 체제였다. 이 국제 정치경제적 토대를 기초로, 열국체제는 미국 또는 소련과의 동맹을 통해 안보 우산을 제공받는 동서의 국가군과 미국과 소련이 영향력을 행사하기 위해 경쟁하는 장소인 제3세계로 구성되었다. 서구적 시각에서 이 재생산의 주체는 UN, IMF, ILO, NATO 등의 국제기구를 매개로 형성된 사회 세력들의 역사적 블록이었고 그 블록의 구성원은 생산자본과 금융자본의 분

---

14 J. Rosenau, "Governance, Order and Change in World Politics," J. Rosenau and E. Czempiel eds., *Governance without Government: Order and Change in World Politics* (Cambridge: Cambridge University Press, 1992).

15 Murphy, *International Organization and Industrial Change*.

파, 국가 관료, 중앙파적 정당, '조직된 노동' 등이었다.

이 새로운 세계질서의 공간적 기초는 바로 자본주의적 사회관계의 영토화였고, 그리하여 정당한 강제를 행사할 수 있는 권력의 공간과 자본주의적 재생산의 공간이 '우연'적으로 일치하는 '예외'적 정세가 조성되었다. 미국이 지구적 수준에서 안보와 유동성liquidity을 안정적으로 공급하면서 '강제'와 '동의'를 동시에 관철하는 헤게모니국가의 위치를 유지하는 조건에 기대어, 대부분의 국민국가는 통화량 및 이자율의 조정을 통해 거시경제를 관리할 수 있는 정책 자율성을 확보할 수 있었다. 미국과 그 동맹국들은 금본위제와 자유무역을 그 내용으로 하는 고전적 자유주의의 파국 경험—1930년대의 공황—을 반추하면서 거시경제 정책의 중요성을 실감하고 있었고,[16] 따라서 국내적 개입주의에 입각한 자유주의적 세계질서를 고안한 것이다.[17]

우연과 예외라는 극단적 표현을 사용하는 이유는 세계질서의 공간적 기초를 역사화함으로써, 이론 구성에서 공간을 고려하지 않았던 대부분의 20세기 사회과학자들이 걸려들었던 '영토의 덫'을 피하기 위해서다.[18] 이 영토의 덫은 첫째, 근대국가의 주권은 분명한 영토의 경계를 필요로 하고 따라서 영토국가의 최우선 목표는 안보다. 둘째, 국내와 국제의 이항 대립은 방법론적 구분이 아니라 존재론적 구분이며,[19] 따라서 시민적 삶은 국내에만 존재하는 것이

---

[16] P. Temin, *Lessons from the Great Depression* (The MIT Press, 1989).

[17] J. Ruggie, "International Regimes, Transaction and Change," *International Organization* 36: 2 (1982).

[18] J. Agnew, "The Territorial Trap," *Review of International Political Economy* 1:1 (1994); J. Agnew, "Mapping Political Power beyond State Boundaries: Territory, Identity and Movement in World Politics," *Millennium* 28: 3 (1999).

[19] J. Rosow, "On the Political Theory of the Political Economy," *Review of International Political Economy* 1: 3 (1994).

고,[20] 셋째 영토국가가 근대사회의 지리적 '용기'container며 따라서 사회적·정치적 과정은 그 경계 내부에서 발생하는 것으로 인식하는 것이다. 이 '암묵적인' 지리학적 가정들이 신현실주의 국제관계 이론의 핵심 토대들이다.[21]

이 지리학적 가정들은 정치 공간의 '역사'를 은폐한다. 시간을 결여한 국가 중심적 세계, 즉 국제라는 격자 평면에서 국가는 현상적으로 사회와 분리 불가능한 '전체로서의 나라'를 의미하는 국민적·영토적 총체로 등장하게 된다.[22] 국가 내부의 사회적·정치적 과정의 차이는 국제관계 무대에서 의미가 없다. 예를 들어, 미국이 자본주의국가고 소련이 공산주의국가라는 사실, 즉 국가 내부의 차이가 1945년 이후의 국제관계를 설명하는 데에서 출발점이 될 수 없다는 논리가 전개된다.[23] 결국, 국제관계의 영역에서 '모든' 국가는 그들의 국가이익을 극대화하고 또한 서로의 행위를 모방한다는 점에서 동일하고identical, 이 국가들 사이의 기능 분화differentiation는 존재하지 않게 되며, 국가들 사이의 능력capabilities 차이만이 있을 뿐이다.[24] 결국, 국가는 안과 밖에서 다른 얼굴을 가진 야누스Janus가 된다.

안과 밖의 차이를 강조할 때, 안의 공간을 절대화하는 경향이 생긴다. 20세

---

[20] R. B. J. Walker, "International Relations and the Concept of the Political," K. Booth and S. Smith eds., *International Relations Theory Today* (Cambridge: Polity, 1995).

[21] 마르크스주의적 이론들도 이 공간 인식을 벗어나지 못한 것처럼 보인다. 국가독점자본주의 이론이나 조절이론도 국민적 사회 구성이나 국민적 가치 공간의 응집 체계로 국제경제를 개념화하고 있다는 점에서 (신)현실주의 국제정치 이론의 공간 개념과 크게 다르지 않다. 대표적으로 M. Aglietta, "World Capitalism in the Eighties," *New Left Review* 136 (1982) 참조.

[22] Waltz, *Theory of International Politics*. 월츠의 이 주장에 대한 비판은 F. Halliday, *Rethinking International Relations* (London: Macmillan, 1994). pp. 31-37.

[23] S. Smith, "The Fall and Rise of the State in International Politics," G. Duncan ed., *Democracy and the Capitalist State* (Cambridge: Cambridge University Press, 1989).

[24] Waltz, *Theory of International Politics*.

기는 '국가자본주의' 시대였다. 중심부의 복지국가, 그와 경쟁하려 했던 동구의 사회주의국가와 동아시아의 발전국가 등에서 볼 수 있는 것처럼, 국가는 축적체제를 조직했고, 계급 갈등을 완화할 수 있는 정치적 대표 방식—서구의 노동 포섭 코포라티즘corporatism과 동아시아의 노동 배제 코포라티즘—을 고안했다. 이 국가의 개입 정도는 산업화의 함수였다. 산업화가 지체된 사회주의국가와 발전국가일수록 개입의 강도는 강했다. 케인스류의 거시경제학의 '발명'으로 재생산 단위로서 국민경제라는 신화가 더욱 공고화되었다.[25] 따라서 사회 세력의 저항을 위한 공간도 국가 내부였고, 계급투쟁도 자본이 아니라 국가를 향한 투쟁으로 변모했다.[26]

안과 밖의 절대화라는 공간적 실천은 역설적으로 국가(형태)론의 부흥을 낳은 요인이었다. 1970년대를 전후로 한 서구 좌파 국가론 논쟁의 핵심 주제는 국가의 계급적 성격과 그 성격의 발생 원인이었다.[27] 1980년대에 등장한 우파의 국가주의적 국가론은 국가의 계급적 성격을 부정하면서 선험적으로 국가의 자율성을 전제하고자 했다.[28] 좌파가 국가를 자본주의 사회의 지배적 '사회관계'—자본과 노동의 관계—가 응축되어 있는 형태로 이해했다면, 우파는 무정부 상태인 국제관계 영역에서 현상적으로 나타나는 주권의 자율성을 국내적으로 투사해서 자율성을 가진 '제도'로서의 국가에 주목했다고 할 수 있다.

---

25 H. Radice, "The National Economy: A Keynesian Myth," *Capital & Class* 22 (1984).

26 S. Clarke, *Keynesianism, Monetarism and the Crisis of the State* (London: Edward Elgar 1988), pp. 120-154.

27 근대국가가 '자본주의 사회에서의 국가'인가 아니면 '자본주의국가'인가라는 풀란차스-밀리반드 논쟁과 자본주의국가의 도출 과정에서 나타난 '자본이론' 학파와 '계급이론' 학파의 대립이 그것이다. 이 글에서는 지면 제약 때문에 이 논쟁의 소개나 주석을 달지는 않는다. 최장집, 『한국민주주의의 이론』(서울: 한길사, 1993), pp. 14-89 참조.

28 P. Evans, D. Rueschemeyer and T. Skocpol eds., *Bringing the State Back In* (Cambridge: Cambridge University Press, 1985).

근대 세계질서가 자본주의 세계경제와 열국체제라는 이중적 측면을 담지하고 있는 것처럼, 근대국가도 단수單數로 존재할 가능성을 가지고 있는 '자본주의국가'가 특수 이익의 보편화 기제로서 기능한다는 점에서 "사회관계의 존재 양식인 국가형태"[29]로서의 측면과 반드시 복수複數로 존재할 수밖에 없는 정당한 강제를 수행하는 '국민국가'로서의 이중성을 드러낸다. 이 근대국가의 이중성 때문에 국가는 공동선의 담지자면서 동시에 계급 지배의 도구라는 모순적 모습으로 등장한다. 또한 사회과학자들이 국가라는 용어를 사용할 때, 자본주의국가와 국민국가라는 개념이 혼재되는 것도 이 때문이다.

그러나 세계질서 일반이 아니라 구체적인 역사적 정세 속에서 세계질서를 논의해야 하는 것처럼, 모든 국가의 동일성을 가정하는 국가의 추상화abstraction, 즉 '국가 일반'이나 자본주의 생산양식의 재생산 계기로서 '자본주의국가 일반'의 수준에서는 실제 세계의 변화를 포착하는 것은 불가능하다. 1970년대 좌파의 국가론이 '비극'으로 종결된 이유는 무엇보다도 자본주의적 사회관계의 영토화를 파괴하는 새로운 자본 운동, 즉 자본 국제화와 시민사회의 부활 및 환경과 같은 지구적 수준의 문제가 등장했기 때문으로 보인다.[30] 특히

---

[29] W. Bonefeld, "Social Constitution and the Form of the Capitalist State," W. Bonefeld, R. Gunn and K. Psychopedis, *Open Marxism: Dialectics and History* (London: Pluto, 1992).

[30] 제솝은 마르크스주의 국가이론이 쇠퇴하게 된 네 가지 이유를 제시하고 있다. 첫째, 마르크스주의적 전통이 1970년대 후반 위기에 처하면서 이론적 대열에서도 이탈이 발생했다. 둘째, 정치이론에서 민주주의와 같은 오래된 문제들이 재발견되었고, 새로운 사회운동, 생태학, 페미니즘과 같은 새로운 문제들이 나타났다. 담론이론과 정치경제학에 대한 관심의 부활이 마르크스주의 국가이론의 쇠퇴를 야기했다. 셋째, 푸코(M. Foucault)의 계보학이나 신제도주의, 합리적 선택이론 등의 다른 분야의 이론적 발전도 마르크스주의 국가이론의 퇴장을 초래한 계기였다. 넷째, 국가 연구 내부에서는 국가 중심적 국가이론이 지정학적 문제, 전쟁, 국제관계뿐만 아니라 국가의 능력과 정치체제의 내적 동학에 초점을 맞추게 되면서, 국가의 부르주아적 성격을 강조하는 마르크스주의적 국가이론이 심각한 도전에 직면했다. 밥 제솝, 유범상·김문귀 옮김, 『전략 관계적 국가이론: 국가의 제자리 찾기』(서울: 한울, 2000), pp. 41-43.

자본의 국제화가 국가에 미치는 영향에 대한 연구가 1970년대를 전후로 시작되었지만,[31] 자본주의적 사회관계의 영토화를 야기했던 역사적 세계질서의 맥락에서 자본 국제화와 국가의 관계를 고려하기보다는 '국민적 사회 구성' 내부의 모순으로부터 제국주의적 자본의 발전을 설명하는 '안에서 밖으로'의 인식론이 가지는 한계 때문에 국가(형태)의 변화를 적절히 포착하지 못했던 것처럼 보인다.[32]

결국, 안과 밖의 이항 대립을 넘어서는 국가(형태)론의 건설을 위해서는 국가를 역사화하는 과정에서 국가가 '구성'된다는 이론적 문제 설정이 필요하다. 이는 국가의 존재론적 가정을 수정해야 함을 의미한다. 이탈리아 학파는 국가를 역사적 정세 속에 존재하는 '국가형태'로 가정한다. 따라서 이 국가형태는 특정 시기 국가와 생산의 관계에서 도출되는 '축적체제,' 국가와 시민사회를 연결하는 '정치적 대표'의 방식, 축적 전략 및 이익 매개 양식을 결정하는 국가의 '제도적 구조' 등에 의해 결정되고, 세계질서의 맥락에서 존재하게 된다.[33] 역사적 형태로 국가를 사고하게 되면, 공시적synchronic 공간에서 형태의 차이 ─자본주의적 사회관계의 영토화 방식의 차이─를 아우를 수 있는 특정 역사

---

31 H. Radice ed., *International Firms and Modern Imperialism* (London: Penguin Books, 1975).

32 N. Poulantzas, *Classes in Contemporary Capitalism* (London: Verso, 1978); L. Panitch, "Rethinking the Role of the State," Mittelman, *Globalization*. 한국 좌파의 '지체된' 국가론 논쟁에서 나타난, 식민지 반자본주의론에 기초한 대리 통치 체제론과 신식민지 국가독점자본주의론에 기초한 신식민지 파시즘론의 대립에서도 '밖에서 안으로'와 '안에서 밖으로'의 대립을 발견할 수 있다; 손호철, 『한국정치학의 새 구상』(서울: 풀빛, 1991), pp. 212-248. 다시 한번 지체된 국가론의 수입인 발전국가론은 국가주의적 한계를 간직하고 있기는 하지만, 발전국가가 안보국가였다는 점을 부각시킴으로써, 세계질서의 맥락을 고려하고 있다. 이병천, "한국의 발전국가 자본주의와 발전 딜레마," 『창작과비평』 겨울호(1998).

33 Cox, *Production, Power and World Order*; *Approaches to World Order*; 제솝, 『전략 관계적 국가이론』.

적 시공간에서의 국가형태 및 그 형태의 역사적 이행, 즉 통시적diachronic 형태 변환을 논의할 수 있게 된다.

종합적 시각을 제공하는 이 국가형태론은 국가를 정치사회와 시민사회의 합으로 인식했던 그람시의 확장국가extended state 개념에 근거한 것으로 자본과 국가―착취와 지배―의 관계를 외부적인 관계가 아니라 동일한 체계에 속하는 두 측면의 관계로 인식하는 것이다.[34] 또한 이 국가는 생산과 세계질서를 매개한다. 국가는 국내의 축적체제를 세계경제로부터 유리시킬 수도 있고 또는 그 축적체제를 세계경제에 순응하게 할 수도 있다. 이 국가의 능력은 세계질서의 성격에 달려 있다고 할 수 있다.[35] 즉 세계질서가 국내 정치경제에 가하는 제약이 국가형태론의 전개 과정에서 항상 고려의 대상이 되어야 한다.

국가형태론에 입각한 국제관계 이론은 세계질서의 이해를 국제 구조의 측면에서뿐만 아니라 국가형태의 변화로부터 도출할 수 있게 한다. 그리고 열국체제에서 국가 행위를 동일성의 측면에서 환원하지 않고 국가형태의 차이에서 기인하는 국가 행위의 차이를 설명할 수 있게 한다. 예를 들어 지배적인 국가형태의 차이에 따라 국제제도의 성격이 달라질 수 있다. 그러나 국가형태론을 중심으로 생산과 세계질서를 통합하여 설명하려는 이탈리아 학파의 비판적 국제관계 이론이 다양하게 독해될 소지를 가지고 있는 것도 사실이다. 가장 위험한 것은 아마 이 국제관계 이론의 국가 중심적 독해일 것이다.

신현실주의적 전통 내부에서도 비판적 국제관계 이론과 유사하게 국가·

---

34 함택영,『국가 안보의 정치경제학』(서울: 법문사, 1998), 제3장.
35 R. Cox, "Production, the State and Change in World Order," Czempiel and Rosenau, *Global Change and Theoretical Challenge*; P. Gourevitch, *Politics in Hard Times* (Ithaca: Cornell University Press, 1986); 구갑우, "서구 자유주의와 국가,"『20세기로부터의 유산』(서울: 사회평론, 2000).

사회관계를 고려하면서 국가를 정의하려는 시도가 있다.[36] 만약 이 국가·사회 복합체에서 신현실주의자처럼 다양한 사회 세력의 이익이 국가를 통해서만 집적된다고 가정한다면, 국가를 매개하지 않고 표현되는 사회관계를 포착하지 못할 수도 있다. 비판적 국제관계 이론이 국가형태론을 항상 지구적 수준의 사회과정과의 연관 속에서 서술하는 것도 이 때문인 것으로 보인다. 국가는 안과 밖을 연결하는 중요한 결절점이지만 유일한 결절점은 아니다.

III. 자본주의적 사회관계의 탈영토화: 위계적 세계경제와 국가형태

지구화는 인간 활동의 공간적 형태 변화를 함축하는 개념이다. 다른 한편 지구화는 영어의 global이라는 단어의 어원적 의미에서 알 수 있듯이, 여러 요소를 하나의 전체로서 이해하는 것이라는 의미를 담고 있다. 이 두 번째 의미에서, 지구화는 인간 생활의 여러 측면을 총체화하는totalizing 과정으로서의 의미를 갖게 된다.[37] 따라서 지구화는 그 사실 여부를 떠나서 자본주의적 사회관계의 영토화가 초래한 인간 활동의 공간적 경계를 넘어서려는 경향을 지시하는 개념인 동시에, 그 과정에서 정치, 경제, 사회, 문화와 같은 다양한 요소들의 관계가 총체적으로 재편되고 있음을 나타내는 개념이다.

만약 지구화가 자본주의적 사회관계의 탈영토화와 등치될 수 있다면, 자

---

36 S. Krasner, "Approaches to the State," *Comparative Politics*, 16: 2 (1984); J. Ruggie, "Contituity and Transformation in the World Polity: Toward a Neorealist Synthesis," Keohane, *Neorealism and Its Critics*.

37 R. Cox, "A Perspective on Globalization," Mittelman, *Globalization*, p. 31.

본주의적 사회관계의 영토화라는 '짧은' 20세기 역사의 특수한 국면conjuncture 이전의 세계질서와 1970년대 이후 전개된 지구화 과정은 자본주의적 사회관계의 탈영토화라는 측면에서 동일성을 가지고 있다고 가정할 수 있다. 지구화의 '경험적' 연구가 19세기 후반부터 20세기 초반까지와 1970년대 이후의 경제적 지구화의 비교에 집중되는 것도 이 때문이다.[38] 이 비교연구의 암묵적 가정 및 명시적 결과는 당시와 현재의 지구화 수준에 별 차이가 없다는 것이다. 현재의 시각에서 금본위제 시대에 주목하는 한 연구는 지구화의 불가피성, 균일화 기능, 불가역성이라는 이데올로기적 주장에 반박을 가할 수 있는 경험적 증거를 발견하기도 한다.[39]

그러나 신자유주의자들의 지구화 '신학'과 좌·우파에 걸쳐 있는 지구화 '회의론'을 넘어서기 위해서는 경험적 연구를 통해 이 두 시기의 차이를 밝히는 것이 필요한 듯 보인다. 한 연구는 경제활동의 외연과 내포가 과거의 지구화 수준에 비견할 정도가 아님을 지적하면서, 금융과 생산의 유리遊離 그리고 국제적 네트워크 형태의 조직을 갖춘 다국적 기업의 등장 및 그 기업 내부 무역 intra-firm trade의 증거를 근본적 차이로 제시한다.[40] 지구적 수준의 '시공간 압축'을 야기한 통신 혁명이 이 차이의 물적 토대임은 물론이다.[41] 다른 한편으로, 동아시아 발전도상국과 선진 자본주의국가와의 연계 및 그 국가들의 지구적 체제로의 통합이 주요한 차이로 제시되기도 한다.[42]

---

38 H. Schwartz, *State versus Markets* (St. Martin Press, 1994).

39 D. Verdier, "Domestic Responses to Capital Market Internationalization Under the Gold Standard, 1870-1914," *International Organization* 52: 1 (1998).

40 D. Goldblatt, D. Held, A. McGrew and J. Perraton, "Economic Globalization and the Nation-State," *Alternative* 22: 3 (1997).

41 데이비드 하비, 구동민, 박영민 옮김, 『포스트모더니티의 조건』(서울: 한울, 1994).

42 S. Kim, "East Asia and Globalization," *Asian Perspective* 23: 4 (1999), p. 14.

그렇다면 이 새로운 형태의 자본주의적 사회관계의 탈영토화는 왜 발생하고 있는가? 특히 생산으로부터 유리된 초국적 금융자본과 다국적 기업이 자본주의 세계경제의 국면 변동의 핵심에 위치해 있다고 할 때, 이 두 새로운 사회세력이 국제관계의 '행위자'로 등장한 원인이 규명되어야 한다.[43] 이 새로운 국제적 행위자들의 출현은 제2차 세계대전 이후 세계질서의 '내파'內破 때문이었다. 거칠게 단순화한다면, 이 내파의 심층에는 1970년대부터 나타난 자본의 수익성 위기가 자리 잡고 있었다. 만약 행위자의 시각에 선다면, 계급투쟁이 결과한 이윤압박 및 제3세계의 도전이라고 할 수 있는 석유 위기를 수익성 위기의 근본 원인으로 간주할 수 있을 것이다. 위기에 직면한 서구 자본의 선택은 계급 타협체제를 약화시키면서 수익성 제고를 도모하는 포스트포드주의적 유연 생산과 국제화였다. 특히 브레튼우즈 체제의 붕괴, 그리고 최초 냉전 때문에 형성된 유로 달러euro dollar 시장의 급속한 팽창은 국민국가의 통제를 벗어나서 자본 국제화를 실현할 수 있게 한 국제 정치경제적 요인이었다.

그러나 지구화 과정에서 생산자본과 금융자본의 이해관계가 반드시 일치하는 것은 아니다. 생산자본의 국제화는 자본의 '고정적' 성격 때문에 어원적 의미에서의 지구화를 실현하고 있지는 못하다. 생산자본은 고정된 설비, 안정된 시장 및 노동력의 확보를 필요로 하기 때문에 그 이동이 제약될 수밖에 없다. 또한 다국적 기업이 선택할 수 있는 '장소'의 질이 균등하지 않기 때문에 선택지가 지구적이라고 말하기도 곤란하다. 그런데도 몇몇 기업들은 독자적으로 또는 인수·합병이나 전략적 제휴를 통해 '지구적 기업'으로 성장하고 있다. 이 과정에서 '기업의 국가화' 또는 '기업의 국제기구화'로 불릴 만한 상황이 발생하고 있다. 예를 들어, 다국적 기업 사이의 전략적 제휴는 세계정부가 부재

---

43 S. Strange, *States and Markets* (Pinter Publishers, 1988).

한 상황에서 기업 스스로가 '생산의 일반적 조건'을 제공하려는 시도다. 또한 다국적 기업 내부에서의 이전 가격 설정은 정치체제가 수행하는 가치의 권위적 배분으로 평가되기도 한다.[44]

금융자본은 진정한 의미에서 지구적으로 움직이고 있다. 생산자본이 인간과 기계에 고정되어 있는 것과 달리 금융자본은 유동성의 형태로 존재한다. 따라서 금융자본의 이동성은 그 자본의 고유한 성격이라고 할 수 있다. 통신혁명 및 1970년대 이후의 국제 정치경제적 변화는 그 이동성을 현실화했다. 이 새로운 조건은 수익성 위기에 직면하여 생산과정으로부터 벗어나 새로운 투자 기회를 찾고 있던 유동성 형태의 자본이 노동과의 계급투쟁에 직면하지 않고도 높은 수익을 올릴 수 있는 기회를 제공했다.[45] 특히 브레튼우즈 체제 붕괴 이후 금융기관들이 변동환율제가 야기할 수 있는 위험을 회피하기 위해 다양한 파생 금융 상품을 개발하고, 더 나아가 환율 변동을 이용한 투기에 유인을 가지게 되면서 지구적 금융시장은 더욱 확대되었다. 이 지구적 화폐 게임에는 이제 다국적 기업은 물론 심지어 국민국가의 중앙은행까지 참여하고 있다. 지구화 시대의 핵심적 특징 가운데 하나인 금융의 생산과 정치로부터 분리는 역사적 자본주의의 한 축적체제가 하향 국면에 접어들면서 자본가들이 새로운 이윤 출구를 찾으려는 노력의 산물로 평가될 수 있을 것이다.[46]

국민국가 내부에 유배되어 있던 자본의 해방은 세계질서의 한 축인 자본주의 세계경제가 이행 국면에 접어들었음을 의미한다. 이 역사적 이행은 근대사회의 또 다른 축인 열국체제와의 내적 연관을 고려하지 않고는 온전하게 설

---

[44] Gill and Law, *The Global Politics Economy*.
[45] W. Bonefeld and J. Holloway eds., *Global Capital, National State and the Politics of Money* (London: St. Martin Press, 1995).
[46] G. Arrighi, *The Long Twentieth Century* (London: Verso, 1994).

명할 수 없다. 강조되어야 할 점은 열국체제가 자본주의적 사회관계의 탈영토화 과정의 장애물이 아니었다는 것이다. 생산자본의 국제화가 진행되면서, 어떤 국가가 자본주의 세계경제로부터 이탈하려 하지 않는 한, 경제성장을 핵심가치로 설정하는 국민국가, 특히 저발전국가의 선택은 다국적 자본을 '경쟁적으로' 유치하는 것이었다. 다국적 자본의 관점에서도, 국민국가가 제공하는 장소의 '차이'가 존재할 때, '탈출'exit 위협을 가함으로써 자신들의 권력을 더욱 강화시킬 수 있다. 선진 자본주의국가들의 '경쟁적' 규제 완화는 금융자본의 지구화를 촉진한 요인이었다. 금융자본의 관점에서도 국민국가별 환율 및 이자율의 '차이'가 이윤 극대화의 원천일 수 있다. 이 경쟁과 차이는 근대사회에서 다름 아닌 열국체제만이 제공할 수 있을 뿐이다.

따라서 지구화와 열국체제 그리고 국민국가의 관계에 대한 방정식의 해는 신자유주의 신학도들의 주장처럼, '국민국가의 종언'일 수 없다.[47] 이 방정식의 해는 지구화의 모순적 동학을 고려할 때 더욱 복잡해진다. 지구화의 개념 그 자체와 모순되는 현상은 지구화의 진전에 따른 국가들 '사이에서' 그리고 국가 '내부에서' 사회적 분극화 현상, 즉 포섭과 배제 정치의 심화다.[48] 이 분극화는 브로델식의 삼층 구조를 가지고 있는 것처럼 보인다. 첫째, 다국적 기업과 초국적 금융자본이 활동하는 '세계경제'의 공간이다. 고도의 숙련 노동자들이 이 경제의 구성원이다. 둘째, 세계경제와 연결된 공간으로 국가의 자본에 대한 규제가 이루어지는 '국민경제'의 공간이다. 노동시장의 유연화로 직업 안정

---

47 K. Ohmae, *The End of the Nation State* (NewYork: The Free Press, 1996).
48 R. Cox, "Civil Society at the Turn of the Millennium: Prospects for an Alternative World Order," *Review of International Studies* 25 (1999), p. 9; *Approaches to World Order*; A. Cameron and R. Polan, "The Imagined Economy: Mapping Transformations in the Contemporary State," *Millennium* 28: 2 (1999).

성이 저하된 노동자가 이 공간의 구성원이고, 그들의 인종, 종교, 성 등에 따라 분열되어 있다. 셋째, 국제적 생산으로부터 배제된 '비공식 경제'의 공간이다. 한계적 상태에 놓여 있는 노동자들과 실업자가 이 공간의 주요 구성원이다.

이 위계적 네트워크 형태의 세계 경제구조[49]는 국가의 형태 변환을 추동하는 새로운 '정치권력'의 원천이다. 지구화 과정에 편입된 국가들은 경제정책을 세계경제의 요구에 맞추어 조정하고 국가 경쟁력 강화를 위해 경제정책을 사용하지만 국민경제 및 비공식 경제를 지구화의 부정적 효과로부터 방어하는 데는 한계를 갖는다.[50] 더구나 이 구조적 제약에 직면하여, 국가는 사회적 보호와 정의가 아닌 '비용'과 '편익'의 관점에서 경제정책을 계산한다.[51] 대부분의 국가들이 총수요 관리를 위한 재정 정책이나 통화정책을 포기하는 것도 이 때문이다. 재정 정책의 확대는 국제수지 적자와 연결될 수 있고, 평가절하나 평가절상과 같은 일방적인 통화정책의 효과 또한 줄어들기 때문이다. 결국, 자국을 세계경제로부터 유리시킬 힘을 갖지 못한 국가들은 자국 기업의 경쟁력 강화를 위해 기술혁신, 투자, 노동시장 등에 영향을 미치는 공급 중심의 '개입' 정책으로 전환할 수밖에 없다.

이 형태 변환의 방향은 국가의 공공적 역할 축소를 의미하는 '국가의 기업화 및 국제화'다. 국가의 주요 관심은 국가 경쟁력이 되고, 세계경제와 관련된 국가 장치의 강화 및 국가 기능의 초국가적 차원으로 옮겨 가고 있다. 그러나 국가가 재분배적 정책을 추진하지 않을 때, 국가의 정당성이 심하게 훼손될 가능성이 있다. 국가를 여전히 해방 공간으로 사고하는 좌파들에게, 이 국가

---

49 Agnew, "Mapping Political Power beyond State Boundaries."
50 Cox, *Approaches to World Order*.
51 Goldblatt et al., "Economic Globalization and the Nation-State," pp. 281-292.

의 변화는 미래의 희망을 앗아 가는 것일 수 있다. '좌파 민족주의' 세력은 이 국가형태의 변화를 지구화로부터 도출하지 않는다. 오히려 세계경제의 출현이 국가정책의 제한을 낳은 요인이 아니라 정책 결정자들이 자신들의 사상과 정향에 근거하여 '스스로 부과한'self-imposed 제한이라고 주장한다.[52] 따라서 지구화에 대항하는 국제적 운동의 필요성은 인정하지만 그것은 국민국가 수준의 정치 행동에 보완적일 뿐이다.[53]

사실, 국가형태의 변화가 국내적 제도 및 국내 사회 세력의 힘 관계, 즉 정치투쟁에 의존적임을 부인할 수는 없다. 지구화에 대한 국내적 대응의 차이가 이를 말해 준다. 예를 들어, 아시아 금융 위기 이후 말레이시아와 한국의 차이를 보더라도 국내적 요인의 중요성은 쉽게 확인된다. 비판적 국제관계 이론의 국가형태론을 '밖에서 안으로'의 방법이라고 비판하는 한 연구자의 지적처럼,[54] 지구화 시대 국가형태가 세계경제의 변화를 정당화하는 자본가계급 엘리트들의 이데올로기적 합의를 통해서만 결정될 수는 없다. 즉, 국가의 국제화를 통해 국가가 세계경제의 변화를 전달하는 '전도 벨트'transmission belt로 전락하지는 않는다. 따라서 국가형태의 변화를 추적할 때, 각 사회 구성의 특수성을 고려하는 것이 더 중요할 수 있다. 이 주장을 수용한다면, 지구화는 국가에 의해 '관리'될 수도 있을 것이다.[55]

지구화가 반드시 신자유주의적 형태일 수는 없다. 공급 중심의 경제정책 내부에서도 노동자계급의 집합적 이해를 도모할 수 있는 방안이 모색될 수도

---

52 L. Weiss, "Managed Openness," *New Left Review* 238 (1999), p. 130.
53 B. Sutcliffe and A. Glyn, "Still Underwhelmed: Indicators of Globalization and Their Misinterpretation," *Review of Radical Political Economics*, 31: 1 (1999); 홉스봄, 『극단의 시대』.
54 Panitch, "Rethinking the Role of the State."
55 Weiss, "Managed Openness."

있다.⁵⁶ 그러나 이미 지구화 시대의 국가는 좌파 민족주의자도 인정하는 것처럼, 자본 간 경쟁과 국가 간 경쟁을 조정하는 '촉매 국가'catalytic state가 되어 가고 있다.⁵⁷ 따라서 국가 내부에서의 투쟁을 통한 신자유주의 극복의 길은 한계를 가질 수밖에 없다.

이 글에서 밖을 강조하는 이유는 밖에서 인간적 사회를 실현하려는 노력이 없다면 안에서의 해방의 기획이 불가능하다고 생각하기 때문이다. 아니, 이미 자본주의적 사회관계의 탈영토화로 안과 밖의 구분이 사라지고 있음을 강조하기 위해 역설적으로 '밖'에 주목한다. 결국, 지구화 시대에 진보를 위한 사회운동의 공간은 안과 밖으로 구분되지 않는다. 그렇다면 이 새로운 공간에서 진보를 실현할 수 있는 힘은 어디에서 나오는가? 즉 "어떻게 새로운 정치적 권위를 위한 사회적 토대를 형성할 것인가?" 20세기의 군주prince가 정당이었고 이제 그 정당이 역사적 실험을 통해 군주로서의 지위를 상실했다면, 21세기에는 사회운동 세력의 연합체가 탈근대적인 '집합적 군주'로 등장할 수 있을까?⁵⁸

IV. 시민국가의 전망: 지구적 통치의 진보 가능성

자본주의적 시장의 무정부 상태가 초래하는 불평등 관계를 해소하는 방법

---

56 G. Garret and P. Lange, "Political Response to Interdependence: What's 'left' for the Left," *International Organization* 45: 4 (1991).

57 L. Weiss, "Globalization and the Myth of the Powerless State," *New Left Review* 225 (1997).

58 Cox, "Civil Society at the Turn of the Millennium," p. 15.

은 아래로부터의 혁명이거나 위로부터의 개혁 또는 아래로부터의 저항을 포섭하는 위로부터의 개혁일 것이다. 마찬가지로, 지구적 통치의 장에서도, 진보를 실현하기 위한 위아래로부터의 다양한 집합행동이 존재한다. 지구적 공공 영역에서 사적·공적 국제기구를 매개로 한 집합적인 문제 해결 시도를 지구적 통치라고 할 때, 우리는 다보스 포럼에서도 볼 수 있듯이 자본가계급과 그의 이해를 대표하는 유기적 지식인들의 집합행동이 활발하게 진행되고 있음을 본다.

반면, 아래로부터의 국제주의는 어떻게 전개되고 있는가? 지구적 통치가 위와 아래의 투쟁을 통해 구성된다고 할 때, 또한 지구적 수준에서의 공동체주의적communitarian 대안을 모색하는 것이 비판이론의 몫이라고 할 때,[59] 아래로부터의 국제주의가 어떻게 현재의 신자유주의적 세계질서를 제약할 수 있는지를 탐색할 필요가 있다. 즉, 위계적 세계경제라는 새로운 역사적 구조를 인간적인 세계질서의 구성을 위한 토대로 생각하는 발상의 전환이 필요하다. 이를 위해서는 지구화를 '매개'로 인간적 세계질서의 가능성을 찾는 전복적 상상력이 요구된다. 그 상상력의 원천은 '시민사회'다.[60]

지구화의 모순적 동학 가운데 하나가 시민사회의 '해체'와 '재구성'의 동시적 진행이다. 시민사회의 해체는 사회 세력의 분열과 사회로부터 정치 계급이 분리되는 모습으로 나타나고 있다.[61] 이 분열은 지구화로 인해 전통적인 정치

---

59 Ashley, "The Poverty of Neorealism."
60 그람시는 계몽적 전통이나 마르크스와 달리 시민사회는 부르주아지의 헤게모니를 유지하는 근거이면서 동시에 해방적인 대항 헤게모니가 건설되는 공간으로 인식한다. 특히 동구의 민주화 이후 시민사회 이론에서는 자율적 형태의 담론, 결사체, 연대가 존재하는 공간으로서의 시민사회를 강조한다. J. Cohen and A. Arato, *Civil Society and Political Theory* (Cambridge: The MIT Press, 1992).
61 Cox, *Approaches to World Order*.

적 권위 구조가 파괴되면서, 인종, 성, 종교 등에 기반을 둔 '정체성의 정치'로 나타나고 있다.[62] 다른 한편, 시민의 통제를 벗어난 정치 계급의 형성은 신자유주의적 국가형태 및 세계질서의 주요한 특징이다. 특히, 대중 정치에 의해 통제되지 않는 새로운 공간에 초국적 자본과 국가의 동맹이 형성되면서,[63] 국가 장치 및 국제기구들의 민주성 및 책임성의 결핍이 주목되는 현상이다.

반면, 우리는 자율적 행동의 영역으로서 시민사회의 부상을 목도하고 있다. 이 시민사회의 부활은 사실 지구화의 또 다른 원천이다. 지구적 차원에서 시민사회의 도전은 세 가지 사회운동의 형태로 전개되고 있다. 첫째, 평화, 인권, 환경, 민주주의와 같은 '보편주의적' 가치에 기초한 사회운동이다. 이들은 권위주의적이고 위계적인 국가조직뿐만 아니라 비논리적이고 위험한 군비경쟁을 야기하는 '국가주권'을 비판한다.[64] 20세기 열국체제의 특징이던 냉전의 해체를 이끈 힘은 바로 동구의 시민운동이었다.[65] 둘째, 신자유주의적 국가 및 세계질서가 야기한 사회적 불평등에 도전하는 사회운동이다. 이들은 주로 적절한 '소비'능력의 부재와 관련되어 제기되는 문제인 만성적 실업, 홈리스, 빈곤, 제3세계 부채와 같은 문제에 주목한다.[66] 셋째, 전통적인 '생산'의 영역에서 투쟁하는 노동운동이 존재한다. 이 노동운동은 지구화로 창출된 위계적 세계경제 때문에 과거와 달리 단일한 정체성 형성이 매우 어려운 조건에 놓여

---

[62] I. Clark, *Globalization and Fragmentation: International Relations in the Twentieth Century* (Oxford: Oxford University Press, 1997).

[63] S. Pooley, "The State Rules, OK? The Continuing Political Economy of Nation-State," *Capital & Class* 43 (1991).

[64] C. Lynch, "Social Movements and the Problem of Globalization: A Critique," *Review of International Studies* 17 (1998).

[65] Yoshikazu Sakamoto, "Civil Society and Democratic World Order," Gill and Mittelman, *Innovation and Transformation*.

[66] Cox, "Civil Society an the Turn of the Millennium."

있다.67 또한 노동의 자유로운 이동이 제약되어 있는 상황에서, 노동운동은 다른 사회운동보다 민족주의적 성향을 띠고 있다.

　이 사회운동 세력들은 국민국가의 영토를 넘어서서 지구적 수준의 민주주의를 실현시킬 수 있는 '지구시민사회'의 구성원들이다. 1998년 버밍엄의 G-8 회담과 1999년 시애틀의 WTO 각료 회의에 맞선 사회운동의 국제 연대는 지구시민사회의 가능성을 보여 준다. 그러나 이 사회운동 세력이 동일한 목소리를 내고 있지는 않다. 시애틀에서 확인할 수 있는 것처럼, 신자유주의적 세계질서를 전면적으로 부정하는 사회운동 세력과 WTO를 개혁하여 활용하려는 노동조합 지도부와 비정부기구들의 개량주의적 전략이 부딪치기도 한다.68 더 근저에는 신사회운동과 노동운동의 '접합'이라는 문제가 자리 잡고 있다.69 사실 신사회운동은 노동운동의 위계적 조직과 권위주의 그리고 이익집단화에 대해서도 비판적이다. 따라서 사안별 연대는 가능할 수 있지만, 지속적 연대를 성취하는 것은 어려울 수도 있다. 그러나 여전히 강력한 힘을 보유하고 있는 노동운동이 '다원주의에 기초한 연대'의 촉매 역할을 할 가능성은 남아 있다.

　이 어려움에도 불구하고 사회운동 세력이 지구적 통치의 개혁을 위해 개입할 수 있는 능력은 제고되고 있다. 지구적 통치의 진보를 위한 핵심 의제는

---

67 Cox, "Civil Society an the Turn of the Millennium."
68 남화숙, "현지 르포: 시애틀에서 본 '시애틀 전투'," 『다리』(2000 봄).
69 한국에서도 이 두 사회운동 세력의 접합이 대항 헤게모니 건설에 있어 핵심 과제일 수 있다. 2000년 1월 412개 시민 단체가 참여하여 활동했던 총선시민연대의 낙천운동은 정치 개혁을 주도할 수 있는 탈근대적인 집합적 군주의 출현 가능성을 보여 주기도 했다. 그러나 총선시민연대는 표의 등가성과 비례성을 보장할 뿐만 아니라 노동자계급의 정치 세력화를 위해 필수적인 1인 2표제 또는 정당명부식 비례대표제 도입에 대해서는 적극적 지지 의사를 밝히지 않았다. 1인 2표제를 매개로 시민운동과 노동운동이 연대할 수 있었다면, 더 심화된 정치 개혁은 물론 새로운 정치적 권위체 건설을 위한 사회적 토대 형성에 기여할 수 있었을 것이다.

이제 OECD조차도 민주주의의 보편화를 수용하면서 제3세계 발전 모델로 제시하고 있는 '참여적 발전과 좋은 통치'의 원칙을 세계경제에도 적용하는 것이다.[70] 즉, 세계경제가 구성되는 과정에 대한 정치적 참여와 세계경제의 제도에 대한 책임성 문제를 제기하는 것이다. 세계경제는 완성된 구조가 아니라 또 다른 정치의 영역이다. 그리고 신자유주의적 세계질서를 주도하는 초국가적 엘리트나 IMF와 세계은행World Bank 같은 국제기구가 구조를 정확히 읽어 낼 수 있는 전지전능한 사회 세력도 아니다.[71] 따라서 세계질서가 형성되는 과정에 대한 관찰 및 비판은 진보적 사회 세력이 대항 헤게모니를 형성하기 위해 꼭 필요한 기초다.

세계경제의 통치는 이제 신자유주의 진영 내부에서도 제기되는 과제다. 금융자본가조차 규제되지 않는 자본주의는 자본주의의 해체로 이어질 수도 있다고 경고하고 있다.[72] 동아시아 금융 위기에서 확인되었던 것처럼 이제 신자유주의는 위기 국면에 접어든 것처럼 보인다. 다시금 케인스J. M. Keynes가 거론되고 있다. 우선적으로 논의되고 있는 의제가 국제기구의 개혁이다. 유엔의 지지를 받는 국제적 개혁주의 세력은 IMF와 세계은행의 의사 결정 과정의 민주화, OECD나 G-8과 같은 세계경제 통치 기구의 유엔으로 이전, 유엔 경제안보이사회의 신설 등과 같은 제안을 하고 있다.[73] 즉, 다른 국제기구보다 보

---

70 H. Patomaki, "Good Governance of the World Economy," *Alternation*, 24: 1 (1999).
71 이탈리아 학파의 국제관계 이론에는 세계경제를 설계하는 초국가적 엘리트에 대한 과도한 강조로 인해 세계경제의 미래에 대해 패배주의적 사고를 야기할 수는 있는 측면이 있다. Drainville, "International Political Economy in the Age of Open Marxism."
72 조지 소로스, 형선호 옮김, 『세계자본주의의 위기』(서울: 김영사, 1998). 소로스의 미국 비판은 최종욱 옮김, 『미국 패권주의의 거품』(서울: 세종연구원, 2004) 참조.
73 Commission on Global Governance, *Our Global Neighborhood* (Oxford: Oxford University, 1995).

편주의적 성격을 가지고 있는 유엔과 시민사회의 결합을 통한 지구적 통치의 개혁을 시도한다.[74]

현 수준에서 실현 가능한 세계경제에 대한 지구적 통치의 확대는 결국 지구적 수준에서 사회민주주의적 타협일 것이다. 이 방향도 지구적 시민사회의 적극적 참여와, 이 사회 세력과 국제적 개혁주의 세력의 연대가 없다면 불가능한 대안이다. 이제 지구적 수준의 민주주의에 기초한 초국가적 정치 공동체 건설이 규범적 과제가 아니라 지구적 파국을 막기 위한 현실의 과제로 등장하고 있다.[75] 그 원동력은 자율성에 기초한 민주주의를 가능하게 만든 시민사회의 성장이다. 이 지구적 공동체의 형성은 기존 국민국가의 진보적 형태 변환을 위한 필수 조건이 되고 있다.

그렇다면 역으로 새로운 지구적 공동체를 가능하게 할 수 있는 새로운 국가형태는 무엇이고 무엇이어야 하는가라는 질문이 제기된다. 이 새로운 국가형태의 모색은 자본주의적 사회관계의 '재영토화'를 통한 자본주의적 사회관계의 개혁 및 지양이라는 문제 설정으로 나타날 수 있다. 한 연구자는 이 새로운 국가형태를 '시민국가'라고 전망한다.[76] 이 시민국가는 그람시적 의미의 확장국가를 '역전'시킨 형태로 그 자체에 모순을 함축하고 있는 개념이기도 하

---

74 R. Coate, C. Alger and R. Lipschutz. "The United Nations and Civil Society: Creative Partnership for Sustainable Development," *Alternatives* 21: 1 (1996).

75 D. Held, *Democracy and the Global Order* (Cambridge: Polity, 1995); D. Held, *Global Covenant: The Social Democratic Alternative to the Washington Consensus*(London: Blackwell, 2004); A. Linklater, "Transforming Political Community: A Response to the Critics," *Review of International Studies* 25 (1999).

76 Yoshikazu Sakamoto, "An Alternative to Global Marketization: East Asian Regional Cooperation and the Civic State," *Alternatives* 24: 2 (1999). 한국 시민사회에서 한반도와 동북아의 평화를 위해 제안한 '평화국가'(peace states)도 시민국가의 한 형태다. 구갑우, 『비판적 평화연구와 한반도』. 동아시아 시민사회 연대의 기록은 서남포럼, 『2006 동아시아연대운동단체 백서』(서울: 아르케, 2006) 참조.

다. 첫째, 시민국가에서도 국가의 성격이 부정되는 것은 아니기 때문에 국가를 매개로 한 불평등한 관계와 인간의 존엄성과 권리의 상호 인정에 기초한 시민사회의 평등한 사회관계가 공존한다. 둘째, 국가는 명확한 경계를 갖지만 오늘날의 시민사회는 국가의 경계를 가로지르는 초국가적 사회관계가 전개되는 공간으로 변모하고 있다. 따라서 시민국가는 공간적 경계의 불확정성을 특징으로 할 수밖에 없다. 시민사회가 국가의 우위에 서는 시민국가와 시민국가들의 연합체로서 지역국가regional state는 세계경제와 열국체제가 공존하는 지구화 시대에 자본주의를 규제하면서 동시에 민주주의를 민주화하는 진지전을 선택하는 주체들에게 현실성 있는 대안으로 고려되어야 한다. 시민국가의 개념은 우리에게 지금 가능한 것의 범위를 제시한다.

제7장

'제국주의'는 여전히 유효한 문제 설정인가?
: 국제관계 민주화의 경로

I. 들어가며

"현대 제국주의와 국민국가"라는 제목의 글을 써야 했을 때, 사실 상당히 당혹스러웠다.[1] 그 이유는 두 가지였다. 첫째, 마르크스주의에서 주로 사용하는 제국주의라는 개념이 글쓰기의 제약이 될 수 있다는 생각 때문이었다. 주류 국제관계학은 제국주의라는 용어를 선호하지 않는다. 따라서 글의 작성 과정에서, 나의 학문적 정체성에 대해 다시금 생각할 기회를 가지게 되었다. 둘째, 오랜만에 보는 제국주의라는 단어의 낯섦 때문이었다. 현대라는 수식어가 앞에 붙어 있기는 했지만, 그리고 여러 다른 계통의 제국주의를 언급한 이론가들이 있지만, 무엇보다 그 말을 듣는 순간 러시아 혁명의 지도자 레닌을 떠

---

[1] 『진보평론』 8호(2001)에서 최초 필자에게 요구했던 글의 제목이 "현대 제국주의와 국민국가"였다. 필자는 이 제목을, "'국제기구'를 다시 읽기: 제국주의는 여전히 유효한 문제 설정인가?"로 바꾸어서 『진보평론』에 게재했다. 이 글을 수정·편집하면서, 부제인 "'제국주의'는 여전히 유효한 문제 설정인가?"를 제목으로 하고, 원래 제목이었던 "'국제기구'를 다시 읽기"의 문제의식을 명확히 하기 위해, "국제관계 민주화의 경로"라는 부제를 달았다.

올리지 않을 수 없었다. 책꽂이에 먼지를 뒤집어쓰고 있는 그의 책을 다시금 집어 드는 것이 '지금 여기에서' 어떤 의미를 가질 수 있을 것인가라는 질문이 머릿속을 맴돌았다.

글을 쓰기 시작하면 항용 그러하듯, 새로운 유혹과 고통이 시작되게 마련이다. 제국주의 개념이 가질 수 있는 '경직된' 경계를 넘나들며 그 경계를 좀 더 유연화하고픈 욕망이 꿈틀대기도 했다. 최초 고민은 제목 수정이었다. 글의 핵심을 함축하면서도 '제국주의'와 '국민국가'라는 두 실체와 정면으로 충돌할 수 있는 익숙한 개념 또는 단어를 찾고자 했다. 최초 "'국제기구'를 다시 읽기"라는 다소 밋밋한 제목을 단 이유는 국제기구를 매개로 사회민주주의적 실천의 가능성을 모색하려는 사유 실험을 위해서다. 세계체제의 '바깥'을 찾아 나서되 그 여정이 한순간의 비약이 아니라면, 세계체제 안이지만 국민국가의 바깥에서 그 체제를 지양할 수 있는 국제주의적 실천의 계기를 마련할 필요가 있다는 생각을 했다.

다음의 고민은 담론 선택의 문제였다. 즉 어떤 이론이 '좋은' 이론인가라는 메타이론적 질문에 먼저 답해야 했다. 현대 제국주의와 국민국가라는 주어진 주제가 나에게는 국제관계의 변화를 의미하는 것으로 해석되기도 했다. 달리 표현한다면, 마르크스'주의'적 문제 제기가 주류 국제 정치경제학의 담론으로 치환되기도 했다. 세계의 변화를 누구의 언어로 읽고 쓸 것인가? 메타이론적 기반이 상이한 사회과학 패러다임의 통약通約 가능성은 그렇게 크지 않다. 그럼에도 보수와 진보의 담론을 가로지르기 위해, 마르크스의 국제관계론은 미완의 계획이었고 따라서 큰 공백으로 남아 국제적 실천의 장벽이 되었지만, 마르크스의 정치경제학 '비판'의 문제의식 및 『자본』의 방법에 기대기로 했다. 첫째 이유는, 레닌을 비롯한 마르크스주의 이론가들의 국제관계 인식의 한계를 극복하기 위한 하나의 경로일 수 있다는 생각에서다. 좀 더 중요하게는 국제 정치경제의 장에서 '좋은 삶'의 실현을 위한 이론 작업은, 기존 질서에 대한 반성적 사유를 통해 그 질서의 역사적 종별성種別性을 규명하는 것이라는 비판의 문제의식을 따르기 위해서다.

따라서 이 글의 다른 제목은 진보의 진보를 위한 "국제 정치경제(학) 비판을 위한 시론"이라고 할 수 있다. 근대 국제관계에서 나타난 영토적 제국주의와 비영토적 제국주의 논의를 비교하면서, 현실적으로 실천 가능한 대안을 모색한다.

II. 국제 정치경제(학) 비판

마르크스를 모방하며 시작해 보자. 자본주의 생산양식이 지배적인 사회들의 국제관계는 '국가의 방대한 집적', 즉 국가들의 집합적 조직 형태인 열국체제로 나타나며, 개개의 국가는 이런 국제관계의 기본 단위다. 그러므로 우리의 연구는 국가의 분석으로부터 시작되어야 한다.

단순 수치 하나를 보자. 1945년 51개의 회원국으로 출범한 UN에는 2006년 현재 무려 192개의 국가가 회원으로 참여하고 있다. 지구의 지리적 용적이 변한 것은 아니다. 예나 지금이나 변함이 없는 공간에서 국가의 숫자가 증가하고 있다. 따라서 국가 앞에 붙는 수식어가 중요할 수 있다. 보편적 국제기구인 UN은 그 국가를 '주권'국가라 부르고 있다. 뒤이어 스스로를 세계정부가 아니라고 주장한다. 그렇다면, 주권국가가 아니었던 수많은 정치 공동체가 왜 그리고 어떻게 주권국가가 되었는가라는 질문이 제기된다. 열국체제의 지구화는 자본주의 세계경제의 수수께끼 가운데 하나다. 열국체제의 지구화는 제국주의의 종언을 의미하는가?

1. 영토적 제국주의

먼저, 주권의 상호 인정에 기초한 열국체제가 유럽 중심의 현상이었던 이른바 제국주의 시대로 돌아가 보자. 1915년 출간된 부하린N. Bukharin의 『제국주의와 세계경제』 서문에서 레닌은 그 경제적 본질이 독점자본주의라고 규정한 제국주의의 미래상을 다음과 같이 그리고 있었다.

> "예외 없이 모든 기업과 국가를 삼켜 버릴 단일한 세계 트러스트trust로의 발전이 의심할 바 없이 진행 중이다. 그러나 …… 단일한 세계 트러스트에 도달하기 전에, 즉 개별 국민적 금융자본이 '초제국주의'ultra-imperialism 세계 연합을 형성하기 전에, 필연적으로 제국주의는 폭발할 것이고, 자본주의는 그 대립물로 전화할 것이다"[2](강조는 필자).

이어 1917년 자신의 정치적 소책자인 『제국주의론』에서 열국체제의 특징을 다음과 같이 묘사한다.

> 금융자본은 모든 경제 관계와 국제관계에서 대단히 강력한, 결정적이라고도 말할 수 있을 정도의 세력으로서, 완전한 정치적 독립을 향유하고 있는 국가조차도 자신에게 종속시킬 수 있으며, 또 실제로 종속시키고 있다. …… 더구나 금융자본은 당연히 종속된 나라와 민족에게서 정치적 독립까지 박탈하는 종속 형태를 가장 유리한 것으로 여기며, 그것으로부터 가장 많은 이윤을 뽑아낸다[3](강조는 필자).

두 인용문에서 제국주의의 두 차원을 엿볼 수 있다. 하나는 독점자본의 경

---

2 N. Bukharin, *Imperialism and World Economy*, with an introduction by V. I. Lenin (NewYork: Howard Fertig, 1966), p. 14.
3 블라디미르 일리치 레닌, 남상일 옮김, 『제국주의론』(서울: 백산서당, 1988), p. 115.

쟁 및 그 정치적 표현 형태인 자본주의 거대 열강의 대립이다. 즉 열국체제의 수평적 차원이다. 부하린은 좀 더 상세한 설명을 제공한다. 그는 자본의 국제화가 자본의 국가화nationalization와 동시적으로 진행되고 있음에 주목한다. 여기서 국민국가는 다양한 보호주의적 조처를 통해 자본 간 경쟁에서 승리할 수 있는 도피처를 제공한다. 그 국가적 공간의 확대를 위한 폭력적 방법이 바로 제국주의 시대의 전쟁이다. 자본의 국제화가 국가들의 영토 쟁탈전으로 나타난 것도 이 때문이다.[4] 부하린은 정치경제학적 범주로서 국민국가, 국가자본주의, 그리고 열국체제를 정식화하고 있다.

다른 하나는, 자본주의 거대 열강에 의한 전 세계의 영토 분할, 즉 식민화 정책이다. 즉 열국체제의 수직적 차원이다. 자본주의의 지리적 팽창은 독점자본이 값싼 천연자원 및 노동력을 추구하는 과정으로 설명될 수 있다.[5] 이 지리적 팽창은 레닌에 따르면 두 가지 효과를 지닌다. 첫째, 식민지 국가에 자본주의를 이식함으로써 그 국가가 국민국가로 성장할 수 있는 기회를 제공한다. 둘째, 식민지 국가의 민족자결권 요구는 제국주의를 효과적으로 분쇄할 수 있는 유용한 무기가 된다.

레닌과 부하린은 이 열국체제의 수직적·수평적 차원을 고려하면서 그 체제의 '약한 고리'인 러시아에서의 사회주의혁명이 선진 자본주의국가들에서의 연속 혁명 및 식민지 민족 해방 투쟁의 성공으로 이어질 것으로 기대했다. 그리고 연속 혁명의 성공은 독점자본 간 경쟁의 종식 및 그 상부구조라고 할

---

[4] Bukharin, *Imperialism and World Economy*, pp. 106~107.
[5] 자본주의 경제는 항상 가치 실현의 문제에 직면하기 때문에 외부 시장을 찾아야 한다는 룩셈부르그의 견해는 제국주의의 식민화 정책에 대한 예외적 주장이라고 할 수 있다. R. Luxemburg, *The Accumulation of Capital* (London: Routledge and Kegan Paul, 1951). '과소 소비론'에 대한 비판으로는 앤소니 브루어, 염홍철 옮김, 『제국주의와 신제국주의』(서울: 사계절, 1984), pp. 79-96 참조.

수 있는 국가 및 열국체제의 사멸을 의미했을 것이다. 그러나 선진 자본주의 국가에서 연속 혁명은 발생하지 않은 반면, 두 번에 걸친 세계대전을 거치면서 식민지 국가는 독립을 쟁취했다. 열국체제는 유럽 지역을 넘어 전 지구적으로 확산되었다. 열국체제의 지구화 경향은 구舊사회주의국가의 해체 이후 더욱 강화되고 있다.

레닌의 '실패'는 열국체제에 대한 마르크스주의자들의 상이한 인식들이 나타나는 순간 이미 예견되었던 사태였다고도 할 수 있다. 레닌과 부하린의 방법론은 제국주의의 정치와 경제를 단일의 틀로 설명하는 방식이다. 이는 부하린의 다음과 같은 표현에서 선명하게 드러난다.

> 클라우제비츠의 전쟁이 다른 수단에 의한 정치의 연속이라는 주장은 잘 알려져 있다. 그러나 정치 그 자체는 주어진 생산양식의 공간에서의 적극적 '연속'이다.[6]

반면, 카우츠키K. Kautsky는 초제국주의론을 통해 '평화적 자본주의'의 가능성, 즉 적대가 사라진 열국체제를 구상하고 있었고, 베른슈타인E. Bernstein은 전쟁의 원인을 독점자본의 경쟁이 아니라 열국체제 그 자체에서 찾고 있었다.[7] 특히, 베른슈타인은 자본주의적 사회관계와 열국체제의 연관을 부정한다. 즉 열국체제의 자율성을 승인한다. 제국주의는 자본주의적 발전의 필연적 산물이 아니라 열국체제에서 국가와 민족의 이름으로 수행되는 영토의 팽창정책일 수 있다. 따라서 역사적 기억을 공유한다고 주장되는 집단인 민족과 그 민족에 기초한 정치 공동체로서 국민국가가 유지되는 한, 열국체제는 생명력을

---

6 Bukharin, *Imperialism and World Economy*, p. 113, fn. 1.

7 K. Kautsky, "Ultra-imperialism," *New Left Review* 59 (1969); 벤둘카 쿠발코바·알버트 크뤽샹크, 김성주 옮김, 『마르크스주의와 국제관계론』(서울: 한길사, 1990), pp. 59-81.

유지할 수 있게 된다.

열국체제의 지구화는 베른슈타인적 국제관계론의 적실성을 증명하는 것인가? 그렇지 않다. 그러나 열국체제가 자본주의적 사회관계의 전개 과정에서 출현하는 부차적 범주도 아니다. 열국체제가 강제하는 국민국가성에 대한 고려도 필요하다. 즉 자본주의적 사회관계와 열국체제의 관계에 대한 변증법적 이해가 필요하다. 소련이 일국사회주의 경향을 보이던 1920~30년대에 활동한 이탈리아의 마르크스주의 이론가인 그람시의 저작에서 이 새로운 시각의 단초를 발견할 수 있다. 그람시는 국제관계가 자본주의적 사회관계에 선행하지 않는다고 주장하면서도, 국제관계가 자본주의적 사회관계에 미치는 영향을 부정하지 않는다.[8]

국제관계의 존재론과 인식론에서 차이를 보이는 다양한 패러다임이 분기되는 지점이 바로 여기다. 국제 정치경제학계의 주류 패러다임인 신현실주의 이론가들은 국제관계와 자본주의적 사회관계를 분리하면서 자본주의 세계경제에 대한 열국체제의 인과적 선차성을 주장한다. 국제관계를 지배하는 법칙은 공동의 정부가 결여되어 있기 때문에 '만인의 만인에 대한 투쟁'이 이루어지는 '무정부 상태'다.[9] 이 무정부 상태는 자본주의라는 근대적 생산양식이 등장하기 훨씬 오래전부터 국제관계를 지배하던 법칙이었고, 현재도 여전히 관철되고 있다는 것이다. 다른 극단에는 중심부, 반주변부, 주변부로 구획되어 있는 열국체제를 자본주의 세계경제의 정치적 상부구조로 인식하는 세계체제론이 위치하고 있다.[10] 세계체제론의 분석 단위는 신현실주의 국제관계 이

---

8 A. Gramsci, *Selections from the Prison Notebooks of Antonio Gramsci* edited and translated by Q. Hoare and G. Smith (NewYork: International Publishers, 1971), pp. 176-264.
9 K. Waltz, *Theory of International Politics* (Reading: Addison-Wesley, 1979).
10 I. Wallerstein, *The Politics of World Economy* (Cambridge: CUP, 1984).

론과 달리 열국체제가 아니라 세계체제 그 자체다. 그러나 두 '환원론' 모두 자본주의적 사회관계와 열국체제의 내적 연관을 포착하지 못하고 있는 듯이 보인다.

통약 불가능한 패러다임의 공존은 근대 자본주의 사회에서 나타나는 정치체와 경제의 분리 현상에 대한 상이한 해석에서 비롯한다. 근대사회에서 국가는 경제사회의 지배계급으로부터 분리된 제도적 형태로 등장했다. 이 국가도, 여느 사회의 국가와 마찬가지로 무장한 채로 등장했다. 국가의 기원에 대해 갈등론적 입장을 취하든 아니면 통합론적 입장을 취하든 '국가 실체'는 폭력을 정당하게 독점한 제도의 집합체다. 이 국가 실체, 즉 국가 일반의 특징을 강조할 때, 국제관계에서 세력균형에 주목하는 신현실주의 이론의 정당성이 확보된다. 그러나 모든 국가는 종별적 사회 구성 속에서만 존재한다. 역사적으로 종별적인 국가구조를 탐구하는 '국가형태론'이 필요한 이유가 여기에 있다. 자본주의 사회에서 국가가 그 이전의 사회와 달리 잉여가치 추출 과정의 직접적 계기가 아니라는 사실로부터 국가형태론은 출발한다.

근대 자본주의 사회에서 정치체와 경제가 분리됨에 따라 국가는 지배계급의 도구가 아닌 외관상 국민 통합을 수행하는 '중립적 제도'로 등장할 수 있게 된다. 그람시가 정치와 국가에 관한 이중적 개념화, 즉 계급에 기초한 지배 장치로서의 국가 및 아리스토텔레스적 의미에서 좋은 사회의 건설을 위한 윤리적 공공 영역으로 변환 가능한 국가를 언급하는 것도 이 때문인 것처럼 보인다.[11] 즉 근대사회에서 국가는 사적인 특수 이익의 보편화 기제로서 자본주의적 사회관계의 존재 양식, 즉 '자본주의국가'의 성격을 가지면서 동시에 공공

---

11 S. Gill, "Epistemology, Ontology and the 'Italian School'," S. Gill ed., *Gramsci, Historical Materialism and International Relations* (Cambridge: Cambridge University Press, 1993), pp. 24-25.

선公共善의 담지자로 등장할 가능성을 배태하고 있다. 달리 표현한다면, 자본주의 사회에서 국가의 공적 영역의 독특한 제도화는 정치적 기능 자체가 잉여가치의 추출과 직접 연계되는 사적 경제 영역과 좀 더 일반적인 공공적 목표를 지향하는 국가, 양쪽에 배분되고 있음을 의미한다.12 그 이전의 정치와 자본주의적 정치를 구분하는 독특성은 자본주의적 정치가 바로 이분화와 배분을 결정하는 과정이라는 점이다.

이 자본주의 사회에서 국가는 열국체제 '속'에서 존재한다. 근대국가는 열국체제에 참여함으로써만 정의될 수 있다. 근대 열국체제는 유럽에서 영토를 둘러싼 전쟁을 매개로 성립되었고 따라서 근대국가는 영토국가/국민국가의 형태로 등장했다. 그 과정에서 자본은 전쟁에서 이기기 위해 필요한 자원의 원천이었다.13 자본주의 생산양식과 열국체제가 접합될 수 있었던 것은 바로 이런 역사적 조건 때문이었다. 열국체제가 강제하는 '지정학'地政學은 시민사회로부터 자율적인 국가의 외교정책을 가능하게 한다. 이를 국가 외부의 행위자의 국내적 개입을 봉쇄하는 '주권'으로 개념화할 수 있다. 신현실주의 이론가들이 국가를 현상적으로 사회와 분리 불가능한 '전체로서의 나라'를 의미하는 국민적·영토적 총체로 간주하는 것도 이 때문이다.14 열국체제에서 생존을 목표로 하는 국가들을 비교할 수 있는 척도는 '군사력'이고, 따라서 안보가 국가의 최우선 목표처럼 보이게 된다. 이 효과를 통해 공공선의 담지자로서의 국가라는 외관이 더욱 강화된다.

그러나 지정학이 작동하는 어떤 국제체제에도 동일한 논리가 성립될 수

---

12 E. Wood, *Democracy against Capitalism* (Cambridge: CUP, 1995).

13 C. Tilly, *Coercion, Capital and European States: AD 990-1992* (London: Basil Blackwell, 1992).

14 F. Halliday, *Rethinking International Relations* (London: Macmillan, 1994), pp. 31-37.

있다. 즉 신현실주의 이론은 근대 국제관계의 종별성을 포착하지 못하고 있다. 근대 자본주의 사회의 지정학은 국가들의 형식적 평등, 즉 주권의 상호 인정에서 출발한다. 그럼에도 국가들 사이에서 권력관계가 관철된다. 근대 이전과의 차이는 그 권력관계가 직접적 또는 인격적 형태를 띠고 있지 않다는 것이다. 내정간섭을 금지한 이른바 베스트팔렌적 주권의 규범은 현실주의자와 마르크스주의자가 공통적으로 지적하는 것처럼, 주요 강대국에 의해 효과적으로 제한되었다. 한 현실주의자가 지적하는 것처럼 주권은 강대국이 생산한 '조직된 위선(僞善)'이다.[15] 즉 근대사회에서 국제관계는 독립된 주권국가들이 상호 작용하는 무정부 상태지만, 그 무정부 상태는 제국주의와 같은 위계 질서를 생산한다. 앞서 지적한 것과 유사한 자본주의적 정치의 독특성은 국제관계에도 나타난다. 제국적 권력의 행사가 한편으로는 열국체제의 관리와 관련된 공적인 정치적 측면을 가진다면, 다른 한편으로 잉여가치의 추출과 관련된 새로운 사적인 정치적 측면이 있다. 이 후자가 열국체제와 함께 작동하는 자본의 제국, 즉 "시민사회의 제국"이다.[16]

20세기 초반에 활동하던 고전적 제국주의론자들이 놓쳤던 문제가 바로 이 시민사회 제국인 자본주의 세계경제와 열국체제의 이중적 동학이고 그 합으로서의 세계질서다.[17] 특히 그들은 그 세계질서가 인간의 집합적 실천에 의해

---

15 S. Krasner, *Sovereignty: Organized Hypocrisy* (Princeton: Princeton University Press, 1999); D. Chandler, "International Justice," *New Left Review* 6 (2000), p. 56.

16 J. Rosenberg, *The Empire of Civil Society* (London: Verso, 1994), pp. 123-158. 마르크스는 시민사회를 부르주아사회와 동일시했다. 로젠버그도 이 어법을 따르고 있다. 반면, 고대 그리스와 로마에서는 시민사회가 법이 지배하는 사회와 동의어였고, 토크빌과 그람시를 거치면서 국가와 시장 사이의 새로운 영역 등을 지칭하는 개념이 되었다. 민주화를 경험한 구 사회주의국가와 한국에서는 자율적 행동의 영역으로 시민사회의 개념을 사용하고 있다. 시민사회 개념의 진화에 대해서는 헬무트 안하이어·메어리 칼도어·말리스 글라시우스, 조효제·진영종 옮김, 『지구시민사회: 개념과 현실』 (서울: 아르케, 2004), pp. 20-27.

관리될 수 있는 가능성, 즉 무정부 상태에서도 권위가 행사될 수 있는 지구적 통치를 고려하지 않았다. 지구적 통치는 제국적 권력의 전횡을 제어할 수 있는 제도적 틀이라고 할 수 있다. 이 지구적 통치의 산물이자 매개체가 바로 '국제기구'다. 이 국제기구의 설립을 주도한 최초의 세력은 갈등 없는 시민사회 제국을 건설하려는 자유주의적 국제주의자들이었다.[18] 그러나 영토적 제국주의가 발흥하게 되면서 자본주의 세계경제와 열국체제의 재생산을 관리하는 지구적 통치가 붕괴되었고, 그 결과는 전쟁이었다. 주권의 상호 인정 및 평등을 전 지구적 규범으로 만든 국제기구인 UN의 결성은 영토적 제국주의가 야기할 수도 있는 공도동망共倒同亡을 방지하기 위한 국제적 개입이었다고 할 수 있다.

지구적 통치의 표현 형태인 국제기구는 자본주의 사회에서 시민사회로부터 유리되어 있는 제도적 장치인 국가와 유사하게 이중적 성격을 띠고 있다. 국제기구는 자본주의적 경쟁이 초래할 수 있는 파국을 제어하기 위한 '권력정치의 도구'다. UN, GATT/WTO, IMF, 세계은행 등의 국제기구는 자본 간 경쟁의 부정적 효과를 제어하고, 제3세계에 대한 제국주의 국가의 개입을 정당화하는 제국주의 국가들의 도구로 기능한다. 그러나 국제기구는 주권의 평등이라는 규범을 정당화하는 공간이기도 하다. 제국적 권력이 관철되기 위해서는 그 권력의 정당성에 대한 동의가 필요하다. 그 동의를 마련하는 제도적 장

---

17 "19세기부터의 세계질서는 열국체제와 세계경제의 이중성의 측면에서 정의되고 …… 만약 국가-생산관계가 내부적으로 그 나라의 역사적 블록에 의해 형성되는 것으로 이해된다면, (생산과의 관계를 포함하는) 그 국가는 외부적으로 세계질서의 압력에 의해 제약된다." R. Cox, *Production, Power and World Order* (NewYork: Columbia University Press, 1993), pp. 107-108; M. Rupert, "Alienation, Capitalism and the Inter-State System: Toward a Marxian/Gramscian Critique," S. Gill, *Gramsci, Historical Materialism and International Relations*, p. 84.

18 C. Murphy, *International Organization and Industrial Change* (Cambridge: Polity, 1994).

치가 국제기구이기도 하다. 따라서 국제기구는 부차적 기능이기는 하지만 국제사회에서 공적인 것이 무엇인가를 논의하는 '공론장'의 성격을 가지고 있다.

2. 비영토적 제국주의

6장에서 자세히 기술한 것처럼, 20세기, 특히 제2차 세계대전 이후의 이른바 서구 자본주의의 황금시대에는 영토성의 관리가 지구적 통치의 동의어였다. 이 시기에는 시민사회의 제국도 영토적 경계에 의해 분할되어 있었고, 그 상부구조인 열국체제도 참여 국가의 큰 변동 없이 안정적으로 재생산되었다. 이 재생산의 국제정치적 토대는 초강대국 미국과 소련의 냉전이었고, 그 국제경제적 토대는 금과 미국 달러의 태환을 보장하면서 동시에 화폐자본의 투기적 이동을 제약한 브레튼우즈 체제였다. 이 국제 정치경제적 토대를 기초로, 열국체제는 미국 또는 소련과의 동맹을 통해 안보우산을 제공받는 동서의 국가군과 미국과 소련이 정치경제적 영향력을 행사하기 위해 군사적으로 경쟁하는 장소인 제3세계로 구성되어 있었다.

열국체제의 수평적 차원에서 발생할 수 있는 경쟁은 냉전체제에 의해 봉쇄되었다. 대략 1970년대 초반까지 미국과 소련에 대항할 수 있는 동서국가는 없었다고 해도 과언이 아니다. 미국과 소련은 각각의 역사 특수적 축적체제 및 국가형태를 동맹국에 수출하고 있었다. 열국체제는 미국과 소련이라는 양극의 대립 속에서 안정을 유지할 수 있었다. 그 체제의 수직적 차원은 미국과 소련이라는 제국적 권력의 비호를 받는 '안보국가+발전국가'의 성격을 띠는 반주변부 및 주변부 국가들의 하청 계열화였다. 미국과 소련은 군사동맹과 직접적인 군사개입의 형태로 동맹국가를 관리했다. 예를 들어, 맥도프[H. Magdoff]는 당시 제국주의의 현상 형태였던 미국의 베트남전 개입의 주된 이유가 동남아시아 지역에 대한 군사적 통제였다고 주장한다. 수지타산은 부차적 이

유였다는 것이다. 즉 군사적 통제를 통해 획득할 수 있는 시장과 원자재에 대한 이권보다 군사적 통제가 중요했다는 것이다.[19]

이 새로운 형태의 제국주의는 주권국가의 식민화를 의도하지 않는다는 점에서 과거의 영토적 제국주의와는 다른 비영토적 제국주의로 명명할 수 있을 것이다. 미국과 소련은 자신들의 제국적 권력의 유지와 기존 영토적 경계의 인정을 동일시하고 있는 상황이었다. 예를 들어, 1975년의 헬싱키 의정서로 성립된 유럽안보협력회의CSCE, Conference on Security and Co-operation in Europe(이하 CSCE)는 바로 냉전체제의 국경을 인정하고자 하는 국제 협약이었다. 반면, 시민사회는 점차 영토적 경계를 넘어서서 제국의 형태로 발전하고 있었다. 특히 직접투자가 경제적 팽창의 주요 형태로 등장하게 되면서 투자 지분의 사적 소유권 및 노동력을 포함한 생산요소의 안정적 공급을 보장하는 주권국가의 역할이 강화되는 현상이 발생했다.

6장에서 지적한 것처럼, 새로운 자본의 제국의 등장은 1970년대 초중반을 거치면서 자본주의적 사회관계의 영토화를 토대로 권력의 공간과 자본 재생산의 공간이 우연적으로 일치했던 제2차 세계대전 이후의 역사적 구조가 붕괴되면서 나타났다. 즉 자본주의적 사회관계의 탈영토화의 원인은 제2차 세계대전 이후 세계질서의 내파內破였다. 이 내파의 심층에는 1970년대부터 나타난 자본의 수익성 위기가 자리 잡고 있었다. 위기에 직면한 자본의 선택은 포스트포드주의적post-Fordist 유연 생산과 자본 국제화였다.

좌파 일각에서는 이 자본주의 세계경제의 변화를 보면서 19세기 후반에서 20세기 초반에 걸친 고전적 제국주의를 떠올리기도 한다.[20] 레닌의 약한 고리

---

19 해리 맥도프, 김기정 옮김, 『제국주의의 시대』(서울: 풀빛, 1982). 맥도프는 수출과 외국 투자가 전체 미국경제에서는 작은 요소일 뿐이라는 견해를 반박한다. 특히 그는 저량(stock) 형태의 직접투자가 유량(flow)만을 나타내는 수출과 달리 영속적인 투자 비축으로 이어진다는 점에 주목한다.

테제를 복원하기 위해서라기보다는 신자유주의 '신학자'가 선전하는 평화적 자본주의의 가능성에 대한 비판을 위해서인 것처럼 보인다. 그러나 20세기 초반과 20세기 후반의 시민사회 제국은 질적으로 상이하다. 금융과 생산의 유리遊離 그리고 다국적 기업의 '국제기구화'가 그 지표라고 할 수 있다. 다른 한편으로, 동아시아 발전도상국이 자본주의 세계경제에 통합된 것도 과거의 시민사회 제국과의 중요한 차이라고 할 수 있다.[21] 이 자본주의 세계경제의 이행은 근대 자본주의 사회의 또 다른 축인 열국체제와의 내적 연관을 고려하지 않고는 온전하게 설명될 수 없다.

먼저, 열국체제를 매개로 한 시민사회 제국의 관리, 즉 지구적 통치의 재편이다. 자본주의 세계경제의 변화는 미국 패권의 현상적 약화와 동시적으로 진행되었다. 사실, 브레튼우즈 체제의 붕괴는 미국 달러의 과잉 공급에 따른 신인도 하락 때문이라고 해도 과언이 아니다. 1970년대 위기가 심화되자, 미국, 일본, 유럽의 다국적 기업의 최고 책임자, 정책 결정자, 그들의 이데올로그들이 만든 '사적 국제기구'인 삼각위원회는 세계질서의 불안정을 비용 분담으로 관리하려는 조직체 가운데 하나였다. 자본의 국제화 및 과잉된 민주주의의 제거가 그들이 제시한 자본주의 세계경제 및 국가형태의 재조직화를 위한 대안이었다.[22]

또한 열국체제도 자본주의적 사회관계의 탈영토화를 촉진한 요인이었다. 자본에게 유리한 조건을 제공하여 자국으로 유치하려는 국가들의 '경쟁'으로

---

20 예를 들어, A. Glyn and B. Sutcliff, "Global but Leaderless," R. Miliband and L. Panitch eds., *Social Register 1992* (London: The Merlin Press, 1992); H. Schwartz, *States versus Markets* (NewYork: St. Martin Press, 1994).

21 S. Kim, "East Asia and Globalization," *Asian Perspective* 23: 4 (1999).

22 S. Gill, *American Hegemony and Trilateral Commission* (Cambridge: Cambridge University Press, 1990).

생산자본의 권력이 강화되었다. 선진 자본주의국가들의 '경쟁적' 규제 완화 deregulation는 금융자본에게 국가별 '차이'—예를 들어 환율과 이자율—를 향유하려는 '이동'을 가능하게 했다. 이 경쟁과 차이야말로 근대사회에서 열국체제와 자본주의 세계경제의 내적 연관을 보여 주는 중요한 지표들이다.

새로운 자본주의 세계경제와 열국체제의 내적 연관은 그 세계경제가 강제하는 국가형태의 변화에도 투영된다. 새로운 자본주의 세계경제는 다국적 기업 및 초국적 금융자본이 활동하는 진정한 지구경제의 공간, 이 지구경제와 연결된 공간으로 국가의 자본에 대한 규제가 이루어지는 국민경제의 공간, 그리고 국제적 생산으로부터 배제된 비공식 경제의 공간 등이 공존하는 위계적 구조를 가지고 있다.[23] 자국을 자본주의 세계경제로부터 유리시킬 힘을 가지지 못한 국가들은 위계적 세계경제에 적응하기 위해 재정·통화정책의 자율성보다는 공급 중심의 신자유주의적 개혁을 선택할 수밖에 없다. 이 과정을 우리는 국가의 기업화 또는 국제화라 부를 수 있다. 이 국가형태의 변화는 한국의 1997년 'IMF 위기' 이후의 구조 조정 작업에서 드러나듯 강대국의 권력정치가 작동하는 국제기구를 매개로 이루어지고 있다.

패니치 L. Panitch가 주장하는 것처럼, 이 자본의 제국에서 미국의 제국주의적 지배가 관철되고 있다고 할 수 있다. 더불어 미국은 열국체제에서 단극單極의 위치를 차지하고 있다고 평가되기도 한다.[24] 패니치는 풀란차스 N. Poulantzas를 인용하면서, 이 제국주의가 중심부에 의한 직접지배도 아니고 신식민지 형태의 정치적 종속도 아닌, 각 국민적 사회 구성과 국가의 내부에 지배적인 제국주의적 권력 형태의 유도된 재생산을 통해 유지된다고 주장한다. 국제기구

---

23 R. Cox, "Civil Society at the Turn of Millennium," *Review of International Studies* 25 (1999).
24 L. Panitch, "The New Imperial State," *New Left Review* 2 (2000); 이혜정, "단극 시대 미국의 패권전략," 『한국과 국제정치』 16: 2 (2000).

를 매개로 한 신자유주의적 국가형태의 강제가 바로 신제국주의의 사례일 수 있다. 또한 NATO라는 국제기구를 매개로 유럽 국가들을 동원하여 유고에 대한 공습을 감행한 미국의 행위는 정치 군사적 영역에서의 신제국주의의 사례일 수 있다. 이 논지는 안보, 생산, 금융, 지식의 영역에서 미국이 구조적 권력을 장악하면서 비영토적 제국을 건설하고 있다는 스트레인지S. Strange 주장의 마르크스주의적 해석이기도 하다.25

그러나 정말로 제국주의의 수평적 차원이 사라졌는가? 오히려 1980년대 중반부터 지역주의를 통해 나타나는 자본주의적 사회관계의 재영토화는 제국주의 국가들의 대립을 재현할 수 있는 요소를 지니고 있다. 미국, 유럽연합, 일본은 '자전거의 바퀴통과 살'의 형태로 지역주의를 강화하고 있다. 미국은 아메리카 대륙을 포괄하는 자유무역지대를 실현하려 하고, 유럽연합은 과거 식민지 국가와의 연계를 강화하고 있다. 동아시아 지역에서도 1997년 금융·외환 위기 이후 일본을 중심으로 한 지역 통합의 움직임이 나타나고 있다. 특히 동아시아 지역에서는 미국을 위협하는 가장 위험한(?) 잠재적 경쟁자인 중국이 대국으로 성장하고 있다. 즉 현재 세계는 삼극화triadisation하고 있고, 각각의 극에서 새로운 중심과 주변의 관계가 형성되고 있다. 이 중심과 주변의 관계에서 흥미로운 것은 주변 국가가 적극적으로 지역주의를 선호하고 있다는 점이다. 냉전 해체 이후 자본주의 이외의 대안을 발견하기란 쉽지 않다. 종속적 자본주의 발전이 소국의 선택이 되고 있는 상황이다.

지역으로 분할된 시민사회 제국의 앞날을 예측하기란 쉽지 않다. 그 대립이 20세기 초반처럼 영토 분할 전쟁으로 폭발하지는 않을 것처럼 보인다. 앞서 지적한 것처럼, 주권국가체제의 강화는 비영토적 제국주의의 중요한 조건

---

25 S. Strange, *States and Markets* (London: Pinter Publishers, 1988).

이기 때문이다. 우리는 전 지구적 수준에서 신자유주의화가 진행되면 진행될수록 열국체제가 강화되고 있음을 본다.

III. 국제관계의 민주화

1999년 11월 전 세계에서 모인 '진보적' 정치·사회 세력이 WTO 각료 회의장의 '밖과 안'을 포위한 '시애틀 전투'the battle of Seattle는 지구화 시대에 국제관계의 민주화를 생각하는 이론가들에게는 하나의 '사건'이었다. 2001년 1월 브라질의 포르투 알레그레에서 "또 다른 세계가 가능하다"는 구호 아래 열린 '세계사회포럼', 같은 해 7월 G-8 회의가 열린 이탈리아의 제노아에서의 시위 등은 시애틀 전투의 계승이었다.[26] 2001년 9·11 테러에도 '불구하고/덕분에' 그 사건은 계속되고 있다.[27] 2003년 2월에는 전 세계 4,000여 도시에서 약

---

26 2001년 9·11 이전의 지구시민사회의 활동은 세계사회포럼과 같은 '대안적 포럼', 2001년 7월 독일의 본에서 열린 교토 협약 모임과 같은 '포섭된 포럼', 폭력이 동원되었던 제노아의 '대항적 포럼', 남아프리카공화국의 더반에서 열린 세계인종차별철폐회의와 그 NGO 포럼과 같은 '비시민적 포럼' 등의 네 가지 유형으로 분류될 수 있다. 지구시민사회는 복합적이고 불균질적이며 모순적인 공간이다. 안하이어 외, 『지구시민사회』, pp. 35-41.

27 9·11이 발생하고 얼마 지나지 않아 영국의 『파이낸셜 타임즈』는 "대미 테러가 초래한 결과 중 잘 언급되지 않는 것 가운데 하나는 지구화에 반대하는 대중운동을 중단시킨 일이다"라는 논평을 실었다고 한다. 9·11 테러와 그에 대한 미국 정부의 대응인 테러와의 전쟁으로 인한 "지구적 양극화는 무엇보다 지구시민사회의 정치적 공간을 좁"혔을 수도 있다. 다른 한편으로, 9·11은 "모든 국가의 취약성을 드러내 보였고, 지구적 상호의존의 현실을 보여 주었"으며, "새로운 지구적 의제를 설정하고, 새로운 지구적 규칙을 제정할 수 있는 기회를 제공했다"고 해석할 수도 있다. 9·11은 새로운 지구적 의식이 생겨난 계기일 수 있다. 9·11은 미국의 '일방주의적 계기', 평화지향적 국가들이 대인지뢰 금지 협약과 같은 새로운 국제질서를 만들게 한 '다자주의적 계기' '평화의 계기' '반자본주의 운동의 계기' '이슬람의 계기' '인권의 계기' 등을 산출했다. 안하이어 외, 『지구시민사회』, pp. 33-54. 9·11에 대한

1,000만 명이 임박한 미국의 이라크 침공에 반대하는 시위를 벌이기도 했다. 2003년 9월 멕시코 칸쿤의 WTO 각료 회의장 밖과 안에서 다시금 벌어진 '칸쿤 전투' 또한 지구화에 대한 지구시민사회의 대응이었다.

시애틀과 칸쿤의 전투에서, '신자유주의적 지구화'와 '미국의 일방주의'에/를 저항하는/넘어서려는 사회운동의 다양성을 포착할 수 있다.[28] 시애틀 전투의 구호는 "마침내 트럭 운수 노동자와 바다 거북이가 함께"Teamsters and Turtles Together at Last였다. 이 구호는 시애틀 전투에 참가한 지구시민사회의 주체가 균질적 구성을 가지고 있지 않음을 보여 주는 상징이다. 우리는 노동조합에 기초한 구사회운동인 노동운동과 다른 어떤 가치보다 바다 거북이의 생존을 중요하게 생각하는 환경운동이 시애틀 전투에서 함께하고 있음을 본다. 그리고 그 사이에 생태적, 무정부적, 사회주의적, 인본주의적, 평화주의적, 여성주의적, 자유주의적 사회운동이 위치하고 있음을 발견할 수 있다. 동일한 사회운동 내부에서도 이견이 발생하기도 한다. 예를 들어 선진 자본주의국가의 노동

진보와 보수의 해석으로는 K. Booth and T. Dunne, *World in Collision: Terror and the Future of Global Order* (NewYork: Palgrave, 2002) 참조.

28 P. Waterman, *Globalization, Social Movements and the New Internationalisms* (London: Continuum, 2001); 구갑우, "한국 사회운동의 국제정치," 하영선 외, 『변화하는 세계 바로 보기』(서울: 나남, 2004). 칸쿤 전투는 국제 네트워크인, '우리 세상은 상품이 아니다'(Our World is Not for Sale, OWINFS), '세계사회운동네트워크'(Social Movements International Network), '농민의 길'(Via Compensina) 등이 주도했다. 그 과정에서 한국의 사회운동은 중심에 있었다. '한국민중칸쿤투쟁단'은 현지에서 최대 규모였고, 촛불 시위와 줄다리기 등의 방식을 통해 칸쿤 전투를 이끌었다. 한국민중칸쿤투쟁단은 "한국 민중운동의 최초 대규모 원정 투쟁"이라는 자체 평가를 하기도 했다. 경제 자유 구역의 지정이나 한국-칠레 자유무역협정과 같이 자신들의 삶에 직접적 영향을 미치는 사안에 대해 국제적 대응이 필요하다는 인식 때문이었을 것이다. 칸쿤 전투에서는 투쟁단의 일원인 농민운동가 이경해 선생이 250cm의 저지 장벽 위에 올라가 "WTO가 농민을 죽인다!"(WTO Kills Farmers!)는 구호를 외치며 자결하는 사건이 발생하기도 했다. 칸쿤 전투에서 한국의 사회운동은 자유무역 대 보호무역의 대당을 넘어서서 WTO를 둘러싼 쟁점을, '식량 주권' '공공성' 토지, 종자, 지식에 대한 민중의 권리'로 인식하는 전환을 보여 주기도 했다. 그러나 칸쿤 전투가 한국·농민·남성 중심으로 진행된 것에 대한 비판도 있었다.

운동과 제3세계 노동운동의 이해관계는 다를 수 있다. 전자가 요구하는 국제적 노동조건은 후자에게 생존에 대한 위협이 될 수도 있다.

주체의 분화는 이념의 분화와 동의어다. 시애틀과 칸쿤 전투에 참여한 사회운동들이 신자유주의적 지구화를 동일한 공격 대상으로 설정했음을 부정할 수는 없다. 그러나 그들이 '반자본주의'anti-capitalism 이념을 공유했다고 말할 수는 없다. 인간의 얼굴을 한 자본주의를 만들려는 개혁 운동과, 자본주의에서 사회주의로의 이행이 같은 기획일 수는 없기 때문이다. 주체의 분화에서 볼 수 있는 것처럼, 신자유주의적 지구화에 대한 공격은 각기 다른 지점을 겨냥하고 있기도 하다. WTO가 강제하는 자유무역에 대해서도, 자유무역 그 자체에 대한 반대인지, 아니면 자유무역의 편익이 공정하게 분배되지 않고 있음에 대한 반대인지도 불분명하다. 좀 더 근본적인 문제 가운데 하나는, 지배계급은 미국 정부의 '국가 안보 전략'National Security Strategy 보고서처럼, 테러와의 전쟁이 미국이 주도하는 지구적 자본주의의 안정적 재생산을 위해 필요한 것으로 생각하고 있지만, 사회운동들은 미국의 일방주의적 정책과 신자유주의적 지구화를 통합적으로 사고하지 못하고 있다는 것이다. 예를 들어, 반전·평화운동과 반자본주의적 운동의 접합이 이루어지지 않고 있다는 것이다.

이념의 분화는 이념을 실현할 '공간'에 대한 차이로 나타나고 있다. 공간을 고려한 정치이론이 다시금 의제로 상정되고 있다. 지구화와 지구적 자본주의를 동일시하는 '고립주의자들'—소수의 공산주의자, 지구의 친구들Friends of the Earth과 같은 환경운동 단체, 제3세계 문제에 대한 일국적 해결책을 주장하는 Focus on the Global South, 50 Years is Enough와 같은 반지구화 단체들, 브라질의 Landless Peasants Movement와 같은 지역의 사회운동—은, 탈지구화를 옹호하거나 지방화를 강조하거나, 기존의 국민국가를 매개로 한 변혁을 지지한다. 반면, '개혁론자들'—옥스팜이나 월드비전World Visions과 같은 개발기구, World Development Movement와 브레튼우즈 프로젝트Bretton Woods

Project와 같은 감시 기구, 금융과세운동연합ATTAC과 같은 캠페인 단체—은, 지구적 수준에서의 사회민주주의적 의제에 주목한다. 즉 국제관계의 민주화를 통해 자본주의의 개혁을 모색한다. 개혁론자가 지구적 통치에 주목하는 것도 이 때문이다. 토빈세Tobin Tax나 다국적 기업의 규제는 개혁론자들의 정책 의제들이다.29

이념의 분화는 전략의 분화와 연계되어 있다. 지구적 수준에서의 고립론자와 개혁론자의 대립은 혁명인가 개혁인가라는 진보·좌파의 고전적 논쟁의 재연이기도 하다. 예를 들어, 반자본의 기치 아래 목가적牧歌的 삶의 복원을 주장하는 무정부주의자의 폭력 시위가 다른 사회운동의 평화적 활동과 화학적 결합을 만들어 내기는 어려운 것처럼 보인다. 전략 및 이념과 관련하여 우리가 주목해야 할 또 다른 움직임은 이른바 '대안론자'로 불리는 사회운동이다. 대안론자들은 "지구적 자본주의를 전환시키거나 개혁하기보다 시장의 잠식으로부터 '사물'을 회복하고 대안적 삶의 공간을 창조하려 한다." 단일한 이념적 기치 아래 모여 있지 않은 그들은 "세계는 국가를 통해서 변혁될 수는 없다"라고 주장하며, 권력 관계의 '재편'이 아니라 권력 관계의 '극복'을 희망한다는 점에서 '반권력'의 철학에 기초하고 있다.30 대안론의 공간은 고정되어 있지는

---

29 헬무트 안하이어 외, 『지구시민사회』, pp. 69-75. 토빈세는 노벨 경제학상을 수상한 제임스 토빈(James Tobin)의 이름을 딴 것으로, 모든 외환 거래에 0.05~0.25%의 세금을 부과하여 금융 투기를 막자는 취지에서 제안되었다. 토빈세 주창자들은 이 세금을 거두어 지구적 수준에서 빈곤을 해결하고, 제3세계의 지속가능한 발전에 사용하자고 주장하고 있다.

30 대안론은 안하이어 외, 『지구시민사회』, pp. 75-76; 반권력의 철학은 존 홀러웨이, 조정환 옮김, 『권력으로 세상을 바꿀 수 있는가』(서울: 갈무리, 2002) 참조. 국제적 실천을 고려하는 한국의 사회운동에서도 고립론, 개혁론, 대안론의 분화가 나타나고 있다. 시애틀과 칸쿤의 전투에 참여한 '민중운동'이 고립론에 가깝다면, 한반도 평화를 위해 미국의 정계와 시민사회에 로비를 하거나 유엔이 주도한 '무장 갈등 예방을 위한 시민사회 회의'에 참가했던 시민운동은 개혁론에 근접해 있다. 대안론은 '미학적' 사회운동을 추구하는 세력들에게서 두드러진다. 예를 들어, 국가와 자본을 넘어서는 동아시아 시민사회의 연대를 추구하면서 그 연대의 성격을 '작은' 지역의 연대로 설정하려는 대안도 확산

않지만, 삶의 공간으로서 작은 지역과 작은 지역들의 연대로 만들어지는 큰 지역을 상상하려 한다.

국제관계의 민주화를 실천하는 사회운동의 다양성을, '탈근대적 군주'의 출현으로 해석할 수도 있다.[31] 다양성이 탈근대성의 지표임을 인정할 수 있지만, 군주는 존재하지 않는 것처럼 보인다. 생산, 소비, 보편적 가치의 영역에서 활동하는 사회운동을 가로지르면서 헤게모니를 행사할 수 있는 사회운동이 부재하다는 것이다. 노동운동에서 희망을 볼 수도 있지만, '차이 속의 연대'를 넘어 '차이를 폐기하는 연대'를 가능하게 할 수 있는 보편성을 통해 주체를 호명할 능력은 없는 것처럼 보인다. 현재의 보편은 '반'反—반자본, 반국가, 반패권—의 이념일 뿐이다. 그러나 보편성은 중심을 결여하고 있다는 것을 상정하는 것일 수 있다.[32] 즉 노동운동의 헤게모니와 같은 중심은 보편성의 장애물일 수 있다. 국제관계의 민주화를 고민하는 정치·사회 세력은 물으면서 길을 가며, 다양한 실천의 접합이 결과하는 창발성이 만들어지는 사건의 시간을 만나야 한다.

국제관계의 민주화를 위한 실천에서 또 다른 쟁점은 민주화에 이르는 경로다. 두 가지 국제주의의 길이 가능할 수 있다. 하나는 개혁론자처럼 지구적 수준에서 국제기구의 민주화와 같은 가시적 성과를 지향하는 것이다. 다른 하

되고 있다.

31 S. Gill, "Toward a Postmodern Prince? The Battle in Seattle as a Moment in the New Politics of Globalisation," *Millennium* 29: 1 (2000); *Power and Resistance in the New World Order* (Basingstoke: Palgrave, 2000); Waterman, *Globalization, Social Movements and the New Internationalisms*.

32 은유적이지만, 사도 바울의 정치적 개입에 대한 분석을 통해, 바울을 '보편성의 반철학적 이론가'로 정립하고자 하는 알랭 바디우, 현성환 옮김, 『사도 바울: '제국'에 맞서는 보편주의 윤리를 찾아서』 (서울: 새물결, 2008)는 사회운동의 차이가 어떻게 극복될 수 있는가에 대한 철학적 고투로 읽힐 수도 있다.

나는 국제주의가 땅에 뿌리를 내리지 못하는 부초(浮草)임을 인정하면서, 2004년 뭄바이 세계사회포럼에서의 정리처럼, "사회변혁의 주체 또는 행위자는 사회포럼 자체가 아니라 해당 지역의 여러 대중운동"일 수밖에 없다는 사실에 기초하여, 국제관계의 민주화 경로를 고려하는 것이다. 멕시코 남부에 근거한 사파티스타Zapatista가 말하는 것처럼, 국제 연대의 네트워크는 '희망의 국제화'이고, 그 희망은 각 나라의 경험과 문화에 기반한 투쟁일 수밖에 없다는 것이다.33 두 경로 모두 지구적 통치에 개입하는 것이 필요함을 인정하지만,34 전자가 지구적 수준에서의 개입이라면, 후자는 지역적 수준에서의 활동을 통해

---

33 Waterman, *Globalization, Social Movements and the New Internationalisms*, p. xxiv에서 재인용.

34 지구적 통치를 둘러싸고 온건과 급진이 경쟁하고 있다. 주류 내부에서도 지구적 수준의 정의에 대한 고민이 표출되고 있다. 예를 들어, R. Shapcott, *Justice, Community and Dialogue in International Relations* (Cambridge: Cambridge University Press, 2001); C. Albin, *Justice and Fairness in International Negotiation* (Cambridge: Cambridge University Press, 2001); R. Keohane, *Power and Governance in a Partially Globalized World* (London: Routledge, 2002); A. Praksah and J. Hart eds., *Globalization and Governance* (London: Routledge, 1999); R. Foot, J. Gaddis and A. Hurrel eds., *Order and Justice in International Relations* (Oxford: Oxford University Press, 2003) 등을 참조. 고립론과 개혁론과 대안론이 교차하면서 비판적 시각에서 지구적 통치를 고찰하고 있는 연구 성과로는 R. O'Brien, A. Goetz, J. Scholte and M. Williams, *Contesting Global Governance* (Cambridge: Cambridge University Press, 2000); C. Eschle and B. Maiguashca eds., *Critical Theories, International Relations and 'the Anti-Globalisation Movement': The Politics of Global Resistance* (London: Routledge, 2005); R. Wilkinson and S. Hughes eds., *Global Governance: Critical Perspectives* with a Foreword by C. Murphy (London: Routledge, 2002); T. Pogge ed., *Global Justice* (Oxford: Blackwell, 2001); H. Tam ed., *Progressive Politics in the Global Age* (Cambridge: Polity, 2001); T. Pangle and P. Ahrensdorf, *Justice among Nations* (Lawrence: University Press of Kansas, 1999); H. Smith ed., *Democracy and International Relations: Critical Theories/Problematic Practices* (London: Macmillan, 2000); L. Sklair, *Globalization: Capitalism & Its Alternatives* (Oxford: Oxford University Press, 2002); D. Held, *Global Covenant: The Social Democratic Alternative to the Washington Consensus* (London: Blackwell, 2004); R. Jackson, *The Global Covenant: Human Conduct in a World States* (Oxford: Oxford University Press, 2003) 등을 참조. 지구적 통치와 관련된 중요 논문 모음집으로는 T. Sinclair ed., *Global Governance: Critical Concepts in Political Science* Vol. I, II, III, IV (London: Routledge, 2004)가 있다.

지구적 수준에 개입하는 우회의 길이다.

그러나 두 경로는 상충하지 않는다. 자본의 제국이 건설되고 있는 상황에서, 국가 안에서 진행되는 해방의 프로젝트는 국가 밖에서의 적극적 사회운동과 결합하지 않으면 불가능할 수도 있다. 달리 표현한다면, 이른바 지구화 시대에 진보를 위한 사회운동의 공간은 안과 밖으로 구분되지 않는다. 어느 경로를 선택하든 그것이 안과 밖을 동시에 고려하는 실천이 될 수밖에 없다. 그것이 지구화가 부과한 현실이다. 국제관계의 민주화를 추진하고자 하는 정치·사회 세력은 지구화가 강제일 수 있지만, 그 강제가 이미 주어져 있는 구조를 의미하는 것이 아니라는 점에 주목해야 한다. 세계질서가 형성되는 과정에 대한 관찰 및 비판은 진보적 사회 세력의 대항 헤게모니의 형성을 위한 필수적 기초다.

개혁론의 입장에 선다면, 세계질서를 관리하는 국제기구의 민주화 및 개혁은 지구적 수준의 진보를 위한 첫걸음일 수 있다. 앞서 지적한 것처럼, 국제기구는 권력정치의 도구지만 다른 한편으로 지구적 의제를 다루는 공론장의 역할을 한다. 사회민주주의의 역사는 국가의 민주화가 사회 및 경제의 민주화로 연결될 수 있음을 보여 준다. 이제 그 사회민주주의를 국제기구에 적용할 수 있는 기회가 열리고 있다. UN의 지지를 받는 국제적 사회민주주의 세력은 IMF와 세계은행의 정책 결정 과정의 민주화, OECD나 G-8과 같은 세계경제 통치 기구의 UN으로의 이전, UN 경제안보이사회의 신설과 같은 제안을 하고 있다.[35] 열국체제의 지구화를 통해 주권의 평등과 상호 인정이 하나의 규범으로 자리 잡아 가는 상황에서 국제기구의 민주화는 실현 가능한 진보적 대안일

---

35 Commission on Global Governance, *Our Global Neighborhood* (Oxford: Oxford University Press, 1995).

수 있다.

그러나 이 사회민주주의적 타협조차도 다양한 반자본주의적 사회운동과 국제정치의 공식 무대에서 활동하고 있는 개혁주의 세력의 연대가 없다면 불가능하다. 자본주의적 세계경제가 야기하는 지구적 수준의 이익 갈등을 비폭력적 방식으로 조정하려는 자본가계급의 엘리트들은, 이미 진보적 사회 세력에 대한 포섭과 배제를 시도하고 있다. WTO나 IMF의 회의에 참여하여 국제기구를 매개로 한 제국적 권력의 행사를 정당화하는 데 일조하는 사회 세력도 나타나고 있다. 자칫, 사회운동 세력의 분열을 야기할 수도 있는 요인이다. 무엇보다도, 사회운동 세력의 연대를 가능하게 할 수 있는 의제의 설정이 요구된다. 그 출발점은 역사적 경험이 이야기하듯, 시민사회로부터 분리되어 존재하는 정치체의 민주화를 위한 투쟁이다.

IV. 맺으며

글을 맺으면서, 제국주의는 여전히 유효한 문제 설정인가라는 스스로의 질문에 간략히 답하고자 한다. 고전적 제국주의론에서 설정했던 제국주의의 수평적·수직적 차원은 여전히 발견된다. 사실 주류 담론에서도 비영토적 제국주의를 부정하지는 않는다. 예를 들어, 패권안정론은 비영토적 제국주의를 승인하는 다른 표현이다. 제국주의가 야기할 수도 있는 파국을 봉쇄하겠다는 또 하나의 차원이 추가되어 있음이 다를 뿐이다.

제국주의라는 문제 설정의 정치적 함의는 약한 고리의 절단과 그를 통해 전체 고리를 붕괴시키겠다는 것이었다. 사실 제국주의에 관한 좀 더 근본적 질문은 바로 이 문제 설정이 여전히 유효한가라는 것이다. 세계체제의 바깥에 대한 고민이 여전히 유효할 수 있지만 그 경로는 불투명하다. 국제기구의 민주화라는 대안은 제국주의론의 정치적 문제 설정을 우회하는 하나의 길이라고 생각한다. 제국주의 비판은 가능하지만, 그 비판이 제국주의 바깥에서 제국주의를 공격하는 방법을 제시하고 있지는 않다.

제8장

20세기 세계질서와 서구의 국가형태
: 자유주의의 진화

I. 머리말

　이 글은 20세기에 서구의 선진 자본주의 사회를 지배했던 정치경제 '사상'의 변천을 국가형태의 변화라는 시각에서 조망한다. 국가형태에 주목하는 이유는 두 가지다. 첫째, 20세기는 '국가의 시대'였다. 20세기에 들어서서 국민국가가 사회의 지배적 정치 공동체로 등장했고, 이 정치 공동체들 사이의 경쟁과 협력이 20세기 국제 정치경제를 규정짓는 힘이었다. 이 시대적 특징에 걸맞게 20세기의 주요한 정치경제 사상은 국가형태로 응축되어 그 모습을 드러냈다. 둘째, 국가형태는 세계질서와 축적체제가 상호 작용하면서 결정된다. 이 때 국가형태는 국가의 안과 밖의 불가피한 연계라는 시각에서 서구 국가의 국내정치를 설명할 수 있게 하는 결절점이다.

　20세기 서구 사회에 출현했던 다양한 국가형태의 처음과 끝을 관통하는 정치경제 사상은 자유주의다. 민족주의나 사회주의가 자유주의에 버금가는 경쟁 사상이었고, 특정 정세에서 이 사상들이 우위를 점했던 시기도 있었다. 하지만 자유주의는 항상 서구 국가형태의 핵을 구성하는 요소였다. 자유주의는 끊임없는 '형태 변환'을 통해 그 생명력을 유지해 왔다. 따라서 그 다양성 때문에 자유주의란 무엇인가라는 본질적으로 논쟁적인 질문이 제기될 수도 있다. 그럼에도, 이 글에서 자유주의를 화두로 국가형태론을 전개하는 이유는, 자유주의야말로 자본주의 생산양식 및 근대국가의 성격에 가장 잘 부합하는 정치경제 사상이라고 생각하기 때문이다. 즉, 자본주의 생산양식 및 근대국가의 성격 변화와 자유주의 사상의 형태 변환은 긴밀히 연관되어 있다.

서구 사회에서 자유주의는 '고전적' 자유주의classical liberalism에서 '사회적'social 또는 '새로운'new 자유주의로, 사회적 자유주의에서 '신'neo 자유주의로, 신자유주의에서 '제3의'the third way 자유주의로 진화해 왔다. 생물학적 분류 개념을 사용한다면, 자유주의라는 유類 개념을 전제할 때, '고전적 자유주의와 신자유주의' 그리고 '사회적 자유주의와 제3의 자유주의'는 각각 동일한 종種 내부에서의 변이 형태다. 극단적으로 표현한다면, 자유주의의 진화는 시계추적 반복—자유주의의 과잉과 그것의 정정—과정이다. 이 글에서, 우리는 이 자유주의의 진화에 조응하는 서구의 국가형태로 고전적 자유주의국가, 사회적 자유주의국가, 신자유주의국가, 제3의 자유주의국가를 제시한다.

서구 국가형태의 변화를 자유주의의 진화라는 시각에서 설명할 때, 우리는 사회적 정의(또는 평등)와 경제성장의 병행 발전을 추진했던 정치경제 사상인 사회주의와 사회민주주의라는 '대항 헤게모니적' 사상을 경시한다는 비판에 직면할 수 있다. 사실, 경제적 자유의 극대화 논리에 대한 사회적 수준의 저항이 없었다면, 자유주의 형태 변환은 발생할 수 없었기 때문이다. 사회과학계의 통상적 용어를 도입한다면, 사회적 자유주의는 사회민주주의로, 제3의 자유주의는 이른바 제3의 길 또는 '갱신된' 사회민주주의로 표현될 수도 있다. 그럼에도 이들 사상을 자유주의의 변종으로 취급하는 이유는, 현실적 힘을 가지고 있는 서구의 사회주의나 사회민주주의 세력이 자본의 전제tyranny를 제약하기 위해 노력하고 있지만, 궁극적으로 자유주의의 '하부구조'인 자본주의 생산양식 그 자체를 부정하지는 않기 때문이다. 더 나아가 동종同種의 자유주의 내부에서의 차이가 자유주의의 경향적 강화, 즉 사회 세력 사이의 힘 관계에서 자유주의적 세력의 강화를 반영하는 것이라고 할 때, 서구의 정치경제 사상 및 국가형태의 변화는 자유주의의 진화라는 시각에서 좀 더 적절하게 포착될 수 있을 것이다.

II. 국가형태론: 이론적 논의

국가 개념 자체가 논란의 대상이듯,[1] 국가형태도 지식 공동체에서 합의된 개념이 아니다. 자유주의와 마르크스주의같이 서로 경쟁하는 패러다임이 존재하고 그 패러다임을 유지, 발전시키고자 하는 지식 공동체가 각기 다른 형태의 이론을 생산하고 있는 곳이 학문 세계임을 고려할 때, 지식 공동체들을 가로지르는 국가형태 개념에 대한 합의의 부재가 놀라운 일은 아니다. 또한 비교 정치경제와 국제 정치경제라는 학문 분과의 구분도 국가(형태)에 대한 이해와 설명의 차이에서 비롯된 것처럼 보인다. 따라서 누구나 동의할 수 있는 국가형태론을 전개하는 것이 불가능한 작업일 수 있다. 그럼에도, 국가형태론은 서로 경쟁하는 지식 공동체 사이의 소통과 비교 정치경제와 국제 정치경제라는 '인위적' 분류의 지양을 위해 유용하다는 것이 이 글의 문제의식이다. 다

---

[1] 경쟁하는 국가 이론—예를 들어, 다원주의적 시각, 국가주의적 시각, 마르크스주의적 시각—에 대한 포괄적 정리로는 P. Dunleavy and B. O'Leary, *Theories of the State: The Politics of Liberal Democracy* (Macmillan, 1987); R. Alford and R. Friedland, *Powers of Theory: Capitalism, the State and Democracy* (Cambridge: Cambridge University Press, 1985) 참조.

양한 국가형태론의 정리로부터 이론적 논의를 시작하는 것도 이 때문이다.

첫째, 국가형태론은 선진 자본주의 사회에 존재하는 그리고 존재했던 국가형태의 '다양성' 시각에서 전개될 수 있다. 예를 들어, 국가의 발전, 성격, 기능의 측면에서 공통의 유형이 있음을 인정하면서도, 국가의 '제도적 구조'와 '복지체제' 등에서의 차이를 찾아낸다.[2] 즉, 제도적·사상적·문화적 차이 등에서 기인하는 '국가 전통'의 다양성과 국가형태론을 연결한다. 비슷하게, 자본주의 형태론에서도 소유권이나 잉여가치의 사용을 관리하는 제도적 체계의 비교를 통해 자본주의 내부에서의 변이를 탐색한다. 이 맥락에서, 국가형태는 국가들 사이의 '차이'를 설명하는 개념이 된다.

둘째, 국가형태는 역사적으로 특수한 국가구조를 지칭하는 개념으로 사용되기도 한다. 보편적인 국가 개념으로 국가의 행동을 설명하는 것이 제한적이기 때문에, 실제의 역사적 세계를 이해하기 위해서는 독특한 국가형태를 고려해야 한다는 것이다. 이 국가의 '역사적 형태'에는 국가권력이 궁극적으로 의존하는 사회적 힘의 관계가 담겨 있고, 이를 기초로 개별 국가형태의 비교가 가능하다.[3] 이 맥락에서 국가형태는 추상적 국가 개념이 실제 세계에서의 구체적 형태로 정의되고, 따라서 공시적共時的 공간에서의 형태적 차이—국가형태의 다양성—를 아우를 수 있는 특정 역사적 시공간에서의 국가구조 및 국가

---

2 A. McGrew, "The State in Advanced Capitalist Societies," J. Allen, P. Braham and P. Lewis eds., *Political and Economic Forms of Modernity* (Cambridge: Polity Press, 1992); P. Allum, *State and Society in Western Europe* (Cambridge: Polity Press, 1995), part III; G. Esping-Andersen, *The Three Worlds of Welfare Capitalism Cambridge* (Polity Press, 1990).

3 R. Cox, Production, *Power and World Order: Social Forces in the Making of History* (NewYork: Columbia University Press, 1987), part 2; S. Gill, "Epistemology, Ontology and the 'Italian School'," S. Gill ed., Gramsci, *Historical Materialism and International Relations* (Cambridge: Cambridge University Press, 1993), pp. 24-25; S. Clarke, Keynesianism, *Monetarism and the Crisis of the State* (London: Edward Elgar, 1988), pp. 120-154를 참조.

형태의 역사적 이행—통시적通時的 형태 변환—을 논의할 수 있게 된다.

셋째, 좀 더 높은 추상 수준인 내용과 형태의 변증법이라는 차원에서 국가형태론이 논의되기도 한다. 형태를 단순히 어떤 종의 특징이 아니라 '존재 양식'으로 이해하는 것이다. 예를 들어, 상품은 화폐 형태, 신용 형태, 세계시장 속에서 그리고 그것들을 통해 존재한다. 마찬가지로, 국가형태의 개념도 권위주의적 국가형태나 포드주의적 국가형태와 같이 역사적으로 특수한 국가의 성격을 나타내는 것이라기보다는 '사회관계'의 존재 양식—사적인 특수 이익의 보편화 기제로서 국가형태, 즉 내용과 형태의 모순—으로 인식된다.[4] 이 맥락에서, 국가형태는 자본주의 재생산과정에서 하나의 계기로서 형태상 보편적 이익을 추구하는 자본주의국가로 자리 매김된다.

다양한 국가형태론이 공존하는 이유는 근대사회에서의 정치체와 경제의 분리, 즉 국가가 경제사회의 지배계급으로부터 분리된 제도적 형태로 등장하는 것에 대한 해석의 차이 때문이다. 사실, 이 정치체와 경제의 분리를 통해 근대사회에서 국가는 지배 계급의 도구가 아닌 외관상 국민 통합을 수행하는 중립적 제도로 등장할 수 있게 된다. 이 제도적 형태가 '자본주의 사회에서의 국가'인가, 아니면 '자본주의국가'인가는 이미 국가론의 고전적 논쟁의 대상이었다.[5] 첫 번째 국가형태론이 자본주의 사회에서 국가들의 변이형태에 주목한다면, 세 번째 국가형태론은 자본주의국가의 특수한 형태에 치중한 설명이다.

---

[4] W. Bonefeld, R. Gunn and K. Psychopedis, "Introduction"; W. Bonefeld, "Social Constitution and the Form of the Capitalist State," W. Bonefeld et al. eds., *Open Marxism: Dialectics and History* (London: Pluto Press, 1992).

[5] R. Miliband, *The State in Capitalist Society* (NewYork: Basic Books, 1969); N. Poulantzas, "The Problem of Capitalist State," *New Left Review* 58 (1969); R. Miliband, "The Capitalist State: A Reply to Nicos Poulantzas," *New Left Review* 59 (1970); E. Laclau, "The Specificity of the Political: The Poulantzas-Miliband Debate," *Economy and Society* 4 (1975).

전자가 국가'제도'를 강조한다면, 후자는 '사회관계'에 주목한다.

그러나 현실의 국가는 특정한 영토적 경계 내부에서 작동하는 정치적 제도의 집합이면서 동시에 그 사회의 지배적 사회관계—자본과 노동의 관계—가 응축되어 있는 형태로 이해되어야 한다. 특히, 국가가 공동선의 담지자로 등장하면서 계급 지배의 도구로 나타나는 모순적 현상을 설명하기 위해서도 제도와 형태라는 관점을 견지할 필요가 있다. 이 측면에서, 국가의 역사적 형태를 정치투쟁의 생산물로 고려하는 두 번째 국가형태론은 종합적 시각을 제공한다. 사회관계가 투사된 역사 특수적 국가구조를 국가형태로 이해하고 있기 때문이다. 그렇다면, 이 국가의 역사적 형태는 어떻게 결정되는가?

국가형태를 결정하는 국내적 요인으로, 우리는 '특정 시기 자본주의적 생산 및 생산관계' 시민사회와 정치사회를 연결하는 '정치적 대표의 방식' 그리고 이 특정한 축적체제와 정치적 대표 방식을 반영하면서 동시에 축적 전략 및 이익 매개interests intermediation 양식을 결정하는 '국가의 제도적 구조'—특히, 국가 장치 내부에서의 힘의 분포—를 제시한다.[6] 사회 중심적 국가론과 국가 중심적 국가론을 종합하는 이 형태론은 국가를 정치사회와 시민사회의 합으로 인식했던 이탈리아의 사상가 그람시의 확장국가 개념에 근거한 것으로, 자본과 국가—착취와 지배—의 관계를 외부적인 관계가 아니라 동일한 체계에 속하는 두 측면 간의 관계로 인식하는 것이다.[7]

---

[6] 이와 같은 결정 요인은 비판적 국제관계 이론가인 R. Cox의 "Social Forces, States and World Orders: Beyond International Relations Theory"; "Gramsci, Hegemony and International Relations: An Essay in Method," R. Cox with T. Sinclair, *Approaches to World Order* (Cambridge: Cambridge University Press, 1996); *Production, Power and World Order*와 마르크스주의 전통에 입각해서 전략-관계론적 국가론을 모색하고 있는 제숍의 *State Theory: Putting the Capitalist State in its Place* (Cambridge: Polity Press, 1990의 견해를 종합한 것이다.

[7] 유사한 견해로는 함택영, 『국가 안보의 정치경제학』(서울: 법문사, 1998), pp. 88-143; C. Tilly, *Coercion, Capital and European States: AD 990~1992* (Oxford: Basil Blackwell, 1992)를 참조.

그러나 이 국내적 요인만으로 국가형태가 결정되지는 않는다. 근대 세계에서 국가는 항상 국가들의 체계 속에서 존재해 왔다. 하나의 국가는 항상 다른 국가와 구분되는 정치적 공동체로 인식되어 왔다. 즉, 자본주의국가는 국민국가의 형태로 존재했고, 21세기에도 그 틀을 완전히 벗어난 것은 아니다. 따라서 국내적으로는 제도 및 형태로 이해되는 국가가 국제 정치경제의 장에서는 현상적으로 사회와 분리 불가능한 '전체로서의 나라'를 의미하는 국민적-영토적 총체로 등장하게 된다.[8] 따라서, 국가 내부의 차이가 국제관계의 무대에서는 의미를 갖지 않는다는 주장이 제기된다. 예를 들어, 어떤 국가 외교관의 발언은 그 국가의 국민 및 사회의 집합적 목소리로 이해되곤 한다. 국가는 마치 안과 밖에서 다른 얼굴을 가진 야누스처럼 보이기도 한다.

그러나 근대사회의 세계질서를 열국체제로 환원할 수는 없다. 즉, 계급투쟁은 국내정치에만 영향을 주고 국가 간 대립이 국가의 형태를 결정한다고 주장할 때 자본주의적 사회관계와 열국 체계의 내적 연관을 포착할 수 없고, 반대로 열국체제를 자본주의적 사회관계의 하위 범주로 설정하는 세계체제론도 사회 중심적 환원론의 오류를 범할 수밖에 없다.[9] 우리는 "19세기부터의 세

이 글에서 별로 언급하지 않고 있는 국가 중심적 국가이론에 대해서는 P. Evans, D. Rueschemeyer and T. Skocpol eds., *Bringing the State Back In* (Cambridge: Cambridge University Press, 1985)을 참조.

8 이 전형적인 신현실주의 국제정치 이론의 국가관에 대해서는 K. Waltz, *Theory of International Politics* (Reading: Addison-Wesley Publishing Company, 1979). 신현실주의 전통 내부에서도, 국가/사회관계를 고려하면서 국가를 정의하려는 시도가 있기는 하지만, 국제관계의 장에서 사회관계는 역시 배제된다. 따라서 국가는 사회의 통제를 받지 않고 국가이익(national interests)을 추구하는 '자율적' 행위자로 상정된다. S. Krasner, "Approaches to the State: Alternative Conceptions and Historical Dynamics," *Comparative Politics* 16: 2 (1984); *Defending the National Interest* (Princeton: Princeton University Press, 1978). 신현실주의 국가관에 대한 비판으로는 F. Halliday, *Rethinking International Relations* (London: Macmillan, 1994), pp. 31-37을 참조.

9 전자는 O. Hintze, "Military Organization and the Organization of the State," F. Gilbert ed., The Historical Essays of Otto Hintze (Oxford: Oxford University Press, 1975)를, 후자는 I.

계질서는 열국체제와 세계경제의 이중성의 측면에서 정의되(고) …… 만약 국가-생산관계가 내부적으로 그 나라의 역사적 블록에 의해 형성되는 것으로 이해된다면, (생산과의 관계를 포함하는) 그 국가는 외부적으로 세계질서의 압력에 의해 제약된다"는 견해를 수용한다.[10] 즉, 우리는 세계질서를 국가형태 결정의 주요 요인으로 간주한다.

그렇다면, 세계질서는 국가형태에 어떻게 영향을 미치는가? 비교 정치경제와 국제 정치경제를 접목하려는 이른바 '역전된 두 번째 이미지'second image reversed 이론은 세계질서와 국가형태의 연계 고리를 해명하려는 시도 가운데 하나다. 이 이론에 따르면, 국제체제는 국내정치 및 구조의 결과일 뿐만 아니라 그것들의 '원인'이기도 하다. 즉, 경제 관계와 군사적 압력은 정책 결정에서부터 정치적 형태에 이르기까지 국내정치의 범위를 제약하는 요소로 등장한다.[11] 여기서 국내정치는 정치적 대표의 기제, 정치적·사회적 연합, 정치경제제도, 사상 등이 연루된 정책 선택의 과정이다. 이 국내적 과정과 국제적 과정의 상호 작용을 통해 역사 특수적인 국가형태가 결정된다. 특히, 국제 정치경제가 심각한 위기에 직면하게 될 때, 그 위기에 대한 대응으로, 국가형태의 변화가 발생한다.

Wallerstein, The Politics of the World-Economy (Cambridge: Cambridge University Press, 1984) 참조. 두 견해에 대한 비판은 A. Wendt, "The Agent-Structure Problem in International Relations Theory," *International Organization* 41: 3 (1987)을 볼 것.

10 Cox, *Production, Power and World Order*, pp. 107-108; M. Rupert, "Alienation, Capitalism and the Inter-State System: Toward a Marxian/Gramscian Critique," S. Gill ed., Gramsci, *Historical Materialism and International Relations*, p. 84.

11 P. Gourevitch, "The Second Image Reversed: The International Source of Domestic Politics," *International Organization* 32: 4 (1978); *Politics in Hard Times: Comparative Response to International Economic Crises* (Ithaca: Cornell University Press, 1986). 국가의 내부적 구조로부터 국제체제를 설명하려는 두 번째 이미지이론에 대한 정리로는 K. Waltz, *Man, the State and War* (NewYork: Columbia University Press, 1959)를 볼 것.

III. 고전적 자유주의국가에서 사회적 자유주의국가로

1. 자유주의적 세계질서에서 제국주의 국가 간 경쟁으로

경제인류학 연구자인 폴라니는 그의 저서 『거대한 변환』을 19세기 문명의 기반이었던 네 가지 제도―세력균형 체제·국제 금본위제·자기 조정적 시장·자유주의국가―의 붕괴로부터 시작한다. 앞의 두 제도는 국제적 수준에서, 뒤의 두 제도는 국내적 수준에서 작동하는 정치경제 제도들이었다. 폴라니는 자기 조정적 시장의 국제적 확장인 국제 금본위제의 몰락에서부터 19세기 문명의 위기를 탐색하고 있다.[12] 폴라니의 지적처럼, 19세기를 지탱했던 국제체제의 위기를 계기로, 고전적 자유주의국가는 사회적 자유주의국가로 변모했다.

1840년대부터 영국은 세계 정치경제의 헤게모니국가로 부상했다. 1851년 런던에서 열린 만국박람회는 헤게모니국가로서 영국의 지위를 세계에 알린 상징적 행사였다. 당시 영국은 자본주의 경제의 혈관인 세계 철도의 절반을 보유하고 있었고, 영국 자본의 금융 중심지인 '시티'City of London는 세계경제의 중심이었다. 고전적 자유주의 시대의 절정으로 평가되는 이 시기의 세계질서는 유럽 중심의 열국체제와 자유무역을 통한 세계경제의 확장으로 설명될 수 있다. 이 세계질서를 주도한 국가가 바로 영국이었다.

그러나 1873년 오스트리아 빈의 증권거래소 파산에서 시작해 대략 1895년까지 지속된 세계경제의 불황―물가 하락과 생산 감소, 실업과 실질임금 하락―을 계기로 영국의 헤게모니는 쇠퇴하기 시작했다. 영국 중심의 세계질서

---

12 K. Polanyi, *The Great Transformation: The Political and Economic Origins of Our Time* (London: Farrar, 1944).

는 일정 수준의 산업화를 이룩한 제국주의 국가들 사이의 경쟁 질서—시장 및 식민시 쟁탈전—로 대체되었고, 세계경제에서도 자유무역이 아닌 보호무역이 득세했다. 19세기 후반에 들어서면, 이미 미국과 독일은 철도, 석탄, 철강 등의 분야에서 영국을 앞지르고 있었다. 그 결과 세력균형 체제로 유지되던 유럽적 정치체제가 세력균형도 헤게모니국가도 존재하지 않는 체제로 변형되었다.

영국의 헤게모니가 약화되기 시작한 1870년대에 들어서서 비로소, 금본위제는 국제통화제도로서 자리를 잡게 되었다. 국제적 금본위제는 한 국가의 중앙은행이 화폐의 고정된 가격으로 금과의 태환을 보장하고, 금의 자유로운 국제적 이동이 이루어지는 통화제도다. 따라서 이른바 가격 정화 유동 메커니즘price-specie-flow mechanism을 통한 국제수지의 자동 균형이 이루어지고, 한 국가의 중앙은행이 금의 흐름에 수동적으로 반응할 것으로 예상되었다. 그러나 이것은 신화였고, 실제로는 심각한 국제수지 불균형이 존재했다. 또한 중앙은행들은 금의 유출입에 대한 재량권을 행사했다. 그럼에도, 고정환율은 유지되었고, 자본의 이동은 이른바 현재의 지구화 시대에 버금갈 정도로 이루어졌다. 국제적 금본위제가 순조롭게 기능할 수 있었던 것은 영란은행Bank of England이 이자율 조작을 통해 자본 흐름을 조정할 수 있었고, 국제수지 적자국에 대한 대부를 통해 국제적인 유동성 위기를 사전에 방지할 수 있었기 때문이다.

제국주의 국가 간의 경쟁은 결국 제1차 세계대전으로 귀결되었고, 세계 전쟁이 발발하자 국제 금본위제도가 일시적으로 정지되었다. 1919년 전쟁이 종료되자, 세계 각국은 평화체제 구축과 국제 금본위제 복원을 위한 작업에 착수했다. 1920년 그 모습을 드러낸 국제연맹League of Nations은 집단 안보체제를 통해 전쟁을 예방하고자 하는 최초의 국제기구였다. 그러나 이 기구의 창설을 주도한 미국의 무관심으로 새로운 국제관계의 규칙이 현실화될 수 없었다. 1925~26년경에는 국제 금본위제가 복원되었다. 그러나 이 복귀는 불행히도 역사상 유례가 없는 세계 대공황의 전주곡이었다.

1920년대 중반, 독일의 전쟁 배상금 삭감안과 유럽 국가들 사이의 국경선 재조정 작업으로 정치적 긴장 완화가 이루어지고, 더불어 인플레이션과 실업이 서서히 극복되기 시작했다. 또한 대량생산 대량 소비의 포드주의적 축적체제의 원형도 바로 이 시기에 등장했다. 그러나 세계정치의 이면에는 여전히 전쟁을 야기했던 공격적 민족주의가 도사리고 있었고, 회복의 기미를 보이던 세계경제는 1929년 뉴욕 증권시장 폭락 사태와 1931년 오스트리아에서 발생한 금융 위기를 시작으로 대공황의 늪에 빠지게 되었다.

경제 위기가 닥쳐오자 대부분의 국가들은 금본위제에 기초하여 경제의 균형을 이루기 위해 디플레이션 정책을 선택했다. 1930년 미국의 스무트-홀리 Smoot-Hawley 관세법 제정을 계기로 또한 보호무역 정책이 일반화되었다. 이 정책들은 국내적·국제적 수요의 감소를 초래한 요인이었다. 유효수요의 부족에 따른 생산 설비의 과잉으로 공황이 야기되었고, 정상적으로 작동하지 않던 금본위제―예를 들어, 파운드의 고평가, 프랑의 저평가―의 고수는 공황을 심화시킨 원인이었다.[13] 즉, 경제가 자동적으로 균형 상태에 이를 것이라는 고전적 자유주의 경제 이론의 환상에 얽매여 있던 서구의 정책 결정자들은 금본위제 이데올로기의 '포로'였고, 그들이 선택한 정책은 대공황의 확산을 야기했다.

대공황이 시작되자, 제1차 대전 이후 강력하게 금본위제의 복원을 주장했던 영국이 1931년 금본위제를 이탈하면서 파운드화를 평가절하했다. 그러나 다른 국가들은 유효수요의 부족을 타개할 수도 있는 영국의 길을 따르지 않고,

---

13 양동휴, "1930년대 미국 대공황의 원인과 성격," 『미국 경제사 탐구』(서울: 서울대학교출판부, 1994); P. Temin, *Lessons from the Great Depression* (Cambridge: The MIT Press, 1989); M. Friedman and A. Schwartz, *A Monetary History of the United States, 1867~1960* (Princeton: Princeton University Press, 1963).

1930년대 중반까지 금본위제를 고수했다. 금본위제의 유지를 위한 '국제 협력'은 이루어졌지만, 그 국제 협력은 오히려 대공황을 확산시켰다. 뚜렷한 목표를 가지지 못한 국제 협력이 위기를 가중시킨 것이다. 대공황의 원인이 헤게모니국가의 부재—영국의 능력 부족과 미국의 의지 부족—때문일 수 있지만,[14] 좀 더 근원적인 것은 당시 세계의 정책 결정자들이 공유할 수 있는 새로운 사상의 부재였다. 다시금 세계대전을 거치고 나서야 비로소 새로운 세계질서를 기획하고자 하는 협력체제가 구축될 수 있었다.

2. 고전적 자유주의국가에서 사회적 자유주의국가로

자본주의적 발전이 본격적으로 추진되면서, 고전적 자유주의국가는 그 내부에서부터 서서히 모습을 바꾸어 나가기 시작했다. 특히, 주목되는 것은 국가 기능의 확대였다. 근대 자유주의 경제 이론의 시조인 스미스는 그의 저서『국부론』에서, 국가의 역할을 소유권의 보호나 "개인이 그것을 건설하고 유지한다고 기대할 수 없는" 공공적 성격을 갖는 재화들—예를 들어, 사법, 국방, 도로, 우편 등등—을 공급하는 것으로 제한하고자 했다.[15] 고전적 자유주의자들은 자율적 시민사회를 모든 덕의 원천으로 간주하면서 국가 그 자체를 필요악으로 생각하고 있었고, 따라서 최소국가 minimal state를 이상적 국가형태로 생각했다.

그러나 이 최소국가론은 자본주의적 산업화가 진행되면서, 더 이상 지탱될 수 없게 되었다. 산업혁명의 결과, 기계를 사용하는 생산방식이 일반화되

---

14 C. Kindleberger, *The World in Depression, 1929~1939* (Berkeley: University of California Press, 1986).
15 애덤 스미스, 김수행 옮김,『국부론』(서울: 동아출판사, 1996), p. 213.

면서 단순히 노동일勞動日의 연장을 통해 잉여가치를 추출하는 방식에 문제가 제기되었다. 개별 자본가들이 노동시간 연장이라는 방법만으로 수익성 제고를 도모한다면, 사회 전체적으로 노동력의 안정적 재생산이 위협받을 수 있기 때문이다. 즉, 자본주의적 생산방식의 확산이 초래한 사회적 파괴 현상과, 이 사회적 문제에 대항하는 노동자계급의 집단주의적 운동으로 인해 고전적 자유주의국가 및 국가 이론은 위기에 직면하게 되었다. 이 '이중적 운동'에 대한 국가의 적극적 대응이 노동자의 작업 시간이나 작업 조건을 개선하는 개혁적 노동 입법—예를 들어, 영국의 공장법Factory Act, 선거권 확대, 노동조합의 법적 인정 등등—이었다.

이 개혁 입법의 증가는 자유주의국가론을 수정한 결과이면서 동시에 그 수정에 박차를 가한 원인이기도 했다. 집단주의적 개인주의J. Mill 또는 '개인주의적 집단주의'T. H. Green로 이름 붙일 수 있는 이 '새로운' 경향의 자유주의자들은 자본주의 시장 경제의 확대로 초래된 사회적 문제들이 개인의 자유를 제한하고 있다는 윤리적 관점에 입각하여, 국가에 의한 사회 개혁, 즉 구체적으로는 공공재 공급의 확대 및 산업 규제를 주장하기 시작했다. 또한 벤담J. Bentham의 '원형 감옥'panopticon 논의에서 볼 수 있듯이, 이 사회적 자유주의자들은 개인의 적극적 자유와 자유 교역을 보장하기 위해서는 국가의 감시 활동이 강화되어야 한다고 생각하고 있었다. 이 새로운 흐름의 자유주의 사상이 고전적 자유주의의 최소국가론을 거부하고, 국가가 주도하는 사회 개혁의 필요성을 인정하고 있다는 점에서, 우리는 이 새로운 자유주의를 사회적 자유주의로 부를 수 있을 것이다.[16]

---

[16] R. Bellamy, *Liberalism and Modern Society* (Cambridge: Polity Press, 1992), pp. 9-57; J. Bentham, *The Panopticon Writings* (London: Verso, 1995); S. Gill, "The Global Panopticon? The Neoliberal State, Economic Life and Democratic Surveillance," *Alternatives* 20: 2 (1995).

영국에서 발현한 이 사회적 자유주의는 이후 유럽 대륙의 국가들에 의해 '모방'되었다. 독일통일의 주역이었던 비스마르크O. v. Bismarck 치하의 독일에서 1878년 노동자 보험 제도가 유럽 최초로 도입되었다는 사실에 주목할 필요가 있다. 이 제도는 비스마르크와 당시 독일 노동자 조직의 지도자였던 라살레F. Lassalle와의 비밀 토의 결과였다고 알려지고 있다. 비스마르크는 군사적·영토적 확장을 위해 노동자의 지지가 필요했고, 라살레는 노동자의 지지를 제공하는 대신에 노동자의 생활 조건을 향상시키는 개혁 입법을 얻어 낸 것이다. 이 정치적 교환은 태동 당시 국제주의적 경향을 보이던 유럽의 노동운동이 국가와 국가의 외교정책적 목표에 충성을 바치는 민족주의적 노동운동—'사회주의의 국유화'—으로의 전화를 예시하는 것이었다. 결국, 19세기 후반에서 20세기 초엽까지, 실업, 노령연금, 작업장의 안전과 같은 '복지' '정치적 민족주의' '경제적 보호주의'가 결합된 사회적 자유주의국가의 맹아가 유럽 대부분의 국가에서 형성된다.[17] 이 국가는 콕스의 표현처럼, '복지-국민국가'welfare-national state로 부를 수도 있지만, 이 글에서 이 국가를 사회적 자유주의국가로 부르는 이유는, 시장과 생산수단의 사적 소유를 보증하는 것을 핵심 기능으로 했던 고전적 자유주의국가의 본질이 이 새로운 국가형태에서도 그대로 유지되고 있기 때문이다. 즉, 사회적 자유주의는 자본주의적 질서의 근본은 부정하지 않으면서, 시장이 시민에게 가하는 부정적 효과를 국가 개입을 통해 상쇄하려는 사상이었다.

자본주의적 발전과 사회적 자유주의 사상의 등장으로 점진적으로 국가 기능이 강화되는 가운데, 외부적 요인인 제1차 세계대전과 1930년대 세계 대공황은 국가의 확대를 가속화한 요인이었다. 주지하다시피, 전쟁은 근대 초기

---

17 Cox, *Production, Power and World Order*, pp. 156-158.

민족국가 건설 과정에서 중요한 매개적 역할을 수행했다. 전쟁을 통해 국가 간 경계가 설정되었고, 전쟁을 수행하는 과정에서 국내적 자원 추출 메커니즘으로서 과세 체계가 확립되었다. 유사하게, 그때까지 알려지지 않았던 장거리 대포, 기관총, 수류탄, 전투기, 잠수함 등이 사용되고 전방과 후방의 구분을 없앤 최초의 전쟁이었던 제1차 세계대전 기간에, 군비 추출과 군사기술의 발전을 위해 시장의 기능은 일시적으로 정지되었고, 시장을 대신해서 국가가 경제—이른바, 전시 '계획경제'—를 주도했다.

1930년대 세계 대공황이 개별 국가에 준 최고의 교훈은 '거시경제 정책'의 중요성이었다. 1930년대 세계 대공황은 생산 시설의 과잉과 지속적 실업이 유지되는 상태에서 경제가 균형 상태에 이를 수 있음을 보여 주었고, 따라서 경제가 자동적으로 만족할 만한 균형 상태에 이른다는 고전적 자유주의 경제 이론의 근본적 수정이 이루어져야 한다는 생각이 확산되기 시작했다. 그렇다면, 누가 이 정상적 경제 과정으로 나타나는 불황을 치유할 것인가? 그것은 바로 '국가'였다. 즉, 1930년대 세계 대공황은 사회적 자유주의국가의 전형적 형태를 등장시킨 결정적 계기였다. 그러나 모든 국가가 사회적 자유주의 노선을 걸은 것은 아니었다. 국가형태의 동질성이 확산되기 위해서는 다시 한 번 전쟁을 겪어야 했다.

새로이 등장한 국가형태의 가장 중요한 특징은 무엇보다도, 국가의 경제 개입이었다. 금본위제 아래에서 국가 개입은 악이었다. 그러나 디플레이션 정책이 대공황을 더욱 심화시키자 대부분의 국가에서는 대안적 견해를 모색하기 시작했다. '사회화 및 계획경제', '보호주의', '재정적 자극', '중상주의' 등이 대안으로 제시되었다. 자유무역을 옹호했던 영국에서도 파운드화의 평가절하, 관세의 부활, 보조금 정책 등이 채택되었다. 그러나 영국에서는 수요 자극 정책이 실험되지는 않았다. 반면, 미국, 독일, 프랑스, 스웨덴 등에서는 유효수요의 부족을 해결하기 위한 수요 자극 정책과 확장 정책이 선택되었다.[18] 그리하여, 대부분의 국가에서 '정부 지출'이 증가할 수밖에 없었다. 더 나아가 사회주의적 정책이라고 할 수 있는 국유화가 시도되기도 했다. 그러나 당시의 국유화는 사적 소유를 제한하려는 사회주의적 정책이었다기보다는 수익성이 떨어지는 산업을 구제하기 위한 자본주의적 산업 정책이었다.

    이 국가의 경제 개입은 새로운 정치적 연합 및 정치적 대표 방식을 통해 정당화될 수 있었다. 새로운 연합 및 대표의 형성에 주요한 영향을 미쳤던 요인은, 1930년대 대공황을 전후한 시기에 가장 심각한 사회문제 가운데 하나로 부상한 '실업'이었다. 제1차 대전 이후 호황을 구가했던 미국에서도 실업률은 거의 8%에 육박하고 있었다. 대공황이 절정에 이르렀던 1930년대 중반에는 대부분의 선진 자본주의가 두 자릿수 실업률을 기록하고 있었고, 특히 미국과 독일의 실업률은 20%를 넘는 수준이었다. 대공황 시기에 실업은 가장 중요한 '정치적 문제' 가운데 하나였다. 독일에서 나치는 실업 문제를 해결하려고 당시로는 놀라운 발상인 예산 적자를 감수하기도 했고, 이를 통해 노동자계급의 지지를 확보하기도 했다.

    19세기 후반부터 노동조합과 사회주의정당으로 조직화되었던 노동자계급의 공세에 맞서,[19] 국가와 부르주아지는 새로운 제도적 실험을 시도했고, 그 결과가 자본과 노동의 타협에 기초한 기능적 대표 방식으로, 노사 협력체제인 코포라티즘이었다. 제1차 세계대전의 와중에서 신속한 기동전으로 정치권력을 장악한 러시아의 노동자계급과 달리 서구의 노동자계급은 시민사회에서

---

18 Gourevitch, *Politics in Hard Times*, ch. 4.
19 제프 일리, 유강은 옮김, 『The left 1848~2000』(서울: 뿌리와 이파리, 2008); D. Sassoon, *One Hundred Years of Socialism: The West European Left in the Twentieth Century* (NewYork: The New Press, 1996); 구갑우, "지금-여기서 사회주의 대중정당이 가능할까," 『문학과 사회』 82 (2008 여름).

부르주아지의 헤게모니적 지배 아래 놓여 있었다. 제1차 세계대전을 계기로 시도되었던 서구에서의 노사 협력체제는 노동자계급의 도전에 대한 부르주아지의 헤게모니적 대응이었다. 1930년대 대공황을 겪으면서 대안적 경제정책을 모색하던 부르주아지는 다시금 노동자계급 및 농민과의 타협—개혁 연합의 형성—을 통해 위기를 극복하고자 했다. 예를 들어, 공공사업과 사회보장을 통해 유효수요의 부족 및 실업 문제를 타개하고자 했던 미국의 뉴딜 정책은 경제정책적 실험인 동시에 노사 협력체제의 실험장이기도 했다. 반면, 동일한 경제적 기능을 수행했던 독일의 파시즘 체제는 국가가 주도하는 노사 협력체제였다.

IV. 사회적 자유주의국가에서 신자유주의국가로

1. 제2차 세계대전 이후의 세계질서와 케인스주의적 복지국가의 등장

폴라니를 원용한다면, 20세기 서구 문명의 기반은 네 가지 제도—'냉전체제'·'브레튼우즈 체제'·'조직된 시장 또는 포드주의적 축적체제'·'사회적 자유주의국가 또는 케인스주의적 복지국가'—였다. 이 제도들은, 제1차 세계대전에서 제2차 세계대전에 이르는 '제2의 30년 전쟁'을 반성한 결과물이었다. 앞의 두 국제제도는 제2차 세계대전 이후의 세계질서를 현상적으로는 독립된 국민국가 또는 국민경제가 상호 작용하는 체제로 기능하는 것을 가능하게 했고, 더 나아가 사회적 자유주의국가의 절정 형태인 케인스주의적 복지국가 출현을 추동한 국제적 힘이었다. 그 이유는 다음과 같다.

첫째, 미국과 소련의 이데올로기적 대립을 그 내용으로 하는 냉전체제 아래에서, 서구 국가들은 미국과의 동맹을 통해 안보 우산을 제공받아야 했고, 따라서 경제적으로는 자본주의 체제 이외의 다른 대안을 모색할 수 없었다. 즉, 냉전체제는 서구 국가의 국내적 체제 선택을 제약했다. 그럼에도 냉전체제의 의도하지 않은 결과 가운데 하나는 서구 자본주의 체제의 개혁이었다. 소련에서 이루어지고 있던 '평등의 실험'은 서구 국가에 더 많은 평등을 위한 정책을 입안하게 했다.

둘째, 미국의 달러화를 기축통화로 1944년 성립된 브레튼우즈 체제 아래에서는 화폐자본의 투기적 이동이 제약되고 따라서 생산자본의 상대적 안정이 보장됨으로써, 국민국가의 정책적 자율성이 보장되었다. 자본 이동의 제약으로 국민국가는 통화량 및 이자율의 조정을 통한 거시경제 관리가 가능했던 것이다. 즉, 이 경제 질서는 1930년대의 경제적 민족주의와 달리 미국이라는 헤게모니국가의 존재 때문에 파국적 경쟁을 회피할 수 있는 다자주의적 성격을 가지고 있었고, 금본위제와 자유무역을 그 내용으로 하는 고전적 자유주의와 달리 그 다자주의가 국내적 개입주의에 입각해 있었다는 점에서 이른바 '내재된 자유주의'embedded liberalism로 규정될 수 있다.[20]

이 국제 환경과 더불어, 제1차 대전 이후 그 모습을 드러내기 시작한 대량생산 대량 소비의 포드주의 축적체제는 케인스주의적 복지국가의 경제적 토대였다. 이 복지국가의 정치적 토대는 1930년대 대공황 시기에 형성되고 제2차 세계대전을 거치면서 공고화된 자본과 노동의 역사적 타협이었다. 노동은 복지체제, 고임금, 완전고용을 지향하는 거시경제 정책의 대가로 시장에 기초한 자본주의경제의 관리를 수용했고, 자본은 시장의 안정화를 위한 규제 메커

---

20 J. Ruggie, "International Regimes, Transactions and Change: Embedded Liberalism in the Postwar Economic Order," *International Organization* 36: 2 (1982).

니즘과 투자 및 관리에 대한 통제를 대가로 이 같은 정책 전환에 동의했다. 1930년대와 달리 이 역사적 타협은 대부분의 국가에서 나타난 현상이었고, 미국의 헤게모니 아래에서 개방된 세계경제를 전제로 이루어진 것이었다.

이상의 국제적 국내적 조건은 국민국가의 경계가 자본, 재화, 서비스, 노동과 같은 생산요소를 위한 시장의 경계와 시공간적으로 일치한 예외적 환경을 창출했고, 따라서 일국 자본주의적 발전이 가능하게 되었다. 이 일국 자본주의'들'의 체제를 이념적으로 추인한 것은 자유주의 경제 이론과 국민경제를 경제 발전 및 분석의 단위로 설정하던 민족주의 경제 이론을 종합한 케인스주의였다. 케인스는 1936년 『고용, 이자 및 화폐에 관한 일반 이론』(이하『일반 이론』)을 출간하기 전인 1933년에 『뉴욕타임스』에 기고한 기사에서, "차입에 의해 재원을 조달하던 정부 지출에서 나오든 국민적 구매력의 증대에 최대의 역점을" 두어야 한다고 주장하고 있었다. 재정 적자가 경제적 미덕일 수 있다는 그의 주장은 고전적 자유주의 경제 이론이 여전히 신학적 믿음으로 공유되고 있던 당시의 상황에서 받아들일 수 없는 것이었다.[21] 부분적으로 확장 정책이 사용되었지만, 1930년대의 정책 결정자들은 미시경제학과 거시경제학을 구분하지 못했다.

케인스는 자유주의자였다. 그의 『일반 이론』은 자본주의국가의 무능력과 사회주의적 계획경제로 인해 자본주의가 위협받던 시점에서 자본주의 시장경제를 구원하기 위한 이론적 지침서였다. 그럼에도, 케인스를 적극 수용한 세력은 사회민주주의 세력이었다. 사회민주주의자들이 자본주의의 폐절이 아니라 개혁을 통한 수정을 도모하는 순간 케인스와 그들의 차이는 없어져 버

---

21 존 갤브레이스, 조규하 옮김, 『경제사 여행』(서울: 고려원, 1994), pp. 140-141; J. M. 케인스, 조순 옮김, 『고용, 이자 및 화폐의 일반 이론』(서울: 비봉출판사, 1985).

렸다. 어떤 이론가의 평가처럼, 케인스의 이론을 수용한 사회 민주주의자들은 사회적 자유주의의 정당한 계승자였다.22

제2차 세계대전 이후, 완전 고용과 경제성장을 동시에 추구하는 서구의 복지국가는 따라서 케인스주의적 이론이 부가된 사회적 자유주의국가의 확장 형태로 평가할 수 있다. 그러나 제2차 세계대전 이전의 사회적 자유주의국가와 제2차 세계대전 이후의 케인스주의적 복지국가는 그 국가가 놓여 있는 국제 환경의 측면에서 중요한 차이를 드러내고 있다. 제2차 세계대전 이전의 사회적 자유주의국가는 국가 간 경쟁이 첨예한 시대에 자국의 안보 및 경제적 생존을 위해 국민경제를 외부에 노출시키지 않았다면, 케인스주의적 복지국가는 냉전체제에서 NATO와 같은 군사동맹을 통해 자국의 안보를 추구했고 경제적으로는 개방된 세계경제 속에서 경제성장을 추구하고 있었다. 따라서 케인스주의적 복지국가라는 용어보다 케인스주의적 복지-전쟁국가 welfare-warfare state라는 표현이 더 적절할 수 있다.

모든 국가가 안보를 사활적 이익으로 고려할 수밖에 없는 상황에서, 케인스주의적 복지국가에도 군사 논리가 관철되었다.23 특히 과거의 국가형태와 구분되는 특징은 첫째로 전쟁의 산업화로 인해 시민적 영역과 군사적 영역이 불가분의 관계를 맺고 있다는 점이다. 예를 들어, 첨단 과학 기술—인공위성, 핵 발전, 정보 기술 등등—과 경영 기술은 대부분 군사 부문에 기원을 두고 있거나 아니면 군사적 수요 때문에 개발된 것들이었다. 이른바 '군-산업-관료-기술 복합체' military-industrial-bureaucratic-techno complex의 존재는 경기 부양을 위한

---

22 A. Arblaster, *The Rise and Decline of Western Liberalism* (Oxford: Basil Blackwell, 1984), pp. 292-295.
23 A. McGrew, "The State in Advanced Capitalist Societies," pp. 77-85; 제임스 오코너, 우명동 옮김, 『현대국가의 재정 위기』(서울: 이론과실천, 1990).

'군사적 케인스주의'와 관련되어 있다. 둘째, 냉전체제에서 방위는 군사적 억제와 동의어로 사용되었다. 특히, 핵폭탄이 개발된 상태에서 전쟁 억제를 위해서는 영구적인 전쟁 준비가 필요했고, 국가는 최신의 군사 장비를 갖추기 위해 경제와 사회의 자원을 추출할 수밖에 없었다. 냉전체제에서 군사동맹을 통한 동서 대립은 전쟁이 종료되자마자 다시금 재무장화를 서두르게 한 요인이었다.

다른 한편 경제적 측면에서, 케인스주의적 복지국가는 브레튼우즈 체제 아래에서 환율의 안정을 유지해야 하는 국제적 의무와 실업을 줄여야 하는 국내정치적 의무 사이에서 항상적인 긴장을 유지할 수밖에 없었다. 복지국가가 국가 예산을 동원하여 경기 후퇴시 수요 관리를 위해 확장적 재정 정책을 사용할 경우, 인플레이션이 발생할 수 있고, 이 인플레이션이 국제수지에 영향을 미치면서 환율의 안정을 위협할 수 있었다. 따라서 세계경제 질서에 순응하는 경우, 확장 정책과 긴축정책이 반복되는 교대적stop-go 경제 조정 정책을 사용할 수밖에 없었다.[24] 결국, 복지국가가 완전고용과 경제성장을 위해 사용하던 재정 정책은 세계경제 질서의 변동에 따라 무력화될 수 있는 정책 도구였다. 즉, 미국이 주도하던 세계질서가 위기에 봉착하게 되었을 때, 케인스주의적 복지국가는 해체될 수밖에 없었다.

2. 세계경제의 위기

1968년 프랑스 5월 혁명, 1971년 브레튼우즈 체제의 붕괴, 1974년 석유 위기는 서구 국가의 포드주의적 축적체제의 종언을 알리는 상징적 사건들이

---

[24] Cox, *Production, Power and World Order*, p. 221.

었다. 국제 금본위제의 위기가 19세기 문명을 붕괴시켰던 것처럼, 20세기 문명의 붕괴도 브레튼우즈 체제의 위기로부터 시작되었다. 국제통화제도의 위기가 국내적 수준에서 축적체제의 위기와 맞물리면서, 자본주의 역사상 유례가 없던 '황금시대'가 안과 밖으로부터 붕괴되기 시작했다.

포드주의적 축적체제는 자본의 유기적 구성의 고도화를 상쇄하는 생산성 향상이 지체되면서 위기에 직면했다.[25] 자본이 직면한 수익성 위기로 말미암아, 생산성 상승과 실질임금 상승을 연동하는 생산성의 정치 또한 위기에 직면할 수밖에 없었다. 계급 타협의 물적 토대가 흔들리기 시작한 것이다. 여기에 외부적 요인이 가세했다. 포드주의 축적체제의 투입재로서 저가격을 유지하던 원유 가격의 급상승과 브레튼우즈 체제의 붕괴에 따른 환율 불안정으로 인해 복지국가의 정책 자율성에 심각한 위협이 가해지기 시작했다. 결국, 축적체제의 위기는 역사적 타협의 기초였던 완전고용의 해체를 의미하는 실업의 증가와 동시에 인플레이션이 심화되는 스태그플레이션으로 나타났다.

다시금 위기 해결이 세계적 차원에서 모색되기 시작했다. 1930년대의 경험을 통해 서구 국가들은 위기 해결을 위한 국제 협력의 필요성을 절실하게 느끼고 있었다. 당시의 위기 진단은 미국, 일본, 유럽의 기업 책임자와 그들의 이데올로그들의 국제적 모임이었던 '삼각위원회'의 보고서에 잘 드러나고 있다. 그들의 위기 진단은 제2차 세계대전 이후 세계질서를 지탱하던 제도들에 대한 재검토에 집중되어 있었다. 구체적 내용을 요약하면 다음과 같다.

첫째, 헤게모니국가의 부재가 불안정을 초래한다는 경험에 입각하여, 미국 헤게모니의 약화에서 초래되고 있는 국제체제의 불안정을 미국의 후견 아래 독일과 일본이 비용을 분담하는 형태의 '집합적 관리'를 통해 해결할 것을

---

25 A. Lipietz, "Behind the Crisis," *Review of Radical Political Economics*, 18: 1-2 (1986).

제안했다. 둘째, 효율성의 '객관적' 기준인 이윤의 관점에서 볼 때, 세계 자원을 최적으로 활용할 수 있는 다국적 또는 초국적 기업이 위기 해결의 주체가 되어야 한다고 주장했다. 셋째, 이들은 계급 타협체제가 민주주의 과잉 체제라고 규정하면서, 노동에 대한 공격과 정부-기업 관계의 강화를 정책 대안으로 제시했다.[26] 이들의 정책 제안은 사실상 자본주의 재구조화의 지침이었다.

이들의 주장처럼, 새로운 축적 전략의 개발은 케인스주의적 복지국가가 아닌 기업의 몫이었다. 축적체제의 위기 해결을 위한 기업의 전략이 근본적으로 변하기 시작했다. 첫째는 포스트포드주의적인 유연 생산체제로의 전환이고, 둘째는 자본의 국제화였다. 포스트포드주의적 재구조화는 극소 전자 혁명이라는 기술혁신을 기초로 유연적 노동 관행을 실천하는 방향으로 진행되었다. 공장 내 작업 배치 및 고용 형태 등에서 유연화가 진행되었고, 그 결과 공장 내 권력관계에서도 노동조합의 힘이 약화되었다. 포스트포드주의가 기존의 축적체제의 위기를 해결할 수 있는 대안일 수 있는지 또는 지배적 생산방식으로 전화하고 있는지에 대해서는 논란이 있지만, 포스트포드주의적 실천 및 담론이 계급 타협체제를 약화시키고 있음은 분명하다.

다른 한편, 자본의 국제화는 새로운 지구경제 형성의 동력이었다. 선진 자본주의국가들 사이의 상호 투자 형태로 나타나기 시작한 초기의 자본 국제화는 보호주의적 규제를 피하기 위한 방어적인 수출 대체적 투자에서 새로운 축적 공간을 찾아 나서는 형태로 발전하고 있다. 브레튼우즈 체제 붕괴 이후 유로 달러 euro dollar 시장의 급성장으로 상징되는 금융자본의 국제화는 생산자본의 국제화가 특별한 장소를 필요로 하는 것과 달리, 전기 통신 기술을 이용하

---

[26] S. Gill, *American Hegemony and Trilateral Commission* (Cambridge: Cambridge University Press, 1990).

여 지구적 네트워크를 구축할 수 있었기 때문에 더욱 급격히 진행되었다.

또한, 기업의 '형태'도 변하기 시작했다. 생산과 교환이 범지구적으로 이루어지게 되면서 초국가적 기업들은 자신들의 생산 및 판매 거점을 연결하는 네트워크 형태의 조직을 갖추기 시작했다. 이 제도적 혁신은 디지털 기술과 통신 기술이 결합된 산물이었다. 이와 더불어 초국가적 기업들의 상호 협력 네트워크인 '전략적 제휴'도 증가했다. 급속하게 변하는 첨단기술의 영역에서 단일 대기업이 투자 위험을 관리하는 것이 점점 더 어렵게 되었기 때문이다. 이 전략적 제휴는 세계정부가 부재한 상황에서 기업 스스로가 국민 국가의 묵인 아래 '생산의 일반적 조건'을 제공하는 방식이라고 할 수 있다. 따라서 이 전략적 제휴는 '유사 공공재'quasi-public goods의 성격을 띠고 있다고 평가할 수 있다.

이 기업의 축적 전략 변화는 이른바 지구화라는 새로운 세계질서의 등장으로 평가될 수 있다. 그러나 지구화의 현실과 담론은 명확히 구분될 필요가 있다. 첫째, 현실로서의 지구화는 금융자본을 포함한 초국가적 기업의 축적 전략 변화 및 그에 수반된 기업 형태의 변화를 지칭하는 것으로 국한될 필요가 있다. 즉, 기업 '전략'으로서의 지구화는 국민국가의 경계가 과거와 같은 장벽으로 기능할 수 없게 된 상황을 지칭한다. 또한 지구화의 추세가 북미, 유럽, 동아시아에 집중되고 있는 현실을 감안할 때, 지구화의 실제적 이름은 '삼극화'가 적절할 수 있다.[27] 둘째, 담론으로서 지구화는 고전적 자유주의 경제 이론과 등치될 수 있다. 지구화 담론을 앞세운 사회 세력들의 핵심 목표는 초국가적 기업들이 자유롭게 활동할 수 있는 축적 공간의 창출이기 때문이다.

---

27 W. Ruigrok and R. van Tulder, *The Logic of International Restructuring* (London: Routledge, 1995).

3. 신자유주의국가의 출현

세계경제의 위기가 케인스주의적 복지국가의 형태 변환으로 직접 이어진 것은 아니다. 케인스주의적 정책은 1980년대까지 여전히 유효한 대안으로 인식되었다. 사회 속에 깊이 각인되어 있던 노동조합 주도의 단체 협상, 대량생산에 조응하는 소비 규범, 사회 민주주의적인 복지 이데올로기 등은 해체되지 않았고, 서구의 국가들도 위기 극복의 방법으로 신기술 개발을 위한 적극적 산업 정책을 추진했다. 또한 1970년대에는 비관세장벽을 이용한 보호무역주의 정책이 나타나기도 했다. 즉, 1970년대부터 가시화된 세계경제 위기로부터 신자유주의국가의 출현까지는 거의 10여 년의 시간이 소요되었다. 영국에서 전형적인 신자유주의적 정권인 대처 정부가 들어선 시점이 1979년이었다. 결국 1980년대에 이르러 케인스주의적 복지국가의 정책 결정자들은 세계경제의 변화에 순응하면서, 국가의 축적 전략 및 정치적 대표의 방식을 '개혁'하기 시작했고, 이는 케인스주의적 복지국가의 종언을 의미했다.

가장 주목되는 변화는 국가의 경제 개입과 사회 개입 양식에서 나타났다. 새로운 세계경제가 국민국가에 가한 일차적 제약은 총수요 관리를 위한 국가의 재정 정책 및 통화정책의 무력화였다. 국민경제가 세계경제에 편입되면서, 재정 정책은 초국적 기업의 시장점유율을 증대시킴으로써 국제수지의 악화로 연결될 수 있었고, 평가절하나 평가절상과 같은 일방적 환율 정책의 효과 또한 줄어들 수밖에 없었다. 수요 측면의 정책이 무력화된다고 할 때, 자국을 세계경제로부터 유리시킬 힘을 가지고 있지 못한 국가들은 자국 기업의 경쟁력 강화를 위해 기술혁신, 투자, 노동시장 등에 영향을 미치는 공급 중심의 개입 정책으로 전환할 수밖에 없었다. 특히, 이 과정에서 기업의 투자 유인을 자극하기 위해 규제 완화나 조세 삭감 정책이 유용하게 사용되었다. 이 정책 전환은 또한 기존의 계급 타협체제의 해체를 수반했다. 국가의 사회 개입도 노동시장의 유연성 및 경쟁력 제고를 위한 요구에 종속되었다.

케인스주의적 복지국가에서 신자유주의국가로의 전환은 국가 장치의 재조직화에 명확히 반영되었다. 첫째, 국민경제가 세계경제로 편입되는 현상을 관리하기 위해 세계경제와 관련된 국가 장치, 예를 들어 재무부나 외무부의 역할이 강화되었다. 과거 복지국가에서 국가의 축적 전략 및 사회 통합과 관련하여 중요한 기능을 수행했던 기획원이나 노동부의 역할은 감소했다. 또한 국영기업이 민영화되면서 이 기업을 관리하던 산업자원부 등의 권한이 약화된 것은 물론이다. 둘째, 국가의 기능이 부분적으로 국제기구나 유럽연합과 같은 초국가적 기구로 이전되고 있다. 초국가적 기구의 강화는 초국가적 자본을 위한 새로운 게임 규칙의 형성과 관련되어 있다. 국가 장치의 재편과 초국가적 기구의 강화는 기업의 지구화에 상응하는 '국가의 국제화' 현상이다.[28] 셋째, 대중 정치에 의해 통제되지 않는 국가 장치들이 증가하고 있다. 특히, 민영화 이후 이를 관리하기 위한 각종 규제위원회의 독립성이 증가하고 있다. 넷째, 중앙정부의 역할이 약화되면서, 지방정부의 역할이 강화되고 있다. 특히, 국민국가를 경유하지 않고 이루어지는 지방정부와 지방정부 사이 또는 지방정부와 국제기구 사이의 직접적 접촉이 증대하고 있다.

그러나 신자유주의적 국가들에서 발생하고 있는 국가의 공동화空洞化 현상이 국가의 쇠퇴를 의미하는 것은 아니다. 지구경제가 자본이 지배하는 공간이기는 하지만, 자본의 재생산에 필수적인 노동력 재생산의 관리는 여전히 국민국가의 고유한 역할로 남아 있기 때문이다. 또한 세계경제를 관리하는 초국가적 기구들이 국민국가의 토대인 민족을 대신할 공동의 '정체성'을 생산하지 못하는 한, 그 기구들이 국민국가가 수행하던 사회 통합 기능을 확보하기란 쉽지 않을 것이다. 즉, 지구화의 논리가 자유주의적 경향의 새로운 국가 사멸론

---

28 Cox, *Production, Power and World Order*, pp. 253~267.

자들이 주장하는 것처럼, 국가권력의 완전한 침식을 결과하지는 않을 것이다. 오히려 국가권력의 약화 테제 또는 국가 사멸론은 또 다른 '신화'일 수 있다. 오히려 국가 장치의 재편 과정에서 볼 수 있듯이, 지구화 논리가 관철되면서, 국가 기능은 새로운 모습으로 분화하고 있다는 평가가 올바른 듯싶다.[29] 신자유주의는 반드시 국가의 약화를 의미하지 않는다. 이 지점에서 신자유주의와 고전적 자유주의는 차이를 보인다. 이하에서는 이 신자유주의의 역설을 간략하게 검토한다.

4. 신자유주의의 역설

1980년대를 거치면서, 사회적 자유주의는 사상 논쟁에서 주도권을 상실한 듯이 보인다. 경제적 효율이라는 무기로 사회적 자유주의를 희생양으로 만드는 작업이 성공을 거두었다고 할 수도 있다. 이 과정에서 시장 질서를 왜곡하고 인위적으로 특정 산업을 보호하는 정부 정책이 부의 창출을 가로막는 장애물이라는 정책 제안이 모든 가치에 우선하는 하나의 '공리'로 제시되고 있다. 이 새로운 경향의 자유주의는 사회적 자유주의를 대신한다는 의미에서 '신'자유주의로 불리고 있다.

고전적 자유주의의 현대적 변형이라고 할 수 있는 이 신자유주의는 사실 다양한 이론적 경향을 총칭하는 용어로 사용되고 있다. 따라서 단일의 이론 틀을 제시한다고 보기도 매우 힘들다. 오히려 신자유주의가 신고전파와 오스트리아학파 사이의 '불순한 동맹'unholy alliance이라는 지적처럼, 그 내부의 모순적 결합이 두드러진다.[30] 신고전파가 일반균형, 파레토최적과 같은 논리적 정

---

[29] L. Lewis, "Globalization and the Myth of the Powerless State," *New Left Review* 225 (1997).

교함을 제공하고, 오스트리아학파는 자유, 기업가 정신과 같은 정치적 수사를 제공하고 있다는 것이다. 시장의 실패라는 신고전파의 개념이 정부 개입의 불가피성을 도출하는 이론임에도 불구하고 오스트리아학파의 자유 지상주의 선동 앞에서 신자유주의 이론가들은 정부의 개입을 악으로 규정하게 된다.

정치학적인 측면에서도 신자유주의는 그 모순을 드러낸다. 신자유주의적 관점에서는 성장 윤리가 분배 정의에 우선하고, 분배 정의는 경제성장의 부산물로 취급된다. 한마디로 신자유주의 정치학의 핵심은 자율적 시장의 보호를 위해 사회구조를 전복하고 재편하는 것이라고 할 수 있다. 그러나 자율적 시장의 건설을 위해 신자유주의는 역설적으로 '강한 국가'를 필요로 한다. 영국의 대처 정부는 이 역설을 가장 극명하게 보여 주었다. 더 나아가 신자유주의자들에게 시장은 개인의 자유 실현을 위한 원천이기보다는 개인을 규율하기 위한 도구로 그 의미가 변모되고 있다.[31]

V. 새로운 세계질서와 제3의 자유주의: 결론을 대신하여

20세기 서구의 역사는 자유주의 형태 변환의 역사로 기록될 수 있다. 사실 이 형태 변환의 이면에는 자유주의와 사회주의의 투쟁이 놓여 있다. 자유주의의 과잉은 항상 사회주의의 반격으로 정정되어 왔다. 그러나 이 과정에서 사

---

30 장하준, "제도주의적 정치경제학의 정립을 향하여," 『신자유주의와 국가의 재도전』, 『사회경제평론』 13호, 1999. 오스트리아학파에 대해서는 홍훈, 『마르크스와 오스트리아학파의 경제사상』(서울: 아카넷, 2000) 참조.

31 A. Gamble, *The Free Economy and the Strong State* (Durham: Duke University Press, 1988).

회주의는 점차 자유주의에 접근해 갔다. 서구의 사회주의, 좀 더 정확히 표현하면, 사회민주주의는 사회적 자유주의와의 결합을 통해 그 사상이 가지고 있던 급진성을 상실했지만, 현실 정치의 세계에서 시민권을 획득했다.

우리는 다시금 자유주의의 과잉과 정정의 게임을 본다. 신자유주의는 안과 밖에서 그 효용성을 상실해 가고 있는 듯이 보인다. 내부적으로 신자유주의는 지구경제의 위기를 효과적으로 극복할 수 있는 대안의 위치를 상실한 듯하다. 자본주의 황금시대와 같은 안정을 보장할 수 있는 국제적·국내적 제도가 가시적이지 않다. 더구나, 포드주의 축적체제를 대체할 대안적 축적체제가 보이지 않는 상황에서, 기존의 계급 타협체제에 대한 공격이 유일한 대안처럼 활용되기도 한다. 그러나 불행히도 외부의 압력이 과거처럼 현실적 힘으로 등장하고 있지는 않다. 사회적 저항이 존재하기는 하지만, 소비에트식 사회주의와 서구의 사회민주주의가 동시적 위기에 직면하면서 신자유주의를 정정시켜 줄 수 있는 사상이 선명하게 포착되지도 않는다.

자유주의의 반복과 진화를 고려할 때, 현재 서구 사회의 유행 사조인 제3의 길은 고전적 자유주의와 사회주의의 투쟁이 사회적 자유주의를 낳았던 것과 유사하게, 신자유주의와 사회적 자유주의 사이에서 새로운 길을 모색하고 있는 또 다른 자유주의인 것처럼 보인다. 사회민주주의의 세력은 좀 더 자유주의에 근접하고 있는 것이다. 고전적 의미의 좌파란 존재하지 않는 상황, 따라서 좌우의 균열 구조 또한 희석되고 있는 실정이다. 제3의 길이 신자유주의에 대한 투항이 아니라면, 제3의 길은 21세기의 안정과 평화를 가져다줄 새로운 국제적·국내적 제도를 만들어 낼 수 있을까?

현재의 세계질서와 국가형태를 고려할 때, 제기되는 몇 가지 과제를 제시하는 것으로 대답을 대신한다.

첫째, 지구경제는 규율될 수 있을 것인가? 가능하다면, 그것은 누구에 의해 어떤 방법으로 가능할 것인가?

둘째, 미국의 헤게모니가 지속될 수 있을 것인가? 지속되지 않는다면, 헤게모니국가가 존재하지 않는 상황에서도 세계질서는 안정을 찾을 수 있을 것인가?

셋째, 만약 일국적 차원의 케인스주의의 실행이 불가능한 상황이라면, 그 대안으로 다자적 multilateral 케인스주의적 실천이 가능할 수 있을 것인가? 즉 지구적 수준의 사회적 자유주의 또는 사회민주주의의 실현이 가능할 것인가?

넷째, 제3의 길은 그들이 표방하고 있는 것처럼, 지구적 수준의 사회적 자유주의를 실현할 수 있는 대안의 힘이 될 수 있을 것인가?

다섯째, 21세기에도 국가는 여전히 안과 밖을 매개하는 결절점으로 기능할 수 있을 것인가? 21세기 서구의 국가는 어떤 형태일 것인가?

여섯째, 자유주의는 21세기에도 여전히 지배적 사상으로 남아 있을 것인가?

제4부

지구화 시대의 지역주의

지구화 시대에 지역주의가 등장하고 있다. 현재의 지역주의는 지역 내부에서 신자유주의의 실현을 목표로 하고 있지만, 다른 한편으로 일국 차원에서 한계적으로 대응할 수밖에 없는 지구화의 충격을 완충하는 제도적 해결책의 역할을 하고 있기도 하다.

좀 더 자유로운 무역을 지향했던 GATT가 WTO로 전환되었음에도 불구하고 GATT 24조 지역주의 조항은 여전히 유지되고 있다. GATT에 지역주의 조항을 첨부하는 것이 GATT 협상 과정에서도 논란이 될 수밖에 없었다. 지역주의가 무역자유화를 촉진할 것이라는 주장이 GATT 24조의 논리적 근거였지만, 사실 그 주장은 '하나의' 관세 지역으로 간주될 수 있는 '완전한' 관세동맹에만 적용될 뿐이다. GATT 24조의 기원을 추적하는 작업은 제2차 세계대전 이후의 국제무역 레짐을 이해하기 위한 중요한 경로 가운데 하나일 수 있다.

지역주의의 앞선 형태가 유럽연합이다. 유럽연합은 국민국가의 전유물이었던 공공정책을 생산하는 기능도 수행하고 있다. 통신 정책을 사례로 유럽연합이 공공정책을 생산하는 과정을 분석한다. 우리가 주목하는 것은 유럽 차원에서 형성된 초국가적 정책 네트워크다. 통신 정책의 경우 이 정책 네트워크에 참여한 행위자는, 유럽연합 집행위원회, 유럽법원, 통신 관련 대기업, 유럽 수준의 이익집단, 유럽 엘리트 그리고 유럽연합 회원국가의 관료 및 정치가 등이었다. 이 네트워크에서 주도적 역할을 수행한 집행위원회의 자율성은, 초국가적 수준에서 활동하던 통신 부문의 사적 행위자들이 국민국가별 규제보다는 유럽 차원의 단일한 규제를 선호하면서 형성된 것이었다.

지역주의는 정치적·군사적 영역에서도 나타나고 있다. 극단적인 인도적 재난 사태가 발발할 경우, "주권국가의 내정 문제에 대한 강압적 또는 군사적 간섭"의 형태를 띠는 인도적 군사개입을 배제할 수는 없다. 그러나 주권의 상호 인정과 인권의 보호가 함께 가기 위해서는, 주권국가의 내정 문제에 대한 평화적 간섭으로 정의될 수 있는 '인도적 포용'이 필요하다. 인도적 포용 정책의 사례로 유럽안보협력기구의 실험을 선택하여 분석한다. 헬싱키 프로세스부터 유럽안보협력기구의 인도적 포용까지의 역사는, 한반도 및 동북아의 평화 과정을 설계하는 데 도움을 줄 것이다.

동아시아에서도 1997년 외환위기 이후 지역주의에 대한 논의가 전개되고 있다. 지역 협력이 없이는 외부로부터의 충격에서 기인하는 경제 위기의 재발을 막을 수 없다는 생각들이 공유되고 있기 때문이다. 일본도 동아시아 국가들의 위기가 자국 경제의 부담으로 작용하고 있기 때문에, 동아시아 국가들 공동의 경제적 이해를 관리할 수 있는 지역 국제경제 기구 건설에 많은 관심을 쏟고 있다. 그러나 그 제도화 형태는 열려 있는 상태다. 유럽과 동아시아의 차이를 간략히 언급하고, 소국의 관점에서 동아시아의 지역주의가 신자유주의의 지역화가 아닌 사회적 동아시아로 나아갈 수 있는 가능성을 모색한다.

제9장

세계무역기구 지역주의 조항의 기원
: 국제경제법 형성의 정치경제

I. 서론

　　1995년 출범한 세계무역기구WTO는 국제무역을 규제하는 근대 '최초의 국제기구'다. WTO의 전신으로 1947년 체결된 '관세 및 무역에 관한 일반협정'GATT가 그동안 국제무역 규칙으로 기능하면서 사실상의 국제기구 역할을 해 왔지만, GATT는 엄밀한 의미에서 국제기구가 아니라 협정의 형태를 띤 국제경제법이었다. 따라서 GATT에서 WTO로의 전환은 국제경제법에서 국제기구로의 '제도적 진화'로 이해할 수 있다. 진화라는 표현을 사용하는 이유는 WTO가 GATT의 설립 이념을 계승하면서 좀 더 제도화된 형태로 확대·발전을 도모하고 있기 때문이다.

　　WTO의 이념이 간략히 정리되어 있는 "WTO 설립을 위한 마라케시협정"Marrakesh Agreement establishing the WTO(이하 WTO 협정)의 전문前文은 GATT 1947의 전문에 새로운 내용을 추가하는 형태로 서술되어 있다.[1] 두 전문이 공유하고 있는 내용은 국제무역 관계가 생활수준의 향상, 완전고용의 보장 및 실질소득과 유효수요의 증가, 재화의 생산 및 교역의 확대에 기여해야 한다는 것이다. 그리고 이를 위해서는 관세 및 비관세장벽의 실질적 감축과 국제무역 관계에서 차별적 대우의 제거가 필요하다는 것이 GATT 1947에서 WTO까지를 관통하는 기본 이념이다.[2] 즉, 자유무역 그 자체가 목적은 아니지만 복지의 향상을 위해서는 자유무역이 필요하다는 것이다.

무역 자유주의로 요약할 수 있는 WTO의 이 기본 이념은 'GATT 1994'[3]에 모든 무역 상대국에 대한 동등한 대우를 보장하는 무차별non-discrimination 원칙인 최혜국대우most-favoured-nation treatment 원칙(1조), 관세장벽의 점진적 감축(2조)과 수출입에 대한 수량 제한 및 여타 비관세장벽 철폐(11조)의 원칙, 수입품과 국산품의 동등한 대우를 보장하는 내국민대우national treatment 원칙(3조), 그리고 이 원칙들의 실현을 위한 방법으로서의 상호주의reciprocity(18조) 등으로 구체화되어 있다. 그러나 GATT 1994는 또한 이 원칙들을 훼손할 수 있는 다수의 예외 조항을 담고 있다. 이 가운데 특히 중요한 예외 조항이 관세동맹이나 자유무역지대, 그리고 관세동맹이나 자유무역지대로 발전할 잠정협정interim agreement과 같은 지역주의[4]의 승인(24조) 및 국제수지의 조정을 위한 수입제

---

1 The GATT Secretariat, *The Results of the Uruguay Round of Multilateral Trade Negotiations: The Legal Texts* (Geneva: GATT, 1994), pp. 6, 486.
2 WTO 협정의 전문과 GATT 1947의 전문에 차이가 없는 것은 아니다. WTO 협정에는 재화뿐만 아니라 서비스가 무역자유화의 대상으로 포함되어 있다. 또한, 세계 자원의 최대(full) 사용을 언급하고 있던 GATT 1947과 달리 WTO 협정에서는 세계 자원의 최적(optimal) 사용을 언급하고 있다. 이와 더불어, WTO 협정에는 발전도상국 및 저발전국의 이해와 요구가 국제무역 관계에 반영되어야 한다는 내용이 추가되었다.
3 WTO 협정의 부속서 1A에 포함되어 있는 1994년 "관세 및 무역에 관한 일반협정"과 1947년 체결된 "관세 및 무역에 관한 일반협정을 구분하기 위해 공식적으로 전자를 'GATT 1994' 후자를 'GATT 1947'로 부른다.
4 이 글에서 지역주의는 '특혜무역 지대'(preferential trade area), '자유무역지대'(free trade area), '관세동맹'(custom union)의 세 형태를 지칭한다. 특혜적 무역 지대는 둘 이상의 국가들이 체결한 동맹으로 그 동맹 내부에서 생산된 재화에 대해서는 낮은 무역 장벽이 유지된다. 자유무역지대는 그 지역 내부에서는 어떤 형태의 무역 장벽도 부과되지 않지만 지역 외부에 대해서는 무역 장벽을 설치하

한의 허용(12조, 18조)이다. GATT 1994에서는 이 두 예외가 무역자유화의 걸림돌이 되는 것을 방지하기 위해 '양해'understanding의 형태로 나름의 엄격한 적용 규정을 마련하고 있다.

이 글에서는 WTO의 출범에도 불구하고 여전히 유지되고 있는 GATT 24조의 '형성 과정'에 주목한다.[5] 그 이유는 GATT 24조 및 그에 기반을 둔 지역주의가 WTO의 기본 이념인 자유무역에 걸림돌이 될 수도 있기 때문이다. 따라서 WTO에게도 24조는 그 존재 이유가 반드시 설명되어야 할 중요한 조항이 될 수밖에 없다. WTO는 스스로 지역주의가 다자적 무역체제에 도움을 줄 것인가, 아니면 방해할 것인가라는 질문을 던진다. WTO의 대답은 지역주의가 개방된 무역 질서의 완성을 위한 '보완물'이라는 것이다.[6] 지역주의가 일정한 지역 내에서 국경의 경제적 중요성을 감소시키려는 시도이기 때문에 지역주의와 다자적 무역체제의 상보적相補的 관계를 가정할 수도 있다.

그러나 그와 같은 결론을 도출한 WTO 사무국의 연구물에는 결론과 배치될 수 있는 다수의 언급이 공존하고 있다. 예를 들어 GATT 24조를 준수하고 있는 지역협정은 1995년 1월까지 GATT에 통보된 98개의 지역협정 가운데 여섯 개에 지나지 않았다. 유럽경제공동체조차 이 6개에 포함되지 않았다. 우

는 지역협정이다. 관세동맹은 역외 국가에 대해 공동 관세(common external tariff)를 적용하는 자유무역지대다.

5 또 다른 지역주의에 관한 조항으로는 1979년 도쿄라운드(Tokyo Round)의 성과로 발전도상국 사이의 특혜적 무역협정을 허용하는 '1979 Decision on Differential and More Favourable Treatment, Reciprocity and Fuller Participation of Developing Countries'(Enabling Clause, 수권조항)와 WTO 협정에 포함된 "서비스 무역에 관한 일반협정"(General Agreement on Trade in Services, GATS)의 제5조(경제통합)가 있다. 이 글에서는 GATT 24조에만 초점을 맞출 것이다. 따라서 두 조항에 대한 자세한 언급은 하지 않는다.

6 http://www.wto.org/english/thewto_e/whatis_e/tif_e/bey3_e.htm (2001년 1월 10일), pp. 1-2.

우루과이라운드 협상 과정에서도 GATT 24조 8항의 내용, 즉 지역협정에 참여한 회원국가들이 "실질적으로 모든 무역"substantially all trade에 대해서 관세 및 기타 무역상의 규제를 철폐해야 한다는 규정의 모호성이 제기되었지만, 조항의 개정은 이루어지지 않았다.7 단편적이지만, 이와 같은 사례들은 GATT 24조가 집합적 무역 장벽을 정당화하는 조항이 아닌가, 하는 의구심을 가지게 한다. 결국, 지역주의와 무역자유화 또는 지역주의와 다자적 무역체제의 관계는 여전히 모호한 상태다.

이 글은 GATT에 지역주의 조항이 포함된 이유를 설명하고자 한다. 다자적 자유무역을 지향하는 GATT에 지역주의 조항을 첨부하는 것이 GATT 협상 과정에서도 논란이 될 수밖에 없었다. 지역주의가 무역자유화를 촉진할 것이라는 주장이 GATT 24조의 논리적 근거였지만, 사실 그 주장은 '하나의' 관세 지역custom territory으로 간주될 수 있는 '완전한' 관세동맹에만 적용된다. 그러나 GATT 24조에는 완전한 관세동맹의 조건이 명기되어 있지 않을 뿐만 아니라 새로운 무역 장벽의 건설로 이어질 수 있는 자유무역지대나 잠정협정까지 포함되었다. 따라서 GATT 원칙의 위반에 대한 명확한 처벌이 이루어지지 않는 한 지역주의가 새로운 무역 장벽으로 기능할 가능성은 항상 존재한다고 볼 수 있다. 따라서 GATT 24조의 '기원'을 추적하는 작업은 제2차 세계대전 이후의 국제무역 레짐을 이해하기 위한 중요한 경로 가운데 하나일 수 있다.

이 글의 구성은 다음과 같다. 첫째, 국제무역제도의 형성 과정을 설명하는 기존 이론들의 대안으로 '비판적-구성주의적critical-constructivist 접근'을 시도한다. 둘째, 신구新舊 패권국가인 미국과 영국이 주도한 GATT 협상에서 최혜국대우 원칙의 예외 가운데 하나로 지역주의 조항이 등장하는 과정을 설명한다.

---

7 WTO, *Regionalism and the World Trading System* (WTO: Geneva, 1995), pp 16, 20.

셋째, GATT 24조에 가해지는 비판을 검토하고 우루과이라운드 협상 과정에서 탄생한 'GATT 24조에 관한 양해'를 분석한다. 마지막으로, GATT 24조에 대한 평가와 더불어 이 글의 이론적, 정책적 함의를 제시한다.

II. 국제무역제도의 발생: 이론

1. 비판적-구성주의적 접근

국제제도의 정의는 다양하다. 그리고 그 정의에는 국제정치를 바라보는 독특한 시각이 들어 있다. 예를 들어 신현실주의 이론가는 국제제도를 "국가들이 상호 협력하고 경쟁하는 방법을 규율하는 일련의 규칙" 정도로 정의하고 사실상 국제제도가 국가의 행위에 영향을 미치지 못한다고 주장한다. 반면, 신자유주의 이론가는 "행동의 역할을 규정하고 행위를 규제하며 기대를 형성시키는 지속적이고 상호 연관된 (공식적이고 비공식적인) 규칙의 집합"이라는 국제제도의 규제적 역할을 강조하는 정의를 제시한다. 국제정치 구조가 무정부 상태라는 가정에 동의하면서도, 행위자들이 서로 교환할 수 있는 상호 이익이 존재하고 제도화 정도에 있어 편차(偏差)가 국가들의 행위에 실제적 효과를 발휘할 수 있는 조건이 되면, 국제제도를 매개로 국제 협력이 달성될 수 있다는 것이다.[8]

---

[8] 신현실주의는 J. Mearsheimer, "The False Promise of International Institution," *International Security*, 19: 3 (1994/1995), 신자유주의는 R. Keohane, *International Institutions and State Power* (Boulder: Westview Press, 1989), pp. 2-3을 참조.

이 글에서는, 제도주의 경제학을 원용하여 국제제도를 "(국제) 사회에서의 게임 규칙 또는 좀 더 공식적으로는 (국제정치에서) 인간의 상호 작용을 구체화하는 인간이 고안한 제약"으로 좀 더 폭넓게 정의하고 시작한다.[9] 그 이유는 두 가지다. 첫째, 제도가 '사회'의 산물임을 강조하기 위해서다. 둘째, 국제제도를 신현실주의와 신자유주의처럼 정의하면 국제제도의 발생을 고려할 수 없기 때문이다. 발생을 설명하기 위해서는 "국제제도를 누가 왜 어떻게 만드는가"라는 문제를 제기해야 한다. 나중에 논의하는 것처럼, 신현실주의와 신자유주의 이론 모두 제도의 발생에 대한 문제의식을 담고 있기는 하지만, 제도의 효과 및 결과를 통해 제도의 발생을 설명하는 오류를 범하고 있다.

제도의 발생 또는 이행移行과 제도의 재생산을 하나의 이론으로 설명하기란 쉽지 않다. 단순화한다면, 발생은 행위자와 재생산은 구조와 연관되기 때문이다. 제도가 '안정적으로' 작동할 때는, 행위자의 역할에 괄호를 친 구조 편향적 설명이 가능할 수 있다. 그러나 제도가 형성될 때 우리는 다시금 제도가 위치해 있던 구조 변화에 주목하게 된다. 구조가 사회적으로 구성된다면, 제도의 발생 과정을 설명하기 위해서는 구조의 변화와 더불어 구조의 변화를 야기하는 행위자로 돌아가야 한다. 국제정치 이론의 영역에서 구성주의의 공헌은 바로 국제 구조의 지속과 변화를 동시에 설명할 수 있는 메타이론meta-theory적 기반, 즉 "이론 선택의 담론"[10]을 제공하고 있다는 점이다.[11] 제도의 발생

---

9 D. North, *Institutions, Institutional Change and Economic Performance* (Cambridge: Cambridge University Press, 1990), p. 3.

10 M. Neufeld, *The Restructuring of International Relations Theory* (Cambridge: Cambridge University Press, 1995), p. 47.

11 웬트가 주장하는 것처럼, "구성주의는 하나의 국제정치 이론이 아니"라 메타이론이다. 따라서, (신)현실주의의 메타이론적 기반의 구성주의적 개혁을 통한 구성주의적 현실주의로의 전화가 이루어질 수도 있다. A. Wendt, *Social Theory of International Politics* (Cambridge: Cambridge University Press, 1999), p. 7. 구성주의의 국가 중심적 경향에 대해서는 김학노, "합리적 기능주의

과정에서 행위자들의 의식 및 기대의 공유가 필수적이라면, 제도의 지속도 이 상호 주관적 정체성을 매개로 한 구조의 반복적 재생산이 이루어질 때 가능하다고 할 수 있다.[12]

다른 한편, 국제제도와 국제'사회'의 연관도 이론적 논란을 야기한다. 사회는 공동체를 전제한다. 즉, 공동의 이익과 가치가 존재할 때 사회가 형성될 수 있다. 사회를 유지하는 공동의 목표는 강제 또는 합의의 방식으로 구성된다. 선후 관계를 가리기는 어렵지만, 정당한 중앙 권위체는 공동의 목표와 동의어가 될 수 있다. 정당한 중앙 권위체가 존재하는 근대적 정치 공동체는 국민국가였다. 따라서 공동의 정부가 존재하지 않는 국제정치의 장은 홉스적 자연상태로 간주될 수 있다. 그러나 중앙 권위체가 없이도 공동 이익과 가치가 형성될 수 있다면, 국제체제에서 사회를 도출할 수 있게 된다.[13] 논리적으로 세 가지의 가능한 경로가 있다.[14] 첫째, 공동 이익의 형성이 '자생적 질서'의 결과일 수 있다.[15] 즉, 국가들 사이에서 다양한 형태의 '소통'이 증가하면서 "의도하

비판과 구성주의적 대안 모색," 『국가전략』 6: 2 (2000), pp. 66-67; 신욱희, "구성주의 국제정치 이론의 의미와 한계," 『한국정치학회보』 32: 2 (1998), pp. 147-163 참조.

12 정진영, "국제정치 이론 논쟁의 현황과 전망," 『국제정치논총』 40: 3 (2000), pp. 25-30.

13 H. Bull, *The Anarchial Society* (London: Macmillan, 1977), p. 13.

14 영은 국제 레짐에 의해 형성되는 국제질서를, 자생적(spontaneous) 질서, 협상된(negotiated) 질서, 부과된(imposed) 질서로 구분한다. O. Young, "Regime Dynamics," S. Krasner ed., *International Regime* (Ithaca: Cornell University Press, 1983). 이 글에서는 이 구분을 원용하여 공동 이익의 형성 과정에 적용한다.

15 하이에크는 누군가의 설계를 통해 바람직한 사회질서를 건설할 수 있다는 데카르트류의 설계주의적 합리주의를 기각한다. 그는 행위자가 지식의 한계─완전한 정보의 불가능─에도 불구하고 '발견의 절차'를 거쳐 사회를 조정하는 자생적 질서가 형성되는 과정에 주목한다. F. A. Hayek, *The Fatal Conceit: The Errors of Socialism* (Chicago: University of Chicago Press, 1988); 민경국 옮김, 『법·입법 그리고 자유 II』(서울: 자유기업센터, 1997) 참조. 역설적이지만, 자생적 질서론은 분권화된 통치 형태와 개별적 행위 주체의 다양한 복잡한 선호를 조정하는 제도의 필요성으로 독해될 수 있다. A. Gamble, *Hayek: The Iron Cage of Liberty* (Cambridge: Polity, 1996).

지 않은 행동의 결과"로 공동 이익이 발생할 수 있다. 둘째, 행위자들의 의식적 '실천'을 통해 이익을 공유할 수 있다. 근대 초기 평화와 번영의 실현을 위해 국제기구를 구상했던 자유주의적 국제주의자들의 실험이 그 사례 가운데 하나다. 셋째, 공동 이익이 패권국가나 강대국에 의해 강제될 수 있다. 제국주의적 질서가 그 사례가 될 수 있다.

따라서 세 가지 형태의 '정당한 권력'을 보유한 국제제도를 상정할 수 있다. 그러나 그보다는 이 세 가지 과정이 중첩된 국제제도가 건설될 가능성이 높다. 예를 들어 국제무역제도도 그런 사례다. 무역 행위는 그 자체가 반복적 교환과 상호 조정에 기초한 자생적 질서라고 할 수 있다. 또한 인간의 역사만큼이나 무역의 역사는 오래되었고 그 과정에서 무역을 규제하는 국제제도들이 출현했다. 그 제도가 협상을 통해 형성되기도 했지만, 그 제도는 국제 구조의 힘의 배분 상태로부터 자유롭지 못했다. 또 다른 예로 국제법을 들 수 있다. 국제법은 인간 이성이 발견한 도덕상의 원리인 자연법自然法의 국제적 확장이다. 자연법 주창자들에게 국제정치의 무정부 상태는 사물의 자연에 배치되는 것으로 해석되었다.[16] 그러나 국제법에 기초한 주권의 평등이 국제정치의 민주화에 기여할 수 있지만, 다른 한편 주권의 평등은 신화나 허구일 수 있다. 그 이면에서는 힘에 입각한 지배-피지배 관계가 작동하고 있기 때문이다.

즉 정당한 권력으로서 국제제도는 국제사회에서 공공성을 실현할 수 있는 가능성을 내포하고 있지만, 권력정치의 기제이기도 하다.[17] 국제제도의 발생도 이 두 맥락에서 고려할 수 있다. 국제제도가 권력정치의 기제라는 '비판적' 인식이 현실의 힘으로 전화하기 위해서는 국제사회에서의 공공성 창출의 논

---

16 김정균·성재호, 『국제법』(서울: 박영사, 2000), pp. 20-21.
17 전재성은 고전적 현실주의 시각에서 권력 기제로서 국제제도의 역할에 주목한다. "현실주의 국제제도론을 위한 시론," 『한국정치학회보』 34: 2 (2000).

리와 접목될 필요가 있다. 따라서 이론과 실천의 양 측면에서 국제제도의 발생과 동학을 포착하기 위해서는 행위자의 실천과 구조의 제약을 동시에 고려하는 구성주의에 의존할 수밖에 없다. 국제정치 구조의 무정부 상태도 '지식의 분포'에 따라 홉스적·로크적·칸트적일 수 있다는 구성주의적 주장은[18] 행위자의 실천과 그 실천의 산물인 국제제도를 매개로 국제 구조의 변혁을 이룰 수 있는 비판적 접근의 가능성을 제시하는 것이다.

구성주의는 국제정치 구조의 변화를 언급하고 있다는 점에서 신현실주의 및 신자유주의의 존재론적 한계를 극복하려는 시도로 평가될 수도 있다. 그러나 구조의 변화를 관념으로 환원하는 것은 물질주의의 역편향인 관념주의일 수 있다. 또한 우리는 '어떤 시공간'에서 사상이 구조의 변화를 야기할 수 있는지를 검토해야 한다. 구성주의가 비판적 접근의 '역사주의'와 만나야 하는 이유가 바로 여기에 있다. 구성주의와 역사주의를 결합하면, 국제체제나 생산양식과 같은 어떤 추상적 모형에서 도출되는 구조의 개념이 아니라 구조와 관련을 맺는 역사적 상황을 고려하는 제한된 전체로서 '역사적 구조'의 개념을 사용할 수 있게 된다.[19] '비판적-구성주의적 접근'은 국제제도의 발생 및 이행에 대한 설명을 역사적 구조의 변화로부터 시작한다.

2. GATT 형성의 이론

1947년에 체결된 GATT는 무역에 관한 국제적 '계약contract이다. 당시 23개국이 그 계약서에 서명했지만, 계약서 작성 과정에서는 신구 패권국가인 미

---

18 Wendt, *Social Theory of International Politics*, p. 18.

19 R. Cox, *Approaches to World Order* (Cambridge: Cambridge University Press, 1996), pp. 97-101; 구갑우, "지구적 통치와 국가형태: 시민국가의 전망," 『경제와 사회』 45 (2000).

국과 영국의 관료와 정치가와 학자가 주도적 역할을 했다. 국제체제에서 경제적 힘의 상대적 배분 상태, 즉 '구조적 변수'에 주목하는 신현실주의 국제 정치경제 이론가들은 패권의 성장과 쇠퇴라는 변수로 국제무역 레짐의 개방성과 폐쇄성을 설명한다. 경험적으로, 패권의 성장기에 국제무역 레짐의 '개방성'이 증가했다는 것이 그들의 주장이다.[20] 따라서, GATT로 대표되는 새로운 국제무역 질서는 미국이라는 새로운 패권국가가 1930년대 경쟁적 보호주의가 야기한 파국을 반성하면서 자국의 단기적 경제 이익보다 국제체제의 안정이라는 공공 이익을 고려한 하나의 발명품으로 간주될 수 있다.

다른 한편 신자유주의적 제도주의자들은 무역자유화를 통해 복지 증진을 도모하는 '공동의 이익'을 가진 국가들이 특정 시공간에서 엄격한 등가교환을 전제하는 '엄격한specific 상호주의'에 기반을 둔 무역 협상을 연속적으로 수행할 때, 이 과정에서 거래 비용 및 불확실성을 제거하면서 동시에 서로의 약속 이행을 감시하고 제재할 수 있는 공동의 무역제도가 형성될 수 있다고 본다. 이 국제무역제도에서는 의무의 존재를 전제로 등가교환의 시공간적 유연성을 허용하는 '포괄적diffuse 상호주의'가 하나의 원칙으로 자리 잡게 된다. 이 국제제도가 무차별 원칙과 상호주의 원칙에 기초한 GATT다.[21]

그러나 국제무역제도의 공급과 수요 측면을 각각 특화하여 설명하는 신현실주의와 신자유주의 모두 최혜국대우 원칙과 그 예외인 GATT 24조가 국제

---

20 S. Krasner, "State Power and the Structure of International Trade," *World Politics* 28 (April 1976), pp. 317-347; R. Gilpin, *War and Change in World Politics* (Cambridge: Cambridge University Press, 1981). 실증과 비판으로는 E. Mansfield, "The Concentration of Capabilities and International Trade," *International Organization* 46: 3 (1992). 또 다른 구조적 접근으로는 D. Lake, *Power, Protection and Free Trade* (Ithaca: Cornell University Press, 1988) 참조.

21 R. Keohane, *International Institutions and State Power*, pp. 132-157; *After Hegemony* (Princeton: Princeton University Press, 1984), pp. 49-64, 85-108.

무역 규범으로 '함께' 등장한 이유를 설명하지 못하는 것처럼 보인다. 만약 GATT가 국제체제에서 힘의 절대 우위를 점하던 미국의 선택이었다면, 24조가 GATT에 포함된 이유를 설명하기 어려워진다. 왜냐하면, 미국의 초안에는 다국적 영역 내부에서 무역 장벽을 완전히 제거할 수 있는 관세동맹만이 허용되었기 때문이다.[22] 다른 한편, GATT 24조가 공동 이익의 산물이었다고 주장될 수 있다. 그러나 나중에 살펴보는 것처럼 GATT 협상 과정에서 미국과 영국은 둘의 공동 이익보다는 각각의 '특수한' 경제적 이익을 극대화하려고 노력했다.[23] 따라서 신자유주의적 협력 이론도 적실성을 상실하게 된다.

그렇다면, 신현실주의와 신자유주의는 GATT 24조의 등장을 설명함에 있어 왜 한계를 보이는가? 국가이익을 외생적으로 exogenously 주어진 것으로 전제하고 국가들 사이의 상호 작용을 설명하려는 '기능주의적' 설명 방식 및 국제제도의 기원과 발전을 미시경제학적 유추를 이용하여 국가라는 합리적 행위자의 기대로 설명하는 '합리주의'가, GATT 24조의 등장을 설명하지 못하게 만든 이유라고 할 수 있다.[24] 즉, 신현실주의와 신자유주의 모두 국제제도의 효과와 결과를 제도의 발생 원인으로 치환하려 한다. 그들은 복합적 행위자의 이익이 조정되는 자생적 질서의 측면을 간과하고 있다. GATT의 협상 과정에서 미국과 영국의 이익은 고정되어 있지 않았을 뿐만 아니라 협상 과정에서 재'구성'되었고, 미국과 영국이 일괴암적 monolithic 국가이익을 가지고 있던 것도 아니다.[25] 또한 두 패권국가 이외의 국가들, 특히 발전도상국의 요구가

---

22 K. Dam, *The GATT* (Chicago: The University of Chicago Press, 1970), pp. 274-275.
23 J. Goldstein, "Creating the GATT Rules," J. Ruggie ed., *Multilateralism Matters* (NewYork: Columbia University Press, 1993), p. 202.
24 김학노, "합리주의적 기능주의 비판과 구성주의적 대안의 모색," pp. 49-73; 기능주의적 설명에 관해서는 J. Elster, *Explaining Technical Change* (Cambridge: Cambridge University Press, 1983), pp. 49-68.

GATT에 반영되기도 했다.

　무엇보다도 GATT의 발생을 설명하기 위해서는 자본주의 세계경제와 국가 간 체제의 이중적 동학으로 정의되는 세계질서의 역사적 구조의 변화에 주목할 필요가 있다.[26] 1930년대 대공황과 전쟁을 거치면서 새로운 국제 구조가 형성되고 있었다. 이 구조 변화에 따른 제도의 이행 시기에는 인과적 또는 구성적 변수로서 사상의 역할이 중요할 수밖에 없다.[27] 사상은 새로운 이익을 정당화하고 다양한 이익집단을 접합시키는 역할을 수행하기 때문이다. 사상으로부터 도출되는 다양한 신념이 적절한 행위의 '집합적 기준'으로 전화할 때, 이를 '규범'으로 정의할 수 있다. 이 규범은 이익을 구체화하고 이익은 행위를 구체화한다. 즉, 규범은 행위의 허용 조건permissive conditions이 된다.[28] 이행의 시기에는 특정한 규범을 내면화하고 있는 집단들—예를 들어 그람시의 용어를 사용한다면 간략히 계급동맹으로 정의될 수 있는 역사적 블록들—의 경쟁이 발생하고,[29] 그 경쟁을 조정하는 과정에서 제도가 형성된다.

　GATT 협상이 시작될 즈음에, 국제체제적 수준의 변수로서 무역 규범은

---

[25] GATT 1947을 둘러싼 협상과 그 이후의 국제무역 레짐을 둘러싼 협상의 차이를 행위자의 숫자에서 찾을 수도 있다. WTO 체제의 형성을 '과두 안정 모델'로 설명하려는 시도가 좋은 예다. 그러나 필자가 주장하는 것처럼 과두 안정 모델에 역사적 보편성을 부여하는 것은 여전히 과제다. 이호철, "WTO 체제의 형성: 패권안정, 합리적 선택, 과두 안정?"『국제정치논총』 37: 1 (1997), pp. 263-280.

[26] R. Cox, *Production, Power and World Order* (NewYork: Columbia University Press, 1987), pp. 107-108.

[27] J. Goldstein and R. Keohane, "Ideas and Foreign Policy," J. Goldstein and R. Keohane eds., *Ideas and Foreign Policy* (Ithaca: Cornell University Press, 1993); N. Woods, "Economic Ideas and International Relations," *International Studies Quarterly* 39: 2 (1995) 등을 참조.

[28] M. Finnemore, *Defining National Interests in International Society* (Ithaca: Cornell University Press, 1996), ch. 1.

[29] S. Gill ed., *Gramsci, Historical Materialism and International Relations* (Cambridge: Cambridge University Press, 1993); K. van der Pijl, "Class Formation at the International Level," *Capital & Class* 9 (1979).

자유무역을 지향하는 것이었다. 이 규범은 1930년대 대공황을 가속화한 경쟁적 보호주의에 대한 반성의 결과로 형성되었다.[30] 더구나 경쟁적 보호주의가 전쟁을 야기할 수 있다는 문제의식이 공유되면서, 자유무역에 대한 미국과 영국 협상자들의 상호 주관적 이해 및 합의의 정도는 매우 높았다. 다른 한편, 대공황과 전쟁을 거치면서 사회적 목표―예를 들어, 완전고용과 사회적 안전―을 달성하기 위해서는 시장을 통제하고 계획할 수 있다는 경제 규범이 형성되었다. 즉, 자본주의경제의 구조적 변화에 따라 "거시경제 정책이 중요하다"는 새로운 규범이 형성되었고, 이것은 바로 대공황과 전쟁의 또 다른 교훈이었다.[31] 이 규범은 자유무역의 규범과 배치될 수 있다. 예를 들어, 어떤 국가가 특정 산업을 보호하는 정책을 실천한다면, 국제적 수준에서의 자유무역을 훼손할 수 있기 때문이다. 즉, 거시경제 정책의 실천을 위해서는 '국내적 자율성'이 필요하고, 따라서 국제적 규제는 약화되어야 한다.

그렇다면, "어떤 규범이 중요한가"라는 질문이 제기된다.[32] 자유무역의 규범이 국제체제적 수준의 변수라면, 계획의 규범은 국내적 수준의 변수다. GATT 1947은 이 경쟁하는 규범의 타협 산물이었다.[33] 행위자들의 기대는 자

---

[30] 경제 위기가 시작되자 대부분의 국가들은 금본위제에 기초하여 경제의 균형을 이루기 위해 디플레이션 정책을 선택했다. 또한, 1930년 미국의 스무트-홀리(Smoot-Hawley) 관세법 제정을 계기로 보호무역 정책이 일반화되었다. 이 정책들은 국내적·국제적 수요의 감소를 초래한 원인이었다. 유효수요의 부족 및 금본위제의 고수로 말미암아 경제 위기는 대공황으로 전화되었다. 양동휴, "1930년대 미국 대공황의 원인과 성격," 『미국 경제사 탐구』(서울: 서울대학교 출판부, 1994); P. Temin, *Lessons from the Great Depression* (Cambridge: The MIT Press, 1989).

[31] R. Cox, *Production, Power and World Order*, p. 213; Temin, *Lessons from the Great Depression*, p. 37.

[32] J. Legro, "Which Norms Matter? Revisiting the 'Failure' of Internationalism," *International Organization* 51: 1 (1997), pp. 31-59; M. Finnemore and K. Sikkink, "International Norm Dynamics and Political Change," *International Organization* 52: 4 (1998), pp. 887-917.

[33] 따라서 제2차 세계대전 이후에 형성된 타협체제(embedded liberalism)는 1930년대의 경제적 민족주의의 시대와 달리 다자주의적이었고, 금본위제와 자유무역을 특징으로 하는 고전적 자유주의

유무역과 국내적 자율성을 동시에 유지할 수 있는 방향으로 수렴되었다. 최혜국대우의 원칙과 GATT 24조을 포함한 그 원칙에 대한 예외의 공존, 즉 자유무역이 아닌 '보다 자유로운 무역'freer trade 질서의 등장은,[34] 행위자들의 상호작용을 통해 국내적 안정에 대한 상호 주관적 이해가 형성되었기 때문에 가능했다고 할 수 있다. 그러나 최혜국대우가 GATT의 원칙이고 24조가 예외로 취급되며, 지역협정이 자유무역의 걸림돌인가 촉진제인가라는 질문이 제기되는 것에서 볼 수 있듯이, 자유무역을 지향하는 규범이 강도强度의 측면에서 우세했다고 볼 수 있다.

III. GATT 24조의 기원

1. 협상 과정

미국 정부는 제2차 세계대전이 시작한 1939년부터 국제무역 질서에 대한 계획을 세우기 시작했다. 당시 미국 국무부의 정책 결정자들은 자유무역과 평화의 인과관계를 상정하는 자유주의 사상에 침윤되어 있었다. 다자주의적 자유무역 질서에 대한 구상은 바로 그 자유주의 사상에 기초했다.[35] 미국의 계획

시대와 달리 그 다자주의는 국내적 개입주의에 입각해 있었다는 주장은 설득력이 있다. J. Ruggie, "International Regimes, Transactions and Change," *International Organization* 36: 2 (1982), p. 393. 그러나 러기는 이 타협을 가능하게 했던 규범의 형성 과정에서 자본주의경제의 구조적 변화를 언급하지 않는다.

34 백창재, "미국의 패권과 제한적 자유주의 질서," 국제정치경제연구회 편저, 『20세기로부터의 유산』(서울: 사회평론, 2000), p. 52.

35 브레튼우즈 협상을 주도했던 미국 재무부의 관료들은 국제기구를 선호하는 이상주의자로 평가된

은 영국과 체결한 1941년 "대서양헌장"Atlantic Charter과 1942년 "상호원조협정"Mutual Aid Agreement에서 '무차별 원칙'으로 표현되었다. 미국이 이 원칙을 선택한 이유는 무역 특혜가 이미 세계 최고의 공산품 생산 국가로 등장한 미국의 시장을 잠식할 것이라는 우려 때문이었다.36 그러나 두 문헌에는 영국이 '영연방 특혜'Imperial Preference를 통해 차별을 지속하게 하는 것을 허용하는 것으로 해석될 여지가 있는 구절들이 존재했다.37

영국 정부는 국제수지 문제의 해결 및 환율의 통제를 위해 기존의 '배타적 시장'을 유지하기를 원했지만, 영국 정부가 자유무역을 반대했던 것은 아니다. 미국이 구상했던 국제무역기구ITO, International Trade Organization는 영국 정부의 연구 집단에서 일하고 있던 미드James Meade 교수가 1942년 제안한 국제무역 연합International Commercial Union에 그 기원을 두고 있었다. 국제무역 연합의 핵심 기능은 무조건부 최혜국대우의 원칙 아래 무역자유화를 위해 다자주의적 접근을 시도하는 것이었다. 또한 이 연합 제안에는 회원국가들 사이에서 벌어지는 분쟁을 중재하고 결정을 제공하는 기구로 국제무역위원회를 설치할 계획이 담겨 있었다.38 미국도 이 제안을 수용할 의사를 가지고 있었다. 최혜국대우의 원칙이 다자주의와 연계된 것이다. 이 다자주의는 최혜국대우의 원칙이라는

다. K. Dam, *The Rules of the Game* (Chicago: The University of Chicago Press, 1982), pp. 72-73.

36 최병선,『무역 정치경제론』(서울: 박영사, 1999), p. 381.

37 예를 들어, "그들의 현존하는 의무에 대한 존중" 등이 그런 표현이었다. 그 의무의 이행이 단순히 경제적 이유 때문만은 아니었다. 전쟁을 치르고 있는 영국의 입장에서 영연방국가들과의 연대는 정치적으로 중요한 의미를 지닐 수밖에 없었다. J. Culbert, "War-Time Anglo-American Talks and the Making of the GATT," *The World Economy* 10: 4 (1987), pp. 385-388; J. Viner, *The Customs Union Issue* (NewYork: Carnegie Endowment, 1950), pp. 15-18.

38 J. Meade, "A Proposal for an International Commercial Union," *The World Economy* 10: 4 (1987), pp. 399-407을 참조.

일반화된 행위 규준의 기초 위에서 셋 이상의 국가들 사이의 관계를 조정하는 제도적 형태를 띠고 있다는 점에서 19세기 다자주의와는 달리 정성적qualitative 성격을 띠는 것이었다.39

최혜국대우의 원칙과 다자주의의 연계는 국제무역 질서의 형성에서 중요한 의미를 지닌다. 최혜국대우의 원칙이 반드시 '다자적' 자유무역 질서를 결과하는 것은 아니기 때문이다.40 예를 들어, 패권국으로 부상하던 미국도 유럽국가들처럼, 1922년 조건부 최혜국대우 원칙을 포기하고 무조건부 최혜국대우 원칙을 채택했음에도 불구하고, 1934년 "호혜통상협정법"Reciprocal Trade Agreement Act에서 볼 수 있듯이 여전히 쌍무주의bilateralism를 견지하고 있었다.41 따라서, 이 법은 보호주의의 보완물로 의도되었다는 해석도 가능하다.42 최혜국대우의 원칙이 경제적 안정이라는 조건을 담보하지 않는다면, 보호주의를 제어할 수 없다는 주장도 제기된다. 국제연맹의 다자간 무역 회의의 실패가 그 교훈이다. 또한 무조건부 최혜국대우의 원칙이 초래하는 무임승차자의 문

---

39 정성적 다자주의와 정량적(quantitative) 다자주의의 구분에 대해서는 J. Ruggie, "Multilateralism: The Anatomy of an Institution," Ruggie, *Multilateralism Matters*, pp. 3-36을 참조.

40 19세기 유럽에서 체결된 다양한 쌍무적 무역협정에도 최혜국대우의 원칙이 포함되어 있었다. 19세기 후반과 20세기 초반에 걸쳐 최혜국대우의 원칙과 다자주의를 연계하려는 다양한 시도들이 있었다. 특히, 국제연맹(League of Nations)은 다자주의적 무역 규제에 관한 다양한 연구 성과를 생산했다. J. Jackson, *The World Trading System* (Cambridge: The MIT Press, 1992), pp. 30-31.

41 A와 B가 상호무역협정을 체결하고 나서 A가 C와 새로운 협정을 체결했다면, A가 C에게 제공한 양허(concession)는 자동적으로 B에게 적용 가능한 경우가 무조건부 최혜국대우 원칙이다. 반면 조건부 최혜국대우 원칙 아래에서는 B는 단지 B가 A에게 상응하는 보상을 제공할 때만 그 양허를 제공받을 수 있다. Keohane, *International Institutions and State Power*, pp. 132-157. 이 조건부 최혜국대우 원칙은 전형적인 미국의 발명품이었다. 미국 정부는 호혜통상협정법 통과 이후 10여 년 동안 28개국과 쌍무적 무역협정을 체결했다. 그러나 무임승차를 최소화하기 위해 재화의 범위에 대해서는 주의 깊은 선택이 이루어졌다. R. Snape, "History and Economics of GATT's Article XXIV," K. Anderson and R. Blackhurst, *Regional Integration and the Global Trading System* (NewYork: St. Martin Press, 1993), p. 275-276.

42 Lake, *Power, Protection and Free Trade*, pp. 184-215.

제도 제기되는 논란 가운데 하나다. 그러나 무조건부 최혜국대우의 원칙이 반드시 무역자유화로 연결되지는 않지만 적절한 환경 아래에서는 자유화의 확산에 기여할 수 있다는 주장은 설득력이 있다.43 즉, 무조건부 최혜국대우의 원칙은 자유무역을 지향하는 국제 규범의 확산을 위한 필요조건이었다.

최혜국대우의 원칙과 관세동맹의 양립 가능성도 근대 이후 국제무역 관계에서 지속적으로 제기되는 논쟁 가운데 하나다. 19세기의 무역 조약에서는 관세동맹을 최혜국대우 의무의 예외로 포함하고 있는 경우가 많았다. 그 이유는 관세의 완전한 제거, 공동 역외 관세의 수립, 관세 수입의 배분이 이루어지는 완전한 관세동맹은 최혜국대우의 원칙과 부합하는 것으로 간주되었기 때문이다. 국제연맹도 관세동맹과 최혜국대우의 원칙을 양립 가능한 것으로 생각했다.44 이 전통은 국제무역 연합 설립안을 계승한 미국의 ITO 초안에서도 반복되었다. 미국은 특혜적 무역 지대 건설에는 반대했지만, 공동 역외 관세를 포함한 공동 무역 정책을 가지는 관세동맹은 수용했다. 당시 미국의 협상자는 다음과 같이 그 정당성을 설명했다고 한다.45

> 관세동맹은 좀 더 넓은 무역 지대를 창출하고, 경쟁의 장벽을 제거하며, 좀 더 경제적인 자원 배분을 가능하게 하고, 따라서 생산을 증가시키고 삶의 수준을 증가시키도록 작동한다. 다른 한편, 특혜적 체제는 내부 장벽을 유지하고 생산 경제를 방해하며 소득과 수요의 증가를 억제한다. 특혜적 체제는 그 체제 내부

---

43 Snape, "History and Economics of GATT's Article XXIV," pp. 278-279. 최혜국대우와 무임승차자의 문제에 대한 자세한 내용은 최병선,『무역 정치경제론』, pp. 469-474 참조.
44 Viner, *The Customs Union Issue*, pp. 1-14.
45 C. Wilcox, *A Charter for World Trade* (NewYork: The Macmillan Company, 1949), pp. 70-71. WTO, *Regionalism and the World Trading System*, p. 8 n. 4에서 재인용. 반면, 미드의 국제무역연합 제안에는 관세동맹에 대한 언급이 없다. 대신 미드는 최대 10% 정도의 가격 특혜를 용인할 것을 제안했다. Meade, "A Proposal," p. 404.

의 생산자에게 특권을 제공하고 외부의 경쟁자에게는 불이익을 부과할 목적으로 설립된다. 관세동맹은 다자주의와 무차별의 토대 위에서 무역의 확장에 공헌한다. 그러나 특혜적 체제는 그렇지 않다.

미국 정부의 이 제안은 유럽 국가들 특히 프랑스와 베네룩스 3국의 강력한 지지를 받았다. 특히, 1944년에 협상된 베네룩스 관세동맹은 적절한 관세동맹 사례로 간주되고 있었다.

1945년 미국과 영국이 공동으로, "세계무역과 고용의 확장을 위한 제안"을 발표하고, 이를 기초로 1946년 ITO 헌장Suggested Charter for an ITO of the UN의 초안을 위한 협상이 런던에서 시작되었다. 이 런던 협상에서 '무역과 고용에 관한 국제회의 준비위원회'는 ITO 헌장 초안을 개정Preliminary Draft, Charter for the ITO of the UN했다. 그리고 이 협상에서 미국 정부는 ITO 헌장이 조인되기 이전이라도 관세 및 기타 무역 장벽을 완화하기 위한 잠정적 협정으로 GATT를 제안했다.[46] 1947년, 제네바에서 개최된 '무역과 고용에 관한 UN 회의 준비위원회'에서는 ITO 헌장 초안을 다시금 개정했다. 그리고 1947~48년 사이에 개최된 아바나Havana 회의에서 53개국이 참여하여 ITO 헌장Havana Charter for an ITO을 채택했다.

ITO 헌장의 협상 과정에서는 1930년대의 대공황과 전쟁의 유산이 그대로 반영되었다. 다자적 자유무역 레짐과 거시경제 규제 정책의 양립 가능성이 협상 과정에서 핵심 의제였다고 해도 과언이 아니다. 영국 정부는 자유무역 정

---

[46] 그 이유는 무엇보다도 관세양허에 대한 관심 때문이었다. 관세양허는 대중적 관심사였을 뿐만 아니라 관세에 민감한 생산자들에게도 가능하면 빨리 해결되어야 할 과제였다. 또 다른 이유는 미국에 있었다. 미국의 GATT 협상자들은 1945년에 갱신되었던 미국 무역법의 통제를 받고 있었다. 이 법에 따르면 미국의 협상자들은 GATT를 미국 의회에 제출할 필요가 없었다. 따라서 이 법이 만료되는 1948년 중반 이전에 GATT가 실행되도록 해야 하는 강력한 유인을 가지고 있었다. Jackson, *The World Trading System*, pp. 34~35.

책의 목표는 완전고용에 있다고 주장한 반면, 미국 정부는 국제무역제도가 국내의 정치적 목표를 충족시키기 위해 창출되는 것이 아니라는 입장을 개진했다. 특히 영국 정부는 국내적 수준에서 '계획'경제를 실현하려는 생각을 가지고 있었기 때문에 경제정책의 자율성을 유지할 수 있는 조항을 필요로 했다. 즉 1930년대 대공황 이후 일국적 자본주의 발전 모델인 이른바 '포드주의 축적체제'의 유지를 위해서는 국가의 총수요관리정책이 필요하다는 생각을 하고 있었다.[47] 미국 정부도 '농업의 보호'라는 국내적 요구로부터 자유로웠던 것은 아니다. 영국과 미국의 대립은 ITO 헌장에서 다양한 형태의 타협으로 나타났다. 이 타협 과정은 영국과 미국의 국가이익이 재구성되는 과정이기도 했다. 미국과 영국은 최혜국대우 원칙을 위반할 수 있는 다양한 예외에 합의했다. ITO 헌장과 GATT에 포함된 주요한 예외 사항은 다음과 같다.[48]

첫째, 미국 정부는 특별한 상황이 발생했을 때 관세협정의 중지 또는 탈퇴를 허용하는 면책조항을 요구했다. 국내 산업의 보호를 위한 긴급수입제한 조치safeguard도 포함되었다. 둘째, ITO 헌장에서 가장 중요한 쟁점 가운데 하나는 수량 제한이었다. 고정환율제가 유지되는 브레튼우즈 체제에서 환율의 조정을 통한 국제수지 방어는 원칙적으로 불가능했다. 따라서 많은 국가들이 국제수지 문제를 해결할 수 있는 하나의 수단으로 수량 제한에 관심을 가지고 있었다. 결국 농업 분야에서 수량 제한이 인정되었고 이와 더불어 국제수지 방어를 위한 수량 제한도 허용되었다. 셋째, 안보적 이유에서는 헌장에 명기된 의무를 폐기하는 것이 허용되었다.

---

47 브레튼우즈 협상에서도 영국 정부는 효과적인 경제계획의 실시를 위해서는 국제적 자본 이동을 규제해야 한다고 생각하고 있었다. Dam, *The Rules of Game*, p. 75. 포드주의 축적체제에 대해서는 구춘권, "자본주의의 황금시대와 포드주의," 국제정치경제연구회, 『20세기로부터의 유산』 참조.
48 Goldstein, "Creating the GATT Rules," pp. 215-218.

ITO의 지역주의 조항도 논란의 대상이었다. 앞서 언급한 것처럼, 미국은 완전한 관세동맹만을 언급했지만, 자유무역지대가 지역주의 조항에 포함되었다. 미국의 양보는 유럽의 경제 회복을 위해 '일시적으로' 무차별 체제로의 이행을 연기한 것이라고 평가할 수도 있다. 그러나 일시적 연기라고 하기에는 뒤에 살펴보는 것처럼 GATT 24조의 내용은 불충분했다. 아바나 협상에서 자유무역지대를 GATT에 포함시키는 발의를 했던 국가는 레바논과 시리아였다. 그들은 동일한 지역에 위치한 국가들 사이의 자유무역지대만을 언급했지만 이 제한은 소위원회에서 삭제되었다. 레바논과 시리아가 자유무역지대를 제안했다는 사실이 대단히 기묘하게 느껴질 수도 있다.[49] 그러나 발전도상국의 입장에서 공동 역외 관세라는 특별한 조건을 회피하면서 '복지 증진'을 위해 선택할 수 있는 대안으로서 자유무역지대는 대단히 매력적이었을 것이다. 관세는 자본주의적 발전의 길을 선택한 발전도상국이 거시경제 정책의 운용을 위해 사용할 수 있는 유용한 무기였다.

지역주의 조항의 변화는 자유무역지대의 추가만이 아니었다. GATT 24조에는 협상 과정에서 다양한 내용이 첨가되었다. GATT 24조를 중심으로 미국의 초안과 ITO 헌장을 비교하면 다음과 같다.[50]

(1) 관세동맹이나 자유무역지대 또는 이를 위한 잠정협정이 그 구성 지역이 아닌 다른 체약국contracting party에게 부과하는 관세 및 무역 규제의 수준이 전체적으로 이전에 구성 지역이 유지했던 수준보다 더 높아지지 않는다면, 그 관세동맹이나 자유무역지대의 구성 및 잠정협정의 채택을 막아서는 안 된다(GATT 24조 5항. 자유무역지대는 아바나헌장에 처음 등장).

---

49 Snape, "History and Economics of GATT's Article XXIV," p. 281.; WTO, *Regionalism and the World Trading System*, p. 8.
50 GATT 1994, pp. 522-525; Viner, *The Customs Union Issue*, pp. 110-120.

(2) 잠정협정은 합리적인 기간 내에 관세동맹이나 자유무역지대를 체결하기 위한 계획과 일정을 포함해야 한다(GATT 24조 5항. 잠정협정은 제네바 회의에서 등장).
(3) 관세나 수입 규제가 상승할 경우 보상이 이루어져야 한다(GATT 24조 6항).
(4) 관세동맹이나 자유무역지대 또는 이를 위한 잠정협정에 참여하는 체약국은 체약국단에 이를 통보하고 협정의 내용에 대한 정보를 제공해야 한다. 체약국단은 조건이 합리적이지 않다고 판단할 경우 권고recommendation를 할 수 있고, 이 권고에 따라 협정을 조정하지 않으면 그 체약국은 협정을 실행해서는 안 된다(GATT 24조 7항).
(5) 관세동맹은 회원국들 사이에서 실질적으로 모든 무역에 대해서 또는 '적어도' 회원국들에서 기원하는 생산물의, 실질적으로 모든 무역에서 관세와 여타 제한적인 무역 규제를 철폐해야 한다. 자유무역지대는 회원국들에서 기원하는 생산물의, 실질적으로 모든 무역에서 관세와 여타의 제한적인 무역 규제를 철폐해야 한다(GATT 24조 8항. 관세동맹 부분에서 '적어도' 이하는 아바나헌장에서 추가됨).
(6) 체약국단은 5항에서 9항까지의 요건을 충족시키지 못하는 제안이라도 2/3의 찬성으로 승인할 수 있다(GATT 24조 10항. 아바나헌장에서 등장).

또한 GATT 24조에 포함되지는 않았지만, 아바나헌장에는 인접하거나 동일한 경제 지역에 있는 국가들이 경제 발전을 위해 특혜협정을 체결하는 것을 허용했다. 이 특혜협정은 15년으로 제한되었다.

이상에서 볼 수 있는 것처럼, GATT 24조의 내용은 다자간 협상을 거치면서 최초의 제안과 달리 점점 더 구속력이 약해졌다. 다자간 협상자들의 이해가 복잡하게 얽힌 결과였다. 24조 5항과 8항을 지역주의와 다자주의의 정합성을 높이기 위한 조치로 평가할 수 있을 것이다. 그러나 그 표현에 있어서의 모호성이 지적될 뿐만 아니라 지역주의가 다자적 무역체제를 위반했을 때 그것을 처벌할 아무런 조항이 없다는 점에 주목할 필요가 있다. 결론적으로 GATT 24조를 패권국가가 부과한 무역 질서로 보기는 힘든 것처럼 보인다. 오히려 GATT 24조의 형성은 참여국들의 지역주의적 무역 관행을 법적으로 승인하는 과정이었다.

다른 한편 이미 존재하던 특혜체제에 대한 문제도 협상 과정에서 제기되었다. 모든 특혜체제의 폐지를 주장하는 세력과 새로운 특혜체제의 창출을 주장하는 세력이 맞서기도 했다. 이 와중에서 버마 대표는 아바나 회의에서 세계의 지역화 경향을 지적하면서 지역적 조직화가 되어 있지 않은 동남아시아에 지역협정이 필요함을 역설하기도 했다.51 결국, 각 국가들의 '현존하는 의무'를 인정한 "잠정협정의정서"Protocol of Provisional Application가 채택되었다. 국내 정치경제의 다양성에서 기인하는 갈등을 해결하려는 타협의 산물이었다. 이를 통해 대부분의 국가들은 의회의 비준이 필요한 여러 문제들을 해결할 수 있게 되었다. 영연방 특혜도 GATT 1조 2항에 잔류할 수 있게 됨으로써 GATT는 특혜적 관세체제를 인정하게 되었다. GATT 24조 9항에서는 1조 2항의 특혜는 관세동맹이나 자유무역에 의해 영향을 받지 않지만 관련 체약국의 협상을 통해 조정되거나 철폐될 수 있는 것으로 규정했다. 영국에서는 다자적 자유무역 질서를 주창한 세력도 있었고, 이들은 자유무역의 실현을 위해 일관적인 관세 감축이 이루어진다면 영연방 특혜를 폐지할 수 있다고 제안하기도 했지만, 이 제안은 농업 이익을 고려한 미국의 반대에 부딪혔을 뿐만 아니라 영국 국내의 반대에 직면했다. 특히 영국 정부는 미국이 쿠바 및 필리핀과 사실상의 특혜무역협정을 유지하고 있는 상황에서 영연방 특혜체제의 폐지를 요구할 권한이 없다고 주장했다. 결국 GATT에서는 모든 형태의 지역주의가 인정되었다.

한 논자의 지적처럼, "아바나헌장은 모든 참여국의 희망 사항을 포함하고

---

51 Wilcox, *A Charter for World Trade*, pp. 69-70. T. N. Srinivasan, "Regionalism and the WTO," A. Krueger ed., *The WTO as an International Organization* (Chicago: Chicago University Press, 1998), p. 334에서 재인용.

있었지만, 아무도 만족시킬 수 없는 형태의 복잡한 현상"이었다.[52] 이런 타협에도 불구하고, 협상을 주도했던 미국은 국내적 수준에서의 찬반 대립 격화로 ITO 헌장을 비준하지 않았다. 미국 국내에서 일부 세력은 완전고용을 위한 국제 협력을 언급한 ITO 헌장 제2장을 미국의 자유주의를 파괴할 수도 있는 계획경제로의 이행이라고 주장했다. 또 다른 세력은 케인스주의적인 총수요관리정책을 유지하기 위해서는 수량 제한이 필요하다는 주장을 피력하기도 했다. 즉, 보호주의자들은 아바나헌장의 자유주의적 성격을 비판했다.[53] 영국의 보호주의 세력도 이 헌장에 반대했다. 또한 후진국들은 산업 보호의 이유를 들어 이 헌장을 비준하지 않았다. 결국, 오스트레일리아와 라이베리아만이 이 헌장을 비준하는 우스꽝스러운 일이 발생했다.[54] ITO는 경쟁하는 규범 및 그 규범을 내면화하고 있던 경쟁하는 이익집단들의 충돌로 무산되었다. 그 충돌의 진앙震央은 미국과 영국의 국내정치였다. ITO의 자리는 재화의 무역과 관련한 관세 협상의 임시 대행협정이었던 GATT가 차지하게 되었다. 최초 국제무역제도를 구상했던 설계자들이 예측하지 못한 결과였다.

이 의도하지 않은 결과는 바로 자본주의의 구조 변화 및 고전적 자유주의의 파국적 결과 때문이었다고 할 수 있다. 두 차례의 세계대전을 거치면서 자유무역이 전쟁을 방지할 수 있다는 생각이 확산되었지만, 그 전쟁들 사이에 발생한 대공황은 국가가 개입하는 새로운 자본주의경제가 필요함을 입증한 사건이었다. 최초 국제무역제도를 고안했던 사회 세력들은 국내적 수준에서 경제적 자율성을 유지하고자 했던 사회 세력들과 대립할 수밖에 없었다. 결국

---

52 김석우, 『국제통상의 정치경제론』(서울: 한울, 1998), p. 57.
53 Goldstein, "Creating the GATT Rules," p. 218.
54 Dam, *The GATT*, pp. 10-16.

이 두 세력의 타협 산물로 GATT가 배태되었다. 그 가운데 GATT 24조는 발전도상국의 요구까지 결합된 특이한 국제무역제도였다.

2. GATT 24조 비판

GATT 24조 1항에 따르면, 지역협정을 체결한 지역은 하나의 체약국처럼 취급된다.[55] GATT 24조가 용인된 가장 중요한 이유라고 할 수 있다. 사실, GATT의 회원 자격은 국가가 아닌 '관세 지역'이었다. 따라서 완전한 관세동맹은 관세 지역들의 동등한 대우를 보장하는 최혜국대우의 원칙을 위반하는 예외가 아니었다. 또 다른 이유로는 최혜국대우의 원칙에 대한 예외로서 지역주의가 모든 무역 장벽의 해체라는 대단히 어려운 경우에만 허용되기 때문에 1930년대와 같은 차별적인 무역 블록의 형성으로 이어지지는 않을 것이라는 낙관적 전망과 지역주의가 보편적 자유무역을 실현할 수 있다는 실용적 사고를 제시할 수 있다.[56]

이상과 같은 정당화에도 불구하고 GATT 24조 및 그에 기반을 둔 지역주의에는 항상 따라다니는 두 질문이 있다. 첫째는 서론에서도 언급한 것처럼, "지역주의가 다자적 자유무역 질서로 발전할 것인가"이다. 둘째는 "지역주의가 비회원국가의 복지 삭감 없이 회원국가의 복지 향상에 기여할 것인가"이다. 첫 번째 질문도 사실 다자적 자유무역을 추구하는 이유가 전체적인 복지의 향상에 있다고 할 때, "지역주의가 세계적 수준에서 복지의 향상에 기여할

---

55 GATT 1994에서는 체약국을 회원국으로 해석한다. The GATT, *The Results of the Uruguay Round*, p. 22.

56 J. Bhagwati, *The World Trading System at Risk* (Princeton: Princeton University Press, 1991), pp. 65-66.

것인가"라는 물음이라고 할 수 있다. 사실, 첫째 질문과 둘째 질문은 밀접히 연관되어 있다. 만약, 지역주의가 비회원국가의 복지 삭감 없이 회원국가의 복지 향상에 기여한다면, 지역주의와 다자주의의 관계도 우호적일 가능성이 높을 것이기 때문이다.

지역주의와 다자적 자유무역 질서의 관계에 대해서는 '이방인' '친구' '적' 등의 세 가지 비유가 있다. 그만큼 둘의 관계에 대해서는 논란이 많다. 이 문제에 관해서는 두 차원의 접근이 가능하다. 하나는 지역주의가 무역자유화에 미친 영향에 대한 실증적 연구다. 다른 하나는 지역협정이 다자간 협상에서 단일한 행위자로 참여할 때, 다자간 협상의 효율성을 증가시키는가를 확인하는 것이다. 이 두 문제를 이 글에서 본격적으로 다룰 수는 없다. 너무나 많은 문헌과 논쟁이 있고 그 결론도 여전히 불확실하기 때문이다.[57] 한 논자의 지적처럼, 지역협정이 다자주의의 걸림돌인가 주춧돌인가라는 질문에 대한 현재 수준의 답은, "우리는 아직 모른다"이다.[58]

지역주의의 효과에 대해서 확실한 답은 제시되고 있지는 않지만 자유무역을 지향하는 학자나 지역협정에 참여하고 있지 않은 국가들은 GATT 24조를

---

[57] 구갑우, "세계무역기구(WTO)의 다자주의와 지역주의," 『한국정치학회보』 35: 2 (2001 여름)는 다음과 같은 잠정 결론을 도출하고 있다: "다자적 무역자유화가 지역주의를 촉진할 가능성이 지역주의가 다자적 무역자유화를 촉진할 가능성보다 높다는 것이다. 첫째, 1990년대에 다자적 무역자유화는 지역주의를 촉진했다. 그것을 가능하게 했던 환경은 탈냉전과 지구화였다. 그 환경 속에서 다자적 무역자유화가 이루어졌지만 다자 협상에서 협상력을 제고하려는 미국이 지역주의적 접근을 시도하면서 지역주의의 도미노 효과가 발생했다. 이 지역주의의 주요한 형태는 역외 국가를 차별할 수 있는 자유무역지대다. 둘째, 무역 효과, 가격 효과, 투자 효과, 비경제적 효과, 다자협상의 효율성 등의 측면에서 살펴볼 때, 지역주의는 다자적 무역체제에 부정적 영향을 미칠 가능성이 높다. 특히 지역주의가 차별을 강화하고 더불어 다자협상의 무기로 사용된다면, 지역주의는 다자 무역자유화에 역기능적 역할을 하게 될 것이다. 따라서 지역주의를 감독할 수 있는 국제기구의 역할이 강화될 필요가 있다."

[58] L. A. Winters, "Regionalism versus Multilateralism," *The World Bank Policy Research Paper 1687* (1996).

자유무역의 걸림돌로 간주하면서 이 조항의 개정을 요구하고 있다.[59] 우루과이라운드 협상에서도 GATT 24조는 쟁점 가운데 하나였다. 인도와 일본의 제안서는 GATT가 지역협정을 감독할 능력을 가지고 있지 못하다는 사실을 지적했다.[60] 예를 들어, 지역협정의 무역효과가 제3국에게 부정적일 때 24조에 근거한 권고가 이루어져야 한다는 것이다. 그러나 협상 과정에서 지역협정의 무역 효과에 대한 단일한 의견을 도출할 수는 없었다. 따라서 개정안 초안에 대한 합의도 어려웠다. 특히 유럽공동체 대표는 관세동맹의 관세 감축으로 제3국이 얻는 이득이 언급되지 않고 있다는 이유로 그 초안에 반대했다. 몇몇 조항에 대한 반대에도 불구하고 개정안이 최종 의정서 초안에 포함되었다. 주요 내용을 정리하면 다음과 같다.

(1) 24조 5항(a)(b): 관세와 무역 규제의 수준이 지역협정 체결 이전보다 높아졌는지를 확인하는 방법으로 가중 평균 관세율과 징수된 관세액의 측정에 의거하고 그 측정은 수입 통계에 기초함. 계산은 WTO 사무국이 수행.
(2) 24조 5항(c): 잠정협정이 관세동맹이나 자유무역지대를 구성할 합리적 시간이 10년을 초과하지 않도록 함. 예외적인 경우에만 이를 초과할 수 있으나 그 필요성에 대해 체약국에게 완전한 설명을 제공하도록 함.
(3) 24조 6항: 관세동맹의 결성으로 인한 보상 조정은 관련 체약국의 협상을 필요로 함. 합의에 이르지 못하면 관세동맹은 양허를 자유롭게 수정할 수 있고, 또한 관련 체약국도 동등한 양허를 자유롭게 철회할 수 있음.
(4) 기타: 지역협정을 감독할 '지역협정에 관한 상설위원회' 설치를 제안함. 또한 지역협정에 의해 시장 점유의 손실과 같은 심각한 피해를 본 경우에 그 위원회가 시정 조치를 제안하도록 하자는 의견이 제출됨. 그러나 이미 작업단

---

59 "지역주의를 길들이기 위한" 모색으로는 정진영, "세계무역기구(WTO)와 지역 경제협력의 정치경제학," 2000년 한국세계지역학회 하계학술회의 논문집 참조.
60 GATT 24조를 둘러싼 협상에 대해서는 T. Stewart ed., *The GATT Uruguay Round: A Negotiating History(1986~1992) Volume II* (Deventer: Kluwer, 1993), pp. 1834-1845를 참조.

(working party)의 형태로 그 임무가 수행되고 있다고 주장하는 반대 의견이 제출되었고, 따라서 최종협정 초안에는 포함되지 않음.

이 초안은 대부분 양해(Understanding on the Interpretation of Article XXIV of the GATT 1994에 반영되었다.[61] 다만, 잠정협정의 예외가 발생할 경우 '상품교역위원회'Council for Trade in Goods가 개입하도록 양해에는 규정되어 있다. 지역협정의 기준과 절차에 대한 WTO의 심사 기능이 강화되었다고 평가할 수 있는 부분이다. 1996년에는 지역주의의 새로운 물결을 맞이하여, 개별적인 지역협정을 검토하고 지역협정이 다자적 무역체제에 미치는 체계적 함의를 조사하는 기구로 '지역무역협정위원회'WTO's Committee of Regional Trade Agreements가 설립되었다.

이 양해를 계기로 GATT 24조의 모호한 부분이 상당 정도 정치화精緻化되었지만, 계속 논란이 되어 왔던 24조 8항의 "실질적으로 모든 무역"이라는 요건에 대해서는 양해의 서문에서 그 의미에 대한 언급이 있었을 뿐이다. 특히, 일본은 이 요건을 명확히 할 것을 우루과이라운드 협상 과정에서 요구했었다. 양해의 서문에서는 "모든 무역으로 확대되면" 세계무역의 확장에 기여할 것이지만 "주요 무역 부문이 배제되면" 세계무역이 감소할 것이라는 표현으로 24조 8항의 모호성을 보완했다. 이 정도의 표현으로는 논란이 계속될 수밖에 없을 것이다. 또한 1990년대에 들어 관세동맹이나 자유무역지대에 속한 국가가 비회원국과 자유무역지대를 결성하여 '자전거 바퀴의 통과 살'hub-and-spoke과 같은 지역협정체를 만들어 원산지 규정과 같은 규제를 통해 제3의 국가를 '차별'하는 문제에 대해서도 양해에서는 아무런 언급이 없다.

---

61 The GATT, *The Results of the Uruguay Round*, pp. 31-34.

Ⅳ. 결론

국제제도에서는 권력정치의 기제가 작동한다. 예를 들어, GATT가 신구 패권국가인 미국과 영국의 이해관계에 따라 주조된 것은 사실이다. 소국小國이나 발전도상국은 GATT 협상에 참여하면서 즉각적인 경제적 이익보다는 협상에 참여하지 않았을 때 치러야 할 정치적 비용을 먼저 고려했을 것이다. 국제사회에서 배제되는 것은 그 국가의 생존에 위협이 될 수도 있기 때문이다. 따라서 GATT에서 권력정치의 논리를 읽는 것은 어렵지 않은 일이다. 경제력의 현격한 차이가 존재하는 상황에서 자유무역은 비교 우위의 논리로 포장된다고 하더라도 권력정치의 경제적 표현임을 부정하기란 쉽지 않을 것이다.

그러나 다른 한편 국제제도는 공공성의 실현을 위한 정치의 장이기도 하다. 공동 이익을 전제하지 않고 국제제도를 구상하기란 불가능하다. 강제로 만들어진 국제제도의 경우에도 정당화의 담론은 필요하다. GATT 협상 과정에서 발전도상국이나 패전국은 최혜국대우의 원칙을 미국 시장에 대한 접근 가능성으로 해석했을 것이다. 그리고 더 나아가 지역주의는 자국의 복지를 향상시키는 수단으로 좀 더 매력적인 대안이었을 것이다. 발전도상국이 독자적인 관세정책을 유지할 수 있는 자유무역지대를 적극 발의했던 것이 그 증거라고 할 수 있다.

1930년대 전쟁과 대공황의 유산이었던 자유무역 규범과 국가 개입 규범이 경쟁하고 있었고, 그 규범적 맥락에서 미국의 이익은 분기되었다. 특히 미국은 농업 부문에서 보호주의적 정책을 고려하고 있었다. 영국도 자유무역의 규범을 수용하면서도 영연방 특혜를 유지해야 하는 정치경제적 딜레마 상황에 처해 있었다. 이 교착 상황에서 최혜국대우 원칙에 대한 다양한 예외가 인정될 수 있었다. GATT 24조는 수량 제한이나 긴급수입제한 조치 등과 함께 정치적 교환 대상이 될 수 있었다. GATT 협상이 전개되고 있던 시점에서 지역주의는 국제사회에서 부의 불공평한 분배를 교정할 수 있는 유용한 무기였다고 해도 과언이 아니다.

따라서 현재도 유효한 문제 설정인지는 논란이 될 수도 있지만, GATT 24조를 두고 다자적 무역체제의 발전을 위한 주춧돌인가 아니면 걸림돌인가라는 질문을 제기하는 것은 사실 적절하지 못하다. 무역은 부를 창출하는 수단이지 그 자체가 목적은 아니다. 이 논리는 다자주의에도 마찬가지로 적용된다. 다자주의가 쌍무주의나 한 국가의 일방적 행위보다 주권의 평등과 협력을 촉진할 가능성은 높다. 그러나 다자주의가 복지 향상과 복지의 정당한 분배와 동의어는 아니다. 다자주의적 방법을 지배하는 원칙과 규범에 따라 다자주의는 다양한 모습으로 나타날 수 있다. 따라서 "누구의 무엇을 위한 다자주의인가"라는 질문을 던질 수밖에 없다.

1990년대에 접어들면서 지역주의의 추세가 강화되는 모습이 나타나고 있다. 지역주의의 부활이라고도 이야기할 수 있지만 그 형태는 과거와는 완연히 다른 모습이다. 자전거 바퀴의 통과 살과 같은 형태가 증가하고 있다. 즉, 지리적 인접성을 넘어서서 포섭과 배제의 정치가 작동하고 있다. GATT 24조가 경쟁 상대를 배제하는 국제법적 기초로 활용될 수 있는 상황이다. 미국과 유럽이 자전거 바퀴의 통 역할을 하고 있는 데 반해 또 다른 경제 강국인 일본은 그렇지 못한 상황이다. 일본이 GATT 24조에 대해 우루과이라운드 협상 과정에서 강력한 문제 제기를 했던 것도 이 때문인 것처럼 보인다. GATT 24조가 권력정치의 기제로 활용되고 있는 것이다.

지역주의가 세계경제의 붕괴를 야기하거나 또는 역외 국가의 복지를 감소시키는 방식으로 작동하지 않으면서 회원국가의 복지를 향상시킬 수 있는 가능성의 모색이 필요한 시점이다. 모순 어법이기는 하지만 '개방적 지역주의'는 한 대안일 수 있다. 특히, 1997년 이른바 IMF 위기를 겪은 한국에는 그 어느 때보다 지역 협력의 필요성이 강조되는 시점이다. 개방형 소국으로서 한국이 선택할 수 있는 대안으로 개방적 지역주의를 진지하게 검토해 볼 필요가 있을 것이다. 국제 구조의 변화 가능성을 모색하는 비판적-구성주의적 접근은 국제 구조에서 힘의 비대칭이 주는 효과를 인지하면서도, 한계적이지만 국제제도라는 공론장을 매개로 국제적 수준에서 공공성 실현의 경로를 제시해 줄 수 있는 장점을 가질 수 있다.

제10장

초국가적 정책 네트워크 형성의 정치
: 유럽연합의 통신 정책 과정

I. 서론

 이 글은 유럽 차원의 전형적인 정부 간 기구인 '유럽 우편 및 통신 협의회'CEPT, Conférence de Européene des Postes et des Télécommunications가 유럽 국가들의 통신 정책을 조정하는 역할을 수행하고 있었음에도 불구하고, '유럽연합 집행위원회'European Commission를 포함하는 다양한 초국가적 행위자들의 주도로 이 정부 간 기구를 대체하는 새로운 '초국가적 통신 정책 네트워크'transnational tele-communications policy network가 형성되는 과정을 분석한다. 이를 위해, 유럽연합 집행위원회가 통신 정책에 대한 유럽 차원의 토론을 조직하기 위해 1987년에 간행한 『통신 서비스 및 통신 장비 공동시장의 발전에 관한 녹서』(이하 『녹서』) 발간 이전의 CEPT와 집행위원회의 관계에 주목한다.[1] 그 이유는 세 가지다.

---

[1] Commission of the European Communities (이하에서 CEC로 표기), Green Paper on the Development of the Common Market for Telecommunications Services and Equipment, COM(87) 290 final (Brussels, 1987).

첫째, 이 『녹서』의 자문 과정을 계기로 유럽연합 집행위원회는 CEPT를 제치고 유럽 차원의 통신 정책 과정에서 사실상의 주도권을 장악했다. 둘째, 이 『녹서』의 자문 과정을 통해 자유화를 지향하는 유럽연합 통신 정책의 기본 골격이 완성되었다. 1987년 이후 유럽연합 통신 정책을 논의하는 주요 공식 문서에서도 1987년 『녹서』는 유럽연합 통신 정책의 분기점으로 평가되고 있다.[2] 셋째, 1987년 『녹서』의 자문 과정을 계기로 유럽연합 차원의 통신 정책 네트워크가 '제도화'되었고, 이 정책 네트워크는 유럽연합 통신 정책의 중요한 계기마다 안정적으로 작동하고 있다.

이 글에서 주목하는 유럽 차원의 초국가적 정책 네트워크에 참여하는 행위자는 유럽연합 집행위원회, 유럽법원, 통신 관련 대기업, 유럽 수준의 이익집단, 유럽 엘리트, 그리고 유럽연합 회원국가의 관료 및 정치가 등이다. 기존의 국제 레짐 international regime을 포괄하는 이 초국가적 통신 정책 네트워크가 형성되는 과정이, 헤게모니국가 또는 유럽 주요 국가들의 정책 변화만으로 설명될 수 없다는 것이 이 논문의 주장 가운데 하나다. 그러나 이 신현실주의의 레짐 변화 이론을 기각하면서도 유럽연합 집행위원회의 제안에 회원국가가 반응한 것이지 그 역은 아니라는 신자유주의 국제정치 이론 또한 완전히 수용하지는 않는다.[3] 이 글에서는 집행위원회의 지도력 또는 자율성 autonomy 또는 단일한 행위자로서 집행위원회의 자기 이익 self-interests 은[4] 초국가적 수준에서

---

2 대표적으로, European Commission DGXIII, *Status Report on European Union Telecommunications Policy* (Brussels, 1998), p. 6.

3 신현실주의적 관점은 S. Krasner, "Global Communication and National Power: Life on the Pareto Frontier," *World Politics* 43: 3 (1991); 신자유주의적 관점은 W. Sandholtz, "ESPRIT and the Politics of International Collective Action," *Journal of Common Market Studies* XXX: 1 (1992)와 "Institution and Collective Action: The New Telecommunications in Western Europe," *World Politics* 45: 2 (1993)를 참조.

4 집행위원회의 자기 이익에 주목하는 통신 정책 연구자들은 대부분 비교정치적 관점에 입각해 있

활동하던 통신 부문의 '사적' 행위자들이 국민국가별 규제보다는 유럽 차원의 단일한 규제를 선호하면서 형성된 것이라고 주장한다.5 그러나 집행위원회가 사적 행위자들에게 완전히 포획되어서 자율성을 상실한 것은 아니다. 집행위원회는 담론 및 정책 수준에서, 유럽 차원의 정책 과정을 통해, 마치 국민국가의 '정부'처럼 반드시 대칭적이지는 않지만 다양한 행위자의 이익을 고려하면서 통신 부문의 장기적 이익을 보증하기 위해 노력하고 있다. 이 글에서 유럽연합 차원의 통신 정책 과정을 설명하기 위해 기존의 국제관계 이론에서 개발된 국제 레짐 이론보다 '비교 정치학'의 영역에서 발전한 정책 네트워크의 개념을 도입하는 것도, 집행위원회를 비롯한 이 초국가적 행위자들의 활동에 주목하기 위해서다.

이 글은 다음과 같이 구성된다. 우선, 정책 네트워크 개념을 간략히 소개한다. 둘째, 국제통신 레짐의 유럽적 복제 형태인 CEPT를 지배했던 규범을 검토한다. 그리고 1987년 『녹서』 발간 이전까지 유럽공동체 집행위원회와 CEPT

다. 대표적으로, V. Schneider and R. Werle, "International Regime or Corporate Actor? The European Community in Telecommunications Policy," K. Dyson and P. Humphrey eds., *The Political Economy of Communications* (London: Sage, 1990); G. Dang-Nguyen, V. Schneider and R. Werle, "Networks in European Policy-Making: Europeification of Telecommunications Policy," S. Andersen and K. Eliassen eds., *Making Policy in Europe* (London: Sage, 1993); G. Fuchs, "Policy-Making in a System of Multi-Level Governance: The Commission of the European Community and the Restructuring of the Telecommunications Sector," *Journal of European Public Policy* 1: 2 (1994); G. Fuchs, "The European Commission as Corporate Actor? European Telecommunications Policy after Maastricht," C. Rhodes and S. Mazey eds., *The State of the European Union: Building a European Polity* (Boulder: Lynne Reinner, 1995)를 참조.

5 사적 행위자들의 활동에 주목하면서 집행위원회의 자율성을 '상상된'(imagined) 것으로 폄하하는 논문으로는 J. Esser and R. Noppe, "Private 'Muddling through' as a Political Programme? The Role of European Commission in the Telecommunications Sector in the 1990s," *West European Politics* 19: 3 (1996)을 참조. 사적 행위자, 특히 다국적 기업의 단일한 규제에 대한 선호와 유럽통합을 연관을 설명하고 있는 글로는 G. Majone, *Regulating Europe* (London: Routledge, 1996)을 참조.

의 관계를 기술한다. 셋째, 1987년『녹서』의 자문 과정을 계기로 초국가적 정책 네트워크가 제도화되는 과정을 검토하고, 이 정책 네트워크의 제도화 사례로 '유럽통신표준연구소'European Telecommunications Standards Institute의 설립 과정을 제시한다. 넷째, 결론 부분에서는 1987년『녹서』이후 정책 네트워크의 변화 추이를 살펴보고, 이 글의 한계와 이론적 함의를 제시한다.

II. 정책 네트워크: 개념

　　신현실주의 이론가들은 유럽연합이 정부 간 협상 거래 비용을 감소시키고 효율성을 증진시키는 역할을 하는 국제 레짐이라고 주장한다. 그러나 이들도, 유럽연합 회원국가들이 특정 다수결qualified majority voting 제도를 통해 부분적으로 주권을 공유하고 있고, 집행위원회의 의제 설정 능력이 강화되면서 회원국가의 주권이 일정 정도 위임되고 있으며, 무엇보다도 유럽법원의 결정이 회원국가의 국내법에 우선한다는 사실 등을 인정하면서, 유럽연합을 '특수한' 국제 레짐으로 평가한다.[6] 일찍이 이 특수성에 주목했던 신기능주의자들은 유럽연합을 연방국가는 아니지만 국제 레짐 이상의 정치 체계political system 또는 정치체로 인식하고 있었다.[7]

---

[6] A. Moravcsik, "Preference and Power in the European Community," B. Bulmer and A. Scott eds., *Economic and Political Integration in Europe* (London: Blackwell Publisher, 1994); S. Hoffman, "European Community and 1992," *Foreign Affairs* 68: 4 (1989).

[7] W. Wallace, "Less than a Federation, More than a Regime: The Community as a Political System," H. Wallace, W. Wallace and C. Webb eds., *Policy-Making in the European Community*

유럽연합을 하나의 정치 체계로 이해하거나 전제하는 연구자들은 서구 자유민주주의 국가들에서 공적 행위자와 사적 행위자의 '이익 매개'interest intermediation 양식을 설명하는 분석 틀 또는 힘의 분포 모델이라고 할 수 있는 '다원주의' '코포라티즘' 그리고 '정책 네트워크' 개념을 유럽연합의 정책 결정 과정의 분석에 도입하고 있다.[8] 이 가운데 행위자들의 상호 의존에 주목하는 중위 수준meso-level의 개념인 정책 네트워크 개념을 이용하여 유럽연합의 정책 결정 과정을 분석하려는 시도에 주목한다. 국민국가 단위에서 정부와 이익집단의 관계가 정책 영역별로 상이할 경우 다원주의나 조합주의와 같은 단일한 거시적 분석 틀을 유지하는 것이 힘들 듯이,[9] 정책 영역별로 불균등 발전이 심화되어 있는 유럽연합에서도 다원주의나 코포라티즘 이론보다는 정책 네트워크 개념이 더 유용할 수 있다.

일반적으로 정책 네트워크는 '통합 정도' '회원 자격' '구성원 사이의 자원 분포'에 따라 정책 공동체policy community, 생산자 네트워크producers network, 이슈 네트워크issue network 등으로 구분할 수 있다.[10] 이 가운데 정책 공동체가 매우 제한된 회원 자격과 행위자 사이의 수직적 상호 의존이 존재하는 정책 네트워

(Chichester: John Wiley & Sons, 1983); L. Lindberg and S. Scheingold, *Europe's Would-be Polity* (Englewood Cliffs, N. J.: Princeton Hall, 1970).

8 W. Streeck and P. Schmitter, "From National Corporatism to Transnational Pluralism: Organized Interests in the Single European Market," *Politics and Society* 19: 2 (1991); J. Peterson, "The European Technology Community," D. Marsh and R. Rhodes eds., *Policy Networks in British Government* (Oxford: Oxford University Press, 1992); D. Obradovic, "Prospects for Corporatist Decision-Making in the European Union: The Social Policy Agreement," *Journal of European Public Policy* 2: 2 (1995).

9 R. Rhodes and D. Marsh, "Policy Networks in British Politics: A Critique of Existing Approaches," Marsh and Rhodes, *Policy Networks*, pp. 3-4.

10 Rhodes and Marsh, "Policy Networks in British Politics," pp. 13-14. 이외에도 전문가 네트워크나 지방정부 간 네트워크도 정책 네트워크의 한 유형이다.

크라면, 이슈 네트워크는 개방적 성격을 갖고 있으며 행위자 사이의 상호의존도 그렇게 높지 않은 정책 네트워크다. 생산자 네트워크는 경제적 이익집단들이 중심적 역할을 하는 정책 네트워크다.

유럽연합에도 정책 영역에 따라 정책 공동체부터 이슈 네트워크까지 다양한 형태의 정책 네트워크가 존재하고 있다. 예를 들어 유럽연합에서 가장 오랜 역사를 가진 농업 정책 분야에는 정책 공동체에 근접하는 정책 네트워크가 형성되어 있다면, 유럽 차원의 복지 제공을 위한 사회정책 분야에서는 이슈 네트워크와 유사한 정책 네트워크가 작동하고 있다. 이런 공존은 부분적으로 유럽연합 집행위원회가 아직은 국민국가의 정부에 비견할 정도로 성숙한 형태를 띠고 있지 않기 때문이기도 하다. 즉, 유럽연합 수준의 정책 네트워크를 '보조'하거나 또는 '대체'할 수 있을 때, 그 존재 의의를 확보할 수 있다.[11]

그러나 유럽연합 정책 과정을 설명하려고 정책 네트워크 개념을 도입하는 것에 대해 강력한 비판이 제기되기도 한다.[12] 정책 네트워크 이론은 국가 이론과 같은 거시 이론과 결합할 때만 정책 과정 및 그 결과에 대한 완전한 설명을 제공할 수 있기 때문에,[13] 유럽통합에 대한 거시 이론을 전제하지 않고는

---

[11] 회원국가의 정책 네트워크와 유럽연합의 정책 네트워크 사이에 일반적인 인과관계를 상정하기는 힘들지만, 두 정책 네트워크 사이의 상관관계는 경험적으로 확인할 수 있다. 예를 들어, 영국이 유럽공동체에 가입한 이후 영국 내 농업 정책 공동체의 폐쇄성이 완화되었다고 한다. M. Smith, "The Agricultural Policy Community: Maintaining a Closed Relationship," Marsh and Rhodes, *Policy Networks*, pp. 27-50. 정책 네트워크의 변화 및 재구성에 관한 일반적 설명으로는 D. Marsh and R. Rhodes, "Policy Communities and Issue Networks: Beyond Typology," Marsh and Rhodes, *Policy Networks*, p. 261을 참조.

[12] H. Kassim, "Policy Networks, Networks and European Union Policy Making: A Sceptical View," *West European Politics* 17: 4 (1994). 또 다른 비판은 유럽연합의 정책 과정이 유동적이기 때문에 정책 네트워크 개념을 적용할 수 없다는 것이다. 그러나 유럽연합의 정책 과정은 집행위원회, 유럽법원, 유럽의회의 권한이 강화되면서 점차 안정되고 있는 것처럼 보인다.

[13] Marsh and Rhodes, "Policy Communities and Issue Networks," pp. 266-268.

정책 네트워크 개념을 적용하기 어렵다는 것이다. 이 비판에 대한 대응으로, 기존의 신현실주의 통합 이론이나 신기능주의 통합 이론이 국가 이론에 상응하는 거시 이론으로 사용될 수 있다는 주장이 있다.[14] 그러나 유럽연합이라는 새로운 정치형태의 등장과 그 정치형태의 동학을 설명할 수 있는 지배적 이론은 존재하지 않는 것처럼 보인다.[15] 따라서 우회의 방식으로 중범위 수준의 경험적 연구를 통해서 거시 이론 건설로 나아가는 것도 의미가 있을 수 있다. 정책 네트워크 개념이 유용한 것도 바로 이런 맥락에서다.

III. CEPT와 유럽공동체

1. 국제통신 레짐의 규범

통신 관련 국제기구는 근대사회에 들어 가장 먼저 국제적 수준에서 통치

---

[14] J. Peterson, "Policy Networks and European Union Policy Making: A Reply to Kassim," *West European Politics* 18: 2 (1995).

[15] 지역 통합 이론은 국가 중심적 이론과 탈국가 중심적 이론과 절충론으로 구분할 수 있다. 국가 중심적 이론으로는 정부 간 관계론(intergovernmentalism)과 자유주의적 정부 간 관계론과 같은 신현실주의 통합 이론, 제도의 형성에 주목하는 신자유주의적 통합 이론과 제도주의적 통합 이론, 국가 중심적 마르크스주의 통합 이론이 있다. 탈국가 중심적 통합 이론으로는 (신)기능주의 통합 이론, 대기업 중심 이론, 규제 국가 이론, 자본에 초점을 맞추는 탈국가 중심적 마르크스주의 통합 이론 등이 있다. 절충론으로는 신현실주의와 신자유주의를 종합하려는 이론, 구성주의적 통합 이론, 다층적 통치 모형 및 초국가적 관계론, 절충적 마르크스주의 통합 이론 등이 있다. 구갑우,『유럽통합의 정치와 신자유주의적 통신 정책』(파주: 한국학술정보, 2007), 2장; 조홍식,『유럽통합의 이론』(서울: 세종연구소, 1998). 유럽연합을 네트워크 국가이론과 국가 이론이 제솝의 "다양한 거버넌스를 관리하는 거버넌스"라는 메타 거버넌스의 시각에서 접근하고 있는 글로는 이주영, "네트워크 단위체로서의 유럽연합," 이화여자대학교 석사학위 논문, 2004를 참조.

governance를 위한 기구로 등장했다.16 통신이 경제발전 및 국가 안보를 위해 필요한 국민국가 수준의 공공재로 간주되었지만, 통신의 국제관계가 유지되기 위해서는 기술적·규제적 측면에서 상이한 통신 네트워크의 상호 접속이 필요했기 때문이다. 1865년 설립된 국제전신연합과 그 후신인 국제통신연합ITU의 주요 임무는 통신 요금 및 표준의 설정과 통신 네트워크의 상호 접속 증진이었고, 이 연합에 참여한 국가들의 핵심적 관심 사항은 정부 독점 아래 있던 통신 네트워크의 재정적 이익을 보증하는 것이었다. 즉, 국제통신연합은 국가 간 통신이 사활적 국가이익을 침해하게 될 때 회원국이 이를 저지할 수 있는 전형적인 정부 간 기구였다.17 따라서, 민간 기업들은 통신 장비의 표준화를 논의하는 자문위원회 등에 참석할 수는 있었지만, 투표권은 없었다.

이 국제 레짐의 국내정치적 기반은 규제자이면서 운용자로서 수요독점적 지위를 향유하고 있던 정부의 통신 부서, 통신 장비의 공급을 독점하던 대기업, 그리고 기업 사용자로 구성된 '정책 공동체'였고, 이 정책 공동체는 자연독점 natural monopoly 이론에 의해 사후적으로 정당화되었다.18 이 정책 공동체와 이에 기반을 둔 국제통신 레짐이 유지되던 기간에 통신은 정책 결정자 및 기업에 생산의 일반적 조건으로 간주되었고, 더 나아가 통신 서비스는 국민국가

---

16 C. Murphy, *International Organization and Industrial Change: Global Governance since 1850* (Cambridge: Polity, 1994), p. 7.

17 M. Zacher and B. Sutton, *Governing Global Networks: International Regimes for Transportation and Communications* (Cambridge: Cambridge University Press, 1996), pp. 127-180.

18 미국에서는 연방통신위원회(Federal Communications Commission)가 규제를 담당하고 AT&T라는 사기업이 통신 네트워크를 독점적으로 운용했다는 점에서 상이한 형태의 정책 네트워크가 존재했다고 주장될 수 있다. 그러나 독점 형태의 차이에도 불구하고, 통신 부문에 관철되고 있는 논리는 동일했다. 구갑우, "독점 형성의 정치: 유럽과 미국의 통신 부문 비교," 『정치비평』 4호 (1998).

내부에 거주하는 사람들에게 보편적으로 제공되는 공공서비스로 인식되었다. 이 정책 공동체가 붕괴하면서 초국가적 정책 네트워크의 형성을 위한 필요조건이 마련되기 시작했다.

1959년에 설립된 CEPT는 국제통신연합의 유럽적 복제 형태다. CEPT는 앞서 지적한 국제통신 레짐의 일반적 기능을 수행하면서, 동시에 국제통신연합의 각종 모임에서 유럽 국가들의 '집합적' 이익을 대표했다. 이 CEPT는 국제통신연합과 유사한 매우 보수적인 국제기구로, 모임 자체를 언론에 공개하지 않았을 뿐만 아니라 통신 관련 기업들이 CEPT 모임에 참석하는 것도 쉽지 않았다고 한다.[19] CEPT가 독점적 지위를 향유하고 있는 상황에서 유럽공동체가 통신 부문에 개입하는 것은 불가능했다.

2. CEPT와 유럽공동체 집행위원회: 갈등과 협력

유럽공동체 출범 초기부터 집행위원회는 회원국가의 통신 정책에 개입하려 시도했다. 그러나 유럽공동체의 법적 기초인 로마조약에는 통신에 대한 언급이 없었다. 통신은 교역될 수 없는 공공재로 간주되었기 때문이다. 따라서 집행위원회가 로마조약에 근거하지 않은 어떤 정책을 입안하기 위해서는 로마조약 235조에 규정되어 있듯이 각료 회의의 만장일치가 필요했고, 이는 만약 한 국가라도 유럽 차원의 통신 정책에 반대한다면, 집행위원회의 의지와 상관없이 의제 설정 자체가 불가능함을 의미했다. 결국, 통신 부문에서는 연성의soft 협력체제라고 할 수 있는 CEPT가 경성의rigid 협력체제라고 할 수 있는 유럽공동체보다 선호되었다.[20] 즉, 회원국가의 정책 공동체가 강고히 유지

---

19 E. Noam, *Telecommunications in Europe* (Oxford: Oxford University Press, 1992), p. 300.

되는 한, 유럽공동체가 개입할 여지는 거의 없었다.

그러나 1970년대에 접어들면서 서유럽 국가들의 통신 정책 공동체는 내부적 균열과 외부적 충격을 겪기 시작했다.[21] 디지털 혁명을 포함한 기술혁명의 성과가 1970년대부터 가시화된 경제 위기를 계기로 상업화되면서,[22] 특히 지구화를 축적 전략으로 선택한 '기업 사용자들'은 국민국가의 통신 네트워크에 종속되지 않는 자체 통신 네트워크를 구축하고자 했다. 또한 통신 장비 생산 기업들은 자국 정부가 통신 장비의 최대 구매자라는 사실 때문에 '정치적 기회주의자'의 모습을 보이기는 했지만, 디지털 교환 장비와 같은 새로운 통신 기술의 개발에 많은 연구 개발 비용이 소요되고 그 비용을 회수하려면 더욱 넓은 시장이 필요함을 깨닫게 되면서, 다른 국가의 통신 기업과 협력체제를 구축하기 시작했다.[23] 외부적 충격으로는 1980년대 초 미국 정부가 통신 서비스를 독점하고 있던 AT&T를 분할한 사건을 들 수 있다. 이후, 미국 정부는 유럽 국가들에 통신 시장 개방을 요구하기 시작했다.

통신 정책 공동체의 내부적 위기와 그에 가해진 외부적 충격으로 유럽공

---

20 Schneider and Werle, "International Regime or Corporate Actor?" p. 87. 1976년 유럽공동체 내부에서 공공 조달 계약을 부분적으로 자유화하는 지침을 제정했을 때도 통신 부문은 포함되지 않았다. L. Cram, *Policy-Making in the EU: Conceptual Lenses and the Integration Process* (London: Routledge, 1997), p. 76.

21 K-W Koo, "The Disruption of National Policy Communities in Europe: The Precondition for a European Policy," Paper for the 1997 European Community Studies Association Conference (Seattle, 1997), pp. 13-18. A. Cawson, A. Morgan, K. Webber, D. Holmes and P. Stevens, *Hostile Brothers* (Oxford: Clarendon Press, 1990), p. 185.

22 통신 부문의 기술혁명이 가져온 정치경제적 효과에 대해서는 J. Hart, "The Politics of Global Competition in the Telecommunications Industry," *Information Society* 5: 3 (1988); G. Dang-Nguyen, "Telecommunications: A Challenge to the Old Order," M. Sharp ed., *Europe and the New Technologies* (Ithaca: Cornell University Press, 1986)를 참조.

23 유럽의 통신 기업 사이의 전략적 제휴에 대해서는 R. van Tulder and G. Junne, *European Multinationals in Core Technologies* (Chichester: John Wiley & Sons, 1988), ch. 7을 참조.

동체 통신 정책이 생산될 수 있었다고 주장할 수도 있다. 그러나 내적 위기와 외적 위협이 반드시 경성의 협력체제를 결과하지 않을 수도 있다. 즉, 유럽 국가의 정부들은 유럽공동체 대신에 CEPT를 강화하는 방안을 선택할 수도 있었다. 사실 유럽공동체 집행위원회가 통신 정책을 준비하던 1980년대 초반에도 회원국가들은 CEPT를 매개로 한 정책 협력에 긍정적이었다. 그러나 기업 사용자와 통신 장비 생산 기업들은 유럽공동체 통신 정책을 선호하는 방향으로 나아가고 있었다. 그들은 '단일한 규제'를 선호했고, 또한 분절화된 유럽 시장의 '통합'을 요구했다. 단일 유럽 시장이 의제로 상정되면서, 유럽의 통신 관련 대기업들은 단일한 대화 창구로 이미 존재하고 있던 유럽공동체 집행위원회에 주목하게 되었다.

유럽공동체 집행위원회가 유럽의 통신 산업에 대한 비판적 검토를 기초로 유럽공동체 통신 정책의 대체적 개요와 통신 정책의 기본 방향을 각료 회의에 제출한 것은, 1983년이었다.[24] 매킨지McKinsey & Company와 같은 미국계 경영 자문 회사들의 보고서를 기초로 작성된 이 문건의 주요 내용은 '사용자'의 이익에 입각한 통신 정책 수립과 연구 개발 비용 충당을 위한 유럽 시장의 통합이었다. 그리고 집행위원회는 CEPT의 완전한 배제를 원하지는 않았지만, 입법적 권력을 보유하지 않은 CEPT의 자문을 토대로 규제와 표준이 조정되고 조화되는 형태로는 통신 분야에서의 새로운 국제 협력을 창출할 수 없음을 지적했다. 또한 집행위원회는 통신 정책 발의를 위해서는 회원국가의 만장일치가 필요하다는 점을 고려하여, 회원국가의 통신 관련 고위관료와 집행위원회가 정기적으로 접촉할 수 있도록 집행위원회의 관료가 의장직을 수행하는 모임

---

[24] CEC, Telecommunications, COM(83) 329 final (Brussels, 1983); Communication from the Commission to the Council on Telecommunications: Lines of Action, COM(83) 573 final (Brussels, 1983).

SOG-T, Senior Official Group on Telecommunications의 구성을 각료 회의에 요구했고, 이 모임은 1983년 11월에 결성되었다.[25] 이같이 전문가 회의를 조직하는 방식은 유럽 차원의 정책을 둘러싼 정부 간 갈등이 정치 쟁점화되는 것을 방지하기 위한 집행위원회의 전형적 전술 가운데 하나였다.

집행위원회가 점차 CEPT의 영역을 침범해 가자, 설립 이후로 자신들의 기술적·전문적 활동이 정치 쟁점화되는 것을 원하지 않았던 CEPT도 자신의 기득권 수호를 위해 이 새로운 통신 게임에 참가할 수밖에 없었다. 통신 부문에서 집행위원회의 정책 능력이 강화되는 것은 곧 CEPT의 권력 약화를 의미했기 때문이다. 집행위원회와 CEPT의 갈등은 1984년 7월 상호 협력을 위한 '양해 각서'Memorandum of Understanding를 통해 봉합되었다.[26] 이 협력 틀에 따라 1985년 이후 CEPT가 결정하는 '유럽 통신 표준'NETs, normes européennes des télécommunications의 설정에 집행위원회가 개입할 수 있게 되었다.

그러나 1980년대 초반의 상황에서 유럽연합이 CEPT보다 우위에서 통신 정책을 결정할 수 있는 힘을 갖고 있지는 않았다. 회원국가들은 여전히 유럽연합보다는 CEPT를 매개로 한 협력을 선호하고 있었다.[27] 예를 들어, 새로운 통신 서비스인 ISDN Integrated Service Digital Network이 상업화되기 시작했을 때, 집행위원회는 국민국가의 정부가 국가 형성기에 통신 네트워크를 건설했던 것과 유사하게, ISDN을 이용하여 '유럽 차원'의 통신 네트워크를 건설하려 했다.

---

25 CEC, Telecommunications, pp. 9-10.

26 H. Ungerer and N. Costello, *Telecommunications in Europe* (Luxembourg: Offices for Publications of the CEC, 1990), pp. 132-133, 150-151. 당시 유럽공동체 회원국가가 아니었던 스웨덴, 노르웨이, 핀란드 등도 1987년 이 양해 각서에 서명했다.

27 Council of Ministers, "Council Recommendation of 12 November 1984 concerning the Implementation of Harmonization in the Field of Telecommunication," CEC, *Official Documents of Community Telecommunications Policy, DGXIII* (Brussels, 1994), pp. 11-12.

그러나 여전히 중심적 행위자는 CEPT였다. CEPT의 틀 안에서 국민국가 간 차이가 조정되었고, CEPT가 설정한 스펙specification 및 표준이 채택되었다.[28] 또한 집행위원회는 주기적으로 통신 정책의 진전 상황을 SOG-T에 보고해야 했다. 집행위원회는 통신 부문에 대한 전문적 지식의 보완과 통신 통합의 추동력을 얻기 위해 통신 관련 대기업에 의존하면서 동시에 회원국가의 대표 및 CEPT와 협력할 때만, 유럽 차원의 통신 정책을 입안할 수 있었다.

그러나 통신 행위자들 사이의 권력 관계는 점진적으로 변하고 있었다. 1985년 3월 집행위원회는 유럽공동체가 예산의 50%를 지출하고 그 반은 참여 기업이나 연구소가 지출하는 통신 분야의 연구 개발 정책RACE, Research and Development Programme in Advanced Communications Techniques in Europe을 제안했고, 1985년 7월 각료 회의는 이 제안을 수용했다.[29] 각료 회의가 이 제안의 통과 과정에서 RACE의 가장 중요한 부분이었던 통합광대역통신Integrated Broadband Communications의 기준 모델 설정이 CEPT에 의해 이루어져야 한다고 주장했다는 점에서,[30] 여전히 회원국가는 CEPT를 선호하고 있었다고 평가할 수 있지만, 이 공동 연구 개발 정책의 제안부터 실행까지의 과정이 집행위원회 산하의 통신 담당 부서인 DGXIII의 책임이었다는 사실에 주목할 필요가 있다.

또 하나 유럽 차원의 통신 정치에서 중요하게 평가될 수 있는 사건으로

---

28 Fuchs, "Policy-Making in a System of Multi-Level Governance," p. 180; Council of Ministers, "Council Recommendation of 22 December 1986 on the Coordinated Introduction of the Integrated Services Digital Network (ISDN) in the European Community," CEC 1994, Official Documents of Community Telecommunications Policy.
29 RACE는 이후 ACTS(Advanced Communications Technologies)라는 이름으로 지속되었다.
30 W. Sandholtz, *High-Tech Europe: The Politics of International Cooperation* (Berkeley: University of California Press, 1992), p. 243. 이 책은 RACE의 정치에 대한 뛰어난 분석이다.

1985년 'British Telecom(이하에서 BT로 표기) 사례'에 대한 유럽법원의 판결이 있다.[31] 1981년 영국의 통신법 제정 이후 BT가, 영국 이외의 지역에서 텔렉스 전송망이나 컴퓨터 연결망을 이용해 접수된 메시지를 텔렉스 형태로 전송하는 것을 금지하자, 영국의 한 민영 통신 사업자는 BT가 유럽공동체의 경쟁법을 위반했다고 주장했다. 집행위원회는 로마조약 90조 3항에 근거하여 BT가 지배적 지위를 남용했다고 선언했다. 사실, 1980년대 이전에는 로마조약 90조가 공공사업으로서 통신의 독점을 정당화하는 조항이었다. 1985년 3월 20일, 유럽법원은 BT의 행위가 공동시장 내에서 지배적 지위의 남용을 금지하고 있는 로마조약 86조를 위반했다고 판결했다. BT가 민간 통신업자에게 불리한 행동을 취했을 때, BT는 공적 기구가 아니라 기업으로 행동했다는 것이다. 이 판결은 새로운 통신 서비스 제공자의 활동에 대한 유럽 차원의 정당화라고 할 수 있다. 또한 이 판결을 계기로 경쟁 정책 분야에서 집행위원회가 로마조약 90조에 의거하여 각료 회의와 협의 없이 유럽법 가운데 하나로 회원국가에서 실행이 요구되는 '지침'directive을 발행할 수 있는 권한이 확대되었다.

IV. 1987년 『녹서』의 자문 과정

1. 유럽연합 통신 시장의 자유화를 위한 『녹서』의 등장

1987년 6월, 집행위원회는 통신 부문에서 단일 유럽 시장 완성을 위해 200

---

31 자세한 내용은 CEC 1987, Green Paper, pp. 122-123.

여 쪽에 달하는 『녹서』를 발행했다.[32] 이 『녹서』는 다양한 행위자들의 토론을 유도하고, 이를 기초로 유럽연합 통신 정책을 입안하기 위한 것이었다. 이 『녹서』가 설정한 목표는 유럽의 '사용자'에게 가장 유리한 조건의 통신 서비스 제공, 회원국가의 균등 발전, 경쟁 환경 창출 등이었다. 이 『녹서』의 핵심 목표는 통신 시장의 자유화였다. 이 『녹서』의 주요 내용을 정리하면 다음과 같다.[33]

첫째, 이 『녹서』에서는 경쟁에 노출될 서비스가 아니라 경쟁이 유보되는 서비스—대표적으로 음성 전화 통신 서비스—를 명확히 했다. 즉, 기본적 서비스 분야에 대해서는 기존의 독점을 인정하지만, 그 외의 모든 서비스를 경쟁적으로 공급할 수 있도록 할 것을 제안했다.[34] 둘째, 통신 네트워크의 규제와 운용을 분리할 것을 요구했다. 정부의 통신 부서가 요금 구조를 결정하고, 인허가 업무를 담당하며, 형식 승인 및 스펙을 통제하는 '규제자'면서 동시에 경쟁적 '시장의 행위자'일 수는 없다는 것이었다. 셋째, 집행위원회는 CEPT와 같은 정부 간 기구가 지배적 행위자로 활동하고 있는 표준화 게임의 구조를 바꾸려고 시도했다. 구체적으로, 집행위원회는 사용자와 통신 장비 생산 기업이 참여하는 유럽 차원의 '통신표준연구소' 설립을 제안했다. 넷째, 민간 통신 사업자가 기존의 통신 네트워크에 자유롭게 접속할 수 있게 하는 '개방된 네트워크 규정'ONP, Open Network Provision을 제시했다. 집행위원회는 이 ONP 원칙을 통해 유럽 차원의 통일된 '탈규제를 위한 규제 원칙'을 만들려는 의도를 갖고

---

32 이 『녹서』의 발간 직후인 1987년 7월 1일 유럽공동체 회원국가의 정부들은 단일 유럽법에 합의했다.
33 CEC 1987, Green Paper, Figure 3, pp. 17-18, 189-190.
34 유럽연합이 통신 부문에서 보편적 서비스를 제공할 수 없는 상황에서 기존 독점 사업자에 대한 공격은 자칫 대중의 불만을 야기할 수도 있는 요인이었다. O. Stehman and R. Borthwick, "Infrastructure Competition and the European Union's Telecommunications Policy," *Telecommunications Policy* 18: 8 (1994), p. 601.

있었다. 이 ONP 원칙은 회원국가 정책의 조화harmonization보다는 서로의 차이를 수용하는 '상호 인정'mutual recognition을 선택함으로써, 단일 유럽 시장의 형성을 촉진했던 것에 비견될 수 있는 혁신적 제안이었다.

이상에서 볼 수 있는 것처럼 1987년『녹서』는 통신 부문의 자유화와 통신 네트워크의 상호 접속을 그 주요 내용으로 하고 있었다. 그러나 이 시점에서 영국을 제외한 다른 회원국가의 통신 부서나 CEPT는 자유화 정책을 추진하지 않고 있었다. 자유화의 첫 단계라고 할 수 있는 규제와 운용의 분리가 이루어진 것도 1990년대 들어서다.[35] 만약 신현실주의 이론을 따른다면 영국 정부가 유럽 통신 시장의 자유화를 위해 적극적으로 개입했다고 가정할 수 있다. 그러나 사실은 그렇지 않았다. 1987년『녹서』의 내용을 미리 준비한 세력은 유럽의 대기업과 집행위원회였다.

가장 주목되는 사건은 1980년대에 단일 유럽 시장의 형성을 주도했던 유럽 대기업 대표들의 조직인 '유럽산업가원탁회의'ERT, European Round Table of Industrialist(이하 ERT)와 유럽 기업가들의 최고 조직인 '유럽고용주연합'UNICE, Union of Industrial and Employers' Confederation of Europe(이하 UNICE)의 개입이었다. 이 ERT와 UNICE는 회원국가와 유럽연합의 정치가 및 관료와의 개인적 연고를 바탕으로, 유럽연합의 최고 의사 결정 기구인 각료 회의와 정책 발의 기구인 집행위원회에 직접적으로 영향을 미칠 수 있는 유럽 차원의 이익집단들이었다.[36]

---

35 자세한 내용은 구갑우, "유럽연합의 통신시장 자유화 정책과 규제 정책: 그 내용 및 실행 과정을 중심으로,"『한국사회과학』 20: 1 (1998)를 참조.
36 ERT는 단일 유럽 시장이 의제로 상정되는 과정에서 핵심적 역할을 수행했다. 코울즈는 ERT의 활동을 추적하면서 기업 집단이 '일반 이익'의 추구를 위해서도 집합행동을 할 수 있다고 주장하고 있다. M.G. Cowles, "Setting the Agenda for a New Europe: The ERT and EC 1992," *Journal of Common Market Studies* 33: 4 (1995); "The Changing Architecture of Big Business," Paper

1986년 6월 ERT는 '기업 사용자'의 관점에서 회원국가 정부들의 통신 장비 구매에 대한 '완전한 자유화'를 주장하는 책자를 간행했다.37 이 기업 사용자들은 통신 장비 및 서비스의 호환 불가능성을 언급하면서 구체적 사례를 적시했다. 예를 들어, 패킷packet 방식의 데이터 네트워크의 속도가 국가 간 연결 부분에서는 국내의 1/10수준이라는 것이 그들이 지적이었다. 전용회선의 임대 가격이나 전화요금, 전화 설치 비용 등에서도 유럽 국가별로 엄청난 차이—예를 들어 시내전화 요금에서 영국은 포르투갈의 아홉 배—가 있었다. 이런 사실을 기초로, ERT는 통신 부문에 있어서도 유럽 시장의 분절화를 극복할 수 있는 대안으로 신자유주의적 통신 정책을 요구했다. 1987년 1월, 유럽 기업들의 연합 조직인 UNICE도 통신 조직과 장비 생산업자들의 수직적 통합에서 야기되는 지배적 지위의 남용 문제를 해결할 대안으로, 경쟁에 기반을 둔 규제를 제시했다.38 즉, 회원국가 정책 공동체의 구성원이었던 ERT와 UNICE의 회원들은 1987년을 전후로 한 시점에서 통신 부문의 자유화를 원했던 가장 중요한 행위자였다. 유럽연합 집행위원회의 1987년 『녹서』는 이 새로운 정책 전환의 흐름을 반영한 것이었다.

---

presented at the 1997 ECSA conference, 1997. 비판적 국제관계 이론에서는 ERT를 중심으로 유럽 차원의 초국가적 역사적 블록이 형성되는 과정에 주목하기도 한다. B. van Apeldoorn, "The Political Economy of Capitalism versus Capitalism and the Struggle for the Future Socio-Economic Order of the European Union: A Transnational Perspective," EUI, Robert Schuman Centre, 1995. UNICE의 로비 능력에 대해서는 F. Bindi, *The Role of Eurogroups in the EU Decision Making Process* (Florence: European University Institute, 1994)를 참조.

37 ERT, *Clearing the Lines: A User's View on Business Communication* (Paris: ERT, 1986). 이전의 관련 문헌으로는 ERT, *Missing Links* (Paris: ERT, 1984).

38 UNICE, *Position Papers* (Brussels: Press Media, 1991).

2. 『녹서』의 자문 과정에 참여한 행위자 및 그들의 정치적 입장

1987년 『녹서』의 발간 이후 유럽연합 통신 정책 형성을 위해 광범위한 토론이 조직되었다. 집행위원회는 통신 부문의 행위자들에게 이 『녹서』에서 제시된 통신 정책에 각자의 의견을 제출할 것을 요구했다. 이 자문 절차는 1988년 2월 9일, 결론과 계획의 형태로 출간되었다.[39] 유럽연합 집행위원회에 따르면, 45개 이상의 조직들이 1988년 1월까지 서면 답변을 보내 왔다고 한다. 이 자문 과정을 통해 다양한 행위자들이 유럽연합 통신 정책의 결정 과정에 참여할 수 있는 기회가 보장되었지만, 모든 관련 행위자들에게 이 자문 과정이 개방된 것은 아니었다. 〈표 1〉은 1987년 『녹서』에 의견을 제출한 조직의 명단이다.

통신 담당 행정 부서, 사용자, 생산업자, 서비스 제공자, 그리고 노동조합이 이 자문 과정에 참여했다. 이 자문 과정은 공동의 유럽 전략을 발전시키기 위한 핵심 조건이었다.

이 『녹서』의 자문 과정에 참여한 행위자들 사이에서 가장 쟁점이 되었던 부분은, 통신 서비스에 대한 '독점' 인정과 유럽 차원의 '표준' 설정 문제였다. 자문 과정에서 나타난 특징 및 각 행위자들의 입장을 정리하면 다음과 같다.

첫째, 회원국가의 통신 사업자 가운데 가장 먼저 민영화의 길을 걸은 영국의 BT를 제외하고 이 명단에 올라 있는 회원국가의 통신 조직이 없다. 이 『녹서』를 작성하는 과정에 이미 이들 통신 조직들이 참여했기 때문일 수 있다. 이 회원국가의 통신 조직들은 독점의 축소에 가장 민감한 반응을 보였다. 그러나 이들도 통신 부문의 자유화가 거부할 수 없는 추세고, 특히 새로운 기술을 사

---

[39] CEC, Towards a Competitive Community-wide Telecommunications Market in 1992: Implementing the Green Paper on the Development of the Common Market for Telecommunications Services and Equipment, COM(88) 48 final (Brussels, 1988).

〈표 1〉『녹서』에 의견을 제출한 조직들

Aeronautical Radio, Inc.; American Chamber of Commerce; Amsterdam Informatics and Telecommunications Council; Association of European Chambers of Commerce and Industry (Eurochambers); Belgian Telecommunications User Group (Beltug); British Petroleum (BP); British Telecom (BT); Computer Association of Large French Companies (CIGREF); Confederation of European Computer User Associations (CECUA); Confederation of German Industry and Trade (DIHT); Council of Netherlands Industrial Federations (CIB-RCO); Digital Equipment Corporation (DEC); Dutch Business Telecommunications User's Association (NVBTG); Electronic Engineering Association (EEA); Esprit industrial Round Table; European Association of Information Services (Eusidic); European Association of Research Networks (RARE); European committee for Standardization—European Committee for Electrotechnical Standardization (CEN-Cenelec); European Computing Service Association; European Council of Telecommunications Users' Association (ECTUA); European Federation of Public Servants (Eurofedop); European Organisation for Nuclear Research (CERN); European Service Industries Forum (ESIF); European Space Agency (ESA) European Telecommunications and Professional Electronics Industry (Ectel); French Committee of the International Chambers of Commerce; French Telephone and Telecommunications User's Association; German Machinerey & Equipment Manufacturers' Association (VDMA); German Postal Services Users' Association; Institute of Satellite Application (ISA); International Businee Machines (IBM); International Chamber of Commerce (ICC); International Data Exchange Association (IDEA); International Telecommunications Users' Group (INTUG); Italian Telematics Forum (FTI); National Council of French Management (CNPF); Plessey; Postal, Telegraph and Telephone International (PTTI); Round Table of European Industrialists; Shell; Society of Telecom Executives (STE); Telecommunications Equipment Manufacturers' Association (TEMA); Televerket; Swedish Telecom; Unilever; Union of Industrial and Employers' Confederations of Europe (UNICE); US Council for International Business; US Government

자료: Ungerer and Costello, *Telecommunications in Europe*, pp. 231-232.

용하여 제공되는 통신 서비스가 전신과 전화와 달리 자연독점이 될 수 없음을 인정했다.⁴⁰ 집행위원회의 『녹서』가 기본적 통신 서비스에 대한 독점을 인정하고 있었기 때문에 회원국가의 통신 부서들은 『녹서』의 제안에 적극적 반대 의사를 표시하지 않았다.

둘째, 국제통신이용자그룹(INTUG, International Telecommunications Users' Group)을(이하 INTUG) 비롯한 유럽 차원의 다양한 사용자 이익집단 열 개와 국민국가 차원의 사용자 이익집단 11개가 이 명단에 올라 있다. 사용자 집단의 참여가 가장 많았다. 이들은 『녹서』에 대해 가장 비판적이었다. INTUG는 로마조약이 독점을 인정하지 않는다는 원론적 주장을 바탕으로, 기본적 서비스의 독점권 유지 조항에 대해 반대하면서 통신 시장의 완전한 개방을 요구했다. 독점이 보편적 서비스를 반드시 보장하지 않는다는 것이 이들의 주장이었다. 또한 INTUG는 '세계적 수준'에서 호환 가능한 표준의 필요성을 강조하면서, 유럽 통신연구소 설립에 대해 긍정적 의견을 제출했다. 그러나 이 연구소를 CEPT가 통제하는 것에 대해서는 강력하게 반대했다.⁴¹

셋째, 통신 장비 생산 업체로는 세 개의 다국적 기업과, 네 개의 국민국가 차원의 정상 조직과 부문 조직, 그리고 UNICE와 Ectel 등 두 개의 이익집단이 자문 대상이었다. 1985년에 설립된 Ectel에 소속된 기업들은 유럽 국가의 통

---

40 J. P. Chamoux, "Regulation of Liberalised Telecommunications," Paper presented at the Conference, The Liberalisation of European Telecommunications: A Policy for the Europe as set out in the European Commission's 'Green Paper' organised by IBC Technical Services Ltd., 1987; *Le Communicateur* N° Spécial (Février 1988)에 실린, J. Scherer, "Vu d'Allemagne,", pp. 41-54; R. Kinsoen, "Vu de Belgique," pp. 55-61; G. Perez, "Vu d'Espagne," pp. 63-70; N. Garnham, "Vu de Grande-Bretagne," pp. 71-79; M. Benedetti, "Vu d'Italie," pp. 81-100 등을 참조.

41 G. McKendrick, "The INTUG View on the EEC Green Paper," *Telecommunication Policy* No. 11 (1987), pp. 325-328. 국제적 사용자의 『녹서』에 대한 또 다른 의견으로는 E. Weiss, "Les Utilsateurs Internationaux," *Le Communicateur* N° Spécial (Février 1988), pp. 113-118을 참조.

신장비 생산의 90% 이상을 점하고 있었다.[42] 따라서 자문 대상 조직의 숫자만을 계산한다면, 통신 장비 기업들이 과소 대표되었다고 주장될 수도 있지만, ERT 산하에 지멘스Siemens와 필립스Phillips 같은 주요한 장비 생산 기업이 포함되었다는 점을 고려해야 한다. 이들도 사용자 집단과 마찬가지로 기존 통신 사업자의 독점권 인정을 『녹서』의 주요 한계라고 주장했다. 이들은 새로운 장비와 서비스를 도입하려는 신규 통신 사업자들의 활동이 공공 네트워크 운용자의 독점권에 의해 침해되지 않기를 원했다. 통신 장비 생산 기업들은 자신들에게 안정적 수요를 보장했던 공공 네트워크의 독점권을 이제는 통신 산업의 발전을 저해하는 요인으로 인식하고 있었다. 또한 유럽 차원의 독립적인 표준 연구소 건설이 매우 중요함을 인정하면서도, 이것이 CEPT 활동의 연장 선상에서 이루어져서는 않아야 한다고 주장했다.[43]

넷째, IBM, US Council of International Business, 미국 정부 등 미국의 다양한 이익집단이 이 자문 과정에 참여했다.[44] 1987년의 시점에서 미국 정부는 통신 산업은 물론 통신 서비스 분야에서도 자유화와 탈규제를 시행하고 있었다. 따라서 집행위원회는 보수적인 회원국가의 정부를 설득하기 위한 방법으로 미국의 이익집단들을 자문 과정에 초대했을 것이다. 또한 미국 기업들도 유럽 시장에 진출하기 위해 여전히 보호주의적 정책을 고수하고 있는 회원국가들과 직접 접촉하지 않고 유럽연합만을 상대하는 것이 비용을 절감할 수 있

---

[42] V. Schneider, "Organized Interests in the European Telecommunications Sector," J. Greenwood, R. Grote and K. Ronit eds., *Organized Interests and the European Community* (London: Routledge, 1990), pp. 58-59, 62-64.

[43] J. Bailey, "Liberalisation of European Telecommunications: A Policy for the Future," IBC Technical Services Ltd., 1987; UNICE, *Position Papers*; J. Dunogue, "Des Questions pour L'Industrie," *Le Communicateur* N° Spécial (Février 1988), pp. 131-135.

[44] IBM의 1987년 『녹서』에 대한 공식적 견해로는 IBM Europe, "Commentaires d'une Multinationale," *Le Communicateur* N° Spécial (Février 1988), pp. 137-143을 참조.

는 방법이라고 생각했을 것이다.

다섯째, 유럽연합 집행위원회의 의도와 상관없이 통신 관련 노동조합의 참여는 극히 미약했다. 노동자를 대표하는 국제조직으로 PTTI가 언급되어 있지만, 회원국가의 통신 관련 노동조합은 보이지 않는다. 유럽연합 통신 정책의 결정 과정에서 가장 소외된 집단이었던 노동 세력은 일반 대중이 통신 서비스에 접근할 수 있게 하는 것이 정부 통신 부서의 임무이고, 따라서 "모든 규칙의 변화는 보편적 서비스를 제공하는 정부 통신 부서의 능력을 강화하는 것이어야 한다"고 주장했다. 또한 규제와 운용이 동시에 이루어질 때, 통신 정책에 대한 '민주적 통제'가 가능할 수 있다는 것이 이들의 주장이었다. 유럽 차원의 표준 설정 과정에 있어서도, 통신 장비 생산 기업이나 사용자 집단과 달리 CEPT가 지속적으로 중심 역할을 해야 한다는 견해를 피력했다. 사실상, PTTI는 유럽연합 통신 정책이 고용에 미치는 효과를 가장 중요하게 고려하고 있었다.[45]

여섯째, 자문 대상 조직의 폭이 확대되면서 유럽연합에 영향을 미치는 이익집단들이 국민국가 차원에서의 이익집단 정치에서 볼 수 있는 것과 같은 특별한 지위를 향유하지 못했다. 즉, BP, 플리시Plessey, 유니레버Unilever와 같은 대기업들은 UNICE나 ERT의 회원 기업이면서도 개별적으로 『녹서』의 자문 과정에 참여했다. 이 개별 기업들은 이 정상 조직을 경유하지 않고도 유럽 차원에서 자신들의 이익을 실현할 수 있는 '직접적' 통로를 개설하고 있었다.[46] 이는 유럽연합 차원의 이익집단 정치와 회원국가 수준의 이익집단 정치를 구

---

[45] PTTI, "Une Approche Syndicale," *Le Communicateur* N° Spécial (Février 1988), pp. 105-112. 이 노동세력의 의견은 1986년 8월 코펜하겐에서 열린 PTTI 유럽대회에서 채택된 정책에 기초한 것이다.

[46] Schneider, "Organized Interests in the European Telecommunications Sector," p. 67. 이 같은 관찰을 기초로, 슈나이더는 유럽공동체의 정책 결정 과정을 설명하기 위해, 조합주의보다는 정책 네트워크 개념이 적절할 것이라고 주장한다.

별하는 주요한 특징 가운데 하나다.

이제까지 살펴본 것처럼, 노동조합을 제외하고 대부분의 행위자들은 집행위원회가 제시한 통신 정책의 기본 골격에 동의했다. 통신 장비 생산 기업들과 사용자들은 좀 더 강력한 형태의 자유화 정책, 즉, 통신 독점을 폐지하거나 제한할 것을 요구했다. 그리고 자신들이 표준 설정 과정에 참여할 수 있는 제도적 장치를 마련할 것을 요구했다. 결국, 이들의 자유화에 대한 요구는 유럽연합 집행위원회가 통신 정책을 둘러싸고 회원국가의 정부와 협상하는 과정에서 중요한 협상 도구로 사용되었다. 더 나아가 집행위원회는 자신들의 협상력을 강화하기 위해, 유럽 차원에서 다양한 이익집단의 조직화를 시도하기도 했다. 유럽 차원의 ISDN 사용자 모임인 유럽ISDN사용자포럼EIUF, European ISND User Forum(이하 EIUF)은 집행위원회가 자신의 재원으로 운영하는 이익집단이었고, 정보기술이용자그룹ITUG, Information Technology User Group과 ECTUA는 집행위원회의 도움으로 설립되었다. 이 유럽 차원의 이익집단은 집행위원회의 정책 결정 과정에 일상적으로 접근할 수 있는 통로를 갖고 있었고, 이들의 의견은 집행위원회의 정책 수립에 중요한 기초가 되었다.[47]

집행위원회가 토론 문건을 제시하면, 관련된 다양한 행위자들이 의견을 제출하고, 집행위원회가 다시 의견을 수집하여 구체적 정책 대안을 제시하는 자문 과정은, 이후 유럽연합 통신 정책 과정에서 하나의 제도로 정착된다. 이 자문 과정의 제도화는 유럽적 수준에서 통신 행위자들의 상호 작용을 위한 '초국가적 정책 네트워크'가 형성되었음을 의미하는 것이었다. 이 초국가적 정책 네트워크는 기업 사용자를 포함한 경제적 이익집단이 중심적 역할을 수행하

---

47 CEC, Towards Trans-European Networks—For a Community Action Programme, COM(90) 585 final (Brussels: CEC, 1990), p. 14; Fuchs, "The European Commission as Corporate Actor?" p. 424.

는 '생산자 네트워크'와 유사했다. 그러나 국민국가 차원의 생산자 네트워크와 달리 산업의 정상 조직이 중심적 역할을 수행하지 않는다는 점에서 '개방된' 생산자 네트워크라고 할 수 있다.

이 자문 과정은 원칙적으로 모든 행위자들에게 열려 있다. 따라서 유럽연합 수준에서의 이익 대표 과정은 기존의 정상 조직의 역할이 약화되어, 덜 위계적이며 내적으로 경쟁이 강화된 초국가적 수준의 다원주의로 묘사될 수 있다.[48] 그러나 동일한 기업들이 다양한 조직에 소속되어 있다는 점에서 다원주의는 정확한 묘사가 아닐 수 있다.[49] 특히, 노동조합이나 소비자들의 참여는 제한적 수준에서만 이루어졌다. 따라서 이 자문 과정은 특정 집단에게만 정책 결정 과정이 개방되어 있는 '엘리트 다원주의'로 규정될 수 있다.[50]

3. 1987년 『녹서』에 기초한 정책의 형성: 유럽통신표준연구소의 사례

유럽 차원의 통신 정책 네트워크의 제도화를 증명할 수 있는 경험적 증거 가운데 하나가, 1988년 3월 프랑스의 소피아-앙티폴리스Sophia-Antipolis에 설치된 유럽통신표준연구소다.[51] 이 표준연구소의 설립 과정에서도, CEPT의 역할이 가장 큰 쟁점이었다. CEPT의 사무총장이 유럽통신표준연구소의 설립을 발표했을 때, 사용자 집단과 통신 장비 생산 기업은 CEPT가 주도하는 정부 간

---

48 Streeck and Schmitter, "From National Corporatism to Transnational Pluralism," pp. 133-164.
49 Schneider, "Organized Interests in the European Telecommunications Sector."
50 엘리트 다원주의라는 용어는 D. Coen, "The Evolution of the Large Firm as a Political Actor in the European Union," *Journal of European Public Policy* 4: 1 (1997)을 참조.
51 니스 근방에 위치한 소피아-앙티폴리스는 1972년에 조성된 첨단기술 단지로, 이 도시에는 1998년 현재 50개국의 110개 기업, 4,000여 개의 연구 기관, 각종 첨단기술과 관련된 대학(원) 등이 자리 잡고 있다.

협력의 틀에 강력히 반대했다. 결국, 유럽통신표준연구소는 유럽의 통신 장비 생산 기업 및 사용자와의 협력을 통해 건설되어야 한다는 기본 원칙에 대한 동의가 이루어졌고, 따라서 이 연구소는 다양한 경제적 이익집단이 참여하는 포럼 형태로 운영되게 된다.[52]

이 새로운 특징은 〈표 2〉에서 볼 수 있는 것처럼, 연구소의 회원 명단을 통해 확인할 수 있다. 회원 가운데, 통신 장비 생산 기업이 절반 이상을 차지했다. 통신 장비 생산 기업과 친밀한 관계를 유지하고 있던 국민국가의 표준 설정 기구의 참여는 거의 이루어지지 않았다. 유럽통신표준연구소의 의사 결정도, 기술 총회에서 심각한 논쟁이 발생할 경우 가중치가 설정된 국민국가별 투표가 이루어지지만, 일반 사항에 대해서는 단순 다수결을 적용하기로 합의가 이루어졌다.[53]

유럽통신표준연구소의 설립은 사실상 CEPT의 통신 권력에 대항한 유럽연합 집행위원회의 승리로 기록될 수 있다. 그동안 집행위원회는 CEPT의 정규 모임에 참석하지 못했고, 따라서 CEPT의 결정에 영향을 미칠 아무런 방법을 갖고 있지 못했다. 그러나 이제 집행위원회는 유럽통신표준연구소의 일반 총회 및 기술 총회에 대표를 파견할 수 있게 되었다. 그러나 그들이 발언 기회는 가질 수 있지만, 투표권은 없었다.[54] 이 연구소가 설립된 직후인 1988년 5월 집행위원회는 로마조약 90조 3항에 근거하여 통신 단말기 시장에서의 경쟁에 관한 지침을 제정했다.[55] 이 집행위원회 지침은 유럽 차원의 표준화 작업

---

52 S. Temple, *ETSI: A Revolution in European Telecommunications Standards Making* (Hull: Kingston Public Relations, 1991), p. 4.
53 Temple, *ETSI*, p. 29.
54 Temple, *ETSI*, p. 65.
55 CEC, "Commission Directive of 16 May on Competition in the Markets in Telecommunications Equipment," 90/388/EEC, OJL 192/10 (Brussels, 1990).

〈표 2〉 유럽통신표준연구소의 회원 (1991년 3월)

회원 범주	숫자	비율
통신 장비 생산 기업	167	62.08%
공공 네트워크 운용자	40	14.87%
행정 부서	28	10.41%
사용자	23	8.55%
연구 기관 및 기타	11	4.09%
합계	169	100.00

자료: G. Fuchs, "ISDN: 'The Telecommunications Highway for Europe after 1992 or Paving a Dead-End Street?': The Politics of Pan-European Telecommunications Network Development," *Discussion paper* 93: 6. *Max-Planck Institute für Gesellschaftsforschung* (Cologne, 1993), p. 25.

을 CEPT로부터 집행위원회로 이전한 '무혈 쿠데타'로 평가되기도 했다.[56]

V. 결론

1987년 『녹서』의 발간을 기점으로, 통신 장비 및 서비스 시장의 자유화가 유럽연합 통신 정책의 핵심 영역이 되었다. 1980년대 초반에 자유화 정책을 적극 추진한 미국과 일본 그리고 유럽연합 회원국가인 영국을 제외한다면, 유럽 대륙 국가들의 자유화에 대한 관심은 상대적으로 늦은 편이었다. 통신을 국가가 직접 제공하는 공공재로 인식했던 '국가 전통'이 자유화 정책의 지체를

---

[56] Noam, *Telecommunications in Europe*, p. 307.

야기한 원인인 것처럼 보인다. 이 국가 전통을 고려할 때, 유럽연합 통신 정책의 형성은 자유화 정책이 야기할 수 있는 국내적 반발을 회피하기 위한 유용한 방법 가운데 하나였다.

그러나 기업 사용자와 통신 장비 생산 기업의 급격한 자유화 요구에도 불구하고 유럽연합의 자유화 정책은 점진적으로 추진되었다. 음성 전화 통신을 포함한 전 분야에서의 자유화는 1998년에 들어서야 가능했다. 이는 초국가적 통신 정책 네트워크 구성원들 사이의 갈등과 협력 때문이었다. 회원국가의 정부, 노동조합, CEPT 등은 유럽 차원의 새로운 협력 틀이 필요함을 인식하고 있었음에도 불구하고, 회원국가 정책 네트워크의 점진적 해체를 원하고 있었다. 반면, 기업 사용자, 통신 장비 생산 기업, 새로운 통신 서비스 제공자들은 급격한 자유화 정책을 원하고 있었다. 유럽연합 집행위원회는 이 갈등을 해결하는 중재자 역할을 수행하면서도, 기업 사용자 및 통신 장비 생산 기업을 중심으로 한 세력의 견해를 선호하는 경향을 보였다.

1987년『녹서』이후의, 1992년『리뷰』, 1994년『녹서』, 1997년『녹서』의 자문 과정에서는 1987년『녹서』의 자문 과정과 상이한 모습이 나타나고 있다.[57] 대기업의 연합 조직이 여전히 자문 과정에서 지배적 위치를 점하고 있기는 하지만, 유럽 차원의 보편적 서비스를 요구하는 노동조합 및 시민 단체의 참여가 증가하고 있고, 그들의 의사를 반영한 유럽의회의 목소리가 높아져 가

---

57 CEC, *1992 Review of the Situation in the Telecommunications Sector*, SEC(92) 1048 (Brussels, 1991); European Commission, *Green Paper on a Common Approach to Mobile and Personal Communications in the European Union*, COM(94) 145 (Brussels, 1994); *Green Paper on the Liberalization of Telecommunications Infrastructure and Cable Television Networks, part one*, COM(94) 440 final, part two, COM(94) 683 final (Brussels, 1994); *Green Paper on the Convergence of the Telecommunications, Media and Information Technology Sectors and the Implications for Regulation Towards an Information Society Approach*, COM(97) 623 (Brussels, 1997).

고 있다. 또 다른 주요 특징으로, 개별 조직의 참여 증대를 들 수 있다. 이는 통신 기업들 사이의 경쟁 격화에 기인한 것이기도 했다. 이 자문 과정의 변화는 초기에 생산자 네트워크의 성격을 갖고 있었던 초국가적 통신 정책 네트워크가, 제한된 정도의 상호 의존을 갖고 있는 많은 수의 참여자를 보유하는 이슈 네트워크로 전환되고 있음을 의미했다. 개별 기업의 참여 증대로 대기업 연합 조직에 대한 의존도가 감소했고 따라서 집행위원회의 자율성 증대를 예상할 수도 있지만, 오히려 행위자 숫자의 증가는 중재자로서 집행위원회의 역할을 감소시킬 수도 있는 요인이었다.

마지막으로 이 연구의 한계와 이론적 함의를 제시한다. 이 연구의 많은 부분에서 '유럽연합 집행위원회'가 주어로 사용되고 있다. 이는 마치 집행위원회가 자율적으로 행동하는 단일한 행위자인 것처럼 생각하게 할 수 있다. 그러나 우선 유럽연합 통신 정책의 실행implementation이 많은 부분 회원국가에 위임된다는 사실을 상기할 필요가 있다. 또한 집행위원회의 위원들이 회원국가 정부의 임명을 통해 충원되기 때문에, 집행위원회 내부에서도 회원국가 간 갈등이 재연될 수 있다. 또한 집행위원회 내부에서도 통신 정책을 둘러싸고, 경쟁 정책을 담당하는 DGIV와 산업 정책적 지향을 갖고 있는 DGXIII의 관료들 사이에 갈등이 존재하기도 했다. 유럽연합이라는 새로운 정치형태의 작동 방식에 대한 정확한 이해를 위해서는 '기능적 대표 체계'에 기반하고 있는 집행위원회에 대한 좀 더 이론적인 연구가 필요할 것으로 보인다.[58]

---

[58] 집행위원회의 내부 동학과 관련해서는 M. Cini, *The European Commission: Leadership, Organisation and Culture in the EU Administration* (Manchester: Manchester University Press, 1996)을 참조. 집행위원회의 정당성과 관련된 실험적 논의로는 T. Christiansen, "Legitimacy Dilemmas of Supranational Governance: The European Commission between Accountability and Independence," *RSC Working Paper*, No. 97/74 (1997); R. Dehouse, "European Institutional Architecture after Amsterdam: Parliamentary System or Regulatory Structure,"

이 연구의 이론적 함의와 관련해서는 기존의 국제 레짐을 포괄하는 개념으로 정책 네트워크 개념의 유용성을 지적할 수 있다. 특히 통신의 국제관계에서 사적 행위자들의 역할이 제고된다고 할 때, 기존의 정부 간 관계와 이 사적 행위자들의 활동을 통합하기 위해 정책 네트워크 개념이 사용될 수 있을 것이다. 현재의 국제관계에서는 과거의 정부 간 관계만큼이나 '기업의 정치'에 대한 주목이 필요하다. 유럽연합의 통신 정책 네트워크도 이 기업의 정치에 따라 그 안전성 여부가 결정될 가능성이 높다. 만약, 기업의 지구화 논리가 지역주의적 전략을 압도하게 된다면, 기존의 지역적 수준에서 형성되었던 다양한 정책 네트워크를 포괄하는 유럽연합의 '제도적' 기반과 이 새로운 기업의 정치가 충돌할 수도 있을 것이다.

RSC Working Paper No. 98/11 (1998). (www.iue.it/RSC/WP-Texts/97_74.html 참조). 좀 더 포괄적인 논의로는 W. Wessels, "The Modern Western European State and the European Union: Democratic Erosion or a New Kind of Polity?" S. S. Andersen and K. A. Eliassen eds., *The European Union: How Democratic Is It?* (London: Sage, 1996)을 참조.

제11장

헬싱키 프로세스와 국제적 인권정책
: 유럽안보협력기구의 인도적 포용 정책

I. 문제 제기

    1999년 3~6월 미국 및 북대서양조약기구군의 유고슬라비아 공습 이후, 심각한 인권 억압이 발생한 지역에 대한 국제사회의 인도적 개입이 국제법 및 국제정치(학)의 주요 의제 가운데 하나로 부상했다. 식량이나 의약품과 같은 긴급 구호물자를 제공하는 인도적 지원humanitarian assistance과 달리 '군사력의 사용'이 간섭의 주요 형태인 인도적 개입은, 개입 대상 국가의 주권을 침해할 뿐만 아니라 무력 사용을 통해 또 다른 인권유린을 야기할 수도 있기 때문에, 국제법 및 국제정치 이론과 실천 두 영역에서 모두 논란의 대상이 될 수밖에 없다. 추상적이지만 단순화한다면 논쟁의 핵심은 인권과 주권의 관계다.

    일단 인권과 주권의 개념에 대한 국제적 합의가 존재하는가, 그리고 합의가 존재한다면 그 합의를 통해 형성된 국제적 규범을 준수하고 있는가라는 문제를 사상하고 논의를 시작해 보자. 인권과 주권의 관계는 인권과 주권의 무관계를 배제하면 세 가지 조합을 만들 수 있다. 첫째, 두 가지 형태의 인권과 주권의 부등식 관계를 설정할 수 있다. 만약 인권이 주권에 우선하는 가치라면 인권유린이 발생할 경우 인도적 군사개입의 정당성이 확보될 수 있다. 그러나 주권이 인권에 우선하는 가치라면 인권유린은 국내 문제로 정리되고, 해당 국가의 요청이 없는 한 국제적 개입은 원칙적으로 이루어질 수 없다. 둘째, 인권과 주권의 등식 관계를 가정하면 문제는 좀 더 복잡해진다. 인권과 주권의 가치를 동시에 고려하는 국제사회의 행동이 필요하기 때문이다.

인권과 주권의 이 미묘한 관계는 보편적 국제기구인 국제연합헌장에서 잘 표출되고 있다.[1] 국제연합헌장은 인권 보장의 측면에서 개인을 국제법의 주체로 등장시킴으로써 주권의 절대성을 제한할 수 있는 혁신의 길을 열었지만 인권 보호를 위한 내정간섭을 명시하고 있지는 않다. 그럼에도 국제인권법의 발전에 따라 힘의 논리가 여전히 관철되고 있는 국제사회에서 인권의 보호가 국제기구를 매개로 하나의 '규범'으로 자리 잡을 가능성이 높아지고 있는 것도 사실이다.

이 글의 목적은 국제사회에서 인권 보호가 주권의 상호 인정과 공존할 수 있는 가능성을 모색하는 것이다. 극단적인 인도적 재난 사태가 발발할 경우, "주권국가의 내정 문제에 대한 강압적 또는 군사적 간섭"의 형태를 띠는 인도적 군사개입을 배제할 수는 없다.[2] 그러나 주권의 상호 인정과 인권의 보호가 함께 가기 위해서는 주권국가의 내정 문제에 대한 평화적 간섭으로 정의될 수 있는 '인도적 포용'humanitarian engagement이 필요하고, 이 포용 정책의 주체는 국

---

1 국제연합헌장은 오기평, 『현대 국제기구정치론』(서울: 법문사, 1992), pp. 414-473에서 볼 수 있다.
2 J. Donnelly, "Human Rights, Security and the Dilemmas of Humanitarian Intervention," Tai-joon Kwon and Dong-Sung Kim eds., *World Order and Peace in the New Millennium* (Seoul: Korean National Commission for UNESCO, 2000), p. 173에서 서술된 개입에 대한 정의다. 다른 한편, 피네모어는 군사적 개입과 인도적 개입을 구분한다. 군사적 개입은 어떤 국가의 국내 정책을 통제할 목적으로 군사력을 배치하는 것으로 정의한다. 인도적 개입은 외국 민간인의 생명과 복지를 보호하기 위한 군사적 개입이다. M. Finnemore, "Constructing Norms of Humanitarian Intervention," P. Katzenstein ed., *The Culture of National Security* (NewYork: Columbia University Press, 1996), p. 154, fn. 2를 참조.

제적 합의를 도출할 수 있는 국제기구여야 한다는 것이 이 글의 주장이다.

이 글에서는 인도적 포용 정책의 사례로 유럽안보협력기구OSCE, Organization for Security and Co-operation in Europe의 실험을 선택한다. OSCE와 같은 지역 국제기구는 국제연합과 같은 전 세계 차원의 국제기구와 달리 그 특성상 회원국가들이 정체성을 공유할 가능성이 높고, 그 정체성에 기반을 둔 규범의 형성이 용이할 것이라고 추론할 수 있다. 그러나 OSCE는 주권국가의 정부들이 참여하는 전형적인 회의 외교conference diplomacy를 통해 건설되었을 뿐만 아니라 이념과 체제를 달리하는 동서 양 진영의 국가들이 함께 참여한 안보 기구였다. 따라서 OSCE가 회원국가의 특수한 국가이익을 넘어서는 보편적 가치를 지향할 수 있을 것인가, 상이한 정체성을 지닌 동서 양 진영 국가들 사이에서 국제 규범을 도출할 수 있을 것인가라는 질문에 회의적 대답이 나올 수도 있다. 그럼에도 OSCE는 몇 가지 측면에서 기존의 국제 안보 기구와는 구분되는 혁신을 담고 있을 뿐만 아니라 국제적 정의justice를 고민하는 사람들에게 작지만 매력적인 시사점을 줄 수 있다고 생각한다.

첫째, 1973년 헬싱키 프로세스Helsinki Process로 시작한 CSCE의 제도화 형태인 OSCE는 안보문제를 전문적으로 다루는 국제기구임에도 불구하고 냉전체제 아래에서 적대적 관계를 유지하던 동서 양 진영의 국가들이 함께 참여한 '협력적 안보 기구'다. 즉 OSCE는 적대적 차이를 지양하면서 보편성을 획득할 수 있는 접근법을 그 내부에 마련하고 있다. 둘째, OSCE는 정치 군사적 문제와 경제협력과 인권을 결합한 '포괄적 안보' 개념을 제시하고 있다. 인권이 안보를 구성하는 한 축이 되면서 안보가 국가들 사이의 관계이면서 동시에 인간들 사이의 관계라는 인식이 확산되고 있다. 이 포괄적 안보 개념에 기초하게 되면, 코소보에서 벌어진 학살은 인권을 침해하는 범죄행위일 뿐만 아니라 유럽의 안보를 저해하는 요소가 될 수밖에 없다. 따라서 이 포괄적 안보 개념은 인도적 포용이라는 규범 형성에 있어 중요한 매개체 역할을 할 수 있다.

이 글의 구성은 다음과 같다.

첫째, 인권과 주권과 국제기구의 관계에 대한 역사적·이론적 접근을 시도한다. 둘째, CSCE 협상의 결과로 제출된 1975년 헬싱키 최종 의정서Final Act의 세 번째 영역Basket III으로 "인도주의와 기타 분야에서의 협력"이 포함되는 과정을 기술한다. 그리고 이후 CSCE 및 OSCE 인권정책이 제도화되는 과정을 고찰한다. 셋째, OSCE의 인도적 포용 정책의 시험 사례로 코소보 사태에 대한 개입 과정을 분석하고 인도주의적 포용 정책의 정당성 및 효과를 논의한다. 마지막으로, 이 글의 이론적 정책적 함의를 제시한다.

II. 인권, 주권, 그리고 국제기구

인권과 주권은 근대 서구 사회의 발명품으로 자유주의적 토양에서 발아된 개념이라고 할 수 있다. 자유주의적 인권의 개념은 대표적 사상가인 로크J. Locke에게서 명확하게 나타난다. 그는 인권의 개념을 인간이 이성의 법칙인 자연법에 따라 생활하는 자연 상태로부터 도출한다. 이 자연 상태에서 인간은 모두 독립적이고 평등하며 일정한 인권 즉 자연권을 부여받는다. 그 중에서 기본적인 것이 생명과 자유와 재산이다.[3] 자유주의자들은 이 기본적 인권 보장을 위해 공평한 재판관의 역할을 하는 중앙 집중적 권위체가 필요하다는 생

---

3 스기하라 야스오, 석인선 옮김, 『인권의 역사』(서울: 한울, 1995), pp. 21-22. 시민혁명을 겪지 않은 국가들에서는 이 기본권이 국가가 제정한 법률에 의해 주어지는 것으로 본다. 이를 자연법적 인권관과 구분해 법실증주의적 인권관으로 부른다. 한상범, 『인권』(서울: 교육과학사, 1993), pp. 61-62.

각을 가지고 있었다. 자유주의자들이 '사유'思惟 속에서 그리고 있던 중앙 집중적 권위체가 바로 최소국가였다.

자유주의 사상의 논리적 전개에서 기본적 인권의 보장을 위한 필요악必要惡으로 도출되었던 근대국가가 출현하면서 주권 개념도 등장하기 시작했다. 주권 개념은 절대주의 국가 및 그 뒤를 이은 근대 열국체제의 등장과 불가분의 관계를 맺고 있다. 1576년 보댕J. Bodin이 그의 저서 『국가론』에서 국가 '내부'에서의 최고 권력으로 주권 개념을 제시했을 때, 염두에 둔 것은 군주정 형태의 절대주의 국가였다.[4] 다른 한편 17세기 초반 유럽에서 벌어진 30년 전쟁의 종지부로 근대적 의미의 세력균형 체제를 결과한 1648년의 베스트팔렌 조약을 통해 내정간섭을 금지하는 대외적 주권 개념의 기초가 마련되었다.

따라서 주권 개념은 두 차원을 가지게 되었다. 그러나 근대 국제체제에서 자명한 듯 보이는 대외적 주권의 규범에 대해 두 가지의 근본적인 문제가 제기되고 있다. 첫째, 현실주의자와 마르크스주의자가 공통적으로 지적하는 것처럼 베스트팔렌적 주권의 규범은 당시 주요 강대국에 의해 효과적으로 제한되었다. 크래스너S. Krasner가 지적하듯이 주권은 강대국이 생산한 '조직된 위선'일 수 있다.[5] 둘째, 베스트팔렌적 주권 규범은 그 출발부터 유럽 중심의 규범이었다. 유럽 공법European public law of nations 체제에 포함될 수 있는 국가는 이른바 '문명국가'였다. 이 문명의 기준은 자유주의 사상에서 상정했던 기본적 인권인 생명과 자유와 재산의 보장이었다. 유럽 국가들은 이 기준을 적용하여 유럽 이

---

[4] J. Bodin, "From *Six Books of the Commonwealth*," C. Brown, T. Nardin and N. Rengger eds., *International Relations in Political Thought: Texts from the Ancient Greeks to the First World War* (Cambridge: Cambridge University Press, 2002).

[5] S. Krasner, *Sovereignty: Organized Hypocrisy* (Princeton: Princeton University Press, 1999); D. Chandler, "International Justice," *New Left Review* 6 (2000), p. 56.

외의 국가에 대해서는 주권을 부분적으로만 인정했을 뿐이다.[6]

제2차 세계대전 이후 국제사회에서 전통적 형태의 제국주의를 인정하지 않게 되면서 국제연합이라는 국제기구를 매개로 주권의 평등에 대한 보편적 인정이 이루어지게 된다.[7] 그 결과로 주권의 평등을 보장하는 국제법적 주권이 새로운 규범으로 등장했다. 베스트팔렌적 체제가 인도주의적 명분이나 힘의 논리에 입각한 실질적 내정간섭을 허용하고 있었다면, 제2차 세계대전 이후에는 국제연합헌장에서 드러나듯 국제법을 매개로 강대국의 내정간섭을 금지하려는 규범이 형성되었다고 볼 수 있다. 국제인권법의 등장은 주권의 상호 인정과 궤를 같이하는 것이었다. 국제연합헌장에서 볼 수 있듯이 주권의 상호 인정을 위한 토대가 바로 인권의 보장이었기 때문이다.[8]

인권의 국제화는 국제법 및 국제정치의 영역에서 다음과 같은 효과를 제공한다. 첫째, 국제인권법을 계기로 국가뿐만 아니라 개인도 국제법의 주체로 등장하게 되었다. 둘째, 20세기의 국제인권법은 19세기의 다자주의와 달리 '국제적 책임성'과 인도적 개입의 '일반화된 원칙'을 제공하는 규범을 제공하고 있다.[9] 셋째, 국제인권법은 새로운 문명의 기준, 즉 새로운 국제적 규범

---

6 G. Gong, *The Standard of 'Civilization' in International Society* (Oxford: Clarendon Press, 1984).

7 Chandler, "International Justice," pp. 58-61.

8 제2차 세계대전 이후의 주요한 국제인권법으로는 1948년의 세계인권선언(Universal Declaration of Human Rights), 1966년 국제연합에서 채택된 "경제적·사회적·문화적 권리에 관한 국제 규약"(The Covenant on Economic, Social and Cultural Rights)과 "시민적·정치적 권리에 관한 국제 규약"(The Covenant on Civil and Political Rights)이 있다. 시민적·정치적 권리가 제1세대 인권이라면, 경제적·사회적 권리는 제2세대 인권이다. 제3세대 인권은 집단적·연대적 권리로, 평화권·발전권·환경권 등이 제안되고 있다. 이 가운데 평화권에 관한 논의로는 이근관, "국제적 인권으로서의 평화권에 대한 고찰," 『인권평론』 창간호 (2006)를 볼 것.

9 토마스 버겐탈, 양건·김재원 옮김, 『국제인권법 개론』(서울: 교육과학사, 1992), p. 27. 20세기의 다자주의에 관한 논의로는 J. Ruggie ed., *Multilateralism Matters* (NewYork: Columbia University Press, 1993) 참조.

일 수 있다. 그러나 그 기준의 보편성과 특수성 또는 인권의 보편주의와 상대주의가 여전히 논란의 대상이다.

인권의 보편성을 강조하는 도넬리J. Donnelly와 포사이드D. Forsythe는 서구 자연법사상의 기초 위에서 인권을 인간이 생래적生來的으로 보유하는 정당한 불가침의 권리로 인식한다. 여전히 서구 중심적 경향이기는 하지만 좀 더 역사적인 인식을 동원하여, 인권의 보편성이 근대국가와 근대 시장이 야기한 인간의 존엄성에 대한 위협으로부터 개인을 보호하기 위해 고안된 사회적·정치적 장치로 설명되기도 한다.[10] 인권의 영역이 '개인'의 시민적·정치적 권리에서 사회적·경제적 권리로 확대되는 과정은 이 설명에 정당성을 부여하는 듯이 보인다. 고전적 자유주의에서 사회적 자유주의로의 진화 과정에 주목하면서 인권 개념의 역사성 및 보편성을 도출하는 논리라고 할 수 있다.[11]

그러나 자유주의적인 보편적 인권관에 대해 마르크스주의 및 상대주의 진영으로부터의 비판이 존재한다. 마르크스주의 진영에서는 인권이 계급 관계를 반영하는 역사적 개념이며 그 주체는 개인이 아니라 계급이라 주장한다.[12] 따라서, 마르크스주의적 관점에 입각한다면 자유주의적 인권은 부르주아의 계급적 이익의 다른 표현이다. 그러나 인권 개념의 점진적 확장은 이를 단순

---

10 J. Donnelly, *Universal Human Rights in Theory and Practice* (Ithaca: Cornell University Press, 1989), part I, II; D. Forsythe, *Human Rights in International Relations* (Cambridge: Cambrdige University Press, 2000).

11 서구 자유주의 개념의 변화 과정에 대해서는 이 책의 8장을 참조.

12 R. Thakur, "Human Rights," P. Diehl, *The Politics of Governance* (Boulder: Lynne Rienner Publishers, 1997), p. 250. 다른 한편, 마르크스주의의 논리에서는 인권이 계급의 적에 대한 투쟁심을 위축시킬 우려가 있고 일단 투쟁에 승리하여 계급 없는 사회를 만들면 인권 따위는 필요하지 않기 때문에 인권을 인정하려 하지 않는다는 주장도 제기된다. 스티븐 룩스, "인권을 둘러싼 다섯 우화," 스티븐 슈트, 수잔 헐리 엮음, 민주주의법학연구회 옮김, 『현대사상과 인권』(서울: 사람생각, 2000), pp. 30-51.

히 부르주아계급의 이익으로 환원할 수 없음을 보여 준다. 다른 한편 상대주의를 수용하는 학자들은 사회적 맥락에 따라 인권 개념이 특수하다는 전제 아래 인권 개념보다는 인간 존엄성이라는 개념을 선호한다. 예를 들어 빈센트J. Vincent는 국제정치에서 합의할 수 있는 인권의 내용은 생존권이라고 주장한다.[13] 이 상대주의는 인권의 보호 및 그 보호를 위한 국제기구가 강대국 중심으로 운영되는 현실에 대한 비서구 국가의 비판과 밀접히 연관되어 있다.[14]

극단적인 상대주의 관점에 입각하면 모든 도덕적 판단이 문화-특수적culture-specific이다. 그러나 이 명제는 그 자체가 절대적일 수 없다. 이 판단도 문화적 맥락을 고려해야 하기 때문이다.[15] 더 나아가 극단적인 문화적 상대주의는 인권을 논의하는 공동의 가치와 이익이 존재하는 국제사회의 성립 자체를 불가능하게 한다. 다른 한편 극단적인 보편주의는 또 다른 형태의 제국주의를 양산할 수 있다. 이제 자결권 및 발전의 권리뿐만 아니라 환경이나 평화까지 인권으로 간주되고 있다. 즉 인권 개념의 진화가 이루어지고 있다고 가정할 때, 그리고 이 진화가 국제사회에서 제한적이지만 인권 규범의 형성 과정을 의미한다고 할 때, 우리가 취할 수 있는 적극적 태도는 극단적 상대주의로 대표되는 국가 중심적 국제관계 이론 및 극단적 보편주의로 표현되는 세계주의적cosmopolitan 또는 이상주의적 국제관계 이론을 지양하는 것이다.

〈표 1〉은 인권과 주권의 관계에 대한 이론 및 역사를 도식화한 것이다. 제국주의 시대처럼 주권이 실질적으로 불평등한 조건에서 인권의 보편성이 강

---

13 J. Vincent, *Human Rights and International Relations* (Cambridge: Cambridge University Press, 1990).
14 정진성, "인권의 보편성과 특수성," 한국인권재단 편, 『21세기의 인권』(서울: 한길사, 2000), pp. 98-100.
15 Thakur, "Human Rights," p. 251.

〈표 1〉 주권과 인권의 관계

		주권의 규범	
		불평등	평등
인권 규범	보편	(I) 제국주의 인도적 개입	(IV) 지구적 인권 문화
	특수	(II) 패권적 인권 레짐 인도적 개입	(III) 합의적 인권 레짐 인도적 포용

조되면 강대국은 인권을 명분으로 약소국에 군사적으로 개입할 수 있게 된다. 서구 국가들의 중동 지역에 대한 개입이 그 사례일 수 있다. 제2차 세계대전 이후 국제인권법이 형성되면서 인권의 특수성과 보편성을 고려하는 인권 레짐이 형성되었지만 미국의 중남미 국가에 대한 개입에서 볼 수 있듯이 강대국의 이익을 관철하려는 군사적 개입이 발생하곤 했다. 국제관계에서 주권과 인권의 관계는 (I)에서 (II)를 거쳐 (III)으로 나아가는 과정이라고 할 수 있다. (IV)의 대안이 이상理想인 한 (III)이 현실적 목표가 될 수 있을 것이다.

(II)에서 (III)으로 발전하기 위해서는 주권의 실질적 평등 및 인권 개념에 대한 역사적 합의가 필요한 듯 보인다. 이 합의는 '정치사회의 최저 기준' 또는 양립할 수 없는 근본적 견해 차이가 존재할지라도 인간 행동에 적용되어야 하는 규범을 만드는 작업이다.[16] 그러나 이 합의를 매개하는 국제기구가 국제사회에서 권력정치의 기제로 사용되고 있는 것도 사실이다.[17] 그럼에도 국제기구 및 비정부기구가 인권의 보호를 위한 공론장의 역할을 하고 있음을 부인할 수는 없다. 즉 이 공론장을 통해 인권에 관한 적절한 행위의 '집합적 기준'인

---

16 존 롤즈, "만민법," 스티븐 슈트 외, 『현대사상과 인권』, pp. 54~106; 찰스 테일러, "인권에 대한 비강제적 합의의 조건," 『계간 사상』 (1996 겨울), pp. 57-74 참조.
17 전재성, "현실주의 국제제도론을 위한 시론," 『한국정치학회보』 34: 2 (2000).

'규범'이 생산되기도 한다. 이 규범이 국제사회에서 행위자들의 이익과 행위를 결정하는 가장 중요한 요인은 아니다. 권력과 이익을 배제한 규범의 성립을 상정하는 것은 이상적이라는 비판에 직면할 수밖에 없다. 그러나 그 규범이 이익과 행위를 구체화하는 허용 조건으로 기능하기도 한다.[18] OSCE의 인권정책은 그 가능성의 단초를 보여 주고 있다.

III. OSCE와 인권

1. OSCE 인권정책의 제도화 과정

OSCE 설립 이전에 유럽에는 이미 인권 문제를 다루는 지역 차원의 국제협약이 작동하고 있었다. 그것이 바로 서유럽의 21개 국가가 유럽각의Council of Europe에서 1950년에 채택한 '유럽인권협약'European Convention for the Protection of Human Rights and Fundamental Freedoms이다. 이 협약은 두 차례의 세계대전 및 나치 경험에 대한 반성의 결과물이었다. 인권협약은 행위자들이 '특정한 기준'을 준수하기로 자발적으로 합의할 때 만들어진다.[19] 그리고 일단 하나의 협약이 성립되면 외부의 행위자들이 특정 국가에 개입할 수 있는 가능성이 열리게 된다. 국제인권법으로서 유럽인권협약은 이 측면에서 단순한 서약이라고 할 수

---

18 M. Finnemore, *Defining National Interests in International Society* (Ithaca: Cornell University Press, 1996), ch. 1.

19 Krasner, *Sovereignty*, p. 30; A. Moravcsik, "The Origins of Human Rights Regimes," *International Organization* 54: 2 (2000), pp. 217-252; 이원웅, "국제 인권 레짐의 특성 및 동태에 관한 연구"(서강대학교 박사학위논문, 1996), pp. 33-60.

있는 세계인권선언과 차이가 있다. 실제로 유럽인권협약은 집행과 감독을 위한 기구로 유럽인권위원회European Commission on Human Rights와 유럽인권재판소 European Court of Human Rights를 두고 있다. 개인과 비정부기구와 국가가 그 인권위원회에 청원할 수 있고, 인권재판소의 판결은 주권국가의 관할권을 제한할 수 있다.

이 유럽적 인권협약은 CSCE 인권정책의 선행 모델이라고 할 수 있다. 최초 유럽 차원의 안보 협력 기구는 1950년대에 소련이 제안했다.[20] 동독의 국제법적 인정과 서독의 NATO 가입을 배제하려는 것이 그 목적이었다. 그러나 소련의 헝가리 침공과 폴란드 사태 그리고 베를린장벽 건설 등의 사건이 발생하면서 안보 협력을 둘러싼 소련과 서유럽 국가들의 대화는 중단되었다. 1960년대 중반에 이르러서 소련은 다시금 유럽안보회의의 소집을 제안했다. 체코 침략에 따른 서방 국가의 경계심을 완화시키면서 서방 진영과의 경제협력을 추구하려는 것이 소련의 안보 회의 소집 목적이었다. 1969년 서방 국가들은 미국과 캐나다의 참여 보장, 베를린의 법적 지위의 재확인, 유럽에서 군축관련 논의 개시, 그리고 '인권'을 회의 의제로 삼는다는 조건을 내걸었고, 소련이 이를 수용하면서 유럽 차원의 회의 외교가 시작되었다.[21]

CSCE의 협상 과정이 순탄하지는 않았다. 특히 인권 조항은 가장 큰 논란의 대상이었다. 1973년 3~6월 사이에 인권 관련 의제를 다루던 협상위원회에서 사람들의 접촉, 정보의 광범위한 확산, 문화 및 교육 교류의 향상 등이 의제로 상정되자, 소련과 동유럽 국가들은 경제적·기술적·문화적 협력으로 인권

---

[20] 유럽 안보 협력 기구의 설립 과정에서 미국의 역할에 주목하고 있는 글로는 서보혁, "헬싱키 틀(Helsinki Framework)의 성립 배경: 미국, 소련, 서유럽 삼각관계에서 미국의 역할," 이화여대 학술원 학술회의, 2008 참조.
[21] 박건영, "동북아 다자간 안보 협력의 현실과 전망," 『한국과 국제정치』 16: 2 (2000), pp. 47-49.

의제를 제한해야 한다고 주장했다. 소련과 그 동맹 세력의 목표는 제2차 세계대전 이후의 국경선 유지에 있었다. 따라서 국경선 유지에 위협을 가할 수 있는 인권 의제에 대해서는 반대 의사를 표시했다. 회의가 지지부진해지자 회의 개최국인 핀란드는 정치 군사적 신뢰 구축과 인도주의적 협력의 일괄 타결을 제안했다. 결국 소련 및 그 동맹 세력은 이 일괄 타결을 수용했다. 소련은 인도적 차원의 내용으로 정보의 자유 및 가족의 재결합을 포함한 인적 접촉에 동의했다.[22] 인권 조항을 논의하는 과정에서 또한 동서 양 진영의 인권 개념을 둘러싼 차이가 노출되기도 했다. 소련은 인권의 내용으로 사회경제적 권리와 자결권self-determination을 제시했다. 예를 들어 소련은 서방 국가의 높은 실업률은 인간의 기본 권리에 대한 침해며, 영국의 북아일랜드 문제의 처리 방식과 북아일랜드의 독립을 위해 싸우고 있는 아일랜드공화국군IRA에 대한 공격도 적절하지 못하다고 주장했다.[23]

결국 제한적인 내용이기는 하지만 1975년 8월 '헬싱키 최종 의정서'에 인권 조항이 포함되었다.[24] 이 의정서에는 밴쿠버에서 블라디보스토크에 이르는 35개 국가들이 서명했다. 이 헬싱키협정은 CSCE 참여국의 관계를 규정하는 원칙Principles과 정치적 신뢰 구축Basket I, 경제, 과학 기술, 환경 분야에서의

---

22 V. Mastny, *Helsinki, Human Rights and Eurpean Security* (Durham: Duke University Press, 1986), pp. 61~67. 소련이 인권 조항에 합의한 이유로, 유태인 이민 문제와 관련하여 소련에 가해진 압력 및 그 압력을 만들어 낸 서구 국가의 정치과정이 제시되기도 한다. S. Gubin, "Between Regimes and Realism—Transnational Agenda Setting: Soviet Compliance with CSCE Human Rights Norms," *Human Rights Quarterly* 17: 2 (1995).

23 Gubin, "Between Regimes and Realism," pp. 280-281; A. Bloed and F. van Hoof, "Some Aspects of the Socialist View of Human Rights," A. Bloed and P. van Dijk ed., *Essays on Human Rights in the Helsinki Process* (Dordrecht: Martinus Nijhoff Publishers, 1985), pp. 29-50.

24 http://www.osce.org/docs/english/1990-1999/summits/helfa75e.htm (2001년 1월 26일).

협력Basket II, 인도주의 및 기타 분야에서의 협력Basket III의 세 축으로 구성되었다.25 헬싱키 원칙의 내용은 다음과 같다.

① 주권의 평등 ② 위협이나 무력 사용의 금지 ③ 국경선의 불가침 ④ 참여국의 영토 보전 ⑤ 분쟁의 평화적 해결 ⑥ 내정불간섭 ⑦ 인권과 기본적 자유의 존중 ⑧ 인민의 동등한 권리와 자결권 ⑨ 참여국의 협력 ⑩ 국제법 아래에서 의무의 수행

원칙 ③과 ④를 통해 소련 및 그 동맹 세력은 제2차 세계대전 이후의 국경선에 대한 공식 승인을 획득했다면, 서방 진영은 인권 조항을 삽입하는 성과를 거두었다. 이 정치적 교환으로 인권과 경제협력을 정치 군사적 신뢰 구축과 연계하는 이른바 '포괄적 안보' 개념이 태동할 수 있었다. 다른 한편 내정불간섭이 언급되고 있기는 하지만 주권의 정당화를 위한 토대로 인권과 기본적 자유의 존중이 고려되면서 심각한 인권침해가 발생할 경우 '인도적 포용 정책'을 적용할 수 있는 가능성이 열렸다고도 평가할 수 있다. 한 논자는 인권 조항을 "한 국가가 자국의 시민을 다른 국가에 의한 정당한 조사 대상으로 만든 것이다"라는 평가를 내리기도 한다.26 그러나 CSCE는 구속력을 지닌 국제법이 아니었고, 또한 인권 조항의 실행 및 감독을 위한 제도적 장치를 가지고 있지

---

25 인도적 차원 및 기타 분야 협력의 주요 항목은 다음과 같다: '인적 접촉' 분야에서는 '가족적 유대에 기반한 정기적 만남과 접촉' '가족의 재결합' '국제결혼' '사적 이유 혹은 직업상의 여행' '개인 및 단체 여행의 조건 개선' '청년 교류, 스포츠 교류의 확대' 등이 언급되었다. '정보' 분야에서는 '정보의 유통, 접근, 교류의 증진' '정보 분야의 협력' '언론인 근무조건의 향상' 등이 주요 내용이었다. 기타 협력 분야는 '문화영역의 협력과 교류'와 '교육 분야의 교류와 협력'이었다. 국가인권위원회, 『유럽안보협력회의 최종 의정성(헬싱키협정)』(서울: 국가인권위원회, 2006). "국내외에서 북한 인권과 관련하여 헬싱키협정의 적용 필요성과 가능성에 관한 논의가 일어나"자, 국가인권위원회는 헬싱키협정의 번역판을 출간했다.

26 V. Mastny, "Introduction," V. Mastny and J. Zielionka eds., *Human Rights and Security* (Boulder: Westview, 1991), p. 6.

도 않았다.

여러 결함에도 불구하고, 헬싱키 최종 의정서 인권 조항은 동구 사회주의 국가의 시민사회를 재활성화하는 의도하지 않은 결과를 초래했다. 소련 및 동구 국가에서 헬싱키협정을 감시하는 다양한 시민 단체가 결성된 것이다. 소련에서는 1976년 5월 헬싱키협정을 감시하기 위한 시민 단체가 처음 모스크바에서 결성되었고 이후 전 지역으로 확산되었다. 또한 폴란드와 체코슬로바키아에는 좀 더 적극적인 감시 단체가 형성되었고, 폴란드에서는 이 감시 단체가 후에 연대 운동Solidarity에 적극적으로 참여했다. 그리고 이 단체들은 수평적 연대를 통해 헬싱키협정의 준수 여부를 감독하기도 했다.[27] 감시 단체가 없었던 동독에서는 더 큰 변화가 발생했다. 헬싱키협정의 인권 조항에 근거하여 1976년 10만 이상의 주민이 서독으로의 이주를 신청한 것이다.[28] 냉전의 종언이 동구 시민혁명으로부터 시작되었다면 헬싱키협정은 그 과정에서 중요한 개입 변수였다.

냉전의 종언은 CSCE에게 새로운 위기와 도전이었다. 냉전의 종언이 유럽에 평화를 가져오지는 않았다. 공산주의의 붕괴가 자유민주주의의 확산으로 이어졌지만 다른 한편 소련 및 유고슬라비아의 해체로 인종적·종교적 갈등이 나타났다. 이 갈등은 유럽의 안보에 새로운 위협이었다. 이 이중적 과정은 안보와 인권을 통합해서 사고했던 CSCE가 새로운 국제적 행위자로 부상하게 만든 계기였다. 즉 인권의 보호가 안보의 필수적 조건이 되는 새로운 국면에 접어들게 되면서 인권 분야에서 CSCE의 역할이 강화되었다. 1989년 비엔나 모임에서 채택된 '비엔나 메커니즘'은 그 사례 가운데 하나다. 그 메커니즘에

---

[27] J. Leatherman, "Conflict Transformation in the CSCE: Learning and Institutionalization," *Cooperation and Conflict* 28: 4 (1993), pp. 401-422.
[28] 자세한 내용은 통일원, 『독일통일 실태 자료집』(서울: 통일원, 1993), pp. 321-375.

서는 CSCE 회원국이 다른 회원국에게 인권 문제에 관한 정보를 요구하면 외교적 경로나 또는 관련 기관을 통해 문제 제기에 대답하도록 규정했다.29 이 비엔나 메커니즘은 CSCE 인권 조항의 실행과 감독을 위한 첫걸음이었다.

1989년의 동구 국가에서의 대변혁 이후 개최된 CSCE 본 회의(1990년 3~4월)와 코펜하겐 회의(1990년 6월)에서는 만약 동구 국가에서 자유민주주의—자유선거, 다당제, 법치法治 등등—를 위반하거나 소수민족의 인권을 억압하는 사례가 발생할 경우 국제 공동체의 의무를 수행하기 위해 CSCE가 개입할 수도 있다는 합의가 이루어졌다.30 코펜하겐 회의의 결정은 베스트팔렌 조약만큼 중요하다는 평가가 나오기도 했다. 1990년 11월의 파리헌장Paris Charter for a New Europe은 탈냉전 시대 CSCE가 나아갈 방향을 제시한 중요한 성과였다.31 그 헌장에서는 냉전의 해체를 민주주의, 평화, 정치적 단결의 새로운 시대의 개막으로 규정하면서 헬싱키 원칙을 CSCE의 기초로 재확인했다. 그러나 그 원칙은 이제 냉전체제의 유지가 아니라 자유민주주의의 건설 및 공고화를 위한 원칙으로 자리 잡게 되었다. 또한 동구 국가의 이행 과정에서 발생하는 갈등을 예방하기 위한 CSCE 차원의 대응으로 CSCE를 과정에서 제도로 전환하는 결정이 이루어졌다.32

---

29 http://www.osce.org/docs/english/1973-1990/follow_ups/vienna89e.htm (검색일: 2001년 1월 26일), pp. 26-27. 또한 이 비엔나 모임에서 창출된 'human dimension mechanism'에 따라 동구 변혁이 정당성을 획득할 수 있었다. 예를 들어, 이주의 자유에 근거하여 헝가리 정부는 동독인이 서독으로 자유롭게 이동할 수 있도록 국경을 개방했다.

30 본 회의는 http://www.osce.org/docs/english/1973-1990/other_experts/bonn90e.htm (검색일: 2001년 4월 8일), 코펜하겐 회의는 http://www.osce.org/docs/english/1990-1999/hed/cope90e/htm (검색일: 2001년 1월 26일). G. Flynn and H. Farrell, "Piecing Together the Democratic Peace," *International Organization* 53: 3 (1999), pp. 515-516.

31 http://www.osce.org/docs/english/1990-1999/summits/paris90e.htm (검색일: 2001년 1월 26일)

32 Leatherman, "Conflict Transformation in the CSCE," pp. 422~423. 상설제도는 CSCE 과정에

CSCE의 역사에서 파리헌장은 질적 도약의 계기였다.[33] 파리헌장을 통해 CSCE는 분쟁 예상 지역에 개입할 수 있는 제도적 메커니즘을 갖출 수 있게 되었다고 평가된다. CSCE가 인권 문제와 관련하여 제7원칙, 즉 내정간섭 금지 조항을 완화하는 방향으로 움직이고 있었기 때문이다. CSCE의 인권 문제에 대한 개입 및 평화적 분쟁 해결 능력은 점차 강화되었다. 소련 및 유고슬라비아 지역에서의 분쟁 심화가 이를 촉진한 요인이었다고 할 수 있다. 1991년 1월 몰타의 발레타Valletta에서 열린 전문가 모임에서는 분쟁 발생 시 한 명 또는 그 이상의 적격자를 선발하여 분쟁 당사자들과 접촉해 권고나 조언을 할 수 있도록 하는 '발레타 메커니즘'을 제안했다. 1991년 6월 베를린에서 처음 열린 각료이사회에서는 이른바 '베를린 메커니즘'으로 명명된 긴급사태 발생 시 고위관료위원회를 소집하는 특별한 메커니즘이 마련되었다. 베를린 메커니즘은 비엔나 메커니즘이 작동하지 않을 경우 긴급 고위관료위원회를 소집하여 그 위원회가 권고할 수 있도록 했다. 유고슬라비아의 위기 때 이 메커니즘이 가동되었지만, CSCE가 합의를 통해 유지되고 있는 상황에서 유고슬라비아가 동의하지 않는 한 위원회 소집은 어려운 과제였다. 1991년 9~10월 모스크바에서 개최된 회의에서는 비엔나 메커니즘의 개선이 이루어졌다. 이른바 '모스크바 메커니즘'은 인권 문제가 발생한 지역에 인권 분야에서 업적을 가

서 정기적인 정치적 자문을 위한 포럼의 역할을 수행하는 '각료이사회'(Council of Ministers for Foreign Affairs), 이사회의 일을 보조하는 '고위관료위원회'(Committee of Senior Officials), 사무국(Secretariat) 그리고 CSCE 회원국가 의원들의 모임인 CSCE Parliamentary Assembly 등이다. 그리고 CSCE의 인권정책의 실현을 위한 제도로 비엔나에 '분쟁예방센터'(Conflict Prevention Center)와 바르샤바에 '자유선거를 위한 사무소'(Office for Free Elections)가 설치되었다. 자유선거를 위한 사무소는 1992년 '민주제도와 인권을 위한 사무소'(Office for Democratic Institutions and Human Rights)로 개칭되었다.

33 J. Menkes and A. Prystorm, "Institutionalization of Human Rights Protection within the CSCE System," *The Polish Quarterly of International Affairs*, 1: 1-2 (1992), pp. 28-29.

지고 있는 전문가로 구성된 파견단mission을 보내는 것이었다. 이 파견단의 임무는 '평화적 수단'에 의한 문제 해결 도모였다.34 베를린 메커니즘의 보완은 1992년 1월 프라하에서 개최된 각료이사회에서 이루어졌다. 프라하 회의에서는 CSCE 합의 규칙의 예외로 인권 및 기본적 자유에 대한 분명하고 심각한 침해가 발생한 경우에 해당 국가의 동의 없이 의사 결정을 할 수 있도록 결정했다. 이 의사 결정 방식은 '문제가 있는 한 국가를 제외한 합의'consensus minus one(이하 consensus minus one)라 불리고 있다.

1992년 3~7월에 개최된 헬싱키 정상회담은 '헬싱키 II'로 불릴 만큼 CSCE 제도화의 분수령이었다.35 새로이 설립된 제도는 안보협력포럼Forum for Security Co-operation, 소수민족에 관한 고등판무관High Commissioner on National Minorities, 경제포럼Economic Forum 등이었고, CSCE 사업의 조정 및 자문 역할을 하는 의장국가의 역할이 강화되었다.36 여기서 주목되는 것은 고등판무관제도의 도입이다. 이 제도는 소수민족과 관련된 분쟁 및 긴장의 '조기 경보' 및 분쟁 발생 시 '조기 행동'을 하기 위해 설립되었다. 즉 '예방 외교'preventive diplomacy가 고등판무관제도의 가장 큰 목적이었다. 그러나 그 명칭에서 볼 수 있듯이 고등판무관은 소수민족을 '위한'for 옴부즈만이나 인권침해를 조사하는 수사관은 아니다.37 예방 외교와 관련해 헬싱키선언에는 '사실 확인 및 보고단' 및 CSCE 평

---

34 http://www.osce.org/docs/english/1990-1999/hd/mosc91e.htm (검색일: 2001년 1월 26일), pp. 2-3.

35 http://www.osce.org/docs/english/1990-1999/summits/hels92e.htm (검색일: 2001년 1월 26일).

36 안보협력포럼은 회원국가의 대표로 구성되고 매주 비엔나에서 모임을 갖고 유럽의 안보와 안정을 논의한다. 의장국가는 1년 단위로 순환되고 의장직은 회원국가의 외무장관이 수행한다.

37 OSCE, *Handbook*, http://www.osce.org/publications/handbook, p. 93. 좀 더 자세한 내용은 R. Zagman and J. Thorburn, *The Role of the High Commission on National Minorities in OSCE Conflict Prevention* (The Hague: Foundation for Inter-Ethnic Relations, 1997)을 참조.

화 유지 활동 등의 현장 활동을 추가했다. 이 조항에 따라 1992년 가을 처음으로 CSCE는 사실 확인 파견단을 코소보와 산작Sandjak에 보냈고, 이후 모스크바 메커니즘의 한계를 극복하기 위해 '장기 파견단'Mission of Long Duration을 신설해 분쟁 지역인 코소보, 산작, 보이보디나Vojvodina에 보냈다.

헬싱키 회담 이후 CSCE는 1992년 12월 스톡홀름 각료이사회 모임에서 CSCE 내부에서의 분쟁 해결 절차를 강화하기 위해 "조정 및 중재에 관한 협약"Convention on Conciliation and Arbitration을 체결했다. 이 협약은 CSCE의 다른 협정과 달리 서명한 국가들에게만 법적으로 구속력을 가지는 협약이었다.[38] 또한 이 협약에 따라 발레타 메커니즘을 보완하기 위해 '조정위원회'Conciliation Commission와 '조정 및 중재법정'Court of Conciliation and Arbitration이 설치되었다. CSCE는 이 조정위원회를 이용해 두 회원국가 사이에 발생하는 분쟁에 대한 직접 조정도 시도하고 있다. 이 절차는 '분쟁 상태의 두 국가를 제외한 합의'consensus minus two(이하 consensus minus two)라고 부른다.

1994년 12월 부다페스트 정상회담에서 CSCE는 OSCE로 전환되었다.[39] OSCE는 조기 경보, 분쟁 예방, 위기관리를 자신의 역할로 규정했다.

2. 평가

OSCE의 인권정책 및 분쟁 해결 절차는 점진적으로 진화해 왔다. 특히 실

---

38 엄밀히 이야기한다면, 이 협약은 CSCE의 협약이 아니라 CSCE와 관련된 협약이라고 할 수 있다. 스톡홀름 회의는 http://www.osce.org/docs/english/1990-1999/mcs/3stoc92e.htm (검색일: 2001년 1월 26일).

39 http://www.osce.org/docs/english/1990-1999/summits/buda94e.htm (검색일: 2001년 1월 26일).

행 및 감독 기능이 강화되면서 평화적 방법에 의한 인권 문제의 해결 가능성이 높아지고 있는 것도 사실이다. 이 OSCE의 기능과 관련하여 두 가지 쟁점이 제기될 수 있다. 첫째는 OSCE의 인권정책과 주권의 관계다. 1975년 헬싱키 최종 의정서에는 인권 보호와 내정간섭 금지가 동시에 언급되었다. 그러나 냉전 시대는 물론 탈냉전 시대에 들어 OSCE의 인권정책은 내정간섭 금지 조항을 무력화無力化하고 있는 것처럼 보인다. 둘째, OSCE 인권정책 즉 이 글에서 '인도적 포용'으로 개념화한 정책의 정당성 및 실제적 효과다. 두 번째 문제는 코소보를 사례로 다음 장에서 논의할 것이다.

한 논자는 OSCE 인권정책을 내정간섭 금지 원칙에 대한 도전으로 해석한다.[40] OSCE의 공식 문건에서도 주장하는 것처럼 인권은 절대적으로 해당 국가의 내부 문제가 아니라 OSCE 회원국가의 직접적이고 정당한 관심 사항일 수 있다. 따라서 대단히 연약하지만, OSCE의 인권정책은 국제법적 차원에서 정치권력의 정당성에 대한 문제 제기라고 할 수 있다. 만약 이 견해를 수용한다면 국제사회의 합의를 통한 인권의 국제화는 주권의 침식으로 연결될 수 있다.

그러나 인권과 주권의 반비례 관계 설정은 피상적 관찰인 듯 보인다. 앞서 살펴본 OSCE의 다양한 인권정책 메커니즘은 인권 문제나 인종적·종교적 분쟁이 발생한 국가에 민주적 가치를 이식함으로써 그 국가의 분쟁 해결 능력을 제고하고 결국은 국제사회에서 하나의 국가로 인정될 수 있는 내적 기초를 강화하게 하는 기능을 수행한다고 볼 수 있다. OSCE는 새로운 국경선을 만들려하지는 않는다. 이 개입을 과거의 개입과 구분하여 '건설석'constructive 개입이라 부르기도 한다.[41] 즉 한 국가의 주권이 인권의 보호가 이루어질 때만 인정

---

40 D. Held, *Democracy and the Global Order* (Cambridge: Polity, 1995), pp. 104-105.
41 Flynn and Farrell, "Piecing Together the Democratic Peace," pp. 523-528.

될 수 있다면, OSCE의 집합적 개입은 그 주권을 강화하는 수단이라고 평가될 수 있다.

    탈냉전과 더불어 OSCE는 유럽 지역에서 인민주권에 기초한 국제법적 주권의 향상에 기여하고 있다. 즉 OSCE는 분쟁 해결의 국제화와 주권의 상호인정의 토대로서 국내적 민주화를 동시적으로 추진하고 있다. 이 새로운 규범은 구™소련이나 유고슬라비아에서의 분쟁이 결국은 유럽 전체의 불안정으로 이어질 것이라는 유럽 국가들의 반성적 사고에 기초하고 있다. 유럽의 불안정은 개별 국가의 정치경제적 이익을 훼손할 것이고 따라서 집합적으로 행동할 유인을 가지게 된다. OSCE라는 제도는 바로 이 새로운 규범 및 그에 기초한 행동 양태를 규정하는 역할을 수행하고 있다. OSCE는 다자주의에 기초하여 비패권적 방법으로 평화적 내정간섭을 시도하고 있는 것이다.

IV. 인도적 포용 정책의 시험: 코소보 개입을 중심으로

    코소보 지역에서 벌어진 인권유린에 대한 인도적 군사개입은 실패했다. 미국과 NATO의 인도적 개입은 코소보의 인권 상황을 더 악화시키기도 했다. 미국 및 NATO의 개입이 국제법 및 국제인권법을 위반했다는 비판도 제기된다.[42] 그동안 미국 및 NATO의 개입을 둘러싸고 많은 논쟁이 있었다. 한편에서 미국 및 NATO의 개입에서 '정의의 전쟁'의 가능성을 보고 있었다면, 다른

---

42 조시현, "인도적 개입과 국제법," 2001년 제주인권학술회의 발표문.

편에서는 이 개입을 '도덕적 제국주의' 또는 '인권 제국주의'로 해석했다. 반면 인도적 개입이었음을 인정하면서도 미국의 군사적 개입을 비판하는 '균형적' 해석도 존재한다.[43]

코소보 지역에서 벌어진 심각한 인권유린이 "인류의 도덕적 양심에 충격을 주는" 행위였다면, 그에 대한 대응으로 전개된 인도적 개입이 정당화될 수 있다.[44] 즉 인류의 도덕적 양심에 충격을 주는 행위가 발생하고 있을 때 국제사회가 그 문제에 개입하지 않는다면 스스로 국제사회의 존재를 부정하는 것이 된다. 그러나 국제사회 개입의 필요성과 정당성이 확보되기 위해서는 그 개입 과정을 정당화하는 노력이 필요하다. 달리 표현한다면 국제적 합의가 전제되지 않는 군사적 개입은 또 다른 형태로 인류의 도덕적 양심에 충격을 줄 수 있다. 전쟁 이외의 대안을 모색하는 것이 중요한 이유도 바로 여기에 있다.

코소보 지역에서 심각한 인권 유린이 발생했다는 사실에 대해서는 일정한 합의가 존재한다. 그리고 그 가능성은 유고연방이 해체되면서부터 이미 많은 관찰자들에게 예견된 일이기도 했다. 밀로세비치가 유고 민족주의나 공산주의보다는 세르비아 민족주의에 기초해서 코소보의 자치권을 억압하기로 한 시기가 1987년이었다. 그 이후 슬로베니아, 크로아티아, 보스니아-헤르체고비나 등이 세르비아 민족주의에 반대하여 내전을 불사하면서 독립을 선포했다. 따라서 국제사회의 대응은 이미 1980년대부터 준비되었어야 한다. 분쟁 이후에 개입하는 것보다는 분쟁을 '예방'하는 것이 더 효과적일 수 있기 때문이다.

---

43 전자의 견해는 Donnelly, "Human Rights, Security and the Dilemmas of Humanitarian Intervention"을, 후자의 견해는 타리크 알리 외, 국제연대정책정보센터 옮김, 『전쟁이 끝난 후: 코소보를 둘러싼 나토의 발칸전쟁이 남긴 것들』(서울: 이후, 2000); 구춘권, "코소보전쟁과 21세기의 세계질서," 『진보평론』 창간호 (1999); Chandler, "International Justice"를 참조. 균형적 해석은 이삼성, 『세계와 미국』(서울: 한길사, 2001), pp. 579-665를 참조.

44 M. Walzer, *Just and Unjust Wars* (New York: Basic Books, 1977), p. 107.

이 글에서 심각한 인권유린이 발생한 지역에 대해 국제사회가 수행하는 개입의 정당성 및 그 효과를 측정하기 위해 제시하는 기준은 다음과 같다. 첫째 '개입 주체'의 문제다. 개입 주체의 선정은 개입의 정당성과 밀접하게 연관되어 있다. 개별 국가의 개입은 역사적 경험에서 볼 수 있듯이 자국의 국가이익 극대화 차원에서 이루어지고 있다. 즉 인도적 동기는 주변적 이유일 뿐이다. 주권국가들의 합의로 건설된 국제기구가 한계적이기는 하지만 정당한 개입 주체로 부상하는 것도 이 때문이다. 둘째 '개입 형태'의 결정이다. 개입 형태는 전쟁에서 인도적 지원까지 그 범위가 넓다고 할 수 있다. 또 다른 인권유린을 막기 위해서는 평화적 방법에 의한 내정간섭이 최적의 형태라고 할 수 있다. 그러나 극단적인 경우 전쟁이 필요하다고 할 때 그 결정은 국제기구의 몫이어야 한다. 셋째 '개입의 보편성'을 유지해야 한다. 선택적 개입은 전략적 이해관계를 반영할 수밖에 없다. 인도적 포용은 보편적 개입 원칙을 통해 지속성을 유지할 때 그 정당성을 확보할 수 있다. 넷째, '개입의 효과'는 분쟁의 해결 또는 예방만으로 측정될 수 없다.[45] 만약 이 기준만을 선택한다면 어느 국제기구도 지구촌 분쟁을 해결하지 못하고 있다는 평가가 가능하다. 분쟁의 확산 방지와 완화와 개선과 같은 점진적 개혁이 오히려 중요한 기준으로 추가될 필요가 있다.

    CSCE는 탈냉전 시대의 분쟁 예방과 관련하여 앞서 살펴본 것처럼 새로운 제도적 메커니즘을 도입하여 탈냉전 시대에 조응하는 적절한 위상을 정립하기 시작했다. 1991년 6월 베를린 각료 회의에서 구체적으로 유고 사태의 평화적 해결 및 소수민족의 인권 보호를 언급했다. 그러고 나서 며칠 지나지 않아 유럽연합을 대표하여 룩셈부르크는 유고의 긴급 상황에 대처할 CSCE 메커니

---

45 Flynn and Farrell, "Piecing Together the Democratic Peace," p. 508, n. 11.

즘을 채택할 것을 제안했다.[46] 1991년 7월 개최된 긴급 고위관료위원회에서는 유고 당국자와의 협의를 거쳐 유고에 관찰단을 급파할 것을 검토했다. 같은 해 10월 고위관료위원회는 '인권 보고단'을 구성하기로 합의했고, 사태의 심각성을 고려하여 후속 조처로 또 다른 파견단을 보내기로 결정했다. 1992년 6월 고위관료위원회에서는 헬싱키 결정에 근거하여 민간과 군 출신으로 구성된 조사단을 코소보와 산작과 보이보디나에 보내기로 결정했고, 또한 장기 파견단이 9월부터 그 지역에서 활동을 개시했다. 그 장기 파견단은 예방외교를 위해, 분쟁 당사자 사이의 대화, 인권침해 자료의 수집 및 해결 방안의 모색, 문제 해결을 위한 접촉 지점의 관리, 인권 및 소수민족의 보호 그리고 언론 자유와 민주적 선거에 관한 정보 제공 등의 기능을 수행하고자 했다. 이 파견단은 CSCE의 역사에서 선구적인 현장 활동으로 평가된다.[47] 파견단을 보낸 직후인 같은 해 7월 고위관료회의는 'consensus minus one'의 원칙에 따라 유고슬라비아의 회원 자격을 일시 정지시켰다.

그러나 장기 파견단의 활동은 1992년 10월 유고연방과 양해 각서에 서명할 정도로 진전이 있었으나 1993년 6월 이후 그 활동이 갱신되지는 않았다. 유고연방이 회원 자격 정지에 항의하여 CSCE 회원국가들과 동등한 지위를 부여받지 않는 한 협력하지 않겠다고 선언했기 때문이다. 따라서 장기 파견단은 철수할 수밖에 없었고, 이 역할은 분쟁예방센터의 지원을 받아 비엔나에 위치한 '인권감시집단'watch group이 수행하게 되었다. 당시 CSCE 파견단의 일원이었던 한 필자는 모든 국제기구가 유고슬라비아에서 분쟁을 예방하는 데 실패했지만, 그럼에도 CSCE는 중요한 역할을 했다고 평가한다. CSCE는 국

---

46 R. Wieruszewski, "Case Study on the Former Yugoslavia," A. Bloed et al. eds., *Monitoring Human Rights in Europe* (Dordrecht: Martinus Nijhoff Publishers, 1993), pp. 304-305.

47 OSCE, *OSCE Handbook*, p. 56.

제연합을 포함한 다양한 국제기구 및 비정부기구와의 협력을 통해 그 임무를 수행했다는 것이 긍정적 평가의 이유였다. 반면 사실 확인단의 보고서가 비밀로 처리되어 비정부기구와 언론의 접근이 봉쇄된 것에 대해서는 불만을 토로하기도 했다.[48]

　OSCE 코소보 파견단의 두 번째 활동은 1998년 10월과 1999년 3월 사이에 이루어졌다. 몇 차례에 걸친 OSCE의 요구가 있었고 특히 1998년 초반에 OSCE는 유고연방이 파견단을 다시 수용할 것을 강력히 요구했지만 유고연방은 이를 거부했다. 그러나 1998년 10월 미국과 유고의 협상을 통해 정전이 이루어지자 OSCE는 정전의 감독을 위해 두 번째 코소보 파견단을 결성할 수 있었다. '코소보 검증단'Kosovo Verification Mission이라 불리는 이 파견단의 주요 목표는 즉각적 휴전을 촉구한 안전보장이사회의 '결의안 1199' 이행의 검증, 병력 이동의 감독, 인권 보호 및 민주주의 건설 등이었다. 이 검증단은 랑부에Rambouillet 협상의 붕괴와 더불어 안전에 위협이 가해지자 1999년 3월 코소보에서 철수했다. 철수 직후 미국과 NATO는 유고에 대한 공습을 시작했다. OSCE의 검증단은 철수 후 1,000여 쪽에 달하는 보고서를 제출했다. 그 속에는 코소보에서 저질러진 인권침해 내용과 코소보 전 지역을 포괄하는 인권 지도가 포함되어 있다.[49]

　유고에 대한 공습이 끝나자 OSCE는 1999년 7월 다시금 코소보에 파견단을 보냈다. 이 파견단은 코소보 지역의 국제연합임시행정단UN Interim Administration Mission의 일원이었다. OSCE가 국제연합 활동의 공식적 일원이 된 것은 이번이 처음이었다. 총 2,000여명에 이르는 이 OSCE 파견단의 임무는 경찰, 공무원,

---

48 Wieruszewski, "Case Study on the Former Yugoslavia," p. 308.
49 "Kosovo As Seen, As Told," http://www.osce.org/kosovo/reports (검색일: 2001년 1월 26일).

사법 등의 분야에서 인적 자원 구축, 시민사회 및 정당 복구를 통한 민주화, 선거의 조직 및 감독, 언론 자유의 복원, 인권의 감독 및 보호 등이었다. 유럽연합도 코소보 지역의 복구 작업에 참여했고, NATO의 코소보안정군Stabilization Force이 치안을 책임졌다. 또한 OSCE는 개입 이후의 복구를 위해 공식 국제기구 이외에도 국제적십자를 포함한 다양한 비정부기구와의 협력을 강화하기도 했다.50

이상이 OSCE가 코소보 사태에 개입한 간략한 일지다. 이제 앞서 제시한 기준에 따라 평가해 보자. 첫째, 개입 주체로서 OSCE는 비패권적 방식의 협력적 접근을 취하고 있는 국제기구로서 권력정치의 작동을 최소화할 수 있는 이점을 가지고 있었다. 또한 출범부터 인권과 안보를 연계하는 포괄적 안보 개념을 고안했다는 점에서 인도적 개입 및 포용을 위한 주체로 적절했다고 할 수 있다. 그러나 합의의 방식으로 운영되는 OSCE의 정책 결정 과정은 시간을 낭비하는 의사 결정 과정일 수 있다. 또한 코소보 사태에서 드러나듯 미국과 같은 패권국의 결정에 아무런 영향을 미칠 수 없다는 점이 한계로 지적될 수 있다. 그러나 합의의 방식은 일단 합의가 이루어지면 강력한 힘을 발휘할 수 있는 장점이 있고 또한 consensus minus one과 consensus minus two 등에서 볼 수 있는 것처럼 나름의 방식으로 합의적 의사 결정의 한계를 극복하기도 했다.

둘째, 개입 형태 측면에서 OSCE는 인도적 지원과 인도적 군사개입의 양극단을 피할 수 있는 인도적 포용의 모범적 사례를 제공했다. OSCE의 예방외교 및 분쟁 발생 시 동원할 수 있는 다양한 메커니즘과 분쟁 지역 파견단 그리고 분쟁 후 복구 작업에 대한 기여 등은 인도적 지원을 넘어서지만 가능한

---

50 이 협력의 구체적 내용에 대해서는 "OSCE Annual Report 2000 on OSCE Activities," http://www.osce.org/docs/english/mics/anrep00e_org.htm (검색일: 2001년 1월 26일), pp. 42-46.

한 인도적 군사개입을 최소화하는 유용한 개입 방식이었다고 할 수 있다. 셋째, 개입의 보편성에 있어서도 OSCE는 원칙과 일관성을 견지했다. OSCE는 그 기구가 포괄하고 있는 지역에서 발생한 거의 모든 분쟁—보스니아-헤르체고비나, 크로아티아, 알바니아, 그루지야, 체첸, 바쿠, 벨로루시, 에스토니아, 라트비아 등등—에 파견단을 보냈다.

마지막으로, OSCE의 인도적 포용 정책의 효과에 대해 의문이 제기될 수 있다. 궁극적으로 OSCE는 인도적 포용 정책을 통해 분쟁을 해결하고 인권을 보호하는 기능을 수행하지 못했다고 비판받을 수 있다. 그러나 앞서 지적한 것처럼 어느 국가나 국제기구도 이 일을 수행하고 있지는 못하다. 인도적 군사개입이 결국은 또 다른 인권유린을 야기한다면, 인도적 포용 이상의 대안을 찾기란 불가능한 것처럼 보인다. 즉, 인도적 재난이 발생할 가능성이 있거나 또는 발생한 지역에서 자생적으로 인권의 규범과 민주주의의 가치를 복원할 수 있도록 지원하는 것 이외의 대안은 없는 듯이 보인다. OSCE가 1990년대 초반부터 코소보에서 수행한 역할이 미국과 NATO의 유고 공습 및 유고연방 정부의 인종 청소라는 파국적 결과 때문에 폄하될 수는 없을 것이다. 오히려 OSCE는 조기 경보 및 예방 외교라는 새로운 방법을 고안했지만, 국제사회가 이 OSCE의 활동을 적극적으로 지지하지 않았다는 평가가 온당할 것이다.

V. 결론

인도적 포용을 시도한 OSCE의 인권정책은 결국 현실주의적 힘의 논리 앞에서 그 무력성을 드러냈다. 또한 OSCE의 회원국이면서 NATO의 일원으로 행동했던 주요 강대국의 행태는 합의를 통해 공공성을 증진하고자 하는 국제기구의 한계를 명확히 보여 주는 것이기도 했다. 그럼에도 OSCE 인권정책이 주권의 상호 인정을 위한 토대로서 인권의 보호를 제시했다는 점에서 차이를 관용하면서 보편적 가치를 지향하는 국제사회의 건설을 위한 단초를 담지하고 있다고 평가할 수 있다. OSCE는 개입 주체, 개입의 형태, 개입의 보편성이라는 측면에서 인권의 국제화에 혁신을 가져 왔다. 실질적으로 분쟁 지역에서 인권의 향상이라는 효과를 거두었다고 평가할 수도 있다.

그러나 OSCE의 인권정책이 힘의 논리를 제압하기 위해서는 좀 더 많은 개선이 필요한 듯 보인다. 무엇보다도 OSCE의 인권정책을 다양한 국제기구 및 비정부기구의 활동과 연계하는 것이 중요할 수 있다. 인권의 국제적 보호를 위한 분업 및 그 분업의 조직화를 가능하게 하는 '그물망'을 짜는 작업이라고 할 수 있다. 이 측면에서 OSCE가 코소보의 경험을 통해 UN 및 비정부단체와의 협력 사업에 관심을 보이고 있는 것에 주목할 필요가 있다. 국제사회에서의 연대야말로 강대국의 힘의 논리를 제약할 수 있는 거의 유일한 수단이다. 이와 더불어 OSCE 내부의 개혁도 요구된다. 신속한 의사 결정이 이루어질 때, OSCE가 목표로 설정하고 있는 분쟁 '예방'이 가능할 수 있다. 명백한 인권유린에 대해 신속하게 대응할 수 있도록 유럽연합에서 사용하고 있는 다수결 투표와 같은 제도를 도입하는 것도 하나의 방법일 수 있다.

이 글을 마무리하면서 이론적 측면에서 인도적 포용이 좀 더 구체적이고 진보된 개념으로 발전하기 위해 필요한 제언과 OSCE의 경험이 한반도를 포함한 동아시아에 줄 수 있는 정책적 함의를 덧붙인다.

첫째, 주권과 국가를 동일시하는 이론적 태도를 벗어나서 주권 개념을 건설적으로 재구성할 필요가 있다.[51] 일반적으로 주권과 인권이 대립적 개념으로 간주되는 이유는 주권을 국가의 고유한 권한으로 인식하기 때문이다. 그러나 만약 주권이 인민에게 귀속되는 권리로 인식된다면 인민주권은 인권 및 민주주의와 동의어가 될 수 있을 것이다. 인민주권의 재발견은 인도적 포용의 심화 및 확대를 위한 중요한 전제 조건이 될 수 있다. 즉 인권과 주권의 대립 관계가 아니라 두 개념을 하나로 융해하는 이론적 실험이 필요하다고 할 수 있다. 이 이론적 도전은 OSCE와 같은 국제기구에도 적용될 수 있다. 최근 들어 국제기구에 대한 사회운동 세력의 개입이 증대하고 있다. 이 개입으로 다자주의에 대한 새로운 정의를 찾으려는 이론적 움직임도 나타나고 있다.[52] 다양한 시민사회의 세력이 국제기구의 정책 과정에 개입할 수 있을 때, 인도적 포용을 수행하는 국제기구가 권력정치의 동학을 제어하면서 아래로부터 획득한 정당성을 기반으로 공공적 행위 주체로 성장할 수 있는 토양이 만들어질 수 있을 것이다.

둘째, OSCE의 인도적 포용 정책은 동북아 다자간 안보 협력체의 건설 및 북한의 인권 문제에 대해 정책적 함의를 제공할 수 있다.[53] 동북아에는 아직도 냉전의 잔재가 남아 있다. OSCE는 적대적 이념에 따라 나뉜 국가들 사이의 대화가 이루어지는 방식에 대한 하나의 전범일 수 있다. 동서 양 진영이 했던 정치적 교환을 진지하게 고민할 필요가 있다. 1997년 동아시아 국가를 강타했던 외환·금융 위기를 거치면서 동아시아 경제협력의 필요성이 강조되고 있다. 그러나 가시적 제도화는 이루어지지 않고 있다. 냉전의 잔재 및 일본의 불충분한 과거 청산 때문에 협력에 대한 회의가 존재한다. 그럼에도 동아시아 지역에서의 평화와 번영을 위한 협력의 제도화가 중요하다고 한다면 헬싱키

---

51 J. Hoffman, *Sovereignty* (Buckingham: Open University Press, 1998).
52 R. O'Brien, A. Goetz, J. Scholte and M. Williams, *Contesting Global Governance* (Cambridge: Cambridge University Press, 2000).
53 북한 인권 문제에 대해 헬싱키 프로세스를 적용해 보려는 시도로는 서보혁, "북한 인권 관련 헬싱키 구도의 적용 가능성 연구," 『국제문제연구』 7: 1 (2007 봄) 참조.

프로세스와 같이 안보와 경제와 인권을 하나로 묶어서 토론할 수 있는 협상의 장을 개설하는 것이 필요할 것이다. 국제정치에서 인권의 보편성이 언급될 때마다 동아시아의 특수성, 이른바 '아시아적 가치'가 제기되곤 한다. 그러나 동아시아의 특수성이 동아시아에 인권 개념이 부재함을 의미하는 것은 아니다. 오히려 인권에 대한 논의를 통해 동아시아 국가들이 합의할 수 있는 인권 개념을 도출하는 것이 동아시아의 평화를 위한 작지만 중요한 초석일 수 있다.

OSCE의 인권정책은 남북한 관계에서 큰 쟁점이 될 가능성이 있는 북한 인권 문제에 대해서도 일정한 시사점을 제공한다. 상대주의적 인권관에 기초한 학자들이 주장하는 것처럼 국제사회에서 합의할 수 있는 최소의 인권 기준은 생존권일 수 있다. 따라서 남한이 북한을 포용하는 정책을 유지하려 한다면 북한 주민의 생존권을 보장하는 것이 일차적 과제라고 할 수 있다. 또한 북한이 주장하는 인권 개념에 대해서도 일단은 경청할 필요가 있다. 북한은 집단주의적 가치와 사회경제적 권리를 주 내용으로 하는 인권 개념을 가지고 있다. 헬싱키 프로세스에서 소련 및 그 동맹 세력이 주장했던 인권의 내용과 내동소이하다. 헬싱키 프로세스에서 서방 진영은 거주 이전의 자유 및 주민들의 자유로운 왕래를 인권의 최소 기준으로 제시했고 소련 및 그 동맹 세력은 이를 수용했다. 이산가족의 만남에서 볼 수 있는 것처럼 남북한이 이 최소 기준에 대한 합의를 도출할 수도 있다. 그러나 그 만남이 제도화되기 위해서는 동아시아 다자간 대화 및 그 대화의 제도화가 중요하다. OSCE의 경험이 보여주듯 다자간 대화는 거기에 참여하는 국가들의 상호 인정과 그에 기반해서 평화와 번영을 추구하는 유용한 경로이기 때문이다. 북한의 입장에서도 다자간 대화는 고립에서 벗어날 수 있는 하나의 선택일 수 있다. 북한 핵 문제라는 '위기'를 계기로 만들어진 6자회담이 동(북)아시아에서 다자간 대화 및 제도화를 위한 '기회'를 제공할 수도 있다.

제12장

동아시아 지역 통합과 제도화*

I. 문제 제기

이 글은 동아시아 지역 국제경제 기구 형성의 조건과 가능성을 분석하고 그 기구의 제도화 형태를 모색한다. 중요한 비교 준거는 지역 국제경제 기구의 선행 모형을 가지고 있는 유럽이다. 유럽이나 북아메리카와 비교할 때, 동아시아 국가들은 경제적 상호 의존에도 불구하고 지역 국제기구는 물론 그 기구의 형성을 위한 기반이라고 할 수 있는 지역 정체성regional identity 또한 확립되어 있지 않은 상태다. 또한 좀 더 넓은 지역인 아시아-태평양과 중첩되는 관계로 동아시아의 독자적인 지역 정체성을 확보할 수 있을 것인가라는 문제가 제기되기도 한다. 미국은 동아시아 국가들에 대한 영향력을 지속하려고 아시아-태평양이라는 지역의 구성을 선호해 왔다. 또한 동아시아 내부에서 지역 협력을 선도할 위치에 있는 일본도 동아시아라는 지역의 형성에 적극적이지 않았다.

---

* 이 글은 경남대학교 정치외교학과의 김용복 교수와 함께 썼다. 게재를 허락해 준 김 교수님께 감사드린다. 『한국과 국제정치』(2000)에 발표된 원래 논문의 제목은 "동아시아 지역 국제경제기구의 형성 및 제도화"였다.

그러나 1997년 동아시아 국가들 경제 위기를 계기로 동아시아 국가들의 합의를 공식적으로 지속화할 수 있는 국제경제 기구 건설을 위한 움직임이 구체화되기 시작했다. 지역 협력이 없이는 외부로부터의 충격에서 기인하는 경제 위기의 재발을 막을 수 없다는 생각들이 공유되고 있기 때문이다. 일본도 동아시아 국가들의 위기가 자국 경제의 부담으로 작용하고 있기 때문에, 동아시아 국가들 공동의 경제적 이해를 관리할 수 있는 지역 국제경제 기구 건설에 많은 관심을 쏟고 있다. 그러나 그 제도화 형태는 열려 있는 상태다. 지역주의의 흐름은 분명 존재하지만,[1] 그 지역주의가 새로운 초국가적 권위체의 건설을 수반하는 지역 통합으로 이어질 것인지는 명확하지 않다.

이 글의 구성 및 주장은 다음과 같다.

첫째, 지역 국제경제 기구 건설을 위한 수요 및 공급 요인 그리고 제도화 형태에 대해 유럽을 중심으로 개발된 이론을 동아시아에 적용할 수 있을지 그 가능성을 모색한다. 지역 기구의 건설 초기에는 국가 중심적 이론이 적실성을 가질 수 있다는 것이 우리의 생각이다. 둘째, 동아시아 지역 정체성에 관한 역사적 조망을 통해 동아시아에서 지역 협력이 발생하지 못했던 이유를 추적한다. 셋째, 1997년 경제 위기 이후 동아시아 지역 국제경제 기구의 건설 움직임을 일본의 역할을 중심으로 고찰한다. 넷째, 동아시아 지역 국제경제 기구의 제도화 형태에 대해서 최소주의적 제도화가 필요하다는 입장을 개진한다. 동

---

[1] 지역주의는 하나 또는 그 이상의 정책 영역에서 상호 이득 추구를 위해 셋 혹은 그 이상의 지리적으로 인접한 독립국가들의 정부 또는 비정부적 기구들 사이의 협력으로 정의될 수 있다. M. Alagappa, "Regionalism and Conflict Management: A Framework for Analysis," *Review of International Studies* 21 (1995), p. 362. 지역주의가 의식적인 정책이라면, 지역화(regionalization)는 그 정책의 결과라고 할 수 있다. A. Wyatt-Walter, "Regionalism, Globalization and World Economic Order," L. Fawcett and A. Hurrel eds., *Regionalism in World Politics* (Oxford: Oxford University Press, 1997), p. 77.

아시아의 지역주의는 외부적 불안정에 대응하는 과정에서 발생하고 있기 때문에 그 형태상 방어적 지역주의가 불가피하다는 것이 우리의 생각이다. 마지막으로, 유럽과 동아시아의 차이를 간략히 언급하고, 소국小國의 관점에서 동아시아의 지역주의가 신자유주의의 지역화가 아닌 '사회적 동아시아'social East Asia로 나아갈 수 있는 가능성을 모색한다.

II. 지역 통합의 수요와 공급, 그리고 제도적 형태 : 이론적 모색

1980년대 이후 근대 열국체제를 잠식하는 지구화와 지역화가 동시에 진행되고 있다. 이 둘 모두 인간 활동의 공간적 변화 및 총체적 재편을 함축하는 현상이다. 그러나 지역화는 지구화와 달리 국민국가의 경계를 넘어서는 새로운 '유동적 경계'를 창출한다. 따라서 지역화가 지구화와 모순되지 않는다는 국제무역기구의 공식적 주장(Article XXIV 참조)에도 불구하고, 지역화는 지구화의 장애물일 수 있다. 지구화의 실제 모습이 통일이 아니라 분절화고, 다른 한편으로는 유럽, 북미, 동아시아 지역을 중심으로 한 삼극화라는 주장이 설득력을 가지는 것도 이 때문이다.[2]

이 세 지역 모두 지구화의 지역화 논리, 즉 내부적 자유화를 추구하고 있기

---

2 I. Clark, *Globalization and Fragmentation: International Relations in Twentieth Century* (Oxford: Oxford University Press, 1977); W. Ruigrok and R. van Tulder, *The Logic of International Restructuring* (London: Routledge, 1995), pp. 118-151. 그럼에도 지역 국제기구와 지구적 국제기구를 단일한 이론으로 설명하려는 시도가 없는 것은 아니다. P. Taylor, *International Organization in the Modern World: The Regional and Global Process* (London: Printer, 1993) 참조.

는 하지만, 그 정도는 균질하지 않다. 지구적 수준에서 신자유주의의 확산 및 그에 대한 대응으로 국민국가 수준에서 이루어진 정치경제적 구조 조정이 야기한 불확실성을 제거하려는 지역적 수준의 '제도적 해결책'에서 차이가 나타난다.[3] 예를 들어, 지역 국제기구가 포괄하는 이슈의 범위, 정책 조화의 정도, 공식적인 제도화 수준, 지역 기구 권위의 중앙 집중화 정도 등에서 차이를 발견할 수 있다.[4] 또한 객관적 지표를 제시하기는 힘들지만, 지역 내부에서 협력 및 통합을 추진하는 엘리트들이 공유하고 있는 신념 및 지역 정체성을 공유하는 정도에 있어서도 심한 편차가 발견된다.

특히, 동아시아에서는 유럽이나 북미와 달리 지역 국제경제 기구의 공식적 제도화도 이루어지지 않고 있을 뿐만 아니라 동아시아 '지역'의 정의 및 동아시아 지역성regionness의 내용도 불분명한 상태다. 그러나 동아시아 국가들 간의 경제적 상호 의존이 증가하고 있다는 사실에는 대부분 이견이 없다. 따라서 경제적 상호 의존과 지역 국제경제 기구의 부재가 논란이 될 수밖에 없다.[5] 그러나, 경제적 상호 의존이 반드시 지역 기구의 제도화를 결과하지는 않는다. 그럼에도, 유럽통합에서 개발된 이론들을 동아시아에 적용하려는 유인이 생기는 이유는 경제적 상호 의존과 지역 기구의 제도화 사이에 일정한 상관관계가 존재하기 때문이다. 경제적 상호 의존이 없다면, 지역 국제경제 기구의 제도화는 사실상 불가능하기 때문이다.

---

[3] 지구화에 대한 지역적 대응을 다루고 있는 글로는 B. Stallings ed., *Global Challenge, Regional Response* (Cambridge: Cambridge University Press, 1995) 참조.

[4] 이 비교의 기준은 P. Smith, "The Politics of Integration: Concepts and Themes," P. Smith ed., *The Challenge of Integration: Europe and Americas* (New Brunswick: Transaction Publishers, 1993), p. 5를 참조.

[5] 최영종, "비교 지역 통합 연구와 동아시아의 지역 통합,"『국제정치논총』 40: 1 (2000), pp. 68-73;『동아시아 지역 통합과 한국의 선택』(서울: 아연출판부, 2003).

따라서 유럽은 동아시아의 선행 모델이 될 수 있을 것인가라는 문제와 그렇다면 유럽통합 과정을 설명하려는 이론들 가운데 어떤 이론이 동아시아에서 적실성을 가질 수 있는가라는 문제가 제기된다. 이 문제들과 관련하여, 1990년 이전의 서유럽 통합은 공식적 제도화의 매력적 모델이 될 수 있지만, 1990년 이후의 유럽은 통합을 지탱해 주던 안보 틀의 불안정과 유럽 지역 자체의 경계 유동화로 말미암아 좀 더 냉정하게 고려해야 할 하나의 본보기가 되었다는 주장을 음미해 볼 필요가 있다.[6] 즉 냉전 해체 이후 공식화된 제도적 틀에도 불구하고 유럽은 '새로운' 지역 협력 모델을 만들어야 하는 상황에 직면하고 있는 것이다. 따라서 국제 정치경제적 환경의 변화로 유럽의 특수성보다 일반성이 강조될 수도 있는 시점이다. 이론의 측면에서도 국제 협력에 관한 일반 이론의 맥락에서 구성된 지역 통합 이론이 설득력을 가질 수도 있다. 유럽통합 이론을 동아시아 또는 아시아-태평양 지역에 응용하려는 시도가 나타나고 있는 것도 이 때문인 것처럼 보인다.[7]

유럽의 지역 국제경제 기구인 유럽연합의 형성 및 제도화 형태를 설명하는 이론은 크게 국가 중심적 이론과 탈국가 중심적 이론으로 나눌 수 있다.[8] 전자가 통합 추진의 주체로서 국가 또는 정부를, 그리고 통합의 결과로 국제 레짐을 상정하고 있다면, 후자는 통합 추진의 주체로서 사회 세력과 그들의 선호 변화를 강조하고 통합의 결과로 새로운 초국가적 정치체를 제시한다. 이 논쟁의 핵심에는 한 현실주의자의 문제 제기처럼, "유럽의 주권 정부가 왜 반

---

[6] W. Wallace, "Regionalism in Europe: Model or Exception," Fawcett and Hurrel, *Regionalism in World Politics*, p. 226.

[7] R. Higgot, "Economic Cooperation in the Asia-Pacific: A Theoretical Comparison with the European Union," *Journal of European Public Policy* 2: 3 (1995).

[8] 구갑우, "지역 통합 이론의 재검토: 국가 중심주의와 탈국가 중심주의,"『한국과 국제정치』14: 1 (1998).

복적으로 자신들의 핵심 경제정책을 조정하는 것을 선택하는가, 그리고 왜 국제제도 내부에 주권적 특권을 이양하는가"라는 질문이 자리 잡고 있다.[9] 국제기구 또는 국제제도의 형성으로, 행위자들 사이에 주권의 공유 및 위임에 대한 동의가 이루어진다면, 회원국가들의 주권이 제약될 수 있기 때문이다.

신현실주의 통합 이론으로 대표되는 국가 중심적 이론은 유럽의 주요 국가인 영국과 프랑스와 독일이 국내정치적 조건을 고려하면서 수행하는 최소의 공통분모 협상을 유럽통합을 설명하는 핵심 변수로 설정한다. 이른바, 정부 간 관계론intergovernmentalism이 그것이다. 이 정부 간 관계론은 국내정치와 국제정치의 연계를 고려하는 2단계 연속 모형의 '자유주의적liberal 정부 간 관계론' 더하기 제도형태론으로 세련화되고 있다. 첫째, 국제적 정책 조정에 대한 '수요'는 국내정치의 결과물이다. 국내의 이익집단들이 선호를 구체화하고 정부가 선호를 집적하는 과정을 통해 정부 정책이 결정된다. 경제적으로 상호 의존하는 상황에서 어떤 정부의 정책이 부정적 정책 외부성negative policy externalities을 발생시키거나 또는 그 정부의 일반적인 정책 조정 전략이 높은 비용을 초래하게 될 때, 정책 조건을 위한 유인이 발생하게 된다. 둘째, 국제 협력의 '공급'은 정부 간 협상을 통해 이루어진다. 이 과정에서, 국민국가의 선호는 국내적으로 결정되어 주어진 것으로 간주되고, 주요major 정부들의 상대적인 협상력에 의해 공급이 결정된다. 공급 과정에서 분배적 갈등을 염두에 두고 있음은 물론이다. 셋째, 유럽연합의 특이한 '제도적 형태' 즉 주권의 합동pooling 및 위임delegation은[10], 잠재적인 공동 이익이 크지만 국내의 정책 수단을 통해서는

---

[9] A. Moravcsik, *The Choice for Europe: Social Purpose & State Power from Messina to Maastricht* (Ithaca: Cornell University Press, 1998), p. 1.
[10] 주권의 합동은 유럽연합 각료 회의(Council of Ministers)의 다수결 제도를, 주권의 위임은 집행위원회(European of Commission)의 권한 강화를 의미한다.

다른 회원국가의 정부가 순응하게끔 하는 것이 효과적이지 않은 경우에, 회원국가의 정부가 서로를 제약하고 통제하기 위한 선택이라고 주장한다. 즉 약속의 신빙성credibility of commitments을 제고하기 위한 제도적 선택이라는 것이다.[11]

이 신현실주의 이론에 대한 비판은 다음과 같이 요약할 수 있다.[12] 첫째, 지역 국제경제 기구의 수요가 국민국가 내부의 정치과정을 통해서만 형성되는 것은 아니다. 특히, 탈냉전과 지구화라는 국제 정치경제적 환경의 변화로 국가를 경유하지 않고 정부 간 협상력에 영향력을 행사할 수 있는 초국적 자본과 같은 사회 세력이 존재할 수 있다. 즉 역사적 구조의 변화를 고려하지 않는 이론화는 국제 정치경제의 행위자를 국가로 고정하는 결과를 빚을 수 있다. 이 주장을 확장하면, 유럽연합의 특이한 제도적 형태는 초국가적 세력의 단일한 규제에 대한 선호와 그 규제 과정의 기술적 전문성 때문에 발생한다고 주장할 수 있다.[13] 둘째, 정부 간 협상 과정에서 학습 효과 및 상호 작용의 맥락이 존재할 수 있다.[14]

탈냉전과 지구화라는 새로운 국제 정치경제적 환경 속에서 동아시아 지역

---

11 신현실주의 통합 이론의 발전 과정은 A. Moravcsik, "Negotiating the Single European Act," *International Organization* 45: 1 (1991); "Preference and Power in the European Community," B. Bulmer and A. Scott eds., *Economic and Political Integration in Europe* (London: Blackwell Publishers, 1994); *The Choice for Europe*을 요약한 것이다.

12 자세한 내용은 구갑우, "지역 통합 이론의 재검토," pp. 166-73을 참조.

13 초국가적 사회 세력에 대해서는 M. G Cowles, "Setting the Agenda for a New Europe: The ERT and EC 1992," *Journal of Common Market Studies* 33: 4 (1995): D. Coen, "The Evolution of the Large Firm as a Political Actor in the European Union," *Journal of European Public Policy* 4:1 (1997)를 참조. 국제 정치경제의 역사적 구조에 대해서는 R. Cox, *Production, Power and World Order: Social Forces in the Marketing of History* (Columbia: Columbia University Press, 1993) 참조. 규제를 위한 제도적 형태에 대해서는 G. Majone, *Regulating Europe* (London: Routledge, 1996) 참조.

14 이런 지역 통합에 대한 구성주의적 문제 설정에 대해서는 A. Wendt, "Collective Identity Formation and the International State," *American Political Science Review* 88:2 (1994) 참조.

국제경제 기구의 형성은 진행 중인 과제다. 한편으로는 국가 주도의 정치적 기획인 것처럼 보이면서도, 다른 한편으로는 사회적 과정의 모습을 띠기도 한다.[15] 따라서 어느 한편의 시각으로 동아시아 지역을 설명하기는 힘든 듯이 보인다. 절충적 이론화, 또는 복잡한 현상에 대한 복잡한 이론화가 불가피할 수도 있는 이유가 거기에 있다. 제도주의자가 주장하는 것처럼, 최초 정부 간 제도로 구상된 국제경제 기구가 의제 설정 기능과 규제적 정책에 대한 관리자로서의 역할을 수행하면서 일정한 자율성을 가지게 될 수 있다.[16] 현재 동아시아 지역에서 이 자율성은 일단 미래의 일이다. 따라서 국가 중심적 이론을 중심으로 한 절충적 이론화가 유용할 것이다.[17]

III. 동아시아 지역의 부재 및 발명

지리적 또는 물리적 개념으로서 지역은 주어진 것으로 간주되기도 한다. 그러나 지역화 또는 지역주의가 지리적으로 인접한 국가들을 중심으로 발생

---

[15] 이 두 이론의 경쟁은 지구화 논리에도 적용될 수 있나. A. Payne and A. Gamble, "Introduction: The Political Economy of Regionalism and World Order," A. Gamble and A. Payne eds., *Regionalism & World Order* (London: Macmillan, 1996). p. 2.

[16] P. Pierson, "The Path to European Integration: A Historical Institutionalist Analysis," *Comparative Political Studies* 29: 2 (1994); M. Aspinwall and G. Schneider, "Same Menu, Separate Tables: The Institutionalist Turn in Political Science and the Study of European Integration," *The European Journal of Political Research* 38: 1 (2000).

[17] 윤영관,『전환기 국제 정치경제와 한국』(서울: 민음사, 1997), pp. 393-394도 유럽과 동아시아를 비교하면서, 정태적인 비교우위론을 넘어 이득의 배분적 차원까지 고려하는 국가 중심적 이론의 적실성을 주장하고 있다.

하는 경향이 있기는 하지만, 한 지역의 형성이 반드시 자연사적 과정은 아니다. "지리geography를 정태적인 물리적 양상이 아니라 인간 활동을 중심으로 파악해 보면 지리란 인간 활동의 출발점이 아니라 산물임이 드러나며, 이는 지리라는 말의 본래 어원학적 의미, '대지 위에 쓰기'earth inscription를 되살리는 일이기도 하다"는 한 논자의 지적을 경청할 필요가 있다.[18] 달리 표현한다면, 하나의 지역은 사회관계의 변화에 따라 단속斷續적으로 (재)구성된다.

예를 들어, 영어로 European integration으로 표현되고 한국말로 유럽통합으로 번역되는 지역 통합 현상에서 유럽은 사실 유럽의 일부인 서유럽만을 의미했다. 동서 '냉전'이 자본주의 서유럽과 사회주의 동유럽을 가르는 국제정치적 요인이었다. 서유럽에서는 유럽공동체EC, European Community와 북대서양조약기구가 동유럽에서는 상호경제원조협의회COMECON, Council for Mutual Economic Assistance와 바르샤바조약Warsaw pact이 지역 정체성을 (재)생산하는 지역 기구였다. 따라서 서방 진영에서 사용한 유럽통합이라는 표현은 자본주의적 서유럽만을 '우리', 즉 유럽으로 간주하게 하는 담론적 효과를 지니고 있었다고 해도 과언이 아니다. 심지어 학문의 세계에서조차 유럽 지역 연구는 서유럽만을 포함하는 경우가 많았다.[19] 유럽통합 과정에서 유럽의 지리적 범위 또한 확대되었다. 우리와 그들을 구분하는 포섭과 배제가 작동하는 지역의 형성 과정이었다. 탈냉전 시대에 접어들자 유럽 지역을 재정의할 수 있는 계기가 마련되었다. 그들 가운데 하나였던 소련의 정치가 고르바초프는 '유럽 공동의 집'과 같

---

[18] 아리프 딜릭, "아시아-태평양권이라는 개념: 지역 구조 창설에 있어서 현실과 표상의 문제," 정문길 외 엮음, 『동아시아, 문제와 시각』(서울: 문학과지성사, 1995), p. 47; 지역 형성의 정치에 대해서는 이철호, "지역의 재등장과 새로운 아시아," 국제관계연구회, 『근대 국제질서와 한반도』(서울: 을유문화사, 2003) 참조.
[19] 김수진, 강원택, 구갑우, "서구 정치 연구의 현황과 과제," 한국정치학회 편, 『21세기 비교정치학』(서울: 삼영사, 2000), pp. 44-47.

은 수사를 구사하면서 유럽의 경계를 다시 긋고자 했다. 따라서 지역 형성의 정치학을 고려할 때, 유럽이 '상상된 공간'이라는 표현은 적절한 듯이 보인다.[20]

반면, 동아시아는 제2차 세계대전 이후 유럽과 같은 지역 정체성을 형성할 수 없었다. 우리와 그들의 구분은 명확했지만, 둘 모두 내부에서 안정적인 협력 및 그를 위한 지역 기구 설립을 이끌어 내지 못했다. 한국전쟁이나 인도차이나 전쟁에서 볼 수 있는 것처럼, 열전熱戰을 수반한 냉전이 지역 협력을 위한 안정을 저해한 요인 가운데 하나였다. 그럼에도 유럽과 유사한 냉전체제가 작동하고 있었음은 부정할 수 없다. 그러나 사회주의 동아시아는 중국과 소련의 대립으로 인해 지역 정체성을 가지기 힘들었고, 자본주의 동아시아에서는 동맹국들—일본, 대만, 남한, 타이, 남베트남 등등—에게 최대한의 영향력을 행사하기 위해 지역국가들의 연대보다는 쌍무적 관계를 선호했던 미국의 정책 때문에 지역 협력체를 만들어 내기 어려운 조건이었다.[21]

서유럽 지역에서 1958년 유럽경제공동체가 창설되고, 1960년대 초 인도

---

20 W. Wallace, *The Transformation of Western Europe* (London: Pinter, 1990), pp. 7-34.

21 T. J. Pempel, "Regional Ups, Regional Downs," T. J. Pempel ed., *The Politics of the Asian Economic Crisis* (Ithaca: Cornell University Press, 1999), p. 64. 동아시아 지역의 형성을 가로막았던 국제정치적 요인과 더불어 문화적 요인이 언급될 수도 있다. 유럽에서는 19세기 민족주의가 확립되면서 유럽 '공동의 문화유산'이 지니는 무게가 경감되기는 했지만, 근대의 사상가들을 지적 재산으로 공유하고 있다. 또한 유럽 지역은 기후와 풍토의 차이에도 불구하고 지식인들의 국경을 가로지르는 이동이 빈번했다. 반면, 동아시아의 세 국가인 중국, 일본, 한국은 이른바 한자 문화권 또는 유교 문화권으로 불리는 공동의 문화유산을 가진 것처럼 보이지만, 사실 당(唐)나라 이후 각국의 쇄국(鎖國)과 격절(隔絶) 정책으로 인해 거의 교류가 이루어지지 않는 소원한 관계를 유지했다. 근대에 들어서도 이 세 국가는 서로 관심이 희박했을 뿐만 아니라 서구 지향성 및 전통과의 단절로 인해 하나의 지역을 형성하지 못했다. 최근에도 이 세 국가들 사이의 인적 교류는 사증(査證)의 제한 등에 의해 엄격한 제약을 받고 있다. 프레데리크 들루슈 편, 윤승준 옮김, 『새 유럽의 역사』(서울: 까치, 1999), pp. 15-18; 고병익, "동아시아 나라들의 상호 소원(疏遠)과 통합," 정문길 외, 『동아시아, 문제와 시각』을 참조. 『새유럽의 역사』는 유럽통합과 함께 진행된 기획으로, 유럽 공동의 역사 교과서다. 동아시아에서도 공동의 역사를 쓰려는 노력들이 진행되고 있으며, 결과물도 나오고 있다. 한중일3국공동역사편찬위원회, 『미래를 여는 역사』(서울: 한겨레신문사, 2006).

차이나 정세가 악화되자, 동아시아에서도 지역 기구의 형성 움직임이 나타나기 시작했다. 민간 차원의 대응으로 일본의 경제학자인 코지마小鳥淸가 1965년 '태평양 자유무역지대'Pacific Free Trade Area를 제안했다. '태평양 분지'Pacific basin라는 개념이 제시된 것도 이 즈음이었다. 1968년 태평양 무역과 발전을 위한 첫 모임이 개최되었다.[22] 동남아시아에서는 1961년 말레이시아의 주도로 동남아시아 경제협력을 위한 기구인 동남아시아 연합Association of Southeast Asia과 말라야연방, 필리핀, 인도네시아가 참여한 마필인도Maphilindo가 창설되었다. 그러나 이 기구들은 곧 기능을 중단했다. 1967년, 베트남전쟁을 계기로 미국과 소련의 대립이 격화되자 동남아시아 지역의 평화와 안정을 도모하기 위한 방어적 차원에서 인도네시아, 태국, 말레이시아, 필리핀, 싱가포르 등이 참여해 동남아시아국가연합ASEAN, Association of Southeast Asian Nations을 창설했다. 그러나 ASEAN도 1970년대 중반까지는 상징적인 기능만을 수행했다.[23]

위 두 사례에서 볼 수 있는 것처럼, 동아시아는 유럽처럼 수평적 동맹 또는 다자적 관계를 통해 하나의 지역을 형성하지 못했다. 미국의 영향력을 배제할 수 없었기 때문에 동아시아보다는 태평양을 '미국령 호수'로 하는 '아시아-태평양'이라는 새로운 광역 지역이 발명되었고,[24] 동아시아의 하부 지역인 동남아시아가 지역 정체성을 가지게 되었다. 그러나 아시아-태평양 지역에서는

---

[22] 고병익, "동아시아 나라들의 상호 소원과 통합," p. 39; G. Hook, "Japan and the Construction of Asia-Pacific," Gamble and Payne, *Regionalism and World Order*, p. 119. 1996년 일본의 주도로 동아시아 지역 내부의 남북 격차를 해소하기 위해 아시아개발은행(ADB)이 설립되었고, 1968년 일본 기업인들을 중심으로 태평양분지경제위원회(Pacific-Basin Economic Council)가 만들어졌다. 1980년에는 일본 수상 오히라 마사요시(大平正芳)가 제안해 태평양경제협력회의(PECC, Pacific Economic Cooperation Conference)가 출범했다.

[23] ASEAN에 대한 자세한 소개로는 최대석, "ASEAN의 지역 협력 전략," 경남대 극동문제연구소 편, 『동아시아 신질서의 모색』(서울: 서울프레스, 1996)을 참조.

[24] 아리프 딜럭, "아시아-태평양이라는 개념," p. 58.

지역주의 또는 지역 통합을 추동할 수 있는 공동의 위험이 존재하지 않았고, 또한 이 지역국가들은 문화적으로도 매우 다양했다.25 반면 서유럽에서도 미국의 영향력 때문에 안보 영역에서는 공동의 안보 위험을 고려하여, 대서양을 포함하는 지역이 새로이 발명되어, 미국을 포함한 다자적 기구인 NATO가 건설되었지만, 경제 영역에서는 서유럽 국가만을 회원국가로 하는 국제경제 기구인 EC가 창설되었다.

유럽과 동아시아의 이 차이는 전범戰犯 국가인 독일과 일본의 전후 처리 문제에서의 차이 및 각 지대에 속한 국가들의 정치경제적 힘의 차이에서 비롯된 것처럼 보인다. 최초, 독일 문제―나치스의 청산, 동부 국경선 문제, 전쟁 배상 등―를 둘러싸고 유럽의 국가들은 분열되었다. 프랑스는 연방 구조를 가진 독일을 원한 반면, 소련은 강력한 중앙집권적 국가를 요구하고 있었고, 영국과 미국은 강력한 연방제를 제안했다.26 결국 독일은 분단되었다. 프랑스는 새로운 전쟁 방지 및 경제발전을 위해 유럽 차원에서 석탄과 철강의 공동 생산 및 공동판매를 위한 국제경제 기구 건설을 제안했고, 1944년 만들어진 베네룩스 경제동맹이 여기에 가세하면서 1951년부터 유럽석탄철강공동체ECSC, European Coal and Steel Community가 출범하게 되었다. 독일 문제가 다자적 방법에 의해 해결된 것이다. 이 결과, 전범 국가였던 서독과 이탈리아는 국제사회에서 정상 국가의 위치를 회복할 수 있게 되었다. 반면, 일본은 제2차 세계대전 이후 미국의 통제 아래 있었고, 동아시아에서는 프랑스처럼 견제 역할을 수행할 수 있는 국가가 존재하지 않았다. 전후 처리 문제도 냉전의 격화에 따른 미국의 안보 정책에 의해 피상적으로 처리되었으며, 그 과정에서 주변국의 동의

---

25 R. Foot, "Pacific Asia: The Development of Regional Dialogue," Fawcett and Hurrel, *Regionalism in World Politics*, pp. 229-38.
26 들루슈, 『새 유럽의 역사』, p. 385.

와 신뢰를 받지 못했다. 더구나 일본은 일본 문제의 처리 과정에서 자신이 피해자라고 생각하고 있었고, 따라서 국제적 공헌 의식이 결여되어 있었다.

일본이 경제 재건을 이루게 되는 1950년대 중반부터 동아시아 국가들과 '쌍무적' 협상을 통해 정치경제적 관계를 정상화하기 시작했고, 이를 기초로 일본을 축으로 한 동아시아 지역 경제의 연계가 형성되었다.[27] 이 연계의 매개 수단은 경제협력이란 이름 아래 전쟁 배상금 지불이었으며 이는 주로 재화와 용역으로 제공되었다. 사회간접자본에 대한 지원 형태를 취했지만, "배상이라는 이름의 무역 이자 판매였다."[28] 이후 진전된 일본의 직접투자는 세계경제의 변화와 함수관계를 가지고 있었다. 세계시장에서 달러 대비 엔^{yen} 환율의 변화, 1970년대 석유 위기, 생산물 주기의 변화, 미국의 수입 장벽 등이 일본 산업의 동남아시아 직접투자를 추동한 요인들이었다. 1971년 브레튼우즈 체제의 붕괴와 1985년의 플라자 합의^{Plaza accord}와 1992~94년의 환율 재조정으로 엔화의 가격이 상승하자, 자본 및 노동비용의 절감을 위한 일본 기업의 직접투자와 생산 기지의 해외 이전이 증가했다.[29] 이른바 '안행'^{雁行} 모델은 이 직

---

27 1955년 버마, 1956년 필리핀, 1958년 인도네시아, 1959년 남베트남, 1959년 라오스, 캄보디아, 1965년 한국, 1978년 중국과 평화와 우호조약 및 무역협정.

28 우쯔미 아이코, "일본의 전후 처리와 아시아의 보상 요구," 하영선 편, 『한국과 일본: 새로운 만남을 위한 역사 인식』(서울: 나남출판, 1997) 참조. 일본의 해외 원조에 대한 분석으로는 S. Islam, "Foreign Aid and Burdensharing: Is Japan Free Riding to a Coprosperity Sphere in Pacific Asis," J. Frankel and M. Kahler eds., *Regionalism and Rivalry* (Chicago: The University of Chicago Press, 1993) pp. 321-372 참조.

29 P. Petri, "The East Asian Trading Bloc: An Analytical History," Frankel and Kahler, *Regionalism and Rivalry*, pp. 39-42에서는 '1985년'을 동아시아 지역에서 상호 의존이 제고되는 전환점으로 보고 있다. 일본의 동아시아 국가들에 대한 직접투자는 두 가지 형태를 띠고 있다. 첫째는 해외 산업에 대한 자본 참여 형태의 직접투자이고 둘째는 지식 기반(knowledge-based) 자산을 생산하는 기술협정이나 기계류 판매와 같은 직접투자의 중간 형태다. 자세한 내용은 R. Doner, "Japanese Foreign Investment and the Creation of a Pacific Region," Frankel and Kahler, *Regionalism and Rivalry*, pp. 159-214.

접투자를 정당화하는 담론이었다. 이런 일본의 동남아시아 직접투자는 미국과의 무역마찰을 우회하면서 미국 시장을 공략하는 방법이기도 했다.

통계에 따르면, 일본의 동아시아 직접투자는 일본의 총 해외투자 가운데 1985년에는 19.6%였으나 1993년에는 32.9%로, 아시아 지역에 대한 일본의 수출은 1980년 25.7%에서 1995년에는 42.1%로 증가했다. 1991년부터 일본의 최대 수출 시장은 미국이 아니라 아시아였다. 1986~1992년 동안, 아시아 국가들의 지역 내부의 수출 점유는 31%에서 43%로 증가했고, 미국 시장에 대한 의존은 34%에서 24%로 감소했다.[30] 이 수치는 동아시아 지역 내부의 경제적 상호 의존의 지표일 수 있다. 그러나 역외 국가인 미국의 비중은 여전히 중요한 듯 보인다. 일본 수출의 30%가 미국에 집중되어 있고, 또한 한국, 대만, 말레이시아, 태국 등에 있어 미국은 최대의 수출 시장이다.[31] 따라서 동아시아의 지역주의 또는 지역 통합의 수요 요인이 증가하고 있기는 하지만, 미국을 배제한 동아시아 지역주의는 매우 어려운 것처럼 보인다. 즉, 동아시아보다는 아시아-태평양이 좀 더 적절한 지역주의 단위가 될 수밖에 없는 현실이었다.

이미 일본 기업을 중심으로 한 동아시아 생산 네트워크가 구축되어 있는 상황임에도 불구하고 일본은 아시아-태평양이라는 넓은 지역의 형성에 동의했다. 이 문제는 결국 한 지역이 누구의 혹은 누구를 위한 지역인가,라는 문제와 연결된다. 일본을 주축국으로 한 지역 통합 기구의 건설이 과거 식민지 및 침략을 경험했던 국가들에게 이른바 '대동아공영권'의 건설을 통한 재식민화

---

30 Pempel, "Regional Ups, Regional Downs," pp. 69-70: Hook, "Japan and the Construction of Asia-Pacific," p. 179.

31 Pempel, "Regional Ups, Regional Downs," pp. 70. 또한 1980년대 중반 동아시아 국가들의 금융시장이 자유화되면서 최대 45% 정도 자본의 유럽계 은행으로부터 동아시아 국가들에게 제공되고 있다. 여기에 더해서 동아시아 지역에서 포트폴리오 형태로 기능하고 있는 자본의 상당한 정도가 미국에서 오고 있다.

의 망령을 떠올리게 하는 상황에서 일본의 선택은 광역 지역과 비공식적 연계일 수밖에 없었다.32 또한 태평양을 미국령 호수로 계속 보유하기를 원하는 미국의 입장에서도 일본과 중국과 같은 가시적 잠재적 경쟁자들이 포함되고 자신이 배제된 동아시아 지역의 출현보다는 아시아-태평양이 좀 더 전략적으로 유용한 단위일 수밖에 없었다. 탈냉전의 세계에서 발생하고 있는 지역화의 흐름에 대한 대응으로 1989년 호주가 제안하여 지역 내부의 자유화를 추구하는 느슨한 지역 협의체인 아시아태평양경제협력체(APEC, Asia Pacific Economic Cooperation)가 창설된 것도 이런 맥락에서다.33

아시아-태평양 지역의 등장 및 그 내부에서 국제기구의 건설은 지역으로서 동아시아의 한계에서 기인하는 측면도 있다. 동아시아에서는 일본 산업을 정점으로 하는 위계적 구조가 성립되어 있을 뿐만 아니라 자본 및 안보를 지역 외부에서 조달하고 있다. 즉, 동아시아 국가들의 수평적 관계가 부재하고, 역외 의존성이 상대적으로 높은 상황에서 동아시아 국가들의 주권을 제약할 수도 있는 국제기구의 공식적 제도화는 쉽지 않은 일처럼 보인다. 따라서 동아시아를 하나의 지역으로 자리 매김하기 위해서는 동아시아 국가들의 수평적 관계를 복원하고 지역 내부에서 상호 의존을 제고하는 조처들이 필요할 것이다. 이 움직임은 미국이나 유럽의 영향력으로부터 자유로운 동아시아 지역을 건설하고자 하는 이른바 '동아시아론'으로 나타나고 있다.

1994년 ASEAN이 '주도'하여 아시아-태평양의 주요 국가 및 유럽연합 의

---

32 딜릭, "아시아-태평양권이라는 개념," p. 62.
33 APEC에 대해 비판적 시각을 견지하고 있는 사람들에게 APEC은 "부모는 일본인과 미국인으로 추정되며 산파는 오스트레일리아 사람인 아기"로 묘사되기도 한다. 딜릭, "아시아-태평양권이라는 개념," p. 69. APEC 각 회원국가의 이해관계에 대해서는 유현석, "APEC을 중심으로 하는 아태 지역 경제협력의 가능성: 제도주의적 접근,"『한국과 국제정치』14: 1 (1998); 최영종, "아태 지역 협력에 대한 국가 선호도 결정에 관한 연구,"『한국정치학회보』34: 2(2000) 참조.

장 국가가 참여하는 동아시아의 다자간 안보 기구인 아세안지역포럼ARF, ASEAN Regional Forum의 창설이나 1991년과 1998년 말레이시아의 마하티르M. Mahathir가 제안한 동아시아경제회의EAEC, East Asian Economic Caucus는 동남아시아발發 동아시아론이라고 할 수 있다. 이 두 시도는 동아시아 국가들이 주도하는 동아시아 지역국가 간의 대화가 시작되고 있음을 의미한다. 일부 한국의 진보적 논의는 동아시아의 '주변'으로부터 중국과 일본을 다시 보는 '지적 실험으로서의 동아시아'를 상정하면서 지역적이면서도 전 지구적 자본주의의 변혁에 개입하려는 '비판적 지역주의'로서 동아시아론을 주창하기도 한다.[34] 지적 실험으로서 동아시아라는 문제 설정은 동아시아 지역에서 시민사회의 수평적 연대를 창출해야 한다는 생각에 기초하고 있다. 또 다른 판은 '아시아적 가치'를 공유하는 문화권으로서의 동아시아 지역이라는 문제 설정에 기초한 '유교 자본주의론'을 들 수 있다.[35]

그러나 냉정하게 생각해 본다면, 주변의 문제의식도 중요하지만, 동아시아의 큰 국가인 중국과 일본의 '동아시아로의 복귀'가 동아시아론의 실질적인 기반을 만드는 핵심 문제일 것이다.[36] 중국은 1991년 APEC에 가입하면서 동

---

34 백영서, "중국에 '아시아'가 있는가?" 정문길 외 엮음,『발견으로서의 동아시아』(서울: 문학과지성사, 2000), p. 71; "동아시아론과 근대 적응·근대 극복의 이중 과제,"『창작과비평』139 (2008). 백지운, "동아시아 지역 질서 구상과 민간 연대의 역할"; 이남주, "동아시아 협력론에 대한 비판적 검토," 백영서 외,『동아시아의 지역 질서: 제국을 넘어 공동체로』(파주: 창비, 2005). 이 동아시아론은 한국 진보 진영의 자기 갱신과 밀접한 연관을 맺고 있다. 예를 들어 백영서의 다음과 같은 발언을 참조할 것. "1970~80년대의 민족 민주 운동 진영이 1990년대 이후 변화한 나라 안팎의 상황에 맞춰 새로운 이념을 모색하는 과정에서 민족주의를 다시 보게 된 결과 일국적 시각과 세계체제적 시각의 매개항으로 '동아시아적 시각'이 제기되었다." 비판적 지역주의라는 경로를 고려한다면, 우리는 '국가들의 동아시아' '자본의 동아시아'와 더불어 '시민사회의 동아시아'를 상상할 수 있게 된다. 시민사회의 동아시아는 2부에서 언급한 시민국가, 평화국가의 기획과 맞닿아 있는 문제 설정이다. Kab-Woo Koo, "Peace and Human Rights in East Asia," 2008년 5·18재단 학술회의.

35 예를 들어,『전통과 현대』창간호 기획 특집 "유교와 21세기 한국"을 참조.

36 백영서, "중국에 '아시아'가 있는가?": 강상중, '일본의 아시아'와 지역 통합," 정문길 외,『발견으로

아시아 및 아시아-태평양에 대한 관심을 표명하고 있지만 역사적으로 동아시아라는 문제의식을 가지고 있지 않았다. 일본은 탈아 입구脫亞入歐의 입장에서 동아시아를 대해 왔다. 따라서 동아시아의 문제는 미국-중국-일본의 양자 및 삼자 관계와도 긴밀히 연관되어 있다고도 할 수 있다.

우리는 뜻밖에도 1997년 동아시아를 휩쓴 금융·외환 위기가 이 복잡한 다원 방정식의 해법을 암시하고 있다고 생각한다. 1997년 위기는 자본이 국경을 가로질러 자유로이 이동하는 새로운 세계경제에 편입된 동아시아 국가들의 정부 및 민간 차원의 협력이 없다면, 위기의 반복적 재생산을 막을 수 없다는 교훈을 주고 있다. 즉, 역외 차입이 여전히 큰 비중을 차지하는 동아시아 국가들은 세계 금융시장의 불안정에 항상 노출되어 있을 수밖에 없기 때문이다. 동아시아 국가들의 불안정은 일본의 경제에도 심각한 영향을 주었으며 부담으로 다가왔다. 이 위기는 결국 동아시아 국가들에게 위기의식의 '공유' 및 이 위기의 해결을 '기대'할 수 있는 제도의 모색으로 이어질 수도 있을 것이다.[37] 즉, 동아시아 지역의 형성 및 지역 경제 기구의 제도화는 동아시아 지역에서 다자간 안보 대화가 활성화되면서,[38] 동아시아의 경제 강국인 일본이 어떤 역할과 책임을 담당하느냐에 많은 부분이 달려 있다고 볼 수 있다.

서의 동아시아』.

[37] F. Kratochwil and J. Ruggie, "International Organization: A State of the Art on an Art of the State," *International Organization* 40: 4 (1986).

[38] 다자간 안보 협력에 대해서는 박건영, "동북아 다자간 안보 협력의 현실과 전망,"『한국과 국제정치』16: 2 (2000); 한용섭 외,『동아시아 안보 공동체』(서울: 나남, 2005) 참조. 한반도 평화체제와 동북아론과의 연관에 대해서는 조성렬,『한반도 평화체제』(파주: 푸른나무, 2007) 참조. 비판적 시각에서 동북아 다자간 안보를 구상하고 있는 글로는 강상중,『동북아시아 공동의 집을 향하여』(서울: 뿌리와이파리, 2002); 와다 하루키, 이원덕 옮김,『동북아시아 공동의 집』(서울: 일조각, 2004) 참조. 미국 학계의 동아시아 안보에 대한 연구 성과로는 J. J. Suh, P. Katzenstein and A. Carlson, *Rethinking Security in East Asia* (Stanford: Stanford University Press, 2004) 참조.

IV. 경제 위기와 동아시아 지역 협력: 일본의 역할

　냉전이 붕괴되고, 1997년 동아시아 외환 위기가 전염되면서, 지역적 차원에서 협력의 논의들이 활성화되고 있다. 그 어느 때보다도 동아시아 각국 정상들이 자주 만나고, 모임을 정례화하며, 개별 국가적 관심을 넘어서는 지역적 차원의 '공동 이익'을 논의하는 틀을 만들려는 움직임이 활발하다. 다자간, 쌍무 간 대화가 진행되면서, 자유무역지대 제안에서 볼 수 있는 것처럼, 경제 협력의 수준을 높이고자 의견들을 조율하고 있다. 그렇다면, 왜 동아시아 지역 경제 협력 논의가 최근 들어 이처럼 활성화되고 있는가? 동아시아에서 지역주의에 대한 논의가 진전된 이유로, 동아시아 금융 위기, 무역자유화를 진전시키는 데 있어 WTO와 APEC의 실패, 유럽 단일 통화에 따른 긍정적인 영감, 그리고 미국과 유럽연합의 지역적 행동에 대한 대응 등이 지적된다.[39] 특히 일본에서 지역 협력의 논의가 부상하게 된 데에는 경제의 장기 불황과 지역화라는 세계적 추세에서 비롯된 일본의 위기의식이 지역주의를 창출하기 위한 적극적 대응으로 표출되었다는 점도 고려할 필요가 있다.[40]

　1997년에 발생한 동아시아 경제 위기는 하나로서의 동아시아 지역을 부각시킨 계기였다. 개별 국가 내의 근본적인 경제 문제에도 불구하고 위기의 외부적 요인에 대한 강조와 관심은 이에 대한 공동의 대응이 필요하다는 인식 확산을 가져와 '동아시아 공동 이익'을 형성시키고 있다. 특히 일본 학자들이 주장하는 동아시아 국가들의 미국 의존성이 현재 경제 위기를 야기했다는 견

---

39 F. Bergsren, "East Asian Regionalism," *The Economist* 15:7(2000), p. 21.
40 이런 위기의식이 일본 근현대사에 있어서 제3의 개혁 기회라고도 지적되지만, 그 이면에는 '잃어버린 10년'으로서 1990년대의 비판적·자조적 자기 성찰이 잠재되어 있었다.

해가 상당한 공감을 얻고 있다. 소위 동아시아 지역 내부의 무역 및 투자 비율이 매우 높은 '역내 순환 구조'임에도 불구하고,[41] 개별 국가의 통화를 미국 달러에 연동pegged시킴으로써, 역내무역의 안정성 확보에 실패하고, 미국 경제의 경기순환에 매우 크게 영향을 받는 구조가 되었다는 것이다.

사실, 자국의 화폐를 달러에 연동한 동아시아 국가들은 엔고高, 달러 저低 시대에는 호황을 누릴 수 있었다. 즉, 가격 경쟁력에서 유리한 고지를 점령한 동아시아 국가들은 대미 및 대일 수출을 증대시킬 수 있었고, 일본 자본의 유입을 유도할 수 있었다. 그러나 1995년 이후 진행된 엔저低 달러 고高로 인해 동아시아 국가들의 통화가 절상되는 효과가 발생했다. 따라서 동아시아 국가들의 수출 경쟁력이 약화되었고, 더욱이 고정환율제를 가진 중국과의 경쟁에서 열세에 놓이게 되었다. 결국, 동아시아 국가들의 달러연동제가 부정적 효과를 미치는 기제가 작동하기 시작한 것이다.

결국, 동아시아 국가들은 달러연동제가 초래한 경상수지의 적자폭 확대를 자본수지의 흑자로 보전할 수밖에 없었다. 특히, 달러연동제 아래에서 외자 유입이 지속되면, 연동제의 고수를 위해서는 통화 당국이 자국 통화의 매각과 달러의 매입에 개입할 수밖에 없게 된다. 이런 개입으로 국내 인플레이션이 야기되고, 이 인플레이션을 회피하기 위해 채용한 고금리정책으로 외자 유입이 더욱 촉진된다. 이런 복합적 요인의 귀결로 동아시아 지역에 외자 특히 단

---

41 渡邊利夫, "アジア化するアジア: 危機の向こうに見えるもの," 『中央公論』(1999년 6월). 동아시아 지역 내부의 높은 상호 의존 구조는 무역뿐만 아니라 자본 투자에서도 나타난다. 1996년 일본을 포함한 역내무역 비율은 52.3%였으며, 1990년에서 1996년까지 ASEAN에 대한 직접투자액을 보면, 일본은 468억 달러, 미국 204억 달러, 신흥공업국 541억 달러였고 개발 국가별로 보면, 비율이 줄어들고 있지만, 동아시아 지역에서 자본 의존 구조는 일본에 집중되어 있다고 한다. 자세한 논의는 김용복, "동아시아 자본주의의 장래," 국제정치경제연구회 편저, 『20세기로부터의 유산』(사회평론, 2000), pp. 418-420 참조.

기성 자금이 집중되었던 것이다. 따라서 동아시아 국가들은 초국적 자본의 이동에 매우 취약한 경제구조를 가질 수밖에 없었다. 또한, 동아시아 국가들은 거액의 자본 유입에 따라 경제적 거품이 증가하면서 급격한 수입 증대를 경험했고, 그 결과 1995년 이후 경상수지의 적자폭이 더욱 확대되었으며 '과잉투자'가 표면화되었다.

이 시기 동아시아 지역에 유입된 자본을 보면, 과거의 정부 개발원조와 직접투자가 아닌, 포트폴리오 투자와 단기 은행 대출의 급증을 확인할 수 있다. 특히 금융기관은 충분한 위기관리 능력이나 신중한 행동 규범도 없이 대량의 외자를 국내 융자에 이용하여 경제의 거품을 발생시켰다. 이런 자본 이동을 경제 위기 발생 전후로 비교해 보면, 태국, 인도네시아, 말레이시아, 필리핀, 한국의 5개국 순純 민간 자본 이동은 1996년 930억 달러의 자본 유입으로 흑자였으나, 1997년에는 121억 달러의 자본이 유출되어 이들 국가들은 자본수지 적자국이 되었다. 자본의 변동 폭은 1,050억 달러에 달하는데 이것은 5개국 GDP의 11%에 상당하는 액수다. 유출 내역을 보면 은행의 단기 대출 회수가 제일 많았으며 그 다음으로 포트폴리오 주식 투자의 격감에 의한 것이었다.

동아시아 국가들의 경제 위기가 가시화되자, 집합적으로 위기관리 및 정책을 조정하려는 움직임이 나타나기 시작했다. 즉 동아시아에도 지역주의적 경향이 나타나기 시작한 것이다. 이 새로운 지역주의는 과거와 달리 수요 요인의 증대와 공급을 위한 적극적 참여로 나타났다. 일본과 ASEAN 외에도 신흥공업국인 한국과 싱가포르, 그리고 중국의 적극적인 참여도 나타났다. 또한 기존의 지역 통합 논의에는 미국의 참여와 개입이 필수적이었지만, 동아시아 위기 직후의 논의 구조에는 미국이 배제되어 있었고, 미국의 반대에도 불구하고 지역 협력에 대한 논의가 진전되기도 했다. 이 지역주의를 위한 대화의 중심에는 일본이 있었고, 일본도 과거의 양다리 전략에서 벗어나 매우 적극적으로 동아시아 지역주의를 고려했다.[42] 동아시아 경제 위기로부터 일본은 동아시아 경제와 운명 공동체 관계가 되었으며, 상호 간 의존관계를 강화하는 지역적인 협력체제가 필요하다고 인식하게 된 것이다.[43]

일본은 일국적 대응의 한계를 인식하면서 특히 동아시아의 금융·외환 위기를 야기한 단기 금융자본의 이동성에 주목했다.[44] 즉 자본의 단기적 대량 이동이 동아시아 금융체제를 붕괴시켰고, 이런 위기는 지구적 자본주의 자체의 위기라는 것이었다. 따라서 위기에 대한 대응으로 국제 금융체제의 개혁이 필요하고, 다른 한편으로는 유럽과 북미와는 달리 공백 지역으로 남아 있는 동아시아에서 '제3극'의 형성이 필요하다는 점을 강조하기도 했다. 또한 동아시아 경제 위기는 특히 한국에서도 위기 극복을 위해서는 일본의 주도권이 불가피하다는 논의를 등장하게 했다.[45]

이런 맥락에서 일본 정부는 동아시아 경제 위기 이후 지역 협력을 위한 여러 '공생 프로젝트'를 제안했다.[46] 그 프로젝트는 경제 재건을 위한 자원의 강

---

42 경제심의회의 보고서는 일본의 대외적 역할을 강조하고 있다. "경애받는 나라로서 일본발(發)의 미래 문화를 주창하거나, 아시아 지역 발전에서의 역할을 강조한다. 즉 아시아 지역 내 경제통합에 주도적 역할을 담당한다"는 것이다. 經濟審議會, "經濟社會のあるべき姿と經濟新生の政策方針"(1999년 7월 5일) 참조.

43 外務省, "アジアる經濟再生ミションn報告書"(1999년 11월) 참조. 일본이 그동안 동아시아에서 배타적인 지역 경제통합 기구 형성에 주도적으로 대응하지 않았던 이유는 다음과 같이 정리할 수 있다. 첫째, 일본은 동아시아 지역주의가 다른 지역과의 마찰을 야기할 수 있다고 생각했다. 둘째, 동아시아 지역 내의 이질성과 다양성 때문에, 지역 통합을 형성하고 유지하기가 매우 어려우며 비용이 많이 든다는 것이 일본의 생각이었다. 셋째, 일본, 중국, 인도네시아를 제외하고는 소규모 국가이기 때문에 지역 통합으로 규모의 경제를 기대하기 어려웠다. 마지막으로 강한 경쟁력을 가지고 있는 일본은 전 세계적으로 자유무역을 추구하는 것이 최선의 통상 전략이라는 생각을 가지고 있었다. 西島章次, "地域主義の展開と日本の選擇," ピータースミス, 西島章次編, 『環太平洋圈と日本の選擇』(東京: 新評論, 1995), pp. 110-111; 김호섭, "아시아 경제 위기 이후의 일본의 지역주의: 한일자유무역협정 논의의 전개를 중심으로," 2000년도 한국정치학회 연례학술회의 발표 논문집, p. 3.

44 1990년대 후반 경제위기와 21세기 장래에 대한 일본 정부의 공식 입장은 經濟審議會, "경제사회のあるべき姿と經濟新生の政策方針"(1997년 7월 5일); 經濟戰略會議, "日本經濟再生への戰略,"(經濟戰略會議答申) (1999년 2월 26일) 참조.

45 松原隆一郎, "日韓關係," 『朝日新聞』(1998년 9월 29일 夕刊) 참조.

화, 역내무역 촉진을 위한 자유무역지대의 건설, 금융 통화 협력을 강화하기 위한 기금의 설치 및 외환 위기의 재발 방지를 위한 정부 간 협정 체결 등으로 요약할 수 있다. 이 프로젝트 실현을 위해 엔의 국제적 역할을 강화하는 것이 일본 정부가 제안한 동아시아 지역주의의 핵심 내용이었다. 이를 구체적으로 살펴보면 다음과 같다.

첫째, 이른바 신 미야자와(宮澤) 구상이다. 이는 실물경제 회복을 위한 지원 프로그램이었다. 실물 경제 회복과 본격적인 경제발전을 위해 중장기 자금 지원으로 150억 달러, 무역금융의 원활화 등을 위한 단기 자금 수요의 지원으로 150억 달러 등 총 300억 달러 규모의 지원 구상이었다. 둘째, 자유무역지대 제안으로 일본과 한국, 일본과 싱가포르, 일본과 ASEAN 등과의 협상이 진행되

---

46 2004년부터 일본은 본격적으로 '동아시아 공동체'를 주창하고 있다. 일본 정부와 민간에서 제기하고 있는 동아시아 공동체론은 다음과 같이 요약된다. 첫째 "포괄적이며 고수준의 제도화를 추구하기보다 경제, 환경, 인간 안보 등 개별적 분야에서의 기능적 접근"이다. 둘째 "공동체를 좀 더 좁은 의미의 공동체, 즉 영어적 표현의 '커뮤니티'(community)로부터 일본적 표현의 '쿄도타이'(共同體)로 전환하여 지역 공동체의 이념과 지향성을 강조하고 있"다. 셋째, "동아시아란 지역의 범주를 한, 중, 일 및 아세안이라는 영역을 넘어 호주, 뉴질랜드, 인도를 포함하는 대영역을 구상하고 있"다. 손열, "일본의 동아시아공동체: 도쿄컨센서스의 모색," 손열 엮음, 『매력으로 엮는 동아시아: 지역성의 창조와 서울컨센서스』(서울: 지식마당, 2006), pp. 149-150. 동아시아 공동체 구상을 실현하기 위해 일본 정부는 FTA를 축으로 동아시아와 오세아니아를 하나의 시장으로 묶는 '동아시아 경제 연대 협정'(Economic Partnership Agreement)을 제안하려 한다. 다른 동아시아 국가들의 지역 구상은 손열, 『동아시아와 지역주의』; 『매력으로 엮는 동아시아』 참조. 동아시아 지역 구상과 관련하여, 우리가 주목해야 하는 것 가운데 하나가 북한 변수다. 북한의 경제위기와 북한 핵 문제는 동아시아 치원의 위기지만, 동시에 동아시아를 상상할 수 있는 기회를 제공하고 있기도 하다. 북한은 지역 협력에 대해 부정적이었지만, 2002년 9월 김정일 국방위원장과 고이즈미 준이치로 일본 총리대신과의 회담 이후 발표된 "조일평양선언"에서, 지역 협력에 대한 긍정적 의사를 밝히기도 했다: "쌍방은 동북아시아 지역의 평화와 안정을 유지·강화하기 위하여 호상 협력해 나갈 것을 확인하였다. 쌍방은 이 지역의 유관국들 사이에 호상 신뢰에 기초하는 협력관계 구축의 중요성을 확인하며 이 지역의 유관국들 사이의 관계가 정상화되는 데 따라 지역의 신뢰조성을 도모하기 위한 틀거리를 정비해 나가는것이 중요하다는데 대하여 인식을 같이하였다." 북한의 국제관계 인식에 대해서는 우승지, "김정일 시대 북한의 국제관계론 이해를 위한 시론," 『국제정치논총』 47: 4 (2007); 박건영·정욱식, 『북핵, 그리고 이후』(서울: 풀빛, 2007) 참조.

었다.⁴⁷ 그리고 장기적으로는 한중일韓中日 자유무역지대를 건설한다는 계획을 입안했다. 즉 경제통합의 초보적 단계에 진입하여 거대한 단일 시장을 형성하고, 역내무역의 활성화를 도모한다는 것이다.

셋째, 동아시아 지역에 국제 기금을 만들어 통화안정을 유지하자는 주장으로 다자간 지원체제 구축을 목표로 한 아시아통화기금AMF, Asian Monetary Fund 구상이 있다. AMF는 1997년 9월 방콕에서 열린 ASEM 재무장관 회의에서 일본이 제안했다. 그러나 이후 열린 일련의 회의에서 미국은 AMF가 IMF를 약화시킬 것이라는 이유에서 반대 의사를 표명했고, 또한 동아시아 지역 내부에서 일본의 영향력이 증대될 것을 우려한 중국의 유보적인 입장으로 더 이상 진전되지는 못했다⁴⁸(2008년 5월 4일 스페인 마드리드에서 열린 ASEAN과 한중일 3국 재무장관 회의에서 최초 800억 달러 규모의 AMF 설립에 대한 합의가 이루어졌다. 그러나 미국의 반대가 예상된다. 그리고 펀드 조성액의 80%를 분담하기로 한 한중일 3국이 세부 분담 액수를 정하지 못한 상태다. 분담액에 따라 투표권 지분이 결정되기 때문에 일본과 중국이 주도권을 놓고 경쟁하고 있다. 의사 결정 방식에서 다수결과 만장일치를 두고 대립하고 있기도 하다).

넷째, 기금 구상과는 별도로 새로운 외환 위기를 예방하기 위해, 동아시아 국가들 사이의 정책 협의 및 조정을 진행시켰다. 단기자본의 이동을 감독하기 위한 정보교환 및 외환 위기 조기 경보체제의 공동 개발, 그리고 외환 위기 발생 시 한도액 안에서 달러를 빌려 주는 스와프협정currency swaps 체결 등이 그것

---

47 일본은 2003년 칸쿤에서 열린 WTO 각료 회의에서 다자간 무역협정에 대한 진전이 없자, FTA 체결에 본격적으로 참여하기 시작했다. 2002년 11월 싱가포르와 FTA를 체결했다. 한국과의 FTA 협상은 2004년 11월 중단된 상태다. 1993년 ASEAN 자유 무역 지대를 출범시킨 ASEAN과는 2012년까지 FTA를 체결하기로 합의했다. FTA에 가장 소극적이었던 일본은 2008년 현재 멕시코, 말레이시아, 태국, 필리핀, 칠레, 인도네시아, 브루나이 등과 FTA를 체결했다.
48 『日本經濟新聞』(1997년 10월 7일) 참조.

이다. 이미 일본과 한국은 1999년 6월에 50억 달러를 상한선으로 하는 스와프 협정을 체결했다. 2000년에는 ASEAN과 한중일 재무장관은 외환·금융 위기 발생 시 단기 유동성을 지원하는 '치앙마이 이니셔티브'Chiang Mai Initiative에 합의했다. 2007년에는 치앙마이 이니셔티브가 다자간 협약으로 발전했다.

다섯째, 이런 통화 협력을 뒷받침하고 이끌기 위한 엔의 국제적 역할을 강화하려는 노력이 적극적으로 추진되었다. 이른바 '엔의 국제화' 논의다. 엔의 국제화란 무역 및 자본 거래에서 엔의 사용 비율을 높이고 외환 보유고에서 엔의 비중을 높이는 것을 의미한다. 엔의 사용을 확대하는 것이 동아시아 금융 질서의 안정을 위해 필요하다는 것이 일본 정부의 생각이었다. 즉 달러, 엔, 유로 사이의 급격한 환율 변동을 방지하고 안정을 유지하기 위해서는 엔의 국제적 역할을 강화해야 한다는 것이었다. 이를 위해 구체적으로는 먼저 환율 변동의 위험을 회피하기 위해 대외 거래를 달러 집중형으로부터 다통화 분산형으로 변경시켜 엔의 사용 비율을 높이며, 장기적으로는 엔화를 동아시아의 기축통화로 발전시키자는 프로젝트였다.[49]

이런 일본의 '공생' 구상에 대한 공감대는 지구화의 물결 속에서 일국 차원의 위기 관리에 한계를 느낀 국가들의 지역주의에 대한 인식이 확대되면서,

---

49 円の國際化推進研究會, "中間論点整理"(1999년 4월 20일); 外國爲替等審議會, "21世紀に向けた 円の國際化: 世界の經濟金融情勢の變化と對應,"(1999년 4월 20일) 참조. 엔의 국제화는 일본 금융의 국제화 및 자유화로 일본 금융과 국제 부문과의 차단이 약화면서 발생하기 시작했다. 자세한 내용은 윤연관, 『전환기 국제 정치경제와 한국』, pp. 311-318을 참조. 엔이 국제화되면서 동아시아 국가들의 부채와 외환 보유고에서 엔의 비율이 높아지고 있다. 예를 들어 한국의 엔 표시 외채는 1980년 16.6%에서 1989년 26.6%로 증가했고, 동남아시아 국가들에서 이 비중은 더 높다. 또한 아시아 국가들의 외환 보유고에서 엔의 비중은 1980년 13.9%에서 1990년 17.1%로 증가했다. 전 세계 국가들의 외환 보유고에서도 엔의 비중이 1980년 4.4%에서 17.1%로 증가했다. J. Frankel, "Is Japan Creating a Yen Bloc in East Asia and the Pacific," Frankel and Kahler, *Regionalism and Rivalry*, pp. 79-80. 달러, 엔, 유로의 미래 역할에 대한 전망으로는 B. Cohen, *The Geography of Money* (Ithaca: Cornell University Press, 1998) ch. 8을 참조.

더욱 확대되었다. 즉 최소한의 안전판을 마련하기 위한 조처로서 동아시아 지역주의를 활용하자는 주장이 설득력을 얻고 있다고 할 수 있다. 유럽연합, 북미 자유무역지대 등 지역 경제통합으로 각국은 지구화 시대의 경제 전쟁에서 최소한의 안전판을 마련하고 있지만, 동아시아 지역에는 이런 지역주의적 기구의 부재로 외환 위기와 같은 외적 충격이 발생했다는 것이다. 동아시아 지역 국제경제 기구의 창설이 요원한 문제라면 최소한 한반도, 일본, 중국을 잇는 경제협력의 틀, 혹은 집단적 자구 장치를 만들 필요성이 있으며, 이것이 지구화 시대에 함께 사는 길이라는 주장이 한국에서도 제기되고 있다. '희극'으로 종료되었지만, 노무현 정부의 동북아 구상은 정책적 차원에서 제시된 한국발 지역 협력론이었다고 할 수 있다.[50]

2008년 마드리드에서 열린 ASEAN+3 재무장관 회담에서 볼 수 있듯이, 최근 동아시아 지역 협력을 구체화하기 위한 정책 논의의 틀이 윤곽을 잡아가고 있는 듯하다. 소위 ASEAN+3(한국, 중국, 일본)의 정책 협조 가능성이다. 이 구상은 동아시아 경제를 선도하고 있는 일본, 중국, 한국이 적극적으로 ASEAN과 협조하여 지역 경제 협력을 강화하는 틀로서 주목받고 있다. 이를 뒷받침하기 위해서는 한중일 3국이 협의할 수 있는 제도적 틀이 중요한 듯이 보인다. 동

---

[50] 한국의 지역주의 구상은 안중근의 '동양 평화론'에서 그 원형을 찾을 수도 있다. 정용화, "한국의 지역 인식과 구상(1): 동양 평화 구상," 손열, 『동아시아와 지역주의』; 안중근, "동양 평화론," 최원식·백영서 엮음, 『동아시아인의 '동양' 인식: 19~20세기』(서울: 문학과지성사, 1997). 안중근의 동양평화론에 대해 민족주의적 시각에 기초하여 동양주의를 '손님'으로 폄하하고 있는 글로는 신채호, "동양주의에 대한 비평," 최원식·백영서, 『동아시아인의 '동양' 인식』 참조. 동아시아 지역 구상에 대한 과거와 현재의 비교로는 전재성, "전통 시대의 동아시아 지역 질서와 21세기 동아시아 지역주의," 손열, 『매력으로 엮는 동아시아』 참조. 한국 정부의 정책으로서 지역주의 구상은 마상윤, "한국의 지역주의 구상," 손열, 『매력으로 엮는 동아시아』. 노무현 정부의 동북아 구상의 전개 과정에 대해서는 동북아시대위원회, 『동북아시대위원회 백서』(서울: 동북아시대위원회, 2008) 참조. 학계와 정책 결정자들의 동북아론에 대한 논의로는 제주발전연구원·동아시아재단 공편, 『동북아 공동체: 평화와 번영의 담론』(서울: 연세대학교 출판부, 2006); 한국동북아지식인연대, 『동북아 공동체를 향하여』(서울: 동아일보사, 2004) 참조.

북아 협력이 진전되어야 동아시아 지역 협력의 제도화가 가능할 수 있다는 생각이 공유되고 있는 것이다.

V. 동아시아 지역 국제경제 기구 형성의 가능성

동아시아 지역 협력을 위해 국제경제 기구가 형성된다면, 국가들 사이 약속의 신빙성을 높이기 위해 공식적 제도화가 불가피할 것이다. 그러나 그 제도화 수준이 유럽과 같이 주권의 공유나 위임으로 발전할지는 미지수다. 예를 들어, 느슨한 지역 협의체인 APEC에서도 미국은 공식적인 규칙이나 절차 그리고 그 규칙이나 절차의 위헌이 발생할 때 처벌할 수 있는 경성의 협력체를 원하고 있지만, 중국, 일본, ASEAN의 경우는 자국 주권에 제한이 가해지는 것에 반대하고 있다.[51] 따라서 이제 초보적 지역 대화를 하고 있는 동아시아 지역에서 제도화 형태를 논의하는 것은 무리라고 할 수 있다. 특히, 일본의 적극적 의지에도 불구하고 동아시아 국가들 사이의 경제발전 단계와 규모의 차이, 종교적·언어적 이질성, 정치체제의 차이, 치유되지 않은 과거사 문제 등 때문에 유럽과 달리 동아시아 지역을 하나로 묶을 수 있는 기초가 약하다는 것이 공식적인 지역 국제경제 기구 건설의 난관으로 작용할 가능성이 크다.

우리는 무엇보다도 동아시아 지역주의가 유럽의 지역주의와는 달리 외부적 충격에 의해 추동되고 있다는 사실을 강조한다. 즉, 외적 충격에 의해 정책

---

51 유현석, "APEC을 중심으로 하는 아태 지역 경제 협력의 가능성," pp. 225-231.

조정의 필요성이 제기되었다는 점에서 동아시아의 지역주의는 기본적으로 '방어적' 성격을 띠고 있다. 따라서 동아시아 국가들 사이의 거래 비용을 줄이고 서로의 배반을 방지할 수 있는 제도화도 '최소주의' 행태일 가능성이 크다. 동아시아 국가들 사이 최소의 공통분모, 즉 공동의 이익과 관련된 협정들이 체결되고 있는 것도 이 최소주의적 제도화의 모델일 수 있다. 그러나 동아시아 지역주의를 미리 어떤 것으로 예단할 필요는 없을 것이다. 구성주의적 시각을 도입한다면, 동아시아 지역주의를 논의하는 과정에서 각국의 선호는 (재)구성될 수 있을 것이기 때문이다.

동아시아 국가들의 선호 재구성에 있어 중요한 문제는 탈냉전과 지구화 시대에도 여전히 남아 있는 '일본 문제'라고 할 수 있다. 무엇보다도, 동아시아 지역 내부의 순환 구조, 즉 경제적 상호 의존에도 불구하고 유럽과 달리 동아시아에서는 경제협력 또는 지역 국제경제 기구의 형성이 '종속' 또는 '위계 구조의 고착화'를 결과할 수도 있기 때문이다. 대체로 경제학자들은 지역주의는 무역 이익의 극대화, 시장 접근성의 강화, 규모의 경제 실현을 통해 무역 장벽을 제거함으로써 역내 자원 배분의 효율성을 제거하고 비교 우위 산업의 경쟁력을 강화시킴으로써 경제성장에 기여한다는 것이다.

그러나 지역 생산 네트워크에 의거하는 동아시아 지역 국제분업의 특징은 기술 수준의 격차에 따라 규정되는 명확한 계층구조에 있다. 일본의 첨단기술, 신흥공업국의 중간기술, ASEAN의 낮은 기술로 이어지는 네트워크가 바로 그것이다. 동아시아 지역에서 진행되고 있는 생산의 지역화는 완성품으로 수출될 때까지 일본계 기업을 정점으로 하는 생산공정의 지역 분업이다. 유럽의 공식적 제도화에 상응하는 동아시아 지역에서의 기능적 등가물이 일본계 기업을 중심으로 한 비공식적 네트워크라는 주장이 설득력을 가지는 것도 이 때문이다.[52] 그러나 이 비공식적 네트워크는 한국과 일본의 경제 관계에서 볼 수 있듯이 종속적 무역구조의 심화를 은폐하기 위한 비제도화 노력의 산물이라고 할 수 있다.[53] 동아시아 지역에서 자유무역이 실현된다면, 이 종속적 무역구조가 더욱 확대될 가능성이 크다.

유럽과 달리 동아시아에서는 일본의 경제적 능력에 대항할 국가가 아직은 없다. 유럽에서 프랑스와 영국이 독일을 견제하듯, 동아시아에서는 중국이 일본을 견제할 수 있는 잠재적 거인이기는 하지만, 아직은 경제적으로 일본보다 열위에 있다. 따라서 동아시아 국가들 대부분이 지역 경제 협력이 의미를 가지려면 일본의 적극적인 참가가 있어야 한다는 것에 동의하지만, 다른 한편 일본의 경제적 지위 때문에 동아시아 지역에 일본의 패권적 질서가 고착화되는 것은 아닌가, 하는 의구심을 가질 수밖에 없다. 유럽연합처럼 독일 패권에 대한 제도적 방어 장치로 공식적 제도화가 가능할 가능성은 부정할 수 없지만, 일본은 독일처럼 전후 문제의 처리 과정에서 다른 동아시아 국가들의 신뢰를 획득하지 못한 상태다. 더구나 유럽에서 나타난 것처럼 지역 국제경제 기구에 가입하는 것이 회원국가의 경제발전에 순기능적일 것이라는 기대도 동아시아 지역에는 없다.[54]

다른 한편, 일본은 독일과는 달리 경제적 지도력을 발휘하지 못했다. 엔이 독일의 마르크화와 같은 역할과 기능을 수행하지 못했다는 것이다. 일반적으로 국제통화의 기능을 수행하기 위해서는 해당 국가의 규모가 커야 하고, 비교 우위의 교역재를 가지고 있으며, 다양한 상품을 제공할 수 있는 자유화된

---

52 P. Katzenstein, "Regionalism in Comparative Perspective," *Cooperation and Conflict*, Vol. 31, No. 2 (1996); J. Caporaso, "Four Central Controversies of Regional Integration Theories," *Paper presented at Ideologies and Policies of Korea in the 21st Century*, 1995.
53 한국과 일본의 경제 관계에 대해서는 김용복, "한일 경제: 종속, 위기, 그리고 공생," 한국정치연구회,『정치비평』통권 6호(1999 봄·여름)를 참조.
54 유럽의 이 기대에 대해서는 김학노, "마스트리히트 사회 정책 협정 형성 과정: 구성주의적 신기능주의적 설명," 2000년도 한국정치학회 연례학술회의 발표논문집 참조.

금융시장이 존재하고, 물가와 환율이 안정되어 있으며, 충분한 외환 보유고의 확보와 최종 대부자lender-of-last-resort 역할을 수행할 수 있어야 한다.[55] 독일의 마르크는 다른 통화와 안정적인 관계를 유지하면서 이 역할을 수행했다. 특히, 달러의 불안정에서 발생할 수도 있는 유럽 통화들의 불안정을 해소하는 데 중요한 역할을 했고, 이것이 유럽의 통화 통합을 주도한 견인차이기도 했다.[56]

반면, 일본은 1980년대 엔의 국제화에서 실패했다. 동아시아 지역의 협력을 유도하기 위해서는 엔이 기축통화 가운데 하나로 기능할 것이 요구된다. 그러나 일본은 다른 패권국가들과 달리, 지속적인 흑자를 기록하면서 엔의 국제적 공급에는 소극적이었다. 일본은 엔의 국제적 공급을 위해 중요하다고 할 수 있는 자국 시장의 개방정책을 취하지 않았다. 즉, 엔의 공급은 임시적인 경제 지원만으로는 불충분하고, 일본이 동아시아 국가들이 생산하는 상품을 충분히 흡수해 주는 시장 역할을 확대하는 것으로 이루어져야 한다. 이럴 때만이 엔이 안정적으로 동아시아 국가들에 공급될 수 있다. 다르게 말하면 성공적인 엔의 국제화를 위해서는 금융시장의 발전과 더불어 엔화로 일본의 수입을 확대하는 것이 중요하다.

다음으로, 동아시아 지역 국제경제 기구의 형성을 가로막을 수도 있는 요인으로 경제와 안보의 갈등을 지적할 수 있다. 경제와 안보는 쉽게 분리되지 않는다. 경제적 협력 강화가 군사적 대결을 완화하며 궁극적으로 정치적 평화로 귀결될 수 있다는 주장과 평화와 안정은 경제적 발전과 협력을 위한 필요

---

[55] 조홍식, "유로의 등장과 국제통화 질서의 변화," 한국세계지역연구협의회 1999년 9월 16일 발표 논문, p. 5.
[56] 田所昌幸, "アジアのおける地域通貨協力の考察: ヨーロパとの比較の觀點から,"『Leviathan』, 26號 (2000 春), p. 48.

조건이라는 견해는 서로 배치되는 것이 아니라 상호 보완적인 것이다. 지구적 수준의 탈냉전에도 불구하고 동아시아 지역에는 냉전의 잔재가 여전히 청산되지 않고 있다. 냉전체제의 해체를 위한 다자간 안보 대화의 필요성과 더불어 우리는 동아시아 국가들의 불안과 불신이 미국보다는 일본에게 있다는 점을 지적하고자 한다.[57] 프랑스와 독일의 화해 없이는 유럽통합이 불가능했던 것처럼, 일본이 군사적 역할을 증진시키지 않고 전수방위戰守防衛의 원칙을 견지하여 대일 불신을 극복하는 것과 더불어 과거사 청산을 통해 주변국과의 화해를 이루는 것이 중요하다. 특히 독일과 프랑스의 협력처럼, 일본과 중국의 협력이 가능하다면, 동아시아 지역 협력의 제도화는 구체적인 현실로 다가올 수 있을 것이다.[58]

마지막으로, 우리는 동아시아 지역 형성을 위해 미국 변수를 고려해야 한

---

[57] 사카모토 요시카즈, 양기웅 옮김, 『상대화의 시대: 지구시민의 국제정치』(서울: 소화, 1998), p. 116.

[58] 경제적인 측면에서도 일본과 중국의 관계는 지역 국제경제 기구의 제도화에서 관건이 될 것으로 보인다. 동아시아 경제협력 혹은 국제기구의 형성에는 일본의 적극적 역할 외에도 중국과의 협조나 중국의 참여가 필수적이다. 그런데 중국의 경제권은 화교 자본에 의해 나름대로 긴밀한 연대가 지속되어 왔다. 화교 자본주의(혹은 중화 경제권)는 중국, 대만, 동아시아 각국의 중국계 자본 등에 의해 하나의 거대한 경제권을 형성하고 있다고 할 수 있다. 일본의 입장에서는 이런 중국의 참여 없는 지역 경제 협력은 어려울 뿐만 아니라 실익도 크지 않다고 보고 있다. 이런 점에서 최근 일본이 적극적으로 제기하고 있는 자유무역지대안의 의미는 크다고 보인다. 일본은 한국과 싱가포르 사이에 자유무역지대안을 적극적으로 추진하고 있다. 이에 대한 현재의 수출입 구조를 고착화 가능성이 높다는 우려에 따른 반대가 높은 것도 사실이지만, 한국이나 싱가포르의 긍정적인 반응이 확산되고 있는 것도 현실이다. 이렇게 일본이 자유무역지대안을 제기하는 것은 경제협력의 기초를 다지려는 목적 외에도 중국을 견제하기 위한 정치적 고려도 존재한다고 본다. 동아시아에서 일본·한국(싱가포르)-ASEAN의 협력은 중국 및 화교 자본권에 대한 견제와 더불어 동아시아권의 대등한 협력에 대해 정당한 근거를 제공할 것이기 때문이다. 일본 중심의 경제권을 확대함으로써 중국의 참여를 압박하고 중국과 일본의 잠재적인 협력 기회를 넓히는 것이기 때문이다. 만약 일본의 의도가 그런 면을 가지고 있다면, 한국으로서는 이런 역학 관계를 잘 활용할 수 있는 신중한 전략적 선택이 필요할 것이다. 중화 경제권에 대한 논의로는 이희옥, "중국계 자본의 동아시아 지배 전략: 대중화 경제권 형성을 중심으로," 경남대 극동문제연구소, 『동아시아 신질서의 모색』을 참조.

다. 사실 현재 동아시아에서 논의되고 있는 지역 협력을 위한 국제기구의 건설 과정에서 미국은 배제되어 있다. 물론 미국과의 우호적인 관계를 전제로 하고 있지만, 지역화가 진전되면, 폐쇄적인 블록화 가능성도 배제할 수 없기 때문에, 미국은 이에 적극적으로 개입하려고 하고 있다.[59] 동아시아는 미국에 경제적으로도 중요한 지역이다. 미국이 APEC의 제도화를 강력히 추진하는 배경으로는 첫째, 미국이 동아시아에 거대한 시장을 제공하고 있는 동시에 동아시아 지역에 대한 미국의 수출이 신장하고 있다는 점 둘째, 미국의 산업계가 동아시아 진출에 강한 관심을 가지고 있다는 점 셋째, EU가 보호주의로 기울어지는 것을 방지하기 위한 대항 세력을 형성할 필요성, 넷째 동아시아의 경제적 동학에서 배제되는 것에 대한 불안 등 때문이라는 지적이 있다.[60]

동아시아 지역에서 안보 및 경제와 관련하여 미국이 차지하는 위치를 부정할 수는 없다. 그럼에도 동아시아 국가들은 1997년의 위기를 겪으면서 동아시아 지역 자체의 지역주의 필요성을 절감하고 있다. 부분적으로 동아시아 위기는 미국발 위기였으며 위기의 극복 과정에서도 미국의 역할은 미미했기 때문이다. 따라서 동아시아의 지역주의와 APEC은 경쟁 관계에 놓일 수도 있다. 다른 한편, 동아시아 국가들은 동아시아 지역과 아시아-태평양 지역에서 이중의 정체성을 가지게 되는 것을 선호할 수도 있다. 여전히 정치경제적 측면에서 일본 문제가 해결되지 않은 상황에서 동아시아 지역주의에만 매몰되

---

[59] 미국의 동아시아 지역주의에 대한 견제도 유럽의 지역주의에 대한 대응과 다르다. EAEC에 대한 미국의 과잉 반응처럼 미국을 배제한 동아시아의 지역 기구 건설에 대해 미국은 명백히 부정적인 자세를 취하고 있다. 동아시아 경제 위기 이전에 쓰인 한 논문에서는 동아시아의 지역주의가 미국과 일본 관계를 대체하는 것이 아니라 보완하는 역할을 할 것으로 예측했다. P. Katzenstein and M. Rouse, "Japan as a Regional Power in Asia," Frankel and Kahler, *Regionalism and Rivalry*를 참조.

[60] 김원중, "일본과 동아시아 경제통합: APEC과 EAEC를 둘러싼 갈등," 『경제와 사회』(1998 가을), p. 88.

는 것을 위험하다고 생각할 것이기 때문이다. 미국, 중국, 일본 등 강대국 사이의 게임에서 '주변'의 이해를 고려할 수 있는 해법의 발견이 어느 때보다 중요한 문제로 부각되고 있다.

VI. 맺으며: 유럽의 교훈

동아시아의 '방어적 지역주의'는 현재 쌍무적 협정과 느슨한 다자간 대화의 형태로 나타나고 있다. 예를 들어, ASEAN+3은 동아시아 지역에서의 경제협력체를 생산할 수 있는 다자간 대화라고 할 수 있다. 한국은 이 과정에서, 유럽의 중견 국가처럼, 동아시아라는 문제 설정을 통해 동아시아 내부의 불신을 제거하는 매개 국가의 역할을 할 수도 있을 것이다. 즉 느슨한 협력체와 같은 주권의 합동 방식을 개발하여 동아시아 지역을 둘러싼 강대국 사이의 갈등을 중재하는 역할도 진지하게 고려해 볼 필요가 있다. 경제 위기를 겪으면서 지구적 자본주의에 대한 공유된 인식을 가지게 된 동아시아 국가들이 공동의 전략 및 전술을 구사할 수 있는 장의 필요성에는 합의하고 있기 때문이다. 이 장이 제도화될 때, 동아시아 국가들의 집합행동이 가능할 것이다. 우리는 이 제도화 과정에서 주변의 소국이 가질 수 있는 이점이 극대화될 수도 있다고 생각한다.

주변의 문제의식과 더불어 우리는 동아시아 지역주의가 가질 수 있는 '후발자의 이익'을 강조하면서 이 글을 마치고자 한다.

첫째, 동아시아 지역에서는 경제통합 이론가들이 제시하는 통합의 유형에서 가장 초보적 상태인 자유무역지대를 모색하는 단계에 있다. 만약 경제통합의 단선적 진화를 상정한다면, 관세동맹과 공동시장을 거쳐 통화동맹에 이르게 될 것이다. 그러나 1997년 금융·외환 위기 이후 동아시아의 상황은 역내 국가들의 통화 부문에서의 협력을 통해서 경제통합의 단계들을 밟아 나갈 수밖에 없는 상황이다. 단일 통화의 수립은 아니지만 동아시아의 금융·외환 위기를 예방할 수 있는 AMF와 같은 국제경제 기구의 건설과 엔을 동아시아의 기축통화 가운데 하나로 만들어 나가는 과정에서 동아시아 지역에서의 다양하고 복합적인 경제협력과 통합의 방안이 만들어질 수 있을 것이다.

둘째, 유럽의 통합에는 국가 단위를 뛰어넘는 정체성과 전망의 공유가 존재했다. 동아시아에서 초국가성은 매우 희박하며, 공통된 전망이 아직 요원하다고 보인다. 특히, 초국가성의 기반이 될 수 있는 초국적 기업이 유럽과 같이 수평적으로 분포되어 있는 것이 아니라 거의 일본계 기업들이기 때문에 초국가성의 형성은 더더욱 어려운 일일 것이다. 초기 동아시아 지역주의의 기초를 만들어 온 ASEAN의 경우에도 명확하게 주권의 상호 존중과 내정불간섭이 가장 중요한 이념의 하나였다. 따라서 동아시아 지역의 형성을 고려할 때, 주권의 위임이나 이양을 가져오는 국제기구의 형성과 그에 대한 신뢰성의 기초를 어디에서 찾아야 하는가가 핵심 문제로 부상할 수밖에 없다. '아시아적 가치론'이 대안이 될 수는 없지만, 공통된 가치나 정체성의 기초를 만들어 내는 의식적인 노력이 중요하다. 유럽의 경험처럼, 초국가적 이슈의 제기와 관심을 이끌어 내는 정치적 지도력의 필요와 더불어 보편성의 원리를 담지하고 있는 시민사회의 네트워크 형성 등이 하나의 출발점이 될 수 있을 것이다.

셋째, 동아시아의 지역주의가 유럽으로부터 배울 수 있는 것 가운데 하나가 사회적 유럽의 건설이라는 문제의식이다. 동아시아 지역 협력을 둘러싼 논의에서는 정부와 자본만이 부각되고 있다. 경제사회의 구성원인 노동과 시민사회의 동아시아화는 이루어지지 않고 있다. 이들의 참여가 이루어지지 않는 한 동아시아의 지역주의는 분배의 윤리보다 성장의 윤리를 앞세우는 신자유주의화 이상을 의미할 수가 없다. 동아시아 국가들의 내부적 개혁을 전제로 한 시민국가들의 연합으로서의 동아시아 국제경제 기구가 동아시아의 난폭한 시장을 규제하는 방법을 모색할 수 있을 때, 지구적 자본주의와 편협한 민족주의의 대안으로 동아시아 지역이 의미를 지닐 수 있을 것이다. 이것은 유럽의 경험을 반추하면서 후발의 지역주의 주창자들이 사회적 정의와 경제성장이 함께 가는 사회적 동아시아를 고민할 때, 만들어 낼 수 있는 대안일 수 있다. 동아시아 지역의 문제를 다루는 인식 공동체epistemic community의 구성원이 초국적 자본과 그들의 이해를 대표하는 전문가뿐만 아니라 시민사회의 보편적 가치를 구상하는 동아시아인들로 채워져야 하는 이유가 바로 여기에 있다.

제5부

지구화와 한반도

지구화와 탈냉전은 한반도를 둘러싼 국제 정치경제의 지각 구조 변동을 초래한 외생적 요인이다. 지구화와 탈냉전이 한국의 국가형태와 남북 관계에 미친 영향을 살펴보고, 한반도 평화를 위한 정치철학적 기초를 모색해 본다.

1997년 11월의 이른바 'IMF 위기'를 계기로 변모된 한국의 국가형태를 설명하기 위해서는 자유주의에 대한 비판적 성찰이 필요하다. 수입된 신자유주의와 한국의 국가-시민사회-경제사회에서 자생적으로 태동한 자유주의가 한국의 국가형태를 신자유주의적 국가형태로 이행하게 한 동력이었다. 국가형태론에 근거하여 김대중 정부의 등장과 더불어 완성 과정에 있는 '신자유주의적 국가형태'의 전개 과정을 국가 기능의 변화를 중심으로 분석한다.

2007 남북정상회담처럼 남북 관계의 새로운 국면을 조성하는 계기들은 세 수준의 변화에서 비롯된 것으로 보인다. 세 수준은, 첫째 남북 각각의 국내정치적 수준, 둘째 남북 관계적 또는 한반도적 수준, 셋째 한반도를 둘러싼 국제정치적 수준이다. 서로 긴밀하게 연계되어 있는 이 세 수준은, 남북 관계를 설명함에 있어 실증의 결과와 규범적 목표에 따라 각기 다른 가중치를 부여받아 왔다. 냉전체제에서는 국제 구조가 행위자의 선택을 상당히 제약했다. 우연히 중첩된 남한의 민주화와 국제적 수준의 탈냉전은 행위자의 자율성을 제고했다. 탈냉전·민주화 시대 남한 정부의 대북정책과 그 선택의 결과물인 남북 관계의 역사를 기술하고 평가한 후, 이명박 정부에 부여된 과제를 제시한다.

한반도 평화에 대한 논의는 전략적·정책적 차원에서 진행되어 왔다. 평화의 철학적 기초에 대한 논의는 거의 없었다고 해도 과언이 아니다. 우리는 평화적 방법에 의한 평화를 모색하고자 하는 평화와 안보 담론들의 철학적 기초를 탐색하려 한다. 이 평화·안보 담론들은 자연의 생태계처럼 담론의 생태계를 형성하고 있는 것처럼 보인다. 평화적 방법에 의한 평화의 실현이 한반도 문제에 개입하려는 행위자들의 장기적 이익을 보장할 수 있다는 가정에 기초해, 남북 관계를 중심으로, 한반도 평화의 정치철학적 기초를 마련해 보려 한다. 한반도 평화를 위한 정치철학의 구축을 위해서는, 차이와 타자의 철학에 주목할 필요가 있다.

제13장

자유주의, 1997년 IMF 위기 그리고 국가형태의 변화
: 김대중 정부의 신자유주의

> "사상의 진화는 그 나름의 법칙을 갖고 있고, 대부분 우리가 예측할 수 없는 발전에 의존한다. 내 말의 뜻은 내가 여론이 실제로 어떤 방향으로 움직일지는 감히 예측하지 못할 수도 있다는 것이다"(하이에크F. Hayek).

I. 시작하며

　1997년 11월의 이른바 'IMF 위기' 이후 한국의 국가형태 변화를 추적하는 이 글의 출발점은 '자유주의'에 대한 비판적 성찰이다. 서구 국가와 다른 역사적 궤적을 갖고 있는 한국 사회에서, 자유주의에 대한 비판적 성찰 운운하는 것이 맥락을 상실한 논의라는 반론이 있을 수 있다. 그러나 IMF 위기를 계기로 그 위세를 더하고 있는 '신'자유주의neo-liberalism의 본질을 정확히 이해하기 위해서뿐만 아니라, 국가 주도형 자본주의 체제—복지국가, 동유럽의 '사회주의국가,' 동아시아의 발전국가—가 순차적으로 위기에 직면하면서 자유주의와 신자유주의에 대한 비판으로 국가주의가 그 효과를 상실한 지금, 자유주의에 대한 비판적 성찰은 한국에서도 유효한 작업이라고 생각한다. 이 글의 초두에서 김영삼 정부의 포괄적인 자유주의적 개혁 담론과 그 실천 형태에 주목하는 것도 이 때문이다.

수입된 신자유주의와 한국의 국가-시민사회-경제사회에서 자생적으로 태동하고 있는 자유주의가 한국의 국가형태에 미친 영향에 대한 분석이 이 글의 두 번째 부분이다. '국가-시민사회-경제사회'라는 사회 구성적 인식에 기초하여 '국가형태론'을 다시금 논의의 대상으로 복귀시킨다. 그리고 그 형태론을 기초로 김대중 정부의 등장과 더불어 완성 과정에 있는 '신자유주의적 국가형태'의 전개 과정을 국가 기능의 변화를 중심으로 분석한다. 결론 부분에서는 자유주의와 '함께'하면서도 동시에 그것을 '넘어'설 수 있는 상상 가능한 담론을 구성해 본다.

II. "우리는 이제 모두 자유주의자다?"

우리는 이제 원했든 원하지 않았든 당분간 신자유주의 사상과 함께 가야 한다. 김영삼 정부의 수입품이었던 신자유주의 사상이 1997년 11월의 이른바 'IMF 위기'를 계기로, 우리의 내면으로 스며들고 있다. 한국의 시계를 신자유주의적 담론이 지배하는 세계 시간에 맞추려고 했던 김영삼 정부의 세계화 정책은, 국가 수준의 민주화—정치권력 쟁취를 위한 경쟁의 자유화—의 대외적 표현이었다. 이 정치적 민주화와 세계화 정책의 자연스러운 연결을 매개한 요인 가운데 하나는 한국 사회에서 자생적으로 형성된 자유주의 사상이었다. 이 자유주의 사상은 서구의 고전적 자유주의 사상과 마찬가지로 생산수단의 사적 소유를 기초로 이루어지는 경제성장을 모든 것에 우선하는 가치로 설정한다.[1] 그러나 이전의 국가주의와 달리, 자유 시장 경제, 제한된 정부, 개인적 자유 등을 경제성장을 위한 조건으로 내세우고 있다. 이 자유주의는 절차적 민주주의 완성을 지향하던 정치 세력 및 사회 세력의 세밀한 설계에 기초해서 생산된 것이 아니라 민주화 운동 과정에서 자생적으로 형성된 새로운 질서였다.

'만약' 한국 사회 내부의 자생적 자유주의가 전제되지 않았다면, 신자유주의적 담론을 수용하려는 세계화 정책에 대한 강력한 국내적 저항이 발생했을 가능성이 높다. 그러나 한국의 자유주의와 수입된 신자유주의가 정확히 조응한 것은 아니었다. IMF 위기는 자유주의의 빈곤과 신자유주의의 과잉으로 생산된 새로운 정세였다. 자유주의가 본질적으로 논쟁적인 개념이고 따라서 자유주의와 신자유주의라는 두 담론 및 그 실천에 주목하여 IMF 위기를 조망하는 것은, 한국 사회의 압축적 위기 속에 실타래처럼 엉켜 있는 '다차원적 시공간성'을 추리기 위해서다. 즉 '세계적' 시공간에서 기능하던 신자유주의 사상의 무분별한 수입과 '한국적' 시공간에서 요구되던 자유주의적 개혁의 좌절이 맞물리면서, '일국 자본주의'의 종언을 상징하는 IMF 위기라는 특이한 정세가 산출되었다는 것이다.

한국의 자유주의는 탈권위주의와 민주화를 계기로 출현했다. 따라서 정치적 민주주의와 구별되는 순수한 형태의 자유주의를 추출하는 것이 쉽지 않다. 자유주의가 각 정치 세력 및 사회 세력의 주·객관적 인식에 따라 아주 다른 모습으로 독해되는 것도 이 때문이다. 김영삼 정부의 포괄적인 자유주의적 개혁 담론—자유주의적 국가형태의 창출—이 그 실천 과정에서 매우 제한적이었던 것도, 부분적으로 각 세력의 자유주의에 대한 이해의 차이 때문이었다. 김영삼 정부는 민주화 투쟁의 성과를 흡수하여 아래로부터 형성된 정당성에 기초하여 지배 연합 내부에서 헤게모니적 분파의 위치를 차지할 수 있었기 때문

---

1 루드비히 폰 미제스, 이지순 옮김, 『자유주의』(서울: 한국경제연구원, 1995); 최장집, "민주적 시장경제'의 한국적 조건과 함의," 『당대비평』 3 (1998).

에, 정치 시장의 자유화, 군부 및 안기부를 포함한 국가 장치의 자유주의적 재편, 그리고 경제 '기획'의 폐기를 적극적으로 추진할 수 있었다. 반면, 사상의 자유 및 표현의 자유가 보장되는 완전한 정치적 자유화는 분단체제를 매개로 한 자유주의 우파와 보수적 정치 세력의 공존 때문에, 개혁 담론에서 배제되었다.[2]

그러나 지배 연합 내부의 불안정한 접합보다 자유주의 우파의 헤게모니 프로젝트를 더 제약했던 요소는 독점자본의 낡은 그러나 갱신된 축적 전략이었다. 재벌의 소유 지배 구조에 대한 급진적 문제 제기—상호 지급 보증의 제한, 결합 재무제표의 도입, 업종 전문화, 사외이사제의 도입 등등—를 담고 있던 김영삼 정부의 자유주의적 개혁 담론은, 국가(규제)가 배제된 재벌-금융의 유착 관계를 유지하면서 자신들의 자유로운 활동 공간을 창출하려는 재벌의 저항에 부딪혔다. 국가의 헤게모니 프로젝트와 독점자본의 축적 전략이 '탈구'된 것이다.[3] 즉 재벌은 자유주의적 개혁 담론을 재벌의 기득권을 손상시키지 않는 범위 내에서, 달리 표현하면 초기 자원의 재분배가 고려되지 않는, 경제 시장의 자유화로 해석했다. 결국 김영삼 정부는 독점자본의 '투자 파업'—예를 들어, 1993년 1/4분기 총고정자본형성증증 -5.9%—에 직면해서,[4] 자유주의 좌파와 연대하여 재벌 개혁의 정치경제적 비용을 감내하고 경제적 효율의 복원을 추진하기보다는, 국가의 축적 전략을 재벌의 축적 전략에 종속시키는 방식을 선택했다. 1997년 김영삼 정부가 금융 개혁—금융 자유화와 금융 규제 기구의 통합—을 시작하기 전까지, 세계경제가 경기 회복 국면으로 옮아

---

2 백낙청, 『흔들리는 분단체제』(서울: 창작과비평사, 1998).
3 헤게모니 프로젝트와 축적 전략의 탈구에 대해서는 B. Jessop, *State Theory: Putting the Capitalist State in its Place* (Cambridge: Polity, 1990), p. 208을 참조.
4 정영태, "김영삼 정권의 개혁과 국가자율성," 『동향과전망』 25 (1995), p. 41.

가는 우연적 정세에서 한국 경제는 거시경제적 지표의 측면에서 양적 성장을 이룩할 수 있었고,[5] 따라서 재벌-금융의 유착 관계에 문제 제기를 할 특별한 이유가 없었다.

자유주의적 개혁 담론을 절차적 민주주의에서 실질적 민주주의로의 이행을 위한 가교로 사고했던 세력은, 경제사회의 노동 세력과 시민사회의 사회운동 세력이었다. 노동 세력은 1996년 12월 자본과 보수적 정치 세력이 연합하여, 민주노총의 합법화 유예와 노동시장의 유연화(자유화)를 골자로 한 개정 노동법을 통과시키자,[6] 국가의 헤게모니 프로젝트와 축적 전략의 탈구를 적절하게 이용하여 비제도적 대중투쟁을 통해 개정 노동법의 재개정을 이끌어 낼 수 있었다. 그러나 당시 노동의 과제는 경제사회에서 자본가 연합과 협상할 수 있는 집합적 시민권인 '산업적 권리'industrial right를 획득하는 것이었다. 따라서 자유주의 개혁 담론을 수용하면서 동시에 이를 넘어서는 발전국가의 대안적 형태를 제시할 수준은 아니었다. 반면 민주화 운동을 주도했던 비제도권의 자유주의 좌파 및 급진적 사회 세력은, 발전주의적 시각을 견지하면서도 동시에 발전국가를 대체하는 정치적 기획을 제시하면서 급성장하기 시작했다. 예를 들어, 1989년에 설립된 '경제정의실천연합'은 시장 경제의 효율성을 인정하면서도 정부의 적절한 개입을 통해 시장경제의 결함—분배의 편중, 독과점 및 공해 등—을 해결하는 자유주의적 개혁 담론을 제시했고, 1994년에 창립된 '참여연대'는 좀 더 나아가 시민사회가 재벌을 규제할 수 있는 구체적 방법을 모색했다.[7] 또한 참여연대는 사회적 시민권을 포함한 시민의 참여와

---

[5] 한국사회과학연구소 경제연구실,『경제 위기 극복을 위한 구조 조정 촉진 방안과 중기 비전』(경제대책 조정회의 보고자료, 1995), pp. 50-51.

[6] 임영일,『한국의 노동운동과 계급 정치(1987~1995): 변화를 위한 투쟁, 협상을 위한 투쟁』(마산: 경남대학교 출판부, 1998), pp. 325-326.

자치를 추구하고 있다는 점에서 초기 자원의 정치적 재분배를 고려하고 있었고, 따라서 자유주의적 개혁의 최대치로 사회적·경제적 민주주의를 설정했던 것처럼 보인다.

서구적 의미에서의 좌파가 자유롭게 활동할 수 있는 공간의 부재에도 불구하고, 다양한 형태의 자유주의의 공존은 파시즘과 권위주의를 넘어서서 한국의 정치 공간이 새로이 열리고 있음을 의미하는 것이었다. 이 자유주의들의 최대공약수는 한국의 역사적 유제였던 국가주의적 실천에 적절한 한계를 부여할 수 있는 개인의 자유, 그 자유에 기초한 시민사회의 자율성, 그리고 사회의 여러 수준에 공정한 게임 규칙을 정립하는 것 등으로 요약될 수 있다. 즉 한국의 자생적 자유주의는 권위주의를 넘어선다는 의미에서 '진보성'을 담지하고 있었다. 그 내용에서 편차가 있기는 했지만, 탈권위주의와 민주화 이후 다양한 정치 세력과 사회 세력은, 의식했든 의식하지 않았든, "우리는 이제 모두 자유주의자다"라는 선언이 무색하지 않을 정도로 자유주의를 자신들의 출발점으로 삼을 수밖에 없었다. 이 가운데 시민사회의 사회운동 세력이 자유주의적 개혁에 대한 역사적 요구를 가장 적절하게 포착했다고 볼 수 있다.

한국의 자생적 자유주의의 흐름과 더불어, 이 흐름과 상호 작용하면서 진행된 신자유주의적 정책을 관찰할 필요가 있다. 1994년부터 김영삼 정부는 세계화 정책을 추진하기 시작했다. WTO체제의 출범과 OECD 가입 신청으로, 김영삼 정부의 신자유주의적 지향—특히 자본자유화—은 더욱 제고될 수밖에 없었다. 금융 및 외환 거래의 자유화 및 외환집중제의 폐지기 정책으로 선택되었고, 그리하여 자본금이 200~300억 원에 불과한 단자회사들이 재

---

7 참여연대의 첫 사업은 독점의 폐해를 공정거래위원회의 고발이 있어야 공소를 제기할 수 있게 규정하고 있는 '독점규제와 공정거래에 관한 법률' 제71조에 대한 헌법 소원이었다.

벌의 사금고인 종합금융회사로 전환하면서 3~5억 달러를 빌려 해외투자를 할 수 있게 되었다. 또한 1994년에는 한국 기업의 해외 직접투자가 외국 기업의 한국에 대한 직접투자의 세 배 정도에까지 이르게 되었다. 결국 재벌 개혁 없는 자유화 조치들은 국내적으로 규율되지 않는 재벌-금융의 유착 관계를 생산할 수밖에 없었다. 이는 한국의 재벌들이 가장 선호했던 자유주의적 정책이었다. 그럼에도 자본수지가 흑자를 기록할 수 있었던 것은 1994년 이후로 초국적 금융자본의 유입이 급증했기 때문이다. 만약 외국 투자자들이 어떤 이유로든 기대를 바꾸어 자본을 회수한다면 한국은 외환 위기를 겪을 수밖에 없는 상황이었다.

이 신자유주의적 정책의 파국이 바로 IMF 위기였다. 그 원인과 전개 과정을 둘러싸고 이미 많은 논의가 진행되었다. 그럼에도 여전히 쟁점이 될 수 있는 부분은 "'만약 자생적인 자유주의적 개혁이 이루어졌다면, IMF 위기가 발생하지 않았을 것인가"라는 반사실적 counterfactual 질문이다. 이 질문에 대한 대답을 위해 자유주의적 개혁의 의미를 명확히 할 필요가 있다. 재벌의 입장에서 자유주의적 개혁은 국가 개입의 축소를 의미했다. 반면, 재벌을 제외한 정치 세력 및 사회 세력에게 자유주의적 개혁은 그 정도에서 편차가 있겠지만, 재벌 개혁을 통해 공정한 게임 질서를 확립하는 것을 의미했다. 서구 자유주의 발전사에 비추어 본다면,[8] 전자가 국가의 사멸을 희망하는 '고전적 자유주의'와 그 현대적 형태인 '신자유주의'에 가깝다면, 후자는 개인의 자유와 평등의 실현을 위한 조건으로 국가의 개입을 요구했던 '사회적 자유주의'와 유사하다. 따라서 이 두 세력은 위의 질문에 대해 "그렇다"라는 동일한 대답을 하겠지만, 그 정치적 함의는 근본적으로 다를 수가 있다. 또한 한국의 사회적 자유

---

8 김세균, "신자유주의 정치 이론의 연구 경향과 문제점," 『이론』 15 (1996).

주의 세력은 기존의 국가 개입을 고수하는 세력과 국가 개입보다는 시민사회의 규제를 강조하는 세력으로 구분할 수도 있다.

위의 질문에 대한 "아니다"라는 대답을 하는 정치 세력 및 사회 세력은 위기의 원인을 초국적 금융자본의 공격에서 찾는다. 이미 일국 자본주의의 안정적 재생산이 불가능한 상황에서 아무리 실물적 기초가 튼튼한 국가들도 갑자기 대규모의 자본 유출이 이루어진다면 자국 통화를 방어할 수 없게 된다는 것이다. 이 투기적 공격 앞에서 버틸 수 있는 국가는 미국 정도라고 할 수 있다. 결국 자유주의적 개혁이 순조롭게 진행되었더라도, 위기의 형태 및 시기에서 차이가 있었겠지만, 위기 발생은 불가피했을 것이다. 즉 IMF 위기는 한국의 시간을 세계 시간으로 압축적으로 돌릴 수 있게 한 사건이었다. 필자가 앞서 자유주의의 빈곤과 신자유주의의 과잉을 IMF 위기의 원인으로 지적하면서 한국 자유주의의 역사적 성격을 강조했지만, 그 역사성은 신자유주의의 공격 앞에서 제한적 의미를 가질 수밖에 없다. 그럼에도 우리가 자유주의와 신자유주의를 구분했던 것은 한국의 자유주의가 맹아적 형태고 또한 그 형태 결정을 둘러싼 투쟁이 심화되었지만, "만약 신자유주의적 공격이 없었다면" 시장주의와 국가주의를 넘어서는 대안 산출을 위한 투쟁이 가능했을 수도 있다는 가정을 했기 때문이다.

1997년 IMF 위기를 계기로 한국에서도 정권교체가 발생했다. 이 정권교체는 아마 "IMF 위기가 없었다면" 자유주의 우파에서 자유주의 좌파, 또는 고전적 자유주의에서 사회적 사유주의로의 정권 이동으로 평가될 수도 있었을 것이다. 그러나 IMF 위기를 계기로 한국의 정치 지형은 자유주의적 개혁 담론의 실천을 위한 장벽의 제거 및 그 실천을 우파적으로 정당화하는 방향으로 움직였다. 그 과정에서 기존의 자유주의 우파와 제도권의 자유주의 좌파 일부는 신자유주의로 이동했고, 전경련의 자유기업센터와 같이 명시적으로 이들을 지지하는 세력으로 등장했다. 마치 영국 노동당 정부의 이른바 '제3의 길'

이 신자유주의와 사회민주주의(또는 사회적 자유주의) 사이에 위치하고 있는 것처럼,9 한국의 김대중 정부는 "아직 태어나지 않은" 사회적 자유주의와 "이미 성장한" 신자유주의 사이에서 서성거리고 있었다.

한국의 진보 세력은 그들이 자유주의 좌파든 또는 급진적 정치 세력이든, 일국적 차원에서 사회적 자유주의의 실현을 위해 투쟁하면서 동시에 지구적 수준의 신자유주의를 공격해야 하는 이중의 장벽을 만나게 되었다. IMF 위기와 같은 압축적 시간 이동이 발생하지 않는 한, 진보적 자유주의 세력 및 급진적 정치 세력은 구조화된 정치 지형 아래에서 그들의 의지와 상관없이 그들의 정치적 기획을 자유주의 좌파 프로젝트로 자리 매김할 수밖에 없는 상황이었다. 그러나 주어진 사회의 자기 완결성 내지는 한국이라는 공간적 경계를 전제로 사회적 정의와 경제적 효율이 함께 가는 정치경제를 구성하는 것은 매우 불완전할 수밖에 없다.10 지구적 수준의 사회적 자유주의 또는 사회민주주의에 대한 고민이 필요한 이유가 거기에 있다.

그럼에도 신자유주의 세력이든 자유주의 좌파든 자신들의 정치적 기획을 실현하고자 할 때, 가장 먼저 부딪히는 장애물이 바로 '국가'다. 국가는 여전히 세계 정치경제와 국민적 정치경제를 연결하는 결절점의 역할을 하고 있기 때문이다. 고전적 자유주의가 바라던 국가는 '최소국가'였다. 김영삼 정부나 김대중 정부도 최소국가 담론에 경도되어 있었다. 또한 자유주의 좌파도 발전국가나 복지국가에서 나타났던 정도의 국가 개입을 지지하기 힘든 상황이었다. 자유주의 좌파는 시민사회의 규제 능력을 향상시킴으로써 국가 개입의 감소

---

9 C. Crouch, "The Terms of the Neo-Liberal Consensus," *The Political Quarterly* 68: 4 (1997); A. Giddens, *Beyond Left and Right: The Future of Radical Politics* (Cambridge: Polity, 1994).
10 강정인, "계급과 평등: 기회균등과 능력주의의 문제점 및 그 한계,"『자유민주주의 이념적 초상: 비판적 고찰』(서울: 문학과지성사, 1993), p. 181.

를 상쇄하려는 경향도 보였다. 그러나 시장이라는 '절대 이성'을 숭배하는 신자유주의자들에게도 최소국가의 건설은 이제 불가능한 것처럼 보인다. 근대의 역사를 볼 때, 시장의 확대는 불가피하게 정치적 규제의 증가를 수반했다. 그리고 사회적 약자에 대한 국가의 지원 없이 어떤 정치 세력도 대중의 지지를 받기는 어려운 상황이다. 따라서 국가를 어떻게 재조직할 것인가가 논쟁의 핵심을 차지할 수밖에 없다. 새로운 국가의 기능은 결국 정치 세력 및 사회 세력의 투쟁을 통해서 결정될 수밖에 없다. 우리가 국가형태론에 주목하는 것도 이 때문이다.

III. 신자유주의적 국가형태의 전개: 국가 기능의 변화

김영삼 정부 아래서, 국가의 헤게모니 프로젝트와 재벌 축적 전략의 탈구는 한국의 국가 성격을 둘러싼 논쟁을 촉발한 가장 중요한 요인이었다. 이 탈구로 인해, 김영삼 정부가 독점자본, 중소 자본 또는 총자본 가운데 어느 편의 이익을 대표하는가가 논쟁의 초점이었다. 더 나아가 김영삼 정부가 "독점자본을 이끌어 가고자 하는 '미래의 한국 독점 자본가계급'의 정치적 입장을 대변하는 것이 아"니냐는 주장도 제기되었다.[11] 더불어 노동 통합적 헤게모니 프로젝트였던 계급 정치의 제도화 과정—1993~94년의 노총과 경총의 합의나 1996년 노사 관계 개혁 선언—도 읽기에 따라서는 이 국가 성격을 둘러싼 논

---

11 손호철,『해방 50년의 한국정치』(서울: 새길, 1995), p. 258.

쟁을 더욱 복잡하게 만들 수 있는 요인이었다.

결과적으로 김영삼 정부는 독점자본의 이익을 대표할 뿐만 아니라 김영삼 정부의 등장을 계기로 재벌이 지배 연합의 중심으로 부상했다는 주장이 설득력을 갖는 것처럼 보인다.[12] 그러나 국가(형태)론이 한국의 국가 성격 논쟁에서 나타났던 것처럼 토대-상부구조의 조응을 설명하려는 사전적·사후적 기능주의에 집중될 때, '과정'으로서 국가, 즉 정치 세력과 사회 세력의 투쟁과 협력을 통해 (재)형성되는 국가라는 문제의식은 사라져 버린다. 따라서 독점자본의 헤게모니에도 불구하고, 국가의 헤게모니 프로젝트와 재벌의 축적 전략의 접합 및 탈구 과정에 대한 주목이 진보적 정치경제의 구상을 위해 더 필요한 부분이라고 생각한다.

근대국가의 '계급성'은 정치체와 경제의 분리라는 자본주의 사회의 독특한 형태적 특수성을 통해 표현된다. 근대사회에서 국가는 경제사회의 지배 계급으로부터 분리된 제도적 형태로 등장한다. 이 분리를 통해 국가는 지배계급의 도구가 아닌 외관상 '국민 통합'을 수행하는 중립적 제도로 등장할 수 있는 가능성을 갖게 된다. 이와 더불어, 자본의 한계가 자본 내부에서 노동의 현전^{presence}으로 나타나듯, 동일하게 자본 재생산의 계기로서 국가형태는 '노동의 정치적 존재 양식'으로 이해될 수 있고, 그렇다면 국가를 단순히 자본의 대행자^{agent}로 파악할 수 없게 된다.[13] 즉 국가는 정치적 '제도'이면서 동시에 사회관계가 응축되어 있는 '형태'로 이해되어야 한다. 또한 국가가 공동선의 담지자

---

12 정대화, "한국의 민주화와 지배 세력의 교체: 군부 헤게모니에서 부르주아 헤게모니로의 이동과 그 제한성을 중심으로," 『동향과 전망』 25 (1995); 홍덕률, "한국 자본주의와 재벌," 『역사비평』 43 (1998).

13 W. Bonefeld, "Social Constitution and the Form of the Capitalist State," *International Studies Quarterly* 34 (1992), pp. 121-122.

로 등장하면서도 계급 지배의 도구로 나타나는 모순적 현상을 설명하기 위해서도 제도와 형태라는 관점을 견지할 필요가 있다.

우리는 경제사회에서 발생하는 자본과 노동의 투쟁—국가가 이미 이 투쟁의 계기로 참여하고 있지만—을 국가의 계급성과 공공성을 결정하는 일차적 요인으로 간주하면서도, 이 투쟁이 다양한 사회적 이익과 접합되면서 여과되는 '과정'으로 시민사회의 존재를 인정한다. 시민사회의 존재를 인정하는 것이 시민사회가 민주주의를 실현할 수 있는 유일한 정소라는 의미는 아니다.[14] 그러나 민주주의를 민주화할 수 있는 장소로서 시민사회의 중요성은 인정될 필요가 있다.[15] 우리는 국가, 시민사회, 경제사회에서 나타나는 사회관계의 형태가 다를 수 있음을 인정한다. '국가-시민사회-경제사회'라는 사회 구성적 인식을 수용하는 이유는 각 층위가 분리되어 있다는 측면을 강조하기 위해서가 아니라 각 층위가 그 자체의 특수성을 발현하면서 끊임없이 다른 층위와의 상호 작용을 통해 그 존재 양식을 표현하고 있기 때문이다.

따라서 국가형태라는 개념은 권위주의적 국가형태나 포드주의적 국가형태와 같이 국가의 종별적 특성을 나타내는 것일 수도 있지만, 또 다른 측면에서 국가형태는 사회관계의 '존재 양식'을 지칭하는 것이기도 하다.[16] 이 국가형태의 구체적 표현 state-as-form 은 계급 갈등과 계급 갈등의 여과 형태에 의해 구성되는 '정치적 대표의 형태' '국가 개입의 형태' 그리고 '국가 장치 내부에서의 힘의 분포' 등에 따라 결정된다고 볼 수 있다.[17] 여기에 더해 우리는 국가형

---

14 서관모, "국가, 시민사회, 이데올로기," 『이론』 6호 (1993).

15 Giddens, *Beyond Left and Right*, p. 16.

16 W. Bonefeld, R, Gunn and K. Pyschopedis, "Introduction," W. Bonefeld, R. Gunn and K. Psychopedis eds., *Open Marxism*, 1 vol. (London: Pluto, 1992).

17 Jessop, *State Theory*.

태의 결정 요인으로, '세계질서'를 첨가한다.[18] 더 이상 일국 차원의 국가형태를 논의하는 것이 가능하지 않기 때문이다.

이상의 논의에 의거할 때, 김영삼 정부의 등장은 민주화 운동을 동력으로 발전주의적 국가형태가 (신)자유주의적 국가형태로 이행하는 과정으로 평가될 수 있다. 발전주의적 국가가 노동 배제적인 권위주의, 국가와 재벌의 연합 그리고 억압적 국가 장치 및 경제계획을 위한 국가 장치의 힘의 우위 등을 그 내용으로 하고 있었다면, (신)자유주의적 국가는 노동 통합적 자유주의, 국가와 재벌의 분리, 그리고 억압적 국가 장치의 재편 및 경제계획을 위한 국가 장치의 약화 등으로 특징지을 수 있다.[19] IMF 위기를 계기로 등장한 김대중 정부는 지구적 수준의 자본축적 기제에 통합된 전형적인 신자유주의적 국가형태의 모습을 보였다. 국가의 기능 변화를 추적할 때, 이 신자유주의적 국가형태의 전개 과정이 쉽게 관찰될 수 있다. 국가가 수행하는 기능을 정치적 및 이데올로기적 기능—국가와 시민사회의 관계—과 경제적 기능—국가와 경제사회의 관계—으로 구분하고, 각 기능이 김대중 정부에서 어떻게 변화했는가를 살펴보자.

김대중 정부는 최소국가를 지향하면서도 '강한 국가'를 건설하려 했다. 이는 국가 장치의 재편 과정에서 명확히 드러났다. 첫째, 공공 부문의 구조 조정이다. 김대중 정부는 1999년도 예산안에서 공무원 봉급을 총보수 기준으로

---

18 R. Cox, *Production, Power and World Order: Social Forces in the Making of History* (NewYork; Columbia University Press, 1987).

19 대량생산과 대량 수출의 축적체제에 기초한 이 발전주의적 국가형태는 대량생산과 대량 소비의 축적체제에 기초한 서구의 사회민주주의적 국가형태와 그 형태에서 차이를 보이지만 내용적으로는 둘 다 국가 주도형 자본주의 체제를 유지하는 기능을 수행했다고 볼 수 있다. 김형기, "1980년대 한국 자본주의," 『동향과 전망』 29 (1996). 이 두 국가형태의 유사성은 새로운 형태의 계급투쟁, 즉 자본을 향한 투쟁이 아닌 국가를 향한 투쟁에서도 확인된다. S. Clarke, "The Global Accumulation of Capital and the Periodisation of the Capitalist State Form," Bonefeld et al., *Open Maxism*.

4.5% 삭감하기로 했고, 공무원 수도 7,743명을 감축하기로 했다. 또한 공기업 민영화 및 경영 혁신, 정부 기능의 민간 위탁, 정부 기관 통폐합 등의 방식으로 7만여 명의 인력을 감축하기로 했다.[20] 이 인력 및 예산 감축은 최소국가를 지향하는 김대중 정부의 가시적 조처들이었다. 이는 공공 부문의 구조 조정을 통해 이른바 대량 실업에 따른 시민사회의 불만을 또 다른 실업을 통해 완화하는 방식이었다고 할 수 있다.

둘째, 김대중 정부의 등장과 더불어 정부조직법이 개정되고 그에 따라 국가 장치 사이의 세력 관계가 변하면서, 신자유주의적 경제정책을 수행하는 국가 장치의 힘이 강화되고 있다. 국가의 경제계획을 담당하던 재정경제원이 재정경제부로 그 명칭이 바뀌었고, 그 책임자는 부총리에서 장관으로 강등되었다. 그 역할에 있어서도 예산 기능이 예산청으로, 금융 감독 기능이 금융감독위원회로, 화폐 및 신용 기능은 한국은행으로 이전되었다. 반면, 자본주의적 시장경제의 원활한 작동의 보장을 위해 규제 완화를 수행하는 국가 장치인 기획예산위원회, 금융감독위원회, 규제개혁위원회 등이 신설되었고, 공정거래위원회의 권한—예를 들어 계좌 추적권—이 강화되었다. 특히 행정 개혁 및 재정 개혁을 담당하는 기획예산위원회는 시민사회에서 그 인원을 충원하는 방식으로 조직되었다.

셋째, 억압적 국가 장치는 큰 변화 없이 지속적으로 기능했다. 김대중 정부가 들어서 국가보안법과 집시법 위반자가 전체적으로 줄어들었지만, 정치적 민주화의 최대치라고 할 수 있는 국가보안법이나 집시법 폐지와 같은 정책들은 입안되지 않았다. 또한 1998년 8월 현대자동차에서 파업이 발생했을 때도, 김대중 정부는 헬기까지 포함된 대규모 경찰력을 동원해서, 타협을 이끌어 내

---

20 『시사정보』(1998년 11월), p. 130.

고자 했다. 1999년도 예산안에서도 국방 예산은 1998년보다 0.4% 삭감되었지만, 치안 관련 예산은 1998년보다 9.6% 증가했다. 공공 부문 축소를 지향하면서도 국가의 경찰력은 제고된 것이다.

넷째, 김대중 정부는 국민 통합이라는 명분으로 시민사회로 침투하고자 했다. 대표적 사례가 '제2건국운동'이라고 할 수 있다. 제2건국운동은 반관^{半官} 반민적^{反民的} 조직 형태를 취했다. 재벌들도 제2건국운동에 동참할 것을 선언했고, 포항제철과 한국전력과 같은 공기업에는 제2건국운동 추진반이 결성된 상태다. 제2건국운동은 기획예산위원회의 정부 개혁 업무 가운데 상당 부분을 담당했다. 제2건국운동의 국정 과제에는 개혁적 내용이 담겨 있었지만,[21] 제2건국운동은 시민사회의 자율성을 훼손할 가능성이 높았다. 경실련이나 참여연대는 제2건국운동에 불참하겠다고 밝혔지만, 제2건국운동은 "사회운동이 국가 및 제도 정치를 '전방'에서 견인할 수 있"는 능력을 가늠하는 시험대였다.[22]

다섯째, 김대중 정부는 시장 만능 이데올로기를 매개로 사회 통합을 추진하고자 했다. 이 시장 만능 이데올로기는 성장 제일주의와는 달리 자유주의적 관점에서 개인들 간의 경쟁 및 능력에 따른 보상이라는 보조 이데올로기를 생산했다. 예를 들어, 시장이 생산하는 실업은 자연스러운 것으로 선전되고, 실업의 책임은 개인에게 귀속된다. 따라서 국가는 실업자가 자구책을 강구한다면 그들에게 최소한의 보조만을 제공할 책임을 가질 뿐이다.[23] 이 시장 이데올

---

21 제2건국운동의 7대 국정 과제는 참여민주주의 실현, 자율적 시장경제의 완성, 사회 정의 실현, 보편적 세계주의 구현, 창조적 지식 기반 국가 건설, 협력적 신노사 문화 창출, 남북 간 교류 협력 시대 개막 등이었다.
22 조희연, "경제 위기 속의 한국민주주의와 사회운동의 과제," 『당대비평』 3 (1998), p. 111.
23 실업자에게 초기업 단위노조 가입을 허용하는 내용을 골자로 하는 "노동조합 및 노동관계법" 개정안이 1998년 11월 18일 차관회의에서 보류되었다. 주무 부서인 노동부는 "실직자의 초기업 단위

로기가 다른 어떤 이데올로기보다 우선할 때, 그리고 피지배계급이 그 이데올로기에 침윤되어 있을 때, 신자유주의적 국가를 변형하는 작업은 매우 어려울 수밖에 없었다.

경제적 기능의 측면에서도 신자유주의적 국가는 최소국가의 형태를 띠지 않는다. 국가의 경제 개입에 대한 이데올로기적 비판은 지속되고 있었고 IMF 프로그램을 준수하기 위해서는 국가 개입을 축소해야 했지만, 경제적 기능 가운데서도 특정 기능의 확대와 축소가 동시적으로 이루어지고 있음을 볼 수 있었다. 이 글에서는 엄격한 유형 분류가 아니라는 점을 감안하면서, ① 국가의 경제적 기능을 기업의 활동을 촉진하려는 '영향'influence ② 기업 활동을 제약하는 '규제'regulation ③ 자본과 노동의 갈등에 대한 '중재'mediation ④ 사회적 생산물의 '재분배'redistribution ⑤ 국가에 의한 재화와 서비스의 직접 '생산'production ⑥ 경제의 전 과정에 대한 '계획'planning 등 여섯 항목으로 구분한다.24

첫째, 자유로운 기업 활동을 촉진하기 위한 국가정책은 폭넓게 시행되었다. 모든 규제의 50%를 1998년 말까지 철폐하라는 것이 대통령의 지시 사항이었다. 또 다른 사례로, IMF 위기 이후의 조세제도 개혁을 들 수 있다. 기업이 구조 조정을 위해 부동산을 처분할 경우 세액의 50%를 감면해 주고, 기업주 재산 출연시 50~100%의 세액을 감면 하겠다는 정책은 기업 활동을 촉진하려는 대표적 사례 가운데 하나였다. 반면, 근로소득세에 대한 공제 혜택의 축소,

---

노조 가입 허용은 노사정위원회 합의 사항인데다 국제노동기구도 이를 금지하는 현행법이 결사의 자유에 위배된다며 강력히 항의해 법 개정이 불가피하다"고 밝힌 반면, 법무부는 "초기업 단위노조에만 실직자의 가입을 허용할 경우 상급 노조 및 개별 기업 노조와의 형평성이 맞지 않는데다 실업자들이 정치 세력화할 우려가 있다"고 반대 입장을 고수했다. 이 법무부의 관점은 김대중 정부의 실업자에 대한 인식을 아주 선명하게 드러낸 것이었다.

24 T. Biersteker, "Reducing the Role of the State in the Economy: A Conceptual Exploration of IMF and World Bank Prescription," *International Studies Quarterly* 34 (1990).

교통세 등 간접세 인상으로 서민들의 조세 부담은 늘어났다. 소득 계층별 세 부담액 증가율을 보면 최저 소득 계층(하위 20%)은 17.6% 늘어난 반면 부유층인 최상위 20%는 3.6% 증가에 그쳤다.[25]

둘째, IMF 요구 사항이기도 했던 재벌의 지배 구조 개혁을 위한 정부의 규제는 신속하게 이루어지지 않았다. 이는 김영삼 정부에서도 재벌의 저항으로 이루어지지 않았던 부분이다. 그러나 김대중 정부와 김영삼 정부가 다른 것은 김대중 정부에게는 IMF와 세계은행, 그리고 외국인 투자자라는 든든한 후원자가 있었다는 점이다. 정부-재계 간담회가 준상설화된 것도 이 때문이었던 것처럼 보인다. 김대중 정부의 재벌 개혁 내용은 빅딜을 통한 업종 전문화, 대출금의 출자 전환, 재벌 기업 내 상호 지급 보증 금지, 부채비율 200% 이하 유지, 주주 집단소송제 도입 등이었다. 기업의 소유 문제에 대한 근본적 문제 제기나 작업장 내 민주주의와 같은 발상의 전환은 보이지 않았다. 그러나 재벌은 온건한 개혁 담론도 수용하려 하지 않았다. 신자유주의적 개혁을 위해서도 '강한 국가'가 필요함을 보여 주는 대표적 사례였다.

셋째, 김대중 정부가 출범하면서 자본과 노동의 갈등을 중재하기 위한 노사정위원회가 설립되었다. 과거의 노동 배제적 중재 기능에 비해서는 진일보한 형태였다고 할 수 있다. 특히 노사정위원회는 조직된 자본과 조직된 노동이 참여하는 기능적 형태의 정치적 대표 방식으로 기존의 의회를 통한 정치적 대표의 한계를 일정하게 보완해 주는 역할을 할 수 있었다는 점에서는 긍정적인 역할을 할 수 있는 제도였다. 그러나 노사정위원회는 신자유주의적 정책을 수행하는 과정에서 발생하는 노동자계급의 저항을 완화하고, 이데올로기적으로 은폐하는 역할을 수행하기도 했다.[26] 또 다른 문제로 노사정위원회에 '과

---

25 『시사정보』(1998년 11월), p. 196.

대 대표'되어 있는 자본과 노동이 그들이 구성원이 아닌 사회의 한계 집단을 배제할 가능성이 있었다는 점을 지적할 수 있다.

넷째, 국가의 재분배 기능은 고전적 자유주의에서 사회적 자유주의로의 이행에서 가장 핵심적인 문제다. 사회적 권리의 쟁취 문제는 차치하더라도 실업으로 인한 삶의 위기에 직면하고 있는 노동자에게 국가의 재분배 기능은 생존과 관련한 문제일 수 있다. 그럼에도 김대중 정부에서 구조 조정은 실업 대책에 우선했다. 시장 규율의 부재가 경제 위기의 근본 원인이라고 생각하는 신자유주의자들은 한정된 재정 자원을 각 부문에 배분할 때, 실업 대책보다 구조 조정에 높은 순위를 둘 수밖에 없었다.[27]

다섯째, 김대중 정부는 국가의 공공재 생산을 최소화하려 했다. 국영기업의 민영화는 정부의 재정수입의 보전, 기업의 효율성 제고 그리고 국민주國民株로 표상되는 인민자본주의popular capitalism 이데올로기에 의해 정당화되곤 했다.[28] 한국의 민영화는 사실상 효율의 제고라기보다는 재정수입의 확대를 위해 기획되었다. 그러나 만약 재정수입의 확대가 필요하다면, 가장 유용한 방식은 세제 개혁이었을 것이다. 또한 민영화 정책과 관련해 국가가 제공하는 공공성 또는 공공재를 시민적 합의를 통해 생산할 수 있는 방식은 전혀 고려되지 않았다.

여섯째, 국가의 계획 기능은 이미 김영삼 정부에서 폐기되었다. 김대중 정부도 계획이란 용어를 사용하지 않았다. 계획은 국가보다도 더 신자유주의자

---

26 노중기, "노사정위원회와 사회적 함의," 한국노동이론정책연구소 창립 3주년 기념 심포지엄, 『경제 위기와 신자유주의 그리고 노동운동』, 1998.

27 한국개발연구원, 『경제 위기 극복을 위한 구조 조정 촉진 방안과 중기 비전』, 경제대책 조정회의 보고자료, 1998.

28 A. Gamble, *The Free Economy and the Strong State: The Politics of Thatcherism* (Durham: Duke University Press, 1998).

들이 혐오하는 용어였다.
 지금까지 살펴본 것처럼, 신자유주의적 국가는 최소국가를 지향하지만, 그 국가는 강한 국가일 수밖에 없었다. 시장 순응적인 사회구조를 형성하기 위해서는 기존의 국가주의적 사회구조의 전복과 재편이 필요했다. 자유주의를 경험했던 서구 국가의 경우, 시장 순응적 질서의 창출이 좀 더 계획적으로 진행될 수 있었을 것이다. 그러나 한국의 자유주의 경험은 IMF 위기를 계기로 자생성을 상실했다. 따라서 한국의 신자유주의는 그 이념과 이익의 실현을 위해 좀 더 강한 국가를 요구했다. 국가는 한국의 역사에서 항상 매력적 대안이었다.

IV. 결론을 대신하여: 사회적 정의와 경제적 효율

 신자유주의자들은 근대사회의 대립축을 자본과 노동으로 설정하고 있다. 그리고 매우 낡은 자본주의적 상상력으로 국가(규제) 대 시장(자율)이라는 이항 대립을 끌어낸다. 그들이 보는 세계는 매우 단순하다. 자본주의 사회에서 어떤 생산물이 상품이 될 수 없으면 그 가치를 상실함에도 불구하고, 그들은 이미 상품적 가치를 상실한 자기 조정적 시장을 다시금 무덤에서 불러낸다. 자본주의는 기억상실증이라는 지병을 갖고 있지 않다면 유지되기 어려운 체제인 것처럼 보인다.
 그럼에도 자본의 논리에 '대항'하는 정치 세력 및 사회 세력은 그들처럼 단순하지 않다. 자본 대 노동의 세계를 상정하는 사람은 자본과 노동의 투쟁뿐만 아니라 이 대립을 지양하려는 문제의식을 가져야 한다. 자본 대 노동이 다른 요인과 접합되어 있다고 생각하는 사람들의 의식구조는 더 복잡할 수밖에 없다. 긴 설명이 필요한 부분은 아니다. 자본과 노동의 대립을 지양하면서 다른 중요한 인간사의 가치를 동시적으로 성취하는 것은 대단히 어려운 일일 수밖에 없다. 더구나 경제 위기 속에서 경제적 효율의 복원이 우선성을 갖는다고 생각한다면, 방정식의 해는 너무나 복잡할 수밖에 없다.

초두에서 말했던 것처럼 한국에서의 자유주의적 개혁은 진보적이었다. 그러나 그 정치적 기획은 경제적 효율을 사회적 정의에 우선하는 가치로 상정하는 개혁이었다. 이 우선성을 인정할 때, 우리는 모두 자유주의자일 수밖에 없다. 만약 대중이 그 정치적 기획에 '동의'하고 있다고 한다면, 진보를 고민하는 세력들은 갈림길에 설 수밖에 없다. 거기에 순응한다면, 결국 사회적 정의를 분배적 정의로 제한할 수밖에 없다. 그 분배적 정의의 쟁취조차도 대단히 어려운 상황이다. 또한 자유주의적 가치에 순응하면서 분배적 정의를 위해 그 가치에 반하는 국가의 개입을 주장하는 것도 쉽지 않은 일이다.

예를 들어, 자유주의적 가치를 수용하면서 국가와 자본이 일자리 나누기 정책을 수용하지 않는다고 비판하는 것은 대단히 소박하다. 일자리 나누기는 비자본주의적 경로기 때문이다. 그 말은 일자리 나누기가 신자유주의 내부에서의 진보적 타협 대상이 되는 것조차 매우 힘들 수 있다는 말이다. 만약 그런 생각을 갖고 있다면, 오히려 대중의 현재적 동의가 잘못된 인식이라고 주장하는 것이 솔직하다. 분배적 정의를 실현하고 그 다음의 과제로 기회균등과 능력주의가 갈등하지 않는 사회를 건설한다는 '단계론'은[29] 어느 순간 분배적 정의조차도 운위할 수 없는 위기적 정세에 직면하게 되면, 역사적 경험이 말해 주듯이 무기력할 수밖에 없다.

---

29 강정인, 『자유민주주의의 이념과 초상』.

자유주의의 계속적인 부활이 사상의 의도하지 않은 발전을 증명하는 것이라면, 대안 이념 또는 자유주의의 긍정성을 담고 있는 또 다른 대안 이념에도 그 부활이 오지 않으리라고 이야기할 수는 없다는 운명적 사고가, 서유럽의 유력한 진보적 학자의 희망이다.[30] 그보다는 좀 더 현실적으로, 한국 사회에서 정치의 재발견을 위한 희망이 있다면, 그것은 자유주의 좌파와 급진주의자의 연대일 것이다. 만약 소액주주 운동과 같이 자본을 외곽에서 포위하는 작업과, 자유주의와 민주주의가 화해할 수 있는 최후의 지점으로 경제적 자유의 평등화를 위해 작업장 내부에서 경제적 효율의 희생을 감내하고라도 시민의 자치권을 실현하고자 하는 자본 내부에서의 운동이 연대할 수 있다면,[31] 자유주의와 함께하면서도 그것을 넘어설 수 있는 대안적 정치경제에 대한 기획이 가능할 수도 있을 것이다.

---

30 P. Anderson, *A Zone of Engagement* (London: Verso, 1992), p. 371.
31 R. Dahl, *A Preface to Economic Democracy* (Berkely: Univ. of California Press, 1985).

제14장

탈냉전·민주화 시대의 대북정책과 남북 관계
: 평화 연구의 시각

I. 문제 설정

2007년 10월 평양에서 제2차 남북 정상회담이 개최되었다. 2007 남북 정상회담 전후에 실시된 각종 여론조사에 따르면, 정상회담 개최 그 자체와 정상회담의 성과에 대해 응답자의 약 70~80% 정도가 긍정적 답변을 했다고 한다. 반면, 정상회담 전에는 시기와 장소와 의제에 대해, 정상회담 후에는 서해상의 북방 한계선 재설정 문제와 대북정책의 비용을 둘러싸고 찬반이 엇갈렸다.[1] 이 결과는 김대중 정부 때부터 본격 추진되어 온 대북 화해 협력 정책에 대해, '총론 찬성' '각론 쟁점화'라는 구도가 형성되고 있음을 보여 준다. 평화 연구의 시각에서 보면, 대북정책을 둘러싼 남남 갈등의 전환transformation 및 갈등의 구체화를 발견할 수 있다.

---

[1] 2007 남북정상회담이 발표되었을 때 이른바 긴급 여론조사를 했던 보수 신문들이 정상회담이 끝난 후에는 긴급 여론조사를 하지 않았다. 노무현 정부를 지지하지 않는 보수 신문이 "예상과 너무 다르게 나타"난 결과를 염두에 둔 "고의적 지연"이었다는 해석이 기사화될 정도였다. 『서울파이낸스』(2007년 10월 6일).

2007 남북정상회담처럼 남북 관계의 새로운 국면을 조성하는 계기들은 세 수준의 변화에서 비롯된 것처럼 보인다. 세 수준은 첫째, 남북 각각의 국내정치적 수준 둘째, 남북 관계적 또는 한반도적 수준 셋째, 한반도를 둘러싼 국제정치적 수준이다. 서로 긴밀하게 연계되어 있는 이 세 수준은 남북 관계를 설명함에 있어 실증의 결과와 규범적 목표에 따라 각기 다른 가중치를 부여받아 왔다. 냉전체제에서는 국제 구조가 행위자의 선택을 상당히 제약했다. 우연히 중첩된 남한의 민주화와 국제적 수준의 탈냉전은 행위자의 자율성을 제고했다. 그럼에도 세 수준 가운데 국내정치적 수준과 한반도적 수준이 국제적 수준을 압도하고 있다고 주장하기는 어려울 듯하다. 탈냉전·민주화 시대에도 세 수준의 상호 작용을 통해 남북 관계의 내용과 형태가 결정되고 있다.

　　이 글의 목적은 탈냉전·민주화 시대 남한 정부의 대북정책과 그 선택의 결과물인 남북 관계의 역사를 기술하고 평가하는 것이다. 민주 정부들은 나름의 대북 인식과 한반도 미래상에 기초하여 대북정책을 입안했다. 그 과정에서 각 정부들은 민주화의 효과로 대북정책과 국내정치의 관계를, 탈냉전의 효과로 대북정책과 국제정치의 관계를 고려하게 되었다. 대북정책 결정 과정에 개입하는 변수가 많아지면서, 대북정책의 의도와 결과가 일치하지 않을 확률도 높아졌다. 따라서 선험적 규범에 입각한 대북정책 평가는 적절하지 않다. 통제할 수 없었던 변수 및 구조적 제약이 고려되어야 한다.

II. 대북정책의 평가: 평화 연구의 분석 틀

　　정책 평가의 방법으로, 계량적 지표에 입각한 실증주의적 접근과 질적 평가와 참여 관찰 같은 탈실증주의적 접근이 경쟁하고 있다. 대통령자문정책기획위원회가 2007년에 발간한 『참여정부 국정 리포트』가 전자의 방법론을 사용한 대표적 사례 가운데 하나다. 이 책은 참여정부의 정책을 자찬하는 각종 통계자료로 가득 차 있다. 부분적으로라도 비판을 드러낼 수밖에 없는 정성 평가보다는 통계의 마술이 작동하는 정량 평가가 정부에게는 유용한 정책 평가 방법론이었을 것이다. 과학으로 포장한 정량 평가도 정치적 정당화의 도구로 기능하곤 한다.

따라서 "정책 평가는 정치적 맥락에서 행해지는 합리적 기획 사업"이라는 절충적 견해가 설득력을 가지게 된다.[2] 다음의 정책 결정에 도움을 주기 위한 정책 평가에 평가 주체의 정치적 입장이 반영될 수밖에 없다는 것이다. 평가 주체의 정치적 성향에 따라 정책 평가는 다르게 나타날 수 있다. 노무현 정부에 들어서서 정부와 보수 언론의 정책 평가는 한미 FTA를 제외하고는 극단적으로 엇갈렸다. 진보적 시민 단체와 보수적 시민 단체는 각기 다른 잣대로 참여정부의 공공정책을 평가했다. 전자가 참여정부의 보수성을 지적했다면, 후자는 참여정부의 진보성을 비판했다. 정책 평가는 정책에 대한 정치적 지지의 정도에 따라 사후적으로 객관성이 부여될 수밖에 없다.

이 글의 대상인 대북정책도 정책 평가의 본질적 한계를 공유한다. 대북정책은 대북 인식의 차이에 따라 양극적 평가가 공존할 수밖에 없는 공공정책 가운데 하나다. 게다가 대북정책은 또 다른 정책 평가의 어려움을 제공한다. 첫째, 대북정책은 특수한 외교정책이다. '특수한'이란 수식어를 붙이는 이유는 남북 관계가 일반적인 국가 대 국가의 관계로 환원되지 않기 때문이다.

---

[2] 이윤식, "Carol H. Weiss의 정책평가연구의 정치적 성향에 관한 이론", 오홍석 편, 『정책학의 주요 이론』(경세원, 1993).

1991년 남북이 합의했던 "남북 사이의 화해와 불가침 및 교류·협력에 관한 합의서"(이하 "기본합의서")의 전문에 규정된 것처럼, 남북 관계는 "나라와 나라 사이의 관계가 아닌 통일을 지향하는 과정에서 잠정적으로 형성된 특수 관계"로 정의될 수 있다.[3] 이 존재론적 가정을 수용하게 되면 대북정책의 평가에도 규범적 목표가 침투할 수밖에 없다.

둘째, 외교정책의 하나인 대북정책은 상대방이 있는 게임이다. 따라서 그 결과를 평가하기 위해서는 우리의 평가와 상대방의 평가를 모두 고려해야 한다. 그러나 외교 행위의 정보가 전부 공개되지 않을 수 있고, 상대방의 평가 또한 공식적 발표와 차이가 있을 수 있다. 외교는 또한 정책 주체가 통제할 수 없는 다양한 변수들과 함께 진행된다. 국제체제의 중견 국가 middle power인 한국이 가지는 구조적 제약이 특수한 외교정책인 대북정책의 평가에 반영되어야 한다.

대북정책의 평가에 실증성과 규범성 양자가 모두 요구된다면, 이 둘을 통합할 수 있는 평가의 방법을 개발할 필요가 있다. 평가의 방법은 대북정책의 목표가 무엇인가에 따라 다르게 구성될 수 있다. 현실주의적 시각처럼, 대북정책의 목표를 힘의 균형 또는 힘의 우위로 설정할 수 있다. 그렇다면, 억지력과 같은 군사적 지표가 평가의 기초가 된다. 탈냉전 세계가 국제관계 민주화로의 길이 아니라 비민주적인 미국 단극체제의 길을 걷게 되면서, 민주 정부들에게도 힘의 우위를 실현하려는 유혹이 있었다. 그러나 흡수통일 또는 북한의 붕괴를 목표로 했던 강압적 대북정책은 그 목표를 실현하지 못했을 뿐만 아니라 한반도에서 군사적 긴장을 야기함으로써 우리의 이익과 가치를 훼손

---

3 남북 관계의 존재론적 가정에 대한 메타이론적 접근으로는 구갑우, 『비판적 평화연구와 한반도』(서울: 후마니타스, 2007), pp. 109~143 참조. 앞으로 인용되는 남북합의문은 통일부, 『남북합의서』(서울: 통일부 남북회담사무국, 2004)를 참조.

하곤 했다.

다른 한편, 자유주의적 시각이나 평화 연구의 시각처럼 평화적 방법에 의한 평화를 대북정책의 목표로 설정할 수 있다. 탈냉전과 민주화는 이 선택을 가능하게 했다. 탈냉전으로 공포의 균형의 붕괴되었고, 민주화로 반공 규율 사회가 해체되고 있기 때문이다. 평화 연구와 자유주의적 국제정치 이론은[4] 갈등의 원천인 양립할 수 없는 목표의 차이와 그에 기초한 적대적 태도와 행태를 전환할 수 있는 방법으로, 교류를 통한 화해와 협력, 그리고 협력의 제도화를 제시한다. 교류가 반드시 화해와 협력을 결과하지 않을 수 있고 교류가 반드시 군사적 신뢰 구축으로 이어지는 것은 아니지만, 그 길은 지속 가능한 평화로 가는 확률을 높일 수 있다. 또한 평화 연구는 소극적 평화의 조건 가운데 하나로 군축과 군비 통제의 제도화 필요성을 지적한다. 더 나아가 평화 연구와 국제적 수준에서 사회적 자유주의를 추구하는 자유주의적 접근은 전쟁이 없는 상태로서의 소극적 평화를 넘어 국내적·국제적 수준에서 정치경제적 억압과 착취를 야기하는 사회구조가 제거된 적극적 평화를 추구한다.

따라서 대북정책의 평가 지표로 교류와 협력의 통계 및 제도화의 정도를

---

4 평화 연구로는 J. Galtung, C. Jacobsen and K. Brand-Jacobsen, *Searching for Peace* (London: Pluto, 2000); D. Barash and C. Webel, *Peace and Conflict Studies* (London: Sage, 2002); 구갑우, 『비판적 평화연구와 한반도』 등을 참조. 자유주의 국제정치 이론은 세 가지 형태가 있다. 첫째, 경제 교류와 협력이 평화를 승진한다는 상업적(commercial) 자유주의다. 둘째, 정치적 민주화를 평화의 조건으로 설정하는 공화적(republican) 자유주의다. 공화적 자유주의의 현대적 변형인 민주 평화론은 미국의 이라크 침공에서 볼 수 있듯이 폭력적 방법에 의한 평화를 배제하지 않는다. 셋째 국제 제도의 건설이 국가들의 현실주의적 행태에 제약을 가할 수 있다고 생각하는 제도적(institutional) 자유주의다. R. Keohane, *International Institutions and State Power* (Boulder: Westview Press, 1989) 참조. 다른 한편, 자유주의 국제정치 이론을 국가 중심적 이론과 탈국가 중심적 이론으로 분류할 수도 있다. 후자의 이론은 국가가 아닌 개인과 집단을 위한 해방의 공간으로 국제 정치경제의 장을 고려한다. 지구적 공공선과 복지를 지향하는 기능주의(functionalism)가 사회적 자유주의를 국제적 수준에서 실현하려는 시도로 평가되기도 한다. D. Long, "The Harvard School of Liberal International Theory," *Millennium* 24: 3 (1995).

활용할 수 있다. 그러나 통계와 제도만으로 평화의 증진을 검증했다고 주장하기는 어려울 것이다. 적극적 평화의 실증은 난제다. 예를 들어 상호주의의 측정 문제를 보자. 남남 갈등의 한 사례인 '퍼 주기 논쟁'에는 이 문제가 담겨 있다. 첫째, 남한의 대북 지원이 한반도 평화에 기여했다는 진술이 가능하기 위해서는 평화를 계량화할 수 있어야 한다. 그러나 대북 지원과 평화를 비교할 수 있는 가치척도를 만드는 것은 불가능하다. 둘째, 남한의 지원이 일정한 시간이 지난 후에 북한의 응답을 받는다면, 그 시간이 어느 정도여야 하는지를 합의하기란 쉽지 않다. 평화의 실현이 국제관계의 문제일 뿐만 아니라 평화 연구자들의 주장처럼 정치경제적 체제의 근본적 변환 및 행위자의 인식 전환과 연관되어 있음을 보여 주는 사례다.

III. 대북 화해 협력 정책으로의 이행기: 사실상의 흡수통일 정책

1. 노태우 정부의 대북정책

냉전 시대 남북 관계의 역사를 보면, 한반도의 국제체제는 신현실주의 국제정치 이론의 무정부 상태에 대한 정의와 부합하는 듯이 보인다. 남북 공동의 정부는 물론 남북의 갈등을 조정하는 공동의 권위체나 제도가 부재했고, 남북은 공격적 이유에서든 방어적 이유에서든 군비경쟁을 계속해 왔기 때문이다. 다른 한편 한반도 국제체제는 분단체제의 속성을 담지하고 있었다. 남북은 각기 고유의 국가 정체성을 유지하기 위해 상호 적대를 반복하면서도 담론 영역에서는 통일을 당위로 내세우는 독특한 관계를 (재)생산해 왔고, 상대방의 존재가 자신의 존재를 정당화하는 기제로 기능해 왔기 때문이다.[5] 즉 남북 관계에는 적대와 상호 의존이 공존하고 있었다.

1980년대 중후반부터 냉전체제가 해체될 조짐을 보이자 한반도 분단체제도 지각변동을 시작했다. 군사독재 정권의 유산을 간직하고 있었지만 첫 민주 정부였던 노태우 정부는 1988년 남북의 평화공존을 지향하는 "민족자존과 통일번영을 위한 특별 선언"(이하 7·7선언)을 발표했다. 주요 내용은 자유 왕래, 이산가족 교류, 남북 교역의 민족 내부 교역으로의 인정, 민족경제의 균형 발전, 남북의 협력 외교, 주변 4강의 남북에 대한 교차승인 등이었다. 이 선언에는 평화적 방법으로 평화를 추구하는 자유주의적 대북정책의 골간이 담겨 있었다. 1989년 9월 발표된 "한민족 공동체 통일 방안"은 남북이 공존·공영을 통해 연합을 거쳐 완전한 통일국가로 가는 경로를 제시했다. '남북교류 협력에 관한 법률'과 '남북협력기금법'은 이 경로를 구체화하는 법적·재정적 장치였다.

1988년이 "가장 긴장하고 복잡한 시기"가 될 것이라는 "깊은 우려를" 표명했던 북한은 7·7선언을 "영구 분렬안"이라고 비판했다(『로동신문』 1988년 1월 1일; 7월 11일). 자유주의적 대북정책에 대해, 북한은 1990년 5월 최고인민회의에서 다섯 개의 방침으로 대응했다(『로동신문』 5월 25일). 주요 내용은 남북의 불가침선언과 북미 평화협정, 남한의 시민사회 세력이 포함된 자유 왕래와 전면 개방, 남북의 협력 외교, 전 민족적인 남북대화, 전 민족적인 통일전선의 형성 등이었다. 탈냉전 시대의 정세와 힘 관계를 고려할 때, 북한의 선택은 '체제 보위'에 맞추어질 수밖에 없었다. 평화 보장 조치가 없는 교류에 대한 비판도 그 맥락에서 이해될 수 있다. 전 민족적 통일전선은 남한 내부의 통일 지향적

---

5 신현실주의 국제정치 이론은 케네스 월츠, 박건영 옮김, 『국제정치 이론』(사회평론, 2000) 참조. 분단체제론은 백낙청, 『분단체제 변혁의 공부길』(창작과비평사, 1994); 백낙청, 『한반도식 통일, 현재진행형』(창비, 2006) 참조.

사회 세력과 통일전선을 형성하려는 의지의 표명이었다. 북한은 하나의 국가 하나의 제도로 통일하자는 한민족 공동체 통일 방안이 흡수통일을 하자는 것이라고 비판했다. 그리고 하나의 국가, 두 개의 제도, 두 개의 정부가 상당 기간 공존하면서 남북 쌍방 대표의 동수로 민족통일 기구를 구성하는 방식으로 권력을 대칭적으로 배분하는 통일의 형태인 느슨한 연방제를 제안하기도 했다.6 북한은 담론으로는 '두 개의 조선' 정책에 반대하면서, 실제로는 지역 정부가 상당 기간 공존하는 연방국가를 지향하고자 했다.

1980년대 후반과 1990년대 초반 남북 관계에 영향을 미치는 국제적 변수인 북미 관계, 한미 관계, 북일 관계에도 변화가 발생하기 시작했다. 1988년 12월 미국은 베이징에서 북한과 외교적 접촉을 시작했다. 미국 국방부는 1989년의 '넌-워너Nunn-Warner 수정안'에 따라 1990년 4월 '동아시아 전략 구상'을 제출하면서, 주한미군을 3단계에 걸쳐 감축하는 한미동맹 재편안을 제출했다. 노태우 정부도 북한의 군사적 위협이 소멸된다면 주한미군의 감축에 동의할 것이라고 발언하기도 했다. 1991년 10월 한국과 미국은 주한미군의 전술핵무기를 전면 철수하는 데 합의하기도 했다. 1991년 1월 북한은 일본과 국교 정상화를 위한 본회담을 시작했다. 북미 관계의 개선과 한미동맹의 구조 조정, 북일 수교 회담의 시작은 남북 관계에 긍정적 효과를 가져왔다.

1991년 9월 북한은 종래의 입장을 변경하여 남한과 함께 유엔에 가입했다. 그리고 1991년 12월 남북은 '남북 불가침'이 포함된 "기본합의서"에 합의했다. 이 "기본합의서"를 통해 남북은 정치 군사적 대결의 해소와 교류와 협력, 그리고 남북 관계를 규율할 수 있는 제도적 장치의 마련이 공동의 이익이 될

---

6 느슨한 연방제 또는 낮은 단계의 연방제는 1989년 문익환 목사가 북한을 방문하여 김일성 주석과 회담하면서 처음 논의된 것으로 알려져 있다. 장석, 『김정일 장군 조국통일론 연구』(평양: 평양출판사, 2002), 5장.

수 있음을 확인했다. "기본합의서" 서명 직후 남북은 "한반도의 비핵화에 관한 공동선언"에 합의했다. 노태우 정부의 자유주의적 접근은 이 두 문서를 통해 절정에 오른 듯했다. 북한은 1991년 12월 나진·선봉 자유무역지대 설치를 결정했고, 1992년 1월에는 IAEA와 핵안전협정에 서명하기도 했다. 탈냉전 시대의 남북미 관계는 순조롭게 진행되는 듯 보였다.

그러나 "기본합의서" 체제는 한반도 분단체제의 새로운 형태를 만들기도 전에 좌초했다. 이런 좌초 과정에서 우리는 탈냉전·민주화 시대에 남북 관계에 영향을 미치는 구조의 원형을 발견할 수 있다. 탈냉전의 효과로 북미 접촉이 발생하면서 남북 관계·한미 관계·북미 관계가 상호 작용하는 남북미 삼각 관계가 새롭게 형성되었다. 이 삼각관계로 대북정책의 결정과 연관된 변수가 증가했다. 북미 관계의 개선은 남북 관계에 긍정적 영향을, 한미동맹의 강화는 남북 관계에 부정적 영향을, 남남 갈등의 격화는 남북 관계에 부정적 영향을 미쳤다. "기본합의서" 체제의 붕괴는 다음과 같은 이유 때문이었다.

첫 번째 원인은 북한과 미국의 핵 문제를 둘러싼 갈등이었다. 북한은 1992년부터 1993년 1월까지 여섯 차례 IAEA 사찰을 수용했다. 이후 IAEA는 특별사찰을 요구했지만, 북미 관계와 북일 관계의 개선도 미국과 합의했던 남한에 대한 사찰도 이루어지지 않았다. 이 시점의 북미 갈등을 제1차 북핵 위기로 부른다.

"기본합의서" 체제를 붕괴시킨 제1차 북핵 위기는 두 요인 때문에 비롯된 것처럼 보인다. 첫째, 미국의 정책 전환이다. 1991년 11월 제23차 한미 연례 안보 협의회에서는 북한의 핵무기 개발에 우려를 표명한 후 주한미군의 감축 계획을 철회했다. 둘째, 남한 정부는 미국의 정책 전환을 제어할 의도와 능력이 없었던 것처럼 보인다. 미국의 정책 전환과 그 전환에 대한 한국의 동의는 이른바 북한의 '벼랑 끝 핵 외교'를 야기했다. "기본합의서" 체제와 한미동맹 강화가 공존할 때, 대북정책의 목표는 흡수통일일 수밖에 없었다.

두 번째 원인은 남북의 신뢰와 공동이익의 부족이었다. 남북 관계는 미국의 대한반도 정책의 종속변수였다. "기본합의서"는 남북의 화해와 협력에 기초한 장전章典이 아니었다.

세 번째 원인은 남북의 국내정치에서 찾을 수 있다. 노태우 정부의 대북정책은 집권층 내부 보수 세력의 동의를 받지 못했다. 시민사회의 통일 운동 세력은 노태우 정부의 정당성을 인정하지 않았고, 노태우 정부도 시민사회의 통일 운동을 불법적 사회운동으로 간주했다. 대북정책의 국내적 토대가 취약한 상황에서, "기본합의서"를 실현할 수 있는 '국제적 조건'—한미동맹의 민주적 재편과 북미·북일 수교—을 조성하는 정책을 만들기는 불가능했다. 북한의 입장에서 볼 때, 한소 수교(1990)와 한중 수교(1992)는 자신을 고립무원으로 만드는 '배신행위'였다. "기본합의서"에 동의했음에도 불구하고, 북미·북일 수교의 전망이 불투명해지자 북한은 체제 보위를 위해 남북 관계보다 북미 관계를 우선하는 정책을 선택했다.

2. 김영삼 정부의 대북정책

1993년 제1차 북핵 위기와 더불어 등장한 김영삼 대통령은 취임사에서 어느 동맹국도 민족보다 더 나을 수 없다는 발언을 했다. '자주적' 대북정책을 예견하게 하는 대목이었다. 노태우 정부의 경험을 반성하면서 통일에 대한 국민적 합의를 강조하기도 했다. 김영삼 정부는 힘의 우위를 바탕으로 한 현실주의적 흡수통일 정책보다는 남북의 평화공존을 지향하는 자유주의적 정책을 선택할 가능성이 높았다. 북한도 김영삼 대통령의 취임사에 호응하여 한동안 대남 비방 방송을 중단한 것에서 볼 수 있듯이, 김영삼 정부의 대북정책에 기대를 가지고 있었던 것처럼 보인다.

그러나 불행히도 김영삼 정부 대북정책의 초기 조건은 좋지 않았다. 김영삼 정부가 출범하던 즈음에 미국에서는 대북 강경파가 득세하고 있었다. 김영삼 정부가 출범하기 직전인 1993년 1월 남한이 팀스피릿 훈련 실시를 발표하자 북한은 남북대화를 재개할 의사가 없다고 맞섰다. 대북 지렛대로 팀스피릿 훈련을 사용하고자 했던 미국 정부와 하나회를 숙청하면서 군부 전체와 갈등하고 싶지 않았던 김영삼 정부의 이해관계가 조응하면서, 남북 관계는 경색되었다. 1993년 3월 북한은 핵확산금지조약NPT 탈퇴를 선언했다. 그리고 1993년 4월 "조국통일을 위한 전민족대단결 10대 강령"을 채택했다(『로동신문』 1993년 4월 8일). 이 강령에서 북한은 흡수통일에 대한 우려를 드러내면서 남북 공존을 모색하고자 했고, 남한에는 주한미군의 철수를 포함한 사실상의 한미동맹 해체를 요구했다.

  1993년 4월 북한은 미국에 새로운 평화 보장 체계 수립을 위한 회담을 제안하면서 남한에게는 남북대화를 재개하기 위한 특사 교환을 제의했다. 그러나 김영삼 대통령은 1993년 6월 북미 고위급 회담이 열려 북한 핵 문제의 평화적 해결을 위한 공동 합의문을 마련하려던 시점에, 핵을 가진 자와는 악수를 할 수 없다는 발언을 통해 북미 관계와 남북 관계의 선순환을 가로막았다. 미국이 추진했던 일괄 타결을 김영삼 정부가 방해하는 형국이었다. 김영삼 정부의 대응은 탈냉전과 민주화 시대의 한미 관계에서 한국의 발언권이 제고되었음을 보여 주는 증거이기는 하지만,[7] 전략적 오류였다. 남북의 특사 교환을 위한 실무 접촉이 있었던 1994년 3월 북한 대표의 "서울 불바다" 발언으로 남북대화는 결렬되었다.

  결국 김영삼 정부의 선택은 미국 정부에게 북한 핵 문제를 국제적 제재라는 강압 외교로 해결하게 했고, 미국이 한국에 패트리엇미사일을 배치하는 문

---

7 안정식, 『한국의 자주적 대북정책은 가능한가』(서울: 한울, 2007), 제3장 참조.

제가 결합되면서 1994년 6월 한반도 전쟁 위기가 발생했다. 이 위기는 민간 외교관 카터 전 미국 대통령의 방북으로 해소되었다. 카터 전 대통령과 김일성 주석의 회담에서 남북 정상회담이 논의되었고, 김영삼 대통령은 이 제안을 수용했다.

그러나 1994년 7월 김일성 주석이 갑자기 사망하면서 남북 정상회담은 무산되었다. 이후 전개된 남한 내부의 '조문 논쟁'은 국내정치적 요소가 남북 관계를 적대화하는 주요한 요인 가운데 하나임을 보여 주는 것이었다. 김영삼 대통령은 1994년 광복절 경축사에서 "민족 공동체 통일 방안"을 발표하면서 통일 한국의 이념 및 체제로 자유민주주의를 천명함으로써 명확하게 북한을 흡수통일하겠다는 의지를 밝혔다. 1994년 10월 경수로와 북한 핵시설 교환 및 북미 관계의 정상화를 담은 제네바 합의에 대해서도,[8] 김영삼 정부는 북한과의 타협이 북한 정권의 생명을 연장시킬 뿐이라며 북미합의에 반대하는 입장을 보이기도 했다.

1996년 2월 북한은 다시금 미국에 새로운 평화 보장 체계 수립을 위한 협상을 제안했다. 핵심 내용은 평화협정 체결 이전에 정전협정을 대신할 잠정협정을 체결하자는 것이었다(『로동신문』 1996년 2월 23일). 북한은 남북 사이에 불가침협정이 체결된 상태에서 북미의 잠정협정이 한반도의 평화와 연방제 통일 실현을 위한 전제가 될 것이라고 주장했다. 한국과 미국은 북한의 제안에 맞서 4자회담을 제안했다. 김영삼 대통령은 4자회담을 제안하면서, 한반도 평화체제 구축을 남북이 주도해야 한다는 의견을 밝히기도 했다. 그러나 1996

---

[8] 제네바 합의가 이루어질 즈음에 북한은 '선군 정치'를 시작했다. 제네바 합의가 북한의 자연사(自然死)를 이끌어 낼 것이라고 생각했던 미국도, 그리고 제네바 합의를 수용한 북한도 서로를 신뢰하지 않았다. 이정철, "북핵의 진실 게임과 사즉생의 선군 정치", 경남대 북한대학원 엮음, 『북한 연구의 성찰』(서울: 한울, 2005), pp. 91~92.

년 9월 발생한 북한 '잠수함 사건'으로 남북 관계는 다시금 냉각되었다. 김영삼 정부는 북한의 사과를 요구하며 제네바 합의 사항인 경수로 지원을 재고하겠다고 발표했다. 그러나 남한 정부의 이런 강경 입장에도 불구하고 북한의 사과는 미국의 압력을 통해 이루어졌다. 결국 남한 정부는 미국과의 대화를 통해 한반도 평화를 위해서는 4자회담이 필요하다는 데 동의했지만, 북한이 주한미군의 철수 및 북미 평화협정 체결 등을 우선 의제로 다룰 것을 제의하면서 4자회담도 진전을 보지 못하게 되었다.

대북정책의 초기 조건은 좋지 않았지만, 김영삼 정부는 역대 어느 정부보다도 미국의 영향으로부터 자유로운 대북정책을 전개할 수 있었다. 그러나 김영삼 정부의 담론과 정책은 분리되었고, 대북정책의 일관성도 없었다. 비전향 장기수의 북송이나 인도적 대북 지원 시작(1995년 6월)이 김영삼 정부 대북정책의 성과이기는 했지만, 사실상 남북대화는 공백 상태였다고 해도 과언이 아니다. 남북의 현안은 미국을 매개로 논의되고 해결되었다. 김영삼 정부 대북정책의 실패는 한반도를 둘러싼 국제체제의 변화에도 불구하고 행위자의 인식 전환이 이루어지지 않고 실천 의지가 담보되지 않는다면, 한반도의 분단체제는 쉽게 변화하지 않을 것임을 보여 준다. 대북정책도 여느 외교정책과 마찬가지로 국내정치의 연장이라면, 김영삼 정부 대북정책의 실패는 김영삼 정부의 태생적 한계, 즉 권위주의적 보수 세력과 온건 자유주의적 세력의 정치연합에서 기인한 것이기도 했다.[9]

---

9 최완규, "김영삼 정부의 대북정책: 반성과 제언", 백영철 외, 『21세기 남북 관계론』(서울: 법문사, 2000).

IV. 대북 화해 협력 정책의 성과와 한계: 평화공존으로의 길

1. 김대중 정부의 대북정책

김대중 대통령은 대통령 당선 기자회견에서 대북정책의 방향은 실종된 "기본합의서"의 복원에 있다는 의사를 밝혔다. 취임사에서는 흡수통일 배제, 상호 무력 불사용, 화해 및 교류 협력 추진이라는 대북정책의 3대 원칙을 천명했다. 이 3대 원칙은 통일 정책이 아니라 북한과의 공존·공영을 도모하는 자유주의적 대북 포용 정책이었다.10

김대중 정부의 이 전환은 몇 가지 이유에서 비롯되었다. 첫째, 1997년 남한이 겪은 전대미문의 위기였던 IMF 위기를 계기로 북한을 흡수할 수 있다는 남한 사회 일각의 논의가 흡수되었다. 둘째, 김대중 정부도 연립정부기는 했지만 상대적으로 진보적인 자유주의적 세력의 지지를 바탕으로 집권했기 때문에 전향적 대북정책을 추진할 수 있었다. 셋째, 북한의 변화다. 1990년대 중반 '고난의 행군'을 겪으면서 체제 보위를 위해서는 경제 위기 해결이 필요하다고 생각했을 것이다. 마지막으로 국제적 제약이 완화되었다는 점을 지적할 수 있다. 1994년 10월 제네바 합의 이후 북한과 미국 사이에 합의 실행을 둘러싸고 간헐적 긴장이 있기는 했지만, 핵 위기와 같은 큰 갈등은 존재하지 않았다.

김대중 정부의 대북정책은 정부 간 대화나 협상이 없는 상태에서 시작되었다. 김대중 정부는 취임 직후인 1998년 3월 WFP를 통해 북한에 식량을 지

---

10 김대중 정부 대북정책의 다른 이름인 '햇볕정책'이라는 표현은 비바람과 같은 강제가 아니라 햇볕과 같은 부드러운 힘을 통해 옷을 벗기는 이솝우화에서 차용한 것이다. 따라서 햇볕정책도 북한의 변화를 의도한 정책이라고 할 수 있다. 북한을 악(惡)으로 간주하면서도 악을 악으로 대하지 않는 정책이 햇볕정책이라고 한다면, 햇볕정책의 궁극적 지향점도 전임 정부와 크게 다르지 않다고 할 수 있다. 그러나 문제는 '방법론'이었다.

원하겠다는 의사를 밝혔고, 이어 대북 민간 지원 활성화 조치 및 투자 업종 규모 제한을 완화하는 남북경협 활성화 조치를 발표했다. 6월에는 정주영 현대그룹 명예회장이 소떼를 트럭에 태우고 판문점을 통해 방북하는 초유의 사건이 벌어지기도 했다. 김대중 정부는 1998년 8월 북한이 미사일을 시험 발사해 긴장된 분위기가 조성되었음에도 불구하고, 11월 금강산 관광선을 출항시키기도 했다. 1999년 6월 서해 교전이 발생했지만 금강산 관광을 중단하지 않았다.

김대중 정부 대북정책의 또 다른 특징은 북미·북일 관계의 개선이 남북 관계 개선에 선행해도 개의하지 않겠다는 것이었다. 북한이 국제사회에서 정상 국가로 인정받게 되면 남북 관계의 개선에도 득이 될 수 있다는 계산이었다. 김대중 정부 들어서서 북미 대화는 빠른 속도로 진행되었다. 1999년 5월 미국의 윌리엄 페리 대북조정관이 북한을 방문했고, 9월에는 페리 보고서를 발표했다. 주요 내용은 북한이 핵 및 장거리 미사일을 포기하면 미국은 대북 경제 제재 조치를 완화하고 남북대화 및 북미·북일 수교를 지원하겠다는 것이었다. 페리 프로세스의 내용은 선先 남북대화, 북미·북일 수교, 후後 평화체제 구축으로 요약할 수 있다.[11] 페리 프로세스는 한반도 냉전체제의 해체를 위해 한국과 미국이 협력하여 작성한 로드맵이기도 했다.

북미 관계의 진전이 이루어지자 김대중 정부는 2000년 3월 베를린 선언을 통해 한반도 냉전 구조의 해체를 목적으로 하는 남북 경제 공동체 건설 계획을 북한에 공식적으로 제안했고, 6월 남북 정상회담이 개최되었다. 2000년 6월의 남북 정상회담은 '한반도 문제 재한반도화'의 중요한 계기였을 뿐만 아니라 남북이 서로의 '국가적 실체'를 인정한 사건이었다. 2000년 남북 정상회담의

---

11 서동만, "남북 정상회담의 성과와 남북 관계의 현단계", 2000년 민주평통 주최 정책토론회 발제문.

성과는 6·15남북공동선언 다섯 개 항에 응축되어 있다. 경제 교류를 포함한 다방면의 교류와 협력, 그리고 이산가족의 만남은 새로운 내용이 아니었다. 논란이 되었던 부분은 1항과 2항이었다. 1항에서는 '자주'라는 용어를 둘러싸고 논쟁이 전개되었다. 자주를 북한이 주장해 온 반미反美로 해석할 수 있었기 때문이다. 남한의 '연합제'와 북한의 '낮은 단계의 연방제'의 공통성이 있다고 규정한 2항을 둘러싸고 남한 사회에서는 격론이 벌어졌다. 사실 통일 방안에 대한 합의는 자유주의적 궤도를 이탈한 듯 보였다. 연합제와 낮은 단계의 연방제가 남북의 공존을 추구한다는 점에서 형식적 공통성은 있지만, 전자가 2국가가 공존하는 통일 전의 상태라면, 후자는 1국가 2정부가 공존하는 통일 후의 상태이기 때문이다. 2항의 해석을 둘러싼 남남 갈등은 현재도 지속되고 있다.

2000년 정상회담 이후 남북은 '6·15 시대'라는 시기 구분을 공유하면서 남북 관계의 제도적 기초에 합의했다. 장관급 회담의 정례화와 제도화, 국방장관 회담, 남북경제협력추진위원회 구성, 3대 경협 사업—금강산 관광, 개성공업지구 건설, 남북의 철도·도로 연결—추진, 이산가족 교류의 활성화 등이 그것이다. 남북을 거미줄처럼 엮는 기능망 및 그 기능망을 뒷받침하는 제도적 장치가 남북의 신뢰 구축 및 화해와 협력, 그리고 궁극적 평화의 성취를 위한 디딤돌이라는 인식도 확산되었다. 김대중 정부의 자유주의적 대북정책이 한반도 분단체제의 구조적 변화를 추동하고 있었다.

다른 한편, 2000년 정상회담 이후 북미 관계도 매우 빠른 속도로 진전되었다. 2000년 7월 아세안지역포럼에서 북미 간에 첫 외무장관 회담이 개최되었다. 2000년 10월에는 북한의 조명록 국방위원회 제1부위원장이 미국을 방문했고, 그 결과로 "조선민주주의인민공화국과 미합중국 간의 공동 코뮤니케"가 만들어졌다. 서로의 적대적 관계를 종결하는 선언을 첫 중대 조치로 명기한 이 공동 코뮤니케의 주요 내용은 북미 관계의 전면적 개선, 정전협정의 평화 보장 체계로의 전환, 자주권의 상호 존중 및 내정불간섭, 호혜적인 경제 협조와 교류, 북한의 미사일 실험 유예, 한반도의 비핵 평화, 미국의 대북 인도적 지원, 반테러 협력, 남북 관계의 진전에 대한 미국의 협력 등이었다. 북한과 미국이 관계 정상화 및 한반도 냉전체제의 해체를 약속한 것이다.

그러나 남한 정부의 노력만으로 남북 관계의 새 지평이 열리는 것은 아니었다. 남북 관계는 2001년에 들어서면서 다시금 조정기를 맞이했다. 세 가지 정도의 요인을 지적할 수 있다. 첫째, 2000년 말 북미가 공동 코뮤니케를 만들어 냈음에도 불구하고, 클린턴 대통령의 방북 또는 김정일 국방위원장의 방미가 무산되면서, 북미는 관계 정상화의 마지막 계단을 밟지 못했다. 2001년 미국에 부시 행정부가 들어서면서 클린턴 행정부의 대북정책을 원점에서 재검토하기 시작했다. 2001년 12월 미국은 "핵 태세 검토 보고"에서 북한을 핵 선제 공격이 가능한 대상 가운데 하나로 지정했고, 2002년 1월 미국의 부시 대통령은 북한을 '악의 축'으로 규정했다. 북미 관계는 다시금 냉각되었다.

둘째, 남북 관계의 진전을 위해서는 북한이 남한 정부의 정책에 호응해야 한다. 자유주의적 접근을 계속하고 있는 상태에서 북한이 과거로 회귀하거나 회귀하려는 유인이 발생했을 때, 북한의 발목을 잡을 수 있는 방법은 별로 없는 듯이 보인다. 특히 남북 관계가 진전되면 될수록 흡수통일 또는 체제 붕괴에 대한 우려를 가질 수 있는 북한이 그 우려를 불식시킬 수 있도록 해야 한다. 이 남북 관계의 딜레마를 제어하기 위해서는 정치 군사적 신뢰 구축이 필수였다. 그러나 2000년 정상회담 이후의 6·15 시대에는 이 부분이 결여되어 있었다. 2002년 6월에는 서해에서 남북의 무력 충돌이 발생하기도 했다.

셋째, 남북 관계의 경색은 남한의 국내정치 때문에 발생하기도 했다. 김대중 정부 대북정책의 의도하지 않은 결과 가운데 하나가, 북한이 적인가 아닌가를 둘러싼 남남 갈등의 증폭이었다. 김대중 정부 대북정책의 결함 가운데 하나로 지적되는 것이 '좋은 정책인데 왜 지지하지 않느냐'는 일방주의적 태도였다. 평화적 방법에 의한 평화를 대북정책의 원칙으로 만들었음에도 불구하고, 김대중 정부는 그 정책을 추진하는 동력이라고 할 수 있는 정치적·사회적 합의를 만들어 내지는 못했던 것처럼 보인다.

2. 노무현 정부의 대북정책

노무현 정부는 민주화 이후 어떤 정부보다 강한 구조적 제약과 함께 대북정책을 전개해야 했다. 우리는 세 가지 제약에 주목할 수 있다. 첫째, 2002년 10월 미국의 제임스 켈리 대북한특사가 고농축우라늄을 사용한 북한의 핵무기 개발 의혹을 제기하면서 시작된 제2차 북핵 위기는 국제적 제약이었다. IAEA가 북핵 문제를 유엔에 회부한 시점인 2003년 2월, 노무현 정부가 출범했다. 제2차 북핵 위기를 해결하기 위해 2003년 8월부터 시작된 6자회담으로 노무현 정부의 대북정책은 동북아 질서의 재편과 연계될 수밖에 없었다.

둘째, 남북 관계 수준의 제약이 존재했다. 노무현 정부는 정치 군사적 협력이 부재했던 6·15 시대의 한계와 6·15 시대에 대한 남북의 인식 차이를 넘어서야 했다. 남한은 6·15 시대의 특징을 남북의 기능적 협력으로 해석했고, 북한은 6·15 시대에서 '우리 민족끼리'를 강조했다. 6·15 시대의 한계는 남한의 국방 정책과 한미동맹의 구조 조정을 둘러싼 남남 갈등과 남북 갈등으로 표출되었다.

셋째, 2000년 정상회담 때 북한에 제공한 돈에 대한 대북 송금 특검은 국내적 제약으로 작용했다. 노무현 정부가 출범한 다음 날 한나라당은 국회에서 단독으로 '대북송금특검법'을 통과시켰다. 북한은 노무현 정부가 대북 송금 특검을 수용하게 되면 남북 관계는 동결 상태로 갈 것이라고 주장했지만, 노무현 정부는 대북정책의 투명성 제고와 한나라당과의 상생 정치를 위해 대북 송금 특검에 거부권을 행사하지 않았다.

이 제약을 고려한 노무현 정부의 대북정책이 평화 번영 정책이었다. 한반

⟨표 1⟩ 남북회담 통계 (1998년 1월~2007년 10월)

회담 분야 / 연도	정치	군사	경제	인도	사회·문화	총계
1998	4			1		5
1999	8					8
2000	18	4	3	2		27
2001	2	2	3	1		8
2002	4	9	14	3	2	32
2003	5	6	17	7	1	36
2004	2	5	13	2	1	23
2005	10	3	11	4	6	34
2006	5	4	8	3	3	23
2007	8	5	10	2	4	29

도의 평화와 번영을 동북아 구상과 연계하고자 했던 평화 번영 정책에는 노무현 정부가 직면하고 있던 구조적 제약을 극복하고자 하는 의지가 담겨 있었다. 북핵 문제의 평화적 해결과 한반도 평화체제 구축이 미국을 포함한 동북아 국가와의 협력 없이는 달성될 수 없다는 문제의식이었다고 할 수 있다. 북핵 위기를 한국 정부의 주도적 역할을 통해 동북아 협력을 위한 기회로 만들고자 하는 적극적 발상이었다. 평화 번영 정책에는 투명성의 제고가 추진 원칙으로 포함되었다.

노무현 정부의 평화 번영 정책은 김대중 정부의 대북 화해 협력 정책의 성과와 방법론을 계승함으로써 가시적 결과를 내기도 했다. 김대중 정부 대북정책의 성과 가운데 하나는 2000년 정상회담 이후 만들어진 남북 관계를 규율하는 제도적 장치들이었다. 이 장치들 덕택에 남북대화 및 교류가 '자기 조직화'self-organization 경향을 보일 수 있었다. ⟨표 1⟩에서 볼 수 있는 것처럼, 2000년 정상회담 이후 남북대화가 꾸준히 진행되었다. 2002년 10월 시작된 제2차

〈그림 1〉 연도별 남북 교역액 변동 추이 현황

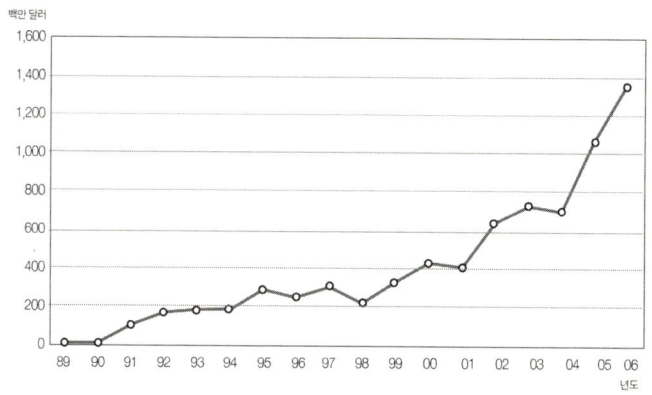

북핵 위기에도 불구하고, 북한이 금강산을 관광지구로, 개성을 공업지구로 지정하면서(2002년 11월) 남북경협의 새로운 장이 열리게 되었다.[12] 〈그림 1〉에서 볼 수 있는 것처럼, 노무현 정부에 들어서서 남북 교역도 빠르게 증가했다. 남북의 사회·문화 교류도 전방위로 확대되었다. 이산가족의 상봉도 늘었다. 2000년 정상회담 이후 약 1만 5,000여명이 흩어진 가족을 만났다.

경제협력을 위한 새로운 제도적 장치도 추가되었다. 2005년 7월 북한의 최고인민회의는 '조선민주주의인민공화국 북남경제협력법'을 채택했다. 남북 경제협력의 "제도와 질서"를 세우기 위해 제정된 이 법을 계기로, 북한에서

---

12 2000년 남북 정상회담 직후인 2000년 8월, 현대와 북한의 아태평화위원회는 개성 공업지구 개발 합의서를 체결했다. 북한은 2002년 11월 '개성공업지구법'을 제정했다. 2003년 6월에는 대북 송금 특검에도 불구하고 개성 공업지구 착공식이 개최되었다. 2004년 12월 (주)리빙아트가 개성공단에서 첫 제품을 생산했다. 2007년 10월 현재, 섬유·봉제 21개 기업, 전기·전자 5개 기업, 금속기계 17개 기업, 화학 2개 기업 등 총 45개 기업이 가동 중이다. 개성공단에서 일하는 북측 노동자는 2007년 10월 현재 1만 9,000여명이다.

도 경제협력을 위한 법적·제도적 기초가 마련된 셈이다. 2004년 9월 남북간 투자보장합의서 등 13개 합의서가 국회에서 비준되어 국내법적 효력을 가지게 되었다. 2005년 12월 남한에서는 여야 합의로 '남북 관계 발전에 관한 법률'을 제정했다. 이 법률은 남북 관계를 "기본합의서"에서처럼 "특수 관계"로 규정하고 있다. 이 법률에 따라 통일부는 남북 관계 발전을 위한 5개년 계획을 작성하여 국회에 보고하게 된다. 사회·문화 교류와 관련하여 주목해야 할 조직은 2005년 3월 남북과 해외의 민간단체들이 결성한 '6·15공동선언실천민족공동위원회'다. 합법적 조직인 '6·15위원회'의 출현으로 남북 관계에 시민사회가 개입할 수 있는 제도적 토대가 마련되었다.

이런 양적 지표와 제도적 장치로 노무현 정부 대북정책의 성과를 높이 평가할 수도 있다. 노무현 정부는 남북 경제 관계와 사회·문화 교류의 자기 조직화 원리에 제동을 걸지 않았다. 그러나 평화를 전면에 내세웠던 노무현 정부는 군사적 신뢰 구축이 결여된 6·15 시대의 한계를 극복하지는 못했다. 남북의 정치 군사적 관계는 북미 관계와 2003년 8월부터 시작된 북핵 문제의 해결을 위한 6자회담에 종속되었다. 중견 국가인 남한이 통제할 수 없는 구조적 제약이었다고 할 수 있다. 그러나 남북 관계의 주기적 단절도 구조적 제약으로 환원할 수는 없을 것이다. 북한이 군사적 신뢰 구축에 동의하지 않았다고 변명할 수 있지만, 노무현 정부는 평화 번영 정책과 충돌할 수 있는 정책을 선택함으로써 한계를 드러냈다.

2004년 후반부터 2005년 5월 대북 비료 지원을 위한 차관급 회담이 개최될 때까지 10개월 정도 남북대화가 중단되었다. 김일성 주석 10주기를 조문하려는 방북단 불허와 동남아 국가를 통한 대규모 탈북자 입국 때문이었다.[13]

---

13 2004년 7월 미국 하원을 통과한 '북한인권법'도 남북대화의 단절에 기여했다.

남한 정부가 이라크에 대한 추가 파병을 결정하고, 남한의 헌법재판소가 국가 보안법 7조인 찬양·고무죄 및 이적 표현물 소지죄를 합헌이라고 결정한 것도 남북 관계를 경색시킨 또 다른 요인이었다. 노무현 정부도 남북 관계의 적대화를 야기하는 남남 갈등을 전환시킬 능력은 없었다. 2006년 7월 북한이 미사일을 실험 발사하고 유엔이 대북제재 결의안을 채택하자, 남한 정부도 쌀과 비료, 경공업 원자재, 화상 상봉 자재와 장비, 철도·도로 자재와 장비 등의 현물 지원을 중단했다. 통일부는 그 규모가 약 3억 5,000만 달러에 달한다고 추정했다. 이 제재가 적절했는가를 둘러싸고 논쟁이 있었다. 이후 남북대화는 2007년 2·13합의라는 6자회담의 성과가 나오기 전까지 사실상 중단되었다.

첫 번째 남북대화의 단절은 2005년 6월 남한 정부가 북한이 핵 폐기에 합의하면 북한에 200만 킬로와트의 전력을 제공하겠다는 이른바 '중대 제안'을 하면서 극복되었다. 이 중대 제안은 2005년 9월 4차 6자회담에서 합의된 9·19공동성명의 도출에 부분적 기여를 한 것처럼 보인다. 9·19공동성명의 주요 내용은 북한의 핵 폐기와 북한에 대한 미국의 안전보장, 북미 관계와 북일 관계의 정상화, 6자의 경제협력, 한반도 평화체제 구축과 동북아 다자간 안보 협력의 증진 등이었다. 9·19공동성명은 북핵 문제의 평화적 해결을 넘어 한반도 평화체제 및 동북아 다자간 안보 협력의 대강이 담긴 문건으로 평가되고 있다. 9·19공동성명 이후 남북대화는 재개되었지만, 북한에 대한 미국의 금융 제재가 의제로 부상하면서 북미 갈등이 발생하고, 2006년 10월 북한이 핵실험을 하면서 다시금 남북 관계가 경색되었다.

남북대화의 단절은 우연적 사건이 중첩되면서 발생한 것처럼 보이지만, 근본 원인은 군사적 신뢰의 결여였다. 남북은 2004년과 2005년의 장성급 회담에서 서해상의 북방 한계선 문제를 논의했지만 해답을 찾지 못했다. 남한 내부의 '친미=반북 대 친북=반미'의 이원적 대립 구도도 남북의 군사적 갈등 해소를 방해한 요인이었다. 노무현 정부가 남북의 군사적 신뢰 구축에 대해 어느 정도 의지를 가지고 있었는지도 의문이다. 미국이 한반도 이외의 분쟁 지역에 주한미군이 개입할 수 있게 하는 기동군화―전략적 유연성―를 포함한 한미동맹의 재편을 추진하고자 했을 때, 노무현 정부는 그것을 수용하면서 이른바 '협력적 자주국방 정책'을 추진했다. 2005년 9월의 '국방 개혁 2020'은 한국군을 50만으로 감축한다는 내용을 담고 있기는 했지만, 국방비를 연 11% 이상 증액하는 군비 증강 계획이기도 했다. 재래식 군사력이 남한보다 열세인 북한이 1990년대부터 핵과 미사일과 같은 비대칭적 군사력을 증강해 왔다는 점을 고려할 때, 노무현 정부의 자주국방 정책은 탈냉전 시대에 남북의 안보 딜레마를 부활시키는 선택이었다고 할 수 있다. 남북의 군사적 신뢰 구축이 지속 가능한 평화체제로 이어지기 위해서는 남북이 절대 안보가 아닌 공동 안보의 관념을 공유해야 한다고 할 때, 노무현 정부의 국방 정책은 사실상 공동 안보를 부정하는 선택이었다. 군비 증강을 목표로 하는 국방 정책으로는 "자위적 전쟁 억제력"(2006년 10월 3일 외무성 성명) 확보를 명분으로 내세운 북한의 핵실험과 같은 행위를 예방하기 어려울 것이다.

2007년 2월 '9·19공동성명의 이행을 위한 초기 조치'에 대한 합의가 이루어졌다. 이른바 '2·13합의'다. 북미의 양자 대화를 통해 그 골격이 만들어진 2·13합의는 북한 핵 시설의 단계적 폐기에 대해 다른 국가들이 경제·에너지·인도적 지원을 늘려 가는 인센티브 방식으로 구성되었다. 2·13합의가 이루어지면서 장관급 회담도 재개되었다. 2007년 2월 말부터 3월 초까지 열린 20차 장관급 회담에서는 2·13합의를 재확인하는 공동 보도문이 발표되었다. 2·13합의로 남북 관계에 새로운 동력이 부여되면서, 남북은 2007년 8월 제2차 정상회담에 합의했다. "노무현 대통령의 평양 방문에 관한 합의서"에서는 한반도의 평화, 민족 공동의 번영, 조국통일의 전환적 국면이 정상회담의 의제로 설정되었다. 2007년 10월 평양에서 열린 정상회담에서 합의된 "남북 관계 발전과 평화 번영을 위한 선언"(10·4공동선언)은 10월 3일 북한 핵시설을 2007년

말까지 불능화한다는 내용의 6자회담 합의문이 발표된 직후에 나왔다.[14]

2007 남북 정상회담 공동선언의 의미는 다음과 같이 정리할 수 있다. 첫째, 6·15공동선언의 정신을 계승하면서 남과 북이 서로의 체제를 인정하고 평화공존하겠다는 약속으로 읽힐 수 있다. 합의문 2항에 명시되어 있는 것처럼, 남북은 "사상과 제도의 차이를 초월하여 남북 관계를 상호 존중과 신뢰 관계로 확고히 전환시켜 나가기로 했다." 둘째, 10·4공동선언에서 남북은 한반도 평화 및 평화체제에 이르는 두 경로에 합의했다. 하나는 경제와 평화가 선순환 구조를 가지는 것이고, 다른 하나는 군사적 신뢰 구축을 통한 평화의 길이다. 서해 북방 한계선 주위를 평화 수역으로 만들겠다는 약속이 그 사례다. 셋째, 2007 남북 정상회담은 2000년 정상회담과 달리 실무형 정상회담의 성격을 띠었다. 개성-신의주 철도와 개성-평양 고속도로의 보수, 경제특구의 건설과 해주항의 활용, 조선 협력과 같은 매우 구체적인 내용이 담겨 있다. 따라서 10·4공동선언 이행의 관건은 정책의 실행이다.

북한도 10·4공동선언에 대해 긍정적 평가를 내리고 있는 것처럼 보인다. 『조선신보』 2007년 10월 4일자 평양발 기사에서는 10·4공동선언을 "'북남 수뇌 상봉' 선언의 채택, 변혁 주도하는 최고 령도자의 의지"라고 평가했다. 주목되는 내용은 다음과 같다. 첫째 6·15 시대에도 불구하고 상대방의 사상과 체제를 부인하고 대결을 고취하는 행위가 근절된 것은 아니었고 민족경제의 균형적 발전을 추동하는 투자도 없었다는 지적이다. 북이 이번 정상회담에서 다양한 경제협력에 동의한 이유가 무엇인지를 알게 하는 대목이다. 둘째, 북은 10·4공동선언을 "우리 민족끼리"의 실천으로 평가하고 있다. 셋째, 10·4공

---

14 북한의 고농축우라늄에 의한 핵 개발 의혹 및 북한과 시리아의 핵 협력설 등으로 불능화 과정은 지연되었다. 2008년 6월 북한이 핵 신고서를 제출하고 상징적 행위로 영변 원자로의 냉각탑을 파괴하면서 불능화는 2007년 7월 현재 핵 신고를 검증하기 위한 협상이 진행되고 있다.

동선언을 통해 6·15와 9·19의 교차점이 마련되었다는 평가를 하고 있다. 북한도 남북 관계가 한반도를 둘러싼 국제정치와 연계되어 있음을 인정하고 있는 것이다.

2007년 정상회담으로 노무현 정부 대북정책에 면죄부가 부여되는 것은 아니다. 노무현 정부가 직면했던 강한 구조적 제약을 고려하더라도 노무현 정부의 대북정책은 김영삼 정부처럼 담론과 정책의 불일치를 보였고, 일관성도 없었던 것처럼 보인다. 경제와 사회·문화 부문에서는 자유주의적 접근을 지속했지만, 6·15 시대의 한계로 지적되었던 군사적 신뢰 구축을 위한 남북 협력을 거의 이루어 내지 못했다. 한미동맹의 민주적 재편을 위한 길도 제시하지 못했고, 협력적 자주국방이라는 미명 아래 군비 증강을 선택했다. 협력적 자주국방은 강압적 대북정책이었다고 해도 과언이 아니다. 김대중 정부 대북정책을 제약했던 남남 갈등도 노무현 정부에 들어와서 더욱 증폭되었다. 결국, 10·4공동선언이 노무현 정부 말기에 등장함으로써 한반도 평화체제의 구축 및 대북정책에 대한 정치적·사회적 합의를 위한 제도적 장치의 마련은 이명박 정부의 과제가 되어 버렸다.

V. 이명박 정부의 대북정책을 위한 제언

2008년에서 2012년까지 국정을 책임질 이명박 정부의 대북정책은 10·4공동선언과 함께 출발할 것으로 예상되었다. 여야 모두 10·4공동선언을 수용하겠다는 의사를 밝히기도 했기 때문이다. 정상회담 개최가 발표되었을 때만 해도 깜짝쇼라고 비난했으며 북핵 폐기를 전제로 대북정책인 '비핵 개방

3000'을 전개하겠다던 한나라당 이명박 후보도 실용주의를 내세우면서 10·4 공동선언의 총론에는 동의하는 듯이 보였다.[15] 그러나 이명박 정부는 6·15선언과 10·4선언의 계승을 밝히지 않으며, 방법론이 부재한 비핵 개방 3000만을 구호처럼 고집하고 있다.[16] 대북정책의 사실상의 부재 상태가 지속되면서, 남북 관계는 경색 국면에 접어들고 있다.

대북정책을 둘러싼 한국과 미국의 엇박자도 한반도의 미래와 관련하여 우려되는 사항이다. 2008년 4월 한미 정상회담에서, 한국은 한미동맹을 21세기 전략 동맹으로 재정의하려 했다.[17] 그러나 이명박 대통령의 이 이념 외교에 대

---

15 이회창 한나라당 전 총재는 대선출마를 선언하면서 이명박 후보의 이 '전향'을 비판했다.
16 이명박 대통령의 '비핵 개방 3000' 구상은 북한이 핵 폐기의 대결단을 내리면 국제사회도 그에 상응하는 대결단을 내려 북한경제의 재건을 지원하겠다는 기획이다. 비무장지대의 한강 하구에 남북 경제협력을 위한 '나들섬'을 만들어 '한반도의 맨해튼' '동북아의 허브'로 조성하겠다는 구상도 비핵 개방 3000의 구체적 실천 방안 가운데 하나다. 비핵 개방 3000은 매우 구체적으로 북한에 대한 지원 내용을 밝히고 있다. 300만 달러 이상 수출 기업 100개를 육성하고, 30만의 산업 인력을 양성하며, 400억 달러 상당의 국제 협력 자금을 투입하고, 에너지, 기간통신망, 항만, 철도, 도로, 운하 등의 인프라 건설에 협력하며, 인간다운 삶을 위한 복지를 지원하겠다는 것이 비핵 개방 3000의 청사진이다. 이 구상이 실현되면, 북한경제는 현재 1인당 소득 500달러 기준으로 매년 15~20%의 성장을 지속하여 10년 후에는 국민소득 3,000달러 경제로 도약할 수 있다는 것이다. 이제까지 어떤 정부도 내놓지 못한 파격적인 공약임에는 틀림없다. 문제는 실현가능성이다. 비핵 개방 3000 구상의 몇 가지 전제 조건은 이 구상의 실현에 걸림돌로 작용할 것처럼 보인다. 첫째, 비핵 개방 3000 구상에 따르면 북한에 대한 경제적 지원은 북한의 핵 폐기가 이루어져서 한반도 평화체제가 정착되고 북미·북일 관계가 정상화된 이후에 시작된다. 비핵 개방 3000은 오랜 시간에 걸쳐 이루어질 수도 있는 한반도 평화 과정에서 한반도 비핵화를 위한 6자회담 이외에는 아무런 정책 대안도 제시하지 못하고 있다. 비핵 개방 3000 구상은 개성 공업지구와 같은 남북 경제협력이 한반도 평화 과정의 한 구성 요소임을 인정하지 않고 있는 셈이다. 둘째, 비핵 개방 3000은 남이 북의 경제정책을 좌우지하겠다는 개발독재식 발상을 담고 있다. 비핵 개방 3000의 실현을 위해서는 북의 체제 전환이 이루어져야 할 뿐만 아니라 북이 남의 '사실상의 식민지'로 기능해야 한다. 비핵 개방 3000은 상대방을 전혀 고려하지 않는 구상일 수 있다. 외교는 상대가 있는 게임이다. 비핵 개방 3000 구상은 남북 공영의 가능성을 담고 있다는 점에서는 진일보한 정책으로 평가될 수 있다. 그러나 이 구상의 실현 가능성과 수용 가능성을 높이기 위해서는 비핵 개방 3000에 이르는 과정에서 반드시 필요한 남북의 화해와 협력을 위한 정책이 제시되어야 한다.
17 한미가 서로의 가치와 이익을 공유하는 가치동맹, 군사동맹은 물론 경제·사회·문화를 포괄하는 신뢰동맹, 동아시아 지역 및 범세계적 차원에서 전략적 이익을 공유하는 평화 구축 동맹이 전략동맹의

해 미국의 부시 대통령은 이익 외교, 실용 외교로 대응했다.[18] 정상회담에서, 한국과 미국은 북한 핵 프로그램의 완전한 신고가 필요하다는 데 합의했지만, 미국은 정상회담 이전에 북한의 우라늄 농축을 통한 핵 개발 의혹과 북한과 시리아의 핵 협력설을 둘러싼 북미 갈등을 조정한 싱가포르 합의를 승인했다. 미국이 싱가포르 합의를 완전한 신고로 간주하고 테러 지원국 해제와 같은 조치를 취하게 되면, 정책은 없이 말만으로 남북 관계를 경색시켜 온 이명박 정부는 북한의 통미봉남通美封南, 미국의 통남통북通南通北 속에서, 우리의 이익에 부합하지 않는 통미봉북通美封北을 하는 전략적 오류를 범할 수 있다. 과거의 경험을 돌이켜볼 때 북한과 미국의 약속 실행을 낙관할 수만은 없고 만약 북미 관계가 원점으로 회귀하게 되면 우리는 평화 없이 살아가는 방법을 배워야 할지도 모르지만, 그 회귀를 막기 위해서도, 이명박 정부는 대북 화해·협력 정책이 한미 관계에서 우리의 자율성을 제고할 수 있는 지렛대임을 인식해야 한다.

 따라서 이명박 정부는 한반도 문제와 관련하여, 정책의 최우선 목표를 6자회담과 북미 관계와 남북 관계가 선순환할 수 있는 구조를 만드는 것으로 설정해야 한다. 물론 우리가 할 수 있는 일과 할 수 없는 일이 있다. 역사적 경험을 반성하면서 우리가 할 수 있는 일을 극대화해야 한다. 한반도 평화체제 구축은 6자회담과 북미 관계와 남북 관계의 선순환을 가능하게 하는 핵심 고리다. 미국을 포함한 동북아 국가들의 협력이 없다면, 북미 관계의 개선 내지는 정상화가 없다면, 남북의 군사적 신뢰 구축이 없다면, 한반도 평화체제의 구축은 불가능할 것이기 때문이다. 한반도의 비핵화 또는 비핵지대화가 한반도 평화체제 구축에 선행하는 형태가 아니라, 한반도 평화체제 구축의 결과로

세 구성 요소였다.
18 한미 정상 회담에서 합의한, 주한미군의 추가 감축 중단과 한국의 미국산 무기 구매 지위의 상향 조정, 그리고 방위비 분담금 제도의 개선은 한국의 이익보다는 미국의 이익에 부합하는 것이었다.

한반도 비핵화 또는 비핵지대화를 생각할 필요가 있다. 한반도 평화체제의 구축을 위해 우리는 다음과 같은 일을 해야 한다.

첫째, 6자회담을 동북아 다자간 안보 협력을 위한 제도적 틀로 발전시켜야 한다. 2·13합의에서는 '동북아 평화와 안보 메커니즘'이라는 실무 그룹을 설치한 상태다. 다자적 틀은 강대국 중심의 힘의 정치를 제어할 수 있는 효과적인 외교 수단이다. 냉전체제의 해체 이후 동북아 질서는 아직도 혼돈 상태에 있다. 북핵 문제가 북한의 핵 보유와 북미 적대로 귀결된다면, 냉전적 세력균형을 복원하는 계기가 될 것이다. 그러나 북핵 문제가 동북아 국가들의 공동 안보에 대한 인식을 제고하게 된다면, 최소한 동북아 차원에서 서로의 합의에 의한 '결사체적 균형'을 만드는 계기가 될 수 있다. 후자가 우리의 이익 및 규범적 지향에 부합한다. 그러나 북핵 문제가 해결되더라도 냉전적 세력균형 복원의 가능성이 전혀 없는 것은 아니다. 미중 관계와 미러 관계가 악화되면, 미일과 중러를 대립축으로 하는 세력균형이 만들어질 수도 있다.19 동북아의 조밀한 경제적 네트워크를 고려하면 그 가능성은 낮지만, 이 냉전적 세력균형으로의 회귀를 막을 수 있는 안전장치가 바로 동북아 다자간 안보 협력과 한반도 평화체제다.

둘째, 북한과 미국은 2000년 말에 관계 정상화를 위한 기회를 잃어버렸다. 같은 실수를 반복한다면 더 이상의 기회는 없을 수도 있다. 북미 관계의 정상

---

19 10·4공동선언과 관련하여 가장 쟁점이 되었던 항목이 한반도 평화체제와 관련된 제4항이다. 제4항에서 남북은 "현 정전체제를 종식시키고 항구적인 평화체제를 구축해 나가야 한다는 데 인식을 같이하고 직접 관련된 3자 또는 4자 정상들이 한반도 지역에서 만나 종전을 선언하는 문제를 추진하기 위해 협력"할 것을 약속했다. 3자 또는 4자가 누군인가가 가장 큰 문제였다. 한국 정부는 3자가 남북미이고 4자가 남북미중이라고 주장했다. 중국은 스스로를 한반도 문제의 당사자로 규정하면서, 중국이 빠진 종전 선언에 강한 반대 의사를 밝혔다. 3자는 또한 북미중으로 해석될 수도 있다. 국제 관례상 찾아보기 힘든 이 모호한 규정으로 외교적 낭비가 초래되기도 했다. 이 항에 대한 재논의는 향후 동북아 질서의 재편과 관련하여 중요한 의미를 지닐 수 있다.

화를 위한 유인은 미국과 북한 양자 모두에게 있다. 미국의 부시 행정부는 중동 문제에 집중하기 위해, 외교정책에서 업적을 남기기 위해, '동북아에서 새로운 지렛대를 가지기 위해', 북미 관계 개선의 길로 갈 가능성이 높다. 우리는 북미 관계의 개선 또는 북한의 '친미親美 국가화'에서 미국이 향유하는 '이익'을 생각해 보아야 한다. 무엇보다도 북미 관계의 개선은 미국에게 중국을 견제할 수 있는 전략적 요충을 마련하는 계기가 될 수 있을 것이다. 북한은 체제 개방이 요구되는 정상 국가화가 자신의 체제를 위협할 수도 있다는 '정상 국가화의 딜레마'를 고민하겠지만, 체제 보위가 약속된다면 경제 재건을 위해 미국과의 관계 정상화에 나설 것이다. 남한은 북한과 미국의 관계 정상화를 중재하는 역할을 해야 한다.

셋째, 북핵은 저비용 고효율의 안보를 위한 무기다. 남북의 군축과 군비 통제가 없다면 북핵 폐기는 쉽지 않을 것이다. 군축 없이 한반도 비핵화와 평화체제를 구축하는 것은 불가능할 수도 있다. 또한 한반도 평화체제 구축을 위해서는 서해 북방 한계선 재설정이나 '비무장지대의 비무장지대화'와 같은 남북의 군사적 신뢰 구축 및 군축을 위한 제반 조치뿐만 아니라 주한미군의 역할 변경이 필요하다. 북한이 주한미군을 동북아 평화 유지군으로 인정한다고 하더라도 남북의 군사적 신뢰 구축을 위해서는 한미동맹의 민주적 재편이 불가피하다. 전 세계에 배치되어 있는 미군을 기동군화하려는 미국의 전략을 볼 때, 냉전 시대의 한미동맹으로 회귀하는 것은 불가능하다. 이명박 정부는 남북의 신뢰 구축을 위해 국방비의 동결 및 축소를 포함한 군축 정책을 제시해야 한다. 그리고 한미상호방위조약의 개정 또는 폐지를 포함한 다양한 대안을 검토하고 새로운 한미동맹 형태를 제시할 수 있어야 한다.

이 세 조건이 조성되어 한반도 평화체제의 길을 간다고 할 때, 우리가 통제할 수 없는 변수 가운데 하나가 북한의 선택이 될 수 있다. 북한은 남한과의 교류가 늘면 늘수록 남한에 흡수될 수 있다는 우려를 하게 될 것이다. 남북의 평화공존을 지향하는 한반도 평화체제가 이 남북 관계의 딜레마 극복을 가능하게 해 줄 수도 있다. 그러나 평화공존을 위한 평화체제가 요원한 과제가 된다면, 북한은 '잠재적 위협'인 남한과 중국을 견제하면서, 미국과의 관계 개선에 총력을 쏟을 가능성이 있다. 미국 또한 동북아의 전략적 요충 국가인 북한의 대미 접근을 동북아 전략 차원에서 환영할 수 있다. 또한 북한은 경제협력의 대상을 다변화하는 방식으로 남한과 경쟁하려 할 수도 있다. 남과 북 서로의 국민경제를 인정하면서도 두 경제를 연결하는 한반도 경제권의 창출이 한반도 평화체제 구축과 함께 가야 하는 이유다.

따라서 이명박 정부 대북정책의 첫 번째 과제가 한반도 평화체제 구축이라면, 두 번째 과제는 바로 남북이 공동 이익을 지속적으로 창출할 수 있는 한반도 경제권이 구축되어야 한다. 이명박 정부는 남북의 경제협력이 '퍼 주기'가 아니라 '상생'임을 실증할 수 있어야 한다. 그리고 북한과의 개발 협력을 국제사회의 과제로 만들어 낼 수 있어야 한다. 이 측면에서 10·4공동선언의 실행은 남북의 경제협력이 한 차원 높은 단계로 발전할 수 있는가를 판단하는 시금석이 될 것이다. 경제협력이 한반도 평화체제의 충분조건은 아니지만, 남북 관계를 냉전 시대로 돌리려는 시도들에 대한 견제 장치가 될 수 있을 것이다.

이명박 정부는 한반도의 미래와 관련하여 중요한 결정을 내리는 정부가 될 것이다. 이명박 정부가 냉전 시대의 사고에 포획되어 정책의 실패를 반복한다면, 이명박 정부는 한반도의 평화와 번영을 가로막는 장애물로 전락할 것이다. 이명박 정부는 한반도 평화체제로의 길이 막히게 된다면 위기 속에서 살아갈 방안을 마련해야 한다. 한반도 평화체제로의 길이 순조롭게 진행된다면, 한 번도 가보지 않은 미지의 길을 갈 수 있는 지도를 제시해야 한다. 대북정책을 포함한 외교 안보 정책을 아우르는 큰 구상이 필요한 이유다. 우리는 이제까지 그런 구상을 가져 보지 못했다. 약소국 의식이나 피해자 의식도 한 몫했을 것이다.

21세기 한국의 외교 안보 독트린은 크지도 작지도 않은 중견 국가의 정체성을 담지해야 한다. 냉전 시대의 힘과 동맹에 기초한 안보 담론을 평화적 방법에 의한 평화와 번영을 추구하는 평화 담론으로 전환해야 한다. 친미냐 친북이냐, 자주냐 동맹이냐의 이분법적 논리로 21세기 한반도의 평화와 번영을 실현하는 것은 불가능하다. 인류 보편적 가치를 추구하면서 한반도의 특수한 문제를 해결하려는 평화국가의 길이 21세기 외교 안보 정책을 관통하는 원칙으로 설정될 필요가 있다. 대북정책도 그 길 가운데 하나로 자리 매김될 때 국제적 동의를 획득할 수 있을 것이다.

이 구상을 위한 국내적 토대를 우리는 외교정책 거버넌스로 부를 수 있을 것이다. 대북정책을 포함한 외교정책의 민주화는 국가가 시민사회와의 대화를 통해 정책의 정당성 및 우리의 갈 길에 대한 정치적·사회적 합의를 만들어 내는 토대다. 다른 한편 노무현 정부에서 폐기된 외교정책의 전략 단위를 재구성하는 작업도 시급한 과제다. 평화국가의 길에 대한 총체적 전략을 구상하면서 관료정치를 조정할 수 있는 제도적 틀이 필요하다는 것이다. 남북 협력이 진전되면 진전될수록 대북정책에도 정부 각 부처가 개입할 수밖에 없을 것이다. 대북정책에 참여하는 부처의 역할 분담과 그 분업 구조를 총괄할 수 있는 전략 단위가 만들어져야 한다.

VI. 결론을 대신하여: 또 다른 제언

한반도 평화의 길에 대한 연구는 사회과학과 정책 연구의 몫이었다. '평화가 무엇인가'라는 본질적 질문에 답하는 것보다는 국제관계와 남북 관계의 현실을 분석하고 정책 대안을 제시하는 것이 한반도 평화 연구라고 생각하곤 했다. 당면한 위기를 해결하기도 힘든 상황에서 북한이라는 타자와 어떻게 살아갈 것인가, 하는 근본적인 고민은 한가해 보이기조차 했다. 남북 관계의 진전과 한반도 평화라는 긴급한 대의 때문에, 평화적 방법에 의한 평화를 추구하고자 했던 비판 세력조차 남북 협력에 결여되어 있는 사회적 가치, 생태적 가치, 노동조건, 인권 등에 주의를 기울이지 않기도 했다. 그리고 평화의 실현을 위해 반드시 필요한 행위 주체들의 존재론적·인식론적 전환을 논의의 대상으로 만들지도 못했다. 한반도 평화의 내용과 형태가 가시화되고 있는 시점에서 한반도 평화의 철학적 기초가 무엇인지를 물을 때가 된 것 같다.

평화의 철학은 타자에 대한 사유에서 출발한다. 평화 연구자들이 지적하는 것처럼, 평화란 감정이입, 비폭력, 창조성을 가지고 갈등을 다루는 능력일 수 있다. 타자와 우리의 차이에서 발생하는 갈등을 창조적으로 전환시켜 나가는 과정 그 자체가 평화일 수 있다. 한반도 평화 과정과 그다음의 상태를 상상하기 위해 우리는 타자의 철학, 차이의 철학에 대해 고민할 필요가 있다.

우리는 북한이라는 타자를 적에서 친구로 인식해 가는 과정에 있다. 아직 남북한이 친구 사이가 되었다고 말하기는 힘들다. 친구 사이가 되기 위해서는 서로의 정체성을 바꾸어 나가야 한다. 차이를 인정하면서도 소통할 수 있기 위해서는 서로의 정체성 변화가 있어야 한다. 남한과 북한은 자신들의 국가 내부에서 평화의 정체성을 실현할 수 있어야 한다. 즉 각각 자신들 속의 타자, '우리 안의 타자'를 인정할 수 있어야 한다. 그러나 남북 모두 우리 안의 타자와 함께 살아가는 데 익숙하지 않은 것처럼 보인다. 타자를 관용할 수 없게 하는 단일민족과 순혈주의는 정도의 차이가 있지만 남북이 공유하고 있었고 현재도 남아 있는 관념들이다. 남과 북이 각기 정의하는 동일자의 관념이 충돌하게 될 때, 한반도 평화의 기초는 무너지게 될 것이다. 남북이 각각 내부에서, 그리고 관계를 통해 타자를 이해하는 과정은 힘의 정치가 작동해서 서로의 정체성을 일순간에 바꿔 버리는 사태를 예방하기 위해서도 필요하다.

'타자-적'에서 '타자-친구'로 이행해 가는 과정에서 동일화의 유혹은 끊임없이 발생할 것이다. 섣부른 동일화 내지는 성급한 '서로주체성'의 확인은[20] 남북 모두에게 평화가 아닌 상태를 초래할 가능성이 있다. 남북 모두 안보 담론에 기초한 통일의 위험을 인지해야 한다. '타자-친구'가 되어 가는 과정은 안보 담론과 평화 담론의 접점인 공동 안보에 이르는 과정이기도 하다. '타자-친구'가 되어 가면서 공존할 수 있게 되면, 우리는 선택에 직면하게 될 것이다. 국가 중심주의적 상상력을 넘어서는 다양한 대안에 대한 고민이 있어야 한다. '동일자-친구'의 길과 '타자-친구'의 길뿐만 아니라 다양한 탈국가적 대안도 고려의 대상이 되어야 한다. 한반도 평화 과정은 우리가 무엇을 위해 어떻게 살아갈 것인가를 결정하는 결점점이다.

---

20 김상봉, 『서로주체성의 이념: 철학의 혁신을 위한 서론』(서울: 길, 2007).

제15장

한반도 평화의 정치철학적 기초
: 평화 담론의 생태계를 위한 철학의 모색

I. 문제 설정

 한반도 평화의 방정식은 남북한 두 국가의 양자 관계와 한반도를 둘러싼 주변 국가의 다자 관계 가운데 어느 한 관계로 환원되지 않는 다원 다차 방정식이다. 이 방정식에는 6자회담에 참여하는 국가들 사이의 양자 관계의 관계 또한 변수로 기능하고 있다. 예를 들어, 한반도 평화의 방정식을 풀기 위해서는 남북 관계와 한미 관계의 관계, 남북 관계와 북미 관계의 관계 등등을 고려해야 한다. 여기에 국내적·국제적 수준에서 활동하는 다양한 정치·사회 세력의 서로 다른 이익 및 평화관에 기초한 정치 연합의 관계가 변수로 포함될 수 있다. 한반도 평화와 관련된 행위자로 국가는 물론 정치·사회 세력까지 추가되면, 한반도 평화의 방정식은 더욱더 풀기 어려운 난제처럼 보이게 된다.
 다양한 행위자의 의도가 개입되어 있는 한반도 평화의 방정식에는 수학의 방정식처럼 하나의 해가 존재하지 않을 수도 있다. 한반도 평화의 과정과 최종 상태, 즉 해법과 해에 대해 서로 다른 견해가 존재할 수 있기 때문이다. 해법의 차이는 있을 수 있지만, 해는 하나라는 반론도 가능하다. 그러나 평화에 이르는 길이 평화라는 목표만큼이나 행위자들의 정체성 및 이익과 분리되지 않는다면, 해법의 차이—예를 들어 평화적 방법과 비평화적 방법의 차이—는 해의 차이를 결과할 수밖에 없다. 그렇다면, 한반도 평화의 방정식은 하나의 답이 존재하는 과학적 과제가 아니라 여러 답들이 경쟁하는 정치적 과제가 된다.

따라서 한반도 평화의 철학적 기초도 정치적 의견에 따라 상이하게 모색될 수 있다. 이 글에서 한반도 평화와 관련된 다양한 국제관계 이론'들'의 존재론, 인식론, 가치론을 검토하는 것은 불가능하다. 이 글의 범위는 평화적 방법에 의한 평화를 모색하고자 하는 평화와 안보 '담론들'discourses의 철학적 기초를 모색하는 것으로 제한된다. 이 평화·안보 담론들은 자연의 생태계처럼 담론의 생태계를 형성하고 있는 것처럼 보인다. 이 문제 설정은 다른 가치를 배제하고 평화적 방법에 의한 평화라는 하나의 가치를 지향하고 있다는 점에서도, 정치적이다. 따라서 그 자체만으로 보편성을 담지하기 어려울 수도 있다. 그럼에도 평화적 방법에 의한 평화의 실현이 한반도 문제에 개입하려는 행위자들의 장기적 이익을 보장할 수 있다는 가정에 기초해, '남북 관계'를 중심으로, 한반도 평화의 정치철학적 기초를 마련해 보려 한다.

II. 담론과 담론의 생태계

분과 학문의 경계를 허물려 했고 더 나아가 "과학과 시는 다 같이 앎"[1]임

---

[1] 김현, 『시칠리아의 암소: 미셸 푸코 연구』(서울: 문학과지성사, 1990), p. 16.

을 보여 주고자 했던 담론이론가인 푸코의 권위를 빌려 담론의 정의에 접근해 보자.[2]

> 나는 '담론'이란 단어가 상당 정도 요동하는 것을 점차 줄이기보다는 사실상 담론의 의미에 다음과 같은 것을 추가했다고 생각한다. 즉 때때로 담론을 모든 언표들statements의 일반적 영역으로 간주하기, 때때로 담론을 개별화할 수 있는 언표의 집단으로 간주하기. 그리고 다수의 언표들을 설명하는 규칙화된 실천regulated practice으로 간주하기.[3]

이 정의를 정리하면, 담론의 구성 요소는 언표의 집합들과 그 언표들을 생산하는 규칙이다. 이 요약 정의에서 핵심 단어는 '언표'와 '규칙'이다.

푸코는 '하나의' 언어 행위speech act가 이루어지기 위해서는 '하나 이상'의 언표가 필요하다고 주장하고 있다.[4] 즉 일정한 규칙 속에서 언표들의 계열이 언어 행위를 만들어 낸다는 것이다. 달리 말한다면, 언어 행위는 언표 다음에 위치한다. 따라서 언어 행위 이론의 기초로 언표 이론을 위치 지울 수도 있다. 언어 행위 이론은 비트겐슈타인L. Wittgenstein의 『철학적 탐구』에 그 기원을 두고 있다.

> 지시적 가르침은 이런 이해를 가져오도록 돕기는 했지만, 그럼에도 불구하고 오직 어떤 특정한 교육과 더불어서만이다. 어떤 다른 교육과 더불어서라면, 이 낱말들에 대한 그 동일한 지시적 가르침은 어떤 전혀 다른 이해가 생기게 했을 것이다.[5]

---

[2] 담론에 대한 다양한 정의 및 담론의 담론에 대한 연구로는 사라 밀즈, 김부용 옮김, 『담론』(서울: 인간사랑, 2001) 참조.
[3] M. Foucault, *The Archeology of Knowledge* (London: Tavistock, 1972), p. 80.
[4] Foucault, *The Archeology of Knowledge*, pp. 82-84.

이 인용문에서 비대칭적 관계를 담지한 교육은 '규칙'의 다른 이름이다. 비유하자면, 장기에서 각각의 말들은 놀이의 규칙 속에서 다른 말들과의 관계를 통해서만 의미를 가질 수 있다는 것이다. 규칙이 바뀌면 의미도 달라진다. 즉, 비트겐슈타인에게 수학을 비롯한 모든 언어는 언어 놀이들의 집합이고, 여러 언어 놀이들이 가족 유사성을 가지고 있다 할지라도 교환될 수 없다. 언어 놀이란 어떤 활동의 일부, 또는 삶의 형태의 일부다.6

이제 규칙으로 돌아가 보자. 비트겐슈타인에게 삶의 형태인 언어 놀이의 규칙은 하나의 주체가 자신만을 위해 사용하는 사적 규칙이 아니다. 규칙을 준수하는 것은 규칙에 대한 복종의 의미를 지닌다.7 따라서 규칙은 규칙을 생산하는 제도와 그 규칙이 생산되는 정치적·사회적 맥락과 분리될 수 없다. 앞서 지적한 것처럼 푸코에게도 담론은 규칙의 지배를 받는 실천이다. 푸코는 하나의 담론을 가능하게 하는 조건들이 규칙으로 전화되는 과정을 규명하고

---

5 루트비히 비트겐슈타인, 이영철 옮김, 『철학적 탐구』(서울: 서광사, 1994), p. 22.
6 영국의 언어철학자 오스틴(J. Austin)은 비트겐슈타인의 언어 놀이 이론을 언어 행위 이론으로 발전시킨다. 오스틴의 주장이다. "우리는 첫째, 어떤 것을 말하는 가운데 우리가 행하는 일련의 것들을 구별했고, 이것들을 함께 묶어 발화 행위(locutionary act)를 수행하는 것이라고 요약했다. 대체적으로 발화 행위는 어떤 뜻과 지시를 가진 문장을 발화하는 것이며, 그리고 뜻과 지시는 전통적으로 '의미'(meaning)와 같다. 둘째, 우리는 통보, 명령, 경고, 보증 등과 발화 수반 행위(illocutionary act)를, 즉 어떤 관습적인 힘을 갖는 발화를 수행한다고 말했다. 셋째, 우리는 또한 발화 효과 행위(perlocutionary act)도 수행할 것이다. 확신시키기, 설득하기, 저지하기 그리고 심지어 예를 들어 놀라게 하기 또는 오도하기와 같이 어떤 것을 말함으로써 우리가 성취하거나 이루는 것이 발화 효과 행위다." 존 오스틴, 김영진 옮김, 『말과 행위』(서울: 서광사, 1992), pp. 130-140. 오스틴은 비트겐슈타인의 초기 저작인 『논리-철학 논고』와 후기 저작인 『철학적 탐구』 사이에 단절이 있다고 주장하면서 그의 언어행위이론을 전개했다. 그러나 이에 대한 비판도 존재한다. "『논리-철학 논고』(이는 일상 언어에 복종하라고 우리에게 명령한다)로부터 『철학적 탐구』(이는 과학 활동을 비롯해서 모든 상징 활동을 규칙의 통제를 받는 하나의 놀이로 간주한다)에 이르는 비트겐슈타인의 여정은 기호 일반의 정당한 쓰임새를 규정하는 문법(또는 규칙)을 엄격하게 존중할 것을 철학에 강제하고자 하는 동일한 목적에 대한 추구로 볼 수 있다." 크리스티앙 들라캉파뉴, 조현진·유서연 옮김, 『20세기 서양철학의 흐름』(서울: 이제이북스, 2006), p. 103.
7 들라캉파뉴, 『20세기 서양철학의 흐름』, p. 104.

자 했다. 이 규칙의 생산은 언표들 사이의 상호 작용만이 아니라 언표들 외부의 조건, 즉 정치적·사회적 맥락과 관계된다. 이 정치적·사회적 맥락은 권력의 작용이다. 따라서 푸코에게 담론을 생산하는 담론 구성체는 언표들의 집합과 그 언표들의 질서를 제공하는 규칙과 권력 장치인 제도로 구성된다. 푸코에게 담론과 지식과 권력은 구분되지 않는다. 담론/지식은 권력관계의 외부에 존재하는 실증주의적 지식이 아니다.[8] 따라서 과학과 이데올로기의 대립도 허구가 된다. 어느 특정 시공간에서 담론의 형성을 가능하게 하는 조건들은 권력의 체계와 순환적 관계로 연결되어 있는 것이다.

푸코의 담론 분석은 대부분 한 사회에서 정신 질환자나 범죄자나 어린이와 같은 '타자'가 생산되는 과정과 관련되어 있다.[9] 한 담론이 타자를 설정하고 있는 것은 그 담론이 '차이'와 '배제'를 생산하는 규칙을 갖고 있음을 의미한다.[10] 푸코는 배제의 외부적인 과정들로, 금지, 분할과 배척, 그리고 '진리에의 의지'를 제시한다. 그리고 이 셋 가운데 진리/권력에의 의지가 끊임없이 강화되는 과정에 주목한다. 그가 배제의 내부적인 과정들로 제시하는 것은 주석과 해설, 저자의 권위, 그리고 분과 학문의 경계다. 즉 담론의 규칙은 담론의 경찰警察이다. 즉, 차이와 배제야말로 하나의 담론을 가능하게 하는 조건들을 규칙으로 만들어, 그 담론을 생산하게끔 하는 동력이다.

차이와 배제가 담론의 생산 조건이라면, 담론은 단수로 존재할 수 없다. 따라서 우리는 하나의 담론의 존재를 통해, 복수複數, 復讐 담론의 존재 또는 잠재 그리고 담론 사이의 권력관계를 상정하게 된다. 철학자 이정우에 따르면, 하

---

8 미셸 푸코, 오생근 옮김, 『감시와 처벌』(서울: 나남, 2003).
9 예를 들어, 미셸 푸코, 이규현 옮김, 『광기의 역사』(서울: 나남, 2003); 이규현 옮김, 『성의 역사 1: 앎의 의지』(서울: 나남, 1990).
10 미셸 푸코, 『담론의 질서』, pp. 10-26.

나의 담론은 하나의 사회집단을 함축한다.[11] 그러나 좀 더 정확히 이야기한다면, 하나의 담론은 복수의 담론 속에 존재하기 때문에 복수의 사회집단을 만든다. 즉 '담론의 자연 상태'는 다른 담론과의 상호성을 전제하지 않으면 안 된다. 서양철학사에서 자연 상태는 "언제나 계약 체결 후 등장할 정치 공동체의 구체적 모습과 정반대의 상태로 묘사"되지만,[12] 담론의 자연 상태는 담론이 담지하고 있는 미래의 규범을 둘러싼 논쟁의 형태를 띠게 된다.

우리는 이 담론의 자연 상태를 담론의 '생태계'ecosystem로 부르려 한다. 생태계의 비유를 사용하는 이유는 두 가지다. 첫째, 자연의 생명체가 '타자'와의 연관 없이 살아갈 수 없듯이, 하나의 담론도 타자의 담론을 통해 자기 정립을 하고 있기 때문이다. 둘째, 담론이 마치 생물처럼 분포와 수에 있어 변동을 보이고 있기 때문이다.

자연의 경제학인 생태학에 따르면, 생태계는 어떤 한 지역에 살고 있는 모든 개체군을 포함하는 생물공동체biotic community와 그 공동체가 서식하는 지역의 물리적 환경—무생물적 요소—을 포함하는 하나의 계다.[13] 생물적 요소는 생산자와 소비자와 분해자로 구성되는 먹이사슬의 관계를 가지고 있다. 생태학적 비유를 원용하면, 담론의 자연 상태는 담론의 생산자와 소비자와 분해자 그리고 비담론적 요소로서 환경과 제도가 존재하는 담론의 생태계 내지는 담론 구성체가 될 수 있다.

---

11 이정우, 『담론의 공간: 주체철학에서 담론학으로』(서울: 민음사, 1994).

12 박구용, 『우리 안의 타자』(서울: 철학과현실사, 2003), pp. 48-49. "자연 상태의 모두에게 이득이 되는 공동체를 유지 보존할 수 없는 결정적 결함이나 결핍이 있어야 한다. 그리고 이 상태를 벗어날 수 있는 유일한 대안이 합의에 기초한 사회계약이어야 한다. 이 두 가지 조건이 충족되지 않을 경우 사회계약론 자체는 성립하지 않는다. 특히 국가의 통치 및 지배의 정당화를 모색하는 전통적인 국가철학적 사회계약론이 제시하는 자연 상태의 결함은 대부분 극단적이다."

13 정민걸, 『이해하는 생태학』(공주: 공주대학교출판부, 2005), pp. 108-110.

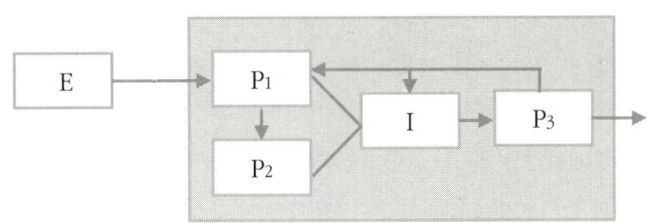

생태계의 비유를 통해 우리가 주목하고자 하는 또 다른 것은 '자연의 정치학'이라 할 수 있는 생태계의 관계 속성 내지는 구조적 특징이다. 일반적으로 생태적 상황을 나타내는 모형들은 다섯 가지 구성 요소를 가지고 있다.[14] 첫째, 특성(properties: P, 상태변수)으로 자연의 생태계에서 P_1은 녹색식물, P_2는 초식동물과 같은 방식으로 정의될 수 있다. 둘째, 힘(forces: E, 추진함수)으로 체계를 움직이는 외부의 에너지원이다. 셋째, 흐름의 경로(flow pathways: F)로 에너지와 물질이동에 의해 특성들과 추진력이 연결되는 것을 보여 준다. 넷째, 상호 작용(interactions: I, 상호 작용 함수)으로 힘과 특성들이 상호 작용하여 흐름을 변경, 증폭 또는 제어한다. 다섯째, 되먹임 루프(feedback loops: L)로 출력이 되돌아가서 앞쪽의 구성요소나 흐름에 영향을 준다. 이 모형을 도식화한 것이 〈그림 1〉이다.

담론의 생태계에서도 〈그림 1〉처럼, D_1, D_2 ······ D_n의 담론이 상호 작용하는 모형을 생각해 볼 수 있다. D_1, D_2 ······ D_n 등의 담론이 생산되는 과정에서는 S_1, S_2 ······ S_n의 언표들과 제도와 규칙이 필요할 것이다. 생태계의 에너지원은

---

14 유진 오덤, 이도원·박은진·김은숙·장현정 옮김, 『생태학』 (서울: 사이언스북스, 2001), pp. 54-56.

환경으로, 나머지 구성요소인 상호 작용과 되먹임 루프도 자연의 생태계처럼 설정이 가능하다. 이 담론의 생태계에서 발생하는 구조적 특성은 자연의 생태계와 유사할 수 있지만 반드시 일치하지는 않는다. 자연의 생태계보다 담론의 생태계에서는 담론의 생성과 소멸의 주기가 빠를 수 있기 때문이다.[15] 자연의 생태계에 존재하는 위계 구조, 자기 조직화self-organization와 창발성emergence, 공존의 균형과 같은 원리를 담론의 생태학도 수용할 수 있지만, 생태계를 이타성의 원리와 같은 이상적 원리를 가진 체계로 인식하는 것에는 동의하지 않는다.

III. 평화·안보 담론의 생태계

한반도 평화·안보 담론의 생태계에서 서식하는 종의 개수가 증가하고 있

---

[15] 담론의 생태계라는 문제의식과 유사하게, '삼성경제연구소'(SERI)를 매개로 '지식생태학'이 하나의 담론으로 성장하고 있다. 지식생태학도 실증주의적 지식관을 부정하고 있지만, 담론/지식, 권력/지식의 문제 설정을 가지고 있지는 않다. 따라서 지식의 생산자를 각 부문의 연구기관, 연구 조직, 지식인 등으로, 소비자를 정부, 국회, 정당, 압력단체 등으로 설정하고 있다. 담론의 생태학은 권력의 위계 속에서 담론이 지식의 형태로 등장하는 과정에 주목한다는 점에서 지식생태학과는 근본적으로 다른 문제 설정을 가지고 있다. 담론의 생태학은 지식생태학이 대자본의 연구소인 삼성경제연구소를 중심으로 생산·유통되고 있다는 사실에 주목할 것이다. 지식생태학을 하나의 담론으로 간주하는 것이다. 또한 지식생태학에서 자연의 생태계에서 추출한 본질적 속성으로 제시한 원리들—상호 의존성의 원리, 자기 조직화 원리, 불증불감(不增不減)의 원리, 무시무종(無始無終)의 원리, 불일불이(不一不二)의 원리, 이타적 파트너쉽, 일즉다(一即多) 다즉일(多即一) 원리, 잠종강세의 법칙—이 보편적 원리라고도 생각하지는 않는다. 생태계의 이 본질적 속성은 유영만,『지식생태학: 지식 기반 사회를 위한 포스트 지식 경영』(서울: 삼성경제연구소, 2006), pp. 31-44에서 제시된 것이다. 삼성경제연구소의 보고서로는 김선빈 외, "국가 경쟁력의 원천: 건강한 정책 지식 생태계,"『CEO Information』제576호 (2006). 논문으로는 채승병·양재석·김선빈, "정책 지식 생태계 활성화 전략의 행위자 기반 접근," 제1회 복잡계 컨퍼런스, 2006년 12월 참조.

다. 자연의 생태학에서는 생태계가 안정되기 위해서는 종 다양성이 높아야 한다는 주장이 제기되기도 한다. 환경이 단순화되면 종 다양성이 감소하게 된다. 마치 자연의 생태계처럼, 냉전체제의 해체는 한반도 평화·안보 담론의 생태계를 둘러싼 환경을 복잡하게 만들면서 다양한 담론을 생산하고 있다. 이 변화에 대해 규범적 판단을 하기란 쉽지 않다. 정치·사회 세력의 이해관계에 따라 이 변화가 다르게 읽힐 수 있기 때문이다. 예를 들어 어떤 정치·사회 세력은 안정성·확실성을 보장했던 냉전체제를 그리워할 수도 있다. 그럼에도 다양한 담론의 증가가 선택지를 넓힘으로써 우리의 자유의지를 제고하고 있음을 부정할 수 없을 것이다. 그러나 자유의지의 제고가 소망스러운 결과를 보장하는 것은 아니다.[16]

먼저 냉전체제에서 형성된 평화·안보 담론의 생태계를 살펴보자. 한반도 냉전체제의 평화·안보 담론의 생태계는 지구적 냉전체제 안보 담론의 하위 담론으로 기능하면서, 억압적·이데올로기적 국가 장치를 통해 대항 담론으로서 평화 담론 생산을 배제하는 기제를 가지고 있었다. 따라서 평화·안보 담론의 생태계라는 표현보다는 안보 담론의 생태계라는 표현이 좀 더 적절할 것이다. 남북한 모두 안보 담론의 생태계에서 국가가 사실상의 '단일 허브'hub로 기능했지만, 그럼에도 남한에서는 북한과 달리 시민사회의 대항 담론이 통일 담론의 형태로 생산되는 비대칭적 네트워크가 한반도 냉전체제 안보 담론 생태계의 특징적 모습이었다.

남한의 안보 담론은 한국과 두 국가와의 관계―한미 관계와 남북 관계―로 구성되어 있었다. 동일자였지만 타자로 전환된 북한은 적이었고, 새로운 타자인 미국은 친구였다. 따라서 한미 관계와 남북 관계는 반비례의 곡선을

---

16 구갑우, 『비판적 평화연구와 한반도』(서울: 후마니타스, 2007), pp. 10-16.

그리는 함수관계를 가지는 것으로, '선험적으로' 설정될 수밖에 없었다. 두 타자를 매개로 한 안보 담론은 "평화적으로 생활하고자 하는 희망"을 군사적 방법을 통해 추구하고자 했던 "한미상호방위조약"(1953년)으로 표현되었다. 전문과 제2조와 제4조의 일부다.

> 당사국 중 어느 일방이 태평양 지역에 있어서 고립하여 있다는 환각을 어떤 잠재적 침략자도 가지지 않도록 외부로부터의 무력 공격에 대하여 그들 자신을 방위하고자 하는 공통의 결의를 공공연히 또는 정식으로 선언할 것을 희망(한다).
>
> 당사국 중 어느 일국의 정치적 독립 또는 안전이 외부로부터의 무력 공격에 의해 위협을 받고 있다고 어느 당사국이든지 인정할 때 언제든지 당사국은 서로 협의한다. 당사국은 단독적으로나 공동으로나 자조와 상호 원조에 의하여 무력 공격을 방지하기 위한 적절한 수단을 지속하고 강화시킬 것이(다).
>
> 상호 합의에 의하여 미합중국의 육군, 해군과 공군을 대한민국의 영토 내와 그 부근에 배치하는 권리를 대한민국은 이를 허여하고 미합중국은 이를 수락한다.

'이 언표들에서 볼 수 있는 것처럼, 냉전체제 안보 담론의 핵심어는 '적-위협-동맹'이었다. 우리는 이 규칙의 원형을, 주권의 실재를 전제로 적의 위협을 생산하는 '기계'처럼 무정부 상태를 가정하고 그 속에서 국가라는 정치 공동체의 안보를 위해서는 자주국방 또는 동맹이 필요하다는 논리를 전개하는 미국의 현실주의적 안보 담론에서 발견할 수 있다.[17]

남한의 안보 담론과 공존하면서 생태계를 형성하고 있던 담론들은 북한의

---

17 구갑우, 『비판적 평화연구와 한반도』, pp. 17-19.

'보위 담론'과 남한 시민사회의 '통일 담론'이었다.[18] 북한의 보위 담론도 남한의 안보 담론처럼 적-위협-동맹의 논리를 가지고 있었다. "한미상호방위조약"에 맞서기 위해 체결한 "조선민주주의인민공화국과 중화인민공화국 간의 우호, 협조 및 호상 원조에 관한 조약"(1961년)의 제2조 일부와 6조 내용이다.[19]

> 체약 일방이 어떤 한 개의 국가 또는 몇 개 국가들의 련합으로부터 무력 침공을 당함으로써 전쟁 상태에 처하게 되는 경우에 체약 상대방은 모든 힘을 다하여 지체 없이 군사적 및 기타 원조를 제공한다.

> 체약 쌍방은 조선의 통일이 반드시 평화적이며 민주주의적인 기초 우에서 실현되어야 하며 그리고 이와 같은 해결이 곧 조선 인민의 민족적 리익과 극동에서의 평화 유지에 부합된다고 인정한다.

북한의 보위 담론도 북한과 두 국가의 관계—북미 관계와 남북 관계—로 구성되어 있었다. 그러나 북한의 보위 담론은 미국을 타자이자 적으로 간주하지만, 남한은 동일자로 복귀해야 하는 통일의 대상으로 설정되어 있다는 점에 주목할 필요가 있다. "한미상호방위조약"에 통일이 언급되지 않았던 이유는 당시 이승만 정부가 북진통일론을 내세우고 있었기 때문일 것이다. 북중동맹에는 한미동맹과 달리 외부로부터의 공격이 발생하면 '자동적으로' 개입한다는 조항이 담겨 있다는 점도, 두 조약의 차이 가운데 하나다.

국가가 독점하고 있던 안보 담론에 링크[link]를 가지고 있지 않았던 남한 시

---

18 북한의 『조선말사전』에도 안보 항목이 있다. 그러나 북한은 자국과 관련하여 안보라는 말을 거의 사용하지 않는다. 다른 국가들의 주장에서 안보라는 말이 있을 때 그것을 인용하는 정도다. 북한에서 안보의 기능적 등가물은 보위다. 조국 보위가 국가 안보의 동의어라고 할 수 있다.

19 북한은 남한보다 8년 정도 늦게 중국소련과 동맹을 체결했다. 하위 행위자의 자율성을 고려한 한반도 냉전사의 재구성에서 주목할 만한 사례 가운데 하나다.

민사회의 통일 담론은 미국에 대한 입장은 모호했지만, 북한을 같은 민족, 즉 동일자이자 친구로 인식하는 '평화통일론'으로 나타났다.[20] 지배 담론은 대항 담론과의 관계 속에서 그 체계를 발전시키곤 한다. 남한의 안보 담론도 북한을 동일자로 인식할 가능성을 내재하고 있었다. 그러나 통일 담론과 달리 북한을 동일자이지만 적으로 상정하고 통일을 지향할 가능성을 가지고 있었고, 그 결과가 자주·평화·민족대단결의 통일 원칙을 제시한 "7·4남북공동성명"이었다고 평가할 수 있다.[21] 즉, 남한 안보 담론의 '통일 지향적 안보 담론'으로의 전환이다. 통일 지향적 안보 담론은 남한 시민사회의 통일 담론과 남북한의 안보 담론이 상호 작용하면서 만들어진 '균형점'이었다.

1980년대 후반과 1990년대 초반에 걸쳐 지구적 수준에서 냉전이 해체되면서, 남북한의 안보 담론이 변하기 시작한다. 이 이행기에 주목되는 문건이 거의 비슷한 시기에 출현한 "제23차 한미연례안보협의회 공동성명서"(1991년 11월 21일)와 "남북 사이의 화해와 불가침 및 교류·협력에 관한 합의서"1991년 12월 합의, 1992년 2월 19일 발효)다. 전자가 탈냉전 시기에 한미동맹의 구조 조정 방향을 지시하고 있다면, 후자는 1991년 9월 남북한이 두 국가로 유엔에 가입한 이후 남북 관계를 새롭게 규정하고 있다.

미국이 핵우산을 제공할 것을 다시 약속하면서 동시에 '한반도 비핵화'의 내용을 담은 "공동성명서" 내용의 일부다.

---

20 통일노력60년 발간위원회 편, 『하늘길 땅길 바닷길 열어 통일로』(서울: 도서출판다해, 2005). '강한' 민족주의적 시각에서 통일운동과 담론의 역사를 정리한 책으로는 민경우, 『민경우가 쓴 통일운동사』(서울: 통일뉴스, 2006).

21 7·4남북공동성명을 만든 주역 가운데 한 명인 정홍진 전 중앙정부장은 통일 3원칙 가운데 "'민족대단결'에 대해 우리 쪽에서는 원치 않았지만, 북한이 합의를 하기 위해선 북측의 주장 일부를 통일 3원칙으로 넣을 수밖에 없었"다고 말한 바 있다. 통일노력 60년, 『하늘길 땅길』, p. 147.

북한이 …… 핵무기 개발을 계속 추진하고 있을 뿐만 아니라, 화학 무기, 스커드 미사일 등 대량 살상 무기의 개발과 공세 전력의 증강에 박차를 가하고 있다는 데 심각한 우려를 표명하였으며, 이런 북한의 위협과 북한 내부의 잠재적 불안정성으로 인하여 향후 수년간이 한반도 안보에 대단히 취약한 시기가 될 것이라는 데 의견을 같이하고, 다각적인 공동 대응 방안에 대하여 긴밀히 협의하였다.

한반도의 통일은 평화적인 방법으로 이루어져야 할 것이라는 데 인식을 같이하고, 남북대화가 계속 진전되어 한반도 긴장 완화와 신뢰 구축 및 평화적 통일로 이어지기를 희망하였으며, 향후 한미 안보 협력을 남북 관계 개선에 기여하는 방향으로 조정해 나가기로 합의하였다.

이 "공동성명서"와 "한미상호방위조약"의 차이는 적-위협-동맹의 규칙은 계속 유지하면서도, 한반도 통일을 언급하며 한미 관계와 남북 관계의 '선순환' 가능성을 지적하고 있다는 점이다. 북한의 핵무기 개발을 별도로 한다면, 군사력 측면에서 남한이 북한의 우위에 있다는 자신감의 표명일 것이다.

"기본합의서"에서는 남북 관계가 "나라와 나라 사이의 관계가 아닌 통일을 지향하는 과정에서 잠정적으로 형성되는 특수 관계(전문)"로 규정하면서 동시에 "서로 상대방의 체제를 인정하고 존중"하는 합의가 이루어졌다. 더불어 "한반도의 비핵화에 관한 공동선언"(1992년 2월)과 "남북군사공동위원회 구성·운영에 관한 합의서"(1992년 5월) 등이 채택되면서 남북한이 국가 안보를 넘어서서 '공동 안보'를 안보 담론의 틀 내에 위치 지울 수 있는 가능성이 열리기 시작했다. "기본합의서"는 그 방향이 동일자로의 길인지 아니면 타자로의 길인지에 대해서는 답하지 않고 있지만, 남북한이 서로를 친구로 내면화할 가능성을 담지하고 있었다.

이를 방해할 수 있는 두 요인이 북한의 핵개발과 한미동맹에 기초한 남한의 흡수통일 노선이었다. 흡수통일 노선을 추구했던 김영삼 정부는 핵 문제와 남북 관계를 연계했고, 따라서 공동 안보 담론으로의 전환은 발생하지 않았다. 김대중 정부에 들어서면서, '흡수통일 배제' '상호 무력 불사용' '화해 및 교류 협력 추진'이라는 대북정책의 3대 원칙이 천명되었고, 이 대북정책의 성과로 2000년 남북 정상회담이 개최되기도 했다. 김대중 정부 안보 담론의 핵심 내용은 "튼튼한 안보를 통해 평화를 유지하면서, 다른 한편으로는 화해와 협력을 추구함으로써 북한이 스스로 변화의 길로 나올 수 있"게 하는 것이었다.[22] 김대중 정부는 '평화 지향적 안보 담론'과 그것의 실현태인 기능주의적 정책을 통해, 남북한이 공동 안보에까지 이르게 한 것은 아니지만, 서로를 적으로 생각하지 않게 하는 관념의 변화를 만들었다. 그러나 김대중 정부의 안보 담론은 심화·확대의 방향으로 전개되었지만, 동맹을 상실한 북한의 보위 담론은 적=위협의 논리에 입각하여 저비용 고효율의 성과를 낼 수 있는 핵개발로 나아갔다는 점에서 군사 중심성이 더욱 강화되었다고 평가할 수 있을 것이다.

남북한 안보 담론의 변화가 발생할 즈음에 남한 시민사회에서는 통일 담론, 통일 운동과 구별되는 평화 담론, 평화 운동이 등장했다. 서구적 근대의 안보 담론과 평화 담론 및 그에 기반을 둔 안보 정책에 개입하고자 하는 남한 시민사회 평화 운동의 계기는 두 방향으로부터 왔다. 하나는 지구적 수준에서의 냉전 해체. 냉전 해체와 더불어 단극 패권국가인 미국과 동맹을 상실한 북한 사이에서 갈등이 심화되기 시작했다. 1994년에는 '한반도 전쟁 위기'까지 발생했고, 이 위기를 거치면서 한국의 시민사회는 한반도 평화체제 구축의 필요성을 절감하게 되면서 '반전反戰 평화 운동'을 시작하게 되었다. 또한 북한의 체제 내부적 요인도 작용한 것이지만, 탈냉전 시대에 북한이 겪고 있는 경제

---

22 통일부, 『통일백서 2003』(서울: 통일부, 2004), p. 31.

적 위기는 '북한 돕기 운동'이라는 형태의 평화 운동을 탄생시켰다. 다른 하나의 계기는 1987년 이후 '한국의 민주화'였다. 민주화 이후 한국의 사회운동은 삶의 모든 영역에서의 '참여'를 실현하고자 노력하고 있고, 그 과정에서 소수 전문가의 영역으로 간주되던 '외교 안보 정책의 민주화'를 요구하는 평화 운동이 발생하고 있다.

평화 운동과 평화 담론은 안보 담론처럼 갈등과 폭력의 실재를 인정하지만 평화적 방법에 의한 평화를 추구한다는 점에서 안보 담론과 근본적인 차이를 보인다.23 갈등의 전환transformation을 통해 갈등이 폭력으로 비화하는 것을 예방하는 것이 평화 운동과 평화 담론의 목표라고 할 수 있다. 평화 연구의 시각에서 폭력은 직접적 폭력과 정치경제 체제의 억압과 착취로 나타나는 구조적 폭력과 문화적 폭력으로 구분된다. 각각의 폭력으로부터의 자유를 평화라고 할 때, 평화 연구에서 소극적 평화와 적극적 평화를 동시에 고려하는 평화 개념은 위협이 부재한 상태로 정의되는 안보 개념보다 포괄 범위가 훨씬 더 넓고 깊다. 따라서 평화 연구에 대해 모든 문제를 평화와 연계시키고 있다는 비판이 제기되기도 하지만, 평화 담론은 군사력 중심의 안보 연구 및 평화를 안보의 부산물로 생각하는 주류 안보 담론에 대한 근본적 성찰을 담고 있다고 할 수 있다.

평화 담론과 안보 담론의 차이는 평화 개념은 물론 평화에 이르는 방법에서도 나타난다. 안보와 등치될 수 있는 소극적 평화의 건설 방법과 관련하여 평화 담론은 국제법이나 국제기구와 같은 국제제도와 더불어 군축과 군비 통

---

23 평화 연구와 평화 담론에 대해서는 J. Galtung, C. Jacobsen and Kai Brand-Jacobsen, *Searching for Peace: The Road to Transcend* (London: Pluto, 2000); D. Barash and C. Webel, *Peace and Conflict Studies* (London: Sage, 2002); T. Terriff et al., *Security Studies Today* (Cambridge: Polity, 1999), pp. 65-81 등을 참조.

제에 주목한다. 특히 안보 담론과 근본적으로 다른 정책 대안이 안보 딜레마의 회피를 위해 제시하고 있는 '비도발적 nonprovocative 방어' 또는 '방어적 defensive 방어' 개념이다.[24] 비도발적 방어는 다른 국가들을 위협하지 않기 위해 국가의 군사력을 방어적 무기로 재편하는 것이다. 방어용과 공격용 무기를 구분하는 것이 실제로 가능하지 않다는 반론도 제기되지만, 군축과 군비 통제와 달리 양자적·다자적 협상 없이도 어떤 국가든 인식 전환을 이룰 수 있다면 일방적으로 자신의 군사력을 비도발적 방어의 형태로 전환할 수 있다는 점에서 실현 가능성이 높은 대안이기도 하다. 그러나 근본적 시각에서 본다면, 비도발적 방어가 위협에 의한 억지는 아니지만 여전히 힘을 통해 평화를 추구하는 방법임을 부정할 수는 없다. 평화 연구자들은 인권 신장, 생태적 전환, 빈곤 해소와 같은 정책과 더불어 궁극적으로는 갈등을 창조적으로 다룰 수 있는 '개인적 전환'이 발생할 수 있을 때, 적극적 평화에 도달할 수 있다고 생각하고 있다.

노무현 정부는 평화·안보 담론 생태계의 다양성이 증가하던 시점에 집권했다. 2004년 3월에는 『평화 번영과 국가 안보』라는 책자를 통해 자신의 안보 정책을 체계화했다. 노무현 정부는 이 책자를 "정부 수립 이후 최초"로 안보 정책의 구상을 밝힌 문헌으로 자평하고 있다.[25] 『평화 번영과 국가 안보』는 김대중 정부의 평화 지향적 안보 담론의 연장선상에 위치하고 있다. 북한의 핵 문제를 한국 안보의 최대 위협으로 간주하고 있다는 점에서는 전통적이지만, '동북아'와 한반도에서의 공동 안보를 지향하고 있고, 한미동맹을 매개로 한 협력적 자주국방을 언급하고 있다는 점에서 새로움이 있었다. 그러나 노무현 정부의 평화 지향적 안보 담론은 모순적 언표들의 집합이기도 했다. 하나

---

24 Barash and Webel, *Peace and Conflict Studies*, pp. 311-313.
25 국가안전보장회의, 『평화 번영과 국가 안보』(서울: 세기문화사, 2004).

는 동북아론과 한미동맹의 충돌이었고,26 다른 하나는 한미동맹과 자주국방의 충돌이었으며, 또 다른 하나는 공동 안보와 자주국방의 충돌이었다.

　김대중 정부부터 진행된 것이기는 하지만 노무현 정부의 모순적 안보 담론을 계기로 담론 투쟁이 치열하게 전개되는 담론의 시대를 맞이하고 있다. 탈냉전 시대 한반도 평화·안보 담론의 생태계에서는 남한 정부의 흔들리는 '평화 지향적 안보 담론'27과 북한 정부의 극한적인 '보위 담론', 남한 정치·시민사회의 평화 담론, 통일 지향적 안보 담론, 전통적 안보 담론이 경쟁하고 있다. 이 생태계의 환경이자 에너지원으로, '테러와의 전쟁'을 정당화하는 미국의 공격적 안보 담론이 기능하고 있다.28 이 담론들의 경쟁이 어떤 평화·안보 담론을 산출할지는 미지수다. 현 단계에서 한반도의 평화를 위한 가장 소망스러운 대안은 안보 담론과 평화 담론의 접점에서 만들어지는 공동 안보 담론일 것이다.

---

26 강태호, "변화하는 한미 관계와 노무현 독트린의 운명," 『창작과비평』 34: 3 (2006).
27 북한의 군사적 위협을 고민하는 남한은 주한미군의 공백을 채우기 위해 한미동맹의 새로운 형태의 강화—주한미군의 '군사 혁신'—와 군비 증강의 다른 표현인 자주국방—GDP 2.8%에서 3.2%로의 국방비 증액—을 선택하고 있다. 최악의 시나리오지만, 만약 주한미군 재편·감축에 대한 남북한의 대응이 군비 증강을 통한 국가 안보의 강화라면, 그것은 한반도에 새로운 위기를 야기하는 씨앗이 될 수 있다. 국가 안보의 역설이자, 국가 안보 담론의 함정이다.
28 이 담론의 시대에 가장 주목할 만한 현상은 정치사회는 물론 시민사회에 전통적 안보 담론을 생산하는 사회 세력이 형성되고 있다는 점이다. 한준·설동훈, "한국 사회 이념 갈등의 현황과 구조," 『한국 사회의 새로운 갈등 구조와 국민 통합』, 경제인문사회연구회 주최 학술회의, 2006년 10월 19~20일. 특히 시민사회의 전통적 안보 담론은 검색 순위에서 우위를 차지하는 '보수 언론'에 의해 증폭되고 있다. 이 담론을 지지하는 세력들은 북한의 핵실험 이후 2·13 합의가 진행되는 과정을 보면서 '반미 민족주의적' 성향을 드러내기도 한다. 대칭적 현상이겠지만, 북미 관계가 개선되면, 통일 지향적 안보 담론 내부에서 '반북 민족주의'가 출현할 가능성도 있다.

IV. 평화의 철학

담론의 시대에 담론 정치가 활성화되면서, '제도 정치'와 구분되는 '공론 정치'의 필요성이 제기되고 있다. 공론 정치에서는 "국민의 의견을 국정에 반영하는 공화주의적 방식의 정치과정"으로 '정치 평론'이 공론 정치의 주요한 매개체로 설정되고 있다.[29] 이 정치 평론의 생산은 담론적 실천의 한 형태라고 할 수 있다. 그리고 정치 평론이 "정치적 공론장에서 정치적 사안의 가치와 선악 등을 비평하고 논함으로써 화자와 청자, 혹은 필자와 독자가 '공동 성찰'을 지향하는 공동의 행위가" 되어야 한다는 규범적 대안도 제시되고 있다. 이 제안은 담론을 "화자와 청자가 근거를 바탕으로 주장을 내세우고 상대의 주장에 대해 서로 비판을 제기할 수 있는 대칭적 구조를 갖는 대화"에 제한적으로 사용하려는 독일 철학자 하버마스를 연상케 한다.[30]

하버마스가 급진적 민주주의의 기획으로 제시하는 '담론 윤리'는 합의에 도달하려는 노력은 대화를 통해 그 원칙이 만들어져야 한다는 내용을 담고 있다.[31] 진정한 대화는 선험적 확실성을 배제하는 것이고 그럴 때 비로소 열린 대화가 가능하다는 것이다. 포섭과 배제가 작동하는 인간 생활에서 포섭과 배제의 경계선에 대한 명확한 합의가 없다면, 포섭과 배제는 갈등과 억압으로 나타날 수 있기 때문이다. 따라서 하버마스가 설정하는 해방의 과정에서 중요

---

29 공론 정치와 정치 평론에 대한 인용문은 김대영, 『공론화와 정치 평론: 닫힌 사회에서 광장으로』(서울: 책세상, 2005) 참조.
30 위르겐 하버마스, 장춘익 옮김, 『의사소통 행위 이론 I』(파주: 나남, 2006). 따라서 역자는 독일어의 Diskurs를 담론이 아닌 '토의'로 번역하고 있다.
31 위르겐 하버마스, 이진우 옮김, 『담론 윤리의 해명』(서울: 문예출판사, 1997); 양운덕, "근대 공적 합리성의 재구성과 관련된 논쟁 (1): 담론 윤리의 의사소통적 합리성과 포스트모던 차이 철학," 『시대와 철학』 15: 1 (2004).

한 것이 바로 소통과 대화다. 즉 더 좋은 사회의 약속은 소통의 영역에 존재한다. 하버마스의 담론 윤리는 평화 지향적 안보 담론에 기초한 대북정책을 둘러싼 이른바 남남 갈등의 개선을 위한 '최선책'으로 제시되기도 한다. 그러나 제안자가 지적하는 것처럼, 갈등을 '생산하고 있는 소수'의 주체들에게 하버마스의 담론 윤리는 실효성을 가지기 힘들 수 있다.[32]

담론 윤리의 실현 가능성은 푸코와 하버마스의 논쟁점이기도 했다. 푸코 연구자들이 푸코에게 제기한 질문이다.[33]

> (아렌트H. Arendt와 하버마스는) 권력을 지배 관계로 보기보다 함께 행동할 수 있는 가능성으로 간주합니다. 권력이 합의이고, 상호 주관적 영역이며, 공통의 행위일 수 있다는 아이디어는 당신의 저작에서 과소평가되고 있는 것 같은데요. 당신 저작에서 대안적 정치의 전망을 발견하기란 어려운 것 같습니다. 아마도 이런 의미에서 당신이 반정치적이라고 읽힐 수 있는 것 같습니다.

푸코의 대답이다.

> 합의에 의한 정치라고 하는 사상은 특정한 순간에 규제 원칙으로 기능하든지 혹은 다른 정치형태에 비추어 볼 때 비판 원칙으로 좀 더 잘 작동할 수도 있습니다. 그러나 저는 그것이 권력관계 문제를 일소할 수 있다고는 믿지 않습니다.

푸코는 "우리가 매일 해야 하는 윤리적·정치적 선택은 어느 것이 주요한 위험인가를 결정하는 것이"라고 말한다. 궁극적 해결을 추구하는 (아렌트와 하

---

32 장원석, "남남 갈등의 쟁점과 개선 방안의 모색," 『한반도 평화 어떻게 가꾸어 갈 것인가』, 제10차 열린동북아포럼, 2007년 1월 24일.
33 질문과 대답은 미셸 푸코 외, 정일준 편역, 『자유를 향한 참을 수 없는 열망』(서울: 새물결, 1999), pp. 25, 97-98.

버마스와 같은) 행동주의가 아니라 반복적이고 결코 중단되지 않으며 매우 주의 깊은 정치적 개입을 필요로 하는 행동주의다.[34]

정치가 진리의 영역이 아니라 의견의 영역이라는 아렌트와 하버마스의 주장에는 동의할 수 있지만,[35] 그 속에서 상호 주관적 합의의 가능성을 선험적으로 전제하는 것은 적절하지 않을 수 있다. 갈등의 전환과 평화를 위한 철학적 담론의 구성에 있어 담론 윤리나 심의 민주주의 deliberative democracy가 하나의 규범적 대안이 될 수 있지만, 경쟁하는 평화·안보 담론의 통약通約이 불가능하다면, 그리고 통약 불가능한 담론이 생산되고 그것을 소비하는 주체 또한 그 담론에 의해 호명되고 있다면, 상호 주관적 합의란 유토피아적 대안일 수 있다.

이 문제보다 근원적인 문제는 담론의 생태계가 가지고 있는 구조적 불균형일 수 있다. 하나의 네트워크로서 평화·안보 담론의 생태계는 극히 많은 링크를 갖는 소수의 허브들—국가나 언론—이 존재하고 소수의 링크만을 갖는 노드들 nodes이 매우 많은 '멱함수' power function 분포를 가지고 있을 수 있다.[36] 웹 생태계에서처럼 담론의 생태계에서도 종의 증가 또는 노드로서의 담론의 '성장'이 나타나고 있지만, 새로이 형성된 담론의 노드가 '선호적 연결' preferential attachment을 시도한다면, 노드별 링크 수가 불평등한 부익부 빈익빈의 '척도 없는' scale-free 네트워크'가 형성될 것이다.[37] 따라서 담론의 생태계에서 의사소통적

---

34 Foucault, *The Foucault Reader*, pp. 340-372; J. Edkins, *Poststructuralism & International Relations* (Boulder: Lynne Rienner, 1999), pp. 56-57.

35 김선욱, 『정치와 진리』(서울: 책세상, 2001).

36 특히 평화 담론보다는 안보 담론을 생산하는 사이트가 허브로 기능할 가능성이 크다. 한국의 웹사이트 순위 200위 안에 평화 담론과 직접적으로 관련된 사이트는 없다. 신문사 사이트의 순위에서도 안보 담론 생산 매체의 우위를 확인할 수 있다: 조인스닷컴 10위, 디지털조선일보 12위, 동아닷컴 26위, 매일경제 39위, 경향신문 55위, 인터넷한겨레 62위, 연합뉴스 76위, 오마이뉴스 80위, 세계일보 99위, 서울신문 120위, 문화일보 145위, 프레시안 247위. 웹사이트 순위는 www.100hot.co.kr의 조사를 인용한 것이다(검색일 : 2007년 4월 18일).

합리성을 모색하기 이전에 생태계 자체의 구조적 불평등에 대한 성찰이 필요하다.

평화·안보 담론 생태계의 척도 없는 네트워크를 주어진 것으로 인정할 수 있다. 평화와 안보가 국가의 일이라는 전통적 관념을 수용하는 것이다. 이 경우, 우리는 국가나 민족과 같은 정치 공동체를 전제하고 좋은 삶과 좋은 사회가 어떤 것인지에 대해 논의할 수 있다. 이것이 바로 전통적인 정치철학의 시각이다.[38] 다른 한편으로 평화·안보 담론 생태계의 구조적 불평등을 제거함으로써 좋은 삶과 좋은 사회를 실현할 수 있다고 생각할 수 있다. 시민사회를 중심에 두는 비非/반反국가적 시각으로, 이를 이 글에서는 '정치-철학'으로 명명한다. 정치-철학은 사회철학과 동의어일 수 있지만, 굳이 정치-철학으로 부르는 이유는 담론 정치의 민주화를 위해서는 불가피하게 시민 정치 또는 공론 정치의 존재를 인정해야 하기 때문이다.

또 다른 성찰이 필요한 주제는 평화·안보 담론의 생태계 내부에 존재하는 각 주체가 서로를 어떻게 인식하는가다. 서로가 자기를 중심으로 동일화시켜야 할 대상으로 타자를 인식할 때, 인식 수준에서조차 '차이'가 사라지게 된다. 담론의 생태계에 권력관계가 작동한다고 할 때, 차이의 무화는 관용의 결여 내지는 강제와 강압을 결과할 수 있다. 따라서 타자와 어떻게 살아갈 것인가를 의식하는 '차이의 철학'과 '타자의 철학'에 대한 고민이 있어야 한다. 예를 들어 평화·안보 담론의 생태계에서는 평화 담론이나 북한의 보위 담론이 타자가 될 수 있다.

---

37 알버트 라즐로 바라바시, 강병남·김기훈 옮김, 『링크: 21세기를 지배하는 네트워크 과학』(서울: 동아시아, 2002). 평화안보 담론의 생태계 네트워크 구조를 '실증'하는 것이 앞으로의 연구 과제 가운데 하나다.

38 레오 스트라우스, 양승태 옮김, 『정치철학이란 무엇인가』(서울: 아카넷, 2007), 1장.

〈표 1〉 평화와 안보의 철학

정치 공동체/타자	국가/민족	비/반국가
적	안보의 정치철학	비평화의 철학(?)
친구	평화의 정치철학	평화의 정치-철학

한반도 평화와 관련해 특히 문제가 되는 것은 보위 담론을 생산하고 있는 북한을 어떻게 볼 것인가다. 민족이라는 개념을 사용하여 북한을 동일자로 인식할 수 있지만, 적-위협을 규칙으로 하는 안보 담론의 동일자적 인식은 강제와 강압을 수반할 수 있다. 동일자-친구의 틀을 가지려면 안보 담론을 평화 담론으로 전환해야 함은 물론 보위 담론을 평화 담론으로 전환해야 한다.[39] 이 전환을 가능하게 하는 매개로, 동일자 이전에, '타자로서의 북한'을 어떻게 인식할 것인가가 한반도 평화를 위한 철학적 기초의 한 출발점이 될 수 있다.

평화·안보 담론의 생태계를 위한 철학, 즉 평화의 철학을, 타자에 대한 인식과 정치 공동체에 대한 전제를 이용하여 도식화하면 〈표 1〉과 같다.

이 분류는 국가를 의인화擬人化하여 윤리적 행위 주체—단일 행위자—로 가정할 때, 성립 가능하다.[40] 우리의 일상 담론 속에서도 한국이, 미국이 무엇을 한다는 표현을 사용하기 때문에 국가의 의인화는 문제가 없는 것처럼 보일 수도 있다. 즉 국가는 인간처럼 신념, 욕망, 의도를 가진 행위 주체일 수 있다.[41] 다른 한편 국가는 행위 주체지만, 오류가 없는 국가이성을 가진 '초개인적 주체'로 간주되기도 하고, 윤리를 결여한 위선적 주체로 다루어지도 한

---

39 동일자-친구가 적절한 대안인가에 대해서도 의문이 제기될 수 있다.
40 국가의 의인화와 관련된 문제는 이 책에 실린 "국제관계(학)의 윤리와 윤리학"을 참조할 것.
41 국가가 행위 주체인가에 대한 국제관계학의 논의로는 A. Wendt, *Social Theory of International Politics* (Cambridge: Cambridge University Press, 1999), ch. 5 참조.

다.[42] 어떤 형태든 현실주의적 안보 담론이 국가를 주체로 호명한다.

현실주의적 안보 담론의 계보학을 만들고자 하는 연구자들은 20세기 이전의 현실주의에서 어떤 행위의 윤리적 내용은 그 결과에 의해 평가된다는 결과주의적 또는 목적론적 윤리관을 발견하기도 한다. 즉, 국가의 '도덕적 의무'가 있다면, 그것은 자기 이익의 극대화라는 주장이다.[43] 현실주의자에게 국가의 '합리적' 행위는, 그것이 설사 인류에 대한 저주일지라도, 거역할 수 없는 현실로 다가오게 된다. '공동체주의적'communitarian 시각이라고도 부를 수 있는 이 국가 중심적 국제 담론의 도덕관은 따라서, '특정한 국가만이' 개인의 자유를 실현할 수 있고 그 국가의 자율성은 국가, 즉 공동체 외부의 기준에 의해 침해될 수 없다는 주장으로 요약할 수 있다. 즉 안보의 철학이다. 따라서 만약 국제관계에서 정의가 존재한다면, 그것은 절차적 정의일 뿐이다.[44]

이제 평화의 철학이 될 수 있는 차이의 철학을 살펴보자. 철학자 김상봉은 서양 정신의 역사를 홀로주체성의 역사로 부른다. 끊임없이 타자를 흡수하여 자기 동일화하는 나르시시즘의 역사라는 것이다. 데카르트의 코기토의 원리는 순수 주체로서 자아가 새로운 보편적 지평으로 등장한 철학적 계기였고, 칸트의 보편적 이성적 주체, 헤겔의 절대정신 모두 자기 밖의 타자를 허용하지 않는 절대적 주체성이라는 것이다.[45] 즉 서양철학사는 서로의 차이를 하나

---

42 프리드리히 마이네케, 이광주 옮김, 『국가권력의 이념사』(서울: 민음사, 1990); 라인홀트 니부어, 이한우 옮김, 『도덕적 인간과 비도덕적 사회』(서울: 문예출판사, 1992).

43 J. Barry, *The Sword of Justice: Ethics and Coercion in International Politics* (London: Praeger, 1998), pp. 3-7; M. Hoffman, "Normative International Theory," A. J. R. Groom & M. Light eds., *Contemporary International Relations: A Guide to Theory* (London: Pinter, 1994).

44 C. Albin, *Justice and Fairness in International Negotiation* (Cambridge: Cambridge University Press, 2001).

45 김상봉, 『나르시스의 꿈』(서울: 한길사, 2002); 『서로주체성의 이념』(서울: 길, 2007). 칸트의 물자체가 타자를 지칭한다는 주장도 있다. 가라타니 고진, 송태욱 옮김, 『트랜스크리틱: 칸트와 마르크

로 만드는 방법을 둘러싼 변주라는 것이다.

서양철학사에서는 푸코와 같은 탈근대주의자, 탈구조주의자의 출현으로, '타자의 사유', 차이의 철학이 본격적으로 전개된다. 주요 내용은 타자가 존재한다는 것, 즉 하나로 환원할 수 없는 것들의 존재론적 지위를 복원하는 것이다. 프랑스의 철학자 레비나스는 "책임은 자유에 선행한다"는 논제를 바탕으로 타자의 철학—인간은 타자에 의해 존재하고 타자를 위해 창조되었다—을 평화의 철학으로 제시하기도 한다.[46] 김상봉은 홀로주체성을 대신할 '서로주체성'을 일구어 내기도 한다.[47]

> 서로 타자인 주체들이 더불어 서로주체성을 형성하기 위해서는 그들이 형성하는 공동체가 타자성을 자기 속에 지니지 않으면 안 된다. 자기 속에 타자성을 보존하지 못하는 공동체는 절대로 서로주체성의 현실태일 수 없다.

그러나 문제는 여전히 남는다. 철학적 난제는 차이를 인정한 다음이다. 차이를 절대화하면, 힘의 논리가 작동할 수밖에 없기 때문이다. 따라서 차이의 철학에서는 하버마스와 푸코의 논쟁에서 볼 수 있듯이, "차이와 복수성 같은 가치들과 사회정의나 소통 같은 가치들을 함께 사유"하기가 필요하게 된다.[48] 즉 차이를 인정하면서 보편성 내지는 동일성을 어떻게 만들 수 있을까를 고민하지 않을 수 없다. 김상봉은 서로주체성을 위한 동일성은 획일성이 아니라

스 넘어서기』(파주: 한길사, 2005).

46 강영안, "레비나스의 '평화의 형이상학': 일인칭적 관점에서 본 평화의 문제," 서강대학교 철학연구소 편, 『평화의 철학』(서울: 철학과현실사, 1995); 엠마누엘 레비나스, 양명수 옮김, 『윤리와 무한』 (서울: 다산글방, 2000); 강영안 옮김, 『시간과 타자』(서울: 문예출판사, 1996).

47 김상봉, 『서로주체성의 이념』, pp. 293-297.

48 이정우, 『개념-뿌리들』(서울: 철학아카데미, 2004), p. 272.

주체성의 교환을 의미한다고 말하면서, 모심과 섬김, 배움의 겸손함을 제시한다. 그러나 그도 지적하는 것처럼, 우리는 정치적·사회적 맥락 속에서 실현 가능한 주체성의 교환을 이야기할 수 있어야 한다.

서로주체성과 관련하여 또 하나 지적할 수 있는 것은 주체들의 교환이 가능하기 위해서는 그들의 언어 놀이에서의 차이를 극복할 수 있는 소통의 문법과 규칙이 필요하다는 것이다. 각기 다른 담론 구성체가 만날 때, 언어 놀이의 차이를 극복할 수 없다면, 그들은 소통할 수 없다. 즉 통약이 불가능한 주체의 대화를 번역할 수 있어야 한다. 타자란 문법과 규칙을 공유하지 않는 주체이기 때문이다.[49] 우리의 문법과 규칙은 우리가 아니라 우리와 소통하고자 하는 타자에게 필요한 것이다. 우리는 문법과 규칙을 의식하지 않고도 담론의 의미를 이해할 수 있다. 결국 서로주체성은 타자의 언어를 번역을 통해 깊게 이해할 수 있을 때, 타자를 동일화하지 않고도 함께 '공존'할 수 있음을 의미하는 것으로 해석할 필요가 있다. 따라서 이런 번역 기능을 수행할 수 있는 제도 건설이 과제가 된다.

평화의 철학으로 차이의 철학을 수용하더라도 행위 주체의 문제는 여전히 남는다. 국가를 통한 평화의 길과 국가를 우회하거나 국가를 해체하는 평화의 길이 있을 수 있다. 국제정치를 차이의 철학 시각에서 반성하면서, 제5장의 "국제관계(학)의 윤리와 윤리학"에서 언급한 것처럼, 평화를 위한 몇 가지 경로를 설정해 볼 수 있다.

첫째, 국가를 행위 주체로 인정하면서 국가가 이기적 행위자인 동시에 윤리적 행위자라는 가정을 도입해 볼 수 있다.[50] 국가는 항상 국제사회의 구성원

---

49 가라타니 고진, 『트랜스크리틱』, p. 129.
50 K. Smith and M. Light, *Ethics and Foreign Policy* (Cambridge: Cambridge University Press, 2001).

으로서의 필요조건들을 고려해 왔다는 것이다. 자기 이익의 극대화가 반드시 최적의 상황을 결과하지 않는다는 역사적 경험을 근거로, 그리고 그 결과에 대한 반성을 토대로, 선한 의지나 의무가 결과적으로 효율성을 제고하기도 한다는 주장을 개진할 수 있다.[51] 좀 더 적극적인 다른 형태로, 타국을 수단으로서만이 아니라 목적으로 대하라는 정언명령을 국제관계에 적용할 수 있다('칸트적 경로 I'). 개인의 자율성처럼 국가의 자율성을 인정하는 것이다.

둘째, 세계정부를 구성하는 경로를 생각해 볼 수 있다. 이 경로는 국가 중심성을 벗어나는 것이기는 하지만 사실상 새로운 하나의 국가를 만드는 작업이기도 하다. 코스모폴리탄적 시각에서는 모든 외교정책이 정의상 비도덕적이고 비윤리적이다. 그 이유는 국가의 정책이 본성상 비도덕적이고 비윤리적이기 때문이다. 국가들의 도덕이 존재할 가능성도 부정된다.[52] 이 시각은 '시민'에 기초한 보편적 공동체를 구상한다("칸트적 경로 II"). 근대국가가 상상된 공동체이듯, 이제는 새로운 공동체가 상상되어야 한다는 것이다.[53]

셋째, 국가 중심적 사고에 입각한 평화의 정치철학을 부정하는 '정치-철학'의 경로다. 국가의 특성이 지배할 권리라면, 인간의 특성은 자율이고, 따라서 국가가 존재하는 한 평화의 길이 없다는 '철학적 무정부주의'의 시각이다.[54] 즉 폭력의 합법적 독점이 있을 때 윤리와 도덕이 작동할 수 없다는 것이다. 다양한 형태의 미학적 윤리를 추구하는 자유로운 주체들과 공동체의 차이를 긍정하고 그들의 '연합'으로 국제관계의 미래를 구상하는 것이다. 코스모폴리탄

---

51 아마티아 센, 박순성·강신욱 옮김, 『윤리학과 경제학』(서울: 한울, 1999) 참조.
52 C. Beitz, *Political Theory and International Relations* (Princeton: Princeton University Press, 1979).
53 D. Archibugi, D. Held and M. Kohler eds., *Re-imagining Political Community* (Stanford: Stanford University Press, 1998).
54 엄정식, "칸트와 현대의 평화 사상," 서강대학교 철학연구소 편, 『평화의 철학』.

적 시각과 유사할 수 있지만, 그 시각과의 근본적인 차이는 새로운 국가 형성이 아니라는 점과 상호 주관적 합의를 구성하는 과정에서 배제되는 타자를 고려한다는 점이다.

이제 한반도적 맥락에서 평화의 철학에 대해 생각해 보자. 홀로주체성이라는 철학적 토대를 가지고 있던 서구의 진보 관념은 국제관계에서 후진성의 범주를 상상할 수 있게 했고, 서구는 그 후진성의 거울을 통해 자신을 규정하는 절차를 밟을 수 있었다.[55] 서구와 비서구 또는 동양이라는 이항 대립이다. 따라서 제국주의적 폭력조차도 비서구 또는 동양의 진보를 촉진한다는 명분으로 정당성을 획득하곤 한다. 비서구 국가가 주권국가로서의 권리를 획득하기 위해서는 서구의 기준에 부합하는 이른바 문명국가가 되어야 했다. 서구는 타자인 동양을 동일화하려 했다. 동양은 타자인 서구를 모방하려 했다. 예를 들어, 19세기 조선은 서구의 인식을 수용하면서 스스로를 타자화하는 모습을 보인다. 서구의 기준에 따라 그리고 그 인식의 논리에 순응하면서, 조선은 스스로 야만이 되어 버린 것이다.[56] 이 인식의 논리가 바로 서구와 비서구 사이에 "'인식론적이자 존재론적인' 지리학상의 경계를 설정하고, 전자의 특권적인 장으로부터 후자를 일정한 담론 질서 속에 가두려고 하는" 오리엔탈리즘이다.[57]

오리엔탈리즘적 인식의 논리는 중심국에서만 발견되는 것이 아니다. 주변국에서도 중심이 제공한 오리엔탈리즘의 논리가 내면화되곤 한다.[58] 남한이 북한을 바라볼 때도 오리엔탈리즘이 작동할 수 있다. 대북정책의 전환을 가져

---

[55] 박한제·김호동·한정숙·최갑수, 『유라시아 천년을 가다』(서울: 사계절, 2002), p. 283.
[56] 조현범, 『문명과 야만: 타자의 시선으로 본 19세기 조선』(서울: 책세상, 2002); 강영안, 『우리에게 철학은 무엇인가』(서울: 궁리, 2002).
[57] 에드워드 사이드, 박홍규 옮김, 『오리엔탈리즘』(서울: 교보문고, 1991); 강상중, 이경덕·임성모 옮김, 『오리엔탈리즘을 넘어서』(서울: 이산, 2002).
[58] 사례 분석으로는 성일권, 『오리엔탈리즘의 새로운 신화들』(서울: 고즈원, 2006) 참조.

왔던 김대중 정부도 비유적으로 '햇볕정책'이라는 용어를 사용했다. 햇볕정책이라는 용어는 화해 협력 정책이라는 용어와 달리, "북한을 통일의 한 주체로 파악하기보다는 여전히 통일의 대상으로 파악"함으로써 북한을 "본질주의적인 속성을 지닌 '절대적 타자'로 호명"할 수 있는 여지를 가지고 있을 수도 있다.[59] 하나의 비유로 인구에 회자되고 있지만, 그 햇볕정책이라는 용어는 문명과 야만이라는 서구적 이항 대립을 복사하는 우를 범하게 할 수도 있다. 담론의 사회 구성적 측면을 고려한다면, 우리는 용어 사용에 더욱 주의를 기울여야 한다.

우리는 북한이라는 타자를 적에서 친구로 인식해 가는 과정에 있다. 아직 남북이 친구 사이가 되었다고 말하기는 어렵다. 친구 사이가 되기 위해서는 서로의 정체성을 바꾸어 나가야 한다. 동일화가 아니라 차이를 인정하면서도 소통할 수 있기 위해서는 정체성의 변화가 반드시 필요하다. 무엇보다도 남북 내부에서 평화의 정체성을 만들어야 한다. 즉 각각 자신들 속에서 타자, 즉 '우리 안의 타자'를 인정할 수 있어야 한다.[60] 다른 한편, 남북 관계를 통해 서로의 문법과 규칙을 이해해 가면서, 가능하다면 제도적 장치의 마련을 통해, 서로의 정체성을 바꾸어 나갈 수 있어야 한다. 더 나아가 남한이 '양보의 철학'을 가질 수 있다면, 북한의 핵무기가 그것을 가로막을 수 있겠지만, 북한을 식량이나 재화를 공급해야 하는 대상 또는 자선을 베풀어야 하는 대상이라는 인식을 넘어설 수 있을 것이다. 이는 오리엔탈리즘의 대상이자 주체인 우리가 오리엔탈리즘을 넘어서는 과정이기도 하다.[61] 남북이 각각의 내부에서 그리고 관계

---

59 강정인, 『서구 중심주의를 넘어서』(서울: 아카넷, 2004).
60 박구용, 『우리 안의 타자』.
61 오리엔탈리즘 비판이 북한 비판에 대한 봉쇄로 이어져서는 안 된다. 사회주의와 민족주의의 이름으로 북한이 하고자 했던 많은 실험은 그것이 넓은 의미에서 오리엔탈리즘에 대한 비판이었다고 해

를 통해 타자를 이해하는 과정은[62] 힘의 정치가 작동해서 서로의 정체성을 일순간에 바꿀 수밖에 없게 되는 사태를 예방하기 위해서도 필요하다.

타자-적에서 타자-친구로 이행해 가는 과정에서 동일화의 유혹이 끊임없이 발생할 것이다. 서로주체성을 평화의 기초로 내세운 김상봉조차 "나라를 자유로운 이념의 현실태"로 규정하는 순간, 안보의 철학에 함몰될 우려가 있다.[63] 서로주체성을 제시하면서도 국가 중심성을 견지할 때, 한반도의 통일국가를 아무 매개 없이 직접적으로 도출하게 되기 때문이다. 섣부른 동일화 내지는 성급한 서로주체성의 확인은 남북 모두에게 평화가 아닌 상태를 초래할 가능성이 있다. 남북 모두 안보 담론에 기초한 통일의 위험을 인지할 필요가 있다.

타자-친구가 되어가는 과정은 안보 담론과 평화 담론의 접점인 공동 안보에 이르는 과정이기도 하다. 타자-친구가 되어가면서 공존할 수 있게 되면 우리는 선택에 직면하게 될 것이다. 현실주의적 안보 담론을 벗어난 세 가지 대안이 한반도에서 모두 실현 가능성이 있을 것이다. 동일자-친구의 길과 타자-친구의 길뿐만 아니라 다양한 탈국가적 대안도 고려의 대상이 될 수 있을 것이다. 한반도 평화 과정은 우리가 무엇을 위해 어떻게 살아갈 것인가를 결정짓는 '총체적 문제'가 되어 가고 있다.

서 정당화될 수는 없다. 오히려 대단히 역설적이지만, 북한의 현실이야말로 오리엔탈리즘이 생명력을 유지하고 스스로를 재생산하게 하는 요인임을 부정할 수 없다. 따라서 북한 비판은 오리엔탈리즘을 넘어서는 대안 모색의 과정이기도 하다. 즉, 오리엔탈리즘 비판과 북한 비판은 동시적 작업이어야 한다. 통약이 불가능하더라도 다양한 잣대를 관용할 수 있는 공론장의 마련은 그 이중의 비판을 가능하게 할 수 있는 일차적 작업이다. 그 공론장을 통해 우리는 북한에 대한 오리엔탈리즘적 인식의 구체적 표현인 안보 쟁점화 패러다임이나 북한의 특수성에만 주로 집중하고자 했던 내재적 접근의 공과(功過)를 평가할 수 있어야 한다.

62 국제관계학에서 해석학적 방법을 통해 타자를 바라보려는 시도에 대해서는 K. Rogers, *Toward a Postpositivist World* (NewYork: Peter Lang, 1996) 참조.

63 김상봉, "철학적 과제로서의 남북통일: 오늘의 정치, 내일의 정치철학," 『우리에게 북한이란 어떤 존재인가?』 우리민족서로돕기운동 주최 학술회의, 2007년 6월 29일.

V. 결론

　한반도 평화 과정을 둘러싸고 다양한 철학적 기초를 가진 담론들이 경쟁하고 있다. 그 가운데 우리는 국가 중심적 현실주의 안보 담론에 기초한 다양한 텍스트를 만나고 있다. 예를 들어, "안보 없이 평화 없다"는 텍스트는 우리가 일상에서 국가 안보를 소비하게 한다. 담론의 생산과 유통이 발휘하는 효과다. 그 텍스트를 소비하면서 우리는 무의식중에 국가 안보의 개념을 학습하고 내면화하게 된다. 담론의 형성과 기능이 배제와 금지의 규칙을 통해 이루어지는 것이라면, 일상 공간에서 국가 안보 개념의 내면화는 국가 안보를 넘어서는 다양한 대안적 안보 담론과 평화 담론의 생산과 소비를 가로막는 장벽이 될 수 있다. 생물종의 다양성만큼 담론의 다양성은 지속 가능한 생태계, 지속 가능한 민주주의를 가능하게 한다는 생각을 할 필요가 있다. 이 글에서 담론 정치에 주목한 이유도 바로 여기에 있다.

　평화의 철학에 대한 접근법으로 이 글에서 사용된 담론의 문제 설정에 대한 반론으로, 한반도의 국제정치를 관통하는 규칙이 힘의 정치고, 힘의 정치가 담론의 정치를 압도할 수밖에 없다는 의견이 있을 수 있다. 그러나 한반도의 국제정치는 힘의 정치로만 환원되지는 않는다. 담론의 정치에 대한 강조가 힘의 정치의 역할을 부정하는 것은 아니다. 오히려 담론의 사회 구성적 능력에 대한 문제 설정은 힘의 정치를 도출하는 현실주의적 안보 담론이 한반도의 국제정치를 힘의 정치로 환원하는 효과를 갖는다는 점을 드러내려는 것이다. 담론의 전환이 현실의 전환보다 지체될 수도 있고, 현실의 힘에 의해 담론의 역할이 무화될 수도 있다. 그러나 담론의 형성을 통한 평화의 길은 우리가 가질 수 있는 '희망의 원리'다.

　이제 우리는 web2.0 시대를 맞이하고 있다. 개방과 공유와 연대를 특징으로 하는 web2.0이 낙관론자의 기대처럼 새로운 집단 지성을 창출할 수도 있을 것이다. 그렇다면 우리는 또 다른 담론의 시대를 살아가게 될 것이다. 그러나 web2.0 시대에도 척도 없는 네트워크의 형성이라는 자기 조직화의 원리가 작동한다면, 우리는 무엇보다도 담론의 생산·유통·소비에 주목하면서 담론의 시대에 나타날 수 있는 민주주의의 왜곡을 막을 수 있어야 한다. "무엇보다도 차이와 타자를 생산하는 기제를 탐구하고, 왜 그리고 어떻게 차이와 타자가 발생하는지를 비판적으로 사유한 기초 위에서," 차이의 철학과 타자의 철학을 민주주의의 기초로 만들어야 한다. 같음의 호명은 다름의 인정에 기초해야 한다. 담론 문제의 설정은 차이와 타자의 발생에 대한 천착에 의해 보완되어야 하지만, 그럼에도 우리에게 한반도 평화를 정치철학적 수준에서뿐만 아니라 일상의 삶과 연관된 정치-철학적 수준에서 생각해 볼 것을 권유하고 있다.

출전

1. "지구화 시대의 국제정치 비판," 김세균·백창재·임경훈 편, 『현대 정치의 이해』(고양: 인간사랑, 2003) (제목 및 내용 수정).
2. "비판적 국제관계 이론의 모색," 우철구·박건영 편, 『현대 국제관계이론과 한국』(서울: 사회평론, 2004) (내용 수정).
3. "국제 정치경제(학)의 존재론과 인식론: 웬트의 구성주의 비판," 『한국정치학회보』 38: 2 (2004) (제목 수정).
4. "국제관계와 공간, 그리고 공공성," 『정치비평』 2 (1997) (내용 및 제목 수정).
5. "국제관계(학)의 윤리와 윤리학," 국제정치학회 학술회의 (2005).
6. "지구적 통치와 국가형태: 시민국가의 전망," 『경제와 사회』 45 (2000).
7. "'제국주의'는 여전히 유효한 문제 설정인가?: 국제관계 민주화의 경로," 『진보평론』 8 (2001) (제목 및 내용 수정).
8. "20세기 세계질서와 서구의 국가형태: 자유주의의 진화," 국제정치경제연구회 편, 『20세기로부터의 유산: 세계경제와 국제정치』(서울: 사회평론, 2000) (제목 수정).
9. "세계무역기구 지역주의 조항의 기원: 국제경제법 형성의 정치경제," 『국제정치논총』 41: 1 (2001).
10. "초국가적 정책 네트워크 형성의 정치: 유럽연합의 통신 정책 과정," 『국제정치논총』 39: 1 (1999).
11. "헬싱키 프로세스와 국제적 인권정책: 유럽안보협력기구의 인도적 포용 정책," 『국가전략』 7: 2 (2001) (제목 수정).
12. "동아시아 지역통합과 제도화," 『한국과 국제정치』 16: 2 (2000) (공저, 제목 및 내용 수정).
13. "자유주의, 1997년 IMF 위기 그리고 국가형태의 변화: 김대중 정부의 신자유주의," 『경제와 사회』 40 (1998) (부제 추가).
14. "탈냉전·민주화 시대의 대북정책과 남북 관계: 평화 연구의 시각," 『역사비평』 81 (2007) (내용 수정).
15. "한반도 평화의 정치철학적 기초: 평화 담론의 생태계를 위한 철학의 모색," 이화여대 통일학연구원 학술회의 (2007) (내용 및 제목 수정).

찾아보기

ㄱ

가격 정화 유동 메커니즘 239
가치론 82, 86, 91, 383, 442
강한 국가 257, 399, 403, 405
개방적 지역주의 291, 292
개체주의 98, 102, 103
결과주의 112, 153
결과주의적 윤리학 158, 169
결사체적 균형 435
경제결정론 48, 58, 61, 91, 95, 106, 139, 146
경제적인 것 135
경제주의 90
계보학 151, 155, 463
고난의 행군 421
고전적 자유주의 185, 231, 238, 240, 242, 244, 247, 248, 256, 258, 275, 285, 328, 388, 393~395, 404
공간적 실천 121, 123, 187
공공 영역 69, 116, 118~120, 127~129, 132, 133, 135, 136, 146~148, 177, 199, 212
공공재 118, 133, 139, 140, 141, 145, 242, 253, 300, 301, 318, 404
공공정책 72, 115~117, 133, 145~147, 410
공동안보 58, 430, 435, 440, 453, 454, 456~469
공동체주의 160, 161, 199, 463
공론장 34, 41, 73, 88, 216, 227, 292, 331, 458, 469
공리주의 153, 159, 161
공세적 현실주의 22
공적인 것 115, 116, 118, 127, 128, 131~137, 139, 140, 144, 216

공포의 균형 29, 412
과학적 실재론 85, 99~101
과학철학 95
관계적 존재론 92
관념 48, 57, 85, 99, 101, 104, 124, 128, 271, 430, 439, 454, 461, 467
관념의 분포 99, 104, 170
관세동맹 264~266, 273, 279, 280, 282~284, 286, 288, 383
관세정책 290
9·11 19, 20, 30, 32, 33, 35, 43, 44, 108, 221
9·19공동성명 429, 430
구성주의 46, 57, 64, 84, 85, 99, 101, 103, 105, 109, 111, 113, 151, 170, 268, 271, 299
국가안보 36, 166, 223, 300, 451, 453, 457, 470
국가 중심적 이론 299, 352, 355, 356, 358, 412
국가 중심주의 98, 103, 440
국가-투자자 소송제 117, 118
국가론 67, 70, 123, 187~189, 234, 235, 326
국가보안법 165, 400, 429
국가의 기업화 145, 196, 219
국가이성 16, 86, 158, 162, 165, 462
국가이익 21, 25, 70, 72, 159, 166, 180, 186, 236, 273, 281, 300, 324, 343
국가자본주의 187, 209
국가주의 387, 388, 394
국가형태 58, 65, 73, 106, 126, 129, 143, 144, 167, 178~180, 188~191, 197, 200, 203, 216, 218~220, 230~237, 241, 243, 244, 249, 258, 387~389, 396~399
국민경제 119, 187, 195, 196, 246, 248, 249,

254, 255, 437
국민적 정치 136, 137, 146
국민적·영토적 총체 186, 213
국방비 31, 45, 430, 436, 457
국제 레짐 269, 294~296, 300, 321, 355
국제 정치경제학의 근본 문제 104
국제관계의 민주화 7, 74, 75, 167, 221, 224~227
국제관계학 비판 76
국제기구 13, 18, 24, 28, 33, 34, 55, 59, 74, 117, 118, 124, 141~143, 146, 147, 176, 184, 199, 202, 205~207, 215, 216, 218~220, 225, 227~ 229, 239, 255, 263, 270, 276, 287, 299, 301, 323~325, 327, 329, 330, 343, 344, 346, 347, 349, 351, 353, 354, 356, 365, 380, 381, 383, 455
국제무역기구 277, 353
국제연맹 17, 18, 278, 279
국제인권법 323, 327, 330, 332, 341
국제적인 것 43, 45, 46, 76, 87, 97~99, 102, 104, 106, 120, 123, 124
국제주의 125, 177, 184, 199, 206, 215, 225, 226, 243, 270
국제체제 15, 16, 18, 24, 49, 57, 64, 65, 69, 71, 74, 76, 98, 102, 106, 123, 125, 142, 213, 237, 238, 251, 269, 271~273, 326, 411, 413, 420
국제통신연합 300, 301
국제통화기금 28, 59, 184, 202, 215, 227, 228, 373, 403
군-산업-관료-기술 복합체 249
군사적 케인스주의 250
군산복합체 32
귀족적 급진주의 158
규범윤리학 153, 154
규범적 국제이론 167, 168
그람시, 안토니오(Antonio Gramsci) 57, 59, 60,
90, 138, 179, 190, 199, 211, 212, 235, 274
그로티우스, 휘호(Hugo Grotius) 25
금본위제 185, 192, 239, 240, 241, 244, 247, 275
금융자본 108, 119, 184, 193~195, 208, 219, 252, 253, 371, 393, 394
급진적 민주주의 34, 62, 458
긍정-부정의 철학 157
긍정의 철학 93
기능주의 24, 268, 273, 412
기독교 16, 17, 19, 35, 67
기든스, 앤서니(Anthony Giddens) 130
기업의 국제기구화 193
기초주의 85
김대중 정부 39, 388, 395, 399, 400~404, 408, 421, 423~426, 432, 454~457, 468
김영삼 정부 143, 387~390, 392, 395, 396, 397, 399, 403, 405, 417~420, 432, 453
김일성 23, 419, 428
깡패국가 25, 30

ㄴ

남남 갈등 40, 72, 408, 413, 416, 423, 425, 429, 432, 459
내재된 자유주의 247
네그리, 안토니오(Antonio Negri) 65~67, 69, 75
네이더, 랠프(Ralph Nader) 33
노사정위원회 402~404
노예의 도덕 155
노태우 정부 413~417
논리실증주의 81, 83, 154
니부어, 라인홀트(Reinhold Niebuhr) 163
니체-마르크스적 길 171, 172

ㄷ

다보스 포럼 175~177, 199

다자주의 74, 169, 247, 276, 277, 278, 280, 283, 287, 291, 327, 341, 349
다중 38, 66, 67, 69, 75
담론 분석 445
담론 윤리 62, 96, 114, 458~460
담론 투쟁 75, 168, 457
당파성 157, 163
대북정책 25, 71, 72, 408~414, 416~418, 42~422, 424, 425, 428, 432, 437, 454, 459, 467
대항 헤게모니 34, 59, 77, 126, 147, 148, 178, 180, 199, 202, 227
데카르트, 르네(René Descartes) 82, 86, 91, 93~95, 112, 463
도넬리, 잭(Jack Donnelly) 328
도덕적 상대주의 160
도덕적 존재론 155
동북아 다자간안보 협력 332, 349, 367, 429, 435
딜타이, 빌헬름(Whilhelm Dilthey) 93, 94

ㄹ
러기, 존(John Ruggie) 98, 99, 104, 105, 122, 276
레닌, 블라디미르 일리치(Vladimir Ilich Lenin) 18, 51, 52, 69, 205, 206, 208~210, 217
로마조약 301, 306, 312, 317
로젠버그, 저스틴(Justin Rosenberg) 6, 7, 64, 65, 214
로크, 존(John Locke) 325
로크적 무정부 102
롤스, 존(John Rawls) 161
루카치, 죄르지(György Lukács) 90
리바이어던 158, 159, 162, 164
링클레이터, 앤드루(Andrew Linklater) 63

ㅁ
마르쿠제, 허버트(Herbert Marcuse) 60, 93

마르크스, 카를(K. Marx) 7, 14, 43, 45~48, 50~ 53, 61, 62, 64, 65, 67
마르크스주의 14, 18, 24, 34, 61~63, 65~67, 90, 91, 93, 94, 105, 188, 206, 211, 232, 235, 299, 328
마키아벨리, 니콜로(Niccoló Machiavelli) 122, 179
모겐소, 한스(Hans Morgenthau) 21, 87, 88, 181
모스크바 메커니즘 337, 339
무임승차자 140, 278, 279
무정부주의자 224
물신화된 국가 7, 104
미야자와 구상 372
민주평화론 26
밀스, 찰스 라이트(Charles Wright Mills) 6

ㅂ
바스카, 로이(Roy Bhaskar) 99, 100, 102
반자본주의 76, 223
반체제운동 55
발레타 메커니즘 337, 339
발전국가 187, 216, 387, 391, 395
방법론적 일국주의 116
방어적 지역주의 353, 382
베른슈타인, 에두아르트(Eduard Bernstein) 210
베를린 메커니즘 337, 338
베를린 선언 422
벤담, 제러미(Jeremy Bentham) 87, 242
변동환율제 194
보댕, 장(Jean Bodin) 326
보위 담론 450
보편주의 63, 156, 160, 162, 328, 329
보호주의 243, 244, 272, 275, 278, 285, 381
복지국가 133, 187, 246, 247, 249~252, 254, 255, 387, 396
복합국가 73

부르주아 공공 영역 128, 132, 133
부정-긍정의 철학 157, 168
부정의 철학 157
부하린, 니콜라이(Nikolai Bukharin) 208, 209, 210
북한 인권 문제 349, 350
분단체제 41, 73, 77, 390, 413, 414, 416, 420, 423
브레튼우즈 체제 184, 193, 194, 216, 218, 246, 247, 250~252, 281, 363
브로델, 페르낭(Fernand Braudel) 53, 175, 179
비도발적 방어 456
비스마르크, 오토 폰(Otto von Bismarck) 243
비엔나 메커니즘 336, 337
비영토적 제국주의 207, 216, 217, 220, 228
비트겐슈타인, 루트비히(Ludwig Wittgenstein) 443, 444
비판이론 46, 48, 50, 57, 60~62, 64, 69, 73, 84, 85, 89, 93~97, 100, 101, 103, 106, 109, 113, 114, 138, 148, 151, 157, 179, 199
비판적 실재론 99, 102, 103, 109, 113, 114
비판적 자유주의 119, 161
비판적 존재론 106
비판적 지역주의 74, 366
비판적-구성주의적 접근 267, 271, 292
비핵 개방 3000 432
비핵지대화 434
비핵화 416, 433, 434, 436, 452, 453
빈센트, 존(John Vincent) 329

ㅅ
사이버공간 27, 68
사적 소유 128, 243, 245, 388
사회국가 77
사회민주주의 34, 46, 75, 227, 231, 248, 258, 259, 395
사회운동 34, 45, 47, 55, 60, 69, 71, 74, 134, 145, 148, 155, 176, 188, 198, 200, 201~225, 227, 228, 349, 391, 392, 401, 417, 455
사회적 동아시아 74, 353, 384
사회적 자유주의 231~244, 249, 256, 258, 259, 328, 393~395, 404, 412
사회적 정의 74, 177, 178, 231, 384, 395, 405, 406
사회주의 19, 51, 52, 89, 223, 230, 231, 243, 257, 359, 468
사회주의 동아시아 360
삼각위원회 142, 143, 218, 251
상대주의 111, 328, 329
상상된 공동체 170, 176, 177, 466
상업적 자유주의 26, 412
상호주의 39, 264, 413
생산자 네트워크 297, 298, 316, 320
서로주체성 440, 464, 465, 469
설명적 비판 101
성 아우구스티누스(St. Augustine) 16
성찰주의 83, 84
세계무역기구 28, 71, 117, 201, 215, 221~223, 228, 263~265, 274, 287~289, 368, 373, 392
세계사회포럼 35, 71, 221, 226
세계은행 202, 215, 227, 403
세계정부 15, 18, 116, 140~142, 177, 193, 207, 253, 466
세계주의 12, 33, 143, 329, 401
세계체제 53, 55, 206, 212, 229
세력균형 22, 29, 35, 70, 72, 74, 86, 88, 107, 212, 238, 239, 326, 435
세이빈, 조지(George Sabine) 121, 127
소극적 평화 22, 36, 41, 73, 412, 455
슐리크, 모리츠(Moritz Schlick) 154
스미스, 애덤(Adam Smith) 53, 82, 116, 241
스탈린주의 157
스트레인지, 수잔(Susan Strange) 179, 220

시애틀 전투 221, 222
신자유주의적 국가형태 399
신자유주의적 제도주의 24, 272
신제국주의 220
신현실주의 25, 63, 64, 70, 83, 92, 98, 101, 103, 104, 107, 111, 123, 159, 181, 186, 211~214, 236, 267, 268, 271~273, 294, 296, 299, 308, 356, 357, 413
실용주의 169, 433
실천철학 94, 96
10·4공동선언 430~433, 435, 437
쌍무주의 278, 291

ㅇ

아도르노, 테오도어(Theodor Adorno) 60, 62, 93, 95, 96
아렌트, 한나(Hannah Arendt) 459, 460
아세안지역포럼 366, 423
아시아통화기금 373, 383
ITO 헌장 280, 281, 285
아이젠하워, 드와이트(Dwight Eisenhower) 32
안보 딜레마 21, 30, 39, 44, 108, 430, 456
알카에다 20
양극체제 29
양보의 철학 468
언어 놀이 444, 465
엄격한 상호주의 272
에이어, 앨프리드(Alfred Ayer) 154
역사유물론 48, 62, 90
역사적 구조 57, 73, 76, 77, 106, 112, 182, 183, 199, 217, 271, 274, 357
역사적 블록 59, 60, 71, 73, 120, 137, 147, 179, 183, 184, 215, 237, 309
역사주의 57, 106, 271

역전된 두 번째 이미지 237
연방국가 296, 415
연방제 362, 415, 419, 423
연속 혁명 209
열국체제 53, 54, 108, 122, 124, 129, 137, 139, 140~142, 144, 147, 180, 181, 183, 184, 188, 190, 194, 200, 204, 207~210, 212~216, 218, 219, 221, 227, 236~238, 326, 353
영토적 제국주의 207, 208, 215, 217
오리엔탈리즘 35, 42, 47, 49, 50, 162, 467, 468
올브라이트, 매들린(Madeline Albright) 22
워커, 로버트(Robert B. J. Walker) 135
월러스틴, 이매뉴얼(Immanuel Wallerstein) 52
월츠, 케네스(Kenneth Waltz) 6, 88, 98, 102, 104, 107, 181
윌슨, 토마스 우드로(Thomas Woodrow Wilson) 18
유교 자본주의 366
유럽 우편 및 통신 협의회 293~295, 299, 301
유럽 인권 협약 331, 332
유럽각의 331
유럽법원 294, 296, 298, 306
유럽안보협력기구 322, 324, 325, 331, 339, 340, 345, 347~349, 350
유럽연합 24, 28, 64, 117, 170, 220, 255, 294~299, 304, 306~308, 310, 313~315, 318, 320, 321, 343, 346, 348, 355~357, 365, 368, 375, 378
유럽연합 집행위원회 293, 294, 298~310, 314, 315, 317, 319, 320
유럽인권위원회 332
유럽인권재판소 332
유럽통신표준연구소 296, 316, 317
유물론 94, 95, 100
유토피아 44, 125, 160, 176

찾아보기 477

6·15 시대 423~425, 428, 431, 432
6·15위원회 428
6자회담 350, 425, 428, 429, 433~435, 441
의무론적 윤리학 153
2·13합의 429, 430, 435
이상주의 14, 15, 17, 18, 23, 24, 60, 63, 81, 88, 161
이슈 네트워크 297, 298, 320
이스턴, 데이비드(David Easton) 145
이탈리아 학파 46, 56, 179, 180, 189, 190, 202
인간 안보 36, 58, 75, 372
인도적 개입 25, 30, 161, 322, 323, 327, 330, 341, 342, 346
인도적 지원 322, 343, 346, 424, 430
인식론 45, 49, 81, 82, 84, 86, 89, 91~93, 95, 99, 100, 101, 109~113, 120, 167, 189, 211, 442
인식론의 우위 82, 85, 93, 102
인터넷 26, 38, 175, 177
일방주의 11, 71, 75, 76, 222

ㅈ

자본의 국가화 209
자본주의적 사회관계의 영토화 179, 180, 183, 185, 188, 189, 191, 217
자생적 질서 269, 270, 273
자연 상태 21, 33, 67, 164, 165, 269, 325, 446
자연과학 49, 68, 82, 83, 86, 94, 100
자연독점 300, 312
자연법 270, 325
자연주의 82, 83, 85, 87, 91, 94, 95, 100, 105
자유무역 지대 220, 264, 265, 266, 282, 283, 287~290, 368, 372, 380, 382
자유무역협정 117
자유민주주의 29, 30, 32, 34, 297, 335, 336, 419
자유주의 14, 18, 24, 27, 34, 39, 41, 82, 161, 230~232, 242, 256~259, 276, 285, 326,
387~392, 394, 395, 399, 405, 407
자유주의적 개혁 76, 387, 389~394, 406
적극적 평화 36, 41, 73, 412, 413, 455, 456
전략 동맹 433
전략적 제휴 145, 193, 253, 302
정의의 전쟁 16, 19, 25, 26, 30, 341
정전론 161
정책 외부성 356
정체성의 정치 200
정치-철학 461, 466
정치적대표 187, 189, 235, 237, 245, 254, 398, 403
정치적인 것 127, 133, 135~137, 146
정치철학 113, 461
정치체 47, 135, 212, 228, 234, 296, 355, 397
제2건국운동 401
제2차 북핵 위기 425, 426
제3의 길 22, 24, 26, 27, 33, 160, 161, 231, 258, 259, 395
제국주의 52, 66, 205~210, 214~217, 219, 220, 228, 229, 238, 239, 327, 329, 330
제도주의 24, 268
제솝, 밥(Bob Jessop) 188, 299
조국통일을 위한 전민족대단결 10대 강령 418
조명록 22, 423
레논, 존(John Lennon) 15
존재론적 전환 27, 76, 107, 176, 178
종속이론 46, 51, 52, 68
좌파 민족주의 197, 198
주권의 합동 356, 382
지구 민주주의 125
지구시민사회 34, 35, 67, 75, 76, 148, 170, 201, 222
지구적 통치 141, 147, 177, 178, 183, 184, 198, 201, 203, 215, 216, 218, 224, 226
지식 공동체 232
지역 통합 220, 352, 353, 355, 359, 362, 364,

370, 371
지역국가 204, 360, 362, 366
지역무역협정위원회 289
지역주의 74, 143, 220, 263~266, 282~284, 286, 287, 289~291, 352, 353, 358, 364, 368, 370, 372, 374, 376, 381, 383
지정학 213, 214
집합행동 60, 113, 176~178, 199, 308, 382

ㅊ
차이의 철학 439, 461, 463, 464, 465, 471
철학적 무정부주의 466
초국가적 공공 영역 119, 120, 147, 177
초국가적 통신정책 네트워크 293, 294, 319, 320
최소국가 241, 326, 395, 396, 399, 400, 402, 405
최혜국대우 117, 264, 266, 272, 276~279, 281, 286, 290
축적체제 59, 146, 187, 189, 190, 194, 216, 230, 235, 251, 252, 399
치앙마이 이니셔티브 374
7·7선언 414

ㅋ
카, 에드워드 핼릿(Edward Hallet Carr) 18, 87, 88
카우츠키, 카를(Karl Kautsky) 210
칸쿤 전투 222, 223
칸트-마르크스적 길 171
칸트, 이마누엘(Immanuel Kant) 16, 17, 18, 50, 51, 82, 83, 85, 93, 101, 152~154, 160, 171, 172, 463
칸트적 무정부 102
케인스, 존 메이너드(John Maynard Keynes) 202, 248, 249
코르쉬, 카를(Karl Korsch) 90
코뮤니즘 172

코스모폴리탄적 시각 160, 170, 171, 466
코포라티즘 187, 245, 297
콕스, 리처드(Richard Cox) 56, 57, 60, 105, 107, 108, 125, 138, 179, 182, 243
콩트, 오귀스트(Auguste Comte) 91
크래스너, 스티븐(Stephen Krasner) 326
클린턴, 빌(Bill Clinton) 23, 25, 26, 33, 424

ㅌ
탈구조주의 85, 96
탈국가 중심적 이론 299, 355, 412
탈국민적 자본주의국가 147
탈권위주의 389, 392
탈근대적 군주 225
탈실증주의 82, 100, 101, 109, 111, 113
탈영토화 180, 191, 193, 195, 198, 217, 218
테러와의 전쟁 20, 30, 44, 108, 221, 223, 457
토대-상부구조 은유 90
통신 정책 293~295, 301~305, 307, 309, 310, 314~316, 318, 320, 321
통일 지향적 안보 담론 452, 457
투키디데스(Thucydides) 23
트루먼, 해리(Harry Truman) 165
특수주의 160, 162

ㅍ
파리헌장 336, 337
파시즘 61, 157, 246, 392
패권국가 11, 14, 18, 22, 23, 28, 30, 32, 39, 59, 147, 164, 166, 266, 270~273, 283, 290, 454
패권안정론 49, 228
패니치, 리오(Leo Panitch) 219
페리 프로세스 422
페미니스트 46, 64, 84

평등주의적 개인주의 169
평화 담론 438, 440, 449, 454, 455, 457, 460, 461, 462, 469, 470
평화 지향적 안보 담론 454, 456, 457, 459
포괄적 상호주의 272
포드주의 107, 247, 258, 281
포르투 알레그레 35, 221
포사이드, 데이비드(David Forsythe) 328
포스트모던 63
포스트포드주의 107, 193, 252
폴라니, 칼(Karl Polanyi) 129, 134, 179, 238, 246
푸코, 미셸(Michel Foucault) 155~157, 188, 443, 444
풀란차스, 니코스(Nicos Poulantzas) 219
프랑크푸르트 학파 46, 60~62, 64, 73, 89, 93, 96, 157
플라자 합의 363
플라톤(Plato) 93

ㅎ

하버마스, 위르겐(Jürgen Habermas) 61, 62, 63, 96, 118, 119, 128, 132, 148, 458, 459, 464
하이데거, 마르틴(Martin Heidegger) 93
하트, 마이클(Michael Hardt) 65, 66, 69, 75
한미관계 37, 38, 415, 416, 418, 434, 441, 449, 453
한미동맹 74, 415~418, 425, 430, 432, 433, 436, 451~453, 456, 457
한미상호방위조약 74, 436, 450, 451, 453
한반도 평화 23, 39, 40, 42, 73, 224, 413, 420, 431, 435, 438, 439, 441, 442, 448, 449, 457, 462, 469~471
한반도 평화체제 419, 426, 429, 432~436, 454
합리적 행위자 98, 99, 103, 273
합리주의 81~86, 89, 96, 98, 99, 101, 103, 104, 113, 273
해석학 88, 111

핵 문제 12, 72, 350, 372, 416, 418, 456
핵무기 22, 416, 425, 453, 468
핵확산금지조약 418
햇볕정책 39, 421, 468
행동주의 156, 460
허구적 상품 129, 183
헌팅턴, 새뮤얼(Samuel Huntington) 30, 35
헤게모니 54, 59, 137, 167, 179, 225, 238, 239, 248, 251, 397
헤게모니 프로젝트 390, 391, 396, 397
헤겔, 게오르크(Georg Hegel) 14, 85, 93~95, 463
헬싱키 프로세스 324, 350
헬싱키협정 333~335
현실적인 것 14, 100
현실주의 6, 7, 14, 20, 22~24, 26, 28, 32, 36, 37, 39, 43, 69, 71, 81, 82, 106, 112, 151, 159, 161, 163, 463, 470
협력적 자주국방 430, 432, 456
형이상학 83, 94, 152, 154, 156
호르크하이머, 막스(Max Horkheimer) 60, 94
호프만, 스탠리(Stanley Hoffman) 87
홀로주체성 463, 464, 467
홉스, 토머스(Thomas Hobbes) 21, 158, 162, 164
홉스적 무정부 101
확장국가 190, 203, 235
환경 34, 54, 118, 177, 188, 200, 329, 334, 446, 447, 449, 457
환원주의 98
후기-칸트적 담론 84
후쿠야마, 프랜시스(Francis Fukuyama) 29, 30, 35
흄, 데이비드(David Hume) 153
흡수통일 411, 415~419, 421, 424, 453, 454
힘의 분포 98, 99, 164, 235, 297, 399